智能投顾

国际经验与中国实践

INTERNATIONAL EXPERIENCE AND CHINESE PRACTICE

ROBO-ADVISOR

本书编写组 编著

中国经济出版社
CHINA ECONOMIC PUBLISHING HOUSE
北 京

图书在版编目（CIP）数据

智能投顾：国际经验与中国实践／《智能投顾》编写组编著．--北京：中国经济出版社，2022.4（2022.10重印）

ISBN 978－7－5136－6887－3

Ⅰ.①智…　Ⅱ.①智…　Ⅲ.①人工智能－应用－金融投资－研究－中国　Ⅳ.①F832.48

中国版本图书馆CIP数据核字（2022）第061920号

策划编辑　杨　莹
责任编辑　赵嘉敏
责任印制　巢新强
封面设计　学　说

出版发行　中国经济出版社
印 刷 者　北京富泰印刷有限责任公司
经 销 者　各地新华书店
开　　本　710mm×1000mm　1/16
印　　张　23.75
字　　数　280千字
版　　次　2022年4月第1版
印　　次　2022年10月第2次
定　　价　88.00元
广告经营许可证　京西工商广字第8179号

中国经济出版社　**网址** www.economyph.com　**社址** 北京市东城区安定门外大街58号　**邮编** 100011

本版图书如存在印装质量问题，请与本社销售中心联系调换（联系电话：010－57512564）

编写组名单

负责人： 梁　昱　曹　雷

成　员（按姓氏首字母排序）：

邓　颖　郭东坡　贺竞成　李　真

梁威林　刘江巍　牛丽燕　申晓宇

宋　哲　孙肖龙　温聿铮　谢彬彬

辛智慧　闫晓丹　殷秋莹　郑齐翔

序 Preface

当今世界处于百年未有之大变局，全球迎来新一轮的科技革命和产业变革，各项新技术不断演进和突破，对全球经济、产业结构和居民生活产生了广泛而深远的影响。随着人工智能、大数据、云计算等技术在金融行业的广泛应用，金融科技的驱动作用不断强化，各类创新金融产品和服务不断涌现。智能投顾正是科技赋能下，传统财富管理模式与工具创新升级的典型代表。

智能投顾的出现看似偶然，实则是必然。从需求端来看，随着社会经济的发展，居民财富不断积累，中等收入群体的规模不断扩大，越来越多的人产生了通过投资使财富保值升值的需求。对于普通人而言，做好投资是一件极其困难和复杂的事情。股票、债券、基金等金融产品种类繁多，一般投资者普遍缺乏专业知识和投资经验，也没有过多的时间关注市场动态，投资效果难以保证。此外，传统金融机构聚焦于服务高净值客户，大量的长尾客户很难获得高性价比的金融服务。市场上强劲的理财需求与普惠金融产品和服务供给不足的矛盾为智能投顾的产生和发展提供了良好的机遇。

从供给端来看，随着金融科技的快速发展，中国金融机构纷纷进行数字化转型，在传统业务场景中融入科技元素，为智能投顾的产生打下了坚实的基础。技术的进步有效地支持了金融机构运营效率的提升，这明显地体现在单客服务成本的降低，为客户提供个性化服务能力的提升。随着各项技术与业务的深度融合，智能投顾所需的底层技术和场景逐渐成熟，为其发展奠定了基础。

我们看到，中国金融市场近年来呈蓬勃发展之势，伴随着中国GDP与居民总收入的飞速增长，国内居民积累了大量可支配财富，并且有着强烈的进入资本市场的驱动力。特别是资管新规的落地和“房住不炒”的贯彻落实，使资本市场成为吸纳居民财富的重要工具。在这样的背景下，如何从复杂多样的金融产品和服务中选择合适的产品和服务将成为个人和机构投资者面临的难题。

实践表明，金融科技在普惠金融方面发挥了积极作用。中国资本市场有数以亿计的个人投资者，这使得智能投顾具备普惠金融的基础，而“共同富裕”的奋斗目标更加凸显了智能投顾存在的重要性。智能投顾作为一种新兴的普惠金融手段和工具，有望助力我国资本市场在实现共同富裕的道路上贡献更多的力量。根据清华大学金融科技研究院的预测，在未来三到五年，中国智能投顾市场规模有望达到1万亿元，用户数量超过5000万人。在全球金融科技发展的背景下，智能投顾也将成为各国传统金融机构以及新兴金融科技企业加快布局的重要领域。因此，了解和研究智能投顾的产品创新、业务模式与行业发展显得尤为重要。

本书的编写组成员，既有来自学术研究机构的研究人员，也有来自行业一线的实践专家。本书很好地将学术理论与国内外智能投顾的发展实践经验相结合，从智能投顾的概念入手，深入浅出地介绍了智能投顾发展的国内外背景，进而展示了智能投顾涉及的科技应用，并结合案例深入剖析了国内外智能投顾的发展现状和趋势。当然，本书也特别关注了智能投顾面临的风险与挑战，强调了要处理好金融创新、金融稳定和金融安全的关系，并详细研究了国外智能投顾的监管体系与监管案例，希望为国内智能投顾的监管提供借鉴。

中国的金融创新与科技发展可谓一日千里，相信本书将帮助金融机构开发更好的智能投顾产品，辅助投资者更好地理解和使用智能投顾产品和服务，也为促进中国金融科技的学术研究与行业发展贡献力量！

廖　理

清华大学五道口金融学院教授、博士生导师

2022 年 3 月 15 日

目录

Contents

第三章　我国智能投顾发展情况

第四章　智能投顾的科技应用

第五章　银行业智能投顾应用实践

第六章　证券行业智能投顾应用实践

前言

Preface

随着金融科技的快速发展，技术的进步推动了金融服务效率的提升，进而大大降低了单客的服务成本。金融科技的崛起推动了传统金融业的数字化转型，智能投顾作为一种新兴财富管理模式应运而生。智能投顾不仅为金融机构和创新企业带来了新的发展机遇，也为大众提供了新的财富管理方式和投资选项。

本书从历史、现实、技术和理论四个维度梳理智能投顾的发展脉络，力求展现其发展全貌，并为该行业的发展建言献策。本书的编写历时两年有余，编写组调研了相关机构、监管部门和专家学者，在此表示感谢。智能投顾的发展可谓“一日千里”，书本内容更新的速度难以赶上行业发展的步伐，不足之处在所难免，恳请各位读者批评斧正。

第一章

智能投顾概述

第一节　智能投顾的定义

智能投顾（Robo-advisor）是一种新兴的理财模式，起源于美国。2007 年以来，SigFig、Betterment、Wealthfront 等公司先后成立，此后技术公司、互联网公司和传统金融机构纷纷跟进，智能投顾在美国市场快速崛起，目前已经取得长足发展。

总体来看，目前智能投顾并没有统一和明确的定义。概括而言，智能投顾就是用机器替代人工投顾，为客户提供在线的投资顾问服务，其服务过程及操作管理基本是自动完成的。

各国监管机构对智能投顾的定义繁简不一，美国证券交易委员会（SEC）给出的定义是“基于网络算法的程序，运用现代科技为客户提供全权委托式的账户管理服务的注册投资顾问”①。美国金融业监管局（FINRA）将在客户画像、资产配置、投资组合选择、交易执行、投资组合再平衡（Rebalancing）、税收损失收割（Tax Loss Harvesting,

① 美国证券交易委员会．智能投顾监管指南[Z]. 2017.

TLH)① 等一个或多个环节使用机器替代人工的投资咨询服务定义为智能投顾②。我国在2018年4月27日由中国人民银行、中国银行保险监督管理委员会、中国证券监督管理委员会、国家外汇管理局联合印发的《关于规范金融机构资产管理业务的指导意见》（银发〔2018〕106号）（以下简称资管新规）中对智能投顾业务的相关表述为“运用人工智能技术开展投顾业务”。

咨询机构认为，自动化是智能投顾的重要特征。例如，埃森哲公司将智能投顾描述为“基于投资者的需求和风险偏好，为其提供数字化、自动化、智能化的财富管理服务”③。普华永道对智能投顾的定义是“通过使用特定算法模式管理账户，结合投资者风险偏好、财务状况与理财目标，为用户提供自动化的资产配置建议”。

金融机构普遍认为，智能投顾是传统投顾业务模式的标准化与数字化。兴业证券认为，“智能投顾将人工智能等技术引入投资顾问领域，运用智能算法以及组合投资后的自动化管理技术，帮助用户实现主、被动投资策略相结合的定制化投顾服务”④。东北证券在其报告中对智能投顾的定义是“利用大数据分析、量化金融模型以及智能化算法，并结合投资者的风险承受水平、财务状况、预期收益目标以及投资风格偏好等要求，为其提供多元化、自动化、个性化的智能理财服务”⑤。方正证券认为，“广义的智能投顾是指通过IT手段或人工智能的一些算法

① 税收损失收割服务是一项卖出当期亏损的证券来抵扣资本利得，进而减少应缴税收的策略。在美国，短期资本收益的联邦所得税税率要高于长期资本收益，因而税收损失收割服务通常被用来减少短期资本收益的确认。

② Report on Digital Investment Advice [R]. FINRA, 2016.

③ 杨越非，等. 智能投顾在中国[R]. 北京：埃森哲，2018.

④ 智能投顾，技术为镐，蓝海掘金[R]. 上海：兴业证券，2019.

⑤ 智能投顾：财富管理行业的新变革即将来临[R]. 北京：东北证券，2016.

解决金融领域一系列关于效率的问题，从而提高效率和自动化水平；而狭义的智能投顾则是线下理财顾问的线上化，即把线下理财顾问的一系列工作线上化、互联网化，尤其是自动化”。

本书认为智能投顾可以从狭义和广义两个层面进行定义。狭义上，智能投顾就是使用数字化手段协助用户进行投资，即运用云计算、大数据、智能算法等数字技术，根据客户不同的投资需求、风险偏好和风险承受能力，为其提供自动化、智能化、定制化的投资建议和自助式的线上证券投资服务。广义上，智能投顾可以扩展到智能理财，涵盖整个财富管理行业。传统的财富管理模式是由人工财富顾问提供服务，主要工作由人工完成。智能理财是将数字技术应用在整个理财服务流程（包括客户画像、明确客户需求、筛选投资产品等多个环节），为客户提供智能化、自动化和个性化的资产配置、账户咨询、理财规划等与资产管理相关的各类线上服务。

智能投顾将云计算、大数据、人工智能等技术与金融投资理论（如资产组合理论）等相结合，依据客户的投资需求、风险偏好和财务状况等信息，通过算法自动生成个性化的投资配置建议并建立投资组合，同时根据市场波动及客户投资目标的变化对组合进行跟踪和调仓。

第二节　智能投顾的发展历程

随着数字科技的发展和智能投顾在金融行业的应用更加深入，投顾业务乃至整个财富管理行业都开始步入智能时代。时至今日，智能投顾已经过了十几年的发展。本节将阐述智能投顾经历了怎样的发展历程。

一、投顾服务奠定智能投顾发展基础

近代的投资顾问业务起源于欧洲的传统私人银行业务。欧洲的传统私人银行业务以瑞士最为著名。作为私人银行业务的起源地，瑞士有众多传统的私人银行。瑞士的《银行保密法》规定，银行不能向任何人泄露关于储户的身份信息，正因为其保密性好，所以吸引了大量的客户在这里储蓄。在此基础上，瑞士银行开始为高净值客户提供由专人负责的理财服务（包括提供咨询、投资建议等），帮助客户实现资产的保值、增值。对于这些纯私人银行模式的机构来说，其核心业务是客户的财富管理，盈利也主要来源于此，这就是现代投资顾问业务的前身。瑞士比较著名的、专注于私人财富管理业务的银行有宝盛银行（Julius Baer）、百达集团（The Pictet Group）和盈丰银行（EFG Bank）等。

随着美国股票市场的发展，许多个人投资者开始进入金融市场进行投资，但是多数个人投资者缺乏专业的投资知识和投资经验，因此，为其提供投资咨询服务的投资顾问应运而生了。经过一段时间的发展和规范，美国的投资顾问在20世纪初期逐渐成为一种独立业态。随后SEC颁布了《1940年投资顾问法》，确定了投资顾问业务的边界。根据该法规对投资顾问的定义，只要是以获取报酬为目的提供或发表投资建议的人或者机构，都被认为是投资顾问并且需要遵守该法规。《1940年投资顾问法》的出台填补了美国在投资顾问监管方面的空缺，推动了美国投顾行业的规范发展，这部法律也为其他国家设立与投顾行业相关的规范制度提供了参考模板。20世纪60年代，随着美国居民财富的进一步增长与积累，普通民众也出现了财产保值增值的需求，因此投顾服务逐渐扩展到了整个财务规划领域。美国的资产管理业务、投资咨询业务统一作为投资顾问业务进行监管，这也是美国投顾业务能够快速发展的监管基础。我国目前实施分业监管，智能投顾的监管涉及多个行业的不同监管机构，这一点与美国有所不同。关于智能投顾的监管，笔者会在后面的章节做更详细的介绍。

美国的投资服务分为卖方投顾与买方投顾，区别在于收入来源不同。对于卖方投顾来说，他们不是向客户收取服务费用，而是以产品端的销售佣金为主，这和我国现在部分投顾服务模式类似。买方投顾并不收取代销基金产品所获得的佣金返点，而是收取资产管理费，因此他们的收入水平与所管理的资产规模呈正相关。在买方投顾的盈利模式下，投顾的利益与客户的利益相一致，因此其在提供服务时能够站在客户的角度提供投资建议，而不是单纯地通过推销产品或频繁交易来获取佣金。美国的买方投顾大约出现在20世纪80年代，经过几十年的发展，美国普通的个人投资者已经基本习惯对投顾服务进行付费，付费意识相对成熟，这也为后来智能投顾在客户端收取资产管理费或投顾服务费打下了较好的习惯基础。

在美国，投资顾问已经是一个普遍且成熟的行业，但是中国的投资顾问行业仍然处于发展阶段。2010 年 10 月，中国证券监督管理委员会（以下简称证监会）发布的《证券投资顾问业务暂行规定》对投资顾问服务的描述为："证券投资顾问业务，是证券投资咨询业务的一种基本形式，指证券公司、证券投资咨询机构接受客户委托，按照约定向客户提供涉及证券及证券相关产品的投资建议服务，辅助客户做出投资决策，并直接或者间接获取经济利益的经营活动。投资建议服务的内容包括投资的品种选择、投资组合以及理财规划建议等。"在基金投顾牌照试点推出以前，我国一直不允许机构帮助投资者进行交易，因此我国投资顾问过去的服务模式主要是为客户提供投资建议，但不收取资产管理费用，主要收入来源为佣金。因此，我国投资者并没有海外用户那样强烈的付费意识。

二、国际金融危机后智能投顾崭露头角

智能投顾由 20 世纪的数字化在线投资分析工具演变而来，当时主要为投资顾问服务，帮助人工投顾对投资组合的风险及收益进行分析。随着量化投资、ETF 基金的普及以及金融科技的发展，智能投顾行业逐渐兴起。

首批智能投顾公司如 SigFig、Betterment 等在 2007 年就已经成立，但是其真正意义上的崭露头角是在 2008 年国际金融危机以后。美国次贷危机引发了国际金融危机，金融市场急剧恶化导致大量金融机构破

产，美国经济陷入衰退。在经历了国际金融危机以后，美国普通民众开始意识到储蓄与财富保值的重要性。然而，刚刚过去的国际金融危机让人们开始对传统金融机构一直宣传和使用的主动投资策略产生质疑；同时，传统的投顾服务费用高、门槛高，服务范围并不能覆盖广大的长尾用户。那时刚刚诞生的智能投顾以现代资产组合理论（Modern Portfolio Theory）、资本资产定价模型（Capital Asset Pricing Model）等为基础，遵循被动投资策略，追求的是“最优化组合”而不是“高收益”，即在某一特定的风险水平下谋求收益的最大化，或者在某一特定的收益水平下使风险最小化。智能投顾可以帮助客户在其风险承受范围寻求最优的投资组合，而不是单纯地追求较高的收益。

从目前市场上资产管理规模较大的智能投顾平台来看，大多数平台遵循了分散投资的基本原则，并使用被动投资工具实现资产配置。国际金融危机之后，智能投顾所遵循的被动投资策略备受推崇，并且该策略具有明显的价格优势和极高的服务效率，整个行业开始兴起并驶入发展的“快车道”。2010 年，行业的又一革新者 FutureAdvisor 成立，除了数字化的资产配置外，其将教育储蓄、退休金管理、税务筹划、现金流管理等更多的场景引入智能投顾服务。Personal Capital、Wealthfront 等新兴公司也在接下来的时间逐渐发展壮大。到 2014 年，美国智能投顾行业的资产管理规模已达 43 亿美元。随着智能投顾市场的不断壮大，传统金融机构也意识到提供智能投顾服务的重要性和必要性，从 2015 年开始跟进发展智能投顾。

尽管国际金融危机是投资者开始尝试智能投顾的契机，但是智能投顾资产管理规模的迅速扩张也离不开不断发展的金融市场中普通投资者对专业投资顾问的需求。随着金融市场日益成熟，金融产品与交易工具也愈加丰富，虽然这对专业投资者来说增加了其在投资中可采取的策略，但是对普通投资者来说，其在面对这些复杂的投资工具时眼花缭乱，需要耗费大量的时间寻找适合自己的投资产品。美国的投顾行业虽然已经相对成熟，但是仍存在诸多局限性，如门槛高、收费高、流程烦琐、过于依赖人工投顾的专业性等。智能投顾既能够提供自动化、个性化、智能化的投资理财方案，帮助人们做理财的“甩手掌柜”，又具有收费低廉、服务高效的特点，正好满足了日新月异的金融市场中普通投资者的需求。

刚才笔者提到的因素都是从需求角度来讲的，虽然需求会推动供给的增加，但智能投顾的快速发展也离不开科技的进步。一直以来，科技的每一次进步都推动了金融行业的变革，从交易电子化到互联网化，再到现在的金融智能化，科技的每一次飞跃都对整个行业的业务模式产生了巨大影响。慢慢地，金融与科技的边界被打破，技术与证券业的结合从过去单纯的技术应用演化成科技与金融的深度融合发展。如果说投资者对理财的需求带动了智能投顾行业的兴起，那么技术的发展则为其提供了必不可少的客观条件。毕竟智能投顾不是只有量化的金融模型，还需要借助人工智能、大数据、云计算和机器学习等诸多技术为客户提供投资顾问服务，自动化、智能化、个性化都不可缺少。大数据为智能投顾提供了个性化服务，是其进行投资分析的基础，无论是客户画像还是进行投资判断，都离不开各类数据；除此之外，还要通过不断优化的算法模型和进步的机器学习，使智能投顾自发地学习并实时调整策略与持仓。智能投顾这种自动化、智能化、个性化的投顾服务正是依托这些数字科技的发展才得以实现的。

从供给的角度来看，金融科技的应用改造了资产管理行业的业务流程，使业务模式线上化、自动化，借助大数据、人工智能等高效地完成多维度用户数据的搜集和分析；同时，结合人工算法等技术，分析客户特性，优化投资组合策略，进行资产配置，为客户提供定制化、个性化的投资方案。金融科技能够使运营体系更加精准、高效，有效解决了线上运营效率低、获客成本增加但客均收入较低等问题。在客户服务方面，数字科技能够赋能投顾业务，增强投顾服务的广度和深度，扩大客户群体覆盖面，满足长尾客户的服务需求。另外，数字化的平台能够打通数据孤岛，建立客户全链路数据，形成以客户为中心的运营平台。一方面可以洞察客户的需求，进行产品和服务的匹配，并根据反馈数据及时调整服务策略和产品；另一方面能够深度挖掘客户的潜在需求，实现定制化和个性化的服务，增强客户黏性，提升客均收入。例如，通过大数据、人工智能等技术构建客户画像，结合对客户的信息、交易记录、行为偏好等历史数据的分析，实现对不同客户群体的不同需求的精准划分。随着传统金融机构对智能投顾重视程度的提高，以及对智能投顾平台相关技术的研发投入不断增加，未来随着科技的进步，其将进一步推动智能投顾行业的发展。

三、智能投顾业务的发展

截至目前，笔者将智能投顾业务的发展划分为三个阶段，即投顾服务线上化、投顾服务自动化、投顾服务数字化。

1. 投顾服务线上化（智能投顾初现雏形）

20 世纪 90 年代末期，随着科技的发展，在线投顾基于 Web 技术实现了投顾服务的线上化。人工投顾使用计算机通过网络为投资者提供服务，投顾服务迈入数字化时代，智能投顾模式初现雏形。

2. 投顾服务自动化（智能投顾正式兴起）

2007—2015 年，以 SigFig、Betterment 为代表的一批科技企业开始上线基于算法的机器人投顾，使得投顾服务可以完全脱离人工自动完成。与此同时，随着居民财富的积累，中低收入人群对投顾服务的需求不断增加。智能投顾操作简便，且具有“两低一高”的特点，即门槛低、管理费用低和效率高，满足了中低收入群体对投顾服务的需求。在科技和需求的共同推动下，智能投顾模式正式兴起。

3. 投顾服务数字化（智能投顾日趋成熟）

2015 年以来，智能投顾不再只是新兴科技企业的主战场，传统金融机构也纷纷加入阵营。与此同时，智能投顾服务不再局限于提供投资建议，而是开始尝试扩张到整个财富管理领域。智能投顾在科技与金融行业的深度融合下日趋成熟。

第三节　智能投顾的发展现状

2007 年至今，智能投顾行业飞速发展，目前美洲、欧洲、亚洲等地区都有着形形色色的智能投顾服务供应商，智能投顾行业一派生机勃勃的景象。纵观全球的智能投顾市场可以发现，美国的资产管理规模遥遥领先。如图 1－1 所示，从 Statista 公布的 2021 年第一季度的全球智能投顾资产管理规模来看，前十名均来自美国的智能投顾平台。美国本身是发展智能投顾最早的国家，也是全球金融市场最发达的国家，因此，民众对金融服务的接受程度更高，资本市场更加开放，在智能投顾

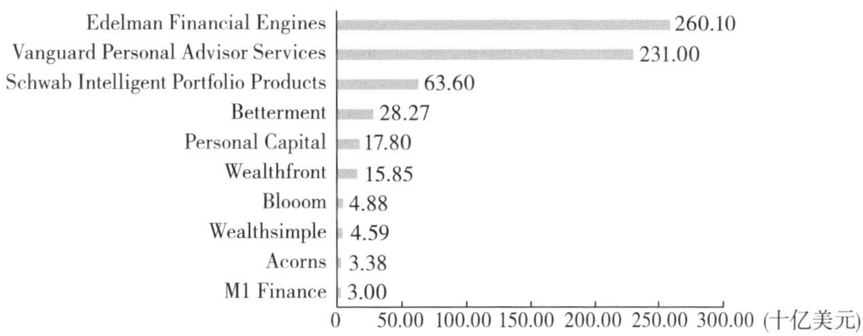

图 1－1　全球智能投顾资产管理规模前十名

资料来源：本书编写组根据 Statista 公布数据整理。

的发展方面具备明显的优势。

如图 1－2 所示，笔者整理了全球不同国家和地区智能投顾行业的发展情况，并归纳了它们的发展特点。在后面章节，笔者还会对我国智能投顾行业的发展状况做更加详细的整理。

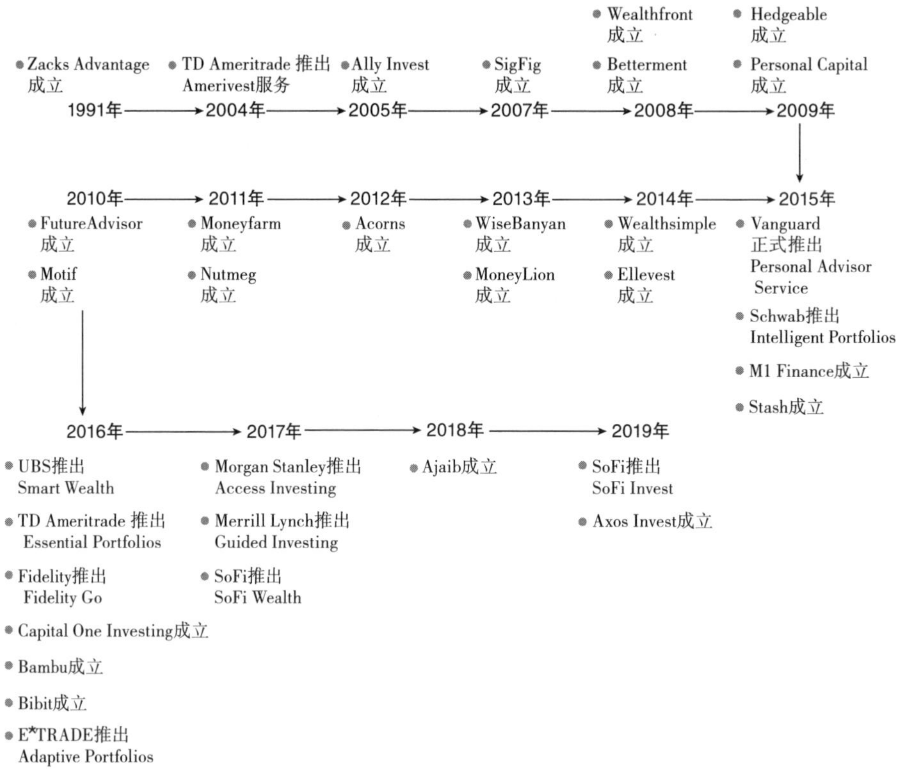

图 1－2　智能投顾发展全球纵览

资料来源：笔者根据公开资料整理。

一、美洲

在美洲地区，智能投顾行业中最具代表性的是美国，同时，美国是全球智能投顾业务发展最快的国家，全球第一家智能投顾公司 SigFig 就是在美国成立的。美国比较著名的智能投顾公司有 Betterment（2021 年 3 月收购了加拿大智能投顾公司 Wealthsimple）、Wealthfront、Personal Capital 等，还有许多特色型智能投顾平台，如专门做零钱投资的公司 Acorns、专门帮助女性进行投资的公司 Ellevest 等。另外，美国的许多智能投顾公司会提供一种极具特色的服务——税务损失收割服务，这是国际上其他地区的智能投顾平台所不具备的。因为美国资本利得税税率较高，所以，智能投顾普遍提供税收损失收割服务。税收损失收割是指用确认的损失来抵销所获得的收益，即通过卖出已经出现亏损的资产，降低整个组合的资本利得水平，从而达到节税的目的。此外，延期纳税也会给投资者带来税率差值上的套利机会，可以提高投资组合的平均收益。①

除了这些专门提供智能投顾服务的金融科技公司以外，许多传统大型金融机构也于 2015 年推出了自己的智能投顾平台或服务，如富达投资集团（Fidelity Investments Inc.，以下简称富达）的投顾平台 Fidelity Go、嘉信理财（Charles Schwab，以下简称嘉信）的 Schwab Intelligent Portfolios（本书译作嘉信智能组合）、先锋集团的 Vanguard Personal Advisor Services（VPAS）等。从资产管理规模来看，根据 Statista 在 2021 年的统计，传统金融机构旗下的智能投顾平台资产管理规模遥遥领先。先锋集团排在首位，资产管理规模高达 2310.0 亿美元，嘉信智能组合也达到 636.0 亿美元②，见表 1－1。

---

① 史然．国外智能理财：税收损失收割能否带来期望收益［R］．北京：未央网，2015.

② 数据来源于 https://www.roboadvisorpros.com/robo－advisors－with－most－aum－assets－under－management/。

表 1-1　2021 年美国智能投顾平台资产管理规模前五的公司

单位：亿美元

智能投顾平台	资产管理规模	成立或推出年份
VPAS	2310.0	2015
嘉信智能组合	636.0	2015
Betterment	282.7	2008
Wealthfront	158.5	2010
Personal Capital	178.0	2009

资料来源：本书编写组根据 Statista 公布数据整理。

富达于 1946 年成立，总部位于美国波士顿。公司目前拥有 4.7 万多名员工，业务遍及北美洲、欧洲、亚洲和大洋洲等 9 个地区①，通过全球 12 个地区站点和 200 多个投资者中心为客户提供服务，是目前全球最大的专业基金公司。目前公司为个人投资者、企业雇主、其他顾问与机构以及慈善人士提供资产管理服务。2016 年，富达推出了 Fidelity Go，开始通过人工智能为客户提供投资咨询服务。Fidelity Go 的主要目标是年轻群体，这类群体虽然资产规模相对较小，但习惯通过 App 等互联网触达的方式进行理财，因此 Fidelity Go 低廉的服务费对这些年轻的潜在客户非常具有吸引力。

嘉信是一家综合财富管理控股集团，为客户提供投资、财富管理和其他金融服务，最早的网上基金"超市"——OneSource 就是由嘉信推出的。2015 年，嘉信又推出了第一款智能投顾产品"嘉信智能组合"。截至 2020 年底，嘉信的智能投顾平台管理的有效账户超过 630 万个，其中手机端账户 260 万个，资产管理规模达 1.8 万亿美元。② 关于嘉信

① 数据来源于 https://www.fidelity.com/about-fidelity/our-company。

② 数据来源于嘉信 2020 年业绩报告，https://content.schwab.com/web/retail/public/about-schwab/schw_2021_winter_business_update_020221.pdf。

智能投顾平台的具体情况，笔者会在后面的案例做更加详细的介绍。

先锋集团是全球著名的共同基金，也是 ETF 产品的提供方。先锋集团在 2015 年推出了智能投顾平台 VPAS，VPAS 的服务既有智能投顾也有人工投顾；2019 年，先锋集团推出了不包含人工投顾服务的智能投顾产品 Vanguard Digital Advisor Services（VDAS）。在智能投顾产品推出以前，先锋集团的投资门槛在 50 万美元以上，在智能投顾服务推出之后这一门槛大幅降至 5 万美元。相较于其他的智能投顾平台，这个投资门槛仍然较高，但是先锋集团在资产配置方面的专业性使得其智能投顾平台在“出生”时就拥有了较高的认可度，叠加其自身庞大的客户基础，先锋集团的智能投顾位列全球智能投顾资产管理规模第一名①。

除了自主研发推出与智能投顾相关的平台或产品以外，一些传统机构对智能投顾行业的布局，是通过收购已经较为出名的智能投顾平台来完成的，比较典型的当属贝莱德（BlackRock）对智能投顾公司 FutureAdvisor 的收购。2015 年，贝莱德收购了 FutureAdvisor 这家拥有“纯种”科技“基因”的智能投顾公司——它的创始人是两名在旧金山的华人工程师。FutureAdvisor 被收购之后，加入了贝莱德解决方案（BlackRock Solutions）。FutureAdvisor 的目标客户是那些无法负担传统投顾费用或者不想要人工面对面服务的人群。平台除了提供具有税收优势的投资组合以外，还提供纯粹的“机器人”投顾服务，将人的参与度降到最低，一方面可以降低整体的运营成本，另一方面能够满足不愿使用人工投顾服务的投资者的理财需求。

---

① 高道德，等．基金投顾系列（二）：海外投顾代表之 Vanguard［R］．上海：海通证券，2019.

二、欧洲

就欧洲市场而言，智能投顾服务的起步时间略晚于美国市场。直到2011年，欧洲的第一批智能投顾公司Nutmeg和Moneyfarm等才陆续成立。德国智能投顾研究及测评网站Robovergleich发布的数据显示，欧洲的智能投顾虽然仍处于起步阶段，但是增长迅速。2019年，整个欧洲市场智能投顾的资产管理规模高达140.47亿欧元。其中，英国的智能投顾市场管理规模最大，约为70.38亿欧元，占整个欧洲市场的一半以上；位居第二的是德国的智能投顾市场，资产管理规模占整个欧洲市场的28%左右。而在2017年，整个欧洲市场的智能投顾资产管理规模仅为76.47亿欧元。其中，英国的智能投顾资产管理规模约为59.02亿欧元；拥有第二大市场的德国，其智能投顾资产管理规模约为7.05亿欧元。

Nutmeg是英国的第一家智能投顾公司，目前其客户数量超过10万人，资产管理规模超过23亿英镑，也是欧洲最大的在线投资平台。2016年，Nutmeg获得ETF.com评选的最佳投资顾问奖；2019年，其被《经济学人》评选为“最热门的金融科技初创企业”①。Nutmeg的起投门槛为1400美元，收费率每年1%起，公司提供不同类型的账户以满足不同层次客户的需求。Nutmeg的智能投顾平台可以帮助客户进行投资，而不是提供一个仅供客户交易的平台（但Nutmeg也为客户提供了一个能够自己进行投资的平台）。最初Nutmeg的智能投顾平台只提供比较典型的智能投顾服务，通过机器人顾问为客户建立与其投资目标和风险偏好相匹配的投资组合。2018年起，Nutmeg加大了人工投顾的参

---

① 邓颖，张欣瑜（实习生）. Nutmeg：欧洲最大的智能投顾平台［R］. 北京：清华大学五道口金融学院，2021.

与度，开始提供混合型投顾服务。Nutmeg 并没有将智能投顾服务的范围止步于欧美市场，而是将业务进一步扩张到了新兴的亚洲市场。Nutmeg 与中国台湾的台北富邦银行在 2019 年开始合作，通过台北富邦银行为中国台湾的客户提供数字化理财服务。

Moneyfarm 是一家泛欧洲智能投顾公司，与 Nutmeg 在同一时期成立，同时是 Nutmeg 主要的竞争者。根据 Moneyfarm 网站公布的数据，目前公司拥有 5 万名客户，管理的资产超过 10 亿英镑。Moneyfarm 虽然在意大利米兰成立，但在伦敦、米兰以及卡利亚里均设有办公室，除了意大利以外，英国也是它服务的主要地区。其比较有特色的是使用聊天机器人为客户提供投资理财服务。为了给客户提供专业且低成本但是又有“人情味”的理财建议，Moneyfarm 在 2017 年收购了金融聊天机器人 Ernest 的核心技术。Ernest 能够通过自然语言处理技术解答客户的理财或交易问题，同时可以根据客户整体的财务状况主动提供相关的财务建议。例如，在消费一些非必需的产品时，它会告诉消费者这笔支出如果用来投资某只基金可能会带来较好的收益。Ernest 的技术可以洞察客户的日常交易行为，因此 Moneyfarm 能够基于客户更广泛的消费行为提供更适合客户的投资建议。Moneyfarm 的另一个特色是在 2018 年推出的自营养老理财产品（Self-Invested Personal Pension，SIPP），客户能够自己挑选和管理他们在这个养老账户的投资。目前，公司已经获得安联保险集团（Allianz）、卡博特广场资本（Cabot Square Capital）、联合投资（United Ventures）和 Poste Italiane 的投资。

另外一家较为著名的是成立于 2016 年的英国智能投顾公司 Wealthify。这家公司的目标客户群体主要是“千禧一代”。公司为客户提供方便且收费低廉的数字投资服务，起投额为 1 英镑，目前提供的服务包括普通投资、个人储蓄、养老金和遵循道德原则的投资等。2017 年 10 月，世界第五大保险集团，英国著名的金融服务巨头——英杰华集团（Aviva）收购了 Wealthify。

目前，德国的智能投顾市场位列欧洲第二、全球第四，但德国的智能投顾研究机构发现，由于德国人比较保守，民众对于投资的开放态度较美国和英国存在明显差异。即使欧洲的低利率已经持续了较长时间，许多德国人进行财富管理的方式还是以保守的定期存款为主。虽然定期存款名义上不会出现损失，但是过低的利率并不能减少通货膨胀对货币购买力产生的影响，因此定期存款难以实现财产的保值。越来越多的德国人意识到日常储蓄账户将不足以满足自己老年时的需求，智能投顾逐渐成为德国人日常储蓄的替代品。

根据 Extra - Magazin 的考察，目前德国的智能投顾市场，有 26 个智能投顾平台比较受德国个人投资者的喜爱。这些智能投顾服务的提供商来自不同领域，有的是智能投顾公司，有的是银行等机构的智能投顾平台。目前，德国最大的 5 家智能投顾服务提供商分别是 Scalable Capital、VisualVest、Liqid、Cominvest 和 Raisin Invest①。

三、亚洲

亚洲尽管是智能投顾的新兴市场，但是发展较为强劲。中国是亚洲最大的智能投顾市场。根据德国 Robovergleich 在 2019 年的统计，中国智能投顾市场的资产管理规模约占整个亚洲的 94%。而根据 Statista 的统计，2020 年中国的智能投顾资产管理规模已经达到 767.17 亿美元，年增

① 数据来源于 https://de.extraetf.com/research/robo - advisor - markt - in - deutschland。

长率高达27.7%，是全球第二大智能投顾市场；同时，Statista预计2025年中国的智能投顾资产管理规模将达到1437.48亿美元，如图1－3所示。

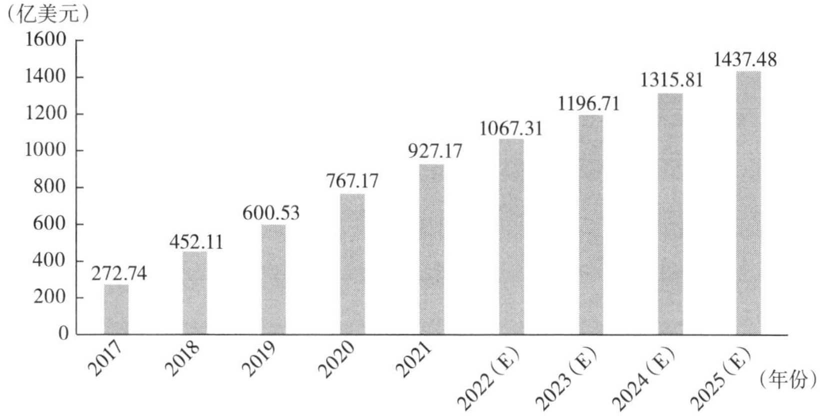

图1－3 中国智能投顾资产管理规模

资料来源：Statista、埃森哲。

注："（E）"代表预测数据。

新加坡的金融科技行业一直处于发展前列，智能投顾的发展也相对较早。2013年，新加坡首家智能投顾平台Dragon Wealth成立。这个平台最大的特色是能够提供与客户投资偏好及资产规模相当的同类人群的投资研究报告及投资建议。2014年11月成立的Money Design是日本第一家智能投顾平台，2015年5月其上线产品THEO。日本的财富管理市场同美国和欧洲国家有很大不同，日本投资者与德国投资者有点类似，偏向于保守、稳妥的投资方式，对高收益、高风险的证券投资接受度较低，因此存款在他们的资产配置中占比极高。由于可以最大限度地降低投资的风险，智能投顾成为日本这个储蓄大户投资的新选择。目前日本的智能投顾服务主要分为两种：一种是可以直接进行投资，另一种是只提供投资建议。两种服务的区别在于能否帮助客户进行投资。只提供投资建议的智能投顾公司通过人工智能算法向用户提供建议，"智能"主要体现在提供建议这一步，这与我国目前大多数的智能投顾平台类似。

韩国的智能投顾市场以证券公司的平台为主。自2015年起，现代证券、三星证券、NH投资证券等各大券商纷纷推出智能投顾平台，智能投顾行业发展迅猛。预计到2025年，韩国机器人顾问管理的资产价值将达到30万亿韩元①。

一直以来，韩国政府对金融科技的发展非常重视，同时为其相关业务的发展提供了相对完善而宽松的制度环境。2016年1月，总统工作报告中提出"关于活跃智能投顾"的方案，表示在"相关机制得到保障后监管部门将允许机器人投顾业务直接面向大客户提供服务"。同年8月，韩国金融服务委员会（FSC）推出了《机器人投顾测试床（Test bed）的基本运行方案》。根据该方案，智能投顾平台通过三个阶段的程序检验后即可提供资产管理服务。该方案的制定推动了智能投顾行业的发展，是智能投顾走向韩国普通投资者的"关键第一步"②。2018年底，韩国完成了对《资本市场法》的修改，填补了智能投顾的立法空白，为行业提供了相关的法律依据与保障。2019年，韩国《资本市场法总统令》完成修改，确立了智能投顾的合法地位，自此智能投顾可以合法代替人工投顾提供服务③。自2020年初暴发新冠肺炎疫情以来，智能投顾因为减少了人与人之间的互动而备受关注。2021年初《韩国先驱报》（*The Korea Herald*）报道的数据显示，过去一年韩国智能投顾市场实现了快速发展。目前，韩国三大智能投顾平台（Fount Invest-

---

① 数据来源于 https://www. Statista. com/statistics/1127847/south - korea - number - of - robo - advisors - by - type/。

② 姜海燕，吴长凤．机器人投顾领跑资管创新[J]．清华金融评论，2016(2)．

③ 董新义．金融科技法律如何制定？——来自韩国的立法经验[J]．暨南学报(哲学社会科学版)，2020(9)．

ment、AIM、December & Company）所管理的资产规模总额已经突破1.25万亿韩元，这项数据在2020年1月仅为2479亿韩元，增长率高达404.2%[①]。

以色列的金融科技行业非常发达，在纳斯达克的上市公司中，来自以色列的公司数量仅次于美国和中国。除了这些上市公司以外，以色列还有许多金融科技初创企业。以色列的智能投顾公司主要有两类。一类以B2B业务为主，为机构提供智能投顾“一站式”技术服务，如Bondit。Bondit成立于2012年，公司聚焦B2B业务，为机构提供智能投顾解决方案，是市场上少有的专注于固定收益领域的公司。另一类是为个人投资者提供服务的智能投顾平台，如eToro。eToro于2007年在以色列的特拉维夫成立，目前在英国、塞浦路斯、美国以及澳大利亚等国家都设有分公司。eToro成立之初只是一个在线外汇交易平台，目前已经发展成为交易外汇、商品、股票指数以及股票的全球最大的社交投资平台。eToro的特色在于：将社交软件与在线交易平台相结合，形成了一张全球投资者的网络，通过这个社交投资网络集合众人智慧，进而帮助投资者做出更精明的投资决策。

① 数据来源于http://www.koreaherald.com/view.php?ud=20210117000248。

第四节 智能投顾与传统投顾的对比

传统投顾主要是人工投资顾问通过与客户交流，以自身的从业经验和专业水平为基础，根据客户自身的财务状况和财务目标等为其提供定制的理财方案；智能投顾则通过数字技术为客户提供自动化的在线服务。传统投顾与智能投顾在服务人群、投资门槛、服务模式及管理费用等多个方面均有明显区别。

第一，目标客户不同。从服务人群来看，传统投顾主要为高净值客户提供投资顾问服务；而智能投顾虽然覆盖高、中、低收入人群，但目标客户以中、低收入人群为主。

第二，起投门槛不同。从投资门槛来看，传统投顾的服务门槛极高，美国大部分资产管理公司的传统投顾服务门槛在百万美元以上，国内的私人银行服务门槛普遍达到几百万元人民币[①]；而智能投顾的投资门槛极低，许多智能投顾平台甚至没有设置最低投资金额，较低的投资门槛和管理费用使得传统投顾难以覆盖的中产客户和长尾客户也能享受

---

① 杨越非，等．智能投顾在中国[R]．北京：埃森哲，2018.

到专业化、个性化的投顾服务。

第三，服务模式及内容有差异。从服务模式和内容来看，传统投顾通常是一对一的人工服务，根据客户的整体财务状况，为客户提供全方位的财富管理服务；智能投顾应用数字技术，通过互联网开展自动化的线上服务，主要为客户提供自动化、个性化的资产配置建议和投资组合管理服务，通常直接呈现给客户的是一个投资组合。

第四，投资标的的资产类别不同。传统投顾的资产配置囊括全球大部分资产类别；而智能投顾的投资标的虽然涵盖多种资产类别，但是以 ETF 和基金为主。

第五，投资方法存在差异。传统投顾更加注重以基本面、技术面、政策面为主的定性分析；智能投顾则以量化投资为主要方式，通过定量分析以及标准化的算法进行投资决策。

第六，管理费用不同。传统投顾的平均年化管理费率高达 1%~3%，而目前市场上智能投顾的年总费率多数在 0.2%~1.5%。智能投顾的 C 端收入主要来自其收取的咨询管理费，因为投资策略基于算法自动生成，规模效应明显，边际成本极低，所以其管理费用较低。

第七，风险程度不同。从风控角度来看，传统投顾容易受到人工顾问主观情绪的影响，且存在一定的道德风险；而智能投顾应用数字技术自动构建投资组合模型，严格遵守理论和风控标准。

第八，监控效率不同。传统投顾主要依赖人工方式，对投资组合的监控容易产生滞后问题；智能投顾则可以全天候监控投资组合，其操作便利性和时效性都明显强于传统投顾。

第九，投资收益来源不同。在传统投顾中，人工投顾的投资策略差别较大，投资结果取决于人工顾问的经验和水平，投资目标既追求 Alpha 收益，也追求 Beta 收益；而智能投顾不追求过高的 Alpha 收益，以赚取市场 Beta 收益为主。

第十，服务效率不同。传统投顾主要通过线下模式服务客户；智能投顾多以数字化、线上化的方式服务客户，操作流程简单清晰，能够提供实时的全天候服务，在服务效率上要高于传统投顾。

综合来说，智能投顾借助数字技术，降低了投资顾问服务的成本，实现了投资咨询服务的批量处理，能够大规模地提供定制化投顾产品，扩大了客户服务范围，能够为广大中、低净值客户提供便于操作的低门槛、低费用定制化投顾服务。智能投顾的出现弥补了人工投顾的不足，与传统投顾形成互补。智能投顾解决了传统投顾服务费用高、覆盖面小的问题，在一定程度上满足了不断增长的中、低收入人群的财富管理需求（见图 1 -4）。

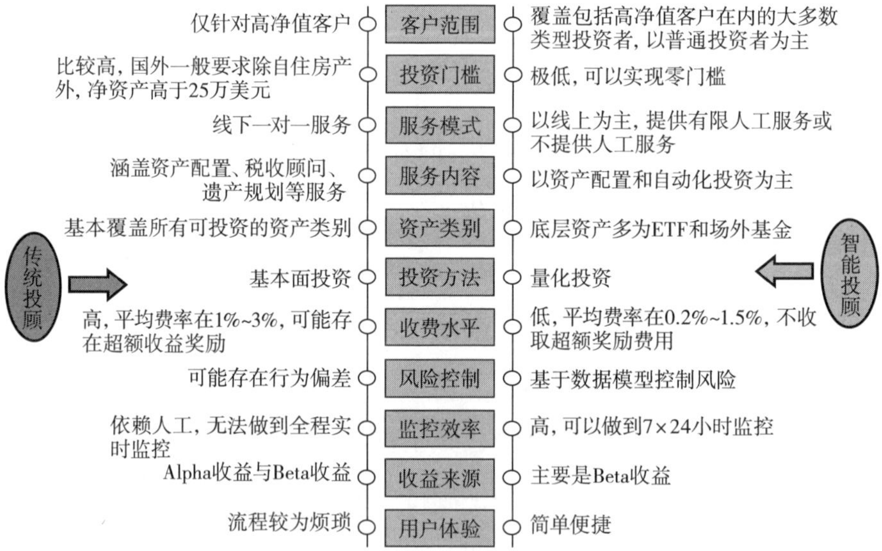

图 1 -4　传统投顾与智能投顾的对比

资料来源：本书编写组根据公开资料整理。

第二章

国际智能投顾发展情况

第一节 国际智能投顾发展概述

近些年，国际智能投顾市场发展迅速，根据 Statista 数据，2020 年全球智能投顾资产管理规模超过 9874 亿美元，预计 2020—2024 年全球智能投顾资产管理规模复合年均增长率（CAGR）约为 26%，在 2024 年将达到 24872 亿美元。在用户数量上，使用智能投顾服务的投资者数量在过去三年内增长近 5.5 倍，且在 2023 年将进一步翻倍超过 1.4 亿人。

就各个国家和地区而言，美国在智能投顾领域处于领先地位，在全球智能投顾市场占据 75% 左右的市场价值。如图 2－1 所示，美国智能投顾资产管理规模在 2020 年达到 7655.10 亿美元，预计 2020—2023 年管理资产的复合增长率为 20.1%，到 2025 年总金额为 19132.16 亿美元。如图 2－2 所示，到 2025 年，美国智能投顾市场用户数量预计将达到 1611.3 万人，渗透率达到 4.70%。

如图 2－3 所示，2020 年中国的智能投顾市场资产管理规模达到 767.17 亿美元，位列全球第二；紧随其后的是英国和德国，智能投顾市场资产管理规模分别达到 180.24 亿美元和 94.87 亿美元。根据 Statista 的预测，2024 年，中国智能投顾用户将大幅增长至 2. 32 亿人。

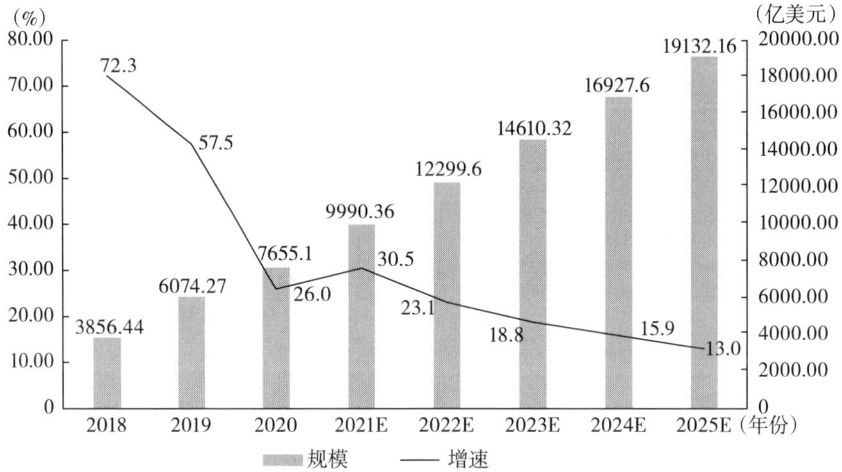

图 2－1　2018—2025 年美国智能投顾资产管理规模及增速

资料来源：本书编写组根据 Statista 公布数据整理。

注："E" 代表预测数据。

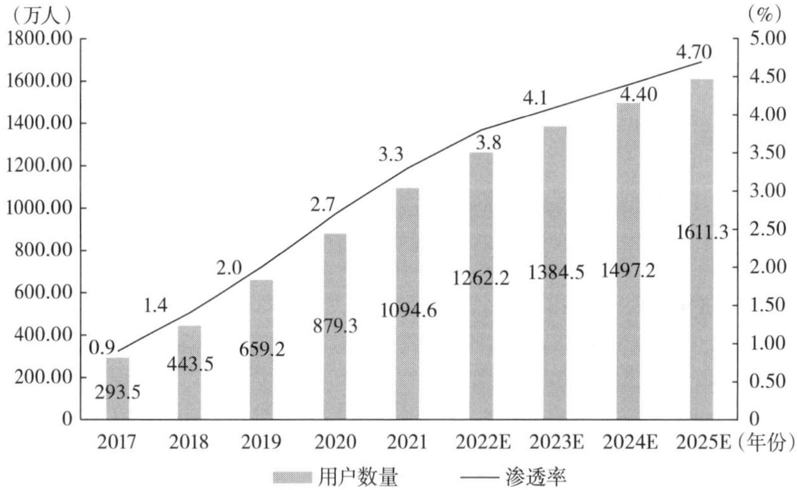

图 2－2　2017—2025 年美国智能投顾市场用户数量和渗透率

资料来源：Statista。

注："E" 代表预测数据。

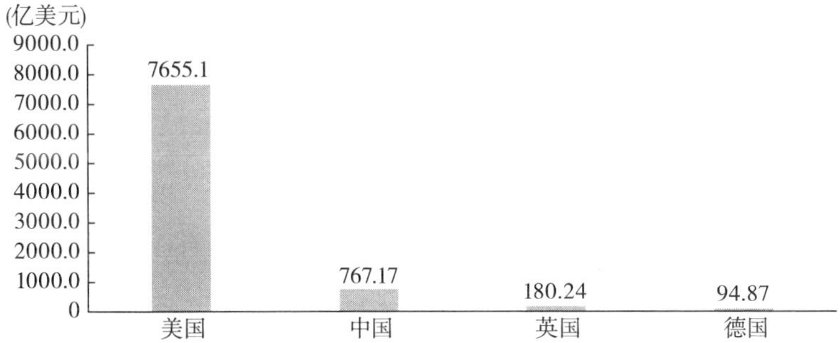

图 2－3　2020 年各国智能投顾市场资产管理规模

资料来源：Statista。

第二节 国际智能投顾兴起的背景

2007 年以来，随着国际金融危机的爆发，部分发达国家投资者的投资理念发生了转变。在金融危机中，美国市场几乎所有主动管理类的金融产品都遭受了不同程度的损失，因此被动投资的理念逐渐深入人心。与此同时，计算机的大规模普及将人类带入信息化时代，互联网的普及将以往固定、机械、烦琐的工作程序化、标准化。金融危机后，金融科技迅速发展，为整个行业业务效率的提高提供了技术支撑。被动投资理念的流行和金融科技的蓬勃发展为智能投顾的出现与发展提供了优渥的土壤。

一、被动投资逐渐兴起，为智能投顾的出现提供了市场机遇

海外智能投顾兴起的背景之一就是被动投资工具的不断丰富，这为智能投顾实现大类资产配置提供了充足的底层资产。金融危机前后，被动投资类型的金融产品数量和规模呈爆发式增长，其中的代表就是 ETF 基金和指数型基金。美国 ETF 基金的数量从 2008 年的 728 只增长至 2019 年的 2096 只，ETF 基金的资产规模从 2008 年的 5310 亿美元一路

飞升至 2019 年的 43960 亿美元（见图 2－4）。美国指数型基金的资产规模从 2008 年末的 6190 亿美元攀升至 2020 年末的 48070 亿美元。

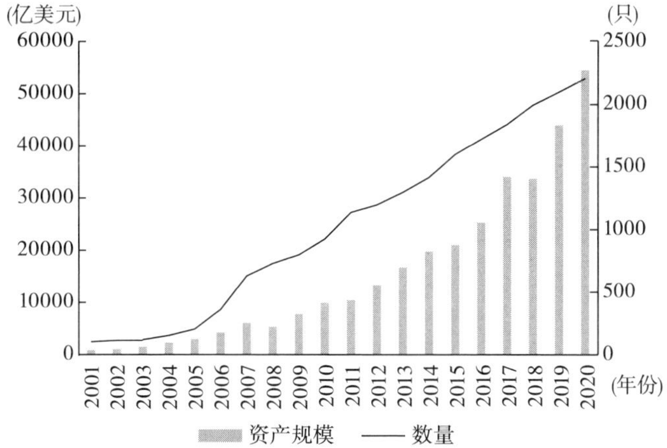

图 2－4 2001—2020 年美国 ETF 基金数量与资产规模

资料来源：本书编写组根据 Wind 公布数据整理。

从不同类型基金资金流向来看（见图 2－5），2008 年后大量资金流入交易所交易基金（ETF）和指数型基金，它们贡献了绝大部分的基金资金净流入。从指数型基金占美国股票市场的比例来看（见图 2－6），2007 年指数型基金在美国股票市场的占比仅为 5%，这一比例在 2019 年大幅提升至 15%。随着 ETF 和指数型基金等被动投资工具的蓬勃发展，如何选择被动投资工具成为投资者面临的难题之一，而这一难题催生了智能投顾的市场需求。从美国指数型基金的资金来源来看，2020 年其约 45% 的资金来自养老金账户，而养老金账户恰恰是智能投顾企业的重要客户之一（见图 2－7）。

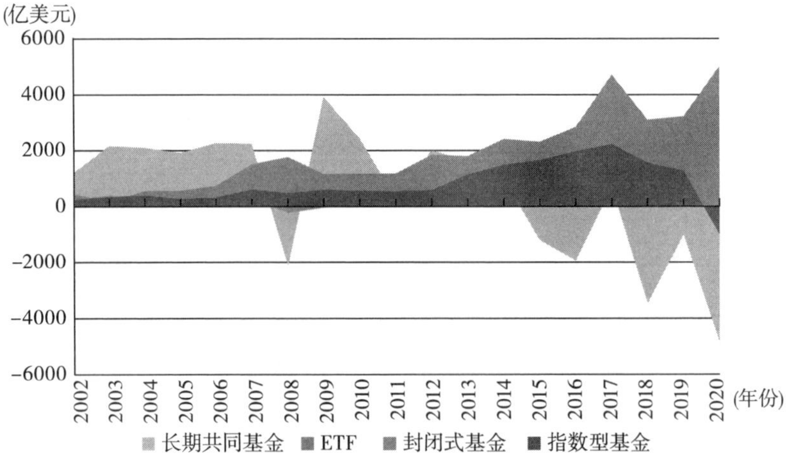

图 2－5　2002—2020 年美国不同类型基金资金净流入

资料来源：本书编写组根据 Wind 公布数据整理。

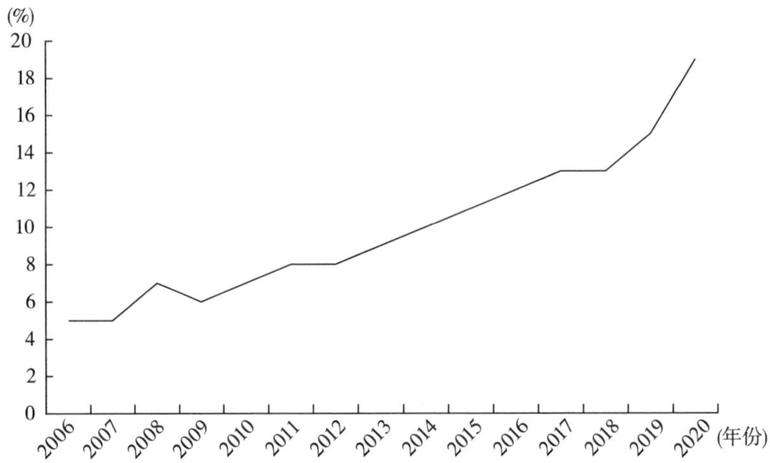

图 2－6　2006—2020 年指数型基金在美国股票市场的占比

资料来源：本书编写组根据 Wind 公布数据整理。

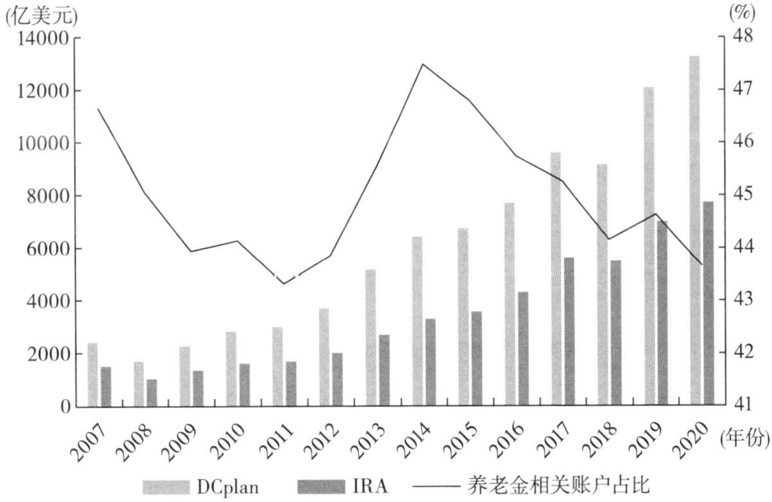

图 2－7　2007—2020 年美国指数型基金中养老金投资规模及占比

资料来源：本书编写组根据 Wind 公布数据整理。

二、金融科技的飞速进步，为智能投顾的出现提供了技术保障

2008 年国际金融危机后，主要发达国家纷纷加强了对金融机构的监管，控制金融机构的杠杆率，以避免金融危机再次发生。随着金融监管的加强，金融机构开始从内部提高运营效率，降低成本，挖掘新的业务增长点。金融机构的业务场景中相当一部分是高度标准化、操作机械化的，可以进行程序化替代，从而提高运营效率。大数据、云计算、人工智能、算法交易等技术的快速迭代为金融机构的数字化变革带来了深远影响，技术的不断进步能够为金融机构智能投顾的发展提供强大的技术支撑。进入 21 世纪以来全球金融科技公司成立数量概况见图 2－8。

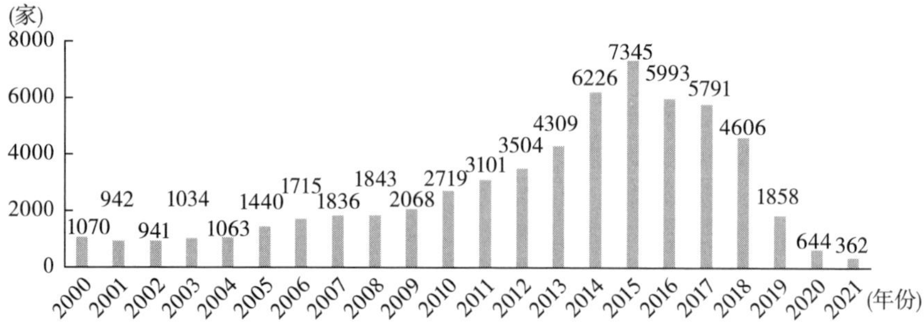

图 2－8　2000—2021 年全球金融科技公司成立数量概况

资料来源：本书编写组根据金融科技工作平台公布数据整理。

近年来，金融科技已经成为各界关注的焦点。科技企业和金融机构纷纷加大对金融科技的投入力度，金融科技领域的投融资规模不断扩大。2010—2012 年，全球金融科技企业投融资规模每年不足百亿美元；而 2018—2020 年，全球金融科技企业投融资规模每年均在千亿美元级别，短短十年间金融科技企业的投融资规模实现了量级上的飞跃，见图 2－9。

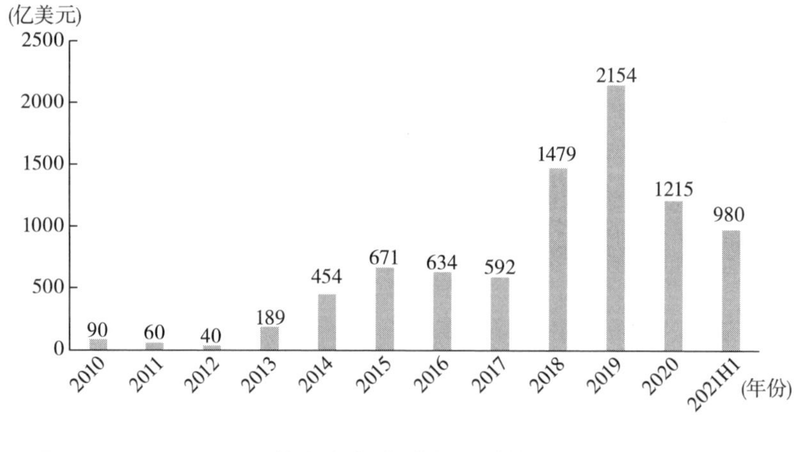

图 2－9　2010—2021 年上半年全球金融科技企业投融资规模

资料来源：本书编写组根据 Statista 公布数据整理。

金融机构受疫情影响开始远程办公，而由此催生的新场景为金融科技的发展注入了新的动力。数据显示，2021 年上半年美国金融科技企业融资金额较大的是证券与资管、保险与保险科技两大赛道（见图2－10）。按照金额统计，2021年上半年美国金融科技企业融资轮次集中在C轮和C轮之后（见图2－11）。

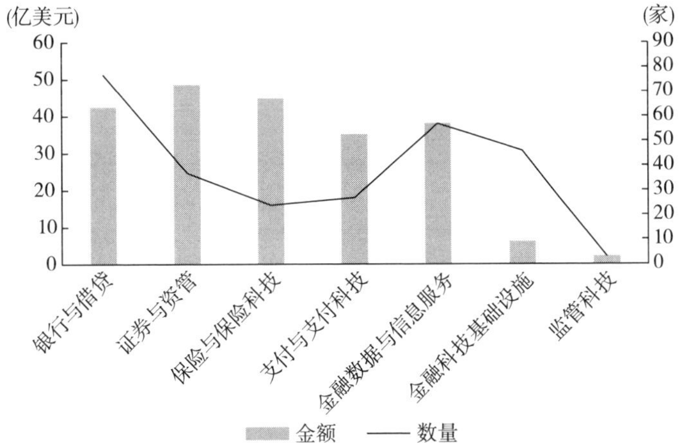

图2－10　2021年上半年美国金融科技企业融资概况

资料来源：本书编写组根据未央网公布数据整理。

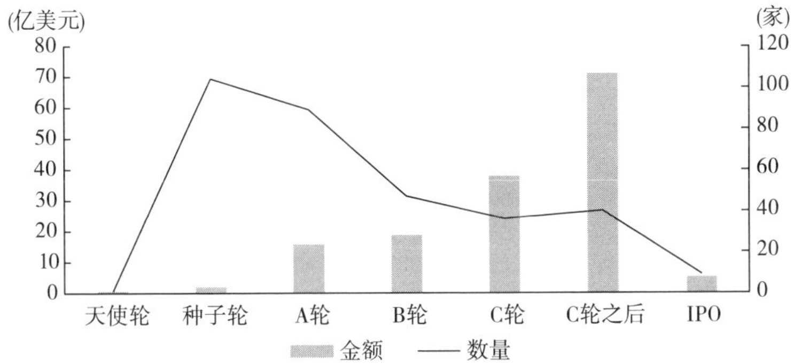

图2－11　2021年上半年美国金融科技企业融资轮次概况

资料来源：本书编写组根据未央网公布数据整理。

2021年上半年中国金融科技企业的融资情况如图2－12、图2－13所示。与美国稍有不同的是，中国金融科技企业的融资集中在金融数据与信息服务、银行与借贷领域。按照金额统计，2021年上半年中国金融科技融资轮次集中在 C 轮之后。

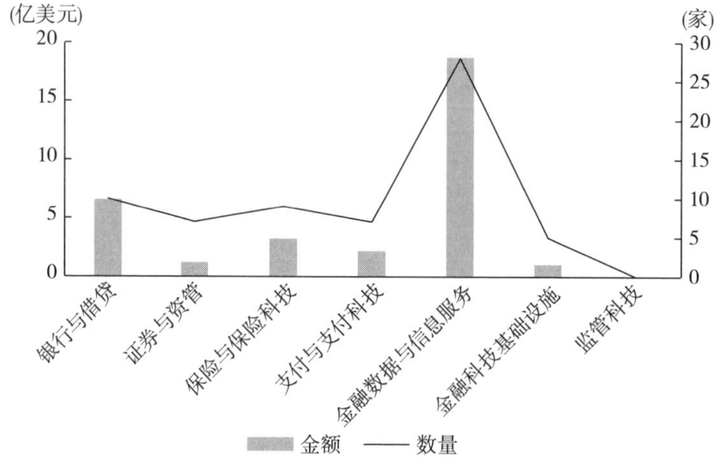

图 2-12　2021 年上半年中国金融科技企业融资概况

资料来源：本书编写组根据未央网公布数据整理。

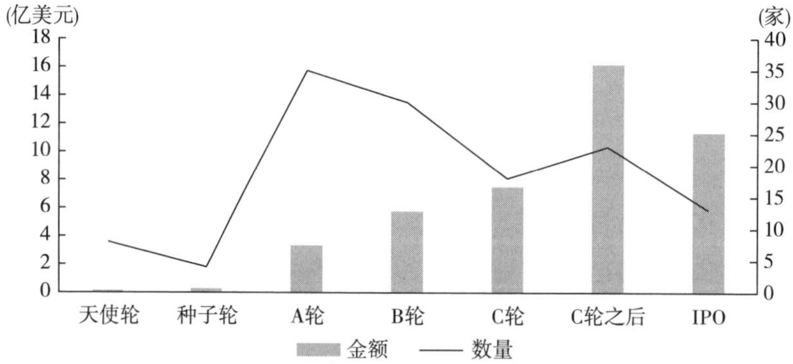

图 2-13　2021 年上半年中国金融科技企业融资轮次概况

资料来源：本书编写组根据未央网公布数据整理。

金融科技的不断发展为智能投顾的出现和进步奠定了基础，并且其仍将是智能投顾这一商业模式继续创新发展的原动力。

三、客户投资理财需求旺盛，但传统投顾服务难以覆盖

以美国市场为例，美国个人投资者的投资理财需求增长十分迅速。美国个人投资者的投资理财在很大程度上依赖于各类养老计划，其中缴费确定型计划（Defined - Contribution Plan，DC Plan）需要参与缴纳养老金的员工自主进行投资。

截至2020年底，美国与养老金相关的资产规模已经超过35万亿美元的水平，其中美国DC Plan的资产规模达到9.6万亿美元，个人退休账户的资产规模达到12万亿美元。在DC Plan中，最普遍的产品类型是401（k）计划，截至2020年末，401（k）计划的资产规模约为6.73万亿美元，占整个DC Plan的69.58%。

养老金投资的整体风格既强调风险控制，又强调成长性。因此，其大类资产的配比比较稳定，整体上投资流程标准化程度较高，为智能投顾的出现提供了广阔的市场机遇。以DC Plan为例，美国DC Plan的资产配置结构较为分散，股债比例多年稳定在60%和40%左右。其中，DC Plan国内股票的比例较高，长期稳定在40%以上，如图2-14所

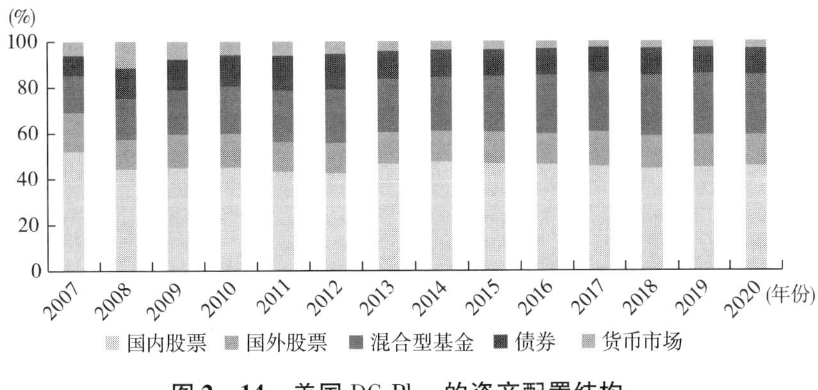

图2-14 美国DC Plan的资产配置结构

资料来源：本书编写组根据ICI公布数据整理。

示。养老金的多元化配置为智能投顾的产生提供了非常充分的条件。

此外，传统投顾的服务效率较低，因此仅面向高净值人群。如图2－15所示，美国客户资产规模与其投顾费率呈明显的负相关。资产规模在5万~10万美元的客户，其投顾业务平均费率为1.18%，而资产规模在2000万美元以上的客户，其投顾业务平均费率为0.59%，这表明资产规模较小的客户受到了一定的价格歧视，不仅投顾业务费率较高，获得的服务内容也少于高净值客户。

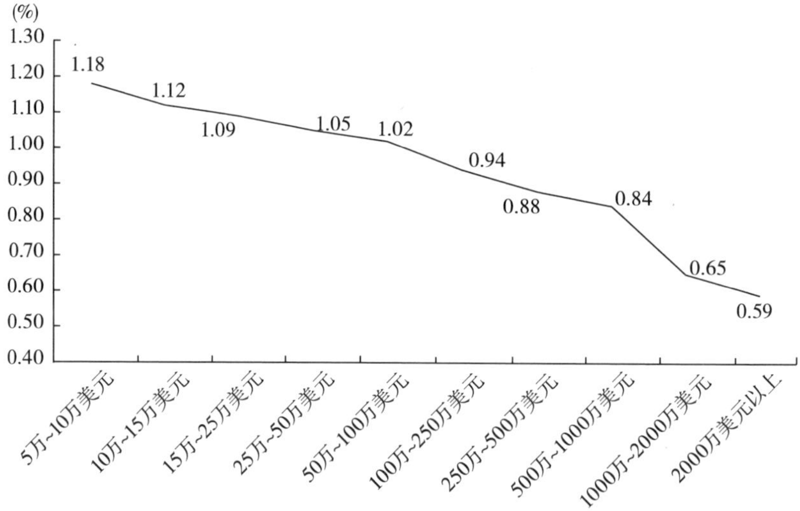

图2－15　美国不同客户群体投顾业务平均费率

资料来源：本书编写组根据Advisorhq公布数据整理。

第三节 国际智能投顾市场的特点

一、竞争格局

智能投顾行业的竞争格局基本稳定。在市场参与者中，智能投顾企业分为传统机构、大型理财及互联网公司、新创企业。传统机构包括银行、基金、券商、保险等；大型理财及互联网公司包括客户基础雄厚的大型资产管理公司和互联网公司等；新创企业包括刚成立的企业，以及客户基础薄弱的小型资产管理公司和互联网公司等。与新创企业相比，传统机构和大型理财及互联网公司的显著优势是获客渠道较好。前者没有坚实的客户基础，在开展 C 端业务时常常面临“获客难”的问题；后者已经拥有一定规模的客户群体，只要将老客户转化为智能投顾的新客户就可以实现资管规模的快速增长。此外，传统机构和大型理财及互联网公司在收入来源、业务牌照、充分了解你的客户（Know Your Customer，KYC）等方面也具有优势。因此，部分新创企业正逐步向 B 端业务转型，为其他机构提供技术支持。部分智能投顾企业的概况如表 2 – 1 所示，部分智能投顾企业截至 2021 年第一季度资产管理规模如图 2 – 16 所示。

表 2－1　部分智能投顾企业概况

企业类型	平台名称	成立年份	投资标的	费率
传统机构	Ally Financial	1919	ETF	0.3%/年
	BBVA Compass	1964	证券、保险及其他产品	0.75%/年
	Citizens Bank	1871	ETF	0.6%/年
	Fifth Third Bank	1858	固定收益、权益、现金、房地产	0.5%/年
	Prudential	1848	固定收益、权益、房地产	0
	Wells Fargo	1852	固定收益、权益、现金、房地产	0.35%/年
	TD Ameritrade	1975	股票、ETF、期权	0.3%/年
	Morgan Stanley	1931	ETF、公募基金	0.35%/年
	Axos Invest（曾用名：WiseBanyan）	2000	债券、股票、现金	每年 2/10000 美元
	USAA	1922	ETF	0，一对一咨询额外收费
大型理财及互联网公司	E* TRADE	1982	债券、股票、ETF、公募基金	0.3%/年
	Fidelity	1946	债券、股票	10000 美元以下，费率为 0； 10000～49999 美元，费率为 3 美元/月； 50000 美元及以上，费率为 0.35%/年
	Interactive Brokers	1978	股票、ETF	0.08%～1.5%/年
	Charles Schwab	1971	固定收益、权益、现金、衍生品	0，支付 ETF 的运营费用
	Vanguard	1975	ETF	每年 4.5/3000 美元
	Zacks Advantage	1992	ETF	—
	TIAA	1918	社会责任投资、主动或被动投资、自行构建投资组合	0.3%/年

续表

企业类型	平台名称	成立年份	投资标的	费率
新创企业	Acorns	2014	债券、股票、ETF	1 美元/月、3 美元/月、5 美元/月
	Betterment	2010	债券、股票	0.25%/年
	Ellevest	2014	债券、股票、ETF	1 美元/月、5 美元/月、9 美元/月
	IQvestment		ETF	9.95 美元/月
	Personal Capital	2009	股票、ETF	对私人客户： 300 万美元以下，费率为 0.79%/年； 300 万~500 万美元，费率为 0.69%/年； 500 万~1000 万美元，费率为 0.59%/年； 1000 万美元及以上，费率为 0.49%/年
	SigFig	2012	债券、股票	0.25%/年
	SoFi	2011	ETF	0，支付 ETF 的运营费用
	Wealthfront	2008	指数基金	0.25%/年
	Wealthsimple	2014	ETF	0.5%/年
	FutureAdvisor	2010	债券、股票	0.5%/年
	Merrill Edge	2010	ETF、公募基金和相关资产	0.45%/年

资料来源：本书编写组根据公开资料整理。

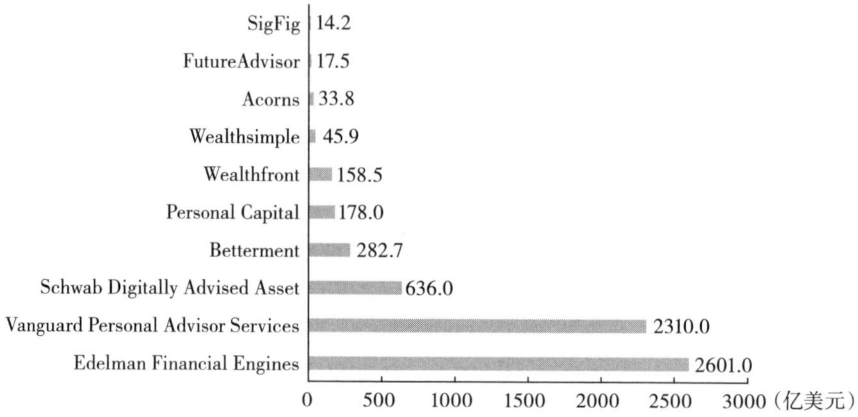

图 2-16 部分智能投顾企业截至 2021 年第一季度资产管理规模

资料来源：本书编写组根据 Statista 公布资料整理。

二、服务模式

（一）线上投顾

线上投顾通过完全数字化的访问方式和渠道完成服务，如网页、App 客户端等。具体来说，线上投顾通过计算机算法为不同客户提供定制化的资产组合建议，并根据市场变化完成自动化的投资组合再平衡。线上投顾平台的业务流程包括客户在线测评、形成定制化投资方案、连接账户完成资产托管、后续跟踪调仓等（见图 2-17）。

美国金融业管理局将智能投顾的核心服务流程划分为七个部分（见图 2-18），分别是客户画像、资产配置、组合构建、交易执行、再平衡、税收收割和业绩分析。通常情况下，美国市场常见的智能投顾至少能够通过数字化手段完成七个核心流程的一项。

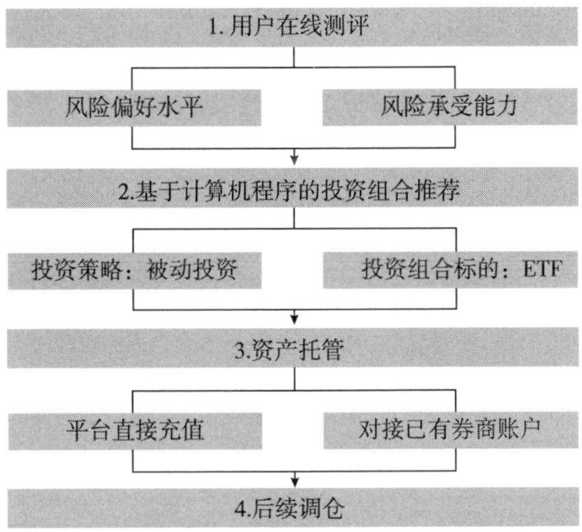

图 2－17　线上投顾业务流程

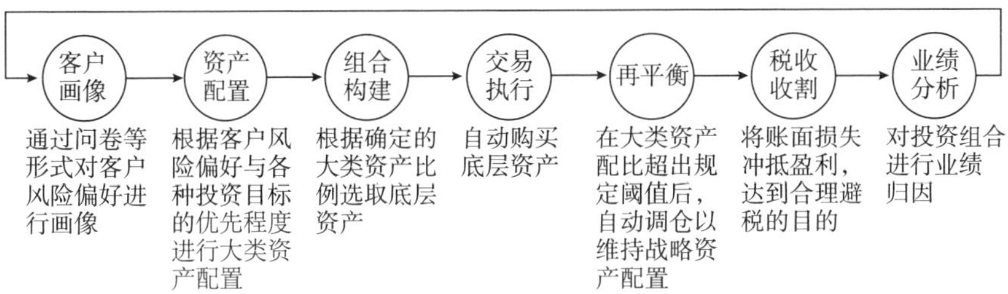

图 2－18　智能投顾核心服务流程

（二）混合型投顾

线上投顾提供的规模化、自动化理财服务降低了投顾服务的门槛，满足了中低端收入群体的最基本财富管理需求。但是由于人工顾问在服务的舒适度和接受度方面具有一定优势，很多投资者仍然存在对人工投顾的需求，许多资产管理机构推出了介于传统投顾与智能投顾之间的混合型投顾。相比于传统投顾，混合型投顾虽然也提供人工投顾服务，但是投资门槛低，费用明显下降。混合型投顾兼具传统投顾和智能投顾的优点，进一步满足了不同层级投资者的需求。

混合型投顾的主要客户为中产阶级群体。混合型投顾结合算法和人工为其提供资产管理服务，填补了传统投顾服务与智能理财服务之间的空白。在这种模式下，人工投顾能够借助数字化工具，根据客户群体和财务需求的复杂性有效地提供服务；而投资者也可以通过智能平台“一站式”访问自己的账户，追踪财务目标实现进度和投资头寸，更有效地与投顾进行互动。目前混合型投顾主要有以下两种“混合”服务模式。

一种是“线上完整投顾 + 线下人工服务”模式。在这种模式中，客户除了可以享受线上投顾的所有服务外，还能在线下与人工理财师进行沟通，获得与财务相关的指导，从而进行财务规划和资产配置。这种服务模式能够结合智能投顾与人工投顾的优点，为客户提供更加个性化、更加有温度的服务。该模式仍以线上投顾为主，在客户存在超出智能投顾服务范围的需求时，引入人工投顾。采用这种模式的典型代表是嘉信推出的嘉信智能组合等。

另一种是“线上投资 + 线下顾问服务”模式。该模式主要通过智能投顾工具赋能投资顾问，提高投资顾问的服务效率，将线上平台工具和线下咨询服务相结合。在客户端，用户可以直观地通过网页、App 获取账户的详细信息，并使用相关工具对账户进行操作；在顾问端，有了智能投顾工具的赋能，顾问可以更加便捷、更加有效地为客户提供资产配置、风险管理、财务规划和投资者教育等服务。采用这类服务模式的典型代表有 Wealthsimple Generation、VPAS 和 Fidelity Go。

三、客户分类

从客户类别角度来看，智能投顾公司可以划分为 C 端、B 端、C + B 端三种。

C 端智能投顾公司直接服务个人投资者。能否拥有获客渠道是这类公司面临的首要问题，拥有客户资源的传统机构和大型理财及互联网公司在这方面颇具优势，而客户基础薄弱的新创企业常面临“获客难”的问题。因此，传统机构和大型理财及互联网公司普遍以 C 端业务为主，而新创企业一般不只有 C 端业务。

B 端智能投顾公司主要为机构提供服务。B 端的服务方式主要有两种。一种是线上为机构提供智能投顾技术支持，帮助机构建立智能投顾系统。比较普遍的业务模式是公司将机构要求的底层资产融入其研发的投资组合模型，再加入机构所需的投资标的静态数据和动态数据，封装成提供 API 接口的模块。机构在输入客户画像所需的投资者特征数据之后，API 接口返回适合该投资者的资产组合建议。另一种是线下为机构投资顾问团队提供培训，帮助投资顾问利用智能投顾提高服务效率和质量。虽然机构普遍配备线下投顾团队，但投资顾问不理解智能投顾原理，难以清晰解答客户疑问。因此，智能投顾公司对投资顾问进行线下培训，让投资顾问了解智能投顾系统，保证投资顾问全面解答客户疑问。此外，B 端智能投顾公司也可以作为平台，聚拢业界的独立投资顾问通过平台为投资者提供服务。

C + B 端智能投顾公司既开展 C 端业务，也发展 B 端业务。此时，公司的 C 端业务在直接服务个人投资者的同时，兼具为其 B 端业务测试产品效果的功能。原因在于公司即使服务 B 端，也是通过 B 端服务个人投资者，所以及时了解客户对产品效果的反馈有利于提高 B 端服务质量。

四、收入来源

智能投顾公司的收入可以分为客户端收入和产品端收入，其中客户端收入又可以分为C端收入和B端收入。

（一）客户端收入

1. C端收入

理论上，开展C端业务的公司可以获得以下两种收入。一是资产管理费。根据客户委托管理的资产规模，平台收取一定比例的管理费。二是业绩提成。平台在为客户获得超过预先约定的盈利之后收取业绩提成。目前，以资产管理费为代表的C端收入是美国智能投顾公司的主要收入来源。

2. B端收入

理论上，开展B端业务的公司可以获得以下三种收入。一是技术服务费。智能投顾公司为机构提供技术支持，收取一次性或每年固定的技术服务费。目前，这是开展B端业务的智能投顾公司主要的收费方式。二是流量费。智能投顾公司为机构提供服务之后，根据机构的智能投顾资管规模收取一定比例的费用，资管规模大则流量费多，反之亦然。虽然很多智能投顾公司希望收取流量费，但机构普遍倾向于以技术服务费替代流量费，尤其是资管规模较大的大型机构。三是业绩提成。如果智能投顾公司提供的投资组合在收益率、最大回撤等指标上的表现优于预先约定的标准，则该公司收取业绩提成。

（二）产品端收入

从产品端来看，公司可以从以下三方面获取收入。一是大型金融机构为客户配置的一部分底层资产是自己的产品，从而获取底层资产收入。二是一些智能投顾公司帮助金融机构出售产品，获得销售分成，比如基金代销、保险代销等。三是利差收入。智能投顾公司以批发价购买金融产品，再以稍高的价格出售给客户，从而赚取利差。

五、市场情绪

2020年，新冠肺炎疫情对全球经济产生了强烈冲击，许多行业在疫情下表现疲软，但智能投顾行业保持着良好的增长势头。新冠肺炎疫情的传播以及随之产生的经济动荡，令投资者重新评估自身与市场的互动方式，拥有更强的投资意愿，而智能投顾的线上化、智能化特点令投资者足不出户就可以进行投资，满足其投资需求，因此受到了投资者的青睐。

智能投顾企业也在疫情中加强与客户的沟通，通过频繁的交流防止客户流失。Ellevest在新冠肺炎疫情暴发后立即采取行动，向客户共享资源，解答问题，召开免费研讨会，以加强投资者教育，树立投资者信心。Betterment在2020年3月和7月分别对投资者进行了调查，以观察投资者的日常生活状态和财务状况的变化。

从数据来看，大多数涉及智能投顾的主流企业，其资产管理规模都出现了增长（见图2－19），原因除了上述提到的新冠肺炎疫情引起的情绪变化外，还有人们的退休养老、子女教育储蓄、债务偿还等需求，进而促进新的投资者进入智能投顾市场。此外，部分增长是由客户从一家智能投顾平台转入另一家导致的。

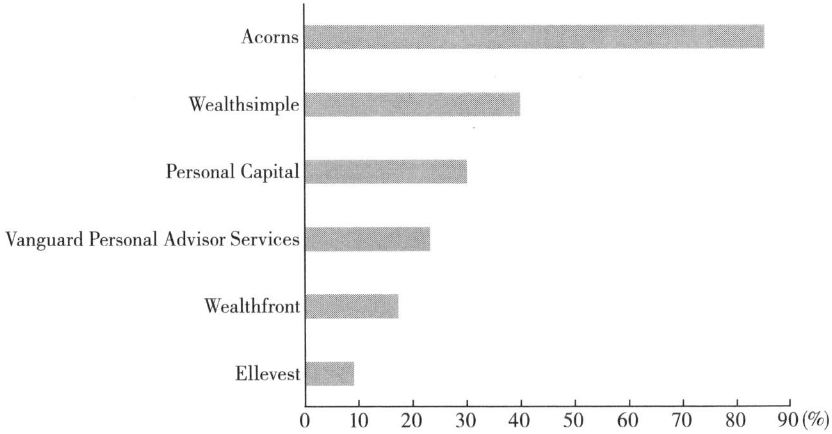

图2－19　2020年6月30日至12月31日部分智能投顾企业资产管理规模增长率

资料来源：本书编写组根据Investopedia公布数据整理。

六、行业整合

最初，智能投顾行业里以科技公司为主，平台凭借自身的技术优势通过互联网平台迅速发展，如最早一批的SigFig、Betterment、Personal Capital等都是科技公司。而随着智能投顾市场的不断扩大和财富管理需求的日益增长，传统金融机构也开始通过各种方式布局智能投顾。现在，除了有科技公司背景的智能投顾平台之间的竞争外，传统金融机构已经成为该行业中最具竞争力的对手。

作为新兴的商业模式，智能投顾公司与传统财富管理机构相比缺乏深厚的客户群体，并且其发展容易受到自身资金的制约，因此许多智能投顾平台逐渐被传统财富管理巨头收购。仅在2019—2020年，智能投顾领域就发生了多起智能投顾平台被大型资产管理机构收购的事件。

2019年8月，Capital One正式收购了总部位于华盛顿的智能投顾平台 United Income。不同于其他智能投顾平台，United Income 主要提供退休基金投资方面的投资建议，目标客户群体为 50～70 岁、即将或者已经退休的老年人。平台曾于 2017 年计划推出针对老年投资者的服务，旨在帮助退休人员将资产转化为退休收入。

2019 年 11 月，嘉信以总值约 260 亿美元的全股票交易收购了竞争对手德美利证券（TD Ameritrade）。通过合并，嘉信可以通过更多的方式交叉销售产品和服务，进而拓展其智能投顾服务范围，为客户提供更多的服务。

2020 年 2 月，摩根士丹利（Morgan Stanley）宣布将以 130 亿美元的价格收购折扣券商亿创证券（E* TRADE），此次收购通过换股的方式进行，E* TRADE 的股东以每股折换 1.0432 股摩根士丹利的股票①。此次收购填补了摩根士丹利在产品和服务方面的空缺，增强了自身的数字化能力，并使其能够将更多个人投资者纳入客户群体。

2020 年 4 月，运营了 10 年的 Motif Investing（以下简称 Motif）平台宣布关闭平台所有交易并停止运营，所有账户将转移至 Folio Investing。尔后几周，嘉信宣布将收购 Motif 的技术部门，包括 Motif 先前拥有的源代码、专利和算法等，以及 Motif 的创始团队。在上线的最初几年，Motif 的发展十分迅速，曾在 2014 年美国 CNBC 评选的“50 家年度最具颠覆性的企业”中排名第四，甚至超过了 GitHub 和 Uber。Motif 的“由盛转衰”或许暗示了许多小型金融科技公司面临的生存困境，这背后固然有公司自身的因素，但也印证了智能投顾行业正处于变革之中。

2020 年 8 月，Empower Retirement（以下简称 Empower）以高达 10

① 数据来源于摩根士丹利网站 https://www.morganstanley.com/press-releases/morgan-stanley-to-acquire-e-trade。

亿美元的企业价值收购的方式完成了对 Personal Capital 的收购，其中包括 8.25 亿美元的完成交易和 1.75 亿美元的计划增长。收购完成后，Personal Capital 成为 Empower 的全资子公司。Empower 的总裁兼首席执行官埃德蒙·F. 墨菲三世（Edmund F. Murphy Ⅲ）表示，这次收购将助力 Empower 由退休服务公司向提供全面财务计划的集成平台发展。

除了被收购以外，还有一些特色平台并没有因为其独特之处而持久经营下去，最终黯然离场。2018 年 8 月，刚刚成立 10 周年的 Hedgeable 决定关闭其管理账户，并进行重组，其拥有的 1700 多名客户将转介给公司的托管机构 Folio Investments。作为智能投顾的先驱企业，Hedgeable 遵循动量策略，通过比特币公司 Coinbase 和风险投资基金提供比特币。Hedgeable 虽然很早就进入了市场，而且具有独一无二的特点，却最终步入关门歇业的窘境。这在一定程度上说明，在智能投顾领域，想要脱颖而出并不是一件容易的事情。

虽然很多资管巨头在陆续推出智能投顾业务，但也有一些机构反其道而行之，在经历了短暂的运营之后就关闭了智能投顾平台。瑞士银行巨头瑞银集团（UBS）在 2018 年 8 月宣布关闭旗下智能投顾平台 SmartWealth，而这距离 2016 年 11 月 SmartWealth 在英国推出也才过去不到两年的时间。实际上，在短暂的运营时间，SmartWealth 业绩还算不错，但是经过综合考量之后，UBS 觉得平台潜力有限，因此关停了平台，并将 SmartWealth 的相关知识产权出售给了自身占有股份的美国智能投顾公司 SigFig。瑞银集团表示，企业未来的重点将会放在投资顾问主导的财富管理业务，但与现在许多资产管理机构希望通过发展智能投顾来覆盖更多的长尾客户不同，想要成为瑞银集团的客户至少需要具有 200 万英镑以上的资产规模。

无论是收购还是停摆，可以说智能投顾行业的整合重组，从来不是智能投顾行业内部的事情，而是伴随甚至推动着整个资本管理行业的变革。部分智能投顾收并购事件见表2－2。

表2－2　部分智能投顾收并购事件

时间	收购方	被收购方
2021年3月	Betterment	Wealthsimple
2021年3月	Aion Bank	Etfmatic
2020年8月	Empower Retirement	Personal Capital
2020年4月	嘉信理财	Motif Investing
2020年2月	摩根士丹利	亿创理财
2019年11月	嘉信理财	德美利证券
2019年8月	Capital One	United Income
2019年3月	Axos Financial	WiseBanyan
2018年11月	Moneyfarm	Vaamo Finanz AG
2018年8月	Folio Investments	Hedgeable
2018年8月	SigFig	瑞银集团（UBS）
2016年5月	Hauck & Aufhauser	easyfolio
2016年4月	Ally Financial	TradeKing
2015年12月	Sogo Financial Group, Inc.	MarketRiders
2015年8月	贝莱德	FutureAdvisor

资料来源：本书编写组根据公开资料整理。

七、客户特点

东北证券在其报告《智能投顾，财富管理业的新变革即将来临》中指出，从调研结果来看，39岁以下群体中，超过70%的人愿意使用智能投顾服务，远高于其他年龄段的受访者。另外，调查显示，年龄越小的受访者越愿意通过智能投顾来打理自己50%以上的资产。70%的30岁以下受访者愿意使用智能投顾管理自己50%以上的资产，而对于

60岁以上的受访者来说，这一数值仅为47%（见图2－20、图2－21）。可以看出，年轻一代对于智能投顾的接受程度明显更高。

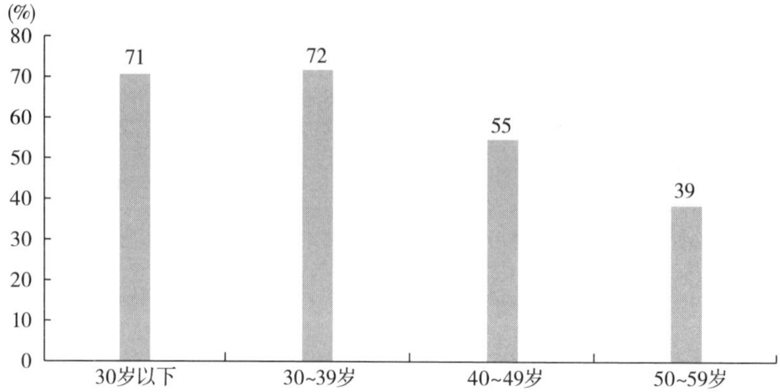

图2－20　各年龄段愿意使用智能投顾服务的程度

资料来源：东北证券，Capgemini。

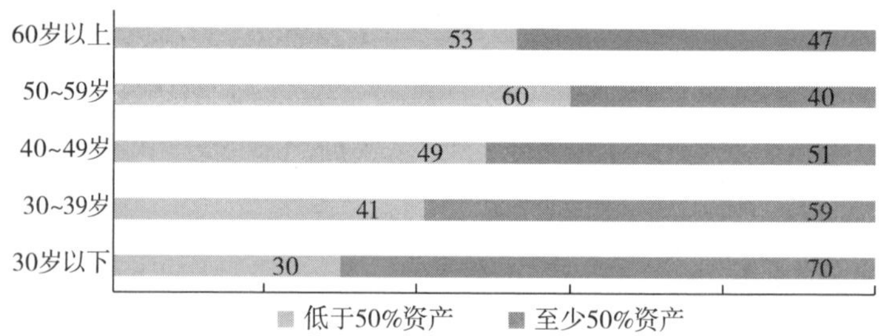

图2－21　不同年龄群体愿意配置智能投顾比例（%）

资料来源：东北证券，Capgemini。

Statista曾在2018年进行过一次关于智能投顾的用户调查，调查结果如图2－22所示。其中，有17%的受访者表示自己是美国的智能投顾使用者或有意愿使用，在这部分人群中有42%的用户属于高收入群体，38%的用户是城镇居民，65%的用户年龄在30～49岁①。

① Global Consumer Survey[R]. Statista,2018.

除了智能投顾外，大多数人还在使用其他的金融服务，如个人财务咨询、高级理财工具服务等。如图 2－23 所示，这类人群有意愿为优质的服务付费，因此他们对智能投顾有较高的接受度，这为智能投顾的捆绑销售奠定了基础①。

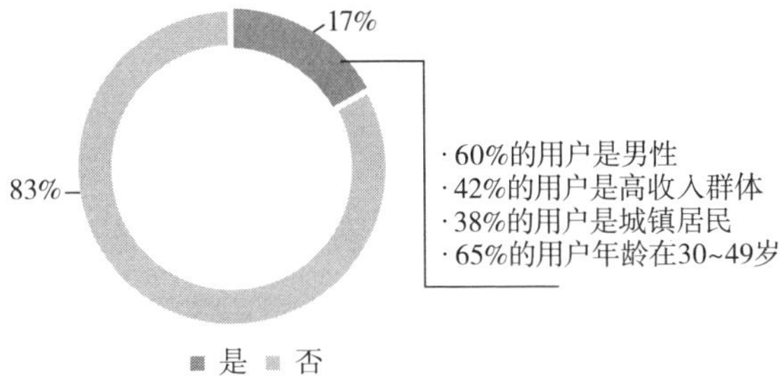

图 2－22　智能投顾用户群体特征

注："是"表示智能投顾使用者或有意愿使用；"否"表示非智能投顾使用者或无意愿使用。

资料来源：Statista。

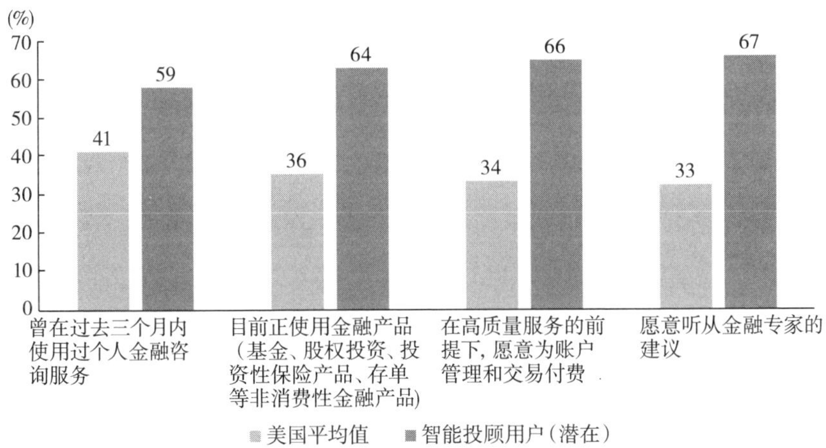

图 2－23　美国智能投顾用户与全民平均水平在金融观点和行为上的对比

资料来源：Statista。

① Global Consumer Survey[R]. Statista, 2018.

八、底层资产

在投资标的上，美国的线上投顾投资组合以 ETF 配置为主，但是许多平台也提供多市场（美国国内市场、国际发达市场、国际新兴市场等）、多品类（权益、固定收益、商品、现金等）的投资。

以美国为例，智能投顾的底层资产多数是 ETF。ETF 在证券交易所交易并且以跟踪某类目标指数为目的，是开放式基金的一种特殊类型，综合开放式基金和封闭式基金的优点，兼具低费用和流动性。ETF 能够使投资者迅速获得与某一指数相近的收益，规避个股特质风险，近年来深受市场欢迎。ETF 多数根据行业指数或热点话题构建，能够为投资者提供超越市场风险敞口的行业风险敞口，为其获取行业超额收益提供合适的底层资产。

智能投顾大多数追求综合市场收益、资产轮动和行业轮动的超额收益，避免个股或个券风险带来的极端损失。这一分散化的投资风格和稳健的投资目标决定了智能投顾的底层资产需要有合理的比较基准、同一属性但是分散的标的资产、比较高的流动性等特点，而 ETF 恰恰具备上述特点，因此美国智能投顾的底层资产有相当大的比例是 ETF。

第四节　国际智能投顾监管政策

智能投顾的出现从业态上改变了传统投顾的服务模式，大大降低了投资者获得投资咨询服务的门槛，提升了顾问服务的可得性。然而，在投资顾问商业模式数字化水平不断提升的背景下，原有的针对人工投顾的监管体系需要做出相应调整。美国智能投顾的发展处于世界领先水平，其监管体系在国际上相对成熟，可以为我国智能投顾监管体系的完善提供借鉴。

一、美国智能投顾的监管

在智能投顾大规模兴起的初期阶段，不同的智能投顾公司在商业运营模式、投顾服务等方面也不完全相同。例如，不同智能投顾公司人工投资顾问参与的程度各不相同。有的智能投顾公司人工投资顾问参与程度较低，大部分核心工作是直接通过机器完成的，如收集客户资料、分析整理并提供智能化投资建议等；有的智能投顾公司由人力投资理财师利用算法分析客户的投资需求，并在生成报告后与客户进行沟通并修改，人工参与程度较大。除此之外，在信息搜集上，有的智能投顾公司采用一次性采集调查问卷的形式，而有的智能投顾公司则是后期通过人工投资顾问跟进获取追加信息的。

SEC 的投资管理部与合规审查部根据《1940 年投资顾问法》中的条款，协同对智能投顾进行了长期的审查与监督。它们认为，相比于传统投顾，智能投顾的特殊性主要体现在运用智能算法推荐最优投资组合、通过互联网实现服务、较少的人工干预等方面。因此，智能投顾公司应该结合其新兴技术及投资理念，制定特定的审查条规来规范其商业运营模式，以履行该法案中的义务。

为了顺应智能投顾的浪潮，以及更好地保护投资者的利益，SEC 于 2017 年发布了《智能投顾监管指南》。该指南的发布对智能投顾的商业模式、算法、投资组合、信息披露等均起到了约束作用，SEC 的监管思路主要围绕下述三点：

第一，在向客户介绍关于主营业务及其他咨询服务时，应该披露的内容与注意事项；

第二，客户信息的搜集渠道，以及投资建议的合理性；

第三，是否针对机器生成的投资策略采取有效的审核程序，以符合监管、合规的需求。

二、欧盟智能投顾的监管

欧盟成员国众多，对其智能投顾的监管存在一定的复杂性。由于各个成员国之间智能投顾的发展处于不同的阶段，且存在差异，欧盟现有的监管规则中还没有针对智能投顾服务的监管要求。但是针对投资顾问业务，欧盟监管部门构建了较为明确的监管框架。总体来看，欧盟的投资顾问业务受到市场金融工具指令Ⅱ（Markets in Financial Instruments

Directive Ⅱ，MiFID Ⅱ）的约束。MiFID Ⅱ认为，投资顾问业务是在结合客户个人需求的个性化基础上，向客户提供或推荐投资建议及投资产品。同时，MiFID Ⅱ进一步引入了向客户提供独立投资建议的概念。在独立投资建议的前提下，MiFID Ⅱ不允许投资顾问接受来自第三方产品供应商就建议销售进行的付款行为。在MiFID Ⅱ定义下，只有同时满足交易与推介行为有关、推介行为考虑到客户个体的差异并展现了适当性、推介行为仅针对特定群体并未拓展销售渠道或面向社会大众、推介的对象是现有客户或潜在客户及其代理人等条件，才能够被认定为投资顾问。

根据MiFID Ⅱ相关规定，提供投资顾问业务的公司在提供投资建议时必须将如下信息告知客户：一是投资建议的性质及类型；二是投资建议是否具有独立性；三是投资建议的限制范围；四是投资建议是否包括后续的定期评估，如果包括，那么具体如何推进定期评估。

欧盟监管机构将智能投顾划归投资顾问业务下，因此智能投顾也受到MiFID Ⅱ的管理。在MiFID Ⅱ指令下，投资顾问业务属于投资服务。除了适用于豁免的公司以外，其他公司只有取得投资公司资质后才能开展投资顾问业务。MiFID Ⅱ第5条规定，开展投资顾问业务需要事先获得监管的许可。

MiFID Ⅱ第二章对投资公司提出了明确要求，投资公司应采取所有适当的措施避免与客户可能发生的利益冲突，并加强对投资者的保护。具体来看，MiFID Ⅱ从以下三个方面加强了对利益冲突的规避和对投资者的保护。

一是支付佣金的规则。MiFID Ⅱ严禁通过捆绑式佣金从卖方机构获取研究报告，使用第三方研究报告时必须向报告所有方付费。一些智能投顾公司的策略来源可能是第三方研究报告，因此在使用这些策略时，智能投顾服务提供商也需要支付相关费用，而不能简单地从交易佣金中扣除。

二是投资顾问的执行成本、执行速度等。现实中，一些智能投顾公司会优先使用自己的平台进行交易，而其平台能否为用户带来最佳交易仍有疑问，需要更加完善、透明的信息披露制度来解答这个疑问。

三是投资公司在向客户提供投资建议时，应当满足投资者的适当性要求。公司在向投资者提供投资建议及推荐产品时，应当考虑与客户的财务状况、风险承受能力、投资偏好等个人特质相匹配。公司在开展智能投顾业务时，应充分了解投资者个人相关信息，并根据了解到的信息将投资者划分为三类：合格对手方（Eligible Counterparties）、专业投资者（Professional Clients）、零售投资者（Retail Clients）。三类投资者的差异在于其受到的保护程度有所不同，保护程度由浅入深。MiFID Ⅱ以此评估公司所提供的投资建议对投资者而言是否具有适当性。在此基础上，MiFID Ⅱ还要求公司在向客户提供核心业务时有针对性，并评测投资者对于复杂金融产品的理解能力及经验水平。

三、英国智能投顾的监管

英国智能投顾的监管相对特殊，原因在于英国历史上在欧盟的特殊性和脱欧后的独立地位。英国智能投顾的监管分为一般监管原则和特殊安排。其中，一般监管原则遵循欧盟 MiFID Ⅱ构建的监管体系；特殊安排由英国金融行为监管局（Financial Conduct Agency，FCA）出台相应的制度，作为欧盟监管原则的补充。FCA 出台制度的主要目的在于维持监管范围金融服务部门间的有效竞争，进而维护消费者的利益。但

FCA 并没有明确地提出对智能投顾这一细分领域的监管规则，更多的是在以智能投顾作为代表的金融创新领域，对金融创新企业提出的相应监管措施。

具体来看，英国对于智能投顾的监管特色在于独特的“监管沙箱”（Regulatory Sandbox）机制。该机制有利于在控制风险的前提下推动金融服务的创新。早在 2014 年，FCA 就推出了旨在适应金融创新、推动金融发展的“项目创新”（Project Innovate）。该计划设立的目的是推动英国成为一个吸引各类金融公司和创业公司的国家，强化 FCA 面对未知挑战履行监管职责的能力。FCA 通过“项目创新”能够有效地参与创新型项目，尽量消除阻碍创新的不必要监管。

作为“项目创新”的一部分，FCA 成立了多个平行的子计划，其中与智能投顾监管相关的子计划有“创新中心”（Innovation Hub）和“建议部门”（Advice Unit）。

“创新中心”旨在帮助创新业态和现有业态的企业降低产品与服务费用，提升产品和服务质量，更好地服务消费者。“创新中心”的工作内容有两项。一是为参与计划的创新者提供指导，如当创新者对政策存在疑问时，可以直接向“创新中心”寻求帮助。2016 年，FCA 对这一功能进行进一步尝试，在“创新中心”设立了“监管沙箱”。“监管沙箱”为企业搭建了一个“安全空间”，企业在“安全空间”内可以检测创新的产品、服务、商业模式和交付机制，充分发挥创新能力，并且在“安全空间”内的尝试不会立即面临由监管产生的不利后果。这一举措为智能投顾企业提供了更多的试错机会，在企业创新与面临的风险之间找到了一个均衡的状态，有效地促进了监管机构、科技企业及金融机构三者之间的互动。“监管沙箱”为技术创新企业提供了在“安全空间”

下测试产品和服务的机会，缩短了产品上市所需的时间以及成本，明确了在新的产品服务中适当增加消费者保护措施，更好地获得融资。

“建议部门”是根据《2016 年金融咨询市场评估》（*Financial Advice Market Review 2016*）的规定成立的。该计划的工作流程是智能投顾公司申请成为“建议部门”的成员，“建议部门”将对成员遇到的监管问题进行解答，帮助成员降低由政策不确定性带来的潜在风险。“建议部门”的设立目标主要有两个：一是为那些在推进自动化模型过程中存在困难的企业提供监管反馈；二是开发一种企业通用的工具，服务于所有为消费者提供投顾业务的企业。“创新中心”与“建议部门”之间有一定的区别，前者的重点在于对金融科技的监管，后者旨在为金融创新活动提供具体的监管指导。

此外，FCA 打造了科技冲刺活动（TechSprint），即聚集金融科技创新领域的代表进行“头脑风暴”。每次科技冲刺活动为期两天，就不同的主题展开研究，并结合技术创新寻求解决行业问题的方案，进而提高监管效率，更好地提供普惠金融服务。

在智能投顾的监管上，英国通过一般监管原则解决智能投顾中的利益冲突问题，通过“监管沙箱”在控制风险的同时积极探索试验新的监管规则。

在智能投顾的牌照问题上，英国主要将投资咨询的监管框架应用于智能投顾业务，开展智能投顾业务需要获取投资咨询牌照（IFPRU 牌照）。IFPRU 牌照的获取均由 FCA 负责，该牌照是 FCA 全牌照中的一种类型。IFPRU 牌照分为三个类型，分别是 730K、125K 和 50K。三者最重要的区别是要求的股东权益不同，分别为 75.0 万欧元、15.0 万欧元和 7.5 万欧元。持有 IFPRU 牌照的公司能够为客户提供委托交易服务、个人投资组合管理服务等，但是不允许其持有客户的资金，客户的资金需要保存在具备相关资质的第三方。而“监管沙箱”的推出，为那些尚未获得牌照的公司在“安全空间”的限制下，提供了模拟测试智能投顾服务的机会。参与“监管沙箱”的公司在完成相关程序后，可获得相应的有限业务牌照进行展业。

四、澳大利亚智能投顾的监管

澳大利亚监管机构通过重释现有监管法律体系，将智能投顾纳入原有的监管范围。总体来看，澳大利亚建立了比较完整的智能投顾监管政策体系，以《公司法》《公司条例法》《ASIC[①] 法》及相关立法文书和“分类规则”（Class Order）为核心，在此基础上于 2016 年正式发布了《面向零售用户提供数字金融产品的建议》（*Providing Digital Financial Product Advice to Retail Clients*）（以下简称 *RG*255）。2017 年，为了应对金融科技日趋复杂的监管环境，ASIC 发布了监管指南[②]，以设立“监管沙箱”的方式有条件豁免非持牌机构测试商业模式，以鼓励和帮助包括智能投顾在内的金融科技企业。

与其他国家不同的是，澳大利亚并未使用 Robo-advisor 这一普遍使用的名字，而是将智能投顾定义为“数字建议”（Digital Advice）的提供商。*RG*255 第 1 条将“数字建议”定义为“无须投资顾问参与，使用算法和技术提供金融产品建议”。“数字建议”的服务范围比较广泛，覆盖从个人投资组合建议到个人或家庭的综合财务规划。

---

① Australian Securities and Investments Commission，澳大利亚证券与投资委员会。

② Testing Fintech Products and Services without Holding an AFS or Credit License，《在未持有 AFS 或信用许可证的情况下测试金融科技产品与服务》。

（一）持牌运营

澳大利亚公司法规定，在澳大利亚提供金融服务必须具有澳大利亚金融服务（Australian Financial Service Licences，AFS）牌照。监管机构对于AFS牌照授予的原则是“统一牌照、多维度定制化授予、灵活可操作的豁免机制和差异化准入”。

澳大利亚存在多个监管机构，每个监管机构被赋予不同的监管目标和职责，有权发放相应的牌照。ASIC有权发放AFS牌照、市场经营和信贷牌照等，其中持有AFS牌照的机构被允许从事提供金融服务的业务。持有AFS牌照的智能投顾机构可以为客户提供金融产品购买建议、金融产品交易和投资组合管理等服务。智能投顾中养老金的业务需要澳大利亚审慎监管局（Australian Prudential Regulation Authority，APRA）授予的注册养老金实体（Registrable Superannuation Entity，RSE）牌照。然而，AFS牌照和RSE牌照在养老金管理方面有重叠，因此澳大利亚监管机构建议如不涉及养老金业务的智能投顾机构可以通过申请AFS牌照开展业务。即使机构需要双重持牌，澳大利亚监管机构也建立了协调机制，从法律规定、申请流程和资格审核等多方面进行优化调整，尽可能地减轻申请机构的负担。例如，当AFS牌照申请人持有RSE牌照时，ASIC将不再单独考核AFS申请人对财务、技术和风险管理等义务的履行情况。

ASIC专门为AFS牌照制定了三个维度的授权规则。智能投顾机构无论从哪个维度来讲都需要申请AFS牌照。第一个维度是金融服务维度，澳大利亚公司法要求，涉及金融产品投资建议、销售金融产品、成为金融产品做市商、注册和运营资产管理计划、提供托管服务和众筹服务这几类业务时必须申请AFS牌照，而智能投顾涉及多项上述业务，因此必须持有 AFS 牌照；第二个维度是产品，澳大利亚公司法将中间金融产品分为银行、证券、保险、资管计划、养老金和退休账户等 12 大类，对于服务涉及投资上述产品的商业机构需要申请 AFS 牌照；第三个维度是客户类型，涉及零售客户和机构客户的金融服务商需要申请 AFS 牌照，而智能投顾服务大量零售客户，因而需要申请 AFS 牌照。

*RG*255 将监管的重点放在零售投资者方面，通过定义智能投顾的服务对象、底层资产和商业模式，将新兴业态纳入现有监管体系。*RG*255 根据客户类型的不同将智能投顾划分为三类：第一类是直接面向个人用户的数字建议工具；第二类是赋能投资顾问或专业机构的投资工具；第三类是面向顾问的客户关系管理（Customer Relation Management，CRM）系统，客户通过 CRM 系统可能间接获得智能投顾服务。

澳大利亚监管机构将监管的重点放在了第一类智能投顾上，即向客户提供的数字建议是基于算法和技术提出的“纯自动化”建议，人工顾问仅负责支持服务和监测核查。

（二）智能投顾的基本义务

澳大利亚公司法规定，作为 AFS 持牌机构需要履行 AFS 的基本义务。智能投顾需要通过 AFS 牌照展业，因此需要履行基本义务。具体来看，智能投顾有三大基本义务。

1. 完善的制度建设

首先，智能投顾机构需要确保有充足的财务、技术和人力来保障金融服务的供应，并能够执行监督安排。在此基础上，*RG*255 细化了相关要求。一是智能投顾公司应确保至少有一位专业人员理解算法原理与基本逻辑，并知晓相关风险，另一位工作人员有能力检核基于数字技术提出的建议，算法设计与算法核验人员不得为同一人。二是如果智能投顾机构的算法来自第三方供应商，那么该机构有持续监督与核查投资建议的义务，以确保其提供投资建议或操作的适当性与合理性。智能投顾服务商要有充足的技术资源，以保存客户记录并确保数据的完整性与保密性，同时要制订相应的灾备计划。

其次，智能投顾机构需要有相对完善的组织架构，以确保其正常运营。澳大利亚监管机构要求提供“数字建议”的 AFS 持牌机构保证至少有一名具有相关专业能力并接受过培训的自然人作为管理者。APRA 将金融服务机构管理人划分为五类，通过资质和经验技能两个维度判断管理者是否合格。

最后，智能投顾机构需要满足相关风险管理要求。智能投顾机构应制定措施以应对算法可能出现的潜在风险，监视算法的运行并定期对其进行测试。澳大利亚监管机构要求包括但不限于以下几点：一是智能投顾机构在算法开发阶段应建立相关文件体系，文件内容包含系统设计架构、决策模型、测试计划和结果、如何解决潜在缺陷，以及最终测试结果；二是建立修改算法的管理流程并完善权限设置；三是定期检测算法稳定性；四是配备足够的专业技术人员监控算法的执行，确保算法输出的结果符合客户利益最大化要求；五是根据市场或监管政策的变化及时检查和更新算法；六是在监测算法时如发现错误或违规，应立即停止提供建议；七是面向个人用户提供“数字服务”建议，相关客户记录保存期限不得低于 7 年；八是建立适当的核准流程以保证前述措施有效实现。

2. 健全的网络安全体系

*RG*255 对智能投顾网络安全的指引有以下三点：一是沿用相关机构的网络安全标准框架和国际公认的网络安全准则；二是参考澳大利亚网

络安全中心关于云技术的规定；三是网络恢复的相关要求。

3. 合理的保险安排

根据澳大利亚公司法，为个人用户提供金融服务的 AFS 持牌机构必须预先安排一定的资金，以赔偿因其未能履行义务给客户带来的损失。澳大利亚公司法建议持牌人从多方面综合考虑赔偿资金的充足性：一是每月检查客户增长情况；二是考虑算法缺陷给客户带来的最大极端损失；三是定期检查业务可能出现的潜在损失。

（三）智能投顾的信息披露义务

相较于 SEC 的建议披露，ASIC 要求智能投顾服务商强制披露相关信息。ASIC 的信息披露要求极其严格，在时间、类别、内容等方面极其标准化，并且违反强制性披露要求将被视为犯罪，须承担民事责任。

1. 标准化文件披露

澳大利亚监管机构要求 AFS 持牌机构在文件披露的主体、时间和种类方面按照标准化进行操作，具体体现在三个方面：一是信息披露主体划定为 AFS 持牌机构或授权代表；二是文件披露类型包含金融服务指引（Financial Services Guide，FSG）、建议声明（Statement of Advice，SOA）和金融产品信息披露声明（Product Disclosure Statement，PDS）等多类型标准文件，其中 FSG 是所有机构提供金融服务之前必须向客户提供的，如果向个人投资者提供投资建议需进一步提供 SOA，向特定客户推介特定产品需要在前两项文件的基础上进一步提供 PDS；三是针对不同标准化文件有不同的标准化要求。

2. 统一的信息披露原则

智能投顾机构需要以清晰、简洁和有效的方式向客户披露 FSG 和

SOA 等标准化文件，同时兼顾及时、完整、容易理解，考虑客户需求和易于理解等符合良好信息披露的原则。与其他国家监管要求一致，澳大利亚监管机构也要求智能投顾机构的信息披露不得有误导或者欺骗性的陈述。

3. 严格记录提供标准披露文件的时间

金融服务提供商在了解到潜在客户将会或可能会变为实际客户时，必须尽快向客户提供 FSG，并自提供 FSG 起保留相关记录至少 7 年。

4. 电子化披露方式

ASIC 为了鼓励金融机构使用电子化方式进行信息披露，先后发布过两份文件。ASIC 在用户知情且同意的情况下鼓励机构将 FSG、SOA 和 PDS 等文件以数字化方式提供给客户。ASIC 要求数字化方式为客户提供在合理的时间区间连续访问、下载和保存操作。电子化信息披露的原则与传统纸质信息披露原则一致。

（四）智能投顾的信托义务

信托义务最早应用在信托行业，是指作为资产受托人，机构有责任和义务通过合理的程序保证委托人的最佳利益、避免相关利益冲突损害客户利益。随着金融业的发展，这一原则也逐渐扩展至其他领域。在国际实践中，智能投顾普遍被认为需要履行信托义务。

智能投顾机构在维护客户最佳利益方面没有特殊规定，主要是履行作为 AFS 持牌机构所必须履行的信托义务。澳大利亚公司法规定，AFS 持牌机构及其授权代表必须从以下三个方面遵守规定以履行维护客户最佳利益这一义务：一是基于客户情况提供适当建议；二是优先考虑客户利益；三是机构如果给出的建议依据的是不完整或不准确的信息，则有义务警示客户相关风险。

考虑到智能投顾机构提供“数字建议”的特殊性，*RG*255 对智能投顾服务商提出了“维护客户利益的最低期望”。“最低期望”共九个要点，机构完整履行后即被认定为维护了客户的最佳利益：一是智能投顾机构需要向用户解释投资建议的范围；二是要求用户主动证明机构提出的建议符合其目标范围；三是在提供建议的过程中明确告知用户所提供建议的缺陷和潜在后果；四是在提供建议的过程中向用户解释关键概念和核心风险等关键信息；五是设立过滤机制，采用多种方式避免向不适合某些建议的客户提供该建议；六是提供和实施投资建议前，明确告知客户初始成本和持续投入成本；七是提供服务前明确退出服务的方式和退费流程；八是明确告知客户发生纠纷时的投诉渠道；九是向客户解释为什么遵循“数字建议”可以使其投资处在更加有利的地位。

五、智能投顾监管难点

根据美国的法律，智能投顾必须在监管机构注册成为投资顾问之后才能开展相关业务。投资顾问的核心职能是从客户的角度出发，制定最符合客户利益的策略，依法合规履行受托义务，保护客户的资产安全。总体来看，智能投顾的出现在信息披露与展示、如何提供合适的投资建议两方面可能与现行的《1940 年投资公司法》和《1940 年投资顾问法》产生冲突，从而导致智能投顾存在一系列合规问题。

（一）信息披露与展示

《1940 年投资顾问法》规定，投资顾问作为受托人有义务完整无误且充分地披露与投资相关的重要事项；投资顾问必须客观陈述相关事实，采取必要措施避免误导性陈述。智能投顾需要提供充足的内容帮助客户理解什么是投资顾问的最佳实践和潜在的利益冲突。然而，智能投顾作为一种新型的服务模式，在信息披露方面可能存在披露信息内容不充分、披露手段过于单一等问题，具体可以分为以下三个方面。

第一，商业模式的描述。智能投顾的信息披露与客户的理解可能存在偏差，传统投顾的商业模式描述不一定能完整展现智能投顾的服务方式。此外，智能投顾可能在商业模式上过度依赖算法，而基于对算法的逻辑和策略有效性的考虑，代码很难公开，因此智能投顾存在“算法黑箱”的问题。这导致智能投顾在信息披露方面可能存在两大风险：一是潜在风险方面披露不足，用户缺乏相应的知识储备以理解算法交易的潜在风险；二是智能投顾的功能能否有效实现，如风险控制、税收损失收割等功能。

此外，智能投顾机构收费低廉，为了保持盈亏平衡，它们可能会采取收取产品方返费的方式平衡成本与收益，这将使其具有销售基金的嫌疑，不实和滞后披露会产生潜在的利益冲突。

第二，服务范围的描述。在过往实践中，各家公司对智能投顾的服务范围没有明确规定，导致公司可能存在过度宣传的现象，即夸大智能投顾的作用和服务范围来误导用户。特别是，智能投顾中可能存在过度宣传税收优化等功能，而这些功能实际上并未实现。例如，Wealthfront在2018年12月被SEC处罚，原因是在2012年10月至2016年5月，其税收收割服务及避免虚假交易的策略存在违规操作。

第三，信息披露的渠道。传统投顾的信息披露要求顾问标明重要的概念和内容，并用通俗易懂的语言向客户解读。智能投顾运用多种算法和技术，在语言表达上比较晦涩难懂，需要客户有相关知识储备。在信息披露方式上，传统投顾可以采用手册、宣传页、网站等方式向客户提供重要信息，而智能投顾过度依赖网站和 App 等线上方式披露相关信息。

（二）投资建议的适当性

在投资建议上，智能投顾存在以下三个方面问题。

第一，过度依赖调查问卷获得用户风险偏好。投资顾问有义务做出最符合客户利益的投资决策，根据客户的风险承受能力提供相应的投资建议。传统的投资顾问了解客户风险偏好和承受能力的途径较多，可以获得较为全面的信息。然而，智能投顾采用标准化调查问卷的形式对投资者的风险偏好进行度量，可能无法获得客户真实的风险承受能力，从而导致受托人不能有效履行义务。

第二，客户自主交易的适当性。在传统的投资顾问模式下，如果客户做出了超出自身风险承受能力的投资决策，投资顾问将对用户进行劝阻，并告知其原因，以履行受托人尽责的义务。部分智能投顾产品允许用户自主选择投资组合，但用户在选择了不符合自身风险承受能力的投资组合后，智能投顾可能并不会像传统人工投顾那样对高风险的投资行为进行有效劝阻并给出合理解释。因此，智能投顾在客户自主交易的情境下可能出现潜在的违反受托责任的风险。

第三，内控合规系统的有效性。《1940 年投资顾问法》要求每个注册投资顾问公司建立有效的内容审查与合规系统。同时，该法案要求每个投资顾问公司将内部风控流程和标准书面化。智能投顾以算法为驱动，明显不同于依靠基本面分析的传统投资顾问，因此针对传统投顾公司的风控和内部审查要求很难适用于智能投顾公司。从行业实践来看，智能投顾公司的内部风控体系缺乏相应的行业标准，在没有统一的行业标准下，监管机构很难对智能投顾公司的内部合规体系进行有效监管。

六、智能投顾监管实践

美国作为最早出现智能投顾的国家，其监管实践也走在全球前列。迄今为止，美国监管机构已经对多个智能投顾机构进行了监管处罚，其中以对 Wealthfront 和 Hedgeable 的监管处罚最为著名。

（一）Wealthfront 处罚案例

Wealthfront 是一家为零售商客户提供服务的注册投资咨询公司，总部位于加利福尼亚州雷德伍德城，是一个提供基于软件的自动化投资组合管理的线上智能投顾。2018 年 Wealthfront 的资产管理规模就超过了 100 亿美元。

1. Wealthfront 被处罚的原因

Wealthfront 被处罚的原因主要是信息披露不合规，具体是在信息披露中因为虚假陈述、遗漏重要信息和未公开披露推荐返费计划等遭受处罚。

虚假陈述方面。Wealthfront 宣称可以为采用 TLH 策略的用户避免虚假交易。从 2012 年 10 月到 2016 年 5 月中旬，Wealthfront 的 TLH 白皮书指出：Wealthfront 会监控其为每个客户管理的所有账户，以避免任何可能触发虚假交易的行为。但是，公司宣传的功能并未产生实际效果。在此期间，Wealthfront 未对其 TLH 软件进行编程，未能监控其管理的所有账户。经过 SEC 调查，2012 年 10 月至 2016 年 5 月中旬，在 Wealthfront TLH 项目注册的账户至少有 31% 出现了虚假交易。2014 年 1 月 1 日至 2016 年 12 月 31 日，出现虚假交易的账户损失约占总客户税收损失的 2.3%。

遗漏重要信息方面。Wealthfront 在社交平台广告中遗漏重要信息。Wealthfront 在其推特@ Wealthfront 的话题里发布广告，并与客户和潜在客户进行在线交流。除了发布原始推文外，Wealthfront 还选择性地转发其他推特用户发布的对其有积极评价的推文。这些推文基本来自 Wealthfront 认识的，或者在不向公众披露的情况下推荐 Wealthfront 能获取经济利益的个人。Wealthfront 在转发有关其正面推文的同时，没有告知公众这些推文的作者在发表有关 Wealthfront 的积极评价时可以获取经济利益。在信息披露的合规体系建设方面，Wealthfront 没有采用合理设计的书面政策和程序来审查营销材料、客户评价及避免发布具有误导性的广告。Wealthfront 在将推文转发到推特之前，并没有确定是否所有转发的推文（包括有客户评价的推文）都准确、完整，且符合 Wealthfront 的合规性要求。

未公开披露推荐返费计划方面。2014 年中至 2015 年中，Wealthfront 设立了会员项目。通过该会员项目，Wealthfront 会为成功吸引到新客户来开设 Wealthfront 账户的某些博主提供营销返费。在上述时间段，Wealthfront 共支付了约 97000 美元的营销返费，并通过其会员项目管理了数千万美元的资产。但是 Wealthfront 没有遵守现金征集规则（《1940 年投资顾问法》第 206（4）-3 条）的披露要求和规定，也没有执行公司合规要求中的宣传者审查协议。此外，Wealthfront 并未做好相关推荐返费的文件记录与保存工作。根据法律规定，Wealthfront 必须签署书面征求协议，提供特定的披露信息，并得到被发送征求协议的客户的书面确认，保存相关文件副本以备查询。然而 Wealthfront 与其会员项目并没有遵守以上要求。

2. Wealthfront 违反的法律

基于 Wealthfront 在信息披露的违规行为，Wealthfront 被判定故意违反《1940 年投资顾问法》第 206（2）条。《1940 年投资顾问法》第 206（2）条规定，禁止投资顾问从事对客户或潜在客户进行欺诈或欺骗的任何交易或业务。

Wealthfront 被判定故意违反《1940 年投资顾问法》第 206（4）条及其下的规则第 206（4）-1 条、第 206（4）-3 条和第 206（4）-7 条。《1940 年投资顾问法》第 206（4）条规定，任何投资顾问在业务过程中从事任何具有欺诈性、欺骗性或操纵性的业务是违法的。此外，第 206（4）-3 条规定，注册顾问必须满足一定的条件，才能将现金费用适当地支付给宣传者，其中包括宣传者必须向客户出示投资顾问与宣传者之间的书面披露文件的副本，以及投资顾问必须在与客户签订任何书面或口头的投资顾问合约之前或签订之时，收到客户已签署并注明日期的披露文件确认收件。第 206（4）-7 条要求，注册投资顾问采用和执行合理设计的书面政策和程序，以防止顾问及其监督人员违反《1940 年投资顾问法》及其下的规则。

Wealthfront 被判定故意违反《1940 年投资顾问法》第 207 条。《1940 年投资顾问法》第 207 条规定，任何人在向委员会提出的注册申请或报告中，故意对重要事实作不实陈述或故意在任何申请中或报告中遗漏任何必须在该申请中陈述的重要事实，均属违法。Wealthfront 被判定故意违反《1940 年投资顾问法》第 204（a）条以及其下的规则第 204-2（a）（7）条和第 204-2（a）（11）条：作为投资顾问，利用邮件或任何手段和工具与他人进行州际贸易必须在一定时期内保留相关记录（《1934 年证券交易法》第三节（a）（37）条中的定义）。第 204-2（a）（7）条规定，注册投资顾问委员会必须保留与个人相关的所有接收到的原始书面通信信息和所有发送出去的书面通信信息副本，如任何投资顾问提出的投资建议或提议，以及所接收到的投资建议和提议。《1940年投资顾问法》第204－2（a）（11）条规定，投资顾问应保留直接或间接向10名或10名以上人士分发的每一份通知、通告、广告、报纸文章、投资信、公告或其他函件的副本。

3. 对Wealthfront的处罚结果

最终，Wealthfront被判处向SEC支付25万美元的民事罚款，并停止实施任何违反《1940年投资顾问法》第204条、第206（2）条和第206（4）条以及据此颁布的第204条、第206（4）－1条和第206（4）－7条的行为。SEC的裁决同时保留了投资者的追诉权，赋予投资者向Wealthfront单独索求赔偿的权利。

（二）Hedgeable处罚案例

Hedgeable是一家知名的美国智能投顾公司，但是该公司在2018年因误导陈述和业绩造假被SEC给予严厉的处罚。Hedgeable创建了一个专门的机器人指数sui generis，将其性能与其他两个非关联的机器人顾问（1号和2号）业绩表现进行比较。2014—2015年，Hedgeable以机器人指数作为比较基准，公司对外宣传的Hedgeable复合指数2年期年化收益率达到4.2%，而对应的比较基准年化收益率仅为0.53%。根据其宣传材料，Hedgeable的业绩表现远超基准。

1. Hedgeable被处罚的原因

根据SEC披露的处罚书，Hedgeable出现了以下两处违法违规情况。

一是信息披露造假与误导陈述。Hedgeable对真实业绩进行有选择性的展示，剔除了表现不佳的账户收益，因而展示的业绩具有明显的幸存者偏差。基于其方法论，绝大多数 Hedgeable 客户账户（约 96%）未能披露在 Hedgeable 复合指数中。Hedgeable 将预期收益等同于实际收益，基于公司对机器人顾问 1 号和机器人顾问 2 号理论交易模型的预估，以及公司开户流程中建立的机器人顾问网站上获得的信息开发了机器人指数。宣传材料上展示的结果并非其真实收益，而是根据模型回测的预期收益。此外，在计算预期收益时，Hedgeable 未能调整其理论模型，以使机器人顾问 2 号与其各种风险类别的权重相匹配，预期收益的计算方法也出现了重大错误。Hedgeable 错误地计算了至少三个 ETF 基准回报率，将其计算结果变得更大。

二是内部合规系统失效。Hedgeable 散布误导性营销材料和绩效数据的部分原因是其无法采用与实施适当的合规计划。2009 年至 2017 年 10 月，Hedgeable 没有关于审查和批准在其数字媒体（网站、博客、社交媒体等）上发布广告宣传和促销材料的书面政策和程序。在相关时期内，Hedgeable 的 CCO 并未意识到《1940 年投资顾问法》会将其社交媒体发布的内容视为营销材料，因此公司也没有对社交媒体进行审查。此外，Hedgeable 没有比较基准和业绩计算的底稿，来证明机器人指数和 Hedgeable 复合指数中的回报率。Hedgeable 无法访问和维护机器人顾问 1 号、2 号的独立文档，以证实机器人顾问 1 号、2 号在 2014 年、2015 年的投资组合数据。所以，Hedgeable 无法为其机器人指数的回报率提供支持性的证据。

2. Hedgeable 违反的法律

由于信息披露和合规系统失效，Hedgeable 被判定故意违反《1940 年投资顾问法》中以下四条规定：第 206（2）条，禁止投资顾问从事对任何客户或潜在客户进行欺诈或欺骗的任何交易或业务；第 206（4）

条及其下规则第206（4）-1（a）（5）条，禁止任何注册投资顾问直接或间接发布、传播或散布包含任何不真实的重大事实陈述，或者具有虚假或误导性的广告；第206（4）条及其附属规则第206（4）-7条，注册顾问采用和执行合理设计的书面政策及程序，以防止顾问和其监督人员违反《1940年投资顾问法》及其下规则；规则第204-2（a）（16）条，投资顾问须按SEC的规则，就公众利益或为保障投资者做出必要或适当的规定，制作及保存某些记录。

3. 对Hedgeable的处罚结果

SEC根据《1940年投资顾问法》第203（e）条和第203（k）条，对Hedgeable做出以下四项惩罚：一是停止实施任何违反《1940年投资顾问法》第204条、第206（2）条和第206（4）条以及据此颁布的第204条、第206（4）-1条和第206（4）-7条的行为；二是受到社会谴责；三是应支付8万美元的民事罚款；四是投资者可以对Hedgeable提起追加诉讼，要求Hedgeable赔偿其损失。

七、中外智能投顾监管对比

智能投顾在美国已有较长的发展历史，政策环境已逐渐成熟。而中国智能投顾行业目前仍处在发展初期，监管政策还需完善，以下从监管主体、牌照两个方面对中外智能投顾监管进行对比。

监管主体方面，海外智能投顾的监管均有比较明确的监管主体，多数国家通过修订相关法律将智能投顾纳入原有的投资顾问监管框架。例如，美国智能投顾受SEC监管，主要依据是《1940年投资顾问法》，针对智能投顾的特殊性，SEC通过制定监管指南的形式对新业态的监管进行有效补充。此外，FINRA也曾在2016年3月发布智能投顾监管建议报告，为制定政策提供建议。

相比之下，中国的智能投顾相关制度仅以监管部门的通知为基础，在《中华人民共和国证券法》（以下简称《证券法》）、《中华人民共和国证券投资基金法》（以下简称《证券投资基金法》）等更高层级的法律方面尚未完善。除此之外，我国的金融监管以分业监管的形式进行，而智能投顾涉及的金融机构类型众多，从而涉及不同的金融监管机构，各监管部门之间的协调机制仍有待加强。

牌照方面，发达国家监管机构定制了投资顾问牌照或投资咨询牌照，有明确的牌照申请和获取条件，智能投顾公司通过这两种牌照进行展业。以美国为例，智能投顾公司向 SEC 申请投资顾问（Registered Investment Advisor，RIA）牌照，RIA 牌照涵盖智能投顾的资产管理、证券投资建议等所有业务。

目前，我国并没有单一的、专门针对此类业务的金融牌照。我国的金融牌照是从业务本质的角度出发进行监管，不同的牌照分管不同的金融业务，证券基金投资咨询牌照也是其中之一。但是证券基金投资咨询牌照自 2014 年开始再未单独核发，中国的智能投顾公司必须通过申请其他牌照进行展业。因此，在合规方面，智能投顾公司始终存在持牌业务与实际业务不匹配的风险。

按照《关于做好公开募集证券投资基金投资顾问业务试点工作的通知》的要求，机构想要开展智能投顾业务需要持有基金销售牌照或资产管理牌照。

目前业内有两种方式可以获取基金销售牌照。第一种方式是自有。智能投顾公司如果直接销售公募基金，需要通过申请或交易的方式获得该牌照。2012 年之前，拥有基金代销牌照的主要是基金、银行、券商等金融机构；2012 年，监管部门开始向第三方开放牌照申请；但在 2016 年 9 月之后，牌照的发放几乎陷入停滞。基金销售牌照的交易价格也逐渐上升，到 2018 年中已经过亿元。因此，智能投顾公司申请或交易基金销售牌照需要较长的时间和较高的资金成本。第二种方式是合作。由于基金销售牌照难以获取，很多智能投顾公司选择和持有牌照的公司开展合作。智能投顾公司向投资者提供投资组合建议，如果投资者决定购买，那么将直接由持有牌照的合作公司提供基金销售服务。但是，这种在业界被称为“第三方引流”的模式存在合规风险。证监会和山西省证监局分别在 2016 年 8 月和 2017 年 4 月公开警示了智能投顾的这种行为。

资产管理牌照适用于公募基金与私募基金。这一牌照的申请条件较高，申请难度较大。如果机构只是因为想开展智能投顾业务而申请该牌照，其申请难度与展业的收益并不匹配。因此，在持牌经营方面，中外机构存在明显差异。

第五节　智能投顾典型企业

在智能投顾的发展历程中，既涌现了像 Wealthfront、Betterment、Charles Schwab、Wealthsimple 等受众面广、业务模式典型的智能投顾企业，也出现了像 Acorns、Ellevest、FutureAdvisor 等业务方向独具特色的智能投顾平台，两者相结合共同促进了智能投顾行业生态的发展与成熟。本节笔者将以 Betterment、Charles Schwab、Wealthsimple、Ellevest、SigFig 以及 Acorns 为代表，以更直观的企业视角对智能投顾行业进行呈现与剖析。

一、Betterment：最适合新手的线上投顾

（一）公司背景

1. 公司简介

Betterment 于 2010 年 5 月在美国纽约曼哈顿成立，主要通过现金管理、投资建议和退休计划等为客户提供在线财富管理服务。

截至 2021 年 3 月，Betterment 已完成总额超过 2.75 亿美元的 7 轮

融资，客户数量超过61万人，管理资产超过282亿美元，其智能投顾资产管理规模仅次于 Edelman Financial Engines、Vanguard 和 Charles Schwab，位列第四，是美国目前最大的独立智能投顾公司。

2. 经营策略

第一，自主开发，独立设计运营模式。Betterment 并没有和其他大公司进行合作，以避免大公司固有的系统及商业运行模式与其理念产生冲突。因此，Betterment 自主设计商业模式，其绝大部分系统和平台也都是自主开发设计完成的。

第二，奉行被动投资理念，注重长期盈利。客户开设账户并选择自己的投资目标，Betterment 会针对用户的不同目标推荐个性化的投资组合，并收取账户资产管理规模的0.25%作为智能投顾服务的费用。Betterment 不鼓励用户频繁交易，并且如果客户的投资目标是教育或退休计划，反而会尽量说服客户减少由市场波动产生焦虑导致的过度交易。Betterment 有一个专门的行为研究小组，通过优化界面减少投资者的短期交易行为。

Betterment 既不依靠交易佣金盈利，也不从投资本身的收益中挣钱，而是只收取资产管理费用，相对于客户来说，其业务收费更加简单清晰。因此，Betterment 更注重增加客户黏性，扩大资产管理规模，实现长期盈利。

（二）产品服务

Betterment 的产品服务主要覆盖以下三个部分：面向零售客户（Retail Client）的智能投顾、面向企业雇主的退休账户管理业务（Betterment for Business）和面向投资顾问的科技平台（Betterment for Advisor）。

Betterment以网页版智能投顾为主，主要通过网页展示并提供智能投顾服务，同时以App作为辅助，其智能投顾服务覆盖了美国目前所有的主流账户：个人退休账户（Individual Retirement Account，IRA；包括传统IRA、罗斯IRA和展期IRA）、继承个人退休账户（Inherited IRA）、应税账户［包括个人应税账户（Individual Taxable Account）、联合应税账户（Joint Taxable Account）和信托账户（Trust Account）］、高收益储蓄账户（High－Yield Savings Account）、支出账户（Checking Account）和401（k）账户。

1. 投资顾问服务：财务规划目标管理型的智能投顾

Betterment的智能投顾平台根据客户的财务规划目标自动形成匹配的投资规划并建立投资组合。客户在开设账户时，填写年龄、职业、年收入后，平台可以根据客户的基本信息形成五个建议的投资目标组合供客户选择，分别是Retirement Savings、Retirement Income、Safety Net、Major Purchases、General Investing。五个投资目标组合中的目标收益范围不同，Betterment通过配置不同比例的股票型ETF和债券型ETF实现不同的目标收益率。

客户也可以设置个性化的投资目标并建立投资组合，根据自己的偏好和风险承受能力调整股票型ETF和债券型ETF的配置比例，但是不能具体选择投资标的进行自主投资。

Betterment会在用户选择财务规划目标之后向用户推荐包括股票和债券在内的投资组合。同时，用户能根据自己的风险承受能力与投资偏好选择其他的投资组合（主要是选择股票型ETF和债券型ETF的比例）。

Betterment智能投顾服务的业务流程如图2－24所示，Betterment给用户推荐的投资组合全部是ETF，并且限制每个用户的账户投资ETF

数量的上限为14只。Betterment的投资组合选择包括Betterment Core Portfolio（Betterment的标准产品组合，投资于一般股票型ETF和债券型ETF）、Goldman Sachs Smart Beta（目标是高于市场收益的高盛ETF专业投资组合）、Innovative Technology（目标是拥有高增长潜力的科技企业）、Socially Responsible Portfolios（包括广泛影响、气候影响和社会影响的社会责任投资组合）。Betterment的用户必须指定Betterment Securities为其平台投资的证券经纪商。在用户确定好投资目标并且将投资账户同步之后，Betterment会为用户提供基于目标的资产配置和后续调仓服务，并同时为用户提供税收损失收割服务和可以在交易发生之前查看税收影响的服务（Tax Impact Preview）。

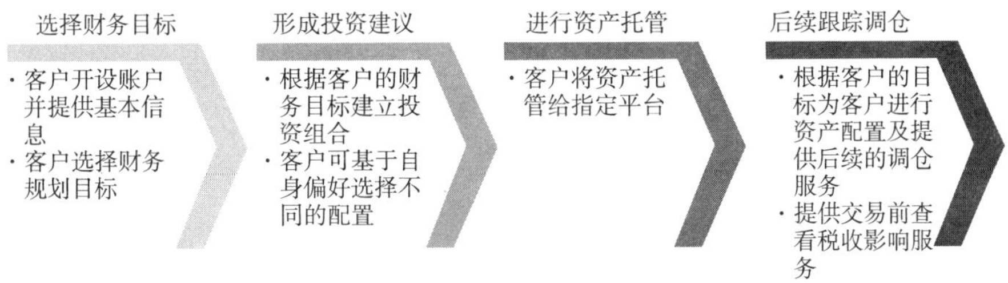

图2-24　Betterment智能投顾服务的业务流程

资料来源：本书编写组根据Betterment网站内容整理。

Betterment还能根据客户的特殊财务需求提供具有针对性的、关于投资建议和理财规划的财务咨询套餐，帮助客户实现特定目标，购买套餐的客户可以通过电话与人工理财师进行沟通。

在收费上，Betterment的智能投顾有两种账户类型：一种是Digital，对账户余额没有要求，所有客户统一收取资产管理规模0.25%的年费，这类客户可以使用Betterment所有的数字化平台和工具，并由智能投顾自动化生成投资建议；另一种是Premium，相较于Digital，Premium要求账户余额不得少于10万美元，年费为资产管理规模的0.40%（见表2-3）。

表 2-3 Betterment 的两种账户类型

账户类型	年费率（%）	账户余额要求（万美元）
Digital	0.25	0
Premium	0.40	10

资料来源：本书编写组根据 Betterment 网站内容整理。

Premium 包含了 Digital 的所有服务，同时提供人工投资顾问的咨询服务，客户可以进行不限次数的电话及邮件咨询。Premium 的客户可以向人工投资顾问寻求所有关于投资的建议，无论这部分投资是否通过 Betterment 账户进行，包括 401（k）、房地产和股票等。

Digital 用户还可以根据不同的需求选择财务咨询套餐，与人工顾问进行通话交流，套餐费用单独收取，且每个套餐的收费略有不同（见表 2-4）。

表 2-4 Betterment 财务咨询套餐

套餐名称	通话时长（分钟）	费用（美元）
新手投资套餐（Getting Started Package）	45	199
财务规划套餐（Financial Checkup Package）	60	299
教育计划套餐（College Planning Package）	60	299
结婚计划套餐（Marriage Planning Package）	60	299
退休计划套餐（Retirement Planning Package）	60	299

资料来源：本书编写组根据 Betterment 网站内容整理。

Betterment 针对账户余额较高的高净值客户提供了管理费优惠，当账户余额超过 200 万美元时，两种服务计划的账户管理费用率都将降低 0.10%，见表 2-5。

表 2-5 Betterment 管理费用率

账户类型	管理费用率（%）	
	账户余额≤200 万美元	账户余额 >200 万美元
Digital	0.25	0.15
Premium	0.40	0.30

资料来源：本书编写组根据 Betterment 网站内容整理。

此外，Betterment 规定：45 天内存入的金额免除管理费，15000 ~ 99999 美元的存款可免费管理一个月，100000 ~ 249999 美元的存款可免费管理六个月，250000 美元以上的存款可免费管理一年。

2. 雇主资管服务：退休账户管理

Betterment for Business 是 Betterment 的 401（k）渠道，针对美国企业雇主为员工提供的退休账户［主要是 401（k）账户］进行投资管理；它也是一项数字服务，为客户提供如何优化资金的建议。该服务由 Betterment 在 2015 年推出，并于 2016 年第一季度正式运行。该服务不仅可以建议员工如何利用其 401（k）计划增加退休收入，还可以帮助计划发起人将其现有的 401（k）计划转换为 Betterment 的 401（k）账户。

通常来说，雇主会在市场上选择合适的金融机构管理 401（k）计划，受托机构会推出一系列默认投资组合（Default Portfolio，标的一般为共同基金）供雇员选择。Betterment for Business 帮助雇主设计、审查、管理和转换他们的退休计划。雇主可以通过 Betterment 的数字中心轻松跟踪和管理公司计划的各个方面。员工也可以从这种以技术为中心的退休解决方案中受益并获得全面且个性化的退休计划建议。

Betterment for Business 与传统受托机构有所不同，其仅提供投资标的为 ETF 的组合，因此有着更低的交易费率和更透明的投资，并且有效避免了传统 401（k）计划下一些损害计划参与者利益的行为，如受托者与共同基金公司合作获取 soft dollar 等。

无论退休计划的资产规模多大，Betterment for Business 每年统一收取资产管理规模 0.25% 的费用。计划的发起者（雇主）可以决定如何在企业与个人参与者（员工）之间分摊这一费用。

3. 资管科技输出：服务机构客户

Betterment for Advisor 是一个帮助投资顾问（包括提供投资顾问服务的个人、信托机构和其他法人机构）对其客户进行规模化管理的平台，包括帮助投资顾问进行交易管理、处理文书和账单等具体工作。同时，投资顾问的客户可以通过 Betterment for Advisor 随时跟踪投资顾问的投资动向。

Betterment for Advisor 向投资顾问收取其管理资产账户规模的 0.25% 作为管理费用，其中包含了 Betterment for Advisor 及 Betterment Securities 的服务费用。接受投资顾问服务的客户直接向投资顾问支付相应的咨询费用，无须向 Betterment for Advisor 支付费用。Betterment for Advisor 的业务流程见图 2－25。

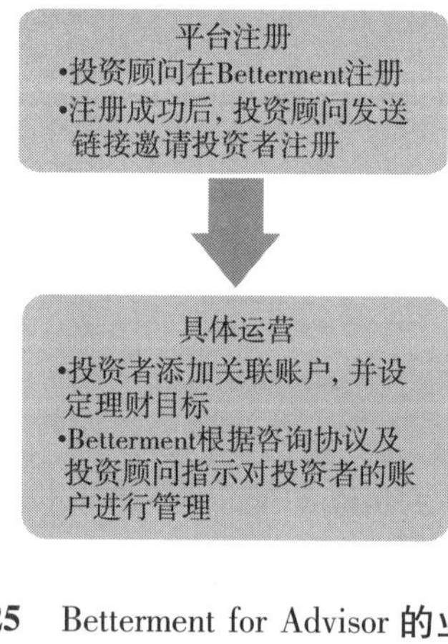

图 2－25　Betterment for Advisor 的业务流程

资料来源：本书编写组整理。

（三）评价与分析

1. 开户方便快捷，起投门槛低

美国的人工投资顾问服务费用昂贵，并且对资产规模的要求通常较高，而美国的金融系统又十分复杂，因此大部分美国普通民众缺少专业投资顾问的指导，很难为教育或退休等目标做出正确、有效的财务规划。

Betterment 将主要的目标群体定位在资产规模为 0～1000 万美元的人群，并通过科技手段实现规模化的投资顾问服务。其智能投顾服务没有设置账户最低起投金额，并且开户非常简单，对投资新手和资产较少的客户非常友好，迅速吸引了此前人工投顾较少覆盖的客户群体。2020 年美国资产管理规模排名前五的智能投顾平台账户起投金额见表 2－6。

表 2－6　2020 年美国资产管理规模排名前五的智能投顾平台账户起投金额

单位：美元

项目	Betterment	Schwab Intelligent Portfolios	Vanguard Personal Advisor Services	Personal Capital	Wealthfront
起投金额	0	5000	50000	25000	500

资料来源：本书编写组整理。

2. 基于财务目标构建组合，操作简单易懂

作为目标导向型智能投顾，Betterment 主要基于客户的投资目标构建投资组合。客户无须填写风险偏好问卷，只需要提供年龄、职业及收入情况、投资目标和投资期限，就能通过 Betterment 的网页或 App 得到智能投顾平台为其提供的个性化投资建议。想要进一步得到投资咨询的客户只需要通过 App 发送消息就可以随时随地提出问题并且得到回复。拥有 Premium 账户的客户还可以通过电话或电子邮件得到人工投资顾问的指导。

除此之外，Betterment 还提供单独的理财计划咨询服务，可以根据不同的财务规划目标选择相应的咨询套餐。对于懒于进行投资管理的客户来说，Betterment 的智能投顾平台具备自动调仓功能。Betterment 适用的客户群体见图 2－26。

图2-26 Betterment智能投顾适用的客户群体

资料来源：本书编写组整理。

整体来看，Betterment智能投顾平台的特点与目标客户的特征十分匹配。这使Betterment可以在竞争愈加激烈的智能投顾市场保持较强的竞争力。

二、嘉信：配置多元化的多功能混合投顾

（一）公司背景

嘉信是一家综合财富管理控股集团，成立于1971年，总部设在美国旧金山，为美国、英国、新加坡、澳大利亚等多个国家和中国香港地区的客户提供投资、财富管理以及其他多种金融服务。

2000年之后，美国市场传统交易佣金费率不断下降，资管行业竞争格局日趋激烈，Betterment、Wealthfront等智能投顾平台的出现，大

大降低了客户获得投资顾问建议的门槛和成本，对依赖传统投顾业务的嘉信产生了较大冲击。

在此背景下，嘉信自 2015 年开始发展智能投顾服务，并陆续推出投顾组合、智能组合高级版和智能收入等系列智能投顾产品。截至 2020 年 6 月底，其智能投顾平台管理的有效账户超过 35.5 万个，资产管理规模达 459 亿美元。

（二）产品服务

1. 投资顾问产品方案

目前，嘉信为投资者提供三种在线投资顾问产品方案：嘉信智能组合（Schwab Intelligent Portfolio）、嘉信智能组合高级版（Schwab Intelligent Portfolios Premium）和嘉信智能收入解决方案（Schwab Intelligent Income）。

嘉信智能组合是嘉信在 2015 年推出的智能投顾产品，帮助客户进行自动投资。不同于其他公司的智能投顾产品，嘉信智能组合虽然不收取咨询费用和佣金，但有投资额不能低于 5000 美元的限制。嘉信智能组合支持多个账户类型，包括标准经纪账户、IRA、保管账户、信托账户、未成年人赠予（Uniform Gifts to Minors Act，UGMA）账户和未成年人转移（Uniform Transfers to Minors Act，UTMA）账户[①]等。

嘉信智能组合根据客户的目标构建多元化的投资组合，并进行监控和动态调仓。用户需要填写一份包含年龄、退休目标、收入水平和风险承受能力等 12 个问题的调查问卷，以确定其风险偏好和投资目标。完

---

① UGMA 账户和 UTMA 账户类似于为孩子设置的信托账户，赠予人通过设置 UTMA 账户和 UGMA 账户，在减少赠予税的情况下把财产传承给孩子。UGMA 账户可以放入现金、股票、寿险；UTMA 账户除了现金、股票、基金、寿险外，还可以放入房产、珠宝、艺术品、专利等资产，灵活性更大。

成回答后，智能投顾将根据客户的投资目标为其构建个性化的最佳投资组合，并依靠大数据分析和程序化管理自动调节客户的资产配置，对投资组合进行自动化管理。客户可以通过嘉信智能组合在80多种变体的投资组合中进行选择，配置最多20个不同的大类资产，并且能够享受7×24小时的在线咨询服务。对于账户投资额超过5万美元的客户，智能投顾还提供自动化资产再平衡和税收收割策略服务。

除了提供全自动化智能投顾服务的嘉信智能组合，嘉信还推出了有人工理财师服务的嘉信智能组合高级版。这款升级版的混合投顾服务是收费的，并且最低投资余额为2.5万美元。对于新增客户，该升级版会收取300美元的初始费用（首次的定制化规划方案）和每月30美元的咨询服务订阅费；对于存量客户，则免去了300美元的初始费用，只收取每月30美元的咨询服务订阅费。对于投资者来说，投资额越多，费用比例越低。嘉信智能组合高级版的账户余额及费用比例如表2－7所示。

表2－7　嘉信智能组合高级版账户余额及费用比例

账户余额（美元）	费用比例（%）
25000	1.44
50000	0.72
75000	0.48
100000	0.36
125000	0.29
150000	0.24
200000	0.18

资料来源：本书编写组整理。

注：费用比例是指每年费用（30美元/月，即360美元/年）占资产的百分比。

对比几个主流混合投顾平台的收费标准来看（见表2－8），当账户投资额超过12.5万美元时，嘉信智能组合高级版的收费是最低的，并且随着投资额的增加，该比例将进一步降低。

表 2-8　其他智能投顾公司收费标准

公司或混合投顾服务产品	费用率（%）
Vanguard Personal Advisor Services	0.30
Betterment Premium	0.40
Wealthsimple	0.40~0.50
Personal Capital	0.89

资料来源：本书编写组整理。
注：费用按资产管理规模乘以费用率计算。

除了能够享受嘉信智能组合提供的智能投顾服务以外，用户还可以与人工理财师进行不限次数的沟通。嘉信有专门为嘉信智能组合高级版客户服务的国际金融理财师（Certified Financial Planner，CFP）团队，通过电话、电子邮件或视频等方式为客户提供服务。CFP 可以对客户进行一对一的指导，帮助客户制订实现购房、教育储蓄等财务目标的财务计划。客户还可以关联其他财务账户，方便检视自身整体的财务状况。

嘉信智能收入解决方案很适合处于退休年龄或接近退休年龄的客户，是在嘉信智能组合的基础上为客户提供的自动化收入规划服务。客户只要开通嘉信智能组合账户就可以享受这项服务，不需要支付额外费用。

嘉信智能收入解决方案会通过一些简单的问题了解客户的需求、时间节点和风险承受能力，然后根据客户投资组合的余额以及预计投资期限等计算出客户每个月可以提取多少现金，从而满足其收入需求。嘉信智能收入解决方案能够帮助客户规划一些与收入相关的复杂问题。例如，账户应提取的资金，如何根据个人目标和时间节点进行投资，如何有效地合理避税和合理地从应税账户、IRA 账户中按比例提取等。

具体来看，嘉信智能收入解决方案提供的服务主要包括智能税收优化、账户实时可视化、定制化资金提取、自动转存、灵活存取、持续监控与预警等。嘉信智能投顾的主要产品如表2－9所示。

表2－9　嘉信智能投顾产品一览

项目	嘉信智能组合（2015年）	嘉信智能组合高级版（2019年）	嘉信智能收入解决方案（2019年）
投资最低限额	5000美元	25000美元	需要开通嘉信智能组合或智能组合高级版权限后自动获得
服务内容	全自动化智能投顾	智能投顾＋CFP	智能投顾＋智能收入管理规划
管理费用	无	300美元的初始费用＋每月30美元的咨询服务订阅费	无
目标客户特征	初级投资者，IRA投资者，追求资产多样化、ETF基金投资者，偏好低成本的投资者，热衷投资已成立知名公司的投资者	重视个性化投资，依赖智能投顾的同时依赖理财师	临近退休或已退休的投资者
优势	降低非理性风险，解决代理问题，7×24小时在线咨询，降低成本	投资成本低、一对一指导、优化的算法、交互式操作界面	税收优化、账户实时可视化、定制化支取方案、自动转存、灵活存取、持续监控和预警

资料来源：本书编写组根据嘉信网站内容整理。

2. 投资范围

嘉信智能组合用于构建投资组合的ETF有50多只，其中每个投资组合持有20多只ETF，而多数公司持有ETF通常不超过12只。嘉信智能组合构建的投资组合中每类资产项下都有一级和二级两类ETF基金，以便通过买卖同一级别中类似的基金实现有效的税收损失收割。

投资组合通常包括股票、固定收益、商品和现金。

股票型资产通常包括美国大盘股、小盘股，国际公司大盘股、小盘股和新兴市场股票等，主要通过以下两种方式配置。

一是股票 ETF。嘉信智能组合在配置时会选取两类基金，包括按市值加权的一般市场指数基金和同一等级中基于基本面因素对公司进行筛选和加权的指数基金。

二是特殊类型的股票型资产。嘉信智能组合提供一些其他智能投顾通常不涵盖的投资领域，包括场外交易证券（OTC）、房地产投资信托（REITs）、业主有限合伙制（Master Limited Partnership，MLP）企业[①]、商业发展公司（Business Development Companies，BDCs）[②]。场外交易证券的流动性低于场内交易的同类型证券，且交易量低，买入价和卖出价的价差较大，公开信息很少。房地产投资信托是投资于商业房地产和大型公寓大楼的基金，通过证券交易所进行交易，通常股息较高，且可以对冲通胀，能够有效实现组合的多元化。业主有限合伙制企业在证券交易所公开交易，通常投资石油、天然气、煤炭和其他商品的生产、加工或运输等特种行业，在一定程度上增加了投资组合配置的多样性。此外，业主有限合伙制企业通常支付较高的股息，因此配置这类投资也能提高组合的收益率水平。目前只有嘉信智能组合能够进行业主有限合伙制企业的投资，其他的智能投顾或混合投顾都没有这个选项。商业发展公司投资几种不同类型的非公开证券，比其他投资类型拥有更高的股息收益率，但同时存在流动性差、信用风险和违约风险较高的问题，可以

① 业主有限合伙制融合了企业的有限责任制、合伙关系的税收优势以及私企的管理模式。只要公司收益每年转移给投资人，业主有限合伙公司就不必缴纳公司税。

② 商业发展公司结合了上市公司和封闭式投资工具的属性，主要投资于美国中小型公司股权债务，会给投资者带来一定的税收优惠。

作为整体股票投资组合的一部分进行配置。

固定收益型资产包括美国国库券、美国投资级公司债券、美国证券化债券、美国通胀保值债券、美国公司高收益债券、国际开发公司债券、国际新兴市场债券、投资级市政债券、投资级加州市政债券（针对加利福尼亚居民）。另外，嘉信智能组合还在固定收益组合增加了大公司优先股和与短期利率挂钩的银行贷款的配置。

投资组合中的现金头寸放在嘉信智能投资组合清算计划（Schwab Intelligent Portfolios Sweep Program）中，利息为货币市场利率。

（三）评价与分析

1. 免费管理

嘉信的经营策略之一就是向大众提供低成本的投资解决方案，嘉信的智能投顾服务延续了这一经营主旨。嘉信智能组合不收取管理费、佣金或账户费，为客户提供免费的智能投顾服务。这在智能投顾机构中很少见，因为智能投顾机构的主要收入来源一般是收取管理费。

2. 配置多元化

嘉信智能组合的资产配置相较于其他智能投顾更加多元化。其组合的资产配置涵盖了股票、债券、房地产、商品等多个市场，能够有效提升投资组合的分散性。

3. 智能收入服务

根据嘉信的调查研究，美国临近退休人员对未来有比较强的焦虑感，65%的临近退休人员不知道能否储蓄足够的养老金，52%的临近退休人员不知道该如何管理退休后的收入。嘉信为嘉信智能组合的所有客户免费提供嘉信智能收入解决方案，帮助他们解决相对复杂的与收入相关的问题。例如，应提取多少资金，如何根据个人目标和时间范围进行投资，以及如何通过智能税务和以有效的方式从应税、非税和罗斯账户中提取资金等。通过这一功能，客户能够清楚地了解投资账户中的可提取金额，以及现在的投资组合能够支持同样频率和数量的现金提取的时间。

4. 服务费用固定

嘉信智能组合高级版可以提供无限次与理财顾问团队进行沟通的服务。其他公司大多数根据资产管理规模按比例收取服务费用，而嘉信的这项服务费用则是固定的，只在初期一次性支付300美元和每月固定的30美元。这种收费方式彻底改变了海外财富管理市场实施多年的按资产管理规模进行收费的模式，按月订阅的固定收费模式对于投资余额较高的投资者来说是非常理想的选择。

三、Wealthsimple：受众广泛的混合型投顾

（一）公司背景

1. 公司简介

Wealthsimple由Michael Katchen于2014年9月在加拿大多伦多成立，是一家智能投顾与人工理财师服务相结合的混合型投顾公司。Wealthsimple通过电话、短信、电子邮件或视频的方式为客户提供投资管理等服务，其服务市场覆盖加拿大、美国和英国，目前是加拿大最大的智能投顾公司。

截至2020年底，Wealthsimple已获得7轮融资，融资金额约2.66亿加元，账户数近17.5万个，资产管理规模超过50亿加元。

2. 经营理念

Wealthsimple 为想要投资，但是没有专业知识、信心和时间来亲自管理资金的人提供投资解决方案。其目标是“为所有人提供更智能的金融服务，无论其年龄或资产净值”，迎合了刚起步的“千禧一代”投资者的需求。目前，Wealthsimple 约 80% 的客户年龄在 45 岁以下，其中 40% 的客户是首次投资者。

Wealthsimple 没有最低投资要求，并且为每个客户提供人工投资顾问，帮助客户建立匹配其长期投资目标和风险承受能力的投资组合，除了每年根据账户规模收取 0.4%~0.5% 的管理费以外，Wealthsimple 其他服务全部是免费的。

另外，Wealthsimple 还提供社会责任组合和符合伊斯兰教相关要求的投资组合等多元化选择，满足具有社会责任感或适用于伊斯兰法律制度的客户的投资需求。

（二）产品服务

Wealthsimple 为客户提供的服务包括以下五类：现金服务、投资管理服务、交易服务、加密资产服务、税收管理服务。其产品内容如表 2－10 所示。

表 2－10　Wealthsimple 的产品服务

产品名称	产品用途	产品介绍	产品优势
Cash	储蓄、转账、消费	Wealthsimple Cash 是基于现有储蓄账户的一种升级账户，将往来账户与储蓄账户相结合，为客户提供 0.75% 的存款年化利率，允许客户随时使用账户内的资金进行转账、消费	提出了“零费用万能账户”的理念，客户在使用该业务时无须支付任何账户管理费、账户维护费、转账费用及现金提取费用

续表

产品名称	产品用途	产品介绍	产品优势
Invest	为客户提供投资组合	在客户完成基础信息调查之后，Wealthsimple Invest 通过大数据与人工智能算法为客户提供投资组合；在客户关联银行账户并投入资金后，Wealthsimple Invest 帮助客户投资于由低成本指数基金组成的各类 ETF 组合，分散投资到全球数千家来自不同行业的公司，最大限度地完成分散投资	自动存款、股息再投资、自动重新平衡（随着市场的变化精确地重新平衡投资组合）、特色投资组合（“清真投”、社会责任感投资等）
Trade	股票和 ETF 交易	通过 Wealthsimple Trade，加拿大的居民可以在加拿大和美国交易所买卖数千种股票和 ETFs，无须支付任何佣金，也不需要最低账户金额	目前加拿大境内唯一的“零佣金”交易平台
Crypto	加密资产交易	客户可以通过 Wealthsimple Crypto 对比特币、狗狗币、以太坊等加密货币进行交易	既没有账户最低限额，也没有存款或取款费用；不对购买或出售加密资产收取任何佣金
Tax	在线纳税申报准备	客户通过 Wealthsimple Tax 完成退税申报后，其退税表将在几分钟之内传送至加拿大税务局完成申报流程，并实时跟踪客户的退税状态，向客户展示退款优化的结果	免费，可以处理更复杂的税收情况

资料来源：本书编写组根据 Wealthsimple 网站内容整理。

1. 现金服务

现金服务包括免费的混合储蓄账户和一个支票账户。账户没有最低存款额限制，并且提供了高于市场的存款利率，不收取任何交易费用且不限交易次数。用户可以将存款汇入 Wealthsimple Cash，通过该账户免费进行账单支付、电子转账等操作。Wealthsimple 接下来还计划推出

Wealthsimple Cash Card（一种预付的 Visa 卡），使客户可以像借记卡一样使用其账户中的现金免费交易。

2. 投资管理

Wealthsimple 使用现代投资组合理论设计投资组合，通过分散投资最大限度地降低组合的波动性，并根据不同的风险承受能力将投资组合设置为保守、均衡和成长三种选项，分别配置不同比例的股票类 ETF 和债券类 ETF，这两类 ETF 的主要投资标的分别如表 2－11、表 2－12 所示。

保守型组合：专为偏爱稳定和低回报的投资者设计，主要投资于低波动率债券，其中 70% 持有政府债券、高收益债券和短期债券。

平衡型组合：适合中低风险承受能力的投资者，此类投资组合的债券与股票比率通常各占 50%。

成长型组合：专为具有中高风险承受能力的投资者设计，此类投资组合主要投资于股票（高达 90%），包括新兴市场股票、加拿大股票、美国股票和房地产等。

表 2－11　股票型 ETF 投资标的

国家或地区	ETF	代码
美国	Vanguard US Total Stock Market	VTI
美国	Vanguard Mid－Cap Value ETF	VOE
美国	Vanguard Small－Cap Value ETF	VBR
国外市场	Vanguard FTSE Europe ETF	VGK
国外市场	WisdomTree Japan Hedged Equity Fund	DXJ
新兴市场	Vanguard FTSE Emerging Markets ETF	VWO

资料来源：本书编写组整理。

表 2－12　债券型 ETF 投资标的

项目	ETF	代码
市政债券	iShares National Muni Mond ETF	MUB
美国通胀保护型债券	iShares TIPS 债券	TIP
美国政府和投资级企业债	先锋总债券市场 ETF	BND
高收益型债券	VanEck Vectors Fallen Angel 高收益债券 ETF	ANGL

资料来源：本书编写组整理。

另外，Wealthsimple 为客户提供了社会责任投资组合、清真投资组合、“笔笔攒”、超额定投等特色功能。

社会责任投资组合由六个专注于社会责任领域公司的 ETF 组成（见表 2－13）。此外，投资组合还包含支持地方投资的市政债券，以及由政府发行的、促进经济适用房发展的抵押贷款支持证券。

表 2－13　社会责任投资组合

主题	ETF	代码
低碳暴露	iShares MSCI ACWI 低碳目标	CRBN
清洁技术	PowerShares 清洁技术产品组合	PZD
具有社会责任感的美国公司	iShares MSCI KLD 400 社会指数基金	DSI
性别多样性（Gender Diversity）	SPDR Gender Diversity	SHE
地方项目（Local Initiatives）	PowerShares Build America Bond Portfolio	BAB
经济适用房	iShares GNMA BD ETF	GNMA

资料来源：本书编写组整理。

清真投资组合是指符合伊斯兰教义的组合产品。它包含由伊斯兰教义学者组成的第三方委员会筛选出的 49 只股票（非 ETF），排除了从赌博、酒精、枪支、烟草或其他限制行业中获利或从贷款利息中获得巨额收入的公司。Wealthsimple 使用经过仔细筛选以符合伊斯兰法律的 ETF，将用户的资金投入整个股票市场，同时尽可能地保持多元化以最大限度提高业绩。因为伊斯兰法律禁止对计息资产（债券等）进行投资，所以清真投资组合的基金 100% 投资于股票，其风险状况与 Wealthsimple 的增长投资组合产品一致。低风险承受力的客户可以通过持有一定比例的现金降低其投资风险。

为了让客户更好地“积少成多”，Wealthsimple 设计了“笔笔攒”功能。客户每次使用借记卡或信用卡进行消费时，Wealthsimple 都会将客户的购买金额四舍五入到最近的整数，并将零钱投入客户的账户中收取利息。

超额定投的设计理念与“笔笔攒”类似，旨在帮助客户省钱，最大限度地优化并利用其空闲资金赚取回报。通过超额定投的功能，客户可以自行决定要在银行账户中保留多少现金支付日常开销。在完成设定后，Wealthsimple 将在每月 18 日将超出设定金额的资金转入 Wealthsimple 投资账户。不过，在资金转入前，Wealthsimple 会向客户发送提示，以避免客户出现临时需要更多现金的情况。

除了为客户推荐投资组合外，Wealthsimple 还为客户免费提供一些其他投资服务，诸如投资组合审查、零散股票投资、人工理财顾问咨询和税收损失收割服务等。

投资组合审查：Wealthsimple 的客户只要在投资账户上传最新的对账单就可以享受这一服务。上传后，Wealthsimple 的人工顾问会将这些信息结合客户的财务目标和时间范围进行分析，通过电话与客户讨论沟通其目前的投资分配、账户费用和税收效率等财务状况。

零散股票投资：Wealthsimple 购买了 ETF 的零散股票，因此客户可以将全部存款进行全额投资，而不必等到积攒到一定额度才进行投资。

人工理财顾问咨询：Wealthsimple 为所有客户提供人工理财顾问咨

询服务，客户可以通过电子邮件或电话与人工理财顾问进行投资组合分配、退休计划、遗产和税收计划等财务咨询。

税收损失收割服务：Wealthsimple 为所有客户的应税账户提供免费的税收损失收割服务，使客户能够用投资损失抵销投资收益或其他收入的税费。

Wealthsimple 根据投资者资产水平的不同，提供 Wealthsimple Basic、Wealthsimple Black 和 Wealthsimple Generation 三种不同级别的投资服务。虽然每个级别的服务具体内容不同，但均结合了智能投顾和人工投顾。Wealthsimple 的投资服务支持个人账户、IRA（传统和罗斯）、联合账户、信托账户、401（k）、已注册账户［注册退休储蓄账户（RRSP）、免税储蓄账户（TFSA）和已注册教育储蓄计划（RESP）］等不同类型的账户。

Wealthsimple Basic 计划主要面向低净值人群，为账户余额低于 10 万美元的客户服务，每年收取资产管理规模的 0.50% 作为管理费，这项费用远低于大多数金融咨询公司收取的费用。这个级别的账户能够拥有高息储蓄账户，并且能够享受智能投顾和人工顾问提供的投资服务。客户通过该计划可以选择投向特定投资组合，包括社会责任组合和清真组合。

Wealthsimple Black 计划主要面向中等收入群体，只有账户余额在 10 万美元以上的客户才能享受 Black 投资计划。对于这一级别的会员账户，Wealthsimple 为其提供了管理费优惠，年度费率为 0.40%。会员除了可以享受 Basic 计划中的所有服务外，还能享受税收筹划、机场贵宾室和每季度的专家会议等附加服务。

Wealthsimple Generation 是 Wealthsimple 在 2019 年新推出的一项投

资计划，主要面向高净值投资者，要求账户余额在50万美元以上。除了可以享受Basic和Black所有的服务以外，该级别的每位客户还会配备两名专门的投资顾问。投资顾问会考虑客户的整体资产情况（包括Wealthsimple以外的投资，如房地产等），帮助客户制订整体的财务计划（如现金流量分析、财务预测和财务规划等）。Wealthsimple对此级别的客户仅收取0.40%的管理费，另外Generation成员还享有Medcan健康计划50%的折扣率。

3. 交易服务

除了提供混合型投资顾问服务以外，Wealthsimple也通过App（暂无Web版本）向想要自己精选ETF和股票构建投资组合的客户提供免费的销售和交易等经纪服务。客户可以通过个人账户、TFSA和RRSP这三类账户自助构建并持有其投资组合，但只能投资在纽约证券交易所、纳斯达克、TSX或TSX－V交易所上市的ETF和股票。此项服务还有一些其他限制，如股票的定价必须至少为每股0.50美元，每天平均交易至少50000股等。

4. 加密资产服务

Wealthsimple Crypto使加拿大本国公民能够安全可靠地购买、出售、转让和持有加密资产，其服务由Wealthsimple Digital Assets Inc.（WDA）提供。WDA以限时注册和监管的方式向加拿大公民提供Wealthsimple Crypto，通过加拿大证券管理机构的“监管沙箱”进行协调。WDA是魁北克省以外司法管辖区的注册受限经销商，其在魁北克省注册为衍生品交易商。目前，客户在Wealthsimple Crypto账户中购买和持有的加密资产不受加拿大投资者保护基金、加拿大存款保险公司或任何其他投资者保护保险计划的保护。

Wealthsimple Crypto 仅对加拿大本国公民开放，客户无须支付任何佣金即可投资比特币、狗狗币和以太坊等。Wealthsimple 没有账户最低限额，没有存款或取款费用，也不对购买或出售加密资产收取任何佣金，而是使用点差支付其作为流动性提供者、运营费用和加密货币储存的成本，每笔交易支付的费用比例不会超过 2%。

但是该项服务目前存在一个缺点，在 Wealthsimple Crypto 向客户提供转账功能之前，客户将加密资产转入和转出到 WDA 账户的能力受到限制。简单来说，在默认情况下，客户通过 Wealthsimple Crypto 购买的任何加密资产都必须通过 Wealthsimple Crypto 出售。当 Wealthsimple Crypto 为客户提供转账功能时，将加密资产从外部钱包转移或转移到外部钱包会带来 WDA 无法控制的风险。因此，客户并不能完全自由地掌握自己的加密资产。

5. 税收管理服务

在 2019 年 9 月，Wealthsimple 收购了加拿大税务软件公司 SimpleTax，这为 Wealthsimple 的金融产品套件增加了在线纳税申报准备和归档服务。

Wealthsimple Tax 是由加拿大税务局（CRA）和魁北克税务局认证的软件，每年都会按照最高标准进行测试，以确保其准确无误。

Wealthsimple Tax 可以处理多种税收情况。例如，多种收入来源、自营职业、租金收入或初次来到加拿大等。Wealthsimple Tax 可以连接 CRA My Account 自动导入客户的税单，然后按关键字搜索，只需点击几下即可将所需表格和单据添加到退款信息中，大幅节省了工作时间。在提交申报后，Wealthsimple Tax 会实时跟踪客户的退税状态，并向客户展示退款优化的结果。同时，对于注册有退休储蓄计划（RRSP）的客户，Wealthsimple Tax 将会了解在每年 3 月 1 日截止日期之前更改 RRSP 供款会如何影响退款或所欠税款。如果 CRA 审核客户的退款，则 Wealthsimple Tax 会为客户提供审计支持，帮助客户了解原因并指导其完成后续步骤。

目前，该业务是免费的，客户在填写完纳税申报表后，可以选择自愿对平台提供任意金额的捐款。同时，该业务为客户提供了最大退款保证，如果客户发现可以通过其他方式获得更多的退款，Wealthsimple 将退还客户支付的款项。

（三）评价与分析

1. 免费人工投顾服务

从 Wealthfront 与其他智能投顾平台对比信息可以看到，除了免费的投资组合审查服务、零散股票投资和税收损失收割服务以外，Wealthsimple 所有的客户都可以享受到免费的智能投顾和人工投顾服务，而 Betterment 仅为高端客户提供人工投顾服务，见表 2－14。

表 2－14　Wealthfront 与其他智能投顾平台对比

项目	Wealthsimple	Personal Capital	Betterment	Wealthfront
起投金额	无限制	10 万美元	无限制	500 美元
投顾服务模式	全部客户可以享受智能投顾和人工投顾服务	仅提供智能投顾服务	仅为高端客户提供人工服务	仅提供智能投顾服务
费率（%）	0.50	0.89	0.25	0.25

资料来源：本书编写组整理。

2. 特色投资组合

Wealthsimple 的另一大特色是提供满足客户特殊需求的投资组合：社会责任投资组合和清真投资组合。作为近年来国际投资领域的新观念，社会责任投资（Socially Responsible Investment，SRI）是指投资者在进行投资决策时，不仅考察投资对象的财务业绩，还考察它们的社会、环境和公司治理等因素，做出综合判断，最终形成投资决策的投资行为。通过对社会及环境等因素的考察，投资者选择具有可持续发展前景的企业，不仅可以获得稳定的投资回报，也可以使社会、环境与国民经济受益。投资者可以从三种风险加权 SRI 投资组合中进行选择。目前，Wealthsimple 约有 1/4 的客户是对社会负责的投资者。对于伊斯兰教教徒，Wealthsimple 专门提供符合伊斯兰教教义多元化的股票投资组合，以满足其投资需求。

四、Ellevest：面向女性的数字化智能投顾

（一）公司背景

Ellevest 于 2014 年在美国纽约创立，旨在帮助女性客户通过低成本投资实现自己的财务目标。作为“为女性打造的平台”，Ellevest 将女性的职业生涯、风险偏好、平均寿命等因素纳入考量范围，为女性提供直观、全面、现实的投资计划，帮助她们更自信地掌握个人资产。作为一家性别色彩鲜明的金融服务公司，Ellevest 的产品和文化都带有独特的属性。

据统计，2017 年 4 月，Ellevest 拥有雇员约 30 人，客户 3700 位，管理总资产为 2500 万美元。而截至 2020 年 12 月，Ellevest 共有超过 110 名员工，拥有客户 48891 位，管理资产也超过了 6.3 亿美元。Ellevest 以快速增长的态势在美国投顾领域迅速发展。

（二）产品服务

1. 市场定位

Ellevest 调查显示，目前美国女性的财务需求旺盛，她们掌握了超过 11 万亿美元的财富，百万富翁中女性占比达到 45%。而在 40 岁以下的富裕女性人群中，75% 的女性缺少专业的财务顾问；其余 25% 拥有财务顾问的女性中，仍有高达 67% 的人认为财务顾问未能充分了解她们的需求。美国富裕阶层的女性如何更好地管理自身财富已成为亟待解决的课题。

Ellevest 针对这一市场特点，为女性提供了轻松、简单的理财方式。它运用线上注册、数据采集、目标制定等方式，结合大数据技术及智能机器人统计分析，迅速为客户提供财务方案。同时，Ellevest 还致力于推动女性事业发展，提供职业发展指导、财富知识教育等；并通过 Pax Ellevate 全球女性领导基金为女性创业者提供资金支持。

2. 产品序列

为了满足不同的用户需求，Ellevest 提供三类会员服务，即 Ellevest Executive、Ellevest Plus 及 Ellevest Essential。针对不同的会员等级，Ellevest 收取不同的会费，并提供差异化服务。其中，Ellevest Executive 的会费为 9 美元/月、97 美元/年；Ellevest Plus 的会费为 5 美元/月、54 美元/年；Ellevest Essential 的会费为 1 美元/月、12 美元/年。除了会员费和 ETF 费用外，客户不必支付其他交易成本，客户享受的咨询服务、交易执行、托管和银行服务等费用均已包含在会员费中。Ellevest 三类会员服务的具体内容如表 2 – 15 所示。

表 2－15　Ellevest 三类会员服务具体内容

服务项目	服务具体内容	Ellevest Executive	Ellevest Plus	Ellevest Essential
投资服务	没有最低存款额限制； 创建管理个性化投资组合； 随时调整投资计划； 考虑性别因素，如薪酬差距、职业中断和生命周期等	√	√	√
学习服务	从财务规划师及职业教练团队处获得在线研讨会或视频课程； 有针对性地学习，帮助客户做出职业、财务及投资决策	√	√	√
银行服务	客户购买精选品牌，获得平均 5% 的现金返还； 将额外零钱存入由联邦存款保险公司承保的 Ellevest 储蓄账户； 无限制的自动取款机费用报销，没有最低余额要求及透支费用； 非接触式消费	√	√	√
专家服务	享受专业财务规划团队或职业教练一对一指导	√	√	√
	课程起价 38 美元，享受会员折扣	5 折	7 折	8 折
退休服务	建议退休金储备目标； 获得反映所有退休账户的个性化投资计划； 包含 401（k）、403（b）、罗斯账户，以及具有特色的 SEP IRA 账户	√	√	
多目标投资	为客户每个理财目标开设五个定制投资账户，如购房首付款、孩子教育金等； 展示每个目标的预测金额，探索各目标间的相互影响关系； 研究并制订更优的目标达成计划	√	√	

资料来源：本书编写组根据 Ellevest 网站内容整理。

此外，针对投资额 100 万美元以上的客户，Ellevest 将提供私人财富管理服务（见表 2－16）。Ellevest 为这部分高净值客户配置专属财务顾问，帮助她们制订每个阶段的计划。Ellevest 从长期计划入手，在职业、家庭、税收、现金流、债务、信用、投资、退休和保险九个方面全面管理客户的财富健康；同时，为客户节省消费、医保、报税等方面的开支，提供信托管理、资产转移、慈善捐赠等方案，最大限度满足客户全生命周期的财务需求。

表 2－16　Ellevest 私人财富管理服务

项目	Ellevest 私人财富管理服务
账户最低余额	100 万美元
年费	基于管理的资产数额确定
专职财务团队	√
客户服务团队	√
定制投资组合方案	√
定制资产配置方案	√
降低资本利得税的账户转移计划	√
Ellevest 认证的财务规划师专业人员	√
非流动性影响	√
“Ellevest 影响力投资组合”期权投资	√
捐助导向基金（Donor－advised Funds）	√
联合账户	√

资料来源：本书编写组根据 Ellevest 网站内容整理。

3. 投资模型

Ellevest 投资模型以目标为导向，以客户实际基础为考量点，制定贴合客户现实需求的投资方案。平台模型需要客户填写年龄、职业、收入水平、受教育程度、婚姻状况、子女数量及经常账户余额等基本信息，以及想实现的财务目标，如置业、创业、子女教育金、退休金等。系统以这些因素为运算基础，整合了特定性别的薪资曲线和预期寿命数据，为客户财务目标的设定提供最佳预测建议，客户也可以根据自身的喜好和需求进行调整。Ellevest 对客户目标初始金额的预测方法见表 2－17。

表 2－17　Ellevest 对客户目标初始金额的预测方法

客户目标	预测方法	默认投资年限
置业	使用客户所在地区房屋的平均价格，并假设 20% 的首付款，加上默认投资年限内的通货膨胀	6 年
创业	客户 24 个月的工资减去税收（实得工资），加上默认投资年限内的通货膨胀	5 年
子女教育	客户 9 个月的工资减去税收（实得工资），加上默认投资年限内的通货膨胀	6 年
退休金	根据客户教育水平及性别，划分不同的工资曲线，将客户目前的工资从今天起增加至退休后的水平；将测算得出的退休前一年税后工资的 90% 作为退休后所需的收入	以社会保障局规定的完全退休年龄来判断
梦想基金	客户自行设定	告诉 Ellevest 想实现的梦想及时间
财富积累	取决于客户的资源、其他目标和目标优先级	20 年或以上

资料来源：本书编写组根据 Ellevest 投资指南整理。

客户确定财务目标后，Ellevest 将根据客户的风险承受等级为其匹配合适的金融产品。基于资本市场历史数据，Ellevest 构建了风险矩阵模型。对女性而言，相较于短期收益，她们更看重个人财务目标的实现。Ellevest 将女性的一些个人偏好加入财务计划，使得整体模型更加精准。通过科技手段，Ellevest 将财务指标实现的概率提升到了 70%。Ellevest 采用的是负债驱动投资策略（Liability Driven Investing，LDI），该策略由均值方差优化模型（Mean－Variance Optimization，MVO）和盈余优化模型（Surplus Optimization）组成。值得一提的是，LDI 是退休金计划里的常用策略，该策略基于目标金额分析当前负债及未来现金流支出的情况，以跟踪的方式优化投资路径，在既定收益的情况下将风险最小化，以增加投资组合实现目标的概率。同时，公司使用蒙特卡洛

（Monte Carlo）模型模拟目标结果，在数百个不同的经济场景中运行 7 个推荐投资组合，以确定一系列可能的结果，帮助实现客户目标。当投资组合偏离特定目标和范围的阈值时，系统模型会监控到并重新进行平衡，调整组合风险。

4. 投资标的

在投资标的的选择上，Ellevest 与知名研究评级公司 Morningstar 合作，运用机器算法筛选市场上合适的 ETF。这些 ETF 主要来自先锋基金、嘉信和其他公司，具有持有成本低、流动性高、税收效率高和跟踪偏离度低等特点。Ellevest 关注的标的资产涉及 21 个类别，包括美国大中小盘成长股、价值股及各类型债券，见图 2－27。

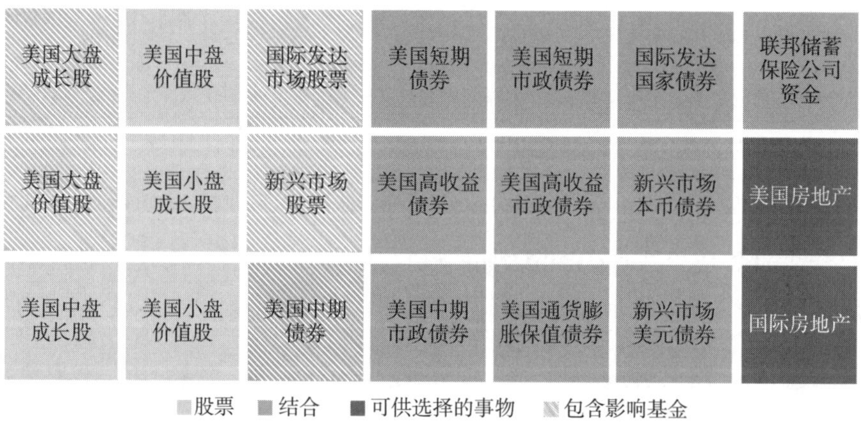

图 2－27　Ellevest 关注的标的资产类别

资料来源：本书编写组根据 Ellevest 网站内容整理。

除了核心投资组合外，Ellevest 还为客户提供“影响力”投资组合。该投资组合投资 ETF 及部分共同基金，致力于支持女性事业发展及环保、慈善事业发展。Ellevest 所选的共同基金涉及女性及慈善主题，投资于女性领导的、富有社会责任感的企业。这些企业提供社区福利服务，如儿童教育、表演艺术、养老机构等；或者在环保领域表现突出，具有可持续发展性。

（三）评价与分析

1. “零门槛、低收费”，为所有客户提供财务建议

客户不需要承诺投资金额便可以进行财务咨询。Ellevest 平台为所有注册客户开放，用户仅需注册账户，便可通过填写表单咨询财务方案；Ellevest 平台机器人将根据客户填写的信息迅速提出财务建议。便捷的“零门槛”咨询服务吸引了众多没有投资经验的年轻女性。同时，Ellevest 会持续关注客户动态，通过电子邮件等方式分享近期资本市场新闻及女性理财建议等，进一步吸引这些注册用户进行注资投资。

2. 支持客户通过一个账户管理多个财务目标

Ellevest 以客户的生命周期为测算维度，支持客户的多个财务目标。客户可以同时提出置业金、子女教育金、退休计划等多个财务目标，平台会依据客户现有年龄、收入等因素，将一系列财务目标进行现金流测算及折现，为客户提出一个综合方案。同时，Ellevest 会根据实际情况权衡多个目标的关系。例如，客户今年购买一辆新车可能需要推迟买房和退休的计划，或者更低的储蓄率和相对保守的投资会影响未来的大学学费计划等；客户仅需一个账户，便可跟踪、权衡和管理多个财务目标。

3. “自动平衡”的数字化投资模型

Ellevest 采用目标驱动投资策略，运用蒙特卡洛模型为客户筛选定制投资组合。与其他投顾平台不同的是，Ellevest 认为，控制投资组合风险比严格维持特定的资产配置更重要，故平台模型会对投资组合的整

体风险进行持续跟踪。当投资组合的整体风险偏离其资产配置设定的区间时，投资组合会被重新平衡；同时，如果客户的投资组合收益落后于预设的目标，Ellevest 就会督促客户做出适当调整，如将目标实现日期推后或者进行更大额、更频繁的储蓄。

4. 储蓄利率较低难以吸引客户

Ellevest 的投资方案会帮助客户建立一只金额为三个月税后工资的应急基金。平台不对该笔资金收取管理费，并帮客户把资金安全存放在联邦存款保险公司（FDIC）的银行账户。但该账户只提供给客户 0.01% 的储蓄利率，远低于客户通过网上银行储蓄账户可赚取的利息。而其他智能投顾公司会为客户提供储蓄账户或现金管理账户，并支付年化收益率 2% 以上的利息。

5. 没有提供税收损失收割服务

与 Betterment、Wealthfront 等其他智能投顾公司相比，Ellevest 没有提供税收损失收割服务。该服务自动提供节税功能，具体操作是自动卖出投资者亏损的资产，抵免一部分资本利得税，同时买入其他类似资产，从而达到合理节税和增加客户净收益的目的。而 Ellevest 采用的是“税收最小化方法”，尽力将任何可能产生税收的证券放入递延税款的退休账户，将低税收负担的投资放入应税账户，同时配置税收效率较高的市政债券，运用自动平衡的方法将应税损失最大化和应税收益最小化。该方法虽然在一定程度上为客户减轻了税负，但对于应税账户余额较高的客户来说不是一个很好的选择。

6. 对年龄因素的考量过于乐观

Ellevest 为客户制定投资方案时会将女性平均寿命更长的因素纳入考量范围。研究表明，由于该因素的考量比重较大，Ellevest 将一个积极的投资组合推荐给了60岁以上有20年财富积累的客户；同时将一个相似的投资组合推荐给了一位30多岁的潜在客户。但市场大多数投资经验表明，60岁以上的客户更关注其资本的保本属性。Ellevest对年龄因素的考虑也许过于乐观。

五、SigFig：集个性化与经济性于一体的智能投顾

（一）公司背景

1. 公司简介

SigFig成立于2007年，总部位于美国旧金山，是美国首家智能投顾公司。公司致力于为各层次财富水平的投资者提供更易得、更经济的高质量投资服务。平台以客户为中心建立有效的金融解决方案，帮助投资者实现财务目标。SigFig为投资者提供投资信息与指引，提供个性化的投资服务与建议，并与世界范围具备规模性与创新性的金融机构合作，更好地管理用户资产。

自成立以来，SigFig共获得6轮融资，融资总金额约1.2亿美元，拥有约1.7万客户和100多名员工。截至2020年底，SigFig资产管理规模为8.35亿美元。根据Backend Benchmarking发布的《2020第四季度智能投顾报告》（*Robo Report – Fourth Quarter 2020*），SigFig在各知名智能投顾平台综合评分位列第一。

2. 经营理念

SigFig秉持“简单易行，人人皆可投资”的理念，通过红利再投资、税收减免和投资再平衡，帮助用户以低成本建立智能、节税、多样化的投资组合，并分析其是否因高昂的费用、不平衡的配置和分散化不

足而导致回报损失。SigFig 为用户提供个人投资顾问在线预约服务、便捷式投资及一站式的账户管理服务。用户既可以在 SigFig 移动应用程序界面浏览其所有投资，也可以借助 SigFig 管理德美利证券（TD Ameritrade）、嘉信和富达国际（Fidelity）等不同经纪商的账户。

（二）产品服务

1. 账户注册

SigFig 为用户提供两种账户类型：资产组合跟踪账户和管理账户。注册资产组合跟踪账户的用户可以通过 SigFig 同步其他经纪商的投资账户，查看业绩报告、费用明细、持股情况、估值评价、财务指标等数据。SigFig 还通过分析用户的投资账户，针对投资多元化不足和费用高等问题为用户提供建议。

注册管理账户的用户，将资金交由 SigFig 进行管理，除享受资产组合跟踪账户的全部服务外，还可以随时与 SigFig 客服团队通过电子邮件、电话等形式进行沟通，获得免费咨询服务。投资顾问指导用户根据收益目标和风险偏好创建个性化资产组合，并帮助用户管理资产组合。资产组合的管理包括：定期检查现金水平，当收到股息或有额外现金时，自动进行再投资；当投资组合偏离目标资产配置时，对投资组合进行再平衡；通过税收优化、税收损失收割、税收转移、白名单等系列服务为客户降低投资成本。SigFig 账户服务内容见表 2－18。

表 2－18　SigFig 账户服务内容

内容	资产组合跟踪账户	管理账户
投资账户同步	√	√
资产组合跟踪	√	√
投资报告展示	√	√

续表

内容	资产组合跟踪账户	管理账户
外部资产组合分析	√	√
实时聊天或电话		√
投资顾问		√
个性化投资组合		√
现金再投资		√
自动再平衡		√
自动再投资		√
税收优化		√
税收损失收割		√
税收转移		√
白名单		√

资料来源：本书编写组根据 SigFig 网站内容整理。

在收费模式上，SigFig 为资产组合跟踪账户提供免费的跟踪与分析服务。对于管理账户，SigFig 要求账户最低余额为 2000 美元，账户金额小于等于 10000 美元时，用户可享受免费服务；当账户金额大于 10000 美元，超出 10000 美元的部分收取每年 0.25% 的管理费用。

2. 投资流程

SigFig 主要通过以下六步帮助用户开启智能投资之路。

第一步，目标规划。SigFig 通过一份简单的调查问卷进行用户画像，获取用户希望达到的投资目标。

第二步，投资组合推荐。基于用户的收益目标和风险偏好，SigFig 为其定制资产组合。

第三步，资金转入。用户可以将资金注入 SigFig 的合作经纪商账户。

第四步，收益最大化。SigFig 通过多元化投资降低组合风险，并对账户实行每日监控，在账户出现额外分红、利息、现金，或账户偏离配置目标时，自动进行再投资或再平衡。

第五步，成本最小化。SigFig 通过低费率与节税策略帮助用户降低成本。

第六步，报告反馈。SigFig 为用户提供账户的日常数据与投资报告，用户可以根据账户情况随时进行调整。

为了更好地体现个性化投资理念，SigFig 列举了三种典型的投资方案，分别为住房投资方案、财富积累方案和退休方案，对应低、中、高三类风险承受等级。三种投资组合的收益曲线是基于长期资本市场假设进行数千次模拟形成的。这些长期资本市场假设包括对预期收益率、标准差和模型投资组合关联资产相关性等的预测。

3. 退休储蓄

SigFig 指出，一个人从 25 岁开始储蓄至 67 岁退休，按照传统的退休储蓄方式积累的数额与实际需要的数额之间存在“退休缺口”（Retirement Gap），并且该缺口会随着时间的推移而扩大。因此，SigFig 提供退休储蓄产品以鼓励和帮助用户增加退休储蓄，通过投资低成本、多样化的资产组合，帮助用户弥补退休缺口。建立退休储蓄计划的流程主要分三步。

第一步，定位。用户需要提供年龄、退休年龄、薪资、当前储蓄情况等，帮助 SigFig 了解其退休储蓄目标。

第二步，评估。SigFig 根据用户提供的信息，评估用户是否已经实现了退休储蓄目标，并根据需要做出调整。

第三步，建议。SigFig 根据个人信息和评估结果，为用户推荐个性化投资组合；用户也可以根据自己的偏好进行调整，直到对投资计划满意为止。在投资过程中，用户同样可以通过电话或网络获得投资专家的个性化指导。

4. 投资组合分析

SigFig 为用户提供免费的投资组合分析服务，通过资产组合跟踪、投资表现评估和个性化建议帮助用户实现投资收益最大化。SigFig 将用户创建和同步的不同投资账户放入统一的管理仪表盘，用户可以在该界面看到全部投资组合的数据。SigFig 帮助用户从风险偏好、资产配置比例、投资成本、现金数额、地域多元化水平和单一股票集中度六个方面对用户资产组合进行全方位评估，每周向用户发送电子邮件，总结投资组合表现，并通过分析投资组合是否存在隐藏费用、对某只股票或某个行业的风险敞口是否过大，进而分析用户是否承担了相匹配的风险。此外，SigFig 会进行实时市场跟踪，为用户提供最新的股票市场行情和市场评论，同时提供便捷的图表和工具批量处理数据，减少用户工作量。

5. 投资咨询

在提供高效、便捷的智能化服务的同时，SigFig 考虑到用户的差异化需求，组建了以行业专家为成员的投资顾问团队，为用户提供个性化人工指导。投资顾问以用户的利益为核心，按照 SEC 制定的标准为用户提供服务，根据用户财务状况帮助其设定与收入提升、财富积累、退休规划相关的财务目标，并制订相应的实施计划。在投资过程中，投资顾问会帮助用户尽量降低产生的费用成本，促使用户加速实现投资目标。此外，用户可以通过电话、电子邮件或网络会议等方式，随时随地联系投资顾问，获取个性化的投资建议。

（三）评价与分析

1. 优化用户投资成本

SigFig 始终以用户利益最大化作为出发点，帮助用户将佣金和税收最小化，实现最佳资金配置。再平衡投资组合时，SigFig采用节税策略，使用户出售证券时的纳税数额最小化，并考虑经纪商之间证券转移的税收影响。评估投资组合时，SigFig有策略地寻找出售亏损资产的机会，帮助用户降低资本利得税负。

2. 量身定制投资计划

SigFig通过用户的收入、年龄、风险偏好等特征，结合用户金融资产动态，为用户量身定制投资计划，并根据市场情况对投资账户进行再平衡调整。SigFig专注于用户投资行为，将不同账户的数据进行同步并集中展示，运用投资组合分析工具进行数据分析，智能化诊断投资组合，并为用户提供个性化建议。同时，SigFig提供清晰、简洁的图表，帮助用户更好地了解投资组合的风险与收益状况。此外，在提供智能化服务的同时，SigFig引入个性化、专业化的人工服务，用户仅需要通过电话或在线聊天的方式，便可以获得投资专家的个性化指导。SigFig的投资咨询服务结合了智能化投资引擎、一站式分析工具与个性化人工服务，给用户带来了更轻松、更便捷的投资体验。

3. 较低的费用与门槛

SigFig的起投门槛较低，起投金额只有2000美元，低于Charles Schwab、Vanguard、Wealthsimple等绝大多数智能投顾机构，并且对于1万美元以内的投资账户不收取任何管理费用。由于投资成本是投资者在选择智能投顾时的重要考虑因素，SigFig所具备的费用优势对普通投资者而言具有更强的吸引力。此外，一方面，SigFig向用户收取低服务费用；另一方面，投资顾问帮助用户寻找资产中的隐藏费用并进行削减，使用户的资金能够更充分地用于投资。

六、Acorns：微额投资领域的“独角兽”

（一）公司背景

Acorns是一家以微额投资著称的智能投顾公司，于2014年创立，总部位于美国加利福尼亚州，其经营理念是“使每一个人都拥有投资的机会”。

Acorns成长十分迅速，在经历了多轮融资之后，已经成为微额投资领域的“独角兽”。作为第一家向投资者提供小额投资的公司，Acorns专有的金融引擎允许客户从日常购买中收集多余的零钱，并将这些零钱投资到专业人员管理的指数基金。Acorns的客户只需将信用卡或借记卡与支票账户连接起来，然后进行日常消费，就能看到其投资组合收益随市场的变化而变化。Acorns使得用户可以在消费者与投资者的角色之间任意切换，在消费的同时可以进行投资，并且不受时间、金额、佣金等条件的限制。

（二）产品服务

Acorns的目标群体有三类：一是没有任何计划的初级投资者，二是没有定期投资计划的投资者，三是没有任何预算计划或储蓄计划的消费者。Acorns最明显的特色莫过于将消费场景与投资场景打通。商业伙伴消费后，找零后的零钱自动进入投资账户投资指数基金。Acorns目前已经形成了比较完善的产品体系，分为四大板块：投资（Invest）、消费与微额投资（Spend and Earn）、社区资讯平台（Grow）和养老金（Later）。其中，最重要的是Acorns的投资体系，分为传统投资和养老金投资，这两个投资体系都是依托Acorns大类资产配置下的分散原则，进行指数投资。Acorns 主要产品介绍如表 2－19 所示。

表 2－19　Acorns 主要产品介绍

产品名称	产品用途	产品介绍	产品优势
Invest	零钱投资	在消费结账时，根据预先设定好的协议，将零钱存入投资账户	方便、快捷
Spend and Earn	为用户提供消费返现优惠	消费返现可通过线上 App 购买或线下商家购买获得。不同商家的返现额、返现时间不同。目前该产品旗下已有 200 多家合作商家	与传统返现不同，用户在商家消费获得的返现额将自动投入用户的 Acorns 账户进行投资
Grow	帮助用户提升储蓄投资相关知识	现有现金 101、新闻、使用方法、采访四个板块，主要提供预算、储蓄、投资、负债、房地产等领域的实用性文章，以及关于运动员、名人、经济学家等的采访类文章	采用科普性或故事性的叙述方式，使用户更容易理解储蓄投资方法并形成储蓄投资意愿
Later	为用户提供 IRA 产品	现有罗斯个人退休金账户（Roth IRA）、传统个人退休金账户（Traditional IRA）、简易雇员退休金账户（SEP IRA）三种类型，每种类型的税收优惠和适用人群各不相同	相对于其他储蓄投资类产品，IRA 类产品具有税收减免优势

资料来源：本书编写组根据 Acorns 网站内容整理。

1. Acorns Invest

Acorns 的投资原则以大类资产配置为主。Acorns 通过与先锋集团和贝莱德（BlackRock）合作，建立了一套完整的基于大类资产配置的组合构建方法。Acorns 的组合构建以分散化为核心原则，根据标的资产类别、期限结构和标的属性将各类标的进行细分。Acorns 会投资这些大类资产所对应的指数基金或 ETF 联接基金。在开始投资前，Acorns 会测评投资者的风险偏好，并根据风险偏好的类型选取对应的投资策略。Acorns 将投资者分为五种类型，对应不同的资产配置策略，具体配置如表 2－20 所示。

表 2 - 20　Acorns 的资产配置策略　　单位：%

项目	极度保守策略	适度保守策略	均衡策略	适度激进策略	极度激进策略
超短期政府债券（BIL 指数）	20				
超短期企业债券（JPST 指数）	20				
超短期企业债券（ICSH 指数）	20				
短期政府债券（GBIL 指数）	20				
短期政府债券（SHV 指数）	20				
中型公司股票（IJH 指数）		4	5	6	10
国际公司股票（IXUS 指数）		12	18	24	30
短期美元债券（ISTB 指数）		18	12	6	
美国集合债券（AGG 指数）		42	28	14	
大型公司股票（VOO 指数）		24	35	47	55
小型公司股票（IJR 指数）			2	3	5

资料来源：Acorns 网站。

针对市场对绿色金融、ESG 投资和可持续投资的强大需求，Acorns 适时上线了可持续投资策略，如表 2 - 21 所示。

表 2 - 21　Acorns 可持续投资策略配置　　单位：%

项目	适度保守策略	均衡策略	适度激进策略	极度激进策略
大型公司股票（ESGU 指数）	24	35	47	55
中大型市值美国股票（SUSA 指数）	3	5	6	10
小型公司股票（ESML 指数）	1	2	3	5
国际公司股票（ESGD 指数）	9	13	18	22
新兴市场股票（ESGE 指数）	3	5	6	8
1 ~ 5 年期企业债券（SUSB 指数）	9	6	3	
短期国库券（SHY 指数）	9	6	3	
美国国债（GOVT 指数）	14	10	5	
美国抵押担保债券（MBB 指数）	14	9	5	
美国企业债券（SUSC 指数）	14	9	4	

资料来源：Acorns 网站。

纳入 Acorns 标的资产库的股票和债券超过 7000 个。随着资产库的调整，Acorns 也会为用户提供定期的再平衡服务，保证指数追踪的准确性。

Acorns 的投资方式有 Round - up 微额投资和普通存款两种。Round - up 微额投资，即通过进一法将用户每次消费扣款进成整数，并将差额存入 Acorns 账户进行投资；普通存款，即一次性存入资金或按固定频率重复存款，固定频率可选每日、每周和每月。普通存款可与 Round - up 微额投资采用相同的投资组合，既可以投资不同风险偏好的 ETF 投资组合，也可存入养老金账户并投资于该产品提供的投资组合。

Acorns 采取订阅收费模式，目前账户分为两种：Personal 和 Family。Personal 账户具有“一账通”功能，可以享受投资、养老金、银行与消费三类服务。收费标准上，Family 账户每月收取 5 美元订阅费，Personal 账户每月收取 3 美元订阅费。订阅费实际上包含两种费用：一种是投资咨询费，另一种是项目费。

2. Acorns Spend 与 Acorns Earn

Acorns 的小额转账方式和被动投资策略为用户提供了一个非常友好的储蓄投资环境。用户只需简单地设置自动 Round - up 微额投资并选择合适的风险偏好组合，就能实现储蓄并获得投资收益。

具体操作方式为：Acorns App 通过用户绑定的银行卡，将用户每次的消费额进至最近的整数，根据用户不同的风险喜好，将差额或其倍数(共 2 倍、3 倍、10 倍三档)，投资于不同比例的 ETFs 投资组合。举例来说，若用户购买一杯咖啡消费 4.28 美元，则进至 5 美元并存入 0.72 美元，或 1.44 美元（2 倍），或 2.16 美元（3 倍），或 7.2 美元（10 倍）；若用户恰好消费 5 美元整，则进至 6 美元，存入 1 美元或其倍数。

随着用户数量的增加，Acorns 将消费场景、借记卡和投资账户相互打通，使用户在消费的同时可以进行投资，以实体借记卡为载体实现多种生活场景的无缝连接。Acorns 与 Visa 合作打造联名借记卡，吸引了大量用户。联名借记卡具有多种特色服务。一是即时消费与投资。联名借记卡可以在指定商家享受折扣，剩余的零钱将自动划转至投资账户进行投资。二是联名借记卡兼具储蓄投资和养老金账户功能，用户可以根据自身需求选取不同的投资策略。三是便捷的银行服务。用户可以享受免费的银行间转账、ATM 取现服务，并支持电子支票服务。Acorns 的银行服务受到联邦存款保障基金的保护。

此外，以联名借记卡为依托的 Acorns Spend 还提供三项增值服务：一是消费策略优化，即从开源和节流两方面提高用户收益；二是为用户提供额外折扣或奖励；三是为所有客户提供 Found Money 服务。

用户在 Acorns 的合作商户消费，还可以获得最高至 10% 的投资奖励。Acorns 将奖励划入用户的投资账户，将其定义为 Found Money，对应 Acorns Earn 服务。例如，某个用户在耐克消费了 45.99 美元，那么耐克会给予其一笔现金奖励，Acorns 会将这笔现金奖励打入用户的投资账户并转化为相应的指数投资。Acorns 的移动端提供 Found Money 的实时查询，用户可以清晰、直观地观察到余额的增长，但是部分现金返还的操作时间较长，60～120 天不等。目前，Acorns Found Money 项目已经支持超过 50 个品牌。部分品牌合作带来的优惠如表 2－22 所示。

表 2－22　Acorns 的部分合作品牌及优惠详情

品牌	奖励
Airbnb	1.8% 返费
Barnes & Noble	2% 返费
Billshark	首次注册时 10 美元优惠

续表

品牌	奖励
Blue Apron	首次注册时 30 美元优惠
Boxed	4% 返费
DirecTV	首次注册时 25 美元优惠
Dollar Shave Club	10% 返费
Earnest	100 美元抵扣
Expedia	4% 返费
Groupon	5% 返费
Liberty Mutual Insurance	5 美元抵扣
LifeLock	25 美元抵扣
Lyft	首次注册时 15 美元优惠
Macy's	5% 返费
MeUndies	首次消费 20% 返费
New Balance	5% 返费
Nike	5% 返费
Sephora	3% 返费
Stich Fix	10 美元抵扣
Walmart	首次注册时 5 美元优惠
Warby Parker	1% 返费

资料来源：本书编写组根据 Investor Junkie 网站内容整理。

3. Acorns Later

Acorns 不断拓展资金来源，从消费微额投资拓展至养老金的微额投资。消费微额投资带来的资产管理规模相对较小，因此需要引进新的资金来源。而参与 IRA 养老计划的人群中，有相当一部分是非正规就业者和无法被纳入雇主发起式养老计划的人员，他们可供投资的资金相对比较零碎，这些人群的养老投资需求与 Acorns 微额投资的商业模式十分契合。

美国的 IRA 账户种类较多，如何区分这些账户的特点并选出适合自己需求的账户成为一些养老金投资者的需求痛点，而 Acorns 可以为用户提供选择指导。用户仅需在注册 Acorns Later 时回答几个问题，Acorns 的智能平台就能够自动在普通账户、Roth 账户和 SEP 账户做出选择。

起始投资额方面，Acorns 的养老金业务起始投资额很低。为节省交易成本（银行转账手续费、基金交易手续费等），Acorns 设定了最低投资额 5 美元，每天为所有养老金业务用户统一做一次交易两项规定。

投资风格上，Acorns Later 用户的投资组合风格并不是一成不变的，系统会根据用户年龄和到退休年龄的剩余时间自动设定。随着时间的推移，该产品会依据数据的变化自动调整投资组合。

从投资申购与赎回的时效看，Acorns Later 适合价值投资者，而非短线交易者。Acorns Later 投资申购需要 1～3 个工作日，这是因为只有在市场开放的情况下才能购买 ETF 股票，同时用户从银行账户转账到 Acorns 账户也需要 1～2 天的时间。而赎回需要 3～6 个工作日，这是因为存在 2 天结算期的规定（SEC 对买卖 ETF 的强制规定）。此外，为保证用户账户安全，在某些情况下（如投资后近期赎回），Acorns 会将赎回额持有 5 天，防止可能产生的欺诈行为。

4. Acorns Grow

Acorns 与知名的商业财经媒体美国消费者新闻与商业频道（CNBC）合作，一同打造 Acorns 社区和资讯平台。Acorns 将社区资讯平台打造成 Acorns Grow（见图 2－28），并将平台内容分成五大板块：一是储蓄（Saving），主要内容是日常生活中的省钱建议；二是投资（Investing），提供与投资相关的财经资讯，包含宏观、行业和热点事件等方面的信息以及评论；三是收入（Earning），主要为用户提供提高投资收益的知识与技巧；四是消费（Spending），主要提供物价、房租等与用户日常消费关系密切的信息；五是信用（Borrowing），主要普及个人信用和债务相关知识。

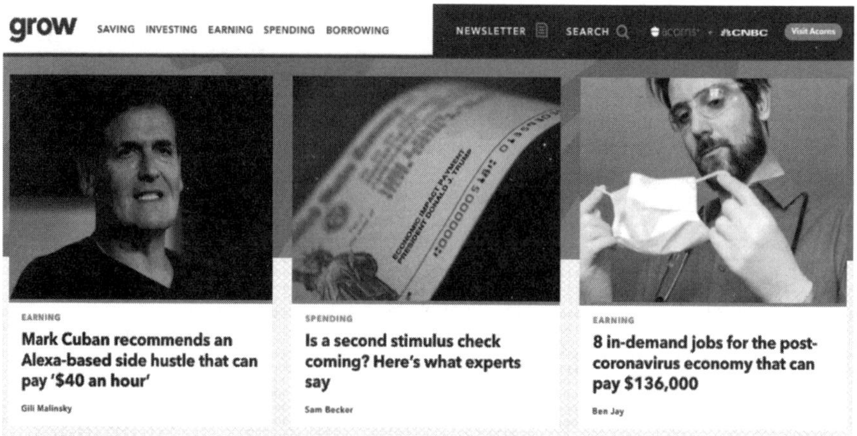

图 2-28　Acorns Grow 界面

资料来源：本书编写组根据 Acorns 网站内容整理。

（三）评价与分析

Acorns 仅用了 6 年时间就发展成为微额投资领域的独角兽企业。截至 2020 年 12 月，Acorns 注册用户达到 544 万人，资产管理规模达到 33.78 亿美元。

1. 产品具有竞争力，客户黏性高

Acorns 具有独特的商业模式，与众多商户的合作使 Acorns 在实现用户资产升值的同时为合作伙伴增强了客户黏性与忠诚度。Acorns 的这种做法十分具有商业智慧，这在商业链条上形成良性循环的闭环，即将消费者转化为股东，将客户的忠诚度转化为实际价值，形成消费—盈利—用户资产升值—持续消费的闭环。

从 Acorns 与竞争对手费用对比中可以看到，Acorns 性价比较高（见表2－23）。与零钱储蓄投资类公司相比，Acorns 的费用相对更低（储蓄额低于 100 万美元时）；与智能投顾类公司相比，Acorns 的费率在一定储蓄额区间相对更低。此外，Acorns 的服务更加多样化。除储蓄投资的基本功能外，Acorns 还推出了 Acorns Later 产品，提供三种退休金储蓄账户，这是其他微额投资平台尚未涉及的服务。

表 2－23 Acorns 与竞争对手费用对比

公司名称	费用（美元/月）	最低储蓄额
Acorns	1	无限制
BOA	8	100 美元
Digit	5	无限制
Qapital	3	无限制

资料来源：本书编写组根据各公司网站内容整理。

目前，Acorns 的资产管理规模在 10 亿美元左右，与 Wealthfront、Betterment 等知名智能投顾平台的规模相比还有一定的差距，主要原因可能是存在一部分微额投资用户，这部分的客户资产规模很难快速提升。

2. 商业模式的可持续性面临挑战

Acorns 虽然发展十分迅速，但是仍然面临一些挑战。在宏观层面，公司用户数量增长存在天花板。参考其他互联网券商的商业模式，开户数量和资产管理规模对公司收入的影响很大，如何保持公司开户数量并实现资产管理规模的持续增长是其需要关注的问题。当前，Acorns 基于账户收取的订阅费在人口数量基本稳定的背景下存在天花板，保持收入增长需要向存量资产收取管理费用。Acorns 会不会主动向财富管理转型将是一个十分有趣的话题。

在行业层面，Acorns 面临以下两个方面的挑战：一是竞争对手推出新颖产品，Acorns 能否进行差异化竞争；二是在零钱储蓄投资类公司中能否继续保持用户数第一的行业地位。

第三章

我国智能投顾发展情况

第一节　智能投顾的发展历程

国内智能投顾业务由投资咨询业务演变而来。近年来，随着信息技术在金融领域应用的不断深入，市场机构逐渐在财富管理业务借助大数据、人工智能和云计算等技术，突破传统投顾业务的限制，探索开展智能投顾业务，通过将适当性管理、资产配置等环节数字化、智能化，为客户提供定制化投资建议。从产业生命周期的角度来看，2014—2015年，智能投顾作为一种独立的商业模式在国内兴起，第三方新兴财富管理公司率先发力，银行、证券公司、基金公司、大型科技公司于2016年、2017年相继跟进，凭借各自的信息技术、客户资源、品牌渠道、产品创设能力等优势布局相应的产品，在智能投顾领域形成了第三方新兴财富管理机构、传统持牌金融机构、互联网巨头三足鼎立的局面，如图3－1所示。[①]

由图3－1可以看出，中国智能投顾的发展历程可以从两个维度进行划分。一是从产业生命周期角度进行划分。中国智能投顾行业发展至

① 本节主要基于智能投顾业务本质（前文所述狭义智能投顾）对行业发展历程进行梳理。

今，经过了兴起、小高潮、回落、重启等阶段。二是从监管政策角度进行划分。中国智能投顾发展阶段可以大致分为 2014—2019 年的探索发展期和 2019 年之后的规范发展期。

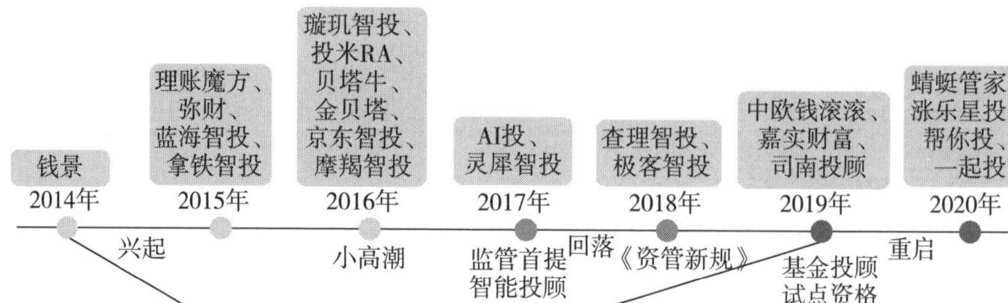

项目	探索发展期	规范发展期
数据和技术应用	智能化程度低	正形成投顾业务和系统的闭环
监管环境	限制被委托人管理权限	部分放开“全权委托+智能调仓”
投资标的	A股、公募基金、权益类产品等	基于基金产品，收益更稳定
行业认识	部分滥用智能噱头进行基金代销	积累数据和算法经验，辅助财富管理业务发展，服务公司数字化战略
商业模式	销售规模×佣金分成率	由传统代销转向资产管理

图 3-1　国内智能投顾行业发展历程

一、按产业生命周期划分

（一）2014—2015 年：智能投顾逐渐兴起

以钱景理财上线为标志，中国智能投顾行业整体起步于 2014 年，在 2014—2015 年快速发展。这一时期，第三方机构汲取了海外智能投顾的成功经验，迅速发现居民投资理财需求旺盛，基于其技术背景优势推出了中国最早的智能投顾服务。

中国智能投顾兴起伊始，参与方多为第三方机构，这一现象产生的原因可能有三点：首先，2014—2015 年货币政策比较宽松，市场资金充裕，第三方机构比较容易接触到居民的储蓄资金和金融机构的委外资金，对这些资金的投资需求是催生中国智能投顾出现的重要原因之一；其次，监管机构对金融创新持开放、包容的态度，这一时期第三方科技公司积极参与金融业务，作为金融机构的技术服务提供商赋能传统金融机构，发现了大量传统金融机构难以覆盖的需求，并通过获取金融牌照开展业务；最后，第三方机构在公司运营体系和管理机制上比较灵活，对新兴事物的接受度较高，开展新业务的内部限制较少，因此在发现智能投顾这一蓝海市场后，第三方机构迅速进入以抢夺先机。

（二）2016—2018 年：小高潮—回落—泡沫破裂

中国智能投顾发展的第一次高潮在 2016 年。在此之前，货币政策宽松达到阶段性的顶点，金融市场先后出现了一波牛市。在第三方机构的基础上，更多的传统金融机构关注到了投资顾问这一强劲的市场需求，一些银行和券商开始涉足智能投顾领域，传统金融机构与第三方机构一起逐鹿智能投顾市场，推动整个行业进入发展的小高潮阶段。

2016 年第四季度至 2017 年末，政策调整开始，货币政策转向，市场的资金空转被监管机构整治，金融牌照的发放也逐渐被收紧，金融行业的乱象逐渐被整治，智能投顾的发展也受到影响，由小高潮阶段转入回落阶段。2016 年新上线的智能投顾机构有 6 家，而到 2017 年新上线的智能投顾机构仅有 2 家。

2018 年，随着金融“去杠杆”的进行，股票市场进入熊市，P2P 频繁爆雷。一些底层资产不规范、风险不够分散的智能投顾机构损失惨重，出现了破产清盘。此外，在行业发展初期，一些打着“智能投顾”旗号而实际是私募基金和 P2P 的机构被清洗出局，智能投顾行业的发展进入了泡沫破裂阶段。

（三）2019—2020 年：低谷—重启

2019 年，虽然股票市场出现了一波牛市行情，但是由于金融监管仍然保持高压态势，智能投顾面临的监管不确定性依然存在，行业发展处于低谷期。

2019 年 10 月，《关于做好公开募集证券投资基金投资顾问业务试点工作的通知》（以下简称《通知》）出台，智能投顾行业的发展迎来了新的曙光。《通知》的出台理顺了智能投顾的商业模式，明确了应配置的底层资产，解释了智能投顾的投资流程，为行业健康发展奠定了基础。

《通知》出台后，证监会开展了三批试点活动，将银行、券商、基金和第三方机构四个方面的参与主体纳入基金投顾试点范围，智能投顾行业迎来新的竞争者，进入重新起航的新发展阶段。中国智能投顾的发展趋势见图 3－2。

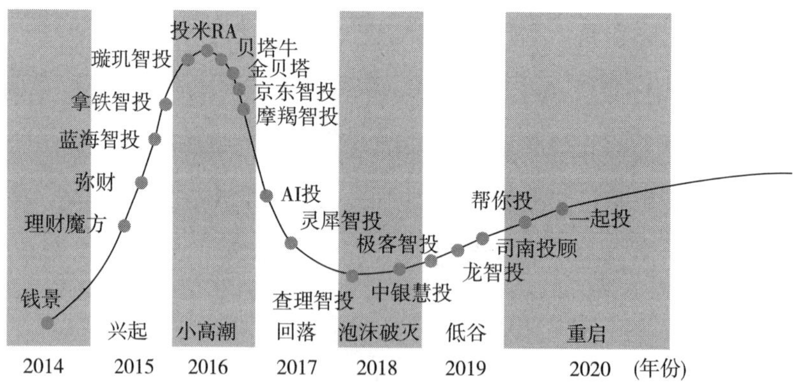

图 3－2　中国智能投顾发展趋势

资料来源：本书编写组根据公开资料整理。

二、按监管政策划分

按监管政策划分，以 2019 年 10 月证监会机构部发布的《通知》为标志，中国智能投顾的发展可以分为探索发展期（2019 年之前）和规范发展期（2019 年之后）两个阶段。

（一）2019 年之前：探索发展期

这一时期，智能投顾的主要参与方除了持牌金融机构之外，还包括大型互联网公司、第三方新兴财富管理公司、原炒股软件或股票配资公司，以及软件集成商等。根据资源禀赋不同，智能投顾行业各参与方在数据积累及运用能力、投资产品标的类型及范围、资产配置能力方面存在较大差异。

从资产配置范围来看，按照运行模式可以将这一时期包含“智能投顾”概念的平台分为以下两类。

一是以公募基金产品作为主要投资标的的平台。这类平台根据客户需求及风险承受能力，为客户提供包含股票、债券、基金、商品等综合大类资产配置服务，如第三方财富管理公司理财魔方以及大部分基金公司开发的智能投顾平台等。还有借鉴 Wealthfront、Betterment 等投资 ETF 组合的公司，将全球 ETF 作为主要投资标的，通过对不同类别的 ETF 进行配置和动态调整，实现投资组合的分散，典型平台如投米 RA、弥财等。

二是以权益类产品作为主要投资标的的平台。平台提供组合投资策略、程序化交易、智能分析服务等，如部分证券公司是智能投顾平台、软件集成商开发的投顾平台等。

2019 年以前国内部分智能投顾平台主要投资标的情况见表 3 - 1。

从业务实质来看，此阶段许多打着“智能投顾”旗号的平台提供的并非智能投顾服务，而更接近“智能交易”的范畴，协助客户制定投资策略并程序化地实现策略，对客户自身如资产状况、风险承受能力等方面关注则不多。另外，也有部分 P2P 平台借助智能投顾为旗下 P2P 产品引流，从最终推荐的资产配置结果来看并不合理，不符合客户分散投资风险的要求。

表 3-1　2019 年以前国内部分智能投顾平台主要投资标的情况

平台背景	平台名称	隶属公司	主要投资标的
持牌金融机构	阿尔法智投	江苏银行	基金、银行理财、保险、贷款等
	摩羯智投	招商银行	国内公募基金为主
	贝塔牛	广发证券	A 股、国内 ETF 等
	金贝塔	嘉实基金	A 股、基金产品等
金融科技企业	i 问财、iFinD	同花顺	A 股、基金等
	理财魔方	北京口袋财富信息技术有限公司	基金产品
	聚爱财 Plus	北京聚爱财科技有限公司	固定收益类和期权类产品，其中固定收益类产品主要为母平台“聚爱财”上的 P2P 产品
	胜算在握	深圳祥云信息科技股份有限公司	证券类
	钱景私人理财	北京钱景财富投资管理有限公司	基金产品
	投米 RA	宜信财富	全球 ETF 产品
	蓝海财富	蓝海智投	QDII 股票及 QDII 债券基金、国内及海外 ETF 产品等
	弥财	北京弥财投资咨询有限公司	全球 ETF
	资配易	北京资配易投资顾问有限公司	证券类

续表

平台背景	平台名称	隶属公司	主要投资标的
互联网公司	智投	京东金融	固定收益产品、股票及债券基金、票据、定期理财产品、京东小金库等
	蚂蚁聚宝	蚂蚁金服	基金产品及蚂蚁金服旗下产品

资料来源：本书编写组根据公开资料整理。

从技术应用情况来看，因智能投顾行业尚处于起步阶段，投资者信息、资管产品信息等方面的数据挖掘及利用并不充分，整体智能化程度较低。基于“建立客户画像→匹配产品与服务→不断跟踪优化和调整”的服务链条，此阶段的智能投顾更多的是针对某个环节做出优化，尚未积累足量客户、产品及市场数据，也未能形成业务及系统的完整闭环。

从业务流程来看，受监管政策限制，“全权委托＋智能调仓”尚未放开，此阶段的智能投顾服务以推荐资产配置方案和后续调仓方案为主，实际下单调仓等投资操作仍需投资者手动参与，在一定程度上弱化了用户体验。

总体来说，在探索发展期，智能投顾行业各类平台的运行模式呈现较大程度的分化，平台间资产配置类型差异较大，数字化程度参差不齐。相比智能化属性，这一阶段的智能投顾更多的是作为产品销售的入口和通道。

（二）2019 年之后：规范发展期

《通知》规定，基金投资顾问试点机构从事基金投资顾问业务，可以接受客户委托，按照协议约定向其提供基金投资组合策略建议，并直接或者间接获取经济利益。根据与客户协议约定的投资组合策略，试点机构可以代客户做出具体基金投资品种、数量和买卖时机的决策，并代客户执行基金产品申购、赎回、转换等交易申请，开展管理型基金投资顾问服务。

基金投资顾问业务试点的正式落地，标志着智能投顾行业正式进入规范发展的2.0阶段。监管机构在放开试点机构“接受客户全权委托+智能调仓”权限的同时，“自上而下”推进智能投顾业务由以产品销售为导向向以客户为中心转变，以客户利益为出发点，根据客户实际情况定制投资资产配置方案，为客户带来更好的基金投资体验。基金投顾试点机构见表3-2。

表3-2　基金投顾试点机构

批次	类型	机构名称
第一批	基金公司	易方达基金
		南方基金
		华夏基金
		嘉实基金
		中欧基金
第二批	独立销售机构	腾安基金
		盈米基金
		蚂蚁基金
第三批	银行	工商银行
		招商银行
		平安银行
	证券公司	国泰君安
		华泰证券
		中金公司
		申万宏源
		中信建投
		银河证券
		国联证券

资料来源：本书编写组根据公开资料整理。

总体来说，规范发展阶段的智能投顾行业有着更理想的发展环境与土壤，主要原因有以下几点。

第一，数据和技术应用方面。智能投顾行业的各参与者在前期业务发展积累的基础上，已经在客户画像分析、业务流程完善、用户体验优化等方面积累了一定的数据与经验。随着金融科技在传统持牌金融机构与相关赛道创业公司间的应用不断深入，智能投顾行业的数据挖掘能力和分析能力显著提升，有助于针对投顾全流程形成系统及业务层面的闭环。

第二，监管环境方面。随着《通知》的落地，代客理财业务有条件地放开，监管机构允许试点机构接受投资者委托智能投顾完成资产配置及后续调仓，降低投资者追涨杀跌等不理性行为发生的概率，个人行为更多转变为机构行为，将有助于投资者实现更好的财富管理收益。

第三，投资标的方面。此阶段资产配置范围更多是基于基金产品，信息透明度及标准化程度较高，P2P 等非标产品不再作为投顾标的。这种资产配置范围的转变与智能投顾的整体思路更为吻合，有助于投资者在标准类资产积累数据的基础上，借助人工智能技术实现相对稳定的收益。

第四，投资者接受度方面。资管新规要求，金融机构对资管产品实行净值化管理，净值生成须及时反映标的资产本身的风险及收益状况，由此打破了理财产品的刚性兑付。这种“获取一定收益应承担相应风险”的理财观念更有助于智能投顾业务的发展，智能投顾业务也将更多地为市场尤其是投资者所接受。

第五，行业认识层面。经历了前些年的热度，此阶段智能投顾业务的发展更趋于冷静，在已有积累数据和算法经验的基础上，借助智能投顾工具辅助财富管理业务的发展，服务公司层面数字化战略，而非单纯炒作概念，或过分夸大智能投顾的变革性作用。

第六，智能投顾目标及客群定位方面。经历了前期的发展与探索，各平台对智能投顾是追求“超额收益”或是“市场平均收益”、是面向“中产客群”或是“长尾客群”等核心问题已经形成了较为成熟的认识，并结合自身资源禀赋及战略规划形成了差异化发展模式。

第二节　智能投顾市场监管环境

智能投顾业务本质为投资咨询业务。1997 年，国务院原证券委员会发布《证券、期货投资咨询管理暂行办法》，将证券投资咨询业务纳入监管。随后《证券法》明确证券公司、证券投资咨询机构是从事证券投资咨询业务的两类法定主体。在此基础上，证监会制定《发布证券研究报告暂行规定》《证券投资顾问业务暂行规定》，将证券投资咨询业务区分为证券投资顾问和发布证券研究报告两种基本形式，确立具体业务规范。此外，《证券投资基金法》要求从事公募基金投资顾问业务的机构按证监会规定注册或者备案，并原则规定了业务规范。

随着信息技术在金融领域应用的不断深入，投顾业务流程、表现形式等也在数字化升级过程中发生了变化，其间监管机构更多的是围绕智能投顾业务本质对行业进行规范。在探索发展期，传统金融机构基本不涉及牌照问题，而其余绝大多数独立智能投顾平台或多或少存在无照经营的合规问题。

2016 年 8 月，证监会召开例行发布会，针对互联网平台打着智能投顾、智能理财旗号进行证券基金产品销售的现象做出评价，表示证监会将保持高度关注，发现互联网平台未经注册、以智能投顾等名义擅自开展公募证券投资基金销售活动的，将依法予以查处。

2017 年 4 月，山西证监局点名多家智能投顾平台，指出其在未取得相关资质的情况下从事基金销售业务，涉嫌违规。

2017 年 11 月，中国人民银行、证监会、银监会、保监会发布《关于规范金融机构资产管理业务的指导意见（征求意见稿)》，就牌照、资质、算法监管等提出要求，提出智能投顾平台的合规发展原则，首次在监管层面正式提及“智能投顾”。2018 年 4 月 27 日，中国人民银行、银保监会、证监会、外汇局颁布资管新规，对“运用人工智能技术开展投资顾问业务”给予了明确指引，并从资质许可、风险管控、透明性及消费者保护、责任认定等多个方面提出了规范性要求，具体内容如表 3 – 3 所示。

表 3 – 3　资管新规关于运用人工智能技术开展投资顾问业务的相关规定

规范领域	相关规定
资质许可	运用人工智能技术开展投资顾问业务应当取得投资顾问资质，非金融机构不得借助智能投资顾问超范围经营或者变相开展资产管理业务
风险管控	金融机构应当根据不同产品投资策略研发对应的人工智能算法或者程序化交易，避免算法同质化加剧投资行为的顺周期性，并针对由此可能引发的市场波动风险制定应对预案。因算法同质化、编程设计错误、对数据利用深度不够等人工智能算法模型缺陷或者系统异常，导致羊群效应、影响金融市场稳定运行的，金融机构应当及时采取人工干预措施，强制调整或者终止人工智能业务。金融机构应当向金融监督管理部门报备人工智能模型的主要参数以及资产配置的主要逻辑，为投资者单独设立智能管理账户，明晰交易流程，强化留痕管理，严格监控智能管理账户的交易头寸、风险限额、交易种类、价格权限等
透明性及消费者保护	金融机构运用人工智能技术开展资产管理业务应当严格遵守资管新规有关投资者适当性、投资范围、信息披露、风险隔离等一般性规定，充分提示人工智能算法的固有缺陷和使用风险，不得借助人工智能业务夸大宣传资产管理产品或者误导投资者

续表

规范领域	相关规定
责任认定	金融机构因违法违规或者管理不当造成投资者损失的，应当依法承担损害赔偿责任

资料来源：本书编写组根据公开资料整理。

2019 年的《通知》明确规定，基金投资顾问业务开展以“具有资产管理、基金销售等业务资格”为前置条件，从事证券基金投资顾问业务，应当依法经证监会核准或注册，这对智能投顾平台的合规发展提出了更明确的标准。

总体来说，智能投顾业务包括：接受客户委托，按照合同约定向客户提供证券投资基金以及证监会认可的其他投资产品的投资建议，辅助客户做出投资决策或者按规定代理客户办理交易申请的经营性活动，属于从事基金投资顾问业务，应取得证券基金投资咨询业务资格；代理客户进行资产配置，涉及客户资产管理业务资格；根据客户需求智能匹配投资组合后，代理销售基金产品，涉及基金销售业务资格。

而就智能投顾涉及的全权委托模式，监管政策经历了从“限制”到“有条件部分放开”的转变。在 2019 年《通知》落地前，证券经纪及投资顾问等相关政策文件对全权委托代客理财的模式都是明令禁止的，2015 年 3 月证券业协会发布的《账户管理业务规则（征求意见稿）》曾短暂出现放开的趋向，但也以种种因素而未能落地。《通知》发布后，监管机构对代客理财服务有条件放开，首次明确试点机构可以代客户做出具体基金投资品种、数量和买卖时机的决策，并代客户执行基金产品申购、赎回、转换等交易申请，开展管理型基金投资顾问服务。而结合 2019 年新修订的《中华人民共和国证券法》（以下简称《证券法》）中“证券投资咨询机构及其从业人员从事证券服务业务不得代理委托人从事证券投资”的相关规定，全权委托模式还暂无可能放开至证券等领域。

总体来看，监管机构在划清资质准入底线、确保金融风险可控、保护消费者权益的前提下，结合国内智能投顾行业的发展现状，逐渐、适度地完善相关政策，在鼓励创新与稳控风险间找寻平衡，促进合规销售，减少监管套利，行业发展也在近年间逐渐进入“有法可依、有章可循”的状态。随着财富管理市场规模的扩大和科技在金融领域应用的日益深入，基金投顾有望在现有3批18家试点的基础上进一步扩大，智能投顾业务将迎来更清晰的政策预期与日益完善的监管环境。智能投顾相关政策文件内容见表3－4。

表3－4　智能投顾相关政策文件梳理

颁布时间	文件名称	颁布机关	内容要点
1997年12月	《证券、期货投资咨询管理暂行办法》	证券委	将证券、期货投资咨询业务纳入监管
2001年5月	《客户交易结算资金管理办法》	证监会	客户交易结算资金必须全额存入具有从事证券交易结算资金存管业务资格的商业银行，单独立户管理。 严禁挪用客户交易结算资金
2010年10月	《证券投资顾问业务暂行规定》	证监会	规范证券公司、证券投资咨询机构从事证券投资顾问业务行为
2012年12月	《证券投资基金法（修订版）》	全国人大常委会	要求从事公募基金投资顾问业务的机构按证监会规定注册或者备案，并原则规定了业务规范
2015年3月	《账户管理业务规则（征求意见稿）》（未实施）	证券业协会	本规则所称账户管理业务，是指取得证券投资咨询业务资格并符合本规则条件的机构接受客户委托，就证券、基金、期货及相关金融产品的投资或交易做出价值分析或投资判断，代理客户执行账户投资或交易管理

续表

颁布时间	文件名称	颁布机关	内容要点
2017 年 7 月	《新一代人工智能发展规划》	国务院	明确提出“智能金融”的概念，旨在金融等重点行业和领域推动人工智能规模化应用，“建立金融大数据系统，提升金融多媒体数据处理与理解能力。创新智能金融产品和服务，发展金融新业态。鼓励金融行业应用智能客服、智能监控等技术和装备。建立金融风险智能预警与防控系统”
2018 年 4 月	《关于规范金融机构资产管理业务的指导意见》	中国人民银行、银保监会、证监会、外汇局	对于智能投顾给予了明确的指引，并从资质牌照、监管报备、风险管控、信息披露等多个方面提出了规范性要求
2019 年 6 月	《证券投资咨询机构执业规范（试行）》	证券业协会	证券投资咨询机构从业人员在执业活动中不得以个人名义开展证券投资顾问等业务，或以互联网、软件、算法、模型（包括人工智能）等变相开展相关业务，谋取利益
2019 年 7 月	《证券经纪业务管理办法（征求意见稿）》	证监会	证券公司及其从业人员开展证券经纪业务，不得接受投资者的全权委托
2019 年 10 月	《关于做好公开募集证券投资基金投资顾问业务试点工作的通知》	证监会	拥有相关资质的基金投资顾问机构，可接受客户委托，在客户授权的范围，按照协议约定为客户进行投资基金具体品种、数量和买卖时机的选择，并代替客户开展基金产品申购、赎回、转换等交易申请的业务
2019 年 12 月	《证券法》	全国人大常委会	证券投资咨询机构及其从业人员从事证券服务业务不得代理委托人从事证券投资
2020 年 3 月	《证券投资顾问业务暂行规定（2020 年修订）》	证监会	投资决策由客户做出，投资风险由客户承担，证券投资顾问不得代客户做出投资决策
2020 年 3 月	《关于加强对利用“荐股软件”从事证券投资咨询业务监管的暂行规定（2020 年修订）》	证监会	向投资者销售或者提供“荐股软件”，并直接或者间接获取经济利益的，属于从事证券投资咨询业务，应当经中国证监会许可，取得证券投资咨询业务资格

续表

颁布时间	文件名称	颁布机关	内容要点
2020 年 3 月	《证券经纪人管理暂行规定（2020 年修订）》	证监会	证券经纪人应当在本规定第十条规定和证券公司授权的范围执业，不得替客户办理账户开立、注销、转移，证券认购、交易或者资金存取、划转、查询等事宜
2020 年 4 月	《证券基金投资咨询业务管理办法（征求意见稿）》	证监会	从事证券投资顾问业务、发布证券研究报告业务，应当依法经证监会核准。 从事基金投资顾问业务的机构，提供公开募集证券投资基金投资建议的，应当依法经证监会注册。 符合证监会规定条件的从事基金投资顾问业务的机构，可以向客户提供管理型投资顾问服务，在客户授权范围代理客户办理交易申请等事项

资料来源：本书编写组根据公开资料整理。

第三节　智能投顾发展的驱动因素

一、需求层面

在需求层面，资产配置服务需求市场广阔，传统投顾模式存在局限性。长期以来，我国居民都保持高储蓄率的传统。根据央行统计，截至 2021 年第二季度末，我国居民存款余额达 100.05 万亿元，人均存款 6.93 万元，户均存款 19.13 万元，相比 2020 年 3.22 万元的人均可支配收入来说金额较高。这一方面源于对养老、教育、医疗资金的未雨绸缪；另一方面与缺乏投资渠道和资产配置能力有关，长尾用户迫切需要便捷、可靠、性价比高的资产配置服务。

传统投顾业务模式对人力依赖程度较高。一方面，高昂的人力投顾成本使得传统投顾机构聚焦于高净值群体，普通中产阶层及长尾客户群体覆盖较少；另一方面，传统投顾业务对从业人员的金融素养要求较高，个性化投顾服务的提供使得传统投顾市场的产品服务质量参差不齐。智能投顾则通过信息技术的加成，用互联网的方式以较低的边际成本将资产配置服务覆盖至长尾客群，基于大数据、人工智能的算法抬升了行业服务质量的下限，满足这部分市场的广阔需求。

中国证券业协会数据显示，2020 年证券行业注册从业人员 34.68 万人，较 2019 年增加了 8118 人，增幅为 2.34%。其中，一般证券业务从业人员较上年增加 9522 人，证券经纪人较上年减少 9555 人，而证券投资咨询业务从业人员（投资顾问）增加 8060 人，增幅高达 14.56%，市场整体对投顾业务的需求缺口可见一斑。

二、机构层面

在机构层面，佣金率持续下降，机构由通道向财富管理转型。发展前期，智能投顾业务主要作为产品销售的导流入口存在。如图 3－3 所示，2012—2020 年，证券公司经纪业务佣金率持续下滑，到 2020 年末已跌破 0.03%，而国际上类似 Robinhood、盈透证券、嘉信等知名互联网经纪商则已陆续进入零佣金时代。交易费用的下滑倒逼机构由传统通道业务转向为客户提供综合金融服务，通过差异化的资产配置和咨询服务实现获客和用户留存，收费模式从交易佣金转向以资产管理规模为基础。金融科技的发展与运用将有助于机构向以客户为中心的财富管理转型。此外，互联网巨头及新兴金融科技企业在该领域的布局给传统持牌金融机构带来了竞争压力，促使各路平台纷纷加速入场，积累客户、数据、经验、口碑，抢占智能投顾行业的先发优势。随着更多的机构加入财富管理市场，智能投顾业务将日趋成熟。

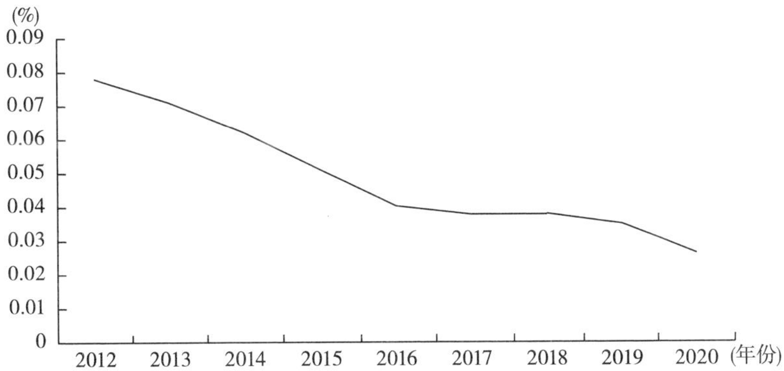

图 3－3　2012—2020 年证券公司经纪业务佣金率变动情况

资料来源：中国证券业协会。

三、产品层面

在产品层面，被动投资发展，基金市场持续扩容。近年来，随着基金行业的发展，公募基金产品数量及净值规模持续增加，对于投资者来说，筛选合适投资标的的难度进一步加大（见图 3－4）。此外，因为金融素养相对匮乏，相当一部分投资者在金融产品筛选、择时、风险评估等方面缺乏理性判断能力，对资产配置和投资咨询服务的需求不断提升。智能投顾因能有效满足这部分群体的需求而有着良好的发展空间。

与此同时，随着被动投资的发展，国内 ETF 的种类及规模日益增加（见图 3－5），基础金融产品体系的拓展为智能投顾投资组合的构建提供了更丰富的标的。未来，伴随市场的不断成熟，以 ETF 为代表的被动投资策略或将成为智能投顾行业的主流投资标的。

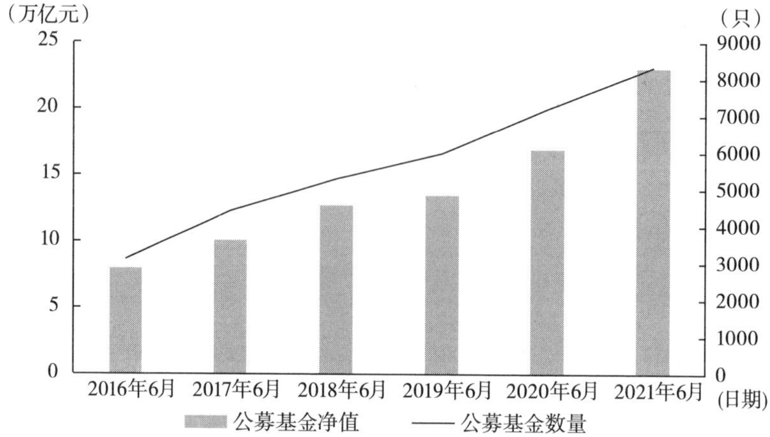

图 3-4　公募基金净值及数量变动情况

资料来源：中国基金行业协会。

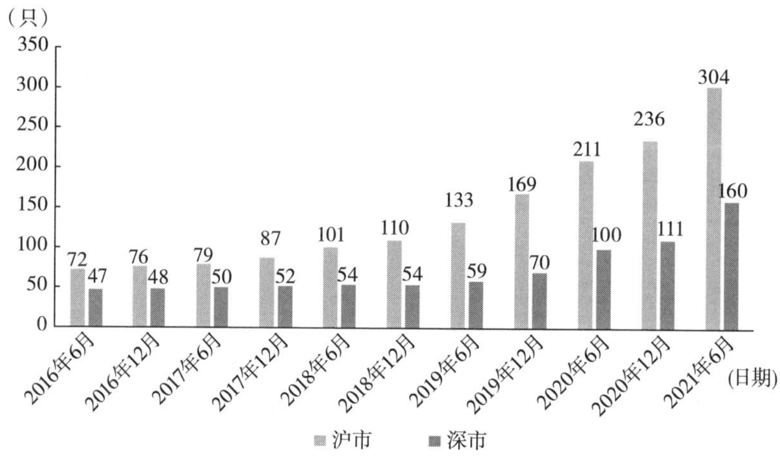

图 3-5　沪深两市 ETF 挂牌数量变化情况

资料来源：上交所、深交所网站。

四、客户层面

在客户层面，“房市遇冷+资管新规”，居民中长期资金配置结构转变。随着国家从金融、土地、税收等方面对房地产行业的调控，在

“房住不炒”政策的驱动下，居民对房市未来上涨的预期放缓。从投资属性来讲，房地产相比以往性价比有所下降。与此同时，随着资管新规的深入推行，刚兑被打破促使保本理财成为历史，公众亟须转变观念，形成对投资收益与风险的正确认识，建立对资产组合风险敞口的正确理念，这些都将促使投资者资产配置结构和思路发生变化，转而寻求更专业的投资顾问服务。货币市场基金的扩张尤其是余额宝的普及逐渐培养了公众的在线理财习惯，手机使用时长的增加让“在线个性化+伴随式服务”成为最佳体验。未来，随着居民理财意识的不断增强，其资产配置将更多地从房产与存款转移到金融资产，智能投顾业务有望充分受益。

五、技术层面

在技术层面，金融科技投入不断增加，叠加数据积累，智能投顾效能持续提升。智能投顾服务客户的效能依赖于多环节的智能化：投前环节，根据大数据及用户问卷调研收集的信息精准识别用户画像，对其风险收益偏好、风险承受能力进行智能分类，并根据用户特征评估结果给出投资组合建议；投中环节，根据客户的数据特征对全市场资产标的进行筛选，为客户完成资产配置；投后环节，对海量金融产品数据实时监测，依据模型对宏观情况及行情趋势进行判断，通过深度学习等对市场信息进行收集、识别和分析，及时调整组合配置，实现高效的风险控制和仓位调整。与此同时，智能投顾通过对用户行为进行分析，推送个性化内容，在安抚用户情绪、“润物无声”地完成投资者教育的同时，减少散户投资者因频繁操作而造成损失的可能性。未来，随着神经网络、深度学习等算法的进步，相关硬件及软件的发展，云计算和大数据分析的应用日趋成熟，智能投顾在风控、收益方面的效能将不断提升。

六、资金层面

在资金层面，汇集人工智能等科技概念，各路资本竞相追逐。2015年7月，国务院印发《关于积极推进“互联网+”行动的指导意见》，首次将人工智能纳入重点任务之一，推动中国人工智能步入新阶段；2017年7月，《新一代人工智能发展规划》确立了新一代人工智能发展“三步走”战略目标，将人工智能上升到国家战略层面；2017年12月，工业和信息化部发布《促进新一代人工智能产业发展三年行动计划(2018—2020年)》，从培育智能产品、突破核心技术、深化发展智能制造、构建支撑体系和保障措施等方面详细规划了人工智能在未来三年的重点发展方向和目标。随着人工智能技术的发展与应用，社会对人工智能技术在优化现有业务流程效能方面寄予了希望。作为人工智能在金融行业可落地的细分领域，智能投顾因其门槛费用低、覆盖范围广等特点引发关注，各路资本竞相追逐，加上此时期一级市场整体热度较高，投融资频繁，促进了整个行业的快速发展。

第四节　智能投顾行业现状

智能投顾行业发展至今，主要参与方包括证券公司、银行、基金公司等传统持牌金融机构，第三方科技公司等，其中传统持牌金融机构占多数。

一、业务流程

从业务流程来看，当前智能投顾业务主要包括投前、投中、投后环节。

投前环节，智能投顾平台通过调查问卷收集客户风险承受能力、资产收入、持有期限预期等方面的情况，结合客户行为等大数据及平台自有的客户金融属性信息，对客户情况及财富管理需求进行分析，形成客户画像。

投中环节，智能投顾平台后台设置大类资产配置逻辑，对全市场资产进行分类优化和指数化编制，从中筛选合适的标的，并根据客户风险承受能力和持有期限预期等智能匹配相应的资产配置策略，完成资产配置。

投后环节，智能投顾平台持续对市场行情及投资组合风险收益情况进行监控并实时预警，结合调仓申赎交易成本计算确定是否有必要调仓，并形成调整建议。此外，在投资者教育及陪伴方面，智能投顾平台也实时结合市场行情及投资者行为，根据情绪监控情况智能推送投资者教育内容，引导投资者理性投资。

二、业务模式

按照平台是否接受客户全权委托并进行智能调仓，可以将智能投顾平台分为非管理型投顾和管理型投顾。非管理型投顾主要为客户提供资产配置及调仓建议，由客户做出决策，平台更多的是提供咨询；而管理型投顾则将决策权由客户转移至平台，投资行为也由个人化转变为机构化。

三、数字化环节

智能投顾平台应用自然语言处理、机器学习、大数据等技术对数据进行收集与分析，进而实现投顾业务流程的数字化、自动化、智能化，主要体现在以下几个方面。投前环节，智能完成 KYC 环节，全方位分析客户需求及财务情况。在资产配置环节，实时收集并分析市场行情信息及金融产品收益风险情况，协助完成投资组合的筛选。投中环节，根据监测的市场情况智能调整持仓组合及比例。投后环节，实时监测客户情绪，全流程积累客户行为数据，调整客户画像，借助技术手段引导、陪伴及安抚客户等。

总体来说，从智能风险测试、个性化风险推荐组合、同样的风险组合是否提供其他个性化差异配置、人工智能配置组合、智能客服提供服务等维度来评估，现有智能投顾平台智能化分化明显，不同平台的智能化水平差异显著。从技术应用程度来看，目前机器学习、自然语言处理等前沿技术主要应用在数据收集及处理环节，协助提升数据使用效能。资产配置、智能调仓、客户教育等环节对大部分平台来说仍是“机器＋人”的形式，因为现有的投资及风控策略主要依据过往的历史数据制定，在预防和规避风险方面，专业人士的经验与智慧仍需发挥主导作用。此外，因智能投顾的深度智能化以丰富的数据累积为前提，而业务及客户数据的累积又需要漫长的过程，所以从部分平台流程数字化的现状来看，现有机器人客服、机器人投顾基本只能回答较为初级的问题，资产组合的“千人千面”仍旧是一个理想目标，要实现深度的智能化还需要时间的积累（见表3－5）。

表3－5　截至2020年10月部分平台流程数字化情况

平台背景	平台名称	智能风险评估	个性化组合推荐	人工智能组合配置	智能客服
银行	中银慧投	√	√	√	√
	摩羯智投	√		√	√
基金	司南投顾	√	√	√	√
	查理智投	√	√	√	√
证券	贝塔牛	√			√
互联网企业	帮你投	√	√	√	√
	京东智投	√	√	√	√
第三方财富管理	理财魔方	√	√	√	√
	且慢	√			√
	好买基金	√			√

资料来源：本书编写组根据公开资料整理。

四、投资管理水平

从收益情况、回撤情况、组合大类资产分散度、组合基金公司分散度等维度来看，不同智能投顾平台的投资管理水平及风格差异显著。绝大多数智能投顾平台最大回撤控制能力较好，与此同时，收益率差异较大（2%~40%）、收益率较好的（>20%）都是大类资产分散度较低的产品，这些产品更倾向于通过主动管理获取超额收益，而非资产配置。

从资产配置范围来看，目前智能投顾平台投资标的以基金产品为主，基于算法完成对货币、股票类、固定收益类、另类资产的大类资产配置，根据投资者预期投资期限和风险承受能力评估情况匹配相应风险等级的策略组合。标准化产品方便数据信息的收集及积累，净值化产品有助于投资者形成正确的理财观念和风险意识。而从基金本身的分类情况来看，现有基金产品以主动型基金为主，未来随着资本市场的发展与成熟，ETF 产品数量及规模将不断扩大，其在资产组合所占的比重也将不断增大。

五、客户群体特征

从客户群体特征来看，当前智能投顾平台的客户群体以 30~45 岁、有一定经济基础、愿意尝试新事物的客户群体为主，具体也与智能投顾平台的发展模式和客户群体定位有关，起投金额、引流渠道、平台使用体验等均会对各平台的客群状况和特征产生影响。例如，摩羯智投的起投金额为 20000 元，相比一起投等第三方互联网智能投顾机构的 500 元起投金额更高一些。

从客户数量来看，头部智能投顾平台的累积客户人数多为几十万量级。随着财富管理行业的发展及散户资产配置理念的提升，智能投顾平台客户群规模有望进一步扩大。

六、信息披露水平及持牌情况

随着金融市场化改革的推进，信息披露的及时性、有效性、完整性越发受到全行业的重视。而对于智能投顾业务来说，信息披露的水平则直接关系到前期用户对平台的筛选、投后跟进业绩的及时性、投资者教育等多个方面。从行业现有智能投顾平台信息披露情况来看（见表3－6），平台间分化较大。信息披露较为充分的平台通常在以下几个方面做得相对到位：定期业绩披露，使用户能够明确了解组合业绩并核验；披露实盘业绩，体现组合业绩的真实性；披露投资逻辑，让用户了解组合的投资策略并核验；购买前披露基金组合持仓明细，让用户在投入前初步感知组合配置的合理性。也有部分平台只披露其中的一项或几项，在信息披露水平方面有待提升和完善。

表3－6　截至2020年10月部分智能投顾平台信息披露情况

平台背景	平台名称	定期业绩披露	实盘业绩披露	投资逻辑披露	持仓明细
银行	极客智投	√	√	√	√
第三方财富管理	蛋卷基金	√	√	√	√
	好买基金	√	√	√	√
基金	司南投顾	√	√	√	
互联网公司	帮你投	√	√	√	
证券公司	贝塔牛	√	√		√

资料来源：本书编写组根据公开资料整理。

从持牌情况来看，现有智能投顾平台基本持有基金销售牌照，主体经营具备合法性，前几年由无资质智能投顾平台跳转至持牌机构购买资产的“第三方合作引流”模式涉及的合规问题基本不复存在。

七、服务体验

在智能投顾平台服务方面，领先平台除了通过微信客服、电话客服提供沟通服务外，还配有专属投顾人员一对一答疑解惑，如表 3 – 7 所示。在投资者教育陪伴方面，领先平台通过微信公众号、App 等形式推送投资分析内容，让用户随时了解宏观经济现状、平台及组合的投资规划及调整策略。此外，绝大多数智能投顾平台设置了专门的投资者教育板块，帮助用户培养正确的理财观念。除公募基金产品外，另有少量平台通过额外配置保险、私募等资产的投顾服务，以满足客户投资多样性的需求。

表 3 – 7　截至 2020 年 10 月部分智能投顾平台客户服务情况

平台背景	平台名称	专属投顾	微信客服	电话客服	全权委托	投资分析	投教内容
银行	摩羯智投			√	√	√	√
	中银慧投			√			
基金	司南投顾	√	√	√	√	√	√
	查理智投	√	√	√	√	√	√
证券	贝塔牛	√	√			√	√
互联网公司	帮你投	√		√	√	√	√
第三方财富管理	且慢		√	√		√	√
	好买基金		√	√		√	√

资料来源：本书编写组根据公开资料整理。

八、发展重心

从调研反馈情况来看，对于绝大多数发展智能投顾业务的持牌金融机构来说，智能投顾在其总业务中占比较小，相比于强烈的盈利预期，更多是作为战略性前瞻业务布局和发力点。当前智能投顾平台的发展重心有以下三点：一是持续优化用户体验，在 KYC、投资者陪伴等环节收集反馈信息，改进业务流程，形成良好的闭环；二是提升数据收集及处理能力，在资产配置环节提高风险及收益预测的精准度，由现有的自动化持续向数字化、智能化迭代；三是不断强化投资者教育，逐渐引导用户形成正确的理财观念，减少频繁换手、追涨杀跌等散户常见行为对投资收益的损耗。

第四章

智能投顾的科技应用

智能投顾是技术应用与金融相结合形成的一种新型财富管理方式。通过人工智能、大数据、云计算等技术的支持，智能投顾能够智能化评估用户的风险偏好，利用算法定制个性化资产配置方案，并对用户的投资组合进行动态跟踪和调整，在控制风险的前提下帮助用户实现收益最大化。

良好的技术架构是智能投顾平台发展的重要驱动因素，智能投顾产品和业务条线的顺利运作与各项技术的实施密不可分。例如，在分析客户时需要运用大数据技术进行用户画像；在智能化配置资产时需要投资理论的技术实现；在构建投资组合时需要运用智能算法以生成量化投资策略；在调整投资组合时需要运用技术手段对市场和舆情进行实时跟踪，再通过算法模型设定调仓条件；在执行交易时需要实现自动化，并且通过算法模型尽可能降低交易成本、减少市场冲击；在分析投资组合时需要数据分析工具加以辅助，并逐渐构建平台自身的因子库与知识库。此外，智能投顾还涉及底层系统架构部署、数据资源整合等基础性技术工作。

本章将对智能投顾平台的技术架构进行介绍，主要包括数据基础、技术应用、智能配置、交易实现等模块，均由底层系统架构作为支撑，如图 4－1 所示。

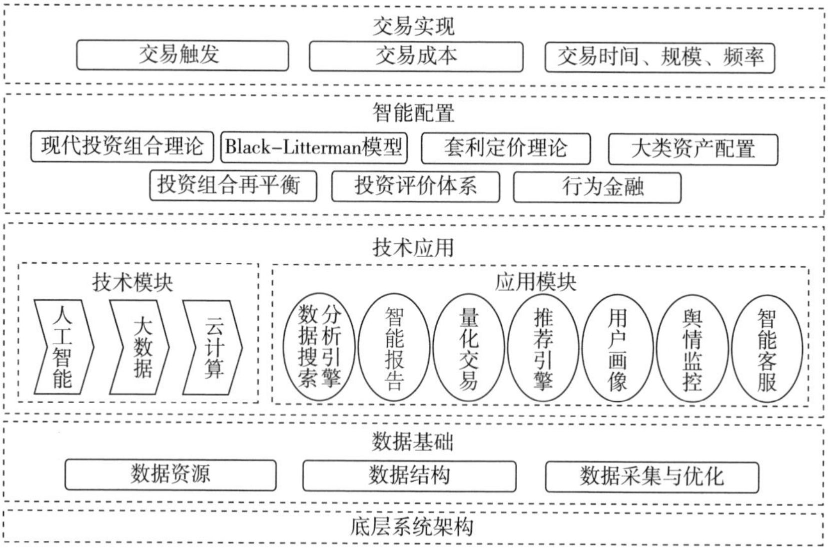

图 4-1 智能投顾平台的技术架构

资料来源：本书编写组根据公开资料整理。

第一节　数据基础

构建良好的数据基础会对智能投顾业务的开展起到重要作用，数据分析、资产配置、组合构建、市场追踪，都需要以优质的数据源和数据预处理为基础。若数据质量出现问题，客户数据、市场数据以及其他类型的数据则难以在后续的分析挖掘中体现其价值，导致对客户的个性化分析出现偏差，进而影响投资组合的智能化构建以及后续服务，并且平台需要花费大量精力对已有的数据管理体系进行修正，产生巨额的成本开支。因此，智能投顾平台要搭建科学、高效、规范的数据基础处理体系，为自身的产品与服务提供有力支撑。本节将对数据基础模块进行介绍，主要从数据资源、数据结构、数据采集与优化三个维度展开。

一、数据资源

智能投顾平台的数据资源可以全面覆盖市场数据（包括行情、价格、利率、汇率、波动率等）、个人行为与交互数据、个人及企业投资（包括资产、风险偏好等）数据、个人及企业财务数据、企业运营数据、各市场研报、招股说明书、信用数据、舆情数据、各类数据库以及社保、工商、司法、税务、海关等不同主体的数据，主要可以分为业务数据、行业数据、内容数据、行为数据、市场数据五种类别，数据来源涵盖社交网络、业务系统、企业系统、硬件系统等。

在各类数据资源中，另类数据（Alternative Data）是重要的数据分支，在金融领域指的是可以为投资决策提供价值与分析的数据，但不包括投资标的主体发布的数据（例如，某标的公司的公告与披露数据）。另类数据的数据体量高、种类多、实时性强、传输量大，可以为智能投顾平台的投资决策提供高价值信息。研究机构 Grand View Research 在报告《按数据类型（信用卡交易、手机应用使用、社交及情绪数据）、按行业、按地域的另类数据市场规模、份额和趋势分析报告，以及细分预测（2020—2027）》[*Alternative Data Market Size, Share & Trends Analysis Report by Data Type (Card Transactions, Mobile Application Usage, Social & Sentiment Data), by Industry, by Region, and Segment Forecasts*, 2020—2027] 中指出，2020—2027 年，全球另类数据市场规模复合年均增长率将达到 40.1%，2027 年全球另类数据市场规模有望达到 173.5 亿美元。由此可见，另类数据分析在金融市场起到的作用不容忽视，智能投顾平台对另类数据的分析与应用将愈加重要。

在分类上，J. P. Morgan 在报告《大数据和 AI 策略——面向投资的机器学习与另类数据方法》（*Big Data and AI Strategies: Machine Learning and Alternative Data Approach to Investing*）中指出，另类数据可以分为三种类型：一是个人数据（Individuals），包括社交媒体、新闻评论、个人网络及搜索数据；二是业务过程数据（Business Processes），包括交易数据、企业数据和政府机构数据；三是传感器数据（Sensors），包括卫星数据、地理位置数据和其他传感器数据。

二、数据结构

按照结构不同，数据可以分为结构化数据、非结构化数据与半结构化数据。

结构化数据是可以用二维表格结构表达的数据。数据本身的格式与长度规范性较高，通常使用关系型数据库进行表示和存储。其一般特点是以行为单位，一行数据表示一个实体的信息，且每行数据的属性是相同的。结构化数据的查询、修改等操作便捷性较好，但数据表的可扩展性有限。

非结构化数据是不能用二维表格的逻辑结构进行表征，数据结构不规则或不完整，没有预定义数据模型，字段长度不固定的数据，包括办公文档、文本、图片、音频、视频、XML、HTML 等。非结构化数据一般存储在非关系型数据库，或以文本的形式直接存储在文件系统。IDC 数据显示，到 2025 年，全球数据总量将达到 175ZB，其中非结构化数据占比将达到 80% 以上。因此，非结构化数据的处理将成为智能投顾平台构筑核心竞争力的重要环节。

半结构化数据介于结构化数据与非结构化数据之间，具有一定的结构性，但不符合二维表格结构或关系型数据库的数据模型结构，结构与内容的界限模糊，数据结构的灵活性较强、变化较大。

三、数据采集与优化

数据采集与优化在智能投顾平台明确数据源、数据量、数据结构、数据生产速度后进行。平台通过数据库、业务系统、公共网络、感知设备等渠道，在满足数据专利保护、隐私保护以及合规部门的相关要求下获取数据。但进入平台的原始数据大多存在噪声信息、数据缺失、数据错误、数据不一致等问题，需要平台在数据优化与预处理环节提升数据的完整性、准确性、一致性、时效性与结构性。数据的预处理主要包括数据的集成、转换、归约、清洗、填补、平滑、标准化等一系列操作，如图 4 –2 所示。

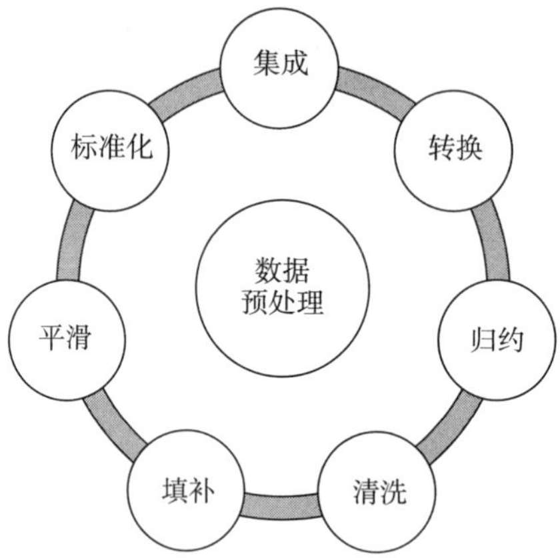

图 4 –2　数据预处理

资料来源：本书编写组根据公开资料整理。

数据集成是将不同数据集合并形成统一、完整的数据集，如将属性相同但名称不同的数据进行合并，以减少数据的冗余；数据转换是将数据的原有格式转换为新的格式，利用数据分析算法将数据的属性转换为与模型适配的新属性；数据归约是将数据中的冗余信息删除，通过数据聚合、数据降维、数据压缩等方式缩小数据规模；数据清洗是消除数据中的噪声信息，对数据进行重新排序、异常值处理、逻辑梳理，以提升数据质量；数据填补是通过删除、插补、映射、预测等方式对缺失数据进行填充，以提升数据的完整性；数据平滑是降低数据中的噪声抖动，并对数据进行拟合；数据标准化是对数据进行规范化处理，将不同性质的数据进行同趋化处理，使之能够进行加总，将不可比的数据进行无量纲处理，使之拥有统一的数据分布、数据范围进行比较分析。

第二节　技术应用

智能投顾以人工智能、大数据、云计算为主要技术支撑，三者相辅相成、密不可分，但又具有一定的独立性。人工智能需要数据与算力的支持，大数据有效解决了数据的规模与计算问题，为人工智能算法模型提供了海量的数据样本，让模型得到充分训练，以获得自我学习能力；大数据计算平台可以将算力汇聚，以支持高复杂的人工智能算法模型的运行计算，提升计算质量与效率。此外，大数据与云计算相辅相成，云计算的特性能够将存储与计算资源进行弹性分配，提高资源利用效率，让大数据摆脱物理存储与单机计算的限制，增强大数据的存储性能与计算能力。本节将介绍人工智能、大数据、云计算在智能投顾领域涉及的技术框架，并对具体的技术应用场景加以阐述。

一、人工智能

（一）概述

人工智能是计算机科学的分支领域，是研究和开发用于模拟、延伸、扩展人的智能的理论、方法、技术及应用系统的新技术科学。人工智能具有通过对数据进行分析、解释、学习以达成特定目标和任务的能力，且拥有很强的灵活性和适应性。美国国会议员 Maria Cantwell 于 2017 年底起草提案，要求美国商务部成立“人工智能专门委员会”，并指出人工智能涵盖的五种情况。

第一种，所有可在多变且不可控的情况下作业，无须过多人工监管，或可自学以往经验、改善表现的人工系统。

第二种，可像人类一样思考的系统，如认知架构与神经网络。

第三种，可像人类一样行动的系统，如通过图灵测试或其他利用自然语言处理、知识表达、自动推理、学习等同等测试的系统。

第四种，如机器学习等模拟认知任务的技术。

第五种，理智行事的系统，如通过洞察、计划、推理、学习、交流、决议及行动等活动完成目标的智能软件代理及内置机器人。

人工智能的发展得益于数据、算法、硬件、算力的进步与相互交融。在数据方面，随着科技的发展以及移动互联网时代的到来，来自电商、搜索引擎、社交网络、机器设备、数据库等企业及个人的数据量呈爆发式增长，形成了海量的数据资源。人工智能技术需要以数据为支撑进行模型的开发与训练，大量数据的“喂养”正是人工智能发展不可或缺的基石。在算法方面，深度学习等算法的发展提升了人工智能模型的训练和学习成效，模型效果在算法的更新迭代下日益优化，对数据的辨识度和解析准确率大幅提高。在硬件方面，GPU、FPGA、TPU 等芯片的发展为人工智能的算法研发、场景应用等提供了有效支持。在算力方面，并行计算、网格计算、分布式计算等技术能够有效提高计算能力，是人工智能技术强有力的“催化剂”。

如图 4 - 3 所示，人工智能可以分为基础层、技术层和应用层三个层级，并且正处在快速发展和完善阶段。从上游基础技术和设施的研发及部署，到中下游技术应用与应用场景的多元化，人工智能已经渗透各类行业，具有较为成形的合作模式与运营模式。

在智能投顾领域，人工智能基础层为其提供了软硬件、数据和计算资源的支持，包括基础硬件（服务器等）、技术平台（开源框架、开发工具等）和数据管理相关技术；人工智能技术层将基础层与应用层进行衔接，主要包括机器学习、深度学习、知识图谱、自然语言处理等核心技术，并为智能投顾场景化、商业化的落地提供算法驱动及技术解决方案；人工智能应用层建立在基础层与技术层之上，是从应用场景的角度看待人工智能对智能投顾产生的作用。本小节主要介绍技术层的内容，人工智能在智能投顾的应用将在后面的技术应用场景中进行介绍。

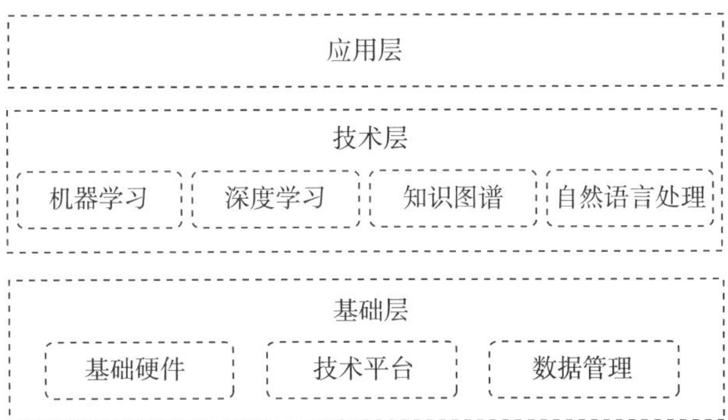

图 4 - 3　人工智能技术层级

资料来源：本书编写组根据公开资料整理。

（二）知识图谱

知识图谱的概念最早由谷歌公司在 2012 年提出，被用于扩展其知识库以强化搜索引擎功能。知识图谱可以理解为结构化的语义知识库，用符号形式描述物理世界的主体及其相互关系，通常用图（Graph）结构表示，运用多类型节点和边展示不同主体及其之间的逻辑关系。节点通常用实体（Entity）表示，即物理世界的人物、物体、地点、概念等，实体本身具有属性及相应的属性值；边通常用关系（Relation）表示，表达不同实体之间的语义关系。实体、关系、属性通常采用“实体—关系—实体”或“实体—属性—值”三元组的表达方式作为知识图谱的基本组成单元。

知识图谱的逻辑结构分为模式层和数据层两个层次。

模式层是知识图谱的核心，通常采用“本体库”管理知识图谱的模式层。在计算机领域，本体是概念、公理、实例的集合，是对事物的形式化描述。本体库是由描述同一事物的本体组成的集合。本体库运用规则及约束条件对实体、关系、实体属性等对象进行规范，是知识图谱的“模具”，能够强化知识图谱结构层次，减少知识冗余。

数据层由一系列事实（Fact）组成，知识以事实为单位进行存储，以“实体—关系—实体”和“实体—属性—值”为基本表达方式，形成了庞大的知识图谱表征实体关系网络。例如，小明与小红是朋友关系，表示为“小明—朋友—小红”，小明是 A 公司的员工表示为“小明—员工—A 公司”，其人际关系知识图谱见图 4 -4。

构建知识图谱的数据可以来源于任意渠道，包括结构化、非结构化数据和半结构化数据。数据经过采集后，通过信息提取、知识融合和知识加工三个步骤，形成最终的知识图谱。信息提取，即从数据源中提取实体、属性及关系，形成本体化的知识表达；知识融合，即对知识进行整合，消除歧义与逻辑冲突；知识加工，即知识融合后，对新知识进行质量评估，在过滤掉不合格的知识后加入知识库。知识图谱的构建流程

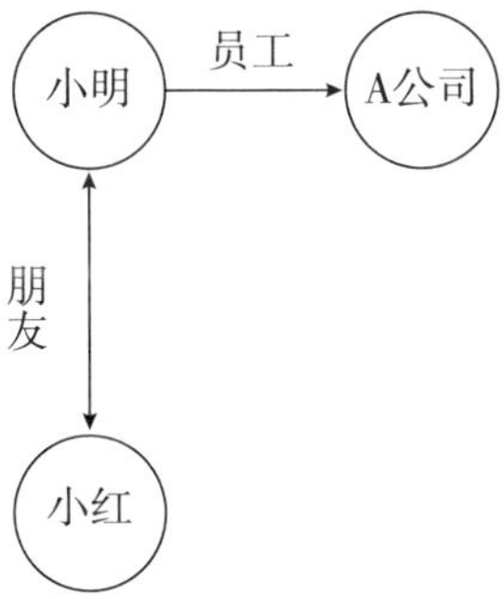

图4－4 人际关系知识图谱示例

见图4－5。

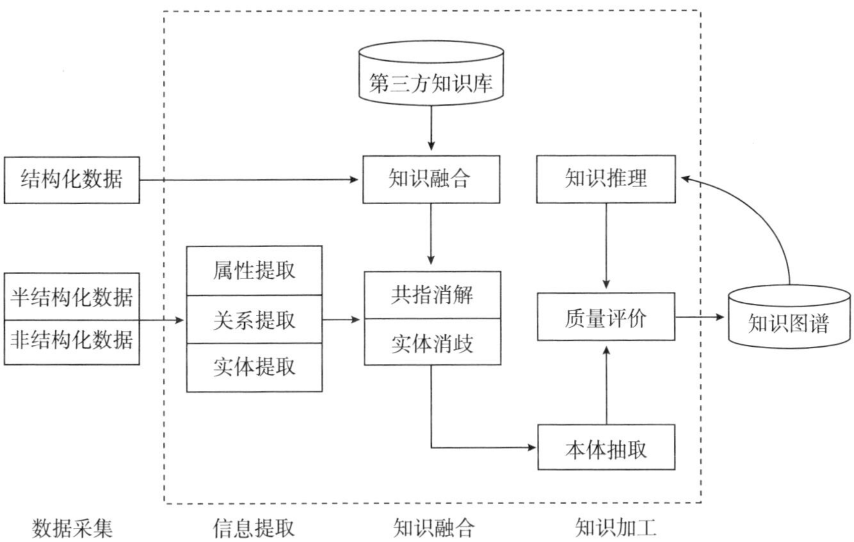

图4－5 知识图谱构建流程

资料来源：本书编写组根据公开资料整理。

知识图谱可以呈现标的企业的属性特征、关联关系、董监高背景等逻辑信息，实现信息的梳理和整合。在此基础上，智能投顾可以利用算法根据不同需求进一步挖掘企业价值、资金链情况、潜在风险等，帮助客户分析企业数据，提高研究效率。

（三）机器学习

机器学习是涉及算法、概率论、统计学等多个领域的交叉学科，通过算法、模型与系统识别数据的隐藏模式进行预测，旨在通过计算机模拟人类的学习行为，令计算机具备获取新知识、重构旧知识的技能，并不断提升自身性能。

如图4－6所示，机器学习流程包括预处理、学习、验证和预测四个环节。

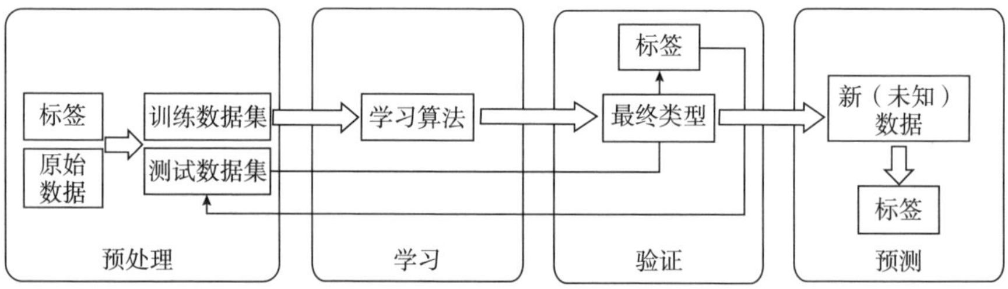

图4－6　机器学习流程

资料来源：本书编写组根据公开资料整理。

预处理：采集原始数据，通过对原始数据的清洗、归一化、降维、特征抽取等步骤，形成训练数据集与测试数据集。

学习：将训练数据集输入机器学习算法，目的是对模型参数进行训练。

验证：在模型参数训练后，将测试数据集输入模型，得到输出的标签结果，并与测试数据集中的标签数据进行比对，用模型评估指标进行评价，通过后则进入预测阶段。

预测：将全新的数据输入机器学习模型，最终输出预测标签结果。

在智能投顾平台分析数据与定制投资策略的过程中，数据的类型与结构、分析需求与相关策略偏重均有所不同，而机器学习的算法模型种类众多，可以很好地满足智能投顾的多样性需求。机器学习算法主要分为四种类型：监督学习（Supervised Learning）、无监督学习（Unsupervised Learning）、半监督学习（Semi-supervised Learning）和强化学习（Reinforcement Learning）。

1. 监督学习

监督学习，是指使用具有已知标签的训练数据集对机器学习模型进行训练，即数据集中的特征 x 和标签 y 是明确的，令模型可以在训练后具备预测的能力。按照目标输出类型的不同，可以将模型分为回归模型和分类模型两类。

回归模型，主要用于研究因变量与自变量之间的关系，典型的回归模型有普通最小二乘（OLS）回归、岭回归、LASSO 回归等。

分类模型，顾名思义，可以对数据进行类别划分，主要模型有逻辑回归（Logistic Regression）、支持向量机（Support Vector Machine，SVM）、决策树（Decision Tree）、随机森林（Random Forest）、K 最邻近分类算法（K-Nearest Neighbors，KNN）、朴素贝叶斯（Naive Bayesian）等。

2. 无监督学习

无监督学习，主要用于无标签或总体分布趋势不明朗的数据，可以在训练数据集没有标签的情况下对数据进行探索，挖掘数据的整体结构和内在规律。常见的算法有稀疏自编码（Sparse Auto-encoder）、K 均值聚类算法（K-means）、DBSCAN 聚类、层次聚类、主成分分析（Principal Component Analysis）等。

无监督学习可以用来解决关联分析、聚类问题和数据降维。关联分析是指在数据中查找对象、集合之间的相关性和因果关系，发现不同事物同时出现的概率；聚类问题是指将数据中相似的样本划分为不同的簇(Cluster)；数据降维是指降低数据的维度，同时保留数据的有效信息。

3. 半监督学习

半监督学习是监督学习与无监督学习的结合，其训练数据集一部分有标签，另一部分没有标签。半监督学习一般在数据量大，但是标签数据缺乏或难以获取的情况下使用。

常见的半监督学习有直推学习（Transductive Learning）和归纳学习(Inductive Learning）两种。直推学习是一种特殊的半监督学习，其训练数据中没有标签的数据同样是测试数据集，它的目的是在这些数据上取得最佳泛化能力。归纳学习是从特定数据提取、归纳一般模式和规则的一种学习方法。

4. 强化学习

强化学习，用于研究智能体（Agent）在与周围环境发生行为交互时如何通过强化自身行为实现正向回报最大化。强化学习的基本原理在于，如果智能体的某些行为获得交互环境的正向回报，则智能体以后会强化这些行为发生的趋势。

强化学习有四个基本要素，即环境状态（State）、动作（Action）、回报（Reward）和策略（Policy）。智能体通过探索性的动作，辅以适当的激励系统，通过每一个环境状态的回报得到下一步的策略。在强化学习中，智能体每一个动作对应一个回报，最后在没有数据确定标签的情况下，构建可以获得最大回报的数据处理方式。强化学习的主要算法有 Q 学习、Sarsa、策略梯度、Actor-Critic 学习和深度 Q 网络等。

（四）自然语言处理

自然语言包括汉语、英语、德语、法语等语种，拥有口语、书面语、手语等形式。自然语言处理是指运用计算机对自然语言进行形、音、义的处理，对输入计算机系统的字、词、句、段落、篇章进行识别、分析、理解与生成，以实现人与计算机的信息交流和有效通信。自然语言处理包括自然语言理解和自然语言生成两个部分。自然语言理解即计算机能理解自然语言文本的意义；自然语言生成即计算机以自然语言文本表达特定的意图和思想。

自然语言具有多样性，不同地域、不同人群使用的自然语言各不相同，且自然语言在不断进化提升。自然语言的音、字、词、句具有模糊性与歧义性，自然语言处理就是消解自然语言的模糊性和歧义性。在人工智能领域，通常采用图灵试验来判断计算机是否理解某种自然语言，具体标准如下。

（1）问答。计算机能正确回答输入文本的问题。

（2）文摘生成。计算机有能力生成输入文本的摘要。

（3）释义。计算机能用不同的词语和句型复述其输入的文本。

（4）翻译。计算机具有把一种语言翻译成另一种语言的能力。

自然语言处理可以分为五个层次，分别是语音分析、词法分析、句法分析、语义分析和语用分析。语音分析：根据音位规则，首先从语音流中区分独立的音素，其次根据音位形态规则找出音节及其对应的词素或词。词法分析：从句子中切分出单词，找出词汇的各个词素，获得单词的语言学信息并确定其词性。句法分析：对句子和短语的结构进行分析，目的是找出词、短语等的相互关系以及各自在句中的作用。语义分析：找出单词词义、结构意义，从而确定语言所表达的真正含义或概念。语用分析：研究语言所在的外界环境对语言使用产生的影响。

在智能投顾领域，自然语言处理为投资过程中的信息不对称问题提供了一种解决方案。金融市场的信息不对称主要是指数据不对称、知识不对称、消息不对称等。数据不对称，产生于投资者或投资机构在数据获取难度上的差异；知识不对称，产生于投资者或投资机构对行情、研报、专业知识的学习、理解与经验程度的不同；消息不对称，产生于投资者或投资机构从人脉、舆情信息等渠道获取信息能力的差异。自然语言处理可以帮助投资者或投资机构从人工收集分析信息中解放出来，用自动化、智能化的方式拓展数据获取渠道、提升知识学习能力以及信息搜集效率，弥补不同投资主体间存在的信息鸿沟。

在具体应用形式上，自然语言处理在智能投顾中体现为智能搜索、语音识别、文字识别、机器翻译、语言检索、文本分析、文本分类、文本聚类、文本挖掘、文本过滤、文本摘要、语义对比、信息获取等，可以有效地对文本类的非结构化数据进行解析与重构。

（五）深度学习

深度学习是机器学习领域的分支，旨在学习样本数据的内在规律和表示层次，让机器能够有效地识别文字、图像、声音等数据。

深度学习可以被看作传统神经网络的升级版，其根本理论依据是万能近似定理（Universal Approximation Theorem），即神经网络可以拟合任何简单、复杂的函数。数据输入深度学习模型后，要经过一层层的神经网络，每层神经网络都会提供数学函数进行拟合，数据经过层层数学函数的处理，最终输出的结果会无限逼近目标值。深度学习通过深层次的非线性网络结构，构建非线性的映射方式实现函数逼近，从而提升模型的总体性能，以从数据中学习有效特征。总体而言，深度学习用数学知识和算法搭建模型架构，并结合大量训练数据与计算机的大规模运算能力训练模型，使模型内部参数调整到最优，尽可能地令模型适应目标。

深度学习包括输入层、隐藏层、输出层，其中隐藏层包含多个层级（通常有8～9层）。在海量数据的支持下，深度学习以学习数据特征为目标，通过深层次的模型结构将数据进行特征变换，令数据的内在信息能够更容易刻画，从而实现数据的分类、预测等价值功能。

模型训练上，无监督逐层训练（Unsupervised Layer-Wise Training）是训练多隐层网络的有效方法，即自下而上，每次训练一层隐节点，将上一级隐藏层的输出作为当前隐藏层的输入，将当前隐藏层的输出作为下一级隐藏层的输入。在此阶段完成后，再对整体模型进行微调，通过带标签的数据进行训练调优。

区别于大部分传统的机器学习算法，深度学习虽然可以解决很多问题，但中间的学习过程是不可知、不可控的，数据的特征是模型自动提取的，很难进行过程分析与解释。这就像人类的大脑，在接受诸如声音、图像等数据输入后，会自然生成一些特定的结论，并通过话语、文字或图像等方式呈现，但人类自身对于大脑是如何学习、如何选择的并不能清晰地描述。

深度学习算法可以提升智能投顾的智能化水平，深度挖掘海量数据间潜在的逻辑和关系，模型本身也在持续的训练迭代中得以优化，提高智能投顾的策略有效性。常见的深度学习算法包括卷积神经网络（Convolutional Neural Network，CNN）、循环神经网络（Recurrent Neural Network，RNN）、递归神经网络（Recursive Neural Network，RNN）、生成对抗网络（Generative Adversarial Network，GAN）、深度强化学习等。

二、大数据

（一）概述

大数据技术是从数据中挖掘和提取信息的一种处理方式，通过综合数据采集、数据存储、数据挖掘、数据查询等相关方式和方法，能够应对传统数据处理软件难以采集、存储、分析的高体量、高复杂度的数据集，以此驱动社会生产生活方式的创新和转变。

大数据有很高的内在价值，但其具备高度的多源化属性，因此需要进行数据融合，运用特定方法和手段综合获取的数据信息，构建统一的技术框架与评价体系，以便对数据进行专业化处理与分析。在数据融合的过程中，可能会存在数据异构、数据割裂、数据演化、数据隐含、数据关联、数据规模价值不匹配等问题。因此，需要针对结构化数据、非结构化数据以及半结构化数据的特征和表现形式，采取不同的方式对数据进行建模，从不同数据集抽取知识与特征模式进行融合。

大数据具有五个维度的特征，即大量（Volume）、高速（Velocity）、多样（Variety）、价值（Value）、真实（Veracity）。这五个维度的特征决定了对大数据的采集、处理、分析和应用需要全新的方法、工具与流程机制，以在增长速率、规模性、多样性持续增长的海量信息中提升大数据的洞察力与决策力。由此，大数据技术不断地发展和完善，旨在解决大数据计算、大数据存储、大数据挖掘、大数据应用等主要问题。

如图4－7所示，大数据技术可以分为五个层级，分别为数据层、数据采集层、数据计算存储层、数据挖掘层及数据应用层。同时，大数据相关细分领域的技术架构多种多样（见表4－1）。就智能投顾技术体系而言，数据层与数据采集层的内容在数据基础模块部分已经讨论过，此处主要讨论数据计算存储层和数据挖掘层，大数据技术在智能投顾领域的应用将在后文技术应用场景中进行介绍。

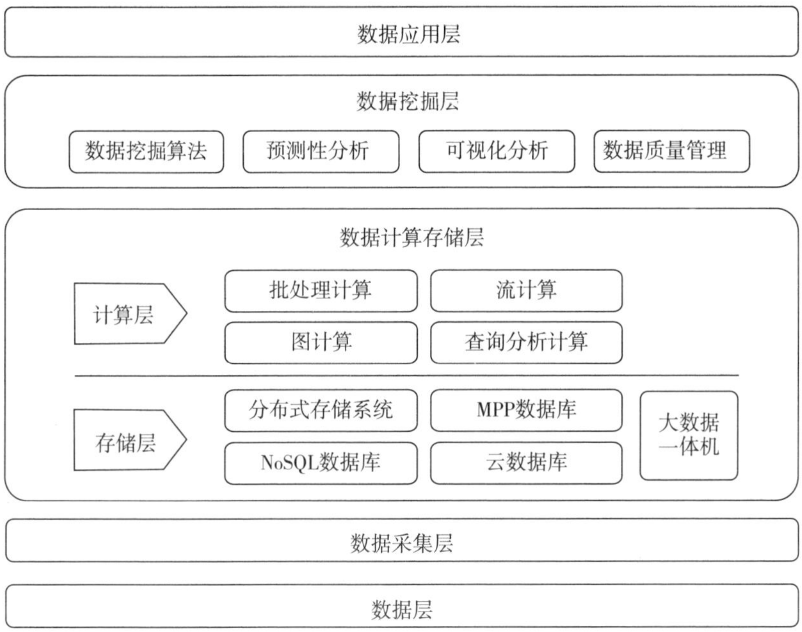

图 4 -7　大数据技术层级

资料来源：本书编写组根据公开资料整理。

表 4 -1　大数据细分技术框架

名称	技术架构
文件存储	Hadoop HDFS、Tachyon、KFS 等
离线计算	Hadoop MapReduce、Spark 等
流式、实时计算	Storm、Spark Streaming、S4 等
数据库	HBase、Redis、MongoDB 等
资源管理	YARN、Mesos 等
日志收集	Flume、Scribe、Logstash、Kibana 等
消息系统	Kafka、StormMQ、ZeroMQ、RabbitMQ 等

续表

名称	技术架构
查询分析	Hive、Impala、Pig、Presto、Phoenix、SparkSQL、Drill、Flink、Kylin、Druid 等
图计算	Pregel、GraphX 等
分布式协调服务	Zookeeper 等
集群管理与监控	Ambari、Ganglia、Nagios、Cloudera Manager 等
数据挖掘、机器学习	Mahout、Spark MLLib 等
数据同步	Sqoop 等

资料来源：本书编写组根据公开资料整理。

（二）大数据存储

智能投顾发展的主要驱动因素便是海量数据的规模性与可得性。大数据令智能化的投资研究、用户分析、策略研发成为可能。随着数据量的增长，传统的数据存储方式已经难以满足复杂的数据管理与服务需求。大数据存储技术可以解决不同类型、不同结构的海量数据存储需要，主要包括以下五种存储方式。

1. 分布式存储系统

分布式存储系统是指采用可扩展系统结构，将数据分散存储在多台独立设备的存储方式。相较于传统网络存储采用的集中式存储方式，分布式存储系统突破了单台存储服务器存在的性能与空间瓶颈，并提升了数据存储的可用性、可靠性、安全性和可扩展性。

分布式存储系统主要分为以下四种类型：分布式文件系统（Hadoop Distributed File System，HDFS），一般用于存储图片、视频等非结构化数据；分布式键值系统，一般用于存储关系简单的半结构化数据；分布式表格系统，一般用于存储关系较为复杂的半结构化数据；分布式数据库，一般用于存储结构化数据，可以通过 SQL 语言进行数据查询，支持嵌套查询、多表关联、并发控制、数据库事务等操作。

2. MPP 数据库

MPP（Massively Parallel Processing）架构，即大规模并行处理架构，是指将任务并行分散到多个节点和服务器进行计算，再将各部分的计算结果进行汇总的系统架构。MPP 数据库是无共享架构（Shared Nothing）的分布式结构化数据库集群，可以为超大规模的数据管理提供高性价比的通用计算平台。在实际场景中，MPP 数据库可以完整兼容 SQL，支持复杂 SQL 查询，适合多维度数据自助分析，具有很高的并行数据计算能力和海量数据存储能力。但其并不擅长高频、小规模的数据插入、修改和删除，每次处理的数据量不大，可以用作数据仓库系统、历史数据管理系统、数据集市等。常见的 MPP 数据库有 GreenPlum、Vertica、Sybase IQ、TD Aster Data。

3. NoSQL 数据库

NoSQL 数据库，泛指非关系型数据库。如今，关系型数据库已经无法满足海量数据的管理、高并发、高可用、高可扩展等需求。NoSQL 数据库支持超大规模非结构化数据存储，去掉了关系型数据库的关系特性，具备强大的扩展能力和读写性能。NoSQL 数据库可以分为键值（Key-Value）存储数据库、列存储数据库、文档型数据库和图形数据库等。

4. 云数据库

云数据库是虚拟的、部署在云计算环境的数据库。云数据库并非一种全新的数据库技术，而是以服务的方式提供数据库功能，具有动态按需扩展、高可用、高性能、低成本、易用性强等特点。云数据库可以分为关系型数据库和非关系型数据库两种。

5. 大数据一体机

大数据一体机是专为大数据分析处理而设计的软件、硬件相结合的产品，由一组集成的服务器、存储设备、操作系统、数据库管理系统，以及为数据查询、处理、分析而预安装和优化的软件组成，具有良好的稳定性和纵向扩展性。

（三）大数据计算

由于大数据存在多变性、异构性、复杂性、规模性等特点，智能投顾在对大数据进行分析处理时，传统的、独立的、以机器为核心的计算模式需要向以数据为中心的计算模式转变。目前，大数据的计算模式主要有批处理计算、流计算、图计算和查询分析计算四种，如表 4－2 所示。

表 4－2　大数据的计算模式

计算模式	解决问题	代表产品
批处理计算	针对大规模数据的批量处理	MapReduce、Spark 等
流计算	针对流数据的实时计算	Storm、S4、Flume、Streams、Puma、Dstream、Super Mario、银河流数据处理平台等
图计算	针对大规模图结构数据的处理	Pregel、GraphX、Giraph、PowerGraph、Hama、GlodenOrb 等
查询分析计算	大规模数据的存储管理和查询分析	Dremel、Hive、Cassandra、Impala 等

资料来源：本书编写组根据公开资料整理。

1. 批处理计算

批处理，即对某对象进行批量处理。批处理主要用于操作大规模静态数据集，数据集通常是所有数据的有限集合，并且按类型持久存储在数据库。批处理计算模式无论是将数据集载入内存，还是直接从存储设备处理数据集，都充分考虑了数据量与计算资源充足性的问题，非常适合需要访问全部数据记录的计算任务。批处理计算在面对量级大、持久性强的数据时表现优异，但不太适合处理对时间要求较高的计算问题。

2. 流计算

流计算会对进入系统的每个数据项随时随地进行处理，将数据处理平摊到每个时间点，并不针对数据集进行操作。在流计算系统中，数据集是“无边界的”，即数据既可以随时进入，也可以无限量扩充，处理结果可以立即使用，并且会随着新数据的进入而更新，数据计算完后会被立即丢弃。

流计算具有较高的实时性，但在同一时间只能处理少量甚至一条数据。因此，有实时处理需求、需要对数据变化做出快速响应的任务很适合使用流处理模式，如处理、分析服务器或应用程序错误日志，以及其他以时间为衡量指标的任务。

3. 图计算

随着数据量的爆发式增长，不同个体彼此交互产生的数据以图的形式出现。图是一种数据结构，由节点 V（Vertice）与边 E（Edge）构成，一般表示为 G（V，E）。图数据将信息中的实体及其之间的关联关系，抽象表达为“顶点”以及“边”的结构数据。典型的图数据有社交网络、商品推荐、交易网络等。图计算则是以图为数据模型来表达和解决问题的计算方式。图数据可以很好地反映数据之间的关联性，图计算的应用可以提高关联查询效率，帮助解决海量数据中的噪声影响，提取有效信息。

图计算的常用算法有遍历算法、社区发现（Community Detection）算法、PageRank 算法和最短路径算法；常用的模型有节点中心计算模型、边中心计算模型、路径中心计算模型和子图中心计算模型。

4. 查询分析计算

查询分析计算，是指用于解决大规模数据的关联与查询分析问题的计算模式。由于数据规模的急剧扩大，数据查询分析计算系统需要具备对大规模数据进行实时或准实时查询的能力。传统的数据查询分析以结构化数据为主，但大数据时代半结构化和非结构化数据占比远大于结构化数据，且不同类型的数据之间需要进行深度检索、分析和挖掘，因此不同类别的产品模式应运而生，以满足不同的数据处理需求。

（四）大数据挖掘

大数据挖掘是对数据进行萃取、提炼和分析的过程。智能投顾通过算法和数据管理工具挖掘、预测并呈现数据中的隐藏逻辑与模式。大数据挖掘主要可以分为数据挖掘算法、预测性分析、可视化分析和数据质量管理四个方面。

数据挖掘算法是大数据挖掘的核心部分，即通过构建数据挖掘模型，对具有不同类型、不同格式、不同特征的数据进行分析。创建模型的过程可以概括为对已有数据进行初步分析，了解数据的类型、结构以及大致的模式和趋势，基于此明确模型类别和参数设置，进而对数据集进行详细分析。常见的分析算法有前文提到的机器学习算法、自然语言处理等。

预测性分析是数据挖掘过程的目标，通过数据预处理、数据建模、数据分析、模型优化等过程，在数据的积累和模型的迭代下，最终实现预测不确定性事件的目标。

可视化分析是通过图形化工具，清晰、有效、便捷地呈现数据信息的分析手段。可视化分析可以分为两个部分：一是对数据本身进行呈现，即运用可视化方法将数据的结构、模式和重要的关联关系进行分析与呈现；二是对数据的分析结果进行展示，即通过时间、空间等维度，以及数据评估指标的趋势变化，运用不同类型的图表对数据的分析信息进行展示。

数据质量管理是数据挖掘不可缺少的环节，是指对数据生命周期各阶段的数据质量进行监控、识别、计量、预警，以提升数据质量的管理活动，是提高数据挖掘效率与质量的有效保障。

三、云计算

（一）概述

云计算，是通过网络将大型数据计算处理程序分解成多个小程序，然后通过多部服务器组成的系统进行处理和分析，并将结果反馈给用户。狭义上讲，云计算可以看作按照用户需求量提供资源的网络，并且具有高度的扩展性且用量不限；广义上讲，云计算可以看作一种服务，将软件、硬件、互联网、信息技术等进行整合，实现计算资源的快速聚合、供给和分配。

云计算服务大多可归为三大类，即基础设施即服务（IaaS）、平台即服务（PaaS）、软件即服务（SaaS），如图 4－8 所示。IaaS 计算设备将存储设备、网络设备、服务器、虚拟机等基础设施进行对外供应，用户通过租赁使用这些资源，是云计算服务最基础的层级。PaaS 是云计算服务重要的一环，负责提供软件部署平台、运算平台及服务解决方案，抽象化操作系统和硬件，为用户提供开发、测试、管理应用程序的环境，用户无须进行环境配置。SaaS 是云计算服务的应用层级，平台供应商将应用软件部署在服务器，用户根据实际需求购买应用软件，平台供应商负责软件升级维护和漏洞修补。

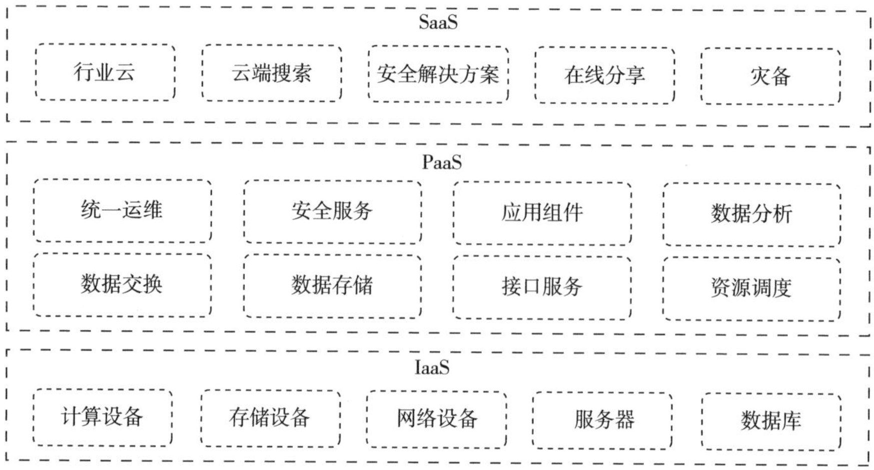

图4－8　云计算技术层级

资料来源：本书编写组根据公开资料整理。

云计算有公有云、私有云、混合云三种模式。公有云由第三方云服务商提供和运营，并负责管理软件、硬件等所有基础设施，不同企业的数据都可以放在同一个公有云上。其优点是云上资源可以按业务需求无限制供给，使用者的使用成本较低，无须负责维护，并且公有云服务器众多，能够保证可靠性与稳定性。私有云是专供企业或组织内部使用的云计算资源，其服务维护和基础设施均在专用网络。相比公有云，私有云灵活性更高、安全性更强，并且具备公有云的资源缩放能力，但需要使用者在组织内部自行维护和管理。而混合云是公有云和私有云的结合体，允许数据或应用程序在公有云与私有云之间切换，将两者间共享的数据和应用程序进行绑定，相比公有云或私有云，混合云能够提供更灵活的业务处理选择和部署方式，在隐私控制、成本控制、业务迁移上云等方面具有更高的自由度。

就智能投顾平台而言，云计算的按需服务属性与资源获取弹性使智能投顾平台能够灵活地调节数据与计算资源；云计算的资源、服务与应用部署以及软硬件的管理均以自动化、智能化的方式支持，可以帮助智能投顾平台节省人力成本。智能投顾平台可以在云端存储和提取数据，获得云端算力的支持，实现与云端系统的实时交互，在提高数据处理效率的同时降低自身的数据管理成本。在技术方面，云计算主要涉及虚拟化（Virtualization）技术、分布式技术、云安全技术和云管理平台。

（二）虚拟化技术

虚拟化通过软件与硬件解耦，在软件中对计算机硬件进行仿真，以虚拟资源提供服务，实现计算机资源的抽象与弹性扩展。虚拟化技术包含五个层次，即可以在硬件抽象层、指令集架构层、操作系统层、库函数层和应用程序层五个计算机系统层次中任意一层实现虚拟化。

虚拟化平台实现的是操作系统层的虚拟化，通过虚拟机（Virtual Machine，VM）在单个宿主机（Host Machine）模拟一个或多个独立的虚拟机器，这些虚拟机器称为客体机器（Guest Machine）。每个客体机器可以运行不同的操作系统，称为客机操作系统（Guest OS）。客机操作系统通过虚拟机监控器［Virtual Machine Monitor（VMM）或 Hypervisor］实现计算机物理资源的访问和操作。虚拟化技术层级见图 4－9。

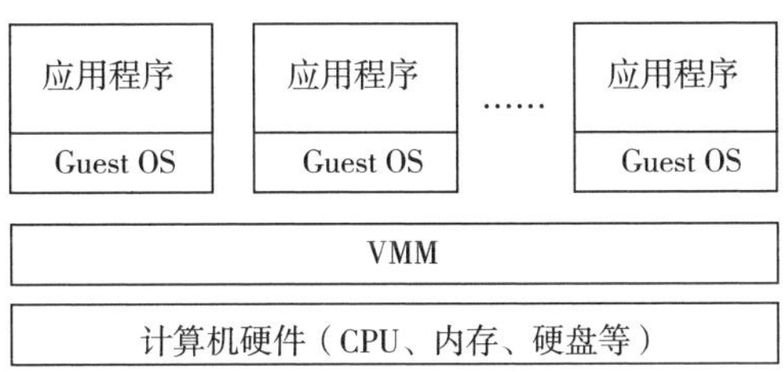

图 4－9　虚拟化技术层级

资料来源：本书编写组根据公开资料整理。

VMM 可以分为裸机虚拟化模型（Hypervisor Model）、宿主机虚拟化模型（Host-based Model）和混合模型（Hybrid Model）。

裸机虚拟化模型：虚拟机监控器直接在没有操作系统的裸机运行，管理底层所有硬件资源，拥有最高级权限。客机操作系统的权限较低，需要通过虚拟机监控器代为访问底层资源。

宿主机虚拟化模型：宿主机拥有自身的操作系统，虚拟机监控器作为应用程序运行其上，客机操作系统运行在虚拟机监控器之上，其对资源的访问被虚拟机监控器拦截并转交宿主机操作系统。

混合模型：虚拟机监控器直接运行在物理机器，具有最高的权限，但虚拟机监控器会把大部分的外部设备访问、虚拟机调度等功能交给一个特权级虚拟机执行。

目前，常用的虚拟化技术主要有硬件仿真技术、全虚拟化技术（Full Virtualization）、半虚拟化技术（Para-Virtualization）、硬件辅助虚拟化技术（Hardware-Assisted Virtualization）和嵌入式虚拟化技术。

（三）分布式技术

分布式技术可以将需要巨大计算能力来完成的应用分解成许多部分，分配给多台计算机进行处理，以大幅降低智能投顾数据计算时间，提高计算效率。分布式技术在多台计算机之间进行算力负载的平衡，选择最适合程序计算的硬件设备处理相应问题，并实现资源的共享。

常见的分布式集群架构主要有纯负载均衡型、Master-Slave 型、领导选举型、区块链型、规则型一致性 Hash 等。纯负载均衡型集群会前置一个分发流量的组件，为集群内的机器提供无差别服务；Master-Slave 型以某台机器为中枢，负责整个集群的调度，Master 负责数据管理，而 Slave 则有具体的数据，典型的集群有 Hadoop、Hbase、Redis

等；领导选举型是一种 Master-Slave 形态的集群，集群的所有消息会发给集群的 Master，但在 Master 宕机的情况下会立刻选出新的 Master 继续对外提供服务，典型的应用有 ElasticSearch、Zookeeper 等；区块链型集群的每个节点都可以记录数据，但是需要集群内 N 个数量机器的认可才有效；规则型一致性 Hash 主要用在数据库分库分表的设计过程，按照规则先确认相应的库和表，然后对具体的应用进行访问。

分布式系统的扩展性、性能、容量、吞吐量等可以随着节点的增加而提高，很适合大规模的云计算系统，在云上的主要应用有分布式存储、分布式缓存、分布式消息队列、分布式资源管理等。

（四）云安全技术

云环境的规模性、复杂性特点使其面临的潜在攻击威胁较大，若其受到攻击则会对智能投顾平台产生严重的负面影响，因此云安全在云计算中具有重要作用。目前，云安全还没有明确的统一概念，其相关技术主要可以分成两类：一是云计算安全（Cloud Computing Security），二是安全即服务（Security-as-a-Service，SECaaS）。

1. 云计算安全

基于云计算的服务模式、部署模式和参与角色，美国国家标准技术研究院（NIST）云计算安全工作组在 2013 年 5 月发布的《云计算安全参考架构》中提出了云计算安全架构模式（见图 4－10），涵盖了 IaaS、PaaS、SaaS 三种服务模式，公有云、私有云、混合云三种部署模式，以及提供商、消费者、代理商、承运方、审计方等参与者。

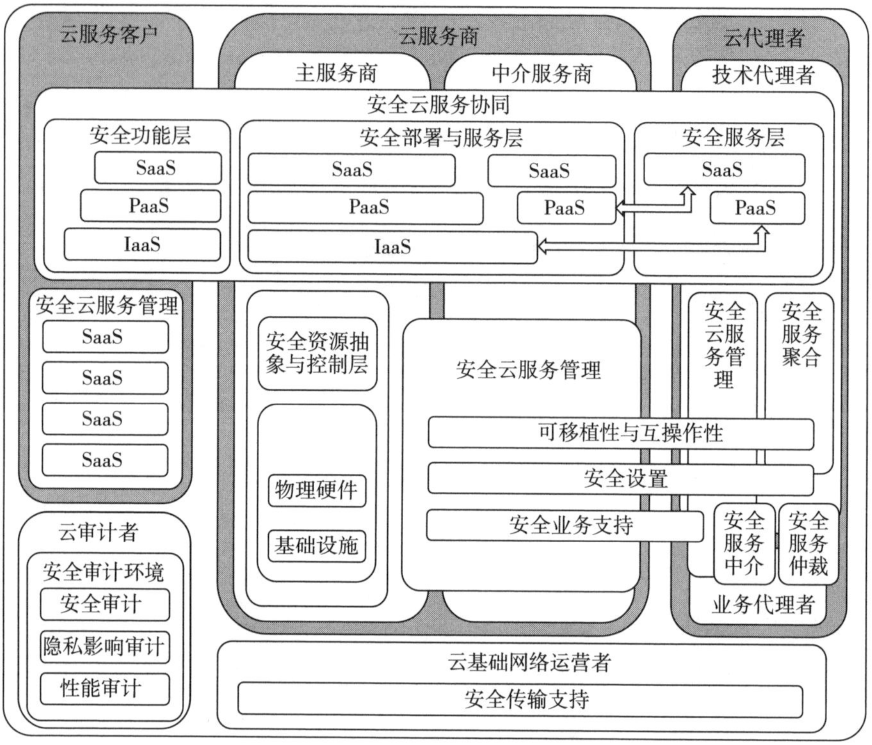

图 4-10　云计算安全架构

资料来源：NIST 发布的《云计算安全参考架构》。

2. 安全即服务

安全即服务，是指在云计算技术逐渐成熟后，安全厂商通过云服务平台提供安全托管服务（Hosted Security Service），企业只需负责配置、管理自身的安全准则和策略即可，不需要对云安全相关的软硬件进行安装和维护的模式。2017 年 7 月，国际云安全联盟（Cloud Security Alliance，CSA）发布了《云计算关键领域安全指南 V4.0》（*Security Guidance for Critical Areas of Focus in Cloud Computing V4.0*），指出安全即服务共有 12 类：身份授权和访问管理服务、云访问安全代理、Web 安全、E-mail 安全、安全评估、Web 应用防火墙、入侵检测和防御、安全信息和事件管理、加密和密钥管理、业务连续性和灾难恢复、安全管理、分布式拒绝服务保护。

（五）云管理平台

云计算需要众多的服务器支持，这些服务器位于不同的地点，且有大量应用运行其上，是一个资源规模庞大的系统。因此需要云管理平台对云计算系统进行敏捷、高效的运维管控，以支持智能投顾在云端的服务使用。

云管理平台通常包括四个层面：运维管理，用于监控、预警、处理云计算系统出现的各类问题，保障云计算系统的可靠性、可用性与稳定性；租户端管理，让用户能使用并管理云服务；运营管理，对云计算系统资源分配、计量收费等服务的运营策略进行管理；多云管理，很多企业偏向于使用混合云，或引入和管理多个云厂商，因此需要云管理平台提供多云管理服务。

四、智能投顾的技术应用场景

人工智能、大数据和云计算技术在智能投顾的应用贯穿整个业务条线，是智能投顾发展的基石所在。具体应用场景主要包括数据搜索分析引擎、智能报告、量化交易、推荐引擎、用户画像、舆情监控、智能客服等方面。

（一）数据搜索分析引擎

目前，Bloomberg、Wind 等数据终端只解决了信息和数据的索引问题，并未解决金融信息和数据加载后的整合与分析问题。智能投顾未来将利用人工智能技术，更有效地从大量噪声信息中快速找到准确且有价值的内容，结合金融学、金融数学、统计学的理论，实现数据的有效整合与模型的构建，以提高买方、卖方研究员的工作效率。而通过知识图谱和索引技术，用户可以实现数据的关联分析和属性查找。此外，现在的大部分金融搜索引擎一般用于解决信息获取和信息碎片问题，而将复杂的查询和逻辑判断交给用户完成；未来智能投顾结合大数据技术，可以将技术分析、基本面分析、市场情绪分析、估值比较等金融分析功能囊括。

（二）智能报告

智能报告是指先运用自然语言处理技术解析文本、提取关键信息，再用文本合成（Text Synthesis）嵌入相应的报告模板，自动生成报告的技术。鉴于报告文档和新闻等材料基本上有特定的格式及写作方式，所以对比于小说、散文等材料，这类自然语言处理相对容易实现。智能投顾生成报告时主要分为以下步骤。

（1）将年报、时事新闻及数据、产业报告和法律公告等材料进行消化理解，并通过图像识别、自然语言处理技术进行解析。

（2）提取主干逻辑，结合相关评论、数据等材料，运用财务管理、经济学和金融学等知识进行梳理，再用文本合成嵌入报告模板。

（3）生成初步的嵌入数据和分析的报告，研究员再进行二次编辑，加入更深刻的观点和逻辑。

（三）量化交易

智能投顾运用人工智能和大数据技术预测股票、债券等金融资产的价格及波动间的相互关系，创建符合预期风险收益的投资组合，并依据历史经验和即时市场信息构建量化交易策略。知识图谱能够从知识关联的角度进行逻辑推测。机器学习技术可以用于从数据到策略的量化建模。为了解决仅由数据选择模型的局限性，智能投顾还需要通过自然语言处理和大数据技术引入新闻、政策、社交媒体文本等非结构化数据进行处理，从中寻找影响市场变动的因素，从关联性角度分析问题，将规则、关系及变量通过可视化图表表现，进行更深层次的信息梳理和模型构建。部分量化算法的应用场景见表4－3。

表4－3　部分量化算法的应用场景

算法名称	应用场景
隐马尔可夫模型、条件随机场	市场状态转化分析
线性回归、LASSO 回归、岭回归、决策树模型	多因子组合
自然语言处理、文本挖掘	文本关键词提取和舆情分析
神经网络、深度学习	金融经济数据挖掘
主成分分析、回归分析	驱动市场股票价格变化的潜在因素分析
SVM、决策树、随机森林	给定股票特征因子对股价走势预测
K-Means	因子模式分类
随机森林、深度学习	预测事件发生概率
Logit 回归	违约概率计算
增强学习、遗传规划	最优交易决策

资料来源：本书编写组根据公开资料整理。

（四）推荐引擎

智能投顾利用推荐引擎，通过个性化推荐算法，从用户的基本信息、交互行为等数据中寻找模式与规律，对用户的兴趣点进行判断，以此为不同用户推送个性化的内容与产品。通常，个性化推荐算法可以分为基于内容的推荐、基于协同过滤的推荐、基于关联的推荐、基于效用的推荐和基于知识的推荐五种方式。

（1）基于内容的推荐：基于用户关注的内容特征，通过算法匹配与之相似的内容并推荐给用户。

（2）基于协同过滤的推荐：找到与目标用户兴趣相似的其他用户，将他们感兴趣的内容向目标用户进行推荐。

（3）基于关联的推荐：以关联规则为基础，通过算法统计与用户关注内容关联性较高的内容并推荐给用户。例如，用户在购买 A 物品的同时购买 B 物品，基于关联的推荐算法会发现此种关联关系。

（4）基于效用的推荐：为每个用户创建效用函数，计算并判断用户对关注内容的价值认可度或内容的有用程度，以此推荐合适的内容给用户。

（5）基于知识的推荐：可以看作会话式的推荐方式，通过与用户进行交互，推理并引导用户寻找感兴趣的内容。例如，在用户指定最初的内容偏好后，系统推荐给用户一系列内容，用户可以修改内容需求或要求系统解释内容的推荐原因，系统收到反馈后会继续交互过程。

组合推荐，即将上述推荐方法进行组合运用，包括加权（Weight）、变换（Switch）、混合（Mixed）、特征组合（Feature Combination）、层叠（Cascade）、特征增强（Feature Augmentation）和元级别（Meta-level）等方式。

（五）用户画像

用户画像，即用户信息标签化，是通过收集与分析个体的社会属性、消费习惯、行为模式等主要数据，抽象出用户特征并赋予标签的过程，该过程所包含的内容如图 4－11 所示。智能投顾平台拥有用户的各类数据，包括年龄、性别、学历、职业、收入等个人信息，资产情况、交易记录等投资数据。因此，智能投顾平台可以利用人工智能和大数据技术对数据进行分析，在对用户的基本信息、财务状况、投资经验、风险偏好、风格偏好、策略偏好、行业偏好等维度进行画像后，精准捕捉用户需求。

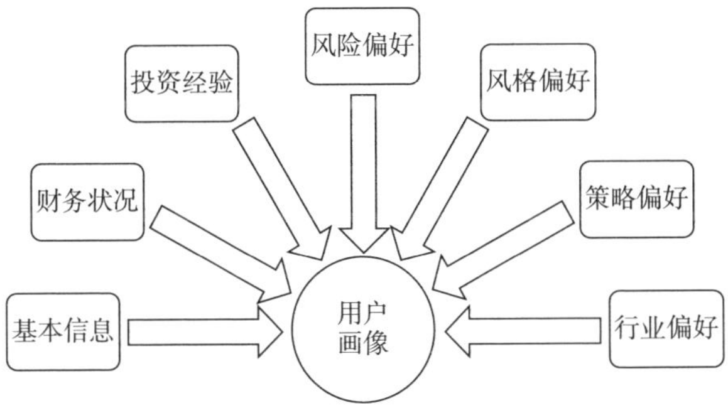

图 4－11　用户画像维度

资料来源：本书编写组根据公开资料整理。

在实际操作中，用户画像是对真实个体的一种虚拟化描述，将用户的特征、属性、行为、喜好等信息用明确的、定义化的、联系实际的词汇进行描述，构建贴近用户但高于用户的肖像模型，以明确各类用户群体的服务定位，为智能投顾产品的需求定义与详细设计提供参考指导。

用户画像可以用 PERSONAL 八要素模型对用户需求进行典型性描述。

P（Primary），基本性，指用户角色是否基于对真实用户的情景访谈。

E（Impathy），同理性，指用户角色中的姓名、图片、产品等描述能否引起同理心。

R（Realistic），真实性，指用户角色是否接近真实个体。

S（Singular），独特性，指用户之间是否具备相似性，每个用户是否独特或唯一。

O（Objective），目标性，指用户角色是否涵盖产品的高层次目标，并具有对该目标的关键词描述。

N（Number），数量性，指用户角色的数量是否合适，便于产品设计团队明确主要用户角色，并记住其他用户角色。

A（Applicable），应用性，指产品设计团队能否通过用户角色进行实际决策。

L（Long），长久性，指用户标签的长久性。

用户画像的建立主要包括确立目标与信息维度、调研与建立规则、分析数据与确立标签，以及检验画像等步骤。

确立目标与信息维度。从智能投顾业务角度出发，明确需要构建画像的用户群体，以及描述用户群体所需数据的维度。例如，用户的基础信息、人物性格、人物关系、行为特征、兴趣爱好、工作经验、知识技能等。

调研与建立规则。在确立目标与信息维度后，根据智能投顾的产品周期，采用定性、定量、定性与定量相结合的方法收集用户群体信息。此外，根据数据的大致特征与用户属性，需要建立用户画像的构建规则与知识体系，为之后的分析与标签工作打下基础。

分析数据与确立标签。在获取用户数据后，需要结合人口学特征、产品行为特征、价值观取向等方面的差异，形成用户标签；或者通过人工智能算法模型对用户数据进行建模，深入挖掘数据，对数据进行抽象后得到相应的标签。

检验画像。在用户画像完毕后，需要对标签背后的逻辑进行论证。从用户实际情况出发，对每个标签进行推理与论证，确定标签的可信度与准确性。

（六）舆情监控

智能投顾运用知识图谱、深度学习等人工智能技术，可以实现对舆情信息的监控，通过舆情监测预警、智能报告等方式第一时间获取风险事件信息，做好风险严重程度评估与应对措施准备。

具体实现上，首先，运用知识图谱在一定规则下对相关主体、对手方以及关联方进行数据建模，描述各方的属性与关联关系；其次，通过深度学习等算法模型将已分类标签的风险信息数据集作为训练数据输入模型进行训练；最后，基于知识图谱，利用“网络爬虫”与自然语言处理等技术获取并处理相关主体的互联网信息，并将其输入训练好的模型，以输出相应的风险事件类型，对潜在舆情信息风险进行监测预警。此外，要对深度学习模型进行定期再训练，对预测数据进行标签处理，维护新增的样本数据，重新输入模型以提高模型的有效性。

（七）智能客服

智能投顾运用自然语言处理技术，可以实现智能客服功能，将部分重复性高、难度低、流程化的问题通过智能客服为用户解答，并增强智能投顾服务的实时性。由此，智能客服能够降低智能投顾的人力成本，通过自然语言处理算法更好地发掘用户需求，运用线上服务高便捷性、广触达的特点提升用户体验、提高服务效率、提高用户黏性以及用户转化率。

第三节　智能配置

智能配置模块涵盖了智能投顾技术体系的方法论和理论基础，是智能投顾资产配置、动态调仓、投资组合分析、客户分析等业务环节的立足之本。本节将从现代投资组合理论、Black-Litterman 模型、套利定价理论、大类资产配置、投资组合再平衡、投资评价体系、行为金融七个方面进行介绍，其中，现代投资组合理论、Black-Litterman 模型、套利定价理论为智能化配置资产和构建投资组合提供了基础理论支持；大类资产配置与投资组合再平衡为智能投顾资产配置实践提供了方法和指导；投资评价体系是投资组合分析的重要组成部分；行为金融是智能投顾分析客户数据的重要理论参考。

一、现代投资组合理论

现代投资组合理论（Modern Portfolio Theory，MPT）由哈利·马科维兹（Harry Markowitz）、威廉·F. 夏普（William F. Sharpe）、约翰·林特尔（John Linter）等的研究成果发展而来。现代投资组合理论是研究投资者如何根据给定的市场风险水平构建投资组合，从而最大限度地获得预期收益；或根据给定预期收益水平的投资组合将风险降至最低。对于使用公募基金或 ETF 构建投资组合的智能投顾而言，现代投资组合理论具有不容忽视的价值。此外，该理论也指出了通过资产组合的分散化投资模式既能化解系统性风险，也为风险管理领域提供了重要的理论依据。

（一）马科维兹投资组合理论

现代投资组合理论的核心是马科维兹于 1952 年提出的均值 - 方差模型（Markowitz Mean-Variance Model），这一模型在经济学界、金融学界影响深远，马科维兹也因此获得 1990 年的诺贝尔经济学奖。马科维兹的模型将单个证券的收益与风险的度量设定为期望收益率和用方差或标准差表示的价格波动率，将不同证券间的风险相关性用协方差来表示。

马科维兹在均值 - 方差模型中做出了以下假设：投资者希望财富越多越好，其效用是收益率的函数；投资者假设投资回报是正态分布；投资者依据资产收益的概率分布考虑每次投资选择；影响投资者决策的主要因素是资产的预期收益和风险；投资者是厌恶风险的；对于给定的风险水平，投资者希望其投资组合的收益最大化，或者对于给定的收益率可以将其风险最小化；投资者本质上是理性的；市场的资产价格能够充分反映市场的所有信息。

马科维兹指出，由于投资者的理性和对风险的厌恶，其会优先关注高期望收益率和低价格波动的资产组合，即在相同期望收益率下会优先选择低价格波动率的资产组合，或是在相同价格波动率下优先选择高期望收益率的资产组合。马科维兹通过给定不同资产的期望收益与价格波动率，运用最小方差模型可求解最优证券组合中不同资产的占比，并将这些最优组合的集合称为有效边界（Efficient Frontier）。

马科维兹的投资者组合理论本质上是预期收益与风险之间的权衡，开创性地通过均值、标准差或方差、协方差对单一证券收益、风险以及证券间的风险进行度量，将投资组合问题转变为限定条件下的优化问题，通过求解数学模型得到相应的投资组合资产权重占比。

但在实际操作中，马科维兹的投资者组合理论存在以下问题：一是理性人假设与实际情况不符，投资者难以做到完全理性，其行为会存在非理性因素；二是投资者并不一定厌恶风险；三是利用标准差或方差衡量风险存在一定的局限性，其将资产价格上行产生的价格波动也包括在内，而价格上行并不会给投资者造成损失；四是如果没有做空限制，均值-方差模型可以求解高杠杆率的投资者组合，其收益会对资产价格的变化极为敏感，具有较高的风险性；五是计算均值、标准差或方差、协方差等所需的数据信息有时难以获取，不利于构建模型；六是对输入的参数具有较高的敏感度，预期收益率的变动会对权重产生很大的影响。

（二）资本资产定价模型

夏普和林特尔等提出了资本资产定价模型（Capital Asset Pricing Model，CAPM）。该模型在马科维兹投资组合理论的基础上，探索了风险资产收益与风险的量化关系。该模型指出，单个证券的期望收益率由无风险利率和风险溢价组成，风险溢价的大小取决于系统性风险（β），即市场整体风险的大小，而非系统性风险是每类资产的特有风险。

资本资产定价模型在马科维兹投资组合理论的假设上增加了以下假设条件：

投资者可以在无风险利率水平实现资金的无限借入或贷出；投资者

对于资产收益率的概率分布看法一致，市场上的有效边界只有一条；投资者对预期收益率、标准差、协方差的观点一致；投资者的投资期限相同，且仅考虑单周期投资；投资者可以持有非整数数量的资产；投资者不用支付税收和交易费用；投资者可以免费和持续地获取市场信息；单一投资者在市场中微不足道，其行为不会影响资产价格；市场不存在通货膨胀，折现率保持不变；投资者能以固定且合适的利率借入或贷出任何数量的资产。

资本资产定价模型的重要理论基础是分离定理（Separation Theorem），即投资者的最佳风险组合与其自身的风险偏好没有关系。分离定理表明，在市场有效的前提下，投资者构建投资组合可以分为资本分配和资产选择两个部分。资本分配，即如何确定风险资产和无风险资产之间的比例；资产选择，即在风险资产中选择合适的资产以确定风险资产组合。

基于分离定理，在市场均衡的条件下，每种风险资产在最优风险资产组合中都会占有一定的投资比例，所有风险资产的投资比例等于各风险资产市值与全部风险资产总市值的比例，每一位投资者都会购买相同的风险资产组合，称为市场组合（Market Portfolio）。

资本资产定价模型指出，在市场组合有效的前提下，任一风险资产的预期收益可以表示为

$$r_i = r_f + \beta_{im}(r_m - r_f)$$

其中，r_f是无风险利率，r_m是市场组合预期收益率，β_{im}是资产i面临的系统性风险。

资本资产定价模型在马科维兹投资组合理论的基础上，用β系数衡量资产风险，降低了资产风险值的计算难度，并进一步把风险分解为系

统性风险和非系统性风险，为现代投资组合理论的发展做出了重大贡献。但资本资产定价模型的假设条件比较苛刻，因此存在一定的局限性：一是市场的有效性难以保证；二是投资者的资产持有期限不一定相同；三是市场的税收和交易成本是真实存在的；四是投资者难以持续地以无风险利率实施借贷；五是市场的信息不对称令投资者难以持续和免费地获取信息。

二、Black-Litterman 模型

Black-Litterman 模型也是智能投顾平台常用的模型，由费希尔·布莱克（Fischer Black）和罗伯特·利特曼（Robert Litterman）于 1992 年正式提出。该模型在均值－方差模型的基础上，针对做空条件受限制、参数敏感度大、预期收益率估计难度大、无法表达投资者观点等问题，以资本资产定价模型中市场均衡为前提，采用贝叶斯方法，将根据历史数据计算的市场先验收益与投资者的主观观点（主观的期望收益）相结合，最终形成期望收益的估计值。

当投资者没有额外的主观判断时，持有资产的比例应与市场组合对应资产的比例相同。当投资者对自身的主观观点信心较强时，其主观观点会被赋予更高的权重，资产收益会向主观期望收益靠拢，资产的权重就会偏离市场投资组合；反之亦然。

构建 Black-Litterman 模型可以分为四个步骤：计算先验收益；设定投资者观点；计算后验收益，即前两者结合的期望收益；获得组合最优权重。

三、套利定价理论

套利定价理论（Arbitrage Pricing Theory，APT）由美国经济学家斯蒂芬·罗斯（Stephan Ross）于1976年提出，利用单因素模型与多因素模型描述资产价格的决定因素和均衡价格的形成机制。

套利定价理论认为，市场均衡价格形成的决定性因素是套利行为，只有在市场达到均衡状态时才不会存在无风险套利机会。证券市场也不会允许套利机会持续存在，因为一旦出现套利机会，只需要市场的投资人投入大量资金就可以使套利机会快速消失，通过构筑套利组合以追求自身利润最大化。

套利定价理论用因素模型解释风险资产收益，发现风险资产均衡收益与因素之间存在近似线性关系。在无套利原则下，受相同因素影响的资产的预期收益应与因素模型所设定的预期收益相同，因此由资产组成的投资组合的预期收益也相同。否则，将会出现套利机会，从而被投资者利用。

套利定价理论基于如下假设：因素模型可以描述资产收益；完善的证券市场不允许套利机会的存在；市场有足够的证券分散风险。

在上述假设前提下，套利定价理论用因素模型解释资产的预期收益，分为单因素模型和多因素模型。

单因素模型可表示为

$$r_i = E(r_i) + \beta_i F + e_i$$

其中，$E(r_i)$ 是资产 i 的期望收益，F 表示因素的预测值，β_i 是资产 i 对因素 F 的敏感程度，e_i 是资产 i 特有的扰动项，与因素 F 不相关。

多因素模型可表示为

$$r_i = E(r_i) + \beta_1 F_1 + \beta_2 F_2 + \cdots + \beta_n F_n + e_i$$

其中，F_n 表示各因素的预测值，β_n 表示资产 i 对各因素的敏感程度。

目前，典型的多因素模型有两因素模型，即假定 GDP 与利率作为影响资产的因素；以及三因素模型，由法玛（Fama）和弗伦奇（French）提出，影响因素分别为公司规模、账面价值与市值的比率以及市场指数。

从形式上看，套利定价理论是资产定价模型的扩展，当影响因素仅有市场组合时，套利定价理论与资本资产模型等价。

四、大类资产配置

智能投顾涉及的资产类别众多，包括股票、债券、房地产等，其中不同资产又可以根据不同地域、不同风格进行细分。在大类资产配置上，可以采用战略资产配置和战术资产配置两种方法。

（一）战略资产配置

战略资产配置，是智能投顾在合规政策前提下，通过分析宏观经济形势、市场状况、资产收益风险关系等内容，按照预期投资目标与风险容忍度，确定资金在股票、债券、私募股权、另类投资等大类资产的比例或比例区间。其原理为通过定性与定量分析形成分散化投资组合，在确定收益下将风险最小化或在确定风险下实现收益最大化，最经典的理论模型为马科维兹的均值－方差模型。

战略资产配置以各资产中长期收益风险特征作为关注重点，相信各类资产收益会随着时间的推移回归均值水平，从长期投资周期来看，短期市场噪声可以忽略，资金的收益率将会向目标收益率靠拢。

战略资产配置计划包括以下五个方面的内容：设定投资目标，划分资产类别，分析各资产类别的收益风险及相关性，构建量化模型，确定资产配置比例或比例范围。

战略资产配置的持续性与稳定性较强，一般情况下不做调整，除非投资者资产、宏观经济形势与资本市场、监管政策等发生重大变化。

（二）战术资产配置

战术资产配置是指智能投顾在战略资产配置获得的各类资产比例范围，以超过战略资产配置的投资收益为目标，确定各类资产的最优投资比例。此外，战术资产配置还包括对每项大类资产进行结构性调整，涉及投资风格、产品、策略、管理人等。

战术资产配置更关注资产的中短期收益率，通过对市场的研判，超配或低配某类别的资产，并结合对细分市场、投资风格、管理人的研究，优化各大类资产内部的结构配比，以获取超额收益。

战术资产配置计划包括以下五个方面的内容：回顾投资期运作情况，分析宏观经济形势和市场，确定资产配置，测量风险，调整预案。

战术资产配置需要反映战略资产配置的要求，在出现以下情况时可以更改战术资产配置方案：战略资产配置比例发生变化，投资组合风格发生转变，管理人分配比例发生调整，宏观经济形势和资本市场发生重大变化。

五、投资组合再平衡

投资组合再平衡（Portfolio Rebalance），是指当某类资产涨幅或跌幅过大，导致该类资产超过资产配置设定的阈值范围，采取的调整该类资产规模进而控制风险的举措。智能投顾采取投资组合再平衡策略并不是为了增加投资收益，而是为了修正投资组合表现与长期资产配置目标之间的偏差，以控制整体资产风险，令投资者能够在适当的风险水平获取合理的回报。

六、投资评价体系

智能投顾需要建立投资评价体系（Performance Evaluation）对不同投资组合进行评估，主要包括收益评价与风险评价两类指标，以衡量投资组合的收益与风险水平。

（一）收益评价

1. 年化收益率

年化收益率是将当前已有日级别、周级别或月级别收益率转换为年收益率来计算。

$$年化收益率 = [(投资内收益 \div 本金) \div 投资天数] \times 365 \times 100\%$$

$$年化收益 = 本金 \times 年化收益率$$

$$实际收益 = 本金 \times 年化收益率 \times 投资天数 \div 365$$

年化收益率与年收益率不一定是相同的。年化收益率是以一段时间的收益率为基础折算为年收益率；而年收益率就是投资过程中一年实际的收益率。

2. 总收益率

总收益率是以投资时段的开始时间与结束时间为节点，利用投资组合期初价值与期末价值来进行计算的收益率。

$$总收益率 = (期末价值 - 期初价值) \div 期初价值 \times 100\%$$

3. 期望收益率

期望收益率以不同情况下投资组合中各资产类别收益水平发生的概

率为权重，对资产收益率进行加权平均。

$$E(r) = \sum_{i} p(i) r(i)$$

其中，$E(r)$是期望收益率，$p(i)$是不同情况下每类资产收益水平的概率，$r(i)$是不同情况下每类资产的收益率。

4. 累计收益率

累计收益率是按照投资组合各资产占比权重，将投资组合从期初到期末的收益率进行累积计算得出。

$$CR = \prod_{k=1}^{n} R_k^{\ T} w_k$$

其中，CR 为累计收益率，R_k 是每种资产在 k 时间点的收益率，w_k 是投资组合的权重。

5. 平均收益率

平均收益率主要包括算术平均收益率和几何平均收益率。算术平均收益率将投资时间段各投资组合的收益率相加后取平均值。

$$R = \frac{1}{n} \sum_{k=1}^{n} r(k)$$

其中，R 为算术平均收益率，$r(k)$ 为投资组合各时间段的收益率。

几何平均收益率引入了复利的计算方式，将时间因素纳入投资组合的价值衡量来计算复合增长率，把投资组合在投资时间段的收益率相乘后进行开方。

$$g = \sqrt[n]{\prod_{k=1}^{n} (1 + r_k)} - 1$$

其中，g 为集合平均收益率，r_k 为投资组合各时间段的收益率。

6. 超额收益率

超额收益率（α）通过投资组合实际收益率与期望收益率之间的差

值来衡量，是非系统性风险回报的度量。

$$\alpha=（实际收益率 - 无风险收益率） - \beta\times（参考基准收益率 - 无风险收益率）$$

其中，参考基准收益率通常选取市场指数的收益率作为标准。

（二）风险评价

1. 波动率

波动率（Volatility）是投资组合风险的度量指标，衡量的是投资组合偏离期望收益的可能性，通常用标准差（σ）表示。此外，根据市场环境与策略的不同，还可以在波动率前加上调整系数进行计算。

波动率还可以细分为上行波动率和下行波动率，以此刻画收益的波动方向，而风险主要发生在收益下行的情况。上行波动率和下行波动率可以以投资组合基准的收益率为标尺确定区间范围。

2. 最大回撤

最大回撤（Maximum Drawdown）是指在一定的投资时间段投资组合净值发生回撤的最大值，该指标可以提醒投资者投资组合已经或可能发生的最坏亏损情况。

3. 贝塔系数

贝塔（β）系数代表投资组合面临的系统性风险，衡量投资组合收益率对市场情况变化的敏感程度。当贝塔系数大于 1 时，投资组合会在市场上升时表现更好的收益水平，在市场下跌时呈现更大的下跌幅度；当贝塔系数小于 1 时，投资组合会在市场上升或下跌时表现更高的稳定性，收益水平不会高于或低于市场的波动。

4. 在险价值

在险价值（Value at Risk，VaR）是指资产组合或某一类资产在未来某段时间、一定置信区间可能遭受的最大亏损。

$$P(\Delta V_t \leqslant VaR) = a$$

其中，P 表示资产损失小于在险价值的概率，ΔV_t 是资产在 t 时段的价值损失数额，a 是给定的置信水平。

5. 夏普比率

夏普比率（Sharpe Ratio）是投资组合某一时间段的超额收益与其标准差的比率，该指标综合考虑了收益与风险的双重因素，提供了每单位风险下的投资组合超额收益，是评价投资组合的经典指标之一。

$$Sharpe\ Ratio = \frac{E(R_p) - R_f}{\sigma_p}$$

其中，$E(R_p)$ 是投资组合预期收益率，R_f 是无风险收益率，σ_p 是投资组合标准差。

夏普比率可以被通俗地理解为投资者因承担高风险而获得高收益的程度。夏普比率较高的资产在相同风险水平可以提供更高的回报，或者在相同回报的前提下承担更低的风险。

6. 特雷诺测度

特雷诺测度（Treynor's Measure）与夏普比率类似，唯一区别在于特雷诺测度给出的是单位系统性风险的超额收益。

$$Treynor's\ Meausre = \frac{E(R_p) - R_f}{\beta_p}$$

7. 索提诺比率

索提诺比率（Sortino Ratio）用于衡量投资组合的相对表现，用下行波动率作为风险度量以衡量投资组合的收益水平。

$$S = \frac{R_p - R_T}{DR}$$

其中，R_p 为投资组合平均收益率，R_T 为目标收益率，DR 为下行标准差。

索提诺比率更贴合实际投资情境所面临的风险问题，但其知名度不如夏普比率，且目标收益率的设定标准相对模糊。在使用索提诺比率时，通常选取无风险收益率作为区分上行波动和下行波动的标准。

8. 信息比率

信息比率（Information Ratio，IR）是用投资组合的超额收益除以该组合的非系统性风险作为计算方法，衡量每单位非系统性风险的超额收益。

$$IR = \frac{\alpha_P}{\sigma(e_p)}$$

其中，α_P 是投资组合的超额收益，$\sigma(e_p)$ 是投资组合非系统性风险的标准差。

七、行为金融（Behavioral Finance）

行为金融学是将行为科学、心理学、社会学等学科理论与金融学相融合而产生的一门交叉学科，旨在从微观个体在金融市场的行为视角分析其产生的动因和其对市场的影响。根据行为金融学理论，投资者的行为在很大程度上影响市场价格的走势，因此需要建立行为金融学模型来探索构建能够反映微观个体行为决策与市场变化之间关系的理论体系。智能投顾的目标之一在于帮助投资者避免因恐惧、焦虑、急躁等情绪而产生非理性投资行为，因此充分理解投资者的行为偏差和反常现象能够促进智能投顾在产品服务、投资分析、投资者教育等方面的质量提升。

（一）过度自信

投资者在投资决策的过程容易高估自身对事件判断的准确性，认为自身决策正确的概率要远远大于他人成功的概率，导致出现过度乐观和过度自信的现象。这种自信心理会随着信息获取量以及决策难度的增加而增强，进而容易对其选择标的的回报过度乐观，低估资产组合所面临的风险，进而导致其资产配置难以满足分散风险的要求。

即使投资者考虑分散风险，但如果只是将资金在各种资产中平均分配，也会导致幼稚性风险分散。出现这种倾向的原因，一是此行为可以减少投资者未来的遗憾感，二是符合投资者的维持现状偏好。此外，投资者经常以跨期投资法分散风险，认为只要投资期限延长，市场的风险就会相应降低。跨期投资法分散风险普遍存在于个人与机构投资者中的原因，一是投资者经常将小概率事件当作零概率事件，二是此种行为可以帮助投资者推迟账面损失转化为实际损失的时间。

（二）专家幻觉与信息幻觉

专家幻觉和信息幻觉会造成投资者的认知偏差。专家幻觉，即投资者认为专家对某一问题的判断能力要强于外行对同类问题的判断能力，因此过度相信专家的研究报告或投资建议。信息幻觉，即投资者认为拥有的信息量越多，其做出的决策就越准确。

（三）过度交易、处置效应与注意力效应

投资者在交易方面存在过度交易、处置效应、注意力效应等行为偏差。过度交易是指投资者出现过度自信的表现，投资者普遍存在自我归

功心理偏向，并且信息幻觉、控制力幻觉等又进一步强化了过度自信。处置效应是指投资者倾向于卖出赚钱的标的，而持续持有亏损的标的。此类行为的产生源于投资者对均值回归的非理性信念，以及投资者以不同的方式对待获利和损失。注意力效应是指投资者经常买入足够引起其注意力的标的，是投资者对以直观、生动方式表达的信息的过度反应。

（四）本土偏好

投资者在投资活动中的一个明显偏向是本土偏好，即倾向于投资本土市场而非海外市场。本土偏好表现在两个方面：一是投资者如何将资金在国际金融市场进行分配，二是投资者如何将资金在自身居住国家的金融市场进行分配。本土偏好产生的原因有两个：一是投资者受到信息幻觉的影响；二是投资者认为其对国内公司、本地公司、自身任职的公司更加熟悉，因此导致其在某种程度上对本土标的过度乐观，认为可以更好地控制投资。

（五）基金评估偏差

在评估基金与基金管理者的业绩方面，投资者会出现两个方面的偏差：一是投资者相信基金或者基金管理者确实具备突出的投资能力，能够持续性地为自己带来投资回报；二是投资者相信自己具备准确选中基金或者基金管理者的能力。此类认知偏差产生的原因有两个：一是偶然性的成功致使投资者产生“神投手”信念，其错误地认为基金的良好业绩源于基金管理者优秀的能力；二是投资者没有考虑幸存者偏差，即获取的信息大多来自成功的基金与基金管理者。

（六）赌徒谬误

资本市场普遍存在均值回归现象，即当标的市场价格低于平均价格时，价格会趋于均值，因而标的价格会随之上升；同理，当标的市场价格高于平均价格时，价格会趋于均值，因此标的价格会随之下降。

赌徒谬误是指投资者将这种长期价格均值回归现象错误地应用在短期市场价格走势，认为当标的价格在短期连续上涨后，下一天继续上涨的概率会降低，而下跌的概率会更大，因此采取买入输家组合、卖出赢家组合制定短期投资策略。标的价格的长期均值回归现象适用于大数法则，即随机变量在大量重复性试验后会趋近于样本的期望值。但该现象并不应该在小样本即短期价格趋势上，赌徒谬误之所以发生，是因为投资者依据粗浅的经验而非依靠统计学原理进行决策，其构筑的投资组合往往是无效的。

第四节　交易实现

交易是智能投顾的必备环节，拥有全权委托资格的智能投顾平台可以代理客户进行投资，因此如何通过智能化交易体系实现清晰、高效、逻辑化的交易流程，尽可能降低交易成本，提高交易效率是智能投顾平台必须考虑的问题。智能投顾的交易实现模块通过智能交易系统进行支持，需要考虑交易触发，交易成本，交易时间、规模、频率等方面的问题。

一、交易触发

智能投顾平台需要根据实时市场变化，对投资策略的交易触发规则进行动态调整。例如，系统运用人工智能和大数据算法，每天针对不同风险类型、不同资产配置的投资策略生成标杆组合。系统根据资产、收益、风险等指标监测各策略与标杆组合的差异，若与标杆组合的偏离度超过设定阈值，则会触发系统的调仓交易设定。

二、交易成本

国内智能投顾的投资标的以公募基金为主，其中涉及的费用包括手续费、管理费、托管费，以及一些其他的费用。智能投顾平台需要将这些费用纳入服务考虑范围，尽可能为用户降低交易成本。

（一）认购、申购、赎回费用

购买基金需要支付认购费或申购费，赎回基金需要支付赎回费用。其中，在基金首次募集期购买基金支付的是认购费，在基金成立后购买基金支付的是申购费。申购费 = 净申购金额 × 申购费率；认购费 = 净认购金额 × 认购费率；赎回费 = 赎回基金 × 赎回费率。

智能投顾平台可以通过以下方式为用户降低手续费。

第一，到基金公司网站或第三方平台渠道购买基金，将相关的手续费或优惠金额以返现或其他方式返还投资者。

第二，通过红利再投资，基金持有人将分红所得现金直接用于购买基金，增持基金份额。基金管理人通常鼓励投资者追加投资，一般规定红利再投资不收取手续费。

第三，运用转换的方式，当投资者在同一家基金公司赎回一只基金，且申购另一只基金时，可以通过补差价的方式进行基金转换，省去赎回与申购的环节，仅需支付相应的转换费即可。

第四，在购买债券型基金时，根据其 A、B、C 类别申购费、赎回费、销售服务费的差异性，结合基金持有时长，制定合适的购买赎回策略。

（二）管理费、托管费及其他费用

管理费的制定依据招股说明书和基金规模大小，一般按天计算，直接从基金净值扣除。托管费是基金公司支付基金托管银行的费用，同样从基金净值扣除。智能投顾平台可以通过对比各家基金公司的基金投资标的、业绩情况等，再结合管理费、托管费选定目标基金。

此外，在基金运作过程，还会产生会计师费、律师费、信息披露费等隐含费用，由投资人承担并直接从基金净值扣除。

三、交易时间、规模、频率

公募基金的交易规则较为复杂，且调仓过程因 $T+0$、$T+3$、$T+7$ 等赎回时间的不同，可能会产生额外费用和损失。此外，交易规模和交易频率也需要综合考量，交易规模过大、交易频率过高都容易产生较高的交易成本。总体而言，智能投顾在交易执行层面，可以结合常用的交易执行算法优化交易路径、节省交易费用、提高用户收益。目前，常见的交易执行算法可以分为冲击驱动型、成本驱动型和机会导向型三种类别。

（一）冲击驱动型交易算法

冲击驱动型交易算法，旨在降低交易对资产价格的影响，通过将大单指令分割成小单指令分别发送，以减少订单对资产价格的影响，将市场冲击成本最小化。常见的冲击驱动型交易算法有时间加权平均价格算法（Time Weighted Average Price，TWAP）、成交量加权平均价格算法（Volume Weighted Average Price，VWAP）和参与率算法（Percent of Volume，PoV）等。

（二）成本驱动型交易算法

成本驱动型交易算法由冲击驱动型交易算法叠加优化交易时机成本

演化而来。时机成本，即当交易风格过于主动或被动时产生的时机风险。成本驱动型交易算法除了考虑订单对市场价格的冲击外，还将时机风险纳入考量范围，在冲击成本和时机成本之间寻找平衡点，通过构建市场模型优化总体交易成本和订单指令的执行。常见的成本驱动型交易算法有适应性落差算法、执行落差算法、主动实值策略和被动实值策略等。

（三）机会导向型交易算法

机会导向型交易算法，是指利用各类有利的市场条件，并以价格作为重要变量来执行交易。这类交易算法基于市场价格，允许算法对当前市场条件的有利性进行动态判断，更精确地执行目标策略。常见的机会导向型交易算法有盯住价格算法等。

第五章

银行业智能投顾应用实践

第一节　银行业智能投顾发展现状

商业银行是国内最早布局金融科技的金融机构。智能投顾作为银行布局金融科技领域的重要一环于2016年开始出现，首先在招商银行落地生根，随后浦发银行极客智投（财智机器人）也顺利上线，此后智能投顾开始受到商业银行的广泛关注。

一、资管新规首提智能投顾，2017年银行参与度明显提升

2017年11月，中国人民银行会同银监会、证监会、保监会、外汇局等部门起草了《关于规范金融机构资产管理业务的指导意见（征求意见稿)》，为金融业智能投顾的发展明确了方向，要求金融机构运用人工智能技术、采用机器人投资顾问开展资产管理业务应当经金融监督管理部门许可，取得相应的投资顾问资质。彼时参与智能投顾竞争的证券基金机构相对较少，而具有技术优势的金融科技公司受制于金融牌照，无法深度参与智能投顾的市场竞争，这为银行机构发展智能投顾提供了绝佳的机会。因此，2017—2018年，我国银行机构迎来了智能投顾产品上线高峰期。2017年，工商银行、江苏银行、光大银行、广发

银行、兴业银行、平安银行都推出了各自的智能投顾产品，2018 年中国银行上线中银慧投。

截至 2021 年 3 月，A 股上市的 38 家商业银行中，有 23 家布局智能投顾领域。其中，有 16 家已经上线了旗下智能投顾产品，有 7 家宣布了智能投顾计划但没有产品上线。上市银行智能投顾布局概览如表 5－1 所示。

表 5－1　上市银行智能投顾布局概览

银行名称	产品名称	上线时间
浦发银行	极客智投	2016 年 11 月
招商银行	摩羯智投	2016 年 12 月
光大银行	光云智投	2017 年 6 月
兴业银行	兴智投	2017 年 7 月
建设银行	龙智投	2017 年 7 月
江苏银行	阿尔法智投	2017 年 8 月
平安银行	平安智投	2017 年 9 月
工商银行	AI 投	2017 年 11 月
华夏银行	查理智投	2018 年 1 月
中信银行	信智投	2018 年 1 月
中国银行	中银慧投	2018 年 4 月
农业银行	农银智投	2018 年 6 月
民生银行	民生智投	2018 年 7 月
浙商银行	增金智投	2019 年 3 月
杭州银行	神机营	2020 年 11 月
交通银行	交行智能投顾	2020 年 12 月

资料来源：本书编写组根据公开资料整理。

整体来看，银行业智能投顾的发展仍处于初级阶段。截至 2020 年底，我国 4118 家银行金融机构[①]中仅有 20 多家发布和上线了智能投顾

① 数据来源于银保监会《银行业金融机构法人名单》，http://www.cbirc.gov.cn/cn/view/pages/govermentDetail.html? docId = 970966&itemId = 863&generaltype = 1。

产品，智能投顾在整个银行业的渗透率不足1%。银行业智能投顾以头部机构参与为主，国有大行和股份行是主力，部分城商行参与竞争，众多地方性农村商业银行、村镇银行和农信社尚无计划和能力布局智能投顾。

二、银行业拥有天然优势，但专业力量仍然不足

银行机构发展智能投顾具有显著的天然优势。如图5－1所示，从用户数量来看，截至2021年第二季度，中国借记卡发卡量已经达到83.20亿张，人均持卡量6.45张，由此推算中国银行业的客户数量在12.90亿人的规模。对比图5－2的证券业客户数据，截至2021年第二季度，中国证券登记结算公司登记的个人投资者为1.89亿人，由此可以看出，银行业客户规模远大于证券业客户规模。

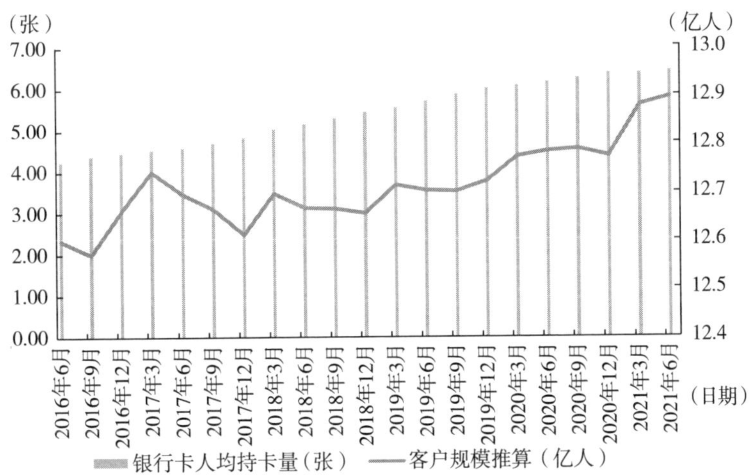

图5－1　银行业客户规模推算与人均持卡量

资料来源：本书编写组根据中国人民银行数据整理。

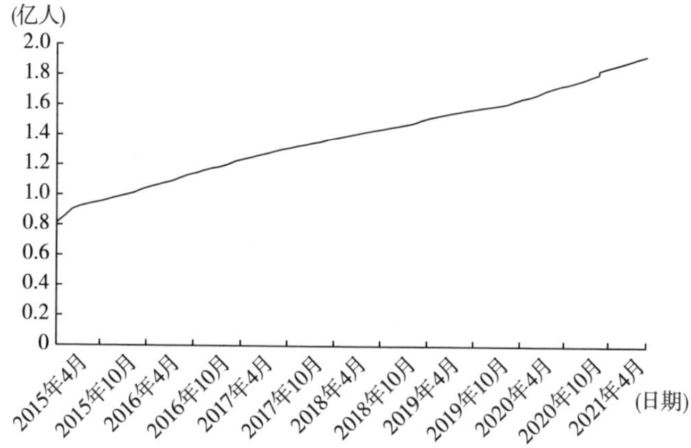

图 5-2　中国证券登记结算公司自然人投资者规模

资料来源：本书编写组根据中国证券登记结算公司公布内容整理。

如图 5-3 所示，从客户资产管理规模来看，我国银行业的总负债规模远远高于证券业的总负债规模，意味着银行业的客户资产管理规模远远大于证券业的资产管理规模。

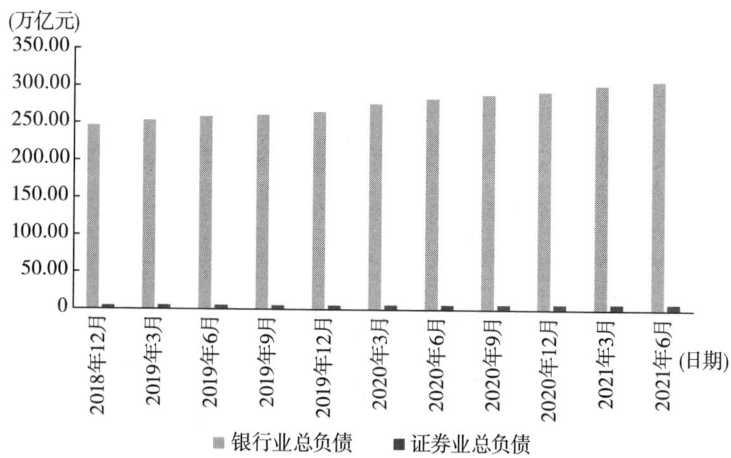

图 5-3　银行业与证券业总负债规模对比

资料来源：本书编写组根据 Wind 数据库公布内容整理。

从服务客户的专业力量来看，银行机构的专业理财顾问人数要高于证券公司的投资顾问人数。一般来看，银行机构的投资与理财顾问都要求具备金融理财师（Associate Financial Planner，AFP）或CFP资格。考虑到银行业的客户量级远远高于证券业的客户量级，仅凭人工投资理财顾问难以满足客户需求，这一现状为智能投顾在银行业的应用提供了广阔的发展空间。

此外，商业银行的投资过去集中在债权投资领域，对权益类资产投资和FOF投资稍显不足，与券商和基金相比，商业银行对权益类资产的主动管理能力仍有较大的提升空间。因此，商业银行的智能投顾产品不仅需要在C端加速人工投顾与智能投顾的结合，更需要在产品的研发端加强权益类资产专业研究人员和配置人员的布局。

三、银行智能投顾的发展仍存在瓶颈，监管政策有待进一步完善与补充

银行业在我国的发展起步较早，特别是中国的融资渠道以间接融资为主，因此银行机构在金融市场的地位格外重要。与居民生活息息相关的金融业务场景绝大多数涉及银行，也正因如此，中国银行业在长期的发展过程中积累了大量的、规模远超其他金融机构的用户数据。银行机构掌握了远超券商、基金等机构的用户画像信息，这些信息包含居民的收入、支出、家庭资产等情况。此外，智能投顾底层资产的托管、结算等业务也离不开银行。股票、债券和基金的资金托管业务在银行端，银行是唯一能够打通资金端与资产端、客户端与产品端，精准匹配客户需求与产品服务的金融机构。

然而，投资顾问面向用户存量资产收费的商业模式并未受到央行和银保监会的肯定，2018年公布的《商业银行理财业务监督管理办法》

并未就银行理财和投顾向哪一方收费的问题做出解释，2019 年《关于做好公开募集证券投资基金投资顾问试点工作的通知》则是由证监会出台的。按照我国金融业分业经营与监管的思路，银行业开展投资顾问业务的依据是证监会文件，这本身就存在一定的不合理性。

事实上，根据本书编写组的调研，银行机构在开展智能投顾业务的过程中还存在一个痛点——无法进行全委托式的投资顾问服务，即银行智能投顾只能为用户提供投资建议，由用户选择跟随与否，而非智能投顾根据投资顾问协议自动为用户采取调仓或再平衡等交易行为。这一痛点的解决有待于监管部门之间的协调和政策的进一步完善与细化。

第二节　银行业智能投顾服务模式与特点

我国商业银行智能投顾基于传统银行理财业务，结合金融科技手段发展而来，主要面向 C 端客户，通过科技手段提高服务效率、降低成本。

一、业务模式

当前，商业银行智能投顾针对 C 端客户，其中普通客户、高净值客户、私人银行客户是重点。在平台建设方面，多数智能投顾产品采用嵌入银行原有 App 方式。例如，摩羯智投嵌入招商银行 App 理财业务板块、中银慧投嵌入中国银行 App 理财业务板块，目前银行业尚未有独立运营的智能投顾 App。

在服务模式方面，银行业智能投顾普遍采用建议型的服务模式，通过大数据、人工智能等技术，根据用户的风险偏好、资产规模和投资目标等信息为其提供投资理财建议，由用户选择是否采纳。在这一模式下，智能投顾无法自动为用户进行调仓和再平衡，投资建议是否被采纳取决于多种因素，所以在服务的最终效果上可能有所削弱。

在投资标的方面，商业银行智能投顾底层资产以公募基金为主。其主要原因是公募基金种类丰富、门槛较低、运作透明。开展智能投顾的商业银行一般持有基金销售牌照，为客户提供的投资组合主要由其代理销售的基金组成。

在投资目标方面，银行业智能投顾主要是通过量化算法直接获取市场收益。对于财务管理、养老和税收优化等投资目标，目前尚未有机构涉及。类似国际上针对女性或者中老年客群的智能投顾也尚未出现，行业整体的投资目标相对单一。

在开发方面，主要有独立开发经营模式和与第三方合作的商业模式，以独立开发经营模式为主。其中，采用独立开发经营模式的银行实力较为雄厚，信息技术水平较高，在财富管理领域均有较强的实力，如中国银行、建设银行、工商银行、招商银行等；还有部分银行依托自身金融优势和互联网企业的技术优势，采用与第三方合作开发模式发展智能投顾业务，如郑州银行、南京银行等。

二、收费模式

在盈利模式方面，商业银行智能投顾多数以收取底层公募基金管理费分成、基金申赎费为主，极少有机构向客户收取咨询顾问费。其主要原因有两点：一是目前智能投顾在商业银行还属于新兴模式，客户的接受程度和对产品的信任程度较低，为了提高客户盈利体验，增加客户黏性，银行智能投顾采取对客户免收顾问费的模式；二是银行在证监会政策下开展买方投顾试点存在一定的政策障碍。

三、主要特点

在起投金额方面，银行智能投顾的起投金额差异较大，从零门槛到上万元不等。从获得试点资格的 3 家银行来看，平安银行起投金额不限，工商银行起投金额为 10000 元，招商银行首次投入金额要求为 20000 元；未获试点资格的银行起投金额差异也较大，部分银行会根据策略的不同而改变起投金额，如建设银行龙智投。

在投资策略方面，银行智能投顾多数采用大类资产配置策略，即通过调整现金、股票、债券和商品等大类资产风险敞口为客户提供追随市场收益的投资组合。从试点的情况来看，有个别银行为用户提供全股票的投资策略，通过择时和行业配置达到与大类资产配置策略相同的效果。

在运作模式方面，银行智能投顾普遍采用非管理型的运作方式，只能为用户提供投资建议，由用户做出最终选择，不能代客操作。

银行智能投顾的优势集中体现在丰富的客户资源与自有的分销体系。在客户资源方面，商业银行客户群体层次多样，既有渗透率高度饱和的高净值中老年客户群体，又有对个性化服务需求强烈的青年客户基础。分销体系方面，除了线下物理网点外，商业银行还整合了多样化的线上渠道，在获客和留存率方面具有优势。在客户画像方面，银行具有丰富的客户数据，且数据金融属性十分明显，为其评估投资者风险、规划投资目标提供良好的数据基础。此外，银行在“顾”的能力上具有一定优势，银行网点的密度远远高于证券公司，借助信息化的手段更有助于其提升客户体验，增加客户黏性。

第三节　典型案例分析

一、招商银行：摩羯智投

（一）平台简介

2015 年，在广大客户金融行为向线上迁移的大背景下，为了顺应数字化时代的变化，招商银行重塑新的商业模式，以金融科技为核心，探索“网点 + 银行 App + 场景”的新模式，通过线上、线下全渠道融合的方式，破解了零售获客和经营的难题，进一步涉足投资组合管理领域。

2016 年 12 月 6 日，招商银行摩羯智投 1.0 正式上线。作为我国商业银行首个智能投顾业务平台，摩羯智投在采用机器学习技术的基础上，结合招商银行十多年的财富管理实践及基金研究经验，为客户构建了一套以公募基金为底层资产，可在全球进行资产配置的“智能基金组合配置服务”体系。

2017 年 11 月，招商银行 App6.0 问世。这一版本优化了包括摩羯智投在内的约145项内容，摩羯智投2.0就此产生。相较于1.0版本，摩羯智投2.0不仅关注智能投资模块，而且更加注重智能投顾模块，增加了基金诊断、社区交流等多个功能，展示收益、持仓情况，升级优化分红方式等；同时，对市场行情、情绪等进行了多维度数据实时监控、处理和建模分析，动态调整组合中的产品配置，提供“一键优化”的选项。

摩羯智投以客户自主选择的“目标—收益”要求为依据，构建基金组合，为客户提供决策选择，并提供“一键购买”和后续服务。2017年，摩羯智投的组合整体平均收益率为7.81%，整体最大回撤率为1.04%~4.03%，夏普比率为2.30~3.96。2018年5月，摩羯智投用户量突破15万人，申购规模已超过110亿元。截至2020年6月，招商银行摩羯智投累计销售规模超过140亿元，服务客户20多万人次。

（二）平台运营策略

1. 运营模式：自主研发独立运营的理财建议型智能投顾

招商银行作为我国零售银行业务的代表，有其独特的发展战略、经营理念和经营策略。财富管理业务作为招商银行零售业务的重要组成部分，属于核心业务，采用与外部机构合作的模式存在较大的业务不连续性和不确定性。同时，从投顾能力来看，招商银行深耕零售用户多年，拥有多年的基金评价和投资顾问服务经验，在大类资产配置方面经验丰富。因此，摩羯智投选择自主研发。

在运营方面，摩羯智投采取独立运营模式，基于招商银行原有的客户基础发展智能投顾业务，不接受外部客户导流。摩羯智投没有独立的App，功能被内嵌至招商银行App。目前，只有成为招商银行的客户，才能成为摩羯智投的客户。

2020年，摩羯智投进行了重大的版面更新。摩羯智投在改版前主要分为两个模块：一是智能投资，包括摩羯组合、自助选基和聪明定投；二是智能顾问（智能售后），包括基金诊断、摩羯星空（投资者教育）和问问摩羯。2020 年，摩羯智投全新改版，更新为三个模块：“理财 +”“配置 +”和“财富 +”。每个模块下对应不同风险的投资组合，选择组合的过程和之后全程有投资顾问的陪伴。

摩羯智投采取理财建议型的服务模式，由智能投顾为客户提供投资建议，但最终决定权仍由用户掌握。在投资过程中，用户存在任何问题都可以直接通过 App 对投资顾问进行询问。

2. 经营理念：“以客户为中心”的财富管理

一直以来，招商银行坚持“以客户为中心”的财富管理理念，摩羯智投就是基于这一服务理念产生的。经过长时间的发展及对市场的调查了解，招商银行发现，在我国无论金融市场行情好坏、基金公司品牌强弱和基金产品盈利性高低，基金投资者的盈利体验都表现不佳，市场呈现“基金公司赚钱、基民不赚钱”的现象。其主要原因有两方面：一方面，随着基金行业的迅速发展，规模急剧扩大，基金经理能力不同导致基金业绩差异较大，投资者面临的困境从选股难变成选基金难；另一方面，个人投资者受教育背景、投资年限等因素影响，经常出现非理性的投资行为，多数个人投资者追涨杀跌特性明显，更加剧了其盈少亏多的情况。

摩羯智投将帮助客户解决两个问题：一是帮助个人投资者解决对市场判断的疑惑；二是通过投资者教育和顾问服务纠正个人投资者的行为偏差。

（三）产品分类

2020 年 11 月 25 日，摩羯智投全面升级，与原有的摩羯组合、自助选基、聪明定投三个板块相比，新版本主推摩羯组合板块，但是为了不影响用户体验，依然保留旧版入口，用户可根据自己的喜好选择两个版本的产品。

更新后的摩羯智投共有5类风险等级30个组合，聚焦以下三个组合，见表5-2。

一是稳定回报组合。该组合适用于风险评测等级为R3中风险及以上的客户。该组合以债券为基础，权益类基金作为增强板块，实现稳定回报。该组合的权益资产配置中枢为10%，权益类基金最大配置比例为20%，具有波动率低、最大回撤小的特点。

二是灵活配置组合。该组合适用于风险评测等级为R4中高风险及以上的客户。灵活配置组合的股票基金与债券基金配比相对均衡，权益资产中枢设定为30%，权益类基金最大配置比例为60%，可以实现大类资产的灵活配置，通过判断资产轮动情况对持仓结构进行动态微调。

三是穿越牛熊组合。该组合适用于风险评测等级为R4中高风险及以上的客户。该组合通过精选基金获得超额收益，通过战术配置降低组合波动，资产配置以权益资产为主，固定收益为辅，其中权益资产的中枢设定为60%，权益资产的配置比例最低为50%，适合具有一定风险承受能力、追求长期投资目标的用户。

表5-2　各风险等级投资组合资产配置占比　　单位：%

组合内容	稳定回报组合	灵活配置组合	穿越牛熊组合
货币基金	9.51	8.87	5.01
混合基金	15.56	43.23	66.19
股票基金	5.52	13.09	21.73
债券基金	69.41	34.81	7.07

资料来源：本书编写组根据招商银行App 2020年12月15日数据整理。

（四）业务模式及流程

摩羯智投根据客户投资目标和风险等级为客户提供基金组合，采用线上、线下融合模式为客户提供服务，涉及基金投资的售前、售中、售后全流程。

1. 确定风险等级

客户在注册摩羯智投时，首先需要填写一份客户问卷，包含用户年龄、投资经验、客户可接受的最长投资期限、投资目标和风险承受能力等，据此评估客户风险等级。

2. 构建投资组合

客户进入摩羯智投界面，平台会根据客户选择的投资目标（包含投资期限和风险等级），进行智能计算，推荐投资组合，客户只需要选择“一键购买”，就可以完成资产配置。

3. 售后服务

摩羯智投会持续对市场和客户选择的投资组合进行风险监测。如果市场出现明显波动，或者某只基金发生重大变动导致现有投资组合与客户目标投资组合发生大幅度偏离，系统将发出风险预警。摩羯智投系统向客户发出调仓提示，客户只需要做出是否调仓的决定就可以一键优化投资组合。此外，摩羯智投线下顾问团队还会为客户提供报告服务。

摩羯智投通过科技手段为客户提供专业建议和全程陪伴式的顾问服务，服务范围涵盖组合构建、调仓管理和投后咨询。例如，利用线上、线下融合的投顾方式帮助客户减少追涨杀跌的不理智行为。在顾问服务方面，摩羯智投通过系统监测客户购买的投资组合，一旦发现偏离最优比例的幅度超出预先设定阈值，就会根据客户投资情况判断并决策是否有必要对组合进行动态平衡调整。如果客户调仓的费用高于收益，系统就会发送信息，建议客户减少调仓频率。当市场波动较大时，摩羯智投会联合线下客户经理，安抚客户情绪，减少客户因市场波动带来的频繁申购、赎回行为。

（五）收费模式

摩羯智投不收取投顾费用，以代销费用为营收来源。摩羯智投根据客户投资组合中的基金向客户收取基金申赎费用，申赎费率均低至 1 折。假设客户购买 20000 元的某组合，组合内包含 A、B、C、D 四只基金，其购买费率分别是 0.5%、0.6%、0.4%、0.2%，购买金额配比分别是 6000 元、4000 元、5000 元、5000 元，则组合总购买费用 = 6000 × 0.5% + 4000 × 0.6% + 5000 × 0.4% + 5000 × 0.2% = 84（元）。

（六）经营效益

与招商银行内部理财产品相比，摩羯智投在投资收益率上具有一定的优势。招商银行投资期限在 1 个月至 1 年的理财产品预期年化收益率在 2.0%~5.3%，其中现金类产品预期年化收益率在 3.18% 以下。此外，理财产品需要收取一定的托管费和管理费，因此招商银行内部理财的收益率远远低于摩羯智投理财和投资组合的收益率。摩羯智投不同风险等级的投资组合预期年化收益率情况如表 5-3 所示。

表 5-3　招商银行摩羯智投投资组合预期年化收益率　　单位：%

风险等级	投资期限		
	0~1 年	1~3 年	3 年及以上
1	3.76	4.04	4.32
2	4.60	4.88	5.11
3	5.39	5.67	5.94

续表

风险等级	投资期限		
	0~1年	1~3年	3年及以上
4	6.22	6.44	6.71
5	6.99	7.26	7.53
6	7.74	8.01	8.28
7	8.55	8.82	9.01
8	9.28	9.55	9.82
9	10.08	10.25	10.52
10	10.79	11.05	11.32

资料来源：本书编写组根据招商银行App 2020年10月10日数据整理。

二、中国银行：中银慧投

（一）平台简介

中银慧投于2018年4月上线，是中国银行依托人工智能和大数据技术，面向个人客户提供的智能投顾产品。中银慧投将智能算法与投资组合优化模型相结合，为个人客户提供智能化和自动化的资产配置建议。

中银慧投包含定制智能组合和存量资产诊断两大服务。定制智能组合是指结合个人客户风险偏好和流动性偏好，为每位客户构建个性化的标准智能基金组合；资产智能诊断是指对个人客户存量资产进行诊断，给出调整优化建议。

截至2020年6月末，中银慧投累计销售额达到157亿元，持有客户数超过13万人。①

① 数据来源于中国银行2020年半年报。

（二）平台运营策略

1. 运营模式：人工与技术深度融合

中银慧投根据中国银行自身发展特色，在系统设计、模型研发等方面均采用自主研发的模式。中银慧投采用“人工智能 + 专家”的运营模式，通过机器学习技术不断完善算法模型，在“投”和“顾”两部分与中国银行原有的投资研究、顾问团队相融合。投资方面，中银慧投运用人工智能对市场和产品进行检验分析，结合行内专家的研判，以人工实现动态修正系统偏差；顾问方面，在线上中银慧投根据客户的风险偏好、行内其他账户资产情况和交易行为由系统智能推荐标准化产品组合，在线下理财顾问深入结合用户需求，在中银慧投方案的基础上提供个性化的资产配置和优化方案。中银慧投通过人工与机器相结合的方式全程陪伴用户，提升服务质量。

中银慧投仅面向中国银行的用户服务，其功能内嵌于中国银行App，采取理财建议型的服务模式为用户提供投资建议，最终决定权仍在用户手中。

中银慧投的投资策略来自中国银行内部研究团队，采取量化与基本面分析混合的方式，策略更加偏向大类资产配置，力求避免频繁交易，因此调仓的周期平均在 3 个月左右。

2. 经营理念：懂市场、懂行业、更懂客户

中银慧投作为中国银行全球化布局的分支机构，能够全面、及时地把握国际金融市场动态，为客户提供全球化的投资机会。中银慧投背后有一支实力强大的投资专家团队，自主开发资产配置模型。此外，中国银行十分注重用户体验，只要是其用户，不管是否使用中银慧投，都可

以使用资产诊断服务。中银慧投依托中国银行近1.9亿用户的资源，持续丰富和完善用户体验，在确保用户数据安全的同时，运用大数据、人工智能等技术，结合线下理财经理为用户提供“千人千面”的投资理财服务。

（三）产品分类

中银慧投依托中国银行国际化、综合化的优势，为用户提供全球化的资产配置服务。中银慧投的投资标的以公募基金为核心，涵盖货币、固收、权益，商品联接基金、QDII 和 QFII 等多种类型。中银慧投为客户配置的基金全部是由中国银行代销的，这些产品经过中国银行的优中选优能够提高客户长期盈利的可能性。中银慧投主要包含三个模块：智能组合、智能诊断、智能定投。

1. 智能组合

智能组合是中银慧投的核心组成部分。按照客户风险等级及投资期限，中银慧投推出15个不同的投资组合。现将不同投资期限下，各风险等级投资组合情况进行整理，见表5－4、表5－5、表5－6。

表5－4　投资期限为0~1年的各风险等级投资组合占比　单位：%

组合内容	C1 保守型	C2 稳健型	C3 平衡型	C4 成长型	C5 进取型
现金管理类	18.18	10.23	5.38	5.70	5.20
固定收益类	81.82	59.85	49.64	32.59	24.80
权益投资类	0	23.00	36.36	52.30	60.40
另类及其他	0	6.92	8.62	9.41	9.60

资料来源：本书编写组根据中国银行 App 2020 年 10 月 10 日数据整理。

表5－5　投资期限为1~3年的各风险等级投资组合占比　单位：%

组合内容	C1 保守型	C2 稳健型	C3 平衡型	C4 成长型	C5 进取型
现金管理类	14.54	10.16	5.34	5.28	5.00

续表

组合内容	C1 保守型	C2 稳健型	C3 平衡型	C4 成长型	C5 进取型
固定收益类	85.46	59.71	45.43	29.40	20.44
权益投资类	0	22.34	39.87	55.15	64.46
另类及其他	0	7.79	9.36	10.17	10.10

资料来源：本书编写组根据中国银行 App 2020 年 10 月 10 日数据整理。

表 5-6　投资期限为 3 年及以上的各风险等级投资组合占比　单位：%

组合内容	C1 保守型	C2 稳健型	C3 平衡型	C4 成长型	C5 进取型
现金管理类	11.87	9.60	5.24	5.11	4.80
固定收益类	88.13	59.35	42.90	22.29	16.40
权益投资类	0	22.59	42.40	62.10	68.30
另类及其他	0	8.46	9.46	10.50	10.50

资料来源：本书编写组根据中国银行 App 2020 年 10 月 10 日数据整理。

2. 智能诊断

中银慧投根据客户在中国银行的资产分布情况为其提供资产诊断服务，根据客户风险评估等级为其提供资产优化建议，并给出相应的产品组合购买建议。建议包含资产类别、产品及各产品购买金额，客户可以根据推荐自主决定是否配置该类资产以及配置的资产额度。

3. 智能定投

中银慧投为客户提供主动管理型、指数追踪型和指数增强型三类基金定投产品。投资这三类产品需要客户开通基金投资理财服务，并且签约。

（四）业务流程

投资人在购买组合之前，必须先进行风险测评。风险测评采用投顾机器人问答方式，一共 10 道题，涉及客户年龄、家庭收入、可投资资产比例、投资经验、投资年限、风险偏好、目标收益偏好、投资期限、投资目的和风险承受能力等。

客户进行风险评估后可以选择智能组合、智能诊断和智能定投中任意一项服务，通过确定投资期限、投资目标实现一键购买服务。

（五）收费模式

中银慧投目前采用对客户免收投顾费用，以金融产品代销手续费为收入来源的收费模式。中银慧投虽然以基金代销费用为收入来源，但是并不刻意追求盈利，而是将客户利益放在第一位。中银慧投在发起调仓时首先会为客户计算成本与收益，严格控制智能投顾的换手率与交易成本，只有在确保调仓的收益高于成本时，调仓行为才会真正被执行。因此，中银慧投的交易都是基于降低组合风险或者提升组合收益进行的，不依靠频繁调整赚取手续费，真正实现提高客户收益，打造共赢局面。

（六）效益分析

根据中国银行的测算，中银慧投 15 个投资组合的风险收益特征呈现了每三个组合相似的特点。具体来看，1~3 号组合的模拟年化波动率上升，但是对应的预期年化收益率并没有明显上升；4~6 号组合也具有这样的特点；7~9 号组合有所改善；13~15 号组合随着模拟年化波动率的上升，预期年化收益率明显上升，如图 5-4 所示。

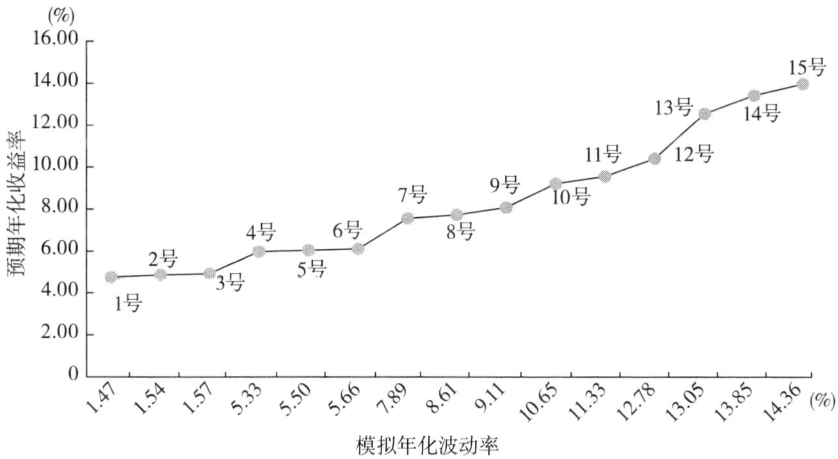

图 5－4　中银慧投投资组合预期年化收益率分析

资料来源：本书编写组根据中国银行 App 数据整理。

第六章 证券行业智能投顾应用实践

第一节　证券行业智能投顾发展现状

随着传统业务的增长放缓及科技与金融业务的深度融合，证券行业正在进行深刻的数字化转型。证券行业数字化转型在财富管理领域的集中体现就是智能投顾。随着我国资本市场的发展，传统经纪业务过度依赖交易量和市场占有率的弊端逐渐显现：一方面，我国股市大致呈现“牛短熊长”的特征，交易量的波动十分明显；另一方面，在激烈的市场竞争下，佣金费率不断下降，券商之间的价格战持续升级，各家券商的市场占有率也很难有重大突破。因此，证券行业的经纪业务面临较大压力，经纪业务的商业模式逐渐由“向流量（交易）收费”转向“向存量（财富管理）收费”。在这一过程中，券商以原有的经纪业务为基础，通过整合投资研究、咨询顾问等资源，为客户提供全方位的大财富管理服务。智能投顾以其独特的优势，受到券商的普遍关注。

2020 年末以前，我国证券行业智能投顾业务处于积极探索阶段。随着监管政策的逐步放开，部分券商多年前就开始布局智能投顾领域。例如，广发证券早在 2016 年就推出了贝塔牛。特别是，在 2019 年《关于做好公开募集证券投资基金投资顾问业务试点工作的通知》发布之后，7 家证券公司获得试点牌照，全权委托模式的投顾业务开始进入大众视野。

截至2021年2月，我国证券公司共有138家[①]。其中，49家上市券商中，开展智能投顾业务的约有17家，包括广发证券、光大证券、长江证券等（见表6-1），占我国证券公司总数的13%左右。其中，拿到基金投顾试点牌照，有权代客户执行资产配置、基金选择、动态调整等操作的有国泰君安、华泰证券、中金公司、申万宏源、中信建投、银河证券和国联证券共7家证券公司。

表6-1　上市券商智能投顾布局概览

公司名称	产品名称	上线时间
广发证券	贝塔牛	2016年6月
华泰证券	涨乐星投	2016年10月
长江证券	iVatarGo	2017年4月
东吴证券	量身定制	2017年6月
国信证券	金太阳智投	2017年12月
光大证券	智投魔方	2018年7月
方正证券	小方牛	2018年11月
西部证券	信天游（与通联数据合作）	2019年12月
湘财股份	年糕智投	2019年12月
国联证券	基智投	2020年2月
银河证券	财富星	2020年5月
国泰君安	君享投	2020年8月
申万宏源	星基汇	2020年9月
招商证券	招财智投	2020年9月
中信建投	蜻蜓管家	2020年9月
中金公司	A+基金投顾	2020年9月
中信证券	信投顾	2020年12月

资料来源：本书编写组根据公开资料整理。

① 数据来源于证监会《证券公司名录》。

一、财富管理转型大势所趋，专业投资顾问人数仍显不足

在金融市场波动和“去散户化”的背景下，证券行业的经营情况不断变化，经纪业务收入占证券公司总收入的比重不断下降。随着信息技术的不断发展，证券行业加速数字化转型，在商业模式、运营效率等方面进行了“脱胎换骨”的革新，为智能投顾在证券行业的落地发展奠定了坚实的基础。

如图 6－1 所示，自 2015 年以来，证券行业营业收入结构发生了明显变化，代理买卖证券的经纪业务收入占比明显下降，投资咨询业务收入占比上升，有巨大的发展空间。原因是：一方面，以代理买卖证券为主的经纪业务容易受到市场波动的影响，收入不稳定；另一方面，如图 6－2 所示，随着市场竞争的加剧，经纪业务的佣金费率也不断下降。在此背景下，为保证经营收入，证券行业开始将盈利重心向资产管理、投资顾问和投资者教育等业务倾斜，对智能投顾的重视程度也不断提高。

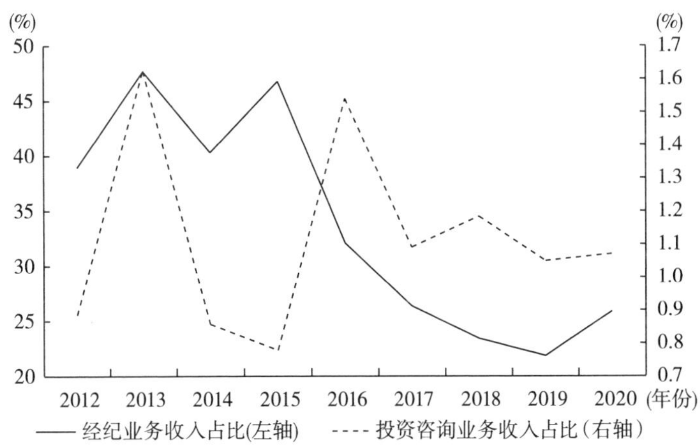

图 6－1　2012—2020 年证券业经纪业务收入和投资咨询业务收入占比

资料来源：本书编写组根据中国证券业协会公布数据整理。

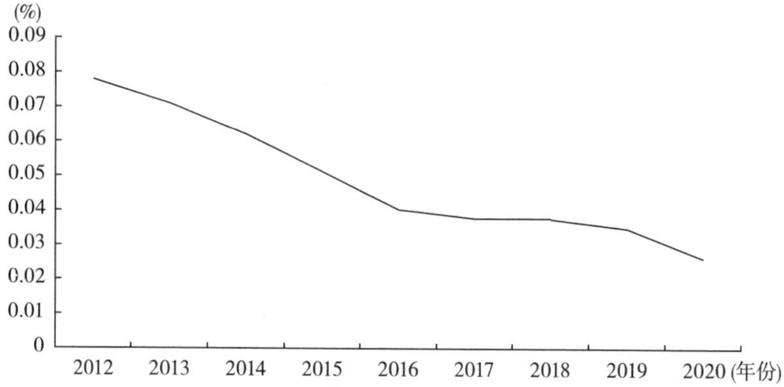

图 6－2　2012—2020 年证券行业佣金费率

资料来源：本书编写组根据中国证券业协会公布数据整理。

开展投资顾问业务，专业人才是关键要素。中国投资者对于投资顾问的需求很大，但市场供给严重不足。近年来，证券公司从业人员的结构也发生了显著改变。具体来看，经纪业务营销人员和证券经纪人的数量持续下降，投资顾问人员的数量持续上升。如表 6－2 所示，截至 2021 年 1 月，在证券业协会注册的证券经纪业务营销人员和证券经纪人的数量分别为 704 人和 64931 人，投资顾问 60951 人。从近三年证券从业人员结构的变化中能够发现，在从业人员数量整体下降的背景下，投资顾问人数却逆势上涨，表明投资者对投资顾问的需求十分旺盛。

表 6－2　证券从业人员数量近三年变化对比　　单位：人

项目	从业人员数	一般证券业务人员	证券经纪业务营销人员	投资主办人	分析师	投资顾问	证券经纪人	保荐人
2018 年 1 月	341471	201649	1491	1529	2593	40259	90465	3485
2019 年 1 月	334818	196545	1167	1598	2936	45123	83771	3678
2020 年 1 月	327812	190643	921	1555	3208	53179	74500	3806
2021 年 1 月	330807	193158	704	1260	3451	60951	64931	6352
3 年变化人数	－10664	－8491	－787	－269	858	20692	－25534	2867

续表

项目	从业人员数	一般证券业务人员	证券经纪业务营销人员	投资主办人	分析师	投资顾问	证券经纪人	保荐人
2021 年较 2020 年变化人数	2995	2515	-217	-295	243	7772	-9569	2546

资料来源：本书编写组根据中国证券业协会公布数据整理。

然而，人工投顾一部分由证券经纪人转业而来，投资顾问的水平同个人从业经历和教育水平有很大关联，客户的满意度也因人而异。从投资顾问覆盖率来看，我国投资顾问的客户覆盖率较低。根据中国证券登记结算公司的数据，截至 2020 年底证券市场共有自然人投资者 1.78 亿人，以 6.09 万人的投资顾问服务这些投资者，平均每名投资顾问对应服务 2923 位投资者，投资者获得高质量的投资顾问与咨询服务难度较大。从投资顾问服务的需求来看，个人投资者对投资顾问的需求十分强烈。根据证券投资基金业协会的问卷调查，60.6% 的个人基金投资者需要投资顾问建议服务。其中，21% 的个人投资者表示很需要此项服务并愿意付费，39.4% 的个人投资者表示不需要投资顾问服务[①]。投资顾问的市场需求强劲但供给不足，为智能投顾的落地提供了广阔的市场机遇。

二、加大信息投入，为智能投顾的落地提供技术支撑

在证券机构数字化转型的背景下，除了机构自身意识到数字化转型的必要性之外，监管部门也意识到了数字化转型对行业发展的重要性，通过出台一系列举措引导机构加大信息技术投入，为智能投顾在证券行

① 数据来源于《2019 年度全国公募基金投资者状况调查报告》。

业的发展奠定了坚实的技术基础。

2017 年 7 月，证监会公布了《证券公司分类监管规定（2017 年修订版）》，首次将券商的信息系统建设投入纳入评分分级考核，明确了“位于行业前 5 名、前 10 名、前 20 名的证券公司在分类考核中分别加 2 分、1 分、0.5 分”的激励政策。

2020 年 7 月，证监会发布《关于修改〈证券公司分类监管规定〉的决定》，将第十三条有关信息系统建设投入的规定修订为“证券公司信息技术投入金额位于行业平均数以上，且投入金额占营业收入的比例位于行业前 5 名、前 10 名、前 20 名的，分别加 2 分、1 分、0.5 分”，以此鼓励证券公司加大信息技术投入，超过行业平均水平。

在监管部门的积极引导下，证券公司的信息系统建设投入不断加大。如图 6－3 所示，2017—2019 年证券行业在信息技术领域累计投入达 550.42 亿元。2019 年证券行业在信息技术领域投入金额为 205.01 亿元，同比增长 10.5%，占当年营业收入的 8.07%，较 2018 年提高了 2.03 个百分点。

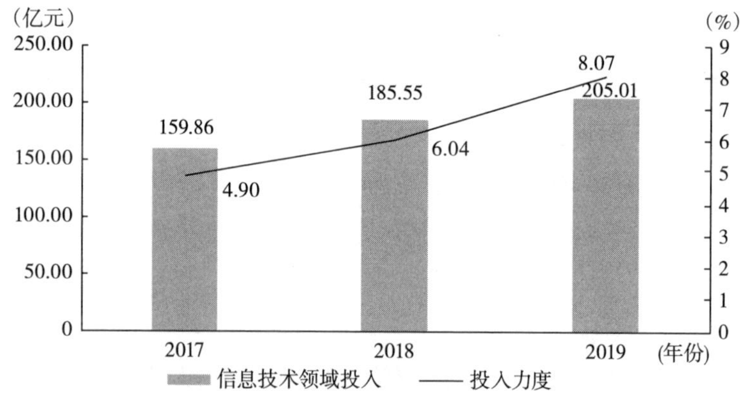

图 6－3　2017—2019 年证券行业在信息技术领域投入及占营业收入比重

资料来源：本书编写组根据中国证券业协会数据整理。

监管部门不仅将信息技术投入纳入监管考核，同时鼓励证券公司IT投入达到营业收入的3%或利润的6%。截至2019年末，部分头部券商对IT系统的建设投入基本占营业收入的6%。

三、监管政策仍待完善，部分机构展业受限

从监管部门对智能投顾的态度来看，监管层对智能投顾的态度经历了由相对谨慎到逐步接纳再到鼓励试点的转变。2016年，证监会曾经警示过非持牌机构打着“智能投顾”的旗号从事基金销售和证券投资的风险。2017年，四部委联合发布《关于规范金融机构资产管理业务的指导意见（征求意见稿)》，首次将智能投顾业务纳入规范。随后2018年资管新规正式确认将智能投顾纳入金融监管范围。在资管新规的基础上，针对投资顾问业务的规章制度不够完善的问题，2019年10月，证监会发布《关于做好公开募集证券投资基金投资顾问业务试点工作的通知》，明确“从事基金投资顾问业务，可以接受客户委托，向其提供基金投资组合策略建议”，“根据与客户协议约定的投资组合策略，试点机构可以代客户执行基金产品申购、赎回、转换等交易申请，开展管理型基金投资顾问服务”。该通知的出台肯定了买方投顾的商业模式，同时进一步规范了底层资产、投资流程、信息披露等行业亟须解决的问题，为证券行业财富管理转型提供了强有力的政策支持，是行业转型道路上的一座里程碑。

相比于其他机构，证券公司的优势在于对个股和个券的研究更加深入，参与交易的大类资产类别多，策略多样化程度更高。但目前试点工作的投资标的仅限于公募基金，使得证券公司的投顾优势难以完全发挥。

此外，尚未获得基金投顾试点资格的证券公司普遍存在展业受限的情况。在已经获得基金投顾试点资格的机构中证券公司仅有 7 家，这 7 家机构的智能投顾可以根据协议为客户提供调仓和再平衡服务。但是，尚未获得试点资格的机构只能为客户提供投资建议，不能直接代替客户进行全权委托式的操作。以广发证券贝塔牛为例，其产品的运营体系与智能投顾一致，但由于没有获得试点资格，其无法为用户提供自动调仓等服务，业务开展受限。

随着智能投顾的发展，越来越多的证券公司开始关注和申请基金投顾资格。2021 年 3 月，至少有 30 家券商申请了第二批基金投顾试点资格，有多家机构已经收到证监会针对第二批基金投顾资格的问卷考题，还有一些机构在积极筹备申请第三批基金投顾试点资格。①

① 数据来源于 https://news.cnstock.com/news,bwkx-202103-4668542.htm。

第二节　证券行业智能投顾服务模式与特点

一、业务模式

证券行业智能投顾的业务模式可分为两类：一类是组合投顾型，通过用户设定的投资目的及风险承受度构建用户画像，为用户提供个性化的投资组合策略；另一类是智能化交易型，只为用户提供智能交易工具，方便用户更快捷地完成资产买卖等行为，但具体的投资组合、投资策略仍由用户自己决定。

证券公司组合投顾型智能投顾又可根据是否获得基金投资试点资格分为两种模式：全权委托型和分析建议型。全权委托型智能投顾是指证券公司可以在获得授权的情况下代替用户进行操作；分析建议型智能投顾是指证券公司只能为客户提供投资建议，由客户决定是否采纳。

智能化交易型投顾主要是指证券公司向用户提供智能化交易工具，帮助用户快捷地实现各类交易操作。以华宝证券为例，华宝智投拥有条件单和智投机器人两个业务板块，条件单由用户设定好交易条件，帮助用户实现云端盯盘，自动下单，完成买入、卖出等操作；智投机器人帮助客户完成场景化交易，如目标定投、打债打新、T+0 交易等。

二、收费模式

整体来说，证券公司智能投顾的投资标的以公募基金为主。根据是否获得基金投顾试点资格来划分，国泰君安、中金公司、申万宏源、中信建设、银河证券、国联证券 6 家获得试点资格的机构旗下智能投顾均采取买方付费模式。如表 6-3 所示，6 家机构的智能投顾费率在 0.2%~1.5%，投顾费率根据组合策略不同而变化，风险等级与预期收益较高的组合投顾服务费率更高。大部分证券公司的智能投顾不收取底层资产的申购费与赎回费，或者以投顾服务费抵扣申购费、赎回费。

表 6-3　获得试点资格的证券公司的起投金额及费率

证券公司	智能投顾组合	起投金额（元）	投顾费率（%）
国泰君安	君享投	1000	0.40 以上
中金公司	A+基金投顾	1000	0.20~1.00
申万宏源	星基汇	1000	0.20~1.00
中信建投	蜻蜓点金—基金智投	1000	0.30~1.50
银河证券	财富星—基金管家	1000	0.32~1.20
国联证券	基智投	1000	0.60~0.90

资料来源：本书编写组根据公开资料整理。

未获得基金投顾试点资格的证券公司的智能投顾收费模式较为多样：一部分公司采取 C 端收费模式；一部分公司对 C 端免费，将智能投顾作为一种引流工具，为其他业务板块积累客户；极少部分公司仍以基金代销收入为盈利模式。

三、主要特点

在起投金额方面，已获得试点资格的证券公司比较统一，起投金额均为 1000 元，其他未获得试点资格的证券公司起投金额也在 1000 元左右，相较于银行，其智能投顾门槛较低。

在投资策略方面，证券公司的投研能力较强，其智能投顾的投资策略可以大致分为两类：一是大类资产配置型，这种模式与银行智能投顾投资方式相似，通过配置不同资产大类对应的标的资产（货币型、债券型、混合型等基金）平衡风险，构建投资组合，供不同风险偏好的用户选择；二是股票配置型，这一策略依托于证券公司较强的投研能力，能够做到股票配置的行业轮动，为客户带来一定的超额收益。大类资产配置型策略与股票配置型策略的调仓周期也不相同，一般而言大类资产配置的调仓频率更低，多数为季度调整，而股票行业轮动的调仓频率多数在 2 ~ 4 周。

第三节　典型案例分析

一、广发证券：贝塔牛

（一）平台简介

2016 年 6 月，广发证券在广发易淘金 App 推出智能投顾服务板块——贝塔牛，这是国内证券业首次推出智能投顾服务，也是证券业内首家推出同时具备理财、股票两类功能服务的智能投顾，致力于为国内投资者提供定制化投资服务。

贝塔牛可根据客户不同的投资目标及风险承受能力给出不同的投资理财建议；同时，利用“智能 + 人工”的方式减少投资者的盲目投资行为，帮助客户理性投资。

（二）平台运营策略

1. 运营模式：自主研发，依托于证券公司 App 运营

财富管理业务是广发证券的核心业务之一，其自主独立研发的智能投顾机器人贝塔牛是财富管理业务的重要组成部分。目前，贝塔牛依托

广发易淘金 App，作为一个服务板块独立存在，仅对广发证券内部用户开放。用户如需使用智能投顾服务，包括操作策略、推送服务、一键跟单、调仓资讯等功能，必须开通广发证券账户及交易账户，并且用户首次使用机器人投顾服务时需签署《机器人投顾风险揭示书》。

2. 经营理念："以客户为中心"的财富管理理念

贝塔牛通过分析客户的财务状况，为其提供智能化、个性化的资产配置方案，从"销售导向"转向"以客户为中心"。贝塔牛不仅借助技术的力量提升用户的投资体验，更是在"顾"的方面提升用户的获得感和陪伴感。为此，贝塔牛为中小投资者提供了智能化的一站式财富管理服务，从三个层次打造用户服务体系：一是通过构建"金融模型 + 大数据"的组合化投资方式，为用户提供多样化的资产配置和策略；二是通过软硬件的提升，具备海量数据处理能力，能够通过 App 和微信端及时推送清晰的操作指令，实现全天候的顾问服务；三是打造便捷化操作方式，为用户提供实盘一键跟单和调整选项，帮助散户克服人为情绪带来的负面影响，加强散户交易的纪律性。

（三）产品介绍

贝塔牛产品组合分为现金理财、固收增强、稳健成长和热点挖掘四大板块，每个板块有若干策略。其中，现金理财以货币基金和短债基金为主，特点是风险小、灵活性高；固收增强以债券基金为主，配置少量股票基金，特点是在低风险的前提下增加收益；稳健成长配置各类权益基金，平衡风险；热点挖掘包括主题投资和理财组合两个小板块，重在追踪行业资讯，投资热点行业。贝塔牛各类产品组合具体情况如表 6 – 4 所示。

表 6－4　贝塔牛各类产品组合情况

组合板块	组合名称	组合策略
现金理财	灵活宝	优选货币基金，即赎即用，当日起息，操作灵活
	月盈宝	优选短债基金，灵活赎回，追求收益的增加
	小白理财	每日对比全市场货币基金，选出七日年化收益率最高的基金；剔除收益波动大、基金规模小、风险承受能力差的货币基金；优先存入收益最高的货币基金，优先取出收益最低的货币基金；单笔存入可支持额度达 1 亿元
固收增强	日薪月益	追求绝对收益，以债券基金为主、量化对冲为辅；追求稳定性，严格控制回撤率和波动性；近三年回测年化收益率 7.10%，最大回撤率 1.89%
	天秤均衡	主要配置债券型基金和少量股票型基金，通过配比均衡资产组合的风险，平滑单一资产的巨大波动，让投资者克服情绪干扰，长期持有，达到保值、增值的目的
	步步为营	追求低风险稳步增值，以债券基金为主，并配置一定的股票和商品基金，争取超额收益；采用风险平价模型做资产组合的基础配置，通过更优的风险估计、资产择时和权重优化方法，实现较好的风险收益比
稳健成长	成长先锋	追求长期回报，主要配置权益型基金，并辅以适当比例的债券型基金，以提高整个组合的风险收益比，适合长线投资；优选能够长期实现超额收益、具有不同投资风格的基金进行组合配置，产生相互增益的效果
	中欧全明星	依托中欧基金公司，结合中欧主动权益基金经理不同的投资风格，进行合理均衡配置
	全球猎手	根据诺贝尔经济学奖得主马科维兹建立的模型组成策略。该策略运用 BL 模型及 MVO 优化，寻找理性人的最优选择，力求在收益最高的情况下，风险最小
	嘉实带飞	采用的是多因子风格分析模型优选基金，以“核心卫星”策略为主，6 成仓位重点长期持有绩优基金，保证进攻性，配合 4 成可变动仓位分散风险和增加收益
热点挖掘	趋势为王	主要根据广发证券自主研发的 LLT 指标进行投资配置，特点是可以追踪趋势，捕捉最优资产，并且善于把握拐点。其主要投资国内外权益资产，进行轮动调仓

续表

组合板块	组合名称	组合策略
热点挖掘	行业春天	基于经济周期、股市周期、行业前景和技术指标等重要影响因素，建立行业轮动量化模型，优选一定时间范围内表现最好的行业进行配置，以达到精准捕捉市场热点行业的目的
	择时优选	基于经济周期、行业景气度、业绩与估值比价等重要影响因素，对市场风格、行业择时进行短期战术配置，围绕阿尔法收益进行长期战略配置

资料来源：本书编写组根据广发易淘金 App 整理。

（四）业务模式及流程

贝塔牛主要服务流程包括身份验证及协议签署，创建组合与跟单，预警及调仓等，为投资者提供智能化的一站式财富管理服务。在服务模式上，贝塔牛采取理财建议型的非管理型模式，由用户选择是否采纳投资建议。

1. 身份验证及协议签署

目前，贝塔牛仅为开通广发通账户和交易账户的用户提供服务。广发证券用户在首次使用机器人投顾服务时需签署《机器人投顾风险揭示书》，从 App 界面进入“贝塔牛理财”页面，可以查询智能投顾服务相关产品类型及日常交易行情数据。

2. 创建组合与跟单

用户通过界面一级导航“创建组合”，只需填需求、选策略、看组合和保存四步，即可完成创建。完成创建后，贝塔牛将在交易日盘前推送初始化建仓建议，并在运行过程持续推送买卖建议，用户可以选择组合，并一键跟单。其中，用户可以选择市价委托（根据盘中的市价进行委托）、限价委托（在交易时间外，用户设定委托价格）等委托方式。

3. 预警及调仓

用户通过界面一级导航“我的组合”，可以查看组合中的信息，包括运行中、已结束的所有组合；点击“组合”即进入组合详情，可查看收益情况、最近调仓记录、持仓情况等。贝塔牛会在客户投资后持续对市场和客户选择的基金组合进行风险监测，如果市场出现明显波动，或者某只基金发生重大变动导致现有投资组合与客户目标投资组合发生大幅度偏离，系统将发出风险预警。贝塔牛理财智能服务系统向客户发出调仓提示，用户只需要做出是否调仓的决定，也可以根据自己对市场的判断自行调整组合。在市场发生波动时，贝塔牛会向客户提供智能仓位控制选项，包括40%、60%和80%三种选择，帮助客户调整风险敞口，及时应对风险。

（五）收费模式

在盈利模式方面，贝塔牛大部分组合不收费，仅在稳健成长板块对定投基金组合收费，管理费率为0.5%~1.5%/年，托管费率为0.1%~0.2%/年。此外，各组合在转换基金时，会向用户收取用于申购和赎回的转换费，其中行业春天板块以C类基金和货币基金为主，不收取转换费。整体来看，贝塔牛收费并不高，合理低廉的收费模式有助于增加客户黏性。

在投资门槛方面，贝塔牛不同组合的起投门槛不尽相同，现金理财板块基本没有起投门槛，稳健成长和热点挖掘等板块的起投门槛均为1000元。

（六）经营效益

贝塔牛在改版前曾按照投资标的的不同分为股票策略和配置策略。

其中，股票策略的投资标的是股票，配置策略的投资标的是公募基金。自 2016 年上线以来，受市场环境等多方面因素的影响，股票策略和配置策略的业绩产生了一定的差异。由于很难长期跑赢市场，收益难以满足投资者需求，股票策略停止，贝塔牛整体转换为资产配置策略。

现金理财业绩整体表现良好。如表 6－5 所示，灵活宝和月盈宝近一年累计收益率略低于货币基金指数业绩基准，小白理财高于货币基金指数业绩基准。

表 6－5　现金理财组合投资收益情况　　单位：%

现金理财组合	近 1 年累计收益率	货币基金指数
灵活宝	1.66	2.10
小白理财	2.60	2.10
月盈宝	1.79	2.40

资料来源：广发证券易淘金 App。
注：数据截至 2021 年 4 月 15 日。

贝塔牛智能策略涵盖股票等多种投资标的，配置策略呈现多样性，且收益水平普遍跑赢业绩基准。如表 6－6 所示，贝塔牛十大配置策略表现优异，固收增强型累计收益率一直稳定在 20%~30%，近一年累计收益率是业绩基准的 3~4 倍。稳健成长型收益率增长迅速，幅度变化较大，近一年累计收益率相比业绩基准普遍增长，幅度大小不一。热点挖掘型累计收益率是业绩基准的 3~5 倍，近一年累计收益率中除了趋势为王策略略低于业绩基准外，行业春天和择时优选策略明显高于业绩基准。

表 6－6　投资策略投资收益情况　　单位：%

策略		累计业绩	近 1 年累计收益率	业绩基准*
固收增强型	日薪月益	30.11	4.51	2.40（货基指数）
	天秤均衡	27.66	5.41	2.40（货基指数）
	步步为营	32.64	7.76	2.40（货基指数）
稳健成长型	成长先锋	164.61	73.93	12.63（上证综指）
	中欧全明星	124.90	48.00	29.34（沪深 300 指数）
	全球猎手	53.96	32.18	6.17（30% 上证综指 + 70% 中证全债）
	嘉实带飞	92.62	47.46	12.00（60% 上证综指 + 40% 中证全债）
热点挖掘型	趋势为王	24.22	7.19	7.85（60% 上证综指 + 40% 中证全债）
	行业春天	44.08	15.23	12.00（60% 上证综指 + 40% 中证全债）
	择时优选	51.47	44.10	12.63（沪深 300 指数）

资料来源：本书编写组根据广发证券易淘金 App 数据整理。

注：*表示一年累计收益率与业绩基准对比，数据截止到 2021 年 4 月 15 日。

二、华宝证券：华宝智投

（一）平台简介

华宝智投是智能化交易平台而非智能投顾平台，其前身为华宝证券于2016年底推出的华宝钱钱炒股，2017年4月更名为华宝智投。华宝智投有条件单和智投机器人两个主要业务板块，为客户提供权威行情、股票开户、普通交易、条件单策略交易和定期打新等智能交易功能。华宝智投虽然不是完全意义上的智能投顾，但是具有一定的智能投顾功能。华宝智投颇具代表性，是中小券商面对激烈市场竞争寻求差异化路线服务客户的典型。

（二）运营策略

华宝智投由华宝证券自主研发，独立App运营，主要为C端散户提供智能化交易。华宝智投专注于服务偏好自主交易的散户，致力于帮助这些散户提高交易效率，降低散户交易的滑点成本。

2016年，华宝智投制定差异化发展策略，主要面向散户，采用轻量化经营方式，构建整个应用体系，但最终运营效果不佳。主要原因有两方面：一方面，华宝智投的客户主要来源于原华宝证券的股票客户群，该类客户习惯主动频繁操作账户，华宝智投智能交易严格的纪律性与股票客户的手动操作习惯相冲突；另一方面，智能化交易是新兴产品，客户群体对其了解度和接受度较低。

2017—2018年，基于以往的经验，华宝智投进行了以智能条件单体系和场景化交易为方向的二次转型。智能条件单力求解决客户时间冲突和执行效率低的问题，包括止盈止损、国债逆回购、拐点买入、价格条件、分批建仓、分批出货、回落卖出、网格交易、时间条件、涨跌幅条件、预约打新等十几个条件单。客户只需要选择条件单，设置好相关条件，云端系统就开始托管，待达到设定条件时，自动完成下单。场景化交易以智投机器人为核心，将不同类型的条件单融入具体的应用场景，在场景内整合客户的碎片化交易动作，实现一步解决客户需求的目标。以智能打债机器人为例，客户在选定债券，设置相关条件后，机器人可以为客户自动完成后续的预约打新和上市首日卖出等行为。客户不需要学习每个条件单的设置与操作就可以在场景内一次性完成所有操作。通过转型，华宝智投在一定程度上扩大了客户规模，增加了用户黏性。

（三）产品介绍

华宝智投的智能化交易业务主要分为两个板块：条件单和智投机器人。

1. 条件单

华宝智投条件单基于程序化交易原理，根据投资者预设的交易策略，实现自动盯盘，智能触发下单。条件单有三个优势：一是客户可以随时随地快速设置，实现自动盯盘，智能下单，操作便捷；二是具有多种智能交易策略，保证散户能够理性投资；三是一笔资金可盯盘多只股票，突破普通挂单限制，可长期有效。

在投顾平台，客户可以根据服务类型选择不同的条件单，种类多达数十种，包括交易条件单、服务条件单、理财条件单、投顾条件单等。

交易条件单由客户设定条件，当达到预设条件时，自动触发委托、买入、卖出等行为。根据设定条件的不同，交易条件单又可以细分为价格条件单、时间条件单、网格交易条件单、涨跌幅条件单、拐点买入条件单、回落卖出条件单等。其中，比较有代表性的是价格条件单和网格交易条件单。

价格条件单帮助价格敏感型客户实现按挂单价格自动买卖，避免由于盯盘不及时而错过最佳买卖价格。相较于正常委托挂单，价格条件单的优势在于可以长期有效并且不受证券涨跌幅区间的限制；而正常委托挂单只在当天有效，并且挂单价格需在该证券涨跌幅范围。

网格交易条件单适用于有一定技术基础，利用股票波动率赚取差价的客户。该策略允许客户选择股票、设置网格上下价格区间、触发基准价格、涨跌幅度、委托价格档位、委托数量、最大委托量等，帮助客户实现网格交易操作。

服务条件单包含预约打新和余额理财加强版两项服务。预约打新服务是指在新股发行时，帮助客户按时申购；余额理财加强版服务帮助客户智能配置货币基金和国债逆回购。

理财条件单包含国债逆回购、余额理财加强版、定期定投、价值平均定投条件单四个板块。国债逆回购由客户预先设定利率，当达到预设条件时自动触发借出；余额理财加强版能够帮助客户智能配置货币基金和国债逆回购；定期定投由客户预设定投周期，分批次定时买入；价值平均定投条件单根据价值平均策略进行定投。

投顾条件单需要客户开通投顾会员服务。在开通此服务后，客户可以查看投顾经理的调仓操作，并可以选择一键复制条件单，实现跟单。投顾条件单具备了一定的智能投顾属性，但是仅局限于利用数字化技术复制人工投顾的操作，距离策略由算法生成、通过程序化交易和自动化调仓的智能投顾仍有不小的差距。

2. 智投机器人

智投机器人实际上是不同业务的智能化工具。智投机器人根据目标属性的不同提供多种选择，包括智能打债机器人、打新机器人、小T股票机器人、目标定投机器人、智能组合机器人、幸福生态圈机器人等。例如，智能打债机器人为客户实现智能新债申购，上市智能卖出；打新机器人对客户自主选定的品种智能打新预约。其中，比较有代表性的是小T股票机器人和目标定投机器人。

目标定投机器人根据客户设置的目标收益率，定期自动买入标的基金。当定投计划达到目标收益后，目标定投机器人可及时智能止盈。目标定投机器人的优势有以下三点：一是可以精准回测选定基金达成目标收益率所需时长；二是用户只需设置一次，就可以实现投资全程智能化，达成目标后及时智能止盈；三是定期定额投资，摊薄持仓成本。

在开启定投前，客户可自行选择期望获得的收益率，目标定投机器人将智能回测出当前实现用户预期收益率花费的平均时长。具体的回测方法是：根据客户所选基金做模拟周定投，定投区间为2014年4月1日起至最近一个交易日，实现目标收益率后记为第1次有效定投，并记录花费时长；再从2014年4月2日起开始做定投，实现目标收益率后记为第2次有效定投，并记录花费时长。以此类推，直到模拟完成所有的定投情况，然后根据花费时长计算平均回测数据。

当基金持有收益率达到客户设定的目标收益率后，目标定投机器人将在当日15：00前智能卖出所有可卖份额。

小T股票机器人基于Alpha－T算法，为客户提供T＋0程序化交易服务。小T机器人通过抓取日内差价，保持盘后股数不变，为客户降低持仓成本，增加收益。通过对个股内外盘（买卖挂单）比例、当日成交量、当日涨跌波动率、大盘板块指数和当日涨跌幅等历史数据的学习，小T股票机器人可以自动为用户判定合适的买卖点。

A 股市场受舆情影响比较大，并且基于 T + 1 的交易制度，会有大量的交易情绪在次日早盘时集中释放，此时一般是股票当日波动最大的时候，这就保证了小 T 股票机器人有操作空间。小 T 股票机器人每笔交易的执行时间跨度一般不超过 2 分钟，能够在极短的时间判断走势，及时止损、止盈。

（四）业务模式流程

总体来看，华宝智投的商业模式与传统的券商交易软件较为一致，通过撮合交易获取营收。以网格交易条件单的使用为例，业务模式流程包含以下步骤。

1. 业务选择

用户首先需注册开户，只有在华宝智投开户的用户才能使用智投机器人、条件单等功能。在 App 内选择路径：智投—条件单—新建条件单—交易条件单—网格交易。

2. 条件设置

在网格交易条件单页面，用户可设置股票或基金、触发条件（触发价格区间、触发基准价、涨跌类型）、委托设置（买入卖出价格、委托股数、委托金额）、截止日期等多种条件，然后提交条件单。

3. 云端盯盘

条件单提交后系统开始云端盯盘，当达到设置条件时，自动完成交易并提醒用户。

（五）收费模式

华宝智投为客户免费提供智能化交易服务，以前端投资者教育服务和后端交易佣金为主要盈利来源。前端方面，华宝智投板块有新手必读、理财实战营、直播课等投资者教育内容，部分直播课程需要开通会员才能参与，费用为1000元/月；后端方面，目前华宝智投各营业部的佣金费率为0.025%。

智能化交易服务对公司的主要意义在于扩大了华宝证券的客户规模。华宝证券零售经纪业务的运营收入、息差收入、资管和金融产品的销售等，都依赖于客户规模的增长，因此扩大客户规模是其业务体系非常重要的部分，也是实现营收的基础。

华宝智投认为，相比于后端交易佣金收费，前端收费是更良性、更具前景的收费模式。华宝智投发现，年轻化的初级投资者群体学习理财意愿强烈，且知识付费意识更强，愿意为投教课程付费。同时，随着互联网的快速发展，大批用户涌入这一领域，未来客户群体还将快速扩张。投资者教育服务一方面可以提高投资者的专业度，另一方面遏止了后端交易佣金的下滑趋势，是华宝智投未来的重要发展趋势之一。

第七章

基金行业智能投顾应用实践

第一节　基金行业智能投顾发展现状

长期以来，由于投资者不理性的投资行为和体制、机制等问题，公募基金行业存在“基金赚钱，基民不赚钱”的痛点。如图 7 - 1 所示，根据中国证券投资基金业协会（以下简称基金业协会）的调查，2015—2018 年，50% 以上的基金投资者没有实现盈利。

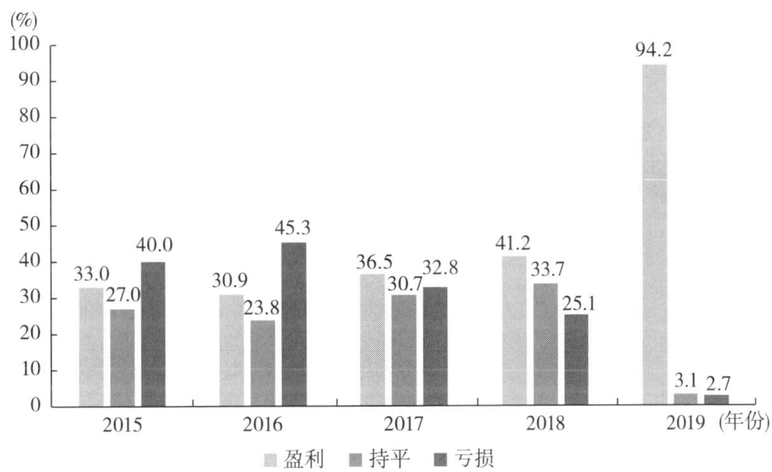

图 7 - 1　2015—2019 年基金投资者盈利情况

资料来源：本书编写组根据中国证券投资基金业协会发布数据整理。

2019 年 8 月，基金业协会发布的下半年工作计划指出，以前端收费加尾随佣金为代表的销售费率机制是损害投资者利益、导致公募基金畸形发展的重要原因之一。基金业协会表示，要下决心推动基金销售模式变革和与之相匹配的费率机制改革，让基金销售遵循投资者利益优先原则而不是自身利益最大化原则，推动基金募集与投资管理专业化分工，形成相互支撑的行业生态。

在这样的背景下，通过发展买方投顾理顺行业商业模式、推动行业良性发展就显得十分必要。智能投顾的产生与发展符合这一时代背景，对于帮助投资者克服非理性的追涨杀跌行为，建立长期投资和价值投资的理念具有重要意义。

一、投顾需求十分旺盛，行业进入买方投顾时代

整体来看，“基金赚钱，基民不赚钱”的痛点十分明显，基金投资者对投资顾问的需求十分旺盛。如图 7－2 所示，根据基金业协会的调

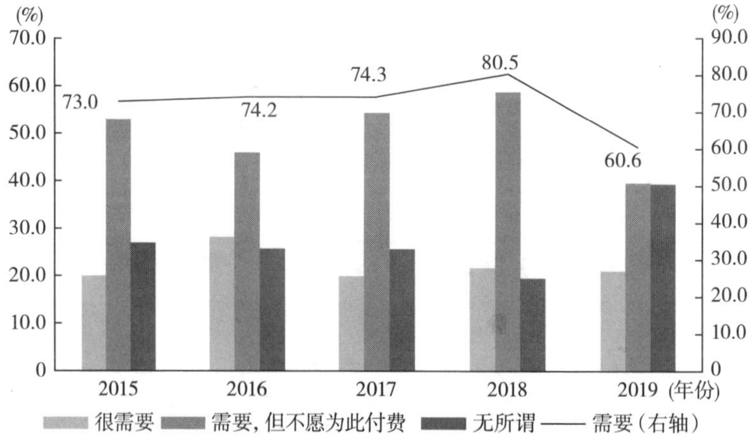

图 7－2　2015—2019 年投资顾问需求调查

资料来源：本书编写组根据中国证券投资基金业协会数据整理。

查数据，2019 年超过 60% 的基金投资者表示需要投顾。特别是在熊市时期，需要投资顾问的投资者比例更高。

与投资顾问需求旺盛对应的是基金公司投资顾问的匮乏。传统的公募基金几乎没有投资顾问人员，人员配置集中在投资与研究方面。从投资顾问业务的角度来看，公募基金“投”的能力十分强大，“顾”的能力却十分薄弱。智能投顾将顾问服务融入其中，能够大大提升公募基金的顾问效率和顾问能力，增强公募基金的投顾实力。

2019 年 10 月，证监会下发《关于做好公开募集证券投资基金投资顾问业务试点工作的通知》，行业期待已久的公募基金投资顾问业务试点正式落地。其中，南方基金、华夏基金、中欧基金、嘉实基金、易方达基金 5 家基金公司获得首批基金投顾试点资格，买方投顾时代正式来临。公募基金投资顾问业务主要是指拥有相关资质的基金投资顾问机构，接受客户委托，在客户授权的范围，按照协议约定为客户选择投资基金的具体品种、数量和买卖时机，并代替客户开展基金产品申购、赎回、转换等交易申请的业务。基金投顾试点的推出，将极大改变现有的基金销售困局，财富管理行业将迎来发展良机。

二、居民财富不断增长，催生财富管理需求

随着经济的发展，国民财富迅速增长，带动了资产配置需求上升。根据央行的调查，2019 年我国城镇居民户均总资产的中位数为 163 万元，平均数为 317.9 万元，其中，家庭资产以实物为主，厂房设备等经营性资产、商铺、住房占家庭总资产的比例超过 70%。现阶段居民财富大量集中在房地产领域，金融资产的配置比例与发达国家相比偏低。2019 年中国家庭资产配置情况如图 7－3 所示。

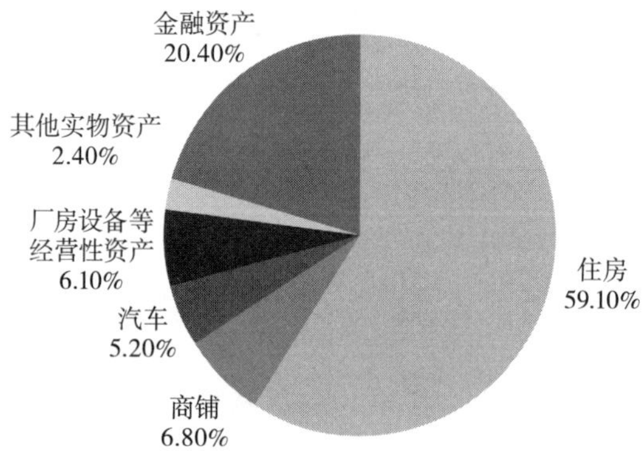

图7-3　2019年中国家庭资产配置情况

资料来源：本书编写组根据中国人民银行公布数据整理。

在“房住不炒”、资本市场制度不断完善的背景下，居民家庭资产配置中金融资产的比例有望大幅提升，高效、便捷的投资顾问服务有巨大的发展空间，居民理财结构将出现“存款搬家”的现象。居民财富将更多地向标准化金融资产配置，这将为以财富管理为核心的投资顾问服务发展带来广阔的机会。中国超大规模的市场将催生更加便捷、更加高效的服务模式，智能投顾的出现恰逢其时。

三、基金数量超过股票数量，催生专业性投资顾问需求

随着多层次资本市场的发展，居民投资各类金融资产的选择越来越多元化，居民理财结构也由储蓄存款转向各类型基金。近年来，公募基金的规模有了显著增长。2020年以来，公募基金行业利好政策不断，创业板注册制配售基金、公募REITs、科创板50ETF等优质基金产品相继出现。如图7-4所示，截至2020年底公募基金数量达到7913只，市场规模19.9万亿元，公募基金产品数量较2016年增长了104.6%，规模较2016年增长了117.2%。特别是，资本市场ETF的快速发展极

大地丰富了被动投资标的，为以资产配置为主的智能投顾发展奠定了坚实的基础。

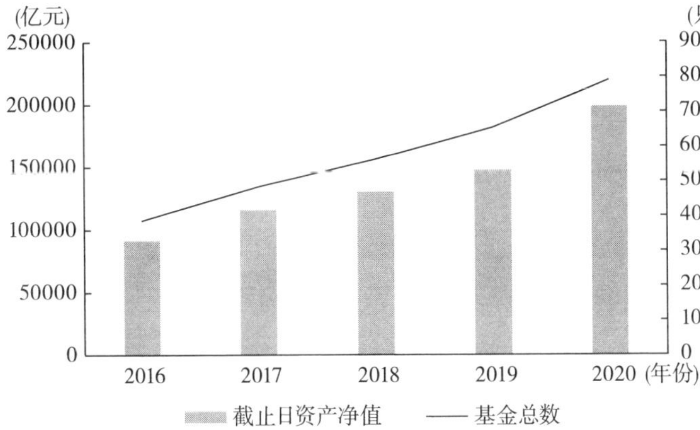

图 7－4　2016—2020 年公募基金规模及数量

资料来源：本书编写组根据中国证券投资基金业协会公布数据整理。

随着公募基金的蓬勃发展，中国资本市场基金的数量超过了 A 股股票的数量。截至 2020 年末，A 股共有上市公司 4134 家，而存续的公募基金却有 7913 只，公募基金数量是股票数量的近 2 倍。由此，投资者的投资痛点由如何选择股票进一步转换为如何选择基金。公募基金产品涉及不同大类资产、不同行业板块和不同投资策略，产品的复杂程度更高，因此催生了对专业性投资顾问的需求。

除此之外，随着被动投资理念逐渐深入人心，越来越多普通投资者的投资理念逐渐由短期盈利向长期价值投资转变。这样的转变使投资顾问的角色由辅助交易向资产配置转变。在这样的背景下，基金投顾不再是简单的产品组合销售，而是为客户提供更加有效的策略和更加贴心的服务。智能投顾在策略多样性、执行效率等方面具有一定的优势，在顾问方面能够实现 24 小时不间断服务，能够有效补齐公募基金顾问能力不足的短板，因此受到公募基金的青睐。

第二节　基金行业智能投顾服务模式与特点

早在基金投顾试点推出之前，公募基金就已经开始尝试智能投顾。首批试点的5家基金管理公司在基金投顾试点落地前就已经推出相应的投顾服务，试点落地之后买方投顾模式得到确认，进一步提高了公募基金发展智能投顾的积极性。截至2021年3月，管理规模前20位的公募基金中，有10家上线了智能投顾业务（见表7－1）。整体来看，公募基金在投研能力上具有明显优势，更加熟悉基金产品的运作，智能投顾的落地大大提升了公募基金的服务能力。

表7－1　10家基金管理公司智能投顾发展情况

公司名称	产品名称	智能投顾上线时间
广发基金	基智理财	2016年8月
南方基金	智投宝	2016年12月
博时基金	博时智投	2017年1月
银华基金	天玑智投	2017年7月
汇添富基金	添富智投	2017年8月
招商基金	量子智投	2017年12月
华夏基金	查理智投	2018年1月
中欧基金	水滴智投	2018年4月

续表

公司名称	产品名称	智能投顾上线时间
嘉实基金	嘉贝智投	2018 年 9 月
易方达基金	智选理财	2018 年 11 月

资料来源：本书编写组根据公开资料整理。

一、业务模式

从业务模式来看，试点机构推出的投顾服务全部为管理型基金投顾，能够全权代理客户进行操作。公募基金根据与客户协议约定的投资组合策略，代客户做出关于基金投资品种、数量和买卖时机的决策，并代客户执行基金产品申购、赎回、转换等交易申请。

从投资标的来看，公募基金智能投顾均采用 FOF 形式，底层资产均为公募基金。各家在基金选择上略有差异，一部分机构以自家产品为主，搭配其他公司基金；另一部分机构底层基金来源更加多元化，不以自家产品为主。

从起投金额来看，获得试点资格的公募基金智能投顾与证券公司智能投顾一致，起投金额均为 1000 元。

从销售模式来看，公募基金行业特殊，多数机构拥有资产管理和基金销售两块牌照，而这两块牌照均可以开展基金投顾试点业务。从首批 5 家机构的试点情况来看，获得试点资格的公募基金中有 80% 是通过基金销售牌照开展智能投顾业务的，华夏基金、嘉实基金、中欧基金通过旗下基金销售子公司推广智能投顾，南方基金则与拥有第三方基金销售牌照的天天基金合作推广智能投顾。

从客户类型来看，首批 5 家试点机构中有 4 家机构（南方基金、华夏基金、嘉实基金、中欧基金）的智能投顾产品面向零售客户，1 家机构（易方达基金）推出了针对零售客户的智能投顾和针对机构客户的投资顾问服务平台。获得试点资格的基金公司智能投顾概况见表7－2。

表7－2　获得试点资格的基金公司智能投顾概况　单位：元

基金公司	投顾品牌	业务平台	投资门槛	业务模式
南方基金	司南投顾	天天基金	1000	与天天基金合作，以全市场基金为基础，提供包括理财需求评估、资产分析诊断、自动调仓及投后服务等在内的一系列全天候管家式专业投顾服务
华夏基金	查理智投	华夏财富	1000	借助大数据、人工智能技术、算法以及模型为投资者定制理财方案，提供个性化投顾服务
嘉实基金	嘉贝智投	嘉实财富	1000	提倡会员制投顾服务，真正实现一切从客户利益出发，提出以“顾”为主的全新投前、投中、投后一站式服务体系
中欧基金	水滴投顾	中欧财富	1000	运用大数据和云计算等技术，根据用户的基础信息、投资行为和投资需求进行用户画像，并运用机器学习和人工智能手段对客户账户进行全委托资产管理
易方达基金	机构投顾平台	—	1000	上线国内首个面向金融机构客户的公募基金投资顾问服务平台，为广大金融机构客户提供全新的一站式投资顾问服务

资料来源：本书编写组根据公开资料整理。

二、收费模式

从收费模式来看，获得试点资格的公募基金均采取向客户收费的模式。这一模式最贴合海外智能投顾的收费模式，以收取投资咨询管理费为主，部分机构也收取认购费、申购费、赎回费，但是在费率上会给予一定折扣。未获得试点资格的公募基金一般采取免费的方式，策略不收费，仅向客户收取申购费、赎回费和托管费。

三、主要特点

公募基金开展智能投顾的优势集中体现在强大的投研能力，具体体现在公募基金智能投顾的策略复杂程度方面。试点公募机构的智能投顾不仅能够提供传统的大类资产配置策略，还能够提供多因子等纯股票策略，帮助投资者实现股票的行业择时，在实现贝塔收益的基础上争取实现部分阿尔法收益。

与银行、证券公司智能投顾相比，部分基金公司的智能投顾运作方式采用 Goal - Based 模式，即根据投资者的目标将资金分至不同目标账户，按照投资目标的优先程度配置不同的底层资产。

在客户类型方面，少部分基金公司实现了自身技术与投研能力的输出，研发了一站式资产管理平台（Turn-key Asset Management Platform，TAMP），使智能投顾实现了对投资咨询机构的覆盖，将智能投顾的应用从 C 端扩展至 B 端。基金公司的 TAMP 一般采取与第三方合作的模式进行，基金公司输出投研逻辑、顾问服务等内容，第三方机构提供技术，将基金公司的服务内嵌至 TAMP。

第三节　典型案例分析

一、南方基金：司南投顾

（一）平台简介

司南投顾是南方基金推出的一站式智能投资顾问服务，基于专业投资团队和多场景投资策略，为客户深度定制个性化投资方案，帮助客户管理投顾资产，投资全市场优选标的。

南方基金专业投资团队对全市场7000多只公募基金进行甄选，利用自研的大数据模型和专家模型，采用定量分析和定性分析的方法，对基金公司、基金经理、历史业绩、风险水平、投资风格等进行分析，并结合专业投资人员对基金经理多维度的调研分析，形成专业的研究报告，通过层层筛选，不断优中选优，精选优质基金进入投顾组合备选库。

（二）平台运营策略

司南投顾平台运营模式分为自有平台和与第三方平台合作两种模

式。自有平台依托南方基金App的司南投顾模块。2019年，南方基金分别与天天基金网和同花顺合作，根据平台客户特点和需求，深度定制上线了南方基金投顾服务。

在投资理念上，司南投顾采用Goal-Based Investing理念，将用户资金分为“四笔钱”，分别投资于货基、“固收+”、股债平衡、高风险组合。针对高净值客户，司南投顾专门打造了君享组合策略。该策略采用风险对冲和剩余优化理念，将客户资金分为两部分，一部分用于追求绝对稳定收益，另一部分用于追求高风险、高收益。

司南投顾平台分为投顾策略管理系统和投顾账户管理系统两大部分。其中，投顾策略管理系统主要包含市场研究、策略管理、组合构建、统一风控等核心模块；投顾账户管理系统主要包含账户管理、资产管理、交易管理、组合管理、费用管理、协议管理和风险监控管理。

（三）产品分类

司南投顾采用场景化定制形式，根据客户的投资目的、投资期望、计划投资时间、投资偏好等个性化需求，为客户提供多种投资策略和多样化的投资组合方案。司南投顾将“四笔钱”的投资目标分别设定为稳健理财、跑赢通胀、追求增值、追求高收益四类组合策略（见表7-3）。

表7-3　司南投顾四种产品组合资产配置情况

组合分类	产品名称	资产配置	组合策略
稳健理财	月利宝组合	现金类54.97%，固收类45.03%	投资目标：年化收益率2.8%~3.3%，适合一个月以上的投资。 配置理念：持有30天以上赎回费用0，主要以货币增强基金为目标，灵活配置。 调仓策略：持续跟踪和回顾组合表现，调仓频率通常不高于每季度一次。 投资策略：以货币基金为底仓，力求稳健，适当参与短债，利用纯债增加收益，控制风险

续表

组合分类	产品名称	资产配置	组合策略
跑赢通胀	司南安鑫一号	现金类7.99%，固收类89.75%，股票类2.26%	投资目标：年化收益率6%~8%，主动管理和选择绩优基金。 配置理念：偏股类仓位占0~30%；以绝对收益为目标，建议持有1年。 调仓策略：在中短期维度进行战术配置，原则上年换手率不超过200%。 投资策略：以固收为底仓，适当参与转债、权益等风险资产
追求增值	股债配置策略稳健成长	现金类0.98%，固收类76.68%，股票类22.34%	投资目标：年化收益率6%~15%，控制组合长期年化波动率在5%范围。 配置理念：权益类仓位占10%~35%；坚持长期资产配置理念，权益类仓位偏成长风格，进行股债多资产配置，精选优秀基金经理。 调仓策略：持续跟踪和回顾组合表现，调整频率不高于每月一次，非重大投资观点变化情况下一般为每季度调仓。 投资策略：运用量化模型，控制目标波动率在5%范围；在权益仓位占10%~35%的前提下，计算各类细分资产的配置比例
追求高收益	多因子策略股基成长指数	现金类0.83%，股票类99.17%	投资目标：投资股票类资产的高风险基金，追求超越业绩基准的长期稳健收益。 配置理念：偏股类资产仓位占70%~100%；权益仓位主要是股票指数型基金，偏成长风格；固收仓位主要是偏债类基金或债权类基金。 调仓策略：持续跟踪和回顾组合表现，不定期进行战术配置。 投资策略：运用量化模型分析风险收益特征，在权益仓位占70%~100%的前提下，计算各类细分资产的配置比例

资料来源：本书编写组根据南方基金App资料整理。

在底层资产配置方面，司南投顾的底层资产全部为公募基金，能够实现全市场基金产品的配置。司南投顾以科技为支撑，通过公司的分布式实时货币TA系统，实现客户资金实时转托管，从而突破公司直销自有基金产品的限制。

在产品筛选流程方面，司南投顾依托南方基金投顾投资决策委员会，对基金池、投资组合策略进行评审。由于筛选标准和流程数字化，南方基金投顾团队能够对每只备选基金产品及相关基金管理人实施标准化、流程化的尽职调查，并形成评估报告。

（四）业务模式及流程

司南投顾是首批5家获得基金投顾试点资格的基金公司之一，采用全权委托方式为用户提供服务，具有调仓的权限。

司南投顾的服务流程分为五步：一是进行客户风险测评，通过测评确定客户的投资类型；二是智能分析客户需求，为客户提供基金组合投资策略建议；三是经客户授权，为客户开立基金交易相关账户，并做出关于基金投资品种、数量和买卖时机的决策；四是依据约定，帮助客户管理委托账户资产，代客户执行基金产品申购、赎回、转换等交易申请；五是为客户提供资产分析、定期投顾账户报告、市场投资机会分析等陪伴式服务。

在风险测评方面，客户在首次投资之前，司南投顾会对其进行风险测评，共设置12个问题。测评结果中风险承受能力由低到高对应的基金产品风险等级依次为安全型、保守型、稳健型、积极型和进取型，见表7-4。司南投顾的产品风险等级由第三方风险评估机构根据产品的资产配置、行业选择、基金经理和基金公司等因素确定。

表7-4　司南投顾产品风险等级与投资者风险承受能力

投资者类型	高风险	中高风险	中风险	中低风险	低风险
安全型					√
保守型				√	√
稳健型			√	√	√
积极型		√	√	√	√
进取型	√	√	√	√	√

资料来源：本书编写组根据南方基金App整理。

在投资组合策略方面，通过风险测评后，投资者可以基于自身资金情况选择不同的策略。目前，司南投顾的组合策略分为四种，每种策略下包含多个产品。如果投资者选择其中一种策略，司南投顾将自动评估其资产负债能力、投资水平、风险承受能力、定投习惯，形成投资方案。

在账户管理方面，不同于以往的客户自主交易，司南投顾根据客户设定目标，对授权账户代买代卖、执行自动调仓再平衡。

在投资交易方面，司南投顾动态跟踪组合表现与资产配置目标偏离情况，以及底层基金表现，通过量化模型把握宏观周期，根据市场行情变化对大类资产进行灵活配置，对组合进行动态管理，在约定的投资策略下，通过择时、择机、优选基金、回撤控制，追求组合超额收益。

在投后服务方面，司南投顾投资经理定期向客户提供月度、季度投资总结，投资观点，行情分析，后市展望等，并且持续为客户提供投顾小贴士、策略解读、投资课题、热门行情等资讯陪伴服务。同时，司南投顾打造了线上智能客服、人工客服和投资顾问服务团队，完善了线上服务体系。

（五）收费模式

司南投顾采取向用户收费的买方投顾方式。用户支付的费用分为两类：一类是基金投顾管理费，另一类是基金交易费。基金投顾管理费面向全市场基金收取，基金交易费只面向非南方基金的产品收取，而南方基金旗下产品不收取基金交易费。基金交易费包括组合在转入、转出、调仓环节可能涉及成分基金的认购费、申购费和赎回费，相关费用规则具体由基金公司规定。

司南投顾实行差异化收费的策略，按照指定账户资产总额的一定比例或固定金额向投资者收取投顾管理费，不同的投资组合策略对应不同的服务费率，管理费率在0.15%~0.50%。投顾管理费的收取采取每日计提、按月支付（若客户中途转出，则在转出时交纳已计提未支付的投顾管理费）的方式，收益数据会扣除每日计提的投顾管理费。司南投顾各类型产品投顾管理费率如表7－5所示。

表7－5　司南投顾各类型产品投顾管理费率　　单位：%

组合分类	投顾管理费率
稳健理财	0.15
跑赢通胀	0.3～0.5
追求增值	0.5
追求高收益	0.5

资料来源：本书编写组根据南方基金App整理。

（六）经营效益

截至2020年上半年，司南投顾总计签约投顾账户数万户、签约资金数亿元。从投资场景选择、客户KYC，再到组合策略生成，全流程转化率高达80%，对组合进行调整和重新定制的占比不足15%。自智能投顾业务开展以来，司南投顾盈利客户占比超过90%，复购客户占比超过70%。

司南投顾所有策略组合自成立以来都取得了正收益，除月利宝组合、司南安鑫一号外，其他组合实际收益率均高于投资组合预先设定的预期收益率，特别是权益资产配置比例较高的追求增值策略和追求高收益策略均取得了十分突出的业绩。

表7－6　司南投顾四种策略累计收益率　　单位：%

策略	组合	实际收益率	预期收益率
稳健理财	月利宝组合	2.578	2.8～3.3
	双月宝组合	4.014	3.3～3.8
跑赢通胀	绝对收益策略稳健型	6.460	5～6
	绝对收益策略平衡型	8.650	5～6
	司南安鑫一号	7.250	6～8

续表

策略	组合	实际收益率	预期收益率
追求增值	股债配置策略进取蓝筹	52.980	6~15
	股债配置策略进取成长	61.980	6~15
	股债配置策略平衡成长	43.600	6~15
	股债配置策略平衡蓝筹	31.030	6~15
追求高收益	多因子策略股基蓝筹指数	50.520	追求高收益
	多因子策略股基蓝筹精选	61.720	追求高收益
	多因子策略股基成长指数	59.740	追求高收益
	多因子策略股基成长精选	67.360	追求高收益

资料来源：本书编写组根据南方基金 App 整理。

注：统计数据截止到2021年4月9日。

司南投顾通过规范化的系统平台和业务流程设计，将投顾业务以系统标准化的模式输出，推动投顾业务在投顾机构、销售平台广泛落地，使更多的投资者参与到专业化投顾服务，实现普惠金融。

二、中欧基金：水滴智投

（一）平台简介

作为第一批基金智投业务的探索者，中欧基金于2016年推出了水滴智投一站式理财服务，主打全市场选基、全委托管理、深度定制账户和提供专业策略，根据用户的投资期望、风险承受能力和投资时长定制投资方案。水滴智投由中欧基金提供资产配置及量化策略，财富管理子公司中欧钱滚滚提供系统支持并负责运营。

水滴智投还提供养老投顾服务，注重用户的财务规划，通过测算用户收入为其定制个人养老投资规划，实现对用户全生命周期财务规划的覆盖管理。

（二）平台运营策略

水滴智投采用多平台运营的模式，用户不局限于中欧基金。用户既可以通过中欧基金网页端、手机端使用水滴智投服务，也可以通过第三方渠道获得。水滴智投支持以标准接口输出给基金销售机构，共同服务互联网客群。

水滴智投的定位是用户的财富管理工具，中欧基金也因此将其放置在财富管理子公司旗下运营，母公司提供投资策略支持。在投资理念上，水滴智投采取 Goal Based Investing 模式，将用户资金分为活钱管理、稳健理财、财富成长和人生规划“四笔钱”，为其提供资金管理方案。

水滴智投的投资方法可以概括为以下五点。

一是侧重于对投资需求场景的挖掘。每笔投资都应当具有不同的收益、风险预期和时间诉求，水滴智投为投资者梳理场景、定制方案。

二是在全市场优选品类，并不局限于中欧基金旗下产品。中欧基金认为，投资者需要的不是海量的产品而是优中选优的精品。水滴智投建立了科学的基金备选库制度，入库基金从全市场超过 6000 只公募基金中精挑细选。基于多种因素，水滴智投从定量和定性两个层面，实施标准化、流程化的尽职调查，针对优选基金形成评估报告，经过投资决策委员会审议，最终入库。

三是科学的资产配置。中欧财富拥有独立的量化和资产配置团队，结合大类资产中长期风险收益特征、市场机会，制定符合客户风险收益特征的大类配置策略；同时，共享中欧基金强大的研究平台、量化团队和资产配置团队，共同进行策略打磨和底层产品调优。

四是洞察客户与适配风险收益。中欧基金严格履行投资者适当性义务，帮助客户匹配符合自身风险收益特征的投顾服务。同时，水滴智投组建了专门的数据分析团队，通过对客户行为进行数据分析，在一些影响投资体验的关键节点，做好用户触达，真正做好投资陪伴和投后管理。

五是策略定期调优。水滴智投的投资团队会密切关注每项基础资产，尤其是在市场发生明显变化时，择机跟进调整，以确保投资策略的稳定有效，并定期提供报告。

水滴智投致力于构建投资账户和提供组合配置服务，覆盖投前、投中、投后各个环节，帮助用户实现投资目标。为此，中欧财富为水滴智投配置了投资管理、风险控制、跟踪服务和系统建设四大团队，每个团队各司其职，确保水滴智投平稳运行。投资管理团队主要由量化和资产配置团队、算法团队构成，负责优选基金、提供策略、跟踪与调优；风险控制团队负责严格、标准的流程管理，确保客户利益第一；跟踪服务团队负责建立数据仓库、累积客户标签、分析客户行为、提供投后服务；系统建设团队负责全部系统的独立研发、投顾策略系统的建模，确保这些系统平稳运行。

（三）产品分类

水滴智投主张“每一笔钱都在不同的阶段有其去处，因此每一笔投资，都有不同的收益、风险预期和时间诉求”。如表 7－7 所示，水滴智投目前共有四个产品，分别是活钱管理、稳健理财、财富成长和人生规划。水滴智投通过整合四类理财场景，为客户提供对应的投顾服务；同时，独立管理每个客户的投顾账户，自动调仓，使客户省力更省心。

表 7－7　水滴智投产品分类

产品分类	投资目标	建议持有时间	策略名称
活钱管理	跑赢货币基金	1 个月以上	现金增强

续表

产品分类	投资目标	建议持有时间	策略名称
稳健理财	跑赢通货膨胀	3 个月到 1 年以上	双季乐稳健增强
			季季乐稳健回报
			年年乐偏债进取
财富成长	跑赢大盘	1 年以上	超级股票全明星
			经典股债均衡
			指数严选长投
人生规划	长期增值	长期持有	“65 后”水滴养老
			“70 后”水滴养老
			“75 后”水滴养老
			“80 后”水滴养老
			“85 后”水滴养老
			“90 后”水滴养老

资料来源：本书编写组根据中欧钱滚滚 App 整理。

活钱管理的资金来源为随时需要用的钱，力争高于货币基金收益。该组合采取“货基打底 + 债基增强”策略，精选短债和纯债等基金，兼顾收益和风险控制，同货币基金相比，争取收益的稳定增加。活钱管理系列申购零费率，持有满 30 天以上零赎回费，无须考虑买入时点，建议持有 1 个月以上。

稳健理财的资金来源为短期用不到的钱，适合期望风险可控、收益争取稳中求进的投资者。以年年乐偏债进取为例，该策略严控波动、稳中求胜，底仓在债券基金上，适时加入绝对收益、打新策略以增加收益。股票部分甄选全市场具有稳定超额收益的基金，追求资产增值，采取多元化配置以分散风险，力求将长期波动率控制在 5% 以内。该策略属于中长期资金增值方案，建议减少操作，持有 1 年以上，适合能承受一定波动的稳健型投资者。

财富成长主要使用长期资产增值的钱，适合承担一定风险、追求高额回报的投资者。以指数严选长投为例，该策略利用指数基金实现资产配置，并最大限度地减少成本；全市场优选不同行业、不同风格且长期表现稳定的指数基金，通过减小成分基金关联度降低整体风险。

人生规划。中欧基金聚焦于当下居民的养老需求，为了解决养老焦虑，推出从“65后”到“90后”不同年龄段的六种养老方案。随着投资者年龄的增加，其风险偏好逐渐下降，该策略将逐年下调权益类资产占比，以匹配用户不同阶段的风险偏好。以“90后”水滴养老为例，该策略为“90后”量身打造，依照下滑曲线进行大类资产配置，初期以股票仓位为主，均衡配置具有稳定超额收益的基金，把握市场长期红利，积少成多，追求养老投资的长期稳定回报。“90后”水滴养老产品界面如图7－5所示。

图7－5 “90后”水滴养老产品界面

资料来源：中欧钱滚滚App。

（四）业务模式及流程

中欧基金获得了基金投顾试点资格，因此水滴智投采用管理型的业务模式，可以接受客户全权委托进行交易。用户仅需三个步骤就可以享受水滴智投服务。

第一步，资金分类。水滴智投以场景化方式引导客户定制需求。用户需要按照水滴智投的提示将资金进行分类，选择投资年限和投资期望。

第二步，风险测评。水滴智投通过“问卷+个性化问题”的形式对用户进行风险评测。这些问题涉及投资者多久后用到这笔钱、过往的投资经验、首要的投资目标等，随后通过智能化系统匹配投资者需求，选择适合投资者的策略。

第三步，开立投顾账户并签署《中欧钱滚滚基金销售（上海）有限公司基金投资顾问服务协议》。

（五）收费模式

水滴智投采用向客户收费的模式。其收取的费用主要分为两个部分：第一部分是投资顾问服务费，按日计算，按半年度收取或在投资者赎回时收取，用户若有多个投顾组合，则分开计算并加总收取；第二部分是基金申购费和赎回费，中欧钱滚滚约定申购费率绝大多数为零，若个别基金有最低申购费规定，则按规定执行。

水滴智投已通过投顾账户优化，避免了短期调仓可能触发的惩罚性赎回费问题，并实现了中欧基金旗下产品调仓不收取赎回费（计入基金资产部分除外）。

另外，为了进一步减轻用户的费用负担，水滴智投从2020年9月24日起对部分投顾组合的投资顾问服务费率进行调整。例如，将财富+1号的投资顾问服务费率由0.60%/年降到0.55%/年，将财富+3号的投资顾问服务费率由0.80%/年降至0.75%/年，具体见表7-8。

表7-8 水滴智投投资顾问服务费率 单位：%/年

系列产品	投资顾问服务费率
现金+	0.15
理财+	0.45
财富+1号	0.55

续表

系列产品	投资顾问服务费率
财富+2号	0.6
财富+3号	0.75
财富+4号	0.3

资料来源：本书编写组根据中欧财富网站资料整理。

（六）经营效益

水滴智投平台上线五年多来，几大产品线均较好地达成了投资预期，实现了投资目标。未来，水滴智投将进一步提升普通客户体验，探索基金投顾服务的商业模式，推动公募基金行业从单一产品的销售走向资产综合配置服务。水滴智投产品及产品收益率等情况如表7-9所示。

表7-9 水滴智投产品及产品收益率一览　单位：%

产品分类	组合名称	投资目标	风险等级	建议持有时间	成立以来收益率	近一年收益率
财富成长	超级股票全明星	跑赢大盘	中风险	2年以上	106.34	68.02
	经典股债均衡		中风险	1年以上	29.87	39.09
	指数严选长投		中风险	2年以上	26.14	37.59
稳健理财	双季乐稳健增强	跑赢通货膨胀	中风险	6个月以上	15.56	7.11
	季季乐稳健回报		中低风险	3个月以上	4.46	4.15
	年年乐偏债进取		中低风险	1年以上	9.62	17.90
活钱管理	现金增强	跑赢货币基金	中低风险	1个月以上	2.42	1.35
人生规划	“65后”	长期增值	中风险	至退休	41.26	23.91
	“70后”		中风险	至退休	47.48	30.00
	“75后”		中风险	至退休	58.63	36.89
	“80后”		中风险	至退休	69.79	44.39
	“85后”		中风险	至退休	85.70	54.28
	“90后”		中风险	至退休	86.52	54.75

资料来源：本书编写组根据中欧钱滚滚App整理。

注：数据截止到2021年3月23日。

三、华夏基金：查理智投

（一）平台简介

查理智投于2018年1月15日正式推出，该产品利用人工智能技术，结合大数据手段将华夏基金20年的投顾经验数字化。查理智投融入智能算法，倾力打造智能投资组合，基于客户不同阶段的财富目标，为客户提供“一键式”、智能化的资产配置解决方案。查理智投内设优选、教育、养老三大理财场景，十种理财组合，借助算法和模型为投资者制定理财方案，提供个性化的智能投顾服务，满足客户的投资需求。

在投前、投中阶段，查理智投可以为客户量身定制投资方案。在投后阶段，查理智投将定期透视组合运作情况，提供月度组合回顾和绩效归因分析，帮助客户持续加深对持有组合的理解，同时综合市场研判和组合运作情况，及时同客户进行沟通，并给出投资建议，陪伴客户抵御市场冲击。

（二）平台运营策略

华夏财富已经实现基金投顾业务自营、银行、券商、互联网渠道布局的“大满贯”。用户不仅可以从华夏财富App上直接享受查理智投的服务，还可以从腾讯理财通、360数科、中信银行、中信证券、同花顺等渠道享受基金投顾服务①。

与中欧基金相同，查理智投也被华夏基金放置在财富管理子公司华夏财富运营。在投资理念上，查理智投同样采取Goal-Based Investing模

---

①　数据来源于https://new.qq.com/omn/20210107/20210107A0FCDB00.html。

式，将用户的投资目标分为三大类，为用户配置不同风险等级与预期收益的组合。

查理智投有以下三个特点。一是“一键买入，实时调仓”。查理智投最大的优势就是省心，一键买入组合，智投组合将根据市场行情实时调整资产配置，实现长期、稳健的增值。二是“费用低至0折，成本更低”。组合中各只成分基金的申购费享0~1折优惠，降低了客户的交易成本。为了更好地为投资者提供服务，自2020年1月8日起查理智投基金投资顾问业务投资顾问服务费实行0.1折优惠。三是“资金全程监管，风险合规有保障”。查理智投所有组合资金都投向公募基金，交易全程受到银行监管，严格遵守“同卡进出”原则，保证客户资金安全。华夏财富的风控合规体系与华夏基金相同，严格遵守证监会规定，把客户基金安全放在第一位。

（三）产品分类

查理智投目前有三个产品系列，分别是优选智投系列、教育智投系列和养老智投系列，如表7－10所示。查理智投通过搭建投资目标场景，为不同风险特征的客户提供符合其风险偏好的产品组合。查理智投产品界面如图7－6所示。

表7－10　查理智投产品分类

组合名称	系列产品	产品原理	产品特点
优选智投系列	货币优享组合	通过控制权益型基金比例的上限，锚定产品中长期风险，基于MVP（宏观—估值—政策）投资框架，对资产配比进行动态调整，以适应市场变化，为不同风险特征的客户提供符合其风险偏好的产品组合	按照用户的风险维度划分理财产品
	固收优选组合		
	权益优选组合		
	指数轮动组合		

续表

组合名称	系列产品	产品原理	产品特点
教育智投系列	国内培优教育金组合	为满足客户子女不同教育阶段的经费投资储备需求，按照学龄场景设置产品类别，根据投资者输入的参数值为每位客户量身定制一份理财计划	建议为初中生提前5年储备，为高中生提前8年储备，为大学生提前10年储备
教育智投系列	常青藤教育金组合	为满足客户子女不同教育阶段的经费投资储备需求，按照学龄场景设置产品类别，根据投资者输入的参数值为每位客户量身定制一份理财计划	建议为初中生提前5年储备，为高中生提前8年储备，为大学生提前10年储备
养老智投系列	“60后”智享财富组合	为满足不同年龄层次客户对养老储备金的需求，基于TDF生命周期理论，查理智投结合资产配置模型构建基金组合，根据客户的年龄、退休年龄以及当前养老储备，制订一份时代专属的理财计划	随着目标退休日期的临近，权益类资产配比逐步降低
养老智投系列	“70后”智赢人生组合	为满足不同年龄层次客户对养老储备金的需求，基于TDF生命周期理论，查理智投结合资产配置模型构建基金组合，根据客户的年龄、退休年龄以及当前养老储备，制订一份时代专属的理财计划	随着目标退休日期的临近，权益类资产配比逐步降低
养老智投系列	“80后”智领未来组合	为满足不同年龄层次客户对养老储备金的需求，基于TDF生命周期理论，查理智投结合资产配置模型构建基金组合，根据客户的年龄、退休年龄以及当前养老储备，制订一份时代专属的理财计划	随着目标退休日期的临近，权益类资产配比逐步降低
养老智投系列	“90后”智享自由组合	为满足不同年龄层次客户对养老储备金的需求，基于TDF生命周期理论，查理智投结合资产配置模型构建基金组合，根据客户的年龄、退休年龄以及当前养老储备，制订一份时代专属的理财计划	随着目标退休日期的临近，权益类资产配比逐步降低

资料来源：本书编写组根据华夏财富网站整理。

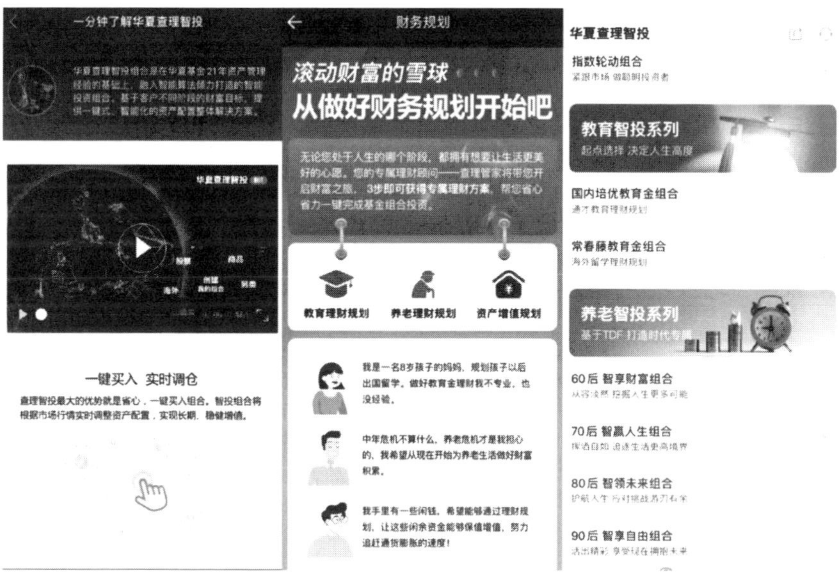

图7－6　查理智投产品界面

资料来源：华夏财富App。

优选智投系列的策略力求通过择时性资产配置，实现资产的保值增值，目标客户是缺少投资专业能力，但有投资理财和资产增值保值需求的人群。优选智投系列主要包括货币优享组合、固收优选组合、权益优选组合和指数轮动组合。根据用户的风险偏好，查理智投会自动为其匹配组合，通过控制权益型基金比例的上限，锚定产品中长期风险，基于MVP（宏观—估值—政策）投资框架，对资产配比进行动态调整，以适应市场变化，为不同风险特征的客户提供符合其风险偏好的产品组合，帮助用户达成投资目标。

教育智投系列，旨在帮助用户通过阶段性资产配置为子女规划美好未来，适用于希望为子女提供良好教育，力争获得稳健回报的投资者。该目标有两种组合，分别是国内培优教育金组合和常青藤教育金组合。这两个组合满足了客户子女不同教育阶段的经费投资储备需求，按照学龄场景设置产品类别，根据投资者输入的参数值，为每位客户量身定制一份理财计划，帮助用户储备足够的教育资金。

养老智投系列的组合通过全生命周期资产配置，满足不同年龄段用户的养老投资需求。该系列适用于以养老金储备为目标的人群，按照年龄将养老智投系列细分为四个组合，即“60后”智享财富组合、“70后”智赢人生组合、“80后”智领未来组合和“90后”智享自由组合。查理智投基于TDF生命周期理论，结合资产配置模型构建基金组合，根据下滑轨道降低组合权益资产配比，以保障退休目标的实现。

查理智投的底层资产全部是公募基金。在确定资产配置方案后，查理智投通过考察基金的历史波动率、夏普比率、贝塔值和最大回撤等指标量化基金的风险收益特征，建立基金备选库，并将基金备选库划分为基础池和核心池两个部分。查理智投的所有底层资产均来自核心池。在基金配置方面，查理智投对优选出的基金，结合行业和风格两类因子的因子暴露和因子特征，推导出基金的预期收益和风险。在给定的约束条件下，求解组合优化，得到基金配置最优比例。

（四）业务模式及流程

2019 年，华夏基金获得了基金投顾试点资格，因此查理智投采用管理型的服务模式，可以全权代理用户进行交易操作。

查理智投的业务流程简便，一般来说只需要四个步骤：第一步是选择投资场景，根据投资者是要将这笔钱用于教育金储备、养老金投资，或是资产保值增值构建投资者财富画像；第二步是风险测评与人工智能规划，用户首次投资需要进行风险评测，测评后人工智能机器人会生成月度投资方案和一次性投资方案，清晰地为投资者显示投资金额、投资期限和新增金额；第三步是精准匹配，根据理财目标、风险承受能力等多维度匹配基金投资组合；第四步是风险提示与签约，查理智投会要求用户签署投资者风险揭示书和投资顾问协议，获取相关权限。

以教育智投系列为例，如图 7 - 7 所示，投资者选择教育智能规划，输入子女年龄、教育阶段、当前教育金储备以及未来是选择国内院校或是国外院校，人工智能查理会计算出教育金缺口，如 20000 元/年。根据教育金缺口，查理智投会为投资者定制每月投资方案和一次投资方案供其选择，以每月投资方案为例，每月投入 422 元，以年金的方式持续投资 10 年，可新增教育金 80000 元。

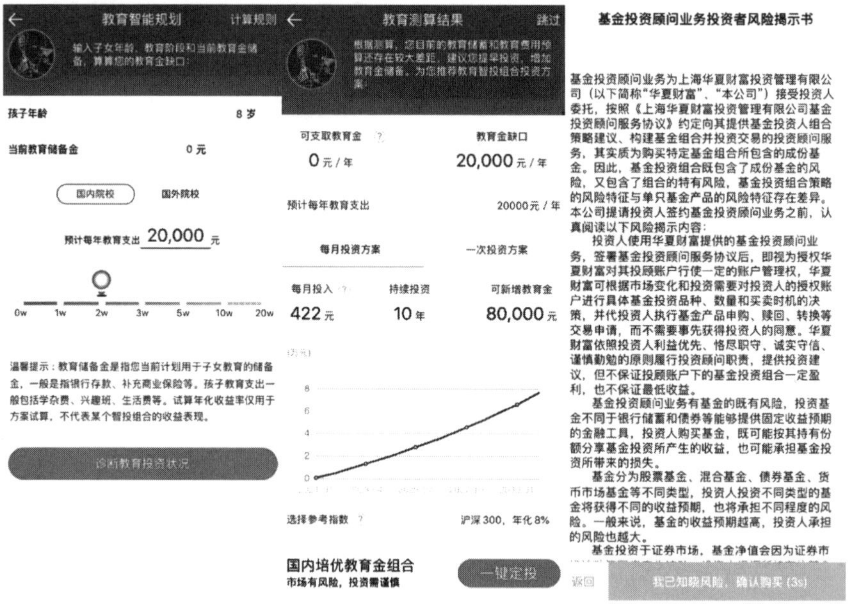

图7-7　教育智投系列产品投资流程

资料来源：华夏财富 App。

（五）收费模式

查理智投的收费主要分为两个部分：第一部分是投资顾问服务费，每日计提，月度结算，按照账户各类组合资产净值的一定比例加总收取；第二部分是申购费和赎回费，组合不重复收取申购费和赎回费，成分基金申购费为0~1折，成分基金赎回费按照基金招募说明书收取。

查理智投的投资顾问服务费率在0.2%~0.5%。不同系列产品收取的投资顾问服务费率不同，具体适用比例如表7-11所示。

表7-11　2021年5月查理智投投资顾问服务费率　　单位：%/年

组合名称	费率
货币优享组合	0.2
固收优选组合	0.25

续表

组合名称	费率
权益优选组合	0.5
指数轮动组合	0.5
国内培优教育金组合	0.4
常青藤教育金组合	0.4
“60后”智享财富组合	0.5
“70后”智赢人生组合	0.5
“80后”智领未来组合	0.5
“90后”智享自由组合	0.5

资料来源：华夏财富网站，数据截止到2021年5月10日。

（六）经营效益

从查理智投产品组合收益率数据来看（见表7－12），所有组合均取得了正收益，并且展现了一定的主动管理能力。随着资产组合中权益资产比例的提升，组合近一年收益率和成立以来收益率均有大幅度提高。

表7－12　查理智投产品组合收益率　　单位：%

产品分类	组合名称	近一年收益率	成立以来收益率
优选智投系列	货币优享组合	1.55	6.30
	固收增选组合	9.22	19.06
	权益优选组合	47.62	99.11
	指数轮动组合	26.21	32.66
教育智投系列	国内培优教育金组合	23.37	55.52
	常青藤教育金组合	30.29	64.52
养老智投系列	“60后”智享财富组合	36.72	68.75
	“70后”智赢人生组合	34.87	71.73
	“80后”智领未来组合	46.05	92.68
	“90后”智享自由组合	46.72	106.95

资料来源：本书编写组根据华夏财富App整理。

华夏财富基金投顾业务周年报告显示，2020 年查理智投客均盈利达 3350 元，其中单客最高获利 171.36 万元，盈利客户占比达 96.6%，为客户创造总收益 1.96 亿元，客户留存率达 87%，复投金额占比超过 80%，展现了客户对华夏财富基金投顾产品和服务的高度认可。查理智投依靠“人工智能 + 人类智能”（AI + HI）的模式，除了为用户带来稳健的收益外，还将根据市场需求不断拓展服务范围。

第八章

第三方机构智能投顾应用实践

第一节　第三方机构智能投顾发展现状

第三方机构是发展智能投顾不可或缺的力量。中国智能投顾的雏形起源于第三方机构。2014 年推出的钱景私人理财是中国最早出现的、具有智能投顾功能的产品。第三方机构开展智能投顾业务一度受到监管部门的警示，但是随着基金投顾试点的落地，第三方机构的智能投顾业务打开了新的局面，智能投顾产品的上线极大地丰富了投资者的选择。

一、移动互联网快速渗透居民生活，多方机构角逐智能投顾赛道

随着移动互联网的快速发展，手机等移动设备逐渐渗透人们的生活，为财富管理提供了更加便捷、高效的场景应用。截至 2020 年末，中国互联网普及率达到了 70.4%（见图 8－1）。中国网民规模已经达到 9.89 亿人，其中手机网民 9.86 亿人，占总数的 99.7%（见图 8－2）。从网民的年龄结构来看（见图 8－3），截至 2020 年末，39 岁以下网民占网民总人数的 45%，这些网民很早就接触互联网，习惯通过网络获取服务，他们是智能投顾覆盖的主要对象。

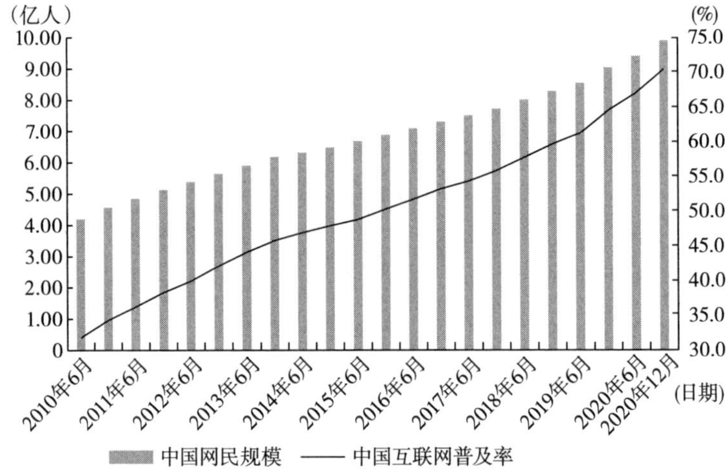

图8－1　2010年6月—2020年12月中国网民规模及互联网普及率

资料来源：本书编写组根据中国互联网络信息中心公布数据整理。

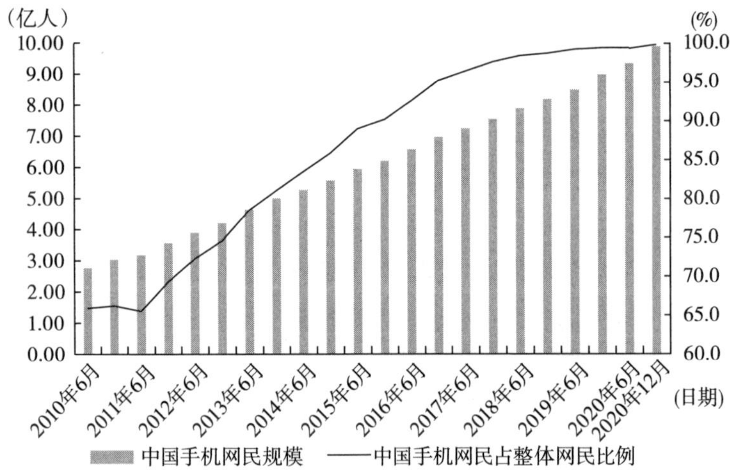

图8－2　2010年6月—2020年12月中国手机网民规模及其占整体网民比例

资料来源：本书编写组根据中国互联网络信息中心公布数据整理。

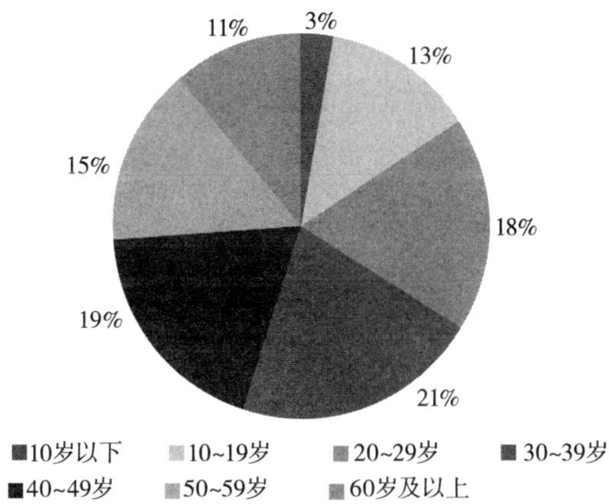

图 8-3 截至 2020 年末中国网民年龄构成

资料来源：本书编写组根据中国互联网络信息中心公布数据整理。

在互联网快速发展的背景下，手机移动端的网民渗透率不断提高，为智能投顾的发展带来了良好的市场机遇。互联网公司和创业企业不断拓展新业务，以期获得更多的流量，从而提高公司营收。金融业务具有需求强劲、利润较高的特点，因此进入了互联网公司和创业企业的视野；智能投顾是互联网公司和创业企业进入金融领域的“撒手锏”，因此受到了极大的关注。

二、第三方机构拥有强大的技术实力，为智能投顾的发展保驾护航

第三方机构是指除传统银行、证券和基金行业外，参与智能投顾竞争的机构。这些机构按照规模可以划分为两大类。第一类是以技术驱动的智能投顾创业公司。这些公司在财富科技相关领域拥有较为领先的技术，主要包括理财魔方、盈米基金、虹点基金、钱景基金和谱蓝定投等。其中，获得基金投顾试点资格的是盈米基金。第二类是现有的互联

网巨头旗下的基金销售公司。这些公司拥有基金销售业务牌照，凭借其掌握的流量和技术优势，借助智能投顾拓展业务，推动自身销售规模和资产管理规模的扩大，比较典型的是蚂蚁金服的“帮你投”、京东金融的“京东智投”和腾讯的“一起投”等。典型第三方机构推出智能投顾业务时间线见图 8－4。钱景作为国内首家为用户提供免费智能资产配置服务的企业，于 2014 年 8 月推出钱景私人理财 App，以在线定制基金组合投资方案为起点，正式拉开了中国智能投顾发展的序幕。

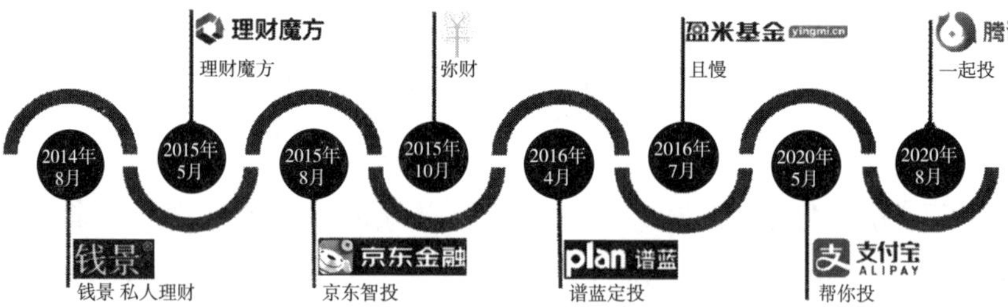

图 8－4　典型第三方机构推出智能投顾业务时间线

资料来源：本书编写组根据公开资料整理。

2015—2016 年，国内智能投顾行业出现了一波小高潮，多家机构进入智能投顾赛道。理财魔方、弥财、蓝海智投以及京东智投纷纷上线各自的 App，依托自身技术优势将传统金融业务场景植入智能投顾 App，开展多维度竞争。

第三方机构的智能投顾服务模式十分多样化。有的机构借鉴海外智能投顾的服务模式，为用户提供全方位的家庭财务顾问服务；有的机构采取目标投资的方式；还有的机构仅帮助用户优化投资组合。例如，蓝海智投利用技术领先优势并借鉴美国智能投顾的成功经验，根据国际金融理财的标准为个人用户提供全方位的财务顾问服务，涵盖家庭财务分析、教育规划、退休规划和综合现金流管理等服务，根据用户的投资目标和风险偏好进行全球化资产配置；腾讯腾安的“一起投”采用 Goal-Based Investing 的方式，将用户的资金分成“四笔钱”，通过配置不同的组合帮助用户实现多样化的投资目标；京东金融的“京东智投”则通过一系列技术手段帮助投资者优化其投资组合，增加收益，但并不提供除投资咨询以外的其他服务。

三、早期合规问题凸显，投顾试点有助于行业行稳致远

2016 年以来，随着智能投顾业务的快速发展，部分合规问题逐渐凸显，监管部门开始加强对第三方互联网机构基金销售业务的监管。2017 年，在部分机构被山西证监局点名后，部分第三方机构因监管问题停止运营。此后，随着监管政策的收紧，只有持牌机构才能开展相对应的金融业务，而基金销售牌照的审批基本陷入停滞，第三方机构很难再获得基金销售牌照，许多第三方机构发展智能投顾的战略因为没有金融牌照而被搁浅。

从试点落地前的情况看，第三方机构即使获得了基金销售牌照，其以基金销售牌照开展业务也会与智能投顾宣称的“以客户为中心”理念有明显利益冲突，所以这种方式并非行业发展的长久之计。

随着基金投顾试点资格的发放，获得试点资格的第三方机构在合规方面的不足有了明显改善，第三方机构的智能投顾逐渐在监管部门的指引下稳健发展，业务的合规性明显增强。

第二节　第三方机构智能投顾服务模式与特点

自 2014 年钱景推出钱景私人理财 App 至 2021 年，第三方机构开展智能投顾业务已有七年。从市场规模来看，对标传统金融机构，由于展业的限制要求比较严格，第三方机构智能投顾的管理规模均比较小，尚未出现如 Wealthfront、嘉信之类的行业标杆。第三方机构的智能投顾既有自主研发的系统并向外部输出的模式，也有将传统金融机构投资理念和方法融入智能投顾平台的模式，与传统金融机构既有竞争也有合作。

一、业务模式

在运作模式方面，获得试点资格的 3 家机构中只有蚂蚁金服“帮你投”采用全权管理型模式，自动为客户进行调仓和再平衡；盈米基金和腾讯“一起投”则采取分析建议型模式，在发起调仓和再平衡时需要用户确认。其他未获试点资格的机构多数也采用分析建议型模式。

在客户群体方面，第三方机构的智能投顾同时面向零售客户与机构客户。第三方机构既有独立、成熟的智能投顾产品为 C 端客户服务，也具备成熟技术输出的能力，为机构客户提供投顾解决方案，赋能专业投资顾问。第三方机构均衡开展 B 端业务和 C 端业务的原因主要有以下两点：一是开展智能投顾业务的第三方机构多数是传统金融机构的技术供应商，具备技术输出的能力和经验；二是 B 端用户的稳定性更强、盈利性更好，而开展 C 端业务则可能面临更加全面、更加严格的监管，且用户的稳定性和盈利性波动较大。

在投资理念方面，有的机构采取家庭财务顾问的模式，提供全方位金融顾问服务，如理财魔方不仅提供投资理财服务，还能够为家庭提供保险产品的配置咨询；有的机构采用 Goal-Based Investing 理念，根据不同投资目标配置不同比例的大类资产，如腾讯腾安的“一起投”；还有的机构仅帮助客户按照其风险偏好进行投资，如蚂蚁金服的“帮你投”。

在投资标的方面，获得试点资格的第三方机构均以公募基金为投资标的。在未获试点资格的第三方机构中，一些机构受到海外智能投顾的影响，更加强调全球大类资产配置，因此会为部分风险偏好符合条件的用户配置一定比例的 QFII/QDII 基金。

在投资门槛方面，如表 8 – 1 所示，获得投顾试点资格的 3 家机构投资门槛比较低，盈米的“且慢”没有投资门槛，腾讯腾安的“一起投”最低投资限额 500 元，蚂蚁金服的“帮你投”起投金额为 800 元。其他未获试点资格的第三方机构智能投顾门槛也普遍比较低，多数在 0 ~ 1000元，是所有四大类型机构中门槛最低的。

表 8 – 1　获得投顾试点资格的第三方机构智能投顾产品概览

产品名称	起投门槛（元）	投顾费率（%/年）
且慢	0	0
帮你投	800	0.5
一起投	500	0.2 ~ 0.75

资料来源：本书编写组根据公开资料整理。

二、收费模式

如图 8 –5 所示，目前，第三方机构智能投顾的收费模式根据是否获得投顾试点资格分为两大类：获得试点资格的机构均采取向客户端收费的模式；未获得试点资格的机构则仍以 B 端基金代销收费为主，C 端收费较少，部分机构对 C 端免费。从投顾试点机构看，盈米的“且慢”不向用户收取智能投顾组合管理费，只收取一定的申购费与赎回费，腾讯腾安的“一起投”与蚂蚁金服的“帮你投”根据用户投资组合风险收取一定的服务费用，分别为 0.20%~0.75%/年和 0.5%/年，采取按日扣费的方式，见表 8 –1。

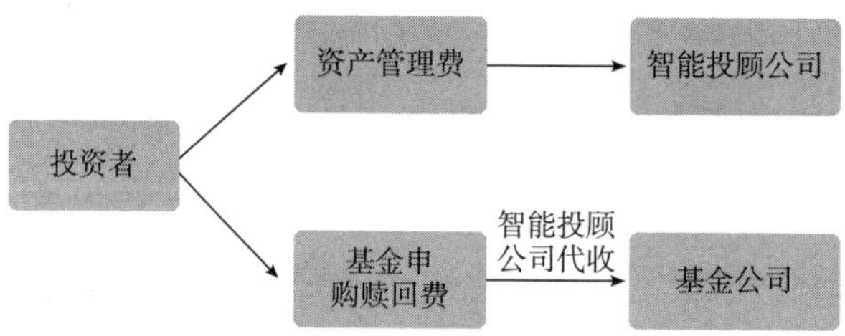

图 8 –5　第三方机构智能投顾的收费模式

资料来源：本书编写组根据公开资料整理。

随着基金投顾试点的落地，未来智能投顾服务很可能向 C 端收费模式转变，但目前国内投资者对智能投顾了解不多，对收取服务费存在一定的抵触心理，如何实现收费模式的转变仍是一大挑战。

三、主要特点

第三方机构多数为技术驱动型公司，拥有十分强大的技术背景，产品从设计到落地十分迅速，因此早期的智能投顾多数为第三方机构的产品。第三方机构在智能投顾产品的底层算法设计、平台服务流程优化等方面更为成熟。

客户类型方面，第三方机构同时布局机构客户与零售客户。与传统金融机构相比，第三方机构针对机构客户和零售客户的智能投顾产品体系比较均衡，而传统金融机构的智能投顾更多的是面向零售客户。例如，盈米基金通过建立蜂鸟平台，根据机构具体的投研需求、交易需求、运营管理流程和技术系统规划情况灵活定制专业级、全流程、一站式的场外基金交易解决方案；通过啟明平台为专业投资咨询机构提供TAMP核心系统，帮助专业财富管理机构提高运营效率。理财魔方向传统金融机构提供智能投资管理系统和智能客户分析系统，提升产品的客户风险评价能力和资产配置能力，进一步提升针对C端客户的个性化服务能力。

在投资理念方面，一些第三方机构十分看重全球化配置和商品配置。例如，谱蓝定投会根据用户风险偏好配置全球股票和全球债券，京东智投在股票、债券的基础上加入了黄金联结基金。

在个性化服务方面，第三方机构积累了大量投资者的个性化偏好数据。相比传统金融机构，第三方机构数据的多样化程度要强一些。因此，第三方机构智能投顾在“千人千面”的资产配置策略和精准营销效率方面要优于传统金融机构，这是其一个重要特点。

第三节　典型案例分析

一、盈米基金：且慢

（一）平台简介

盈米基金的创始人和高管均具有多年基金行业从业经验，在从业过程中，他们发现多数基金投资者持有期是半年左右，持有期限偏短加上缺乏金融知识导致基金赚钱而基民不赚钱。这使投资者没有享受到资本市场发展带来的红利，也没有为基金公司带来良好的口碑。因此，盈米基金在创立伊始便以买方投顾为目标，将“改变中国人买基金的方式，帮助更多的人实现可持续的回报”作为使命，致力于将丰富的行业经验和先进的互联网技术深度融合，为投资者提供高品质的一站式基金投资服务解决方案。

且慢作为盈米旗下面向个人投资者的智能投顾平台于 2016 年 7 月上线。其始终坚持“坚定站在客户一边”的买方投顾模式，从投前、投中和投后三个环节帮助用户解决投资的需求和问题，提升投资的效益与体验。

除了面向个人用户的智能投顾产品外，盈米基金还为专业资管机构提供资管机构 FOF 解决方案——蜂鸟。这套解决方案将客户营销、交易系统、运营支持、投资研究等模块进行系统集成，可针对机构客户的个性化需求进行系统定制。

在面向 B 端用户和 C 端用户的基础上，盈米基金更是为投资咨询机构打造了“B to B to C”的产品——啟明。啟明是一套 TAMP 系统，主要服务买方投顾机构，以自主研发的基金交易系统为核心，为投资咨询机构提供集基金研究、组合创建、组合交易与执行、客户管理于一体的顾问式销售平台，帮助合作伙伴在降低运营成本的同时提高投顾服务能力。

（二）运营策略

盈米致力于在国内推广买方投顾的商业模式，希望成为受买方欢迎的投顾服务提供商，改变中国投资者购买基金的方式。盈米依托拥有的基金销售牌照与多家基金公司进行商业合作，整合基金销售产业链的上下游，形成循环生态。

且慢是盈米开发的针对 C 端客户的智能投顾产品，依托盈米 FOF 研究院将基金选择的流程标准化、自动化和数字化。在此基础上，盈米通过智能助手向用户灌输长期投资理念，根据用户信息提供不同的投资方案。且慢虽然获得了投顾试点牌照，但是依然采用理财建议型的服务模式，保留用户的选择权。用户选择投资方案后，只需根据且慢的通知，参与选定投资策略的“发车”、调仓等行动。

盈米的经营理念是“信任是投顾业务的核心”。盈米认为，投顾的本质是经营信任，信任需要通过长期的投资者教育，不断地和客户触达交互，提高投资者的认知水平，进而改善投资结果。“且慢”之名的含义是“慢就是快，投资与时间为伴”，这是盈米希望向投资者灌输的投资理念。用户在且慢投资是以时间来衡量的，长期投资是盈米的核心投资理念。盈米认为，基金投资是一个相对漫长的事情，快进快出的投资方式是不可取的，投资者需要以长期投资理念应对金融市场的牛熊转换。

（三）业务模式及流程

且慢是国内首个智能基金组合平台，向个人投资者提供严选策略。且慢以 Goal-Based Investing 方式，将投资者的资金分为“活钱管理”“稳健理财”“长期投资”“保险保障”共“四笔钱”，然后为每笔钱推荐对应的投资策略。如表 8－2 所示，“四笔钱”的理财思维可以更好地帮助投资者为不同的资产寻找合适的投资产品，建立属于自己的理财系统。

表 8－2　且慢理财系统特点

资金用途	时间要求	风险收益特征	期望年化收益率
日常开支	随时可取	不能有亏损	3% 左右
年底旅游开销	短期无须动用	承受少许亏损 获取稍高一点的收益	4%~8%
留给未来的钱	3 年至 5 年无须动用	高风险、高收益	8%~15%

资料来源：本书编写组根据盈米基金网站整理。

活钱管理：且慢建议投资者预留 2～3 个月的收入作为活钱进行管理，以备不时之需。同时，且慢会进行投资者教育，告诉投资者这笔钱兼顾安全性和流动性，与银行活期相比，货币基金是更好的选择。

稳健理财：这笔钱可以持续投资 6 个月或更久，但 3 年内仍有可能取出使用。稳健理财主要考虑控制风险，将风险小、收益低的债券基金和风险大、收益高的股混类基金做组合搭配，通过控制比例将两者的优劣互补，在降低组合风险的同时获得稳健、合理的收益。

长期投资：且慢建议这笔钱的投资年限在 3 年或以上，其主要目标是通过足够长的时间，让复利效应发挥最大作用，最终获得更高的收益。在基金投资中，偏股型基金、偏股型指数基金是比较适合长期投资的理想产品。

保险保障：这笔钱与上述三笔钱不同，这笔钱不以获得较高收益为目标，而是将风险转移和风险对冲作为目标，且慢建议投资者用这笔钱购买一些保险产品，以应对不可预测的但是会对生活和健康造成重大影响的事件，从而使投资者有能力应对生活中小概率但难以承受的风险。

（四）产品分类

由图 8－6 可知，且慢平台首页展示多个策略组合，投资者既可以根据组合的年化收益、组合特征、运行时间等详细信息进行跟投操作，也可以自己创建相应的投资组合，按照不同的风险收益特征（激进型、稳健型、保守型、灵活型）调节不同资产大类的权重。后台系统会在投资者配置结束后展示新投资组合的历史收益以及预估未来收益，还会展示组合中基金的相关性。此外，投资者每一次调仓，平台都记录了调仓理由，因此投资者不仅可以根据调仓理由选择是否跟投，还能够学习到专业人士的投资思路，透明化的操作增加了平台用户的自主性。

且慢的一大特色是能够为用户提供策略解读和操作理由。用户首次使用且慢会接入智能客服，智能客服会根据用户回答问题的情况为其进行投资规划。在为用户定制投资策略后，且慢会为用户进行解读，如解读用户为什么适合该策略，选择策略后如何跟投。此外，且慢会根据资金量的多少帮助用户选择一次性投入、每月定投或两者结合的投资方

图 8－6　盈米网站展示投资组合页面

资料来源：本书编写组根据盈米网站整理。

案。在用户选定投资方案后，且慢将根据市场情况，择时“发车”，在“发车”前其会及时提醒用户进行跟投并解释原因。

除了且慢平台以外，盈米基金同时拥有两套针对机构的赋能平台——啟明和蜂鸟。啟明平台原为盈米的“一站通”服务平台，采用盈米自主研发的公募基金核心交易系统，向合作方提供包括账户、支付、交易、组合、运行、资讯在内的一站式基金投顾解决方案。平台还向合作方提供中后台的使用服务，合作方可以连接 OpenAPI（开放平台），在较短的时间使用较低的成本实现投顾服务。啟明平台业务结构如图 8－7 所示。

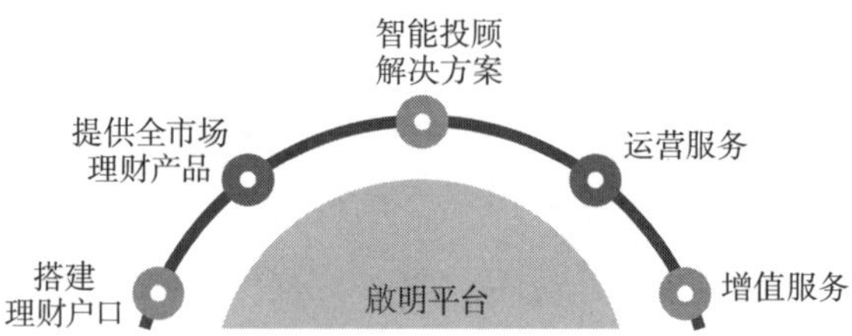

图 8－7　啟明平台业务结构

资料来源：本书编写组根据盈米网站整理。

盈米通过标准化流程及技术手段对接上游的基金公司及资管机构，规模化的运营提升了整体议价能力，帮助合作伙伴降低了业务门槛和成本，提高了运作效率。同时，盈米提供各种销售创新和差异化的支持，将投顾服务“精选产品”及“基金组合交易”产品化后输出，帮助合作伙伴提升客户的投资体验。

针对资管机构场外基金交易效率低下的问题，盈米在全市场推出首家场外基金电子化交易服务系统——蜂鸟。蜂鸟是盈米专门面向机构投资者提供的 FOF 投资管理系统，可以提供投顾服务、交易系统和交易通道等。截至 2020 年初，蜂鸟已经为超过 100 家包括基金管理公司、银行、证券公司、期货资管、信托公司、私募基金等资管机构的资产配置、量化及固收团队提供了灵活定制的专业级、全流程、一站式场外基金交易解决方案，累计执行机构交易金额超千亿元，保持了无差错的记录。

由图 8－8 可知，蜂鸟系统具有三大交易优势。一是系统均系自主开发，功能升级快。蜂鸟系统的效率比肩直销的交易效率，率先推出全市场基金的跨 TA 超转换功能，助力行业效率的提高。二是低成本、零运维、零部署。蜂鸟为客户提供一对一全程数字化交易和电子化运营一体化的中台服务，经验丰富的运营服务团队为机构客户带来更加顺畅的零差错体验。三是全流程服务保障各类交易成功。为此盈米建立了基金机构客户服务投研生态系统，高效完成各类定制化研究需求响应。蜂鸟以盈米基金 FOF 研究院提供的投资视角、基金数据和工具服务为基础，结合基金公司、外部合作机构为不同需求的 FOF 管理者和基金投资者提供差异化定制 FOF 管理解决方案和优质服务。

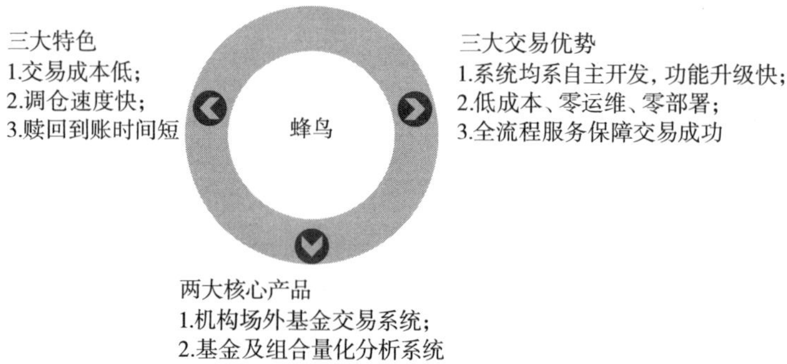

图 8-8　蜂鸟系统特色及优势

资料来源：本书编写组根据盈米网站整理。

（五）收费模式

目前，盈米的收费模式仍以基金代销佣金为主，没有面向用户收费。盈米基金认为，国内投资市场之前没有咨询投顾的习惯，机构的盈利模式很难直接由销售返费收入直接过渡到用户付费；不过随着基金销售佣金的透明化，投资者付费的买方投顾模式是未来的主流。整个投顾行业应当通过两年到三年的发展，先逐渐培养客户的付费习惯，再收取顾问费用，可以采取逐步减小基金代销收入比例，分步提升用户管理费比例的方式推动行业向买方投顾过渡，盈米也愿意按照此种方式逐渐改变收费模式。

（六）经营效益

盈米通过且慢平台建立线上基金销售生态，通过啟明和蜂鸟向机构提供交易平台，为线上引流，从而扩大整个投顾平台的用户流量及基金销售量。三大平台将个人投资者、机构投资者和机构管理人连接起来，增加了客户黏性，形成了更长远的循环生态。2020 年 11 月 24 日，且慢 App 向用户提供的多个严选组合中，策略主理人分为盈米、合作基金机构方以及投资“大V”三大类；投资年限基本覆盖了短期及长期，其中建议投资年限三年以上的组合居多，平均年化收益率在12%左右（见表8－3）。

表8－3　且慢App提供的策略组合　　单位：%

投资策略名称	策略主理人	建议投资年限	近一年收益率
盈米宝	盈米	随时存取	2.32
货币三佳	盈米	随时存取	2.79
我要稳稳的幸福	交银施罗德	半年以上	7.35
南方梦想佳	南方基金	三个月至半年	2.16
安心动盈	盈米	两年以上	8.99
长赢指数投资计划（150份）	ETF拯救世界	三年以上	10.24
长赢指数投资计划S定投	ETF拯救世界	三年以上	13.92
春华秋实	盈米基金研究院	三年以上	14.89
极简投资组合	简七理财	三年以上	10.53
盈米稳健八心八箭	盈米	三年以上	13.88
U定投	盈米	三年以上	15.05
Earl二八轮动	张翼轸	三年以上	6.47
绿巨人	望京博格	三年以上	12.59
兴全进取派选牛基	兴全基金	五年以上	37.23

资料来源：且慢App。

注：数据截止到2020年11月24日。

二、理财魔方：理财魔方

（一）平台简介

理财魔方是一个人工智能驱动的个性化财富管理平台，已经与多家基金公司展开商业合作。理财魔方通过人工智能技术，为用户定制匹配其风险承受能力的资产组合，提供一键式全球配置、实时监控金融市场、动态调仓等功能和服务。

2020 年 6 月 20 日，理财魔方上线最新的智能保险业务，与原有的活期理财、稳健投资、长期投资共同形成多账户的财富管理系统。理财魔方的定位也正式升级为“智能财富管家”，致力于通过人工智能技术，为千万中产阶层个人和家庭提供简单、方便、科学、高效的财富管理服务。

（二）运营策略

理财魔方认为，以往对于中产阶层的财富管理服务十分稀缺，大部分中产阶层的资产收益率远低于市场收益率，而造成这一现象的重要原因就是中产阶层难以获得优质的投资顾问服务。理财魔方致力于为中产阶层解决这一难题，通过数据算法驱动的投资决策、行为金融科学理论，以及人性化服务手段，为用户制定适合的投资策略并帮助其获得可观的投资收益。

理财魔方在运营上采取理财建议型模式，保留用户对账户的控制权。在用户策略生成方面，理财魔方竭尽全力做到“千人千面”，不仅会根据问卷结果了解用户的风险偏好，还会根据用户使用 App 的频率、最近浏览的内容等信息生成用户的行为画像，更加精准地为用户匹配资产组合。

（三）业务模式及流程

理财魔方的商业模式可分为面向 C 端和面向 B 端两大部分。面向 C 端方面，理财魔方通过打造独特的数字化系统，为用户提供伴随式的、个性化的智能投顾服务。面向 B 端方面，理财魔方为资产管理机构提供一站式的投资顾问解决方案。

理财魔方 App 首页展示了五款理财账户，分别为智能组合、稳健组合、活期组合、低估值智能定投和保险保障，为用户提供完整的财富管理服务。在用户了解组合以后，理财魔方通过向用户展示牌照、团队履历、合作伙伴等内容赢得客户的进一步信任，此后向用户提供资讯、投顾等服务。

智能组合展示的预期年化收益率为6.87%~11.58%的产品，是理财魔方采用人工智能帮助投资者量身定制的一个波动较小、长期收益稳定的基金组合。该组合帮助投资者解决投资赚钱效应差、追涨杀跌的问题，主要投资公募基金，具有资金安全、量身定制、全球配置、智能调仓和专属投顾五大特点。

用户在使用智能组合服务前，需要先回答包含10个问题的调查问卷，从年龄、职业、家庭税后收入、可投资资产、计划投资比例、计划投资时间、投资经验、投资目的、投资模式偏好和了解理财魔方的渠道等方面完善基本信息，即投顾初步的KYC。在用户完成调查问卷后，理财魔方会给出初步的智能组合评级，用户也可以选择继续填写问卷，回答包含资金需求、投资标的偏好、风险资产比例、往年投资收益等问题，并通过实例确定投后心态、投资态度和能承受的最大回撤等更细化的内容完善用户画像。最终，在确定智能组合等级后，理财魔方会向用户展示预期年化收益率、产品说明、未来预期、风险控制和动态调仓。

除了智能投资组合外，理财魔方还提供其他三类人工与算法相结合的投资策略和保险保障。稳健组合优选股债基金进行科学组合，根据市场变化调整配置比例，所投基金均为公募基金，可随时购买赎回，具有收益可观、安全灵活的特点。活期组合是基于货币基金、银行理财和存款的组合，该组合进行动态配置，具有安全性高、收益稳定和随用随取的特点。低估值智能定投以巴菲特价值投资为核心理念，以人工智能为驱动，甄选 A 股优质基金并估值，给出每期定投建议，帮助投资者实现低估多买、高估少买，以获得更高的收益；理财魔方 App 显示低估值智能定投的预测年化收益率高达 53.55%，并清晰地展示了定投步骤、收益算法、原理等内容。保险保障拥有丰富的产品库，提供专家一对一服务，有针对性地解决投保各个环节的问题。

理财魔方使用人工智能和算法做投资决策有以下六大特点。

第一，理财魔方拥有大规模的计算集群。通过 GPU 集群并行计算，计算能力达到 20 万亿次/秒。这种能力源于理财魔方是神威·太湖之光超级计算机（世界排名第一的超级计算机）在智能投顾领域唯一的战略合作伙伴。

第二，理财魔方通过自然语言处理、深度学习等技术，从数据中提取有用信息，用于对 A 股的宏观判断、行业的判断和基金实力的判断。这些技术有时可以挖掘出人们无法理解的信息以及对判断股市强弱非常有帮助的信息。

第三，理财魔方通过分析宏观经济指标量化宏观基本面，每天实时判断每只股票、债券的相对强弱，通过技术指标和社会热点判断整体市场风险偏好，从而更好地做出投资决策。

第四，理财魔方通过对 A 股中申万 28 个行业基本面进行量化分析，以及综合行业分析师给出的观点，提供各行业未来一年的预期收益率。同时，理财魔方通过对 A 股金融增长周期和四种消费风格的判断，可以对未来市场形势做出更准确的判断，进而结合对基金行业和风格的量化评分，选择符合宏观判断的基金。

第五，理财魔方对基金经理数据、基金公司数据、基金机构个人投资者比例、基金过往业绩数据、基金在行业和风格上的选择数据等进行分析，评价基金的择时能力和选股能力，最后对基金进行综合评分。

第六，理财魔方每日监控基金的收益等数据，及时将表现不佳的基金资金转入表现好的基金。

理财魔方分析的指标和数据包括企业财务数据、股票高频量价数据、一致性预期数据、宏观经济基本指标数据、高频宏观经济数据，以及各种宏观、市场、舆情等非结构化数据等。此外，理财魔方通过对多维数据进行蒙特卡洛模拟，判断未来每种大类资产的收益情况，并进行最优选择和配置。

（四）产品分类

理财魔方的核心产品分为两大类：面向 C 端的智能投顾和面向 B 端的机构赋能系统。其中，针对 C 端的智能投顾系统有以下三大特点。

一是“个性化 + 伴随式”的服务框架。由图 8 – 9 可知，理财魔方通过用户信息收集系统、智能用户分析与管理系统形成客户画像，再通过智能投资管理系统、个性化运营策略和千人千面交易系统为 App 的“个性化 + 伴随式”服务模式提供支持。从 App 反馈的交易结果可以产生市场、资产和客户持仓等数据，运用智能化算法对系统进行迭代更新。

二是精准高效的智能客户分析与管理系统。由图 8 – 10 可知，理财魔方智能客户分析与管理系统包括四个模块：风险承受能力分析与匹配、投资心理波动分析与行为预判、智能投教、智能顾问。它可以帮助客户准确识别风险底线，通过推送个性化的内容起到稳定客户心理的作用，进而稳定资金流入流出结构。

三是模块化的智能投资管理系统。该系统涵盖大类资产宏观预测模型、多因子模型、风控模型、大类资产配置模型、风险平价配置模型和

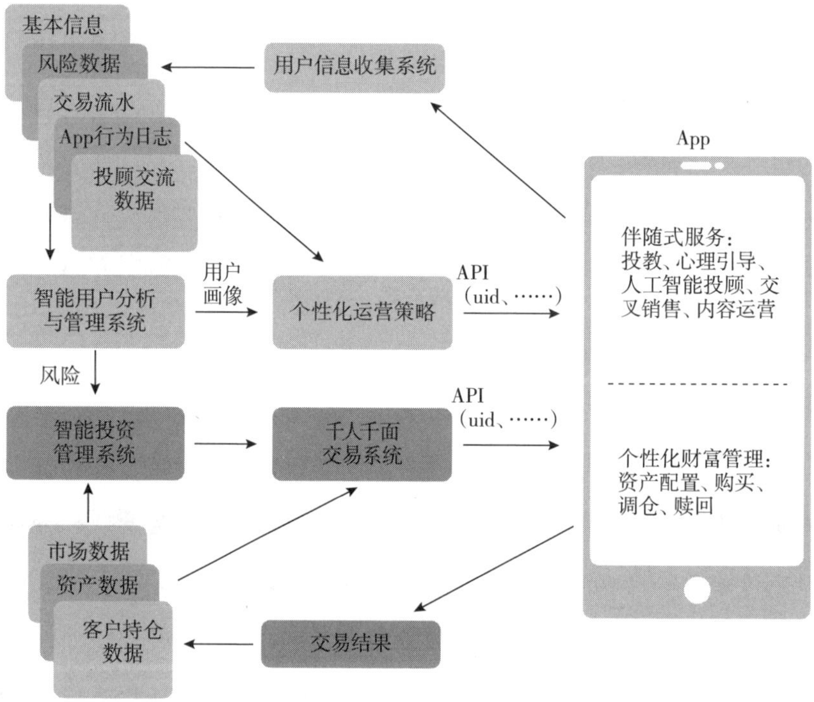

图 8－9　理财魔方个性化服务框架

资料来源：本书编写组根据公开资料整理。

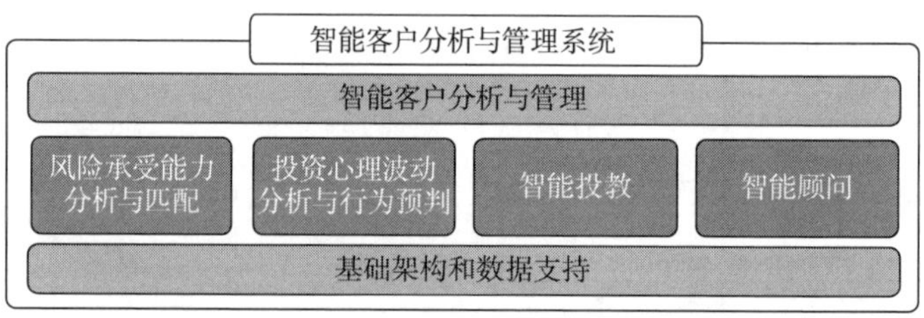

图 8－10　理财魔方智能客户分析与管理系统

资料来源：本书编写组根据公开资料整理。

"千人千面"交易优化等模块，采用主动全天候策略和三级风控体系，以控制最大回撤、获得平均市场收益为主要目标，实现人工智能驱动下的自动运行（见图 8－11）。全天候策略是一种重要的投资组合策略，它强调科学配置的重要性，通过多种资产的组合，在各种环境实现既定的投资目标。理财魔方率先将全天候战略引入中国，并根据国内情况进行优化，加入主动管理因素，基于人工智能模型构建投资组合，根据短期资产风险状况及时调整资产配置比例，规避极端风险。

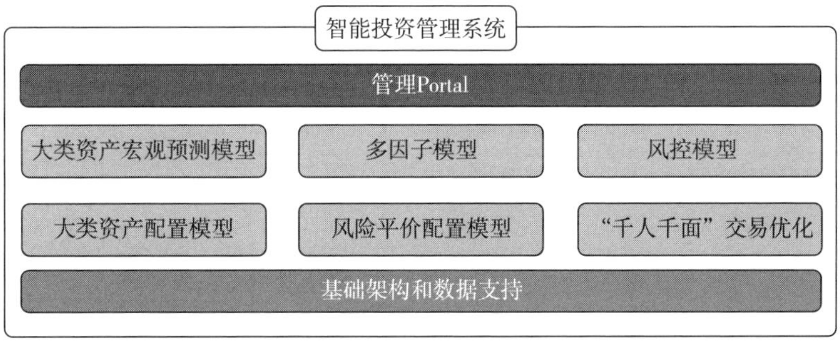

图 8－11　理财魔方智能投资管理系统

资料来源：本书编写组根据公开资料整理。

（五）收费模式

截至 2021 年 3 月末，理财魔方尚未开始收取投顾管理费。但理财魔方的商业模式仍是买方投顾，最终需要用户支付其资产管理规模的 0.5% 作为智能组合管理费。现阶段，理财魔方以推广优惠期的方式限时将 0.5% 的管理费率降至零。

因此，用户在使用理财魔方进行投资时，需要交纳的交易费用仅为申购费、赎回费、调仓费。以风险等级为 4 级的组合为例，系统预估申购费为 0.2%，赎回费则根据持有时间有不同的预估费率，平均在 0.15% 左右；风险等级为 10 级的智能组合历史平均每 1 个月调仓 1 次，每次调整仓位比例 32.14%，平均费率为 0.09%。

此外，理财魔方向用户提供家庭保险规划等保障型保险，保险公司会根据销售情况为理财魔方支付代销费用。

（六）经营效益

2015 年 1 月 1 日至 2020 年 8 月 31 日，理财魔方 App 向用户提供了 10 种不同风险等级的智能组合。随着风险等级的提高，智能组合的波动率由 1.55% 上升至 8.06%，最大浮亏由 1.69% 上升至 15.02%，收益率由 27.90% 上升至 84.61%。

表 8-4　理财魔方智能组合的波动率、最大浮亏和收益率对比　单位：%

智能组合风险等级	波动率	最大浮亏	收益率
1 级	1.55	1.69	27.90
2 级	1.57	4.00	32.95
3 级	2.22	6.09	39.65
4 级	3.02	7.92	46.30
5 级	4.00	9.32	52.64
6 级	5.03	11.12	60.79
7 级	5.47	11.98	62.46
8 级	6.34	12.58	72.42
9 级	7.14	12.72	79.17
10 级	8.06	15.02	84.61

资料来源：本书编写组根据理财魔方 App 整理。

第九章

我国智能投顾发展面临的挑战与对策

第一节　我国智能投顾发展面临的主要挑战

我国智能投顾虽然有了一定的发展，但对比美国的智能投顾，仍处于发展初期。这意味着我国智能投顾行业市场空间非常广阔，也说明我国智能投顾行业在政策完善、服务多样化、相关人才储备、投资者教育等方面都存在提升的空间。

一、客户画像数据来源渠道有限

智能投顾平台需要对客户进行画像以收集不同客户的风险偏好、财务状况、投资需求等信息，为各类客户提供投前、投中与投后服务。但目前国内多数智能投顾平台的客户数据来源渠道有限，主要通过投前阶段必要的风险评估调查问卷获取，但对于投中阶段和投后阶段，智能投顾平台仍需要获取相应的客户数据，以持续跟踪客户的风险容忍度变化、财务能力变动、投资目标变更等情况。此外，就调查问卷的填写而言，客户会存在对自身风险偏好、投资能力、需求目标认知模糊的问题，致使问卷信息的真实性和客观性降低，令本就有限的数据采集手段可靠性进一步降低。数据采集的局限性和不稳定性会使智能投顾平台难以构建全面、精准的客户画像，导致平台对客户各类信息的评估出现偏差，影响平台的精准匹配能力与个性化发展。因此，我国智能投顾平台需要扩充客户数据渠道范围，创新数据采集工具，提高数据挖掘与分析的广度和深度，为智能投顾客户画像工作夯实基础。

二、智能化场景维度有待扩展

智能投顾的智能化场景可以分为两个维度：一是大类应用场景，二是同一应用场景的功能配置智能化。大类应用场景是指客户生命周期不同阶段的核心需求场景，包括教育、医疗、养老等方面；功能配置智能化是指智能投顾根据不同大类应用场景，为客户提供多功能的智能化服务，如智能化的需求评估、应用场景投资过程规划、投资组合构建、投资组合跟踪、投资数据分析等。目前，国内多数智能投顾机构缺少对大类应用场景维度的划分，主要原因是国内智能投顾发展时间有限，行业规模、行业成熟度、技术全面性、行业格局、行业监管有待稳定和发展，智能投顾平台的业务水平无法支撑各大类应用场景条线业务的独立开展。在功能配置上，国内智能投顾平台当前以投资服务为主，功能较为单一，需要在投资服务的基础上继续深耕与扩展，让客户获得除投资功能外的更多优质、多样化、人性化服务体验。就投资服务而言，不同平台在风险评估、投资组合建议、投资组合跟踪、投资分析、投资者教育等不同环节的智能化程度与水平参差不齐，还有待完善。

三、部分平台的盈利模式有待转变

国外智能投顾平台的盈利模式以收取资产管理费用或投顾费用为主，平台需要扩大资产管理规模和客户数量以增加盈利，实行以客户为中心的服务理念，不断优化产品、挖掘客户需求、提升服务质量。但国内多数智能投顾平台的收入来源是以基金销售佣金为主，而非资产管理费用或投顾服务费用。在以基金销售佣金为主的盈利模式下，智能投顾平台开展业务的出发点容易从客户服务质量转变为基金销售数额，平台会寻找各类途径与方法提升产品销售额，引导投资者在投资周期欠佳的时候做出购买与自身匹配度较低的投资产品的决定。在基金种类的选择上，智能投顾平台会受到不同基金公司返点数额的影响，引进高返点基金公司的产品，而非从客观角度对基金质量进行判断和选择。因此，以产品为导向的基金销售佣金盈利模式在一定程度上会损害投资者的利益，需要在行业整体发展过程进行规范和改善。

四、对投资者的教育需加强

当前，我国多数投资者在投资理念上过于注重短期收益、交易过于频繁、投机心理相对较重、风险控制意识与方法亟须改善、缺乏系统性的投资知识，金融素养有待提高。智能投顾的投资理念多以被动投资、中长期投资为主，注重净值曲线的平稳，在行情利好时收益不会猛烈增长，在行情走弱时回撤不会陡然增大，注重风险与收益的平衡。因此，智能投顾的投资模式不匹配多数投资者追求短周期、高收益的投资理念，在投资者群体的认可度、信任度和接受度方面仍然有待提高。智能投顾平台可以在潜移默化中纠正投资者不良的投资习惯与投资意识，扩大智能投顾投资理念普及的广度与深度，加深投资者对风险与收益关系的理解，促进智能投顾行业的发展。

五、行业所需人才不足

改革开放以来，中国经济飞速发展是居民财富不断壮大的根本因素，这一驱动力量在未来仍将继续主导中国居民财富的积累。面对海量的居民财富，中国智能投顾有着不可限量的发展空间。然而，中国智能投顾发展所需的人才仍不能满足需要。

一是智能投顾依托的人工顾问人数不足。截至 2021 年 1 月，我国取得投顾资质的人员仅有 6. 1 万人，而同期中国证券登记结算公司的数据显示，2021 年 1 月我国个人投资者的人数已经超过 1. 79 亿人，投顾人数远远不能满足我国庞大的理财需求。

二是顾问能力参差不齐。智能投顾虽然以机器服务为主，但仍需要人工投顾进行辅助，“人 + 机器”是多数客户的真正需求。未来我国智能投顾行业必然需要大量的投顾人才，但现实中人工顾问的专业能力参差不齐，对于许多想布局智能投顾的机构而言，人才储备不足将是其面临的重大挑战之一。

三是复合人才匮乏。智能投顾的开发需要大量兼具计算机、数学和金融专业能力的复合型人才。当前复合型人才的数量不足，而培养需要较长的周期，横跨多学科的专业人才不足，短期仍将制约智能投顾的发展。

六、获得试点资格机构的多样性有待提升

2021 年第四季度，随着监管部门对智能投顾行业的进一步规范，获得试点资格成为能够实质开展业务的重要因素，对于以智能投顾为主营业务、规模尚未发展起来的优质第三方平台而言，能否获得试点资格

在很大程度上影响其业务发展和行业竞争能力提高。然而，获得试点资格的机构多数为传统金融机构，试点的多样化程度有待提升。

截至 2021 年 8 月，获得基金投顾试点资格的机构已经扩展到 59 家，其中基金、券商和银行占绝大多数，第三方智能投顾平台仅有 3 家获得了试点资格。近年来，监管部门加强了对金融业务的合规性管理，从“实质大于形式”的原则出发，要求从事金融业务的机构必须持牌经营。从这一角度来看，智能投顾的试点资格大多数授予传统持牌金融机构是无可厚非的。但是，传统机构在对客户需求的精准把握和快速响应等方面仍有提升的空间，第三方机构的智能投顾产品是整个行业不可或缺的重要组成部分。因此，提升试点资格机构的多样性将有助于行业的良性竞争和持续发展。

七、技术监管体系尚不完善

科技的运用固然为投顾业务带来了许多优势，但也给监管带来了新的挑战，如何对技术本身进行监管尤为重要。技术的进步对金融市场可能会产生一些负面影响，需要监管部门进一步明晰原则和思路，为市场的健康发展保驾护航。

一是算法的同质化可能放大市场的波动。智能投顾的投资模型主要依据量化投资的逻辑和手段。算法所使用的底层指标基本一致，即数据所包含的信息集是相同的，加上同一大类的算法所暗含的逻辑是一致的，基于动量等一系列指标做出的投资决策可能会导致不同的智能投顾机构做出完全相同的操作。基于上述问题，监管部门对算法异质性的要求有待明晰。资管新规虽然要求金融机构向监管部门报备模型的主要参数以及资产配置的主要逻辑，但是对如何避免算法的同质化没有明确规定，亟待明晰。

二是算法的底层代码出现错误可能会对投资者的利益造成损害。根据美国智能投顾监管部门的经验，一些算法由于编程设计问题导致应有的功能和策略失效，给用户造成了不同程度的损失。这种编程代码的错误可以理解为金融机构风险管理中的操作风险。但是，我国对于这种形式新颖的操作风险，没有明确的规程可循。目前仅有 2018 年颁布的《证券基金经营机构信息技术管理办法》对金融机构信息技术治理、合规与风险管理和技术安全等方面做出了一些预防性的义务规定，但是这些措施大多属于事前预防措施，对风险事件发生后责任如何厘定没有明确规定。

综上所述，监管部门当前对技术的监管，如在应对因算法同质化、编程设计错误、算法模型的缺陷和系统异常引起的市场踩踏或投资者利益受损等影响金融市场稳定运行的情况上仍有提升的空间。我国智能投顾技术监管体系尚未形成，仍需要进一步完善。

八、信息披露水平有待提升

完整、全面、及时的信息披露体系是金融市场持续稳健运行的关键要素之一。对于智能投顾这一新兴模式来讲，信息披露仍然是立身之本。当前，对于智能投顾行业的信息披露，有关部门尚未出台标准化的强制规定，披露的内容、时间等主动权在各家机构。

具体来看，我国智能投顾平台的信息披露存在以下三点不足。一是披露的内容和形式不统一。各家智能投顾机构在算法逻辑、投资标的、实盘业绩、持仓明细等方面的信息披露程度不同，披露的时间点、内容详细程度和形式均不一致。这样的信息披露会导致客户难以辨别平台真实情况，进而难以了解投资建议的内在逻辑，造成信息不对称，影响投资者的利益。二是披露内容的通俗化程度有待加强。对于一些金融素养比较低的投资者来说，如果超出他们金融知识和认知之外的专业名词频繁出现，那么将大大降低投资者对智能投顾的信任度，影响智能投顾平台的客户获取与留存。三是对与投资者利益冲突的内容没有明确强制披露。例如，在推行试点资格之前，国内智能投顾平台存在收取销售返费的现象，尽管这一做法在卖方投顾服务模式下无可厚非，但是对于以“客户为中心”的买方投顾服务模式来讲，这一做法将给行业的良性发展带来严峻挑战。事实上，收取销售返费并不违法违规，但前提是投资者要有充分的知情权，而解决这一问题的关键就是标准化的信息披露制度。因此，在智能投顾的信息披露环节，监管部门和各个平台仍有较大的提升空间。

第二节　智能投顾发展的相关对策

一、拓展数据来源渠道，构建精准客户画像

智能投顾平台需要扩展客户数据来源渠道以构建更加精准的客户画像。在数据类型上，智能投顾平台可以更加注重另类数据的运用，扩展数据维度，提升客户数据分析的综合性；在数据采集方法上，除调查问卷方式以外，智能投顾平台还可以开发专有的数据采集工具以提升数据采集能力和数据多样性；在数据收集时间点上，智能投顾平台可以运用智能化手段实施投中与投后环节的多维度数据跟踪，并定期收集和更新客户风险偏好、财务状况、投资需求等数据信息，保持客户数据的时效性与有效性。

在构建客户画像的过程中，智能投顾平台应发挥其技术优势，充分运用数据库、知识图谱、人工智能算法、大数据算法等技术手段，持续积累包括市场数据、客户数据、另类数据在内的各类原生数据，搭建专有数据管理系统，研发个性化数据处理算法，以强化数据处理能力和管理能力，不断丰富数据标签，以实现客户画像的精细化与全面化。

二、加强投资场景建设，丰富理财服务种类

在多渠道数据源的支持下，智能投顾平台可以通过智能化数据挖掘算法，不断完善数据标签与客户画像，深入挖掘客户在生命周期各个阶段的财务需求，以需求为导向逐步发展教育、医疗、养老等大类应用场景的业务条线，形成既独立又统一的智能投顾应用场景网络，为不同年龄段和不同收入水平的客户制定投资规划、提供投资建议、实施投资跟踪、开展投后管理。

国内智能投顾平台要在投资服务方面不断提升智能化和个性化水平，在投资规划、组合构建、组合跟踪、投资分析等环节实现真正的“千人千面”。在基础的投资理财功能上，智能投顾平台可以参考美国智能投顾平台服务模式，适当探索提供人工服务、财务账户整合、大额支出计划、税收规划等衍生服务，并结合平台自身优势，提高各类衍生服务的智能化水平，创新差异化投顾功能与产品，增加客户黏性，集中优势资源强化核心竞争力，形成品牌特色。

三、构建以投资者为中心的盈利模式，加速行业商业模式转变

维护客户利益是智能投顾平台开展服务的核心，平台在向客户收取费用时应以客户的立场考虑。因此，构建以客户为中心的盈利模式，改变当前以销售佣金为收入来源的商业模式是智能投顾行业发展的关键路径之一。在收取管理费用或投顾费用的模式下，资产管理规模的增长可以为平台创造更多的利润，而资产管理规模取决于客户对智能投顾平台服务的满意程度，因此这种模式下的客户与平台利益一致，有助于形成

长期稳定的正反馈关系。

随着我国金融市场的不断开放，国内智能投顾行业未来将面临更加激烈的竞争。因此，智能投顾平台首先要从自身做起，积极加速从赚取佣金的“交易优先”模式向财富管理的“客户优先”模式转型，厘清智能投顾业务发展的正确路径。在行业层面，监管机构可以在《关于做好公开募集证券投资基金投资顾问业务试点工作的通知》的基础上，根据行业发展情况出台相应指导意见，以规范智能投顾平台的商业模式。随着我国个人投资者对服务付费的接受度和认可度的提升，智能投顾平台盈利模式的转变将有助于平台积累客户，推进智能投顾平台深入挖掘客户需求，提升平台管理客户的能力，促进平台业务的多元化发展。

四、加强投资者教育工作，培育忠实客户

投资者教育环节可以帮助个人投资者养成良好的投资习惯，建立理性的投资观念，提高对投资风险的认识，提升投资素养。智能投顾的互联网属性使其在线上开展投资者教育工作拥有一定的便利条件，智能投顾平台可以在功能服务上加大投资者教育方面的投入力度，针对智能投顾业务的概念、特点、商业模式等，采用撰写系列投资者教育材料、录制知识小视频、拍摄系列课程或举办线上系列专题讲座等方式开展投资者教育工作。开展投资者教育工作有以下优点：一是可以为客户普及智能投顾的相关知识，加深客户对智能投顾的理解；二是可以帮助投资者树立正确的理财观念；三是可以与客户进行互动，解答客户关于智能投顾的疑惑，了解客户选择智能投顾的原因，深入挖掘客户投资需求，加强客户关系管理，提升客户对智能投顾的认同感与信任感，提高客户的

转化率与留存率。

五、加大人才培养力度，增强投顾实力

专业人才是智能投顾行业发展至关重要的因素之一。如今，我国智能投顾发展仍然面临诸多挑战，缺乏高水平专业人才。因此，我国在人才培养方面需要学习国际先进经验，进一步加大人才培养力度。美国众多一流大学均开设了智能投顾相关课程，为行业输送优秀的专业人才；许多高校也设立了金融科技实验室等研究机构，为行业发展提供研究支持。美国学术研究体系与行业实践的无缝衔接为行业发展奠定了良好的基础，也对于我国智能投顾发展有重要的借鉴意义。

为应对智能投顾行业人才不足的困境，我国可以建立适合国情的智能投顾人才培养体系。具体来看，首先，协会和机构应加大对现有投资顾问的培训力度，提升投资顾问群体的专业能力、服务能力和沟通能力，制定相关激励政策，提升投资顾问的获得感，降低核心人才的流失率；其次，智能投顾机构可以加强与高校和研究机构的合作，通过定向人才培养计划、定制课程等方式培养专业人才，充分发挥双方优势，培养兼具金融和数字技术素养的复合型人才，为行业发展提供长期的智力支持。

六、适时扩大第三方机构试点资格范围，推动行业有序竞争

基金投顾试点的落地虽然在一定程度上解决了我国智能投顾行业的合规性问题，但是智能投顾目前仍属于新兴业态，国内仅以试点的形式推动其发展，相关业务并未实现全面落地。从维护市场稳定和投资者权益的角度来看，试点无疑是最稳妥的方案，然而第三方机构获得试点资

格的数量较少，整个智能投顾行业的竞争活跃度仍需提升。

未来，笔者建议监管机构在全面评估现有试点成果的基础上，进一步扩大试点的范围和机构的数量，在合法、合规的基础上将更多的第三方机构纳入试点范围；可以灵活运用“监管沙箱”，将第三方机构的智能投顾业务纳入“监管沙箱”范围，在“监管沙箱”内积累一定运营成果之后再进入市场。

基金投顾试点的全面落地，仍然需要试点机构与监管机构的积极互动，需要全面洞察试点业务为智能投顾行业带来的各类影响，既包括对行业发展的积极推动，也包含对问题与风险的深刻反思。监管机构应通过不断地运行与反思，逐步扩大试点范围，促进参与机构的多样化和行业标准的规范化，推动行业有序竞争。

七、重视算法等技术监管，防范系统性技术风险

首先，“算法黑箱”可能引起的损失责任厘定需要政策法规予以明晰，相关部门应制定清晰、合理的规则，在事前、事中和事后三方面加强对算法的监管。由算法生成的投资建议、组合配置和再平衡存在一定的“黑箱”，投资者只能看到结果而看不到中间过程。因此，一些投资者会对智能投顾的投资策略存在一定的质疑，这容易引起平台和投资者之间的矛盾，这种情况在发生损失或投资者利益受到侵害时尤为突出。为了避免出现“算法黑箱”带来的责任难以厘清的情况，监管部门在事前进行规制十分重要。

其次，针对代码错误给投资者造成的损失，需要明确划分责任。监管部门应联合司法部门加强研究、规划和立法，制定合理、公正和清晰的制度。因代码错误而产生损失虽然在国内没有案例可循，但是存在发

生的可能性，有必要制定事前预防制度。目前，针对此类风险的处置和责任划分仅有原则性的指导意见，监管部门仍需出台细则予以指导。

最后，针对使用数字工具时产生的隐私保护问题，需要监管机构进一步明确产权归属和使用范围。当前，我国出台了一些关于个人信息保护的法律法规，对保护个人信息起到了极大的促进作用。由于智能投顾在服务过程中会获得大量个人隐私数据，保护用户数据、避免发生投资者信息泄露事件不仅需要法律的支持，更需要监管部门出台更加细致的保护金融数据的规则。

参考海外经验，美国证券交易委员会发布的《智能投顾监管指南》和美国金融业管理局发布的《智能投顾建议报告》都重点强调了对算法的监管，具体包括算法的功能、风险、人工干预条件等。国内监管机构可以参考美国智能投顾监管政策，加强对智能投顾算法的监管，明确权责界定机制，将模型和算法与相关责任主体进行绑定，制定适当的问题审查与追溯引导问责机制，以确保在出现异常情况时可以就相关模型与算法进行责任确认，避免“算法黑箱”导致的权责界定模糊与规避监管的情况发生。与此同时，监管机构应该根据《个人信息保护法》等法律出台智能投顾数据安全与隐私保护的指引。

八、建立标准化信息披露机制，提升平台信息透明度

中国智能投顾的信息披露机制需要进一步完善。具体来看，智能投顾行业的信息披露应从以下几点着手。

一是建议监管部门规范信息披露的时间节点。当前各家机构在披露时间频率上没有标准可循，信息披露的自由裁量权较大。因此，建议监管部门出台具体的规则或指引，加强行业信息披露的标准化。

二是建议监管部门规范信息披露的内容。监管部门应有效规范信息披露内容的详细程度，确保智能投顾平台披露投资决策、日常运营、底层模型与算法、产品业绩等相关信息，并且保障披露信息的真实性、准确性、充分性、及时性和适当性。此外，监管部门应通过定期现场检查确保实际情况与披露信息的一致性，加强对披露内容的监督指导。

三是建议智能投顾平台使用通俗易懂的语言进行信息披露。智能投顾覆盖诸多长尾客户，这些客户的金融素养和文化水平参差不齐，使用专业的金融术语进行信息披露会增加用户理解的难度，降低用户的体验友好度。因此，智能投顾平台应在保证专业性的基础上，多采用图表等简单明了的披露方式。

九、发展投顾评测体系，综合衡量投顾服务

目前，我国智能投顾行业并未建立一个比较完善的评测体系，在这种背景下，投资者难以选出安全、合规且最匹配自身需求的平台。因此，建议开展智能投顾平台的综合评测，从智能化水平、投资管理、安全治理、服务体验等多个维度综合衡量智能投顾平台的质量水平。对广大投资者来说，评测数据可以方便投资者清晰地对比不同平台的优点与缺点，了解行业内不同公司的经营现状，帮助有理财需求的投资者更准确地匹配符合自己需求的投顾平台；对智能投顾行业来说，建立评测体系能够使智能投顾平台对其智能化水平、投资管理水平、安全治理水平、服务体验水平有更加清晰且客观的认识，对于发现自身优势及不足具有重要意义，有助于行业的发展与壮大。

附录　智能投顾评测报告2021

中国智能投顾评测体系研究

证券科技研究中心

中国智能投顾评测体系研究课题组

一、引言

自2014年我国智能投顾行业出现以来，智能投顾行业涌入了大量市场参与者，以银行、券商、基金公司和第三方机构这四类背景的平台为主。这些企业或依靠其客户和产品资源优势，或依靠其流量和技术赋能优势，在市场均占据较为稳定的市场份额。然而，智能投顾行业并未形成统一的行业标准，这对于金融知识匮乏的投资者来说，在众多企业中选出合规且匹配自身需求的平台并非易事。

本测评报告结合对现有评测体系的调研，设计出一套智能投顾的评测方法，笔者选择了符合入选标准的国内近二十家智能投顾平台进行评测，选出了分榜与总榜的前十大企业，并形成评测报告。希望能够帮助投资者选出最适合自己的智能投顾平台，同时希望能够帮助智能投顾公司厘清发展方向，明晰优势和不足，共同健康发展。

二、评测目标

（一）帮助用户客观选择

对于需求端来说，越来越多的中产家庭对家庭可支配收入有了更清晰的规划和认识。而市场也存在一些打着“智能投顾”旗号，而实际业务并非与智能投顾相关的公司。

本测评将综合展示企业的各项指标，提供从不同维度分析得出的智能投顾平台排名，让投资者更清晰地对比各企业的优势及劣势，了解行业内不同公司的经营现状，从而帮助有理财需求的使用者更准确地匹配符合自己需求的投顾平台。

（二）厘清行业发展方向

由于中国的智能投顾行业起步较晚，行业技术壁垒并不高，大量资本涌入潜力可观的智能投顾市场，热度不断提升。虽然中国智能投顾行业经历了2017—2019年的洗牌，整体产业格局正趋于稳定，但企业数量众多、市场集中度低，综合来看行业还处在整合阶段。

本测评将对各智能投顾平台的综合水平进行评估，帮助已在市场以及准备进入市场的企业对行业内各平台的智能化水平、投资管理水平、安全治理水平、服务体验水平有客观、清晰的认识，从而帮助企业明确自身市场影响力、厘清自身发展方向、发现自身优势及劣势，加速智能投顾行业的发展与壮大，增强市场对智能投顾行业的认可度。

三、调研

（一）国内外相关评测工作

当前市场对智能投顾行业的调研报告数量并不多，其中各调研报告关注的指标也略有差异，导致行业对企业的综合实力还没有统一的排名。以下为当前国内外相关测评报告。

1. 报告一：金融之家《2017年中国智能投顾行业深度分析报告》

该报告于2017年12月发布，主要研究了智能投顾诞生和发展的“土壤”，国内智能投顾发展类型、阶段、代表企业、上下游图谱等。报告对当年中国市场上仍在运营的智能投顾平台进行了评分排序，根据智能化水平、资产管理规模、投资管理水平、投顾服务水平、创始团队实力和资本实力等六个指标进行打分，总分为10分，根据企业综合分数得到2017年中国智能投顾市场排行榜（见表A1）。其中，智能化水平、资产管理规模、投资管理水平和投顾服务水平分别占比20%，单项总分2分；资本实力和创始团队实力分别占比10%，单项总分1分。

表A1 2017年中国智能投顾市场排行榜

排名	企业	智能化水平	资产管理规模	投资管理水平	投顾服务水平	创始团队实力	资本实力	总分
1	摩羯智投	1.40	2.00	1.75	1.75	0.80	1.00	8.70
1	理财魔方	1.85	1.25	2.00	1.90	0.90	0.80	8.70
3	璇玑智投	1.50	0.80	1.93	1.60	0.85	0.85	7.53
4	蛋卷基金	1.00	0.90	1.83	1.60	0.75	0.85	6.93
5	金贝塔	1.00	0.90	1.66	1.50	0.85	1.00	6.91
6	拿铁智投	1.20	0.80	1.79	1.60	0.75	0.75	6.89
7	投米RA	1.30	0.85	1.25	1.75	0.80	0.85	6.80

续表

排名	企业	智能化水平	资产管理规模	投资管理水平	投顾服务水平	创始团队实力	资本实力	总分
8	贝塔牛	1.20	0.90	1.29	1.40	0.85	1.00	6.64
8	好买	1.00	0.85	1.79	1.40	0.75	0.85	6.64
10	灵犀智投	0.70	0.80	1.95	1.40	0.75	0.75	6.35
11	慧牛	1.00	0.50	1.43	1.60	0.70	0.70	5.93
12	谱蓝定投	0.70	0.10	1.90	1.00	0.50	0.70	4.90

资料来源：《2017 年中国智能投顾行业深度分析报告》。

2. 报告二：韭菜财经大数据《2019 年全国智能投顾平台 Top20 排行榜》

韭菜财经大数据监测了近 100 家智能投顾平台，基于对企业的品牌实力、风险管理、交易表现、用户表现、舆情利好、合规程度六项指标的公开信息收集，应用数学模型以及计算公式对各项指标进行标准化处理，最终得到 2019 年全国智能投顾平台 Top20 排行榜，如表 A2 所示。

表 A2　2019 年全国智能投顾平台 Top20 排行榜

排名	平台	品牌实力（18%）	风险管理（19%）	交易表现（20%）	用户表现（15%）	舆情利好（10%）	合规程度（18%）
1	蚂蚁财富	90.67	87.54	72.21	83.43	80.21	86.41
2	理财通	89.31	85.45	70.49	81.32	80.65	83.53
3	壹账通	83.63	84.31	68.55	78.86	75.74	60.65
4	灵犀智投	84.78	79.32	65.88	72.45	77.77	79.68
5	投米 RA	84.55	80.55	70.85	70.95	74.68	80.54
6	理财魔方	80.43	80.54	65.89	78.96	74.87	79.64
7	向前金服	75.76	79.64	64.64	70.32	70.65	78.80
8	WE 理财	76.54	78.88	63.53	72.31	75.88	75.65
9	小赢理财	70.99	76.76	61.95	70.43	71.54	70.44
10	璇玑智投	75.43	70.54	62.75	70.42	71.66	68.32
11	蓝海财富	78.65	66.77	67.98	68.65	78.99	60.89

续表

排名	平台	品牌实力（18%）	风险管理（19%）	交易表现（20%）	用户表现（15%）	舆情利好（10%）	合规程度（18%）
12	京东智投	80.65	80.65	64.54	68.77	70.85	65.54
13	优品财富	71.33	76.89	69.72	60.75	73.76	60.49
14	蛋卷基金	78.65	69.76	57.54	61.42	67.86	65.43
15	且慢	71.88	66.75	54.76	60.89	77.21	60.11
16	Beta 理财师	80.99	80.43	55.21	65.32	60.32	62.22
17	理财易站	70.43	68.99	55.31	60.32	60.79	59.31
18	桔子理财	68.92	65.54	53.77	70.65	63.21	55.55
19	查理智投	70.67	67.86	51.21	66.74	66.21	50.32
20	摩羯智投	80.65	63.21	51.76	64.99	60.31	51.33

资料来源：《2019 年全国智能投顾平台 Top20 排行榜》。

3. 报告三：*Backend Benchmarking Summer 2021 Robo Ranking*

Backend Benchmarking 的报告是当前唯一采用经统计的、真实可靠的官方数据整理出的智能投顾行业排行榜。各企业的综合分数由服务、平台、公司等定性标准以及投资成本、投资组合表现等定量标准组成。报告从联络人工顾问的方便度、对用户的财务规划、业务透明度、产品特性、用户体验、最低投资门槛、在管资产规模及年限、企业成本、业绩回报水平九项指标对智能投顾企业进行了评估及排名（见表 A3）。

表 A3　截至 2021 年第二季度部分智能投顾平台评分情况

平台名称	联络人工顾问的方便度	对用户的财务规划	业务透明度	产品特性	用户体验	最低投资门槛	在管资产规模及年限	企业成本	业绩回报水平	总计
SigFig	7.00	10.50	8.00	3.80	6.45	2.40	1.60	12.75	23.32	75.82
Fidelity Go	6.00	13.50	6.00	4.60	6.91	3.00	1.72	12.36	19.84	73.93
Vanguard P. A. S.	6.50	13.50	3.00	4.80	7.00	2.40	2.00	13.96	17.79	70.95

续表

平台名称	联络人工顾问的方便度	对用户的财务规划	业务透明度	产品特性	用户体验	最低投资门槛	在管资产规模及年限	企业成本	业绩回报水平	总计
E* TRADE Core	7. 00	12. 75	7. 00	5. 80	5. 66	3. 00	1. 60	12. 29	20. 14	75. 24
Betterment	6. 00	13. 50	8. 00	9. 17	6. 40	3. 00	2. 00	12. 50	13. 45	74. 02
Ellevest	7. 00	12. 00	3. 00	7. 56	4. 91	3. 00	1. 60	14. 65	13. 05	66. 77
Wells Fargo Intuitive Investor	7. 00	12. 00	5. 00	3. 00	6. 20	2. 40	0. 50	10. 06	19. 51	65. 67
SoFi	8. 00	9. 75	5. 00	5. 25	6. 20	3. 00	0. 87	15. 00	22. 82	75. 89
Axos Invest	0	9. 00	5. 00	8. 60	7. 00	3. 00	1. 20	12. 60	21. 94	68. 34
Wealthfront	0	15. 00	6. 00	5. 80	7. 20	3. 00	2. 00	12. 50	16. 41	67. 91
Capital One Investing	7. 00	15. 00	2. 00	7. 00	3. 80	0	0. 98	4. 85	5. 05	45. 68
UBS Advice Advantage	7. 00	6. 75	6. 00	5. 40	5. 94	1. 80	0. 42	6. 17	8. 65	48. 13
Merrill Edge Guided Investing	7. 00	12. 00	9. 00	4. 54	6. 35	2. 40	0. 75	10. 22	14. 37	66. 63
Schwab	6. 50	12. 00	8. 00	4. 52	8. 88	2. 40	2. 00	11. 17	6. 88	62. 35
Personal Capital	6. 50	15. 00	10. 00	7. 00	6. 96	0	2. 00	5. 60	9. 71	62. 77
Ally Invest Managed Portfolio	0	9. 00	8. 00	4. 80	6. 54	3. 00	1. 40	12. 29	15. 34	60. 37
Zacks Advantage	8. 50	7. 50	5. 00	2. 95	5. 30	1. 20	0. 83	6. 26	17. 58	55. 12
Morgan Stanley Access Investing	5. 00	13. 50	8. 00	5. 00	6. 66	2. 40	0. 50	11. 96	15. 34	68. 36
Acorns	0	3. 00	5. 00	6. 80	5. 50	3. 00	1. 60	15. 00	12. 70	52. 60
FutureAdvisor	7. 00	3. 00	3. 00	3. 60	3. 40	2. 40	1. 60	9. 97	16. 14	50. 11
Maximum	10. 00	15. 00	10. 00	10. 00	10. 00	3. 00	2. 00	15. 00	25. 00	100. 00

资料来源：*Summer 2021 Robo Ranking*。

（二）优缺点比较

以上三份报告对企业评估指标的对比如表 A4 所示。

表 A4 三份报告评估指标对比

企业评估指标	报告一	报告二	报告三
智能化水平（资产配置、调仓、“千人千面”策略）	√	√	√
在管资产规模、资金保有量	√	√	√
业绩回报水平、交易表现	√	√	√
投顾服务水平（客服效率、匹配人工客服的投资门槛等）	√		√
资本实力、融资情况	√	√	
创始团队实力	√	√	
公司运营成本		√	√
用户量、月活用户、平台话题参与度		√	
用户使用体验、舆情利好		√	√
合规程度（综合公司资质、牌照等）		√	
用户投资门槛			√
业务透明度			√

由表 A4 可知，报告一关注的企业评估指标相对较少，主要关注公司的技术实力、资本实力、团队实力，以上信息针对公司的核心竞争力以及资本背景，对公司的用户量、用户体验、投资门槛等细节指标考虑较少。报告一更适用于对比未来发展有潜力的公司，对有理财需求的潜在投资者帮助较少。

报告二关注的企业评估指标最多，从公司的基础技术实力、资本实力、合规性以及用户角度等多方面综合评估企业，并对各项指标都设定了合理的占比。但因各企业在管资产规模等数据的获取渠道不明确，不能确定数据的真实性和时效性。除此之外，公司没有明确说明对综合技术创新、风控能力等指标的打分标准。综合来看，报告二对企业考核的角度较为全面，但是打分标准较不明确。

报告三对企业的考核更多是偏向于用户角度，对公司的智能化水平、投资回报水平、投顾服务水平、用户体验、用户投资门槛以及业务透明度各项指标都展开了详细评估，让潜在投资者可以更清晰地对比企业的各项指标，并根据自己的需求匹配公司。虽然报告均采用经统计的官方数据，但投资者无法确定数据是否统一了时间节点；且在指标较多的情况下，应根据指标的重要程度对各项指标分配不同的比例，从而使结果更客观。

四、评测方法论

综合行业调研经验，本次评测设计了如下指标体系。

（一）评测指标及价值目标

1. 智能化水平

提高智能化水平可以使智能投顾平台更加精细化地判定用户的风险承受范围，为用户更准确地配置相适应的资产组合，以此提高盈利概率及收益率。智能化水平指标如表 A5 所示。

表 A5 智能化水平指标

评分指标	评价指标的意义
智能风险测试	平台是否执行证监会要求的合规审查；平台是否对用户的风险承受范围进行识别
个性化风险推荐组合	根据用户自身的风险承受范围，体现平台是否具备为其推荐相适应的配置组合的能力
个性化动态配置	根据用户选择的投资时间和投资金额等选项，体现平台能否更进一步精准地判定用户的风险承受范围，为其推荐更适合的配置组合

续表

评分指标	评价指标的意义
人工智能配置组合	区分各平台的资产配置组合是由人工或是机器算法筛选配置，人工智能配置的投资逻辑算法相比人工更精准、更全面，也体现了平台的投资运算能力更强
智能客服	体现平台的智能化水平及高效的服务意识

2. 投资管理水平

投资管理水平是对平台最大回撤控制能力和收益能力的综合评价。投资管理水平指标见表 A6。

表 A6　投资管理水平指标

评分指标	评价指标的意义
近一年最大回撤率	体现了近一年平台对资产组合的极端风险控制能力
近一年年化收益率	体现了近一年平台实现资产组合投资收益最大化的能力
近一年年化收益和最大回撤	体现了近一年平台在控制极端风险情况下，实现资产组合投资收益最大化的能力
近一季度最大回撤率	体现了近一季度平台对资产组合的极端风险控制能力
近一季度年化收益率	体现了近一季度平台实现资产组合投资收益最大化的能力
近一季度年化收益和最大回撤	体现了近一季度平台在控制极端风险情况下，实现资产组合投资收益最大化的能力
组合大类资产分散度	体现了平台对全球宏观经济的预测能力、资产配置的多样性及控制风险对冲的能力
组合基金公司分散度	体现了平台基金池的丰富程度，并能避免某家基金公司带来的系统性风险

3. 安全治理水平

笔者设计安全治理水平指标是为了让用户筛选可放心投资的平台。安全治理水平指标如表 A7 所示。

表 A7 安全治理水平指标

评分指标	评价指标的意义
是否持牌经营	体现主体经营的合法性
资产是否合规	体现投资资金的安全性
信息披露程度	（1）体现平台对组合业绩的跟踪分析情况，让用户明确了解组合业绩并核验； （2）体现平台展示的组合业绩真实性； （3）让用户了解组合的投资策略并核验； （4）投入前能让用户初步感知组合配置的合理性； （5）让用户了解平台提供服务的利益出发点
安全措施	体现平台对用户信息的保护情况
运营时间	平台运营时间越长，代表安全性越高，其智能投资系统算法的积累更迭越多

4. 服务体验水平

该指标评价平台是否为客户提供全面的服务需求体验。服务体验水平指标如表 A8 所示。

表 A8 服务体验水平指标

评分指标	评价指标的意义
投顾和客服	（1）投顾：专业的投资顾问为客户解决投资相关问题。 （2）客服：解决用户使用 App 过程中的问题
全权委托	平台在接受产品购买委托后，一键购买，且不再需要用户进行额外的投资操作，为客户自动调仓
市场情绪响应	不定时地解读市场行情变化
投资分析	让用户随时能了解宏观经济现状、平台及组合的投资规划和调整策略
投教内容	通过音频、视频、文字、课程等形式向用户传达投教内容，让其在提高投资认知的同时，能更好地理解平台执行的投资策略
交易体验	流程步骤少，简单易懂，界面清晰，自动识别关键信息，减少用户输入
全面资产配置规划服务	更多资产品类，满足客户投资多样性的需求

（二）综合评分

笔者对上述智能化水平、投资管理水平、安全治理水平、服务体验水平四个方面各取 25% 的权重进行综合评分。

五、入选评测机构

（一）入选标准

本次测评选择的智能投顾平台共计 19 家，入选标准如下：

第一，在 2020 年 11 月已经正式推向市场并运营客户（尚处于内部测试状态或者部分用户处于测试状态的平台或产品不能入选）；

第二，在平台的产品介绍中或从功能定义划分上属于智能投顾的平台（如果不具备智能化功能或者不认为自己是智能投顾类产品的人工投顾平台则不能入选）；

第三，配置资产以公募基金为代表的标准化资产为主（非标资产的配置平台不能入选）。

（二）分类

我们将入选的 19 家智能投顾平台分为四类，分别属于银行系、券商系、基金系以及第三方机构，平台介绍如下。

1. 银行系

表 A9　银行系平台

平台名称	所属企业	上线时间	平台介绍
摩羯智投	招商银行	2016 年 12 月	摩羯智投是运用机器学习算法，并融入招商银行十多年财富管理实践及基金研究经验，在此基础上构建的以公募基金为基础、进行全球资产配置的“智能基金组合配置服务”。在客户选择投资期限和风险收益后，摩羯智投会根据客户自主选择的“目标—收益”要求构建基金组合，由客户进行决策、“一键购买”并享受后续服务

续表

平台名称	所属企业	上线时间	平台介绍
AI 投	工商银行	2017 年 12 月	AI 投基于海量数据对用户画像进行精准描绘，并借助专业量化模型智能选取基金产品，为客户获得相应收益。在产品配置过程，平台通过大类资产配置分散投资风险
中银慧投	中国银行	2018 年 4 月	中银慧投是中国银行面向个人客户提供的智能投资顾问服务。中银慧投根据投资者的风险承受能力、预期投资期限等要求，运用一系列智能算法、投资组合优化模型等，为个人客户提供智能化和自动化的资产配置建议。中银慧投为客户提供定制智能组合和存量资产诊断两大服务
龙智投	建设银行	2018 年 12 月	龙智投是建设银行基于大数据分析的智能投资理财顾问。该产品可以根据用户的理财倾向，智能推荐基金组合、精选理财产品，为客户提供“千人千面”的革新化综合解决方案

2. 券商系

表 A10　券商系平台

平台名称	所属企业	上线时间	平台介绍
贝塔牛	广发证券	2016 年 6 月	贝塔牛利用最新的金融科技为客户提供智能化、个性化的投资理财服务。平台可以根据客户的不同投资目标及风险承受能力给出不同的投资理财建议。同时，机器人服务能够克服盲目投资行为，帮助客户更加理性地投资
蜻蜓点金—基金智投	中信建投证券	2018 年 12 月	蜻蜓点金—基金智投是中信建投证券自主研发的一站式互联网金融服务品牌，集行情、交易、投顾、理财、资讯与智能服务于一体
君享投	国泰君安证券	2020 年 4 月	君享投是国泰君安推出的一项基金投顾服务。平台发挥其专业投研实力、行业领先的组合定制经验和专业储备，层层把控优选基金，个性化匹配选基策略，并全程开展专业的服务管理

续表

平台名称	所属企业	上线时间	平台介绍
基智投	国联证券	2020 年 4 月	基智投通过预判宏观周期、细分和优选最优资产、按风险预算优化组合、匹配精选基金等步骤，对基金逐层优选、优中选优，紧跟市场动态，提供动态调仓服务
A + 基金投顾	中金公司	2020 年 8 月	A + 基金投顾依托中金公司在资产配置和基金研究方面超过 10 年的深厚积淀，从客户需求出发，为投资者提供全策略、全场景覆盖的一站式买方投顾账户服务。同时，平台通过线上和线下并行的专业投资顾问，帮助投资者做好投资策略的适配。投前厘清财务目标；投中做好策略和财富规划场景适配；投后为投资者定期提供全面账户报告，帮助投资者树立财富规划和长期配置的投资理念，真正为投资者提供应对市场波动、提高投资获得感的专业买方投顾服务
星基汇	申万宏源证券	2020 年 9 月	星基汇以客户为核心，为客户提供量身定制的基金资产配置顾问服务。根据客户的投资目标和风险偏好，平台代理客户做出关于具体基金投资品种、数量和买卖时机的决策，并代理客户执行基金产品申购、赎回、转换等交易申请

3. 基金系

表 A11　基金系平台

平台名称	所属企业	上线时间	平台介绍
查理智投	华夏基金	2018 年 1 月	华夏基金借助大数据手段，利用人工智能技术，结合在金融领域服务 20 年的投顾经验，正式推出了查理智投。查理智投内设优选、教育、养老三大理财场景，多种理财组合，借助算法和模型为投资者制定理财方案，提供个性化的智能投顾服务，满足每个投资者不同人生阶段、不同风险收益偏好的需求
司南投顾	南方基金	2019 年 10 月	司南投顾运用金融科技手段，将南方基金专业的资产配置能力、风险管理能力及客户服务能力全面融合。司南投顾为了更好地实现以客户为中心的服务理念，立足投资者个性化的投资需求，在匹配“风险—目标”的基础上，提供投资顾问服务，帮助投资者规避追涨杀跌和应对市场风格轮动

续表

平台名称	所属企业	上线时间	平台介绍
水滴智投	中欧基金	2019 年 12 月	水滴智投是中欧基金为客户提供的定制投资服务。平台根据客户的投资期望、投资风险承受能力、投资时长等定制投资方案，帮助客户轻松理财

4. 第三方机构

表 A12　第三方机构平台

平台名称	所属企业	上线时间	平台介绍
理财魔方	口袋财富	2015 年 5 月	理财魔方是一款人工智能理财 App，是人工智能驱动的个性化财富管理平台。平台通过人工智能技术为用户定制匹配其风险的资产组合，提供一键全球配置、实时监控金融市场、动态调仓等服务，帮助其实现资产的保值、增值
京东智投	京东集团	2016 年 1 月	京东智投基于大数据和人工智能技术，为客户提供定制化的智能资产配置管理方案，引领财富管理由“货架式”时代迈入“私人定制”时代
璇玑智投	乐融多源	2016 年 10 月	璇玑智投依据投资目标、风险承受能力等因素为投资人精选多类低相关度资产进行全球化资产配置，帮助投资者足不出户实现全球资产布局
灵犀智投	金融界	2017 年 7 月	灵犀智投本着务实、严谨、追求卓越的精神，坚持以算法创新、技术创新和服务创新服务中国的大众投资者，助力智能金融和财富管理在中国的发展
帮你投	蚂蚁金服	2020 年 4 月	帮你投可以代客户进行基金申购、赎回等交易，为客户持续跟踪市场动态，并且根据市场情况为客户自动调仓。参照美国 Vanguard 集团多年线上投顾经验，基于 Vanguard 集团独家专利“全球资本市场模型”（Vanguard Capital Markets Model，VCMM）各类资产收益和数据变量进行系统分析，并对投资组合未来收益进行多次模拟，进而计算适合投资者风险偏好的投资组合

续表

平台名称	所属企业	上线时间	平台介绍
谱蓝定投	创必承	2016 年 3 月	谱蓝定投是一款智能理财软件。该应用为用户提供包括现金理财、基金组合定投、自选基金在内的服务，以及教育金、养老金的存储规划。 “享定投”基金组合是谱蓝定投提供的主要服务，它为用户提供智能化公募基金投资服务，根据用户的家庭理财目标与风险偏好，确定风险等级，进而采用人工智能算法为用户提供量身定制的资产配置方案，以及后续资产监管服务

六、评测结果

应用上述评测体系对入选的 19 家智能投顾平台进行评测，得出各分项与综合评测结果（以下排名按照平台拼音首字母顺序排序）。评测时间段为 2020 年 8 月 1 日至 2021 年 12 月 31 日。

（一）分项结果

1. 智能化水平

智能化水平排名前 10 的中国智能投顾平台如图 A13 所示。

表 A13 智能化水平排名前 10 的中国智能投顾平台

平台名称	所属企业
AI 投	工商银行
帮你投	蚂蚁金服
查理智投	华夏基金
京东智投	京东集团
理财魔方	口袋财富
摩羯智投	招商银行
蜻蜓点金—基金智投	中信建投证券
司南投顾	南方基金

续表

平台名称	所属企业
璇玑智投	乐融多源
中银慧投	中国银行

在智能化水平评测结果中，少数银行、互联网创业公司及基金公司智能化水平较高，其余大部分平台智能化水平较弱，且两极分化较为明显。

在各项评价指标上，所有平台都有智能风险测试，但仍需解决测试途径大部分依赖于调查问卷的问题；15 家平台拥有个性化风险推荐组合，少部分银行和券商平台没有这项服务；7 家平台在同样的风险下组合有进一步提供其他差异化配置的能力；13 家平台拥有人工智能配置组合；所有平台都有智能客服，但银行、券商的智投平台与自身系统共用，没有独立的智能客服。

2. 投资管理水平

投资管理水平排名前 10 的中国智能投顾平台如表 A14 所示。

表 A14　投资管理水平排名前 10 的中国智能投顾平台

平台名称	所属企业
AI 投	工商银行
贝塔牛	广发证券
理财魔方	口袋财富
京东智投	京东集团
龙智投	建设银行
摩羯智投	招商银行
谱蓝定投	创必承
蜻蜓点金—基金智投	中信建投证券
司南投顾	南方基金
中银慧投	中国银行

在投资管理水平上，大部分产品表现了较为优秀的最大回撤控制能

力；在收益水平上，大类资产分散度类似的产品收益相近，且收益相对较好的产品都是大类资产分散度较差的产品，其原因可能是这些产品更倾向于通过主动管理获取超额收益，而非倾向于资产配置；在大类资产分散度上，全部产品都配置了股票型基金和货币型基金，大部分产品配置了债券型基金，少部分产品配置了原油和黄金等另类资产。

3. 安全治理水平

安全治理水平排名前 10 的中国智能投顾平台如表 A15 所示。

表 A15　安全治理水平排名前 10 的中国智能投顾平台

平台名称	所属企业
AI 投	工商银行
贝塔牛	广发证券
查理智投	华夏基金
京东智投	京东集团
理财魔方	口袋财富
摩羯智投	招商银行
水滴智投	中欧基金
司南投顾	南方基金
璇玑智投	乐融多源
中银慧投	中国银行

国内智能投顾产品安全治理水平较为理想，绝大多数产品持有基金销售牌照或基金投顾牌照，其配置的资产也都合法合规，目前仅有 1 家平台不持有相关牌照。在信息披露程度上，过半数企业缺少实盘业绩、持仓明细、投资逻辑、佣金来源中一项或多项的披露，这是国内智能投顾平台应着重提升的部分；在安全措施上，85% 的产品对用户信息设有指纹识别、面部识别、手势识别等一项或多项访问限制。

4. 服务体验水平

服务体验水平排名前 10 的中国智能投顾平台如表 A16 所示。

表 A16　服务体验水平排名前 10 的中国智能投顾平台

平台名称	所属企业
A + 基金投顾	中金公司
帮你投	蚂蚁金服
查理智投	华夏基金
京东智投	京东集团
基智投	国联证券
理财魔方	口袋财富
灵犀智投	金融界
蜻蜓点金—基金智投	中信建投证券
水滴智投	中欧基金
司南投顾	南方基金

整体来讲，国内智能投顾平台的服务体验水平仍有待提高，需要从以下几个方面提升产品服务体验以及客户服务意识：第一，平台是否有专属投顾与客服，针对客户不同类型的疑问进行解答；第二，是否有投资分析支持，帮助投资者了解市场动态和投资情况；第三，是否有持续的投资者教育内容输出正确的理财观念，帮助客户进行长期投资；第四，是否有全权委托功能，能否让客户更便捷地进行投资；第五，是否有市场情绪响应机制，在市场动荡时安抚客户的情绪；第六，是否有全面的财富管理服务和资产提供服务，这决定了服务目标是否满足客户的各种需求。

（二）综合评分

综合排名前 10 的中国智能投顾平台如表 A17 所示。

表 A17　综合排名前 10 的中国智能投顾平台

平台名称	所属企业
帮你投	蚂蚁金服

续表

平台名称	所属企业
查理智投	华夏基金
京东智投	京东集团
理财魔方	口袋财富
摩羯智投	招商银行
谱蓝定投	创必承
蜻蜓点金—基金智投	中信建投证券
司南投顾	南方基金
璇玑智投	乐融多源
中银慧投	中国银行

此次评测，国内智能投顾平台整体得分不高，说明行业还处于发展早期，各平台都有很大的发展和优化空间。

整体来看，前十名的平台或者是在该领域非常专注、成立较早的独立机构，或者是著名的大型基金公司，或者是在基金销售领域排名靠前的大型机构。因此，在智能投顾行业，拥有研发能力、基金管理能力、销售获客能力等较为重要。

致谢

虽然书稿终告一段落，但是有关智能投顾的研究仍将继续。本书的编写历时两年有余，编写组付出了巨大的努力，在此谨向参与此课题研究的合作机构，特别是华锐金融科技研究所表示感谢。本书涉及众多具有特色的、鲜活的智能投顾案例，在此对接待调研的广发证券、华宝证券、南方基金、天弘基金、招商银行、中国银行、理财魔方和盈米基金等机构表示衷心的感谢。最后，感谢使本书得以付梓的幕后英雄，特别是中国经济出版社融合出版中心杨莹总经理、责任编辑赵嘉敏老师，她们在文稿润色、文字校对、封面设计、出版安排等方面给予了编写组巨大的帮助与启发。

序　言

当今世界，信息技术的飞速发展不仅对国际政治、经济、文化等多个领域产生重大影响，同样深刻改变着国际关系行为体之间的交往与认知方式。伴随着互联网催生的全新传媒技术、内容、机制、模式，世界传媒业发展开启全新篇章，传统媒体与新兴媒体迭代共存、优势互补，多种传媒资源与生产要素深度融合，传媒产品的“本土化”与“国际化”内容共生共荣。2013 年，习近平主席提出建设“一带一路”倡议，得到了国际社会的高度关注和积极响应，而为更好实现“一带一路”倡议所提出的各国民众间的互学互鉴、民心相通，传媒业需进一步发挥引导民众进行信息交流、深化信任构建、增进情感认同等方面的重要作用，使之真正成为国家理念传播的有效渠道和国内外民众开展社会互动的有效平台。

近年来，习近平主席多次就传媒业发展提出新思路、新观点、新要求，强调应进一步利用新技术、新机制、新模式，推动媒体融合向纵深发展，构建主流媒体的强大传播力、引导力、影响力、公信力，形成资源集约、结构合理、差异发展、协同高效的全媒体传播体系。在“百年未有之大变局”之下，各国传媒业发展面临着全新机遇与诸多挑战，担负着信息制造、筛选、传播、管理以及设置议程、引导舆论等重要使命。阿拉伯国家地处“三洲五海”的中心地带，在国际政治、经济、贸易、能源、文化等领域发挥着不可忽视的作用，更被视为中国深入推进“一带一路”倡议，构建人类命运共同体的天然伙伴。自取得独立以来，阿拉伯国家的传媒事业面貌焕然一新，取得跨越式发展，各国政府也对传媒业的发展给予政策、资金、技术、人力等层面的大力支持，并不断推进传媒治理能力建设，阿拉伯国家传媒业也先后经历了从数量激增到激荡整合、从无为而治到强化管理、从吸引眼球到内容为王、从单一发展到多媒体融合的多个发展阶段。而伴随着信息技术革命席卷阿拉伯世界，阿拉伯国家传媒业进入全新的发展阶段，传统平面媒体、广播电视媒体、网络新媒体协同发展，部分国家也迅速构建起较为完备的传媒体系并培育出较为强大的国际传播能力。

中阿合作论坛成立后，中阿传媒业合作稳步发展，随着中阿互利合作关系的加速发展、“一带一路”倡议在阿拉伯世界的深入推进，以及中国在阿拉伯国家利益规模的不断扩大，我国也亟须通过传媒手段提升自己的国际话语权，在现有的传媒格局下提升我国对阿拉伯国家的国际传播能力，拓展传播渠道，优化传播质量，满足受众对于我国政策、立场、文化、观念等内容不断增长的信息需求，提升受众对我国形象的关注度、认可度以及美誉度。而全面了解阿拉伯国家传媒业的发展历程和特点，准确认识阿拉伯国家传媒政策内容及其演变，客观把握阿拉伯国家主要传媒管理部门和传媒机构的发展愿景、具体实践等内容，则是进一步优化对阿拉伯国家传播工作效果的先决条件。本书将聚焦于上述内容，梳理总结中阿传媒业合作现状及其在近年来取得的合作成果，并为进一步深化中阿传媒合作提出相关的思考和建议。

本书书稿的顺利完成得益于北京外国语大学阿拉伯学院广大师生长期以来的大力支持和帮助，在此表示衷心感谢。本书所存在的疏漏和谬误也恳请各位专家学者批评指正。

本书作者

2021 年 9 月 5 日

北京外国语大学

目　录

阿联酋传媒业与中阿传媒合作

阿联酋无论是从领土面积上讲还是从人口数量上讲都是小国，但阿联酋充分利用自身资源优势、地缘优势，采取适合自身国情的、开放的发展战略，在短短几十年内实现了国家各项事业的跨越式发展。在这一过程中，政府高度重视发挥传媒业的作用，为传媒业提供了开放、自由的发展环境以及有力的政策保障和资金、技术支持，使得阿联酋传媒业影响力不断提升，阿联酋也已成为中东地区传媒业新的中心之一。中国与阿联酋在传媒领域的合作内涵丰富，成果丰硕，在两国政府的积极推动下，双方传媒机构将进一步释放潜力，助力中阿全面战略伙伴关系迈上新的台阶。

阿拉伯联合酋长国，简称阿联酋，位于阿拉伯半岛东部，北部濒临波斯湾，西部和南部与沙特阿拉伯交界，东部和东北部与阿曼毗连。阿联酋国土面积为 83 600 平方千米，由 7 个酋长国组成，分别是阿布扎比、迪拜、沙迦、哈伊马角、阿治曼、富查伊拉和乌姆盖万，其中阿布扎比是行政首都，迪拜是阿联酋最大的城市，也是中东地区的经济和金融中心，沙迦是文化中心。阿联酋人口数量为 950 万，本国人口很少，外籍人士占 88.5%，多为外来劳工，主要来自印度、巴基斯坦、菲律宾、埃及、叙利亚、巴勒斯坦等国。居民大多信奉伊斯兰教，多数属逊尼派。官方语言为阿拉伯语，通用英语。①

阿联酋利用自身资源优势、地缘优势，采取适合自身国情的、开放的发展战略，在短短几十年内，将自身从一个依靠打鱼和采珠为生的沙漠地区发展成为全球瞩目的现代化国家。随着阿联酋财力的日益雄厚，得益于政府在法律、政策等方面的大力支持，阿联酋的传媒业后来居上，阿联酋逐渐发展成为中东地区的传媒业中心之一。21 世纪以来，阿联酋“向东看”政策与中国文化“走出去”战略和“一带一路”倡议高度契合，使双方在传媒业领域的合作日益增多且成就斐然。

一、阿联酋传媒业发展背景

（一）政治经济状况

阿联酋于 1971 年建国，最高权力机构是联邦最高委员会，由七个酋长国的酋长组成，重大内外政策制定、联邦预算审核、法律和条约批准均由该委员会讨论决定，联邦经费基本由阿布扎比和迪拜两个酋长国承担。联邦最高委员会从成员中选出联邦总统和副总统，现任总统是穆罕默德・本・扎耶德・阿勒纳哈扬，副总统兼总理是穆罕默德・本・拉希德・阿勒马克图姆。阿联酋各酋长国除外交和

① “阿拉伯联合酋长国国家概况”，见中华人民共和国外交部网站。

国防相对统一外，在其余事务均拥有相当的独立性和自主权。在对外关系层面，阿联酋奉行平衡、多元的外交政策，对外交往活跃，重视发展同美国等西方国家的友好关系。近年来，阿联酋开始推行“向东看”政策，积极发展同中国、韩国、日本等亚洲国家的友好关系。

阿联酋政局稳定，为经济发展创造了条件。阿政府积极推动国家现代化建设，凭借丰富的油气资源和开放的政策在短时间内实现了经济的快速发展，人民生活水平迅速提高。目前，阿联酋已探明石油储量约 150 亿吨，天然气储量 7.7 万亿立方米，均居世界第六位。2019 年阿联酋国内生产总值为 4 250 亿美元，人均国内生产总值达 4.08 万美元。石油生产和石油化工业在阿联酋经济中占有主导地位，同时阿联酋政府注重可持续发展，把经济多元化、扩大贸易和增加非石油收入在国内生产总值中的比重作为优先任务。制造业、旅游业、金融业、航运业、物流业、会展业等产业经多年努力在阿联酋也得到长足发展。阿联酋不仅成为这些领域的地区中心，还在世界范围内具有重要影响。同时，阿联酋大力发展以信息技术为核心的知识经济。2015 年，阿联酋提出“2021 年愿景”发展计划①，为此，政府投入巨资发展文化教育事业。在教育方面，阿联酋全面实行免费教育制，倡导女性和男性享有平等的教育机会，全国共开设公立学校 1 259 所，在校学生超过 80 万人，教师 2.5 万余人。②

在文化方面，对传媒业而言，由于长期政治不稳定和经济落后，阿联酋传媒业起步较晚，但后发优势十分明显。1971 年阿联酋成立后，得益于石油美元的迅速累积和政府宽松的新闻政策，阿联酋的新闻传播业呈现出快速且多元化发展的趋势，广播、报刊、图书、电视和通讯社成长为地区较有影响力的传媒平台。③20 世纪 90 年代，由于互联网的普及和全球信息化变革的浪潮，阿联酋政府高瞻远瞩加大投入，建立了一批以技术创新为主的新闻产业园区，如迪拜媒体城、阿布扎比新媒体区、富查伊拉新闻自由区等，吸引来自世界

① 该计划将知识经济列为阿联酋发展的四大目标之一。计划指出：“我们希望推动阿联酋经济发展模式向知识、创新驱动增长转型。”

② “阿拉伯联合酋长国国家概况”，见中华人民共和国外交部网站。

③ 马晓霖、张彤：《信息时代脱颖而出的阿联酋新闻传播业》，载《对外传播》，2018（7）。

各地的媒体机构入驻。这些由国家设立的文化促进项目，致力于打造地区文化产业新高地，目前沙迦出版城、迪拜媒体城等项目已聚集了来自世界各地的大批从事新闻出版、广播影视、新媒体业务的知名企业，持续推动阿联酋文化事业的发展与繁荣。阿联酋现已成为中东地区传媒业的新中心之一。

（二）阿联酋传媒业发展历程

1869 年苏伊士运河开通，埃及报纸首次进入各酋长国。从 20 世纪 30 年代初开始，印度、叙利亚、伊拉克等国家的报刊纷纷进入各酋长国。国外报刊的流行，逐渐打开了各酋长国封闭的大门，各酋长国现代传媒业开始起步。20 世纪 60 年代，各酋长国才出现真正意义的现代大众传媒。1971 年阿联酋宣告成立，脱离英国统治，组成联邦国家。随着国家经济实力的高速增长和政府宽松新闻政策的相继出台，阿联酋传媒业也迅速崛起，阿联酋逐渐成为中东地区的传媒业中心之一。

1. 阿联酋报刊业

（1）起步阶段

20 世纪 20 年代至 50 年代是各酋长国报刊业的起步阶段。在这一时期，许多阿拉伯国家如巴勒斯坦、利比亚等都面临着外国侵略的威胁，当时的各酋长国也仍是英国的“保护国”，并且当地的石油资源尚未开发，经济十分落后。正是在这种处境中，各酋长国的报刊业开始起步，一些推崇现代文化的有识之士为了促进新文化的发展办起了报刊。此时各酋长国的报刊都是私人报刊，种类少且发行规模小，报刊内容十分有限，以日常生活为主。

1927 年，各酋长国文化复兴的先驱之一易卜拉欣·穆罕默德·米德法在沙迦创立了各酋长国的第一份报纸《阿曼报》，许多文学家、历史学家和诗人参与了这份报刊的编辑。受到当时条件所限，该报采用手写形式，流通量极为有限。该报的内容主要来源于埃及、伊拉克和科威特报纸上的政治和经济新闻，除了阿拉伯国家的新闻之外，该报还涉及地方新闻、物价信息、游牧生活故事、潜水和旅行新闻等，此外，《阿曼报》还报道利比亚的抗意战争以及巴勒斯坦人民的斗争。

1933 年，一些在迪拜和沙迦的巴林青年参考伊拉克、埃及、黎巴嫩和海湾地区的报纸杂志，创办了一份刊物《麻雀之声》，他们以讽刺的口吻批判现状、抨击外国侵略。20 世纪 50 年代初，阿布扎比的一个商铺主穆斯巴赫·本·欧拜德·达哈里创办了《纳希报》，他每日从顾客的交谈中获得新闻，并亲自在硬纸板上手写下来，也会自发读给那些不识字的人听。该报刊最初的内容以家庭和邻里琐事为主，后来逐渐加入了当地新闻、文学诗歌等内容。

（2）稳步发展阶段

20 世纪 50 年代起，各酋长国大批有识之士纷纷前往周边国家接受进步教育，学习先进文化。同时，科威特、埃及、卡塔尔、沙特为帮助阿联酋振兴，提供了人力、物力和财力。在十多年的努力之后，各酋长国居民的文化水平有了明显的提高，愿意阅读外国报纸杂志的各酋长国居民越来越多，通过这些报刊，许多人了解到了阿拉伯国家以及世界各国的政治经济动态，民族意识逐渐觉醒，为各酋长国的报刊业发展奠定了基础。

1965 年 1 月，各酋长国自己创办的第一份周报《迪拜周刊》在迪拜问世，虽然该报版面不大，但内容丰富多样，关注迪拜和其他酋长国政府的活动、国内外重大新闻等大事件，同时也关注民生问题，大胆地批判各酋长国的各种社会问题，每周发行量约为 8 500 份。[①] 作为各酋长国的第一份报纸，《迪拜周刊》得到了政府的高度重视，由迪拜新闻署办公室主任担任编辑部主任，该报在阿联酋新闻出版业发展史上具有重要意义。

1969 年 10 月，《祖拜亚尼耶联合报》（下文简称《联合报》）正式创办，它是各酋长国报刊业发展史中第一份真正意义上的日报。最初，《联合报》以周报的形式免费发行，每周 12 版，每周发行量为 5 500 份。[②] 1972 年 4 月改为日报，发展至每日 16 版，由阿联酋

① 《阿联酋新闻业：从零到全球愿景》，见阿联酋《宣言报》官网。

② 《阿联酋新闻业：从零到全球愿景》，见阿联酋《宣言报》官网。

新闻部负责管理。在第三次中东战争失败的背景下,《联合报》以其宣扬的民族主义思想，成为海湾国家青年们实现民族梦想的希望之光。1981 年,《联合报》在迪拜开设了第二家印刷厂，并利用人造卫星技术实现了在阿布扎比和迪拜同时印刷。如今,《联合报》已成为阿联酋的官方报纸之一，每天有 32 个彩版的正刊和 1 个 16 版的副刊发行，在各个酋长国都设立了办事处。

1970 年 10 月,《海湾报》在沙迦酋长国创刊，其宗旨是捍卫各酋长国的国家利益和各项事业，是一份政治色彩浓厚的日报，在一定程度上反映了当时各酋长国人民对联合的强烈愿望以及进步青年的国家和民族意识。但是，其发表的新言论难以抵御来自保守派的强大压力，在创刊 14 个月之后，于 1972 年 2 月被迫停刊。20 世纪 80 年代，阿联酋政治、经济、文化迅速发展，在石油美元的支撑下，进出口贸易成为阿联酋的主要产业之一。来自世界各地的商人云集在各大城市，为了适应这一新形势,《海湾报》于 1980 年 4 月复刊，成为新兴都市、商业文化的代表，受到越来越多的年轻人欢迎。报纸版面由以前的 8 版发展至 24 版，并在国内各大城市设有办事处，在伦敦、贝鲁特、巴林等地设立了记者站。

（3）成熟发展阶段

20 世纪 90 年代后期，阿联酋的报刊业逐渐走向成熟，形成了三大著名报业出版发行机构，它们是：国家报业出版发行机构，主要出版《联合报》、《阿联酋新闻报》、妇女杂志《海湾之花》、儿童杂志《马吉德》;《宣言报》报业印刷出版机构，主要出版《宣言报》、《体育与青年》和经济周刊《今日阿联酋》;《海湾报》报业印刷出版机构，主要出版《海湾日报》、杂志《日出》、妇女杂志《全家》、经济周刊《经济人》与英文报《今日海湾》。

2. 阿联酋广播业

阿联酋的广播业是在阿联酋个人和官方的双重努力中起步的。1958 年，发明家萨格尔 · 马里建立了各酋长国第一家广播电台，每天播送 1 小时。1961 年，阿治曼酋长国的拉希德 · 阿卜杜拉在家中建立了阿治曼广播电台，每天播送 3 小时，主要播送《古兰经》诵读、诗歌和音乐，1965 年，这家电台因资金短缺而宣告倒闭。

1962 年，各酋长国第一家官方广播电台“海岸之声”在沙迦建立，这家电台雇用了阿联酋广播电台史上第一位女性主持人。1970 年，迪拜广播电台开播，取代了“海岸之声”。1965 年，“阿布扎比广播电台”在阿布扎比成立，阿联酋成立后更名为“阿联酋之声”。这是一家政府官方电台，由阿联酋新闻与文化部负责管理，最初只用中波播送节目，发射功率仅为 7 千瓦。到 1977 年，该广播电台的发射功率已经达到 4 000 千瓦。为了扩大“阿联酋之声”的广播覆盖面，1972 年阿联酋政府在沙迦和富查伊拉两个酋长国建立了地方广播电台，之后又在萨阿迪特建立了发射装置，以转播“阿联酋之声”的电台节目。由此，阿联酋全国各地都能收听到“阿联酋之声”的节目，“阿联酋之声”得以迅速发展，从创建初期的每天播送 6 小时增加到 19 小时，除了阿拉伯语和英语节目之外，还播放了法语和乌尔都语节目，以服务于在阿联酋和海湾居住的北非阿拉伯人和印巴侨民。

20 世纪 70 年代，阿联酋的独立广播电台开始兴起。如今，阿联酋发展出了不同语种的独立广播电台，包括 12 个阿拉伯语电台、7 个英语电台、7 个印地语电台、4 个马拉雅拉姆语电台，泰米尔语、他加禄语、俄语、波斯语电台各 1 个。①

3. 阿联酋电视业

1969 年，各酋长国的第一个电视台阿布扎比电视台正式开始播送，最初播送黑白画面的节目，1974 年开始播送彩色画面的节目。

20 世纪 70 年代和 80 年代，电视在海湾地区迅速普及，在政府的支持下，阿联酋电视业得到了快速发展。阿联酋的电视节目以阿拉伯语、英语、印地语、他加禄语和波斯语等语言播出，内容可分为国内外新闻、纪实、座谈、电影、电视剧、音乐等。20 世纪 90 年代，阿布扎比电视台已经开始通过阿拉伯电视卫星实现远程转播，所有阿拉伯国家、中非、印度以及巴基斯坦的部分地区都能收看该电视台的节目。

① 《阿联酋广播业的发展》，见《海湾报》官网。

至 2011 年，已有至少 72 个免费电视台在阿联酋运营。其中几个著名的国内电视台有：1974 年推出的迪拜电视台，主要播送阿拉伯语娱乐节目、宗教节目；1996 年推出的阿治曼电视台，播送以阿拉伯语和英语为主的适合家庭收看的娱乐节目；1989 年推出的沙迦电视台，播送阿拉伯语、英语和乌尔都语节目，以满足阿联酋本地人和外籍人士的需求，节目内容以阿联酋文化和国家事务为主。

4. 阿联酋网络和社交媒体

1995 年，互联网在阿联酋开始向大众普及。阿联酋政府十分重视网络和社交媒体的发展。2014 年阿联酋副总统穆罕默德·本·拉希德·阿勒马克图姆设立了"阿拉伯社交媒体奖"，以鼓励对阿联酋产生积极影响的社交媒体。如今，互联网和社交媒体在阿联酋已被广泛使用。卡塔尔西北大学 2016 年的一项调查数据显示，阿联酋国民在社交媒体上非常活跃，阿联酋在阿拉伯世界中人均智能手机普及率最高，约为 80.6%，这意味着大部分阿联酋民众可以登录社交媒体。2018 年，Facebook、YouTube 和 Instagram 被评为阿联酋三大最受欢迎的社交媒体，分别占社交媒体使用率的 82%、79% 和 53%。

同时，阿联酋政府十分注重网络舆论监管。2003 年，阿联酋电信管理局成立，旨在审核互联网上不符合阿联酋文化和宗教价值取向的内容。2009 年，"对话阿联酋"论坛在互联网上建立，推出后人气迅速上涨，但在 2010 年被政府关闭。2012 年，民众要求重新开放论坛，但这一诉求被最高法院驳回。虽然阿联酋民众可以随意访问 Facebook、YouTube、Twitter 等网站，但是电信管理局有权过滤这些网站上的搜索结果。

二、阿联酋传媒政策与传媒管理部门

（一）阿联酋传媒政策

阿联酋的传媒业虽然起步较晚，但是发展迅速，后来居上，这离不开阿联酋政府在法律、政策上对传媒业的支持，其主要做法如下。

第一，阿联酋对传媒业实行宽松的政策，赋予了传媒业充分的自由。例如，1980 年第 15 号关于出版物内容管理的联邦法令明确规定，媒体的运行不受政府的事前监管。

第二，从法律的高度确立了服务型政府的建设方向，相关法律法规明确了政府部门的各项职能和向社会提供的各种服务。例如，2013 年，国家媒体委员会组织机构的 9 号内阁决议规定，国家传媒委员会的主要职责是为各类媒体提供服务而非管理和干预，并细化了该委员会的每一项具体职能，将其在各类媒体上予以公示；2013 年，媒体服务费用管理的 12 号内阁决议则整合、减少了政府的各项收费，简化了原有的管理程序，为传媒企业特别是小企业的发展创造了条件。[①]

第三，在法律和政策上为传媒业规模化发展提供支持，促进传统媒体向数字化媒体的过渡。例如，2007 年关于媒体城建设的 4 号内阁决议指出，将建设媒体城作为国家一项重要的发展战略来实施，并从基础设施、海关、税收、物流等方面做出具体安排。自 2007 年开始，阿联酋逐渐在政府的主导下形成了以阿布扎比传媒集团、迪拜传媒集团和迪拜媒体城为代表的高度自由化、规模化的传媒业，其经营的品牌涉及图书、报刊、广播、电视等领域。

第四，阿联酋政府在对传媒业实施宽松政策的同时，也执行高质量管理，从而保证各类媒体能够在公平公正、透明高效的安全环境下运营。例如，2017 年国家媒体委员会针对各类媒体出台了严格的年龄分级条例；2017 年国家媒体委员会在第 30 号有关媒体活动许可的决议中，对媒体活动申请者、执照的发放、申请的签批等做出了细致严格的规定，并将各类媒体分门别类，针对不同种类媒体制订了不同的许可条件。与此同时，任何媒体都不能逾越政府划定的红线，否则将会面临被吊销执照、关闭设施等处分。

另外，阿联酋在保护知识产权方面处于全球领先地位，目前阿联酋已经签署了与版权相关的多个主要国际公约，并获得相应成员

① 刘欣路：《阿联酋新闻出版业的体制与特点》，载《中国出版》，2017（5）。

资格。阿联酋于 1975 年成为世界知识产权组织成员；1996 年，阿联酋签署《世界贸易组织知识产权协议》(WTO TRIPS Agreement)；2004 年阿联酋签署《保护文学和艺术作品伯尔尼公约》[①]，同年阿联酋加入了《保护表演者、音像制品制作者和广播组织罗马公约》[②]。此外，阿联酋也致力于制定本土版权法规以设立符合本土传统和价值的行业基准与规范。1992 年，阿联酋引入《知识产权和版权保护法》(Law on the Protection of Intellectual Works and Copyright)，在 2006 年 10 月 1 日颁布的第 32 号联邦法中，按照国际标准制定了自己的版权法规。2009 年阿联酋出版商协会 (Emirates Publishers Association，简称 EPA) 成立；2010 年阿联酋知识产权协会 (Emirates Intellectual Property Association) 成立；2011 年，由培生教育集团 (Pearson Education) 版权总监勒奈特 · 欧文 (Lynette Owen) 撰写，由阿联酋出版商协会发行的《阿联酋出版商实用指南》出版，以英文详尽地说明了阿联酋国内版权法的各项要求。[③] 该指南的出台体现了阿联酋对拓宽出版业国际市场的重视，同时也向国际社会彰显自身拥有值得信赖的法律和制度框架，并且充分尊重国际商业惯例。2012 年阿联酋出版商协会成为国际出版商协会 (International Publishers Association，简称 IPA) 会员，同年阿联酋出版商协会与阿联酋知识产权协会签署谅解备忘录，阿联酋出版商协会主席波杜尔 · 阿勒卡西米 (Sheikha Bodour Al Qasimi) 指出，保护一个国家的知识产权就是保障其文化未来和科技进步。2015 年阿联酋 “2021 愿景” 发展计划中引入了一个由政府法规支持的完备法律框架，以 “促进一个有效的市场和保护知识产权”。

---

① 《保护文学和艺术作品伯尔尼公约》(Berne Convention for the Protection of Literary and Artistic Works)，简称《伯尔尼公约》，是关于著作权保护的国际条约，1886 年 9 月 9 日于瑞士伯尔尼订立。

② 《保护表演者、音像制品制作者和广播组织罗马公约》(Rome Convention for the Protection of Performers, Producers of Phonograms and Broadcasting Organizations)，简称《罗马公约》。1961 年 10 月 26 日，由国际劳工组织与世界知识产权组织及联合国教育、科学及文化组织共同发起，在罗马缔结了该公约。

③ Lynette Owen, *Buying & Selling Rights in Literary Works: A Practical Guide for Publishers in the United Arab Emirates*, Emirates Publishers Association, Sharjah, UAE, 2011.

（二）阿联酋传媒管理部门

阿联酋政府根据1972年第1号联邦法案成立了文化与信息部，负责管理阿联酋的媒体活动。2006年第1号联邦法案修订了1972年第1号联邦法令的相关条款，取消了文化与信息部，并对政府部门进行了改组，目前与传媒工作相关的部门主要为国家媒体委员会（National Media Council，简称NMC）、文化和知识发展部（Ministry of Culture and Knowledge Development，简称MCKD）、伊斯兰事务和慈善活动部（Islamic Affairs and Charitable Activities Department，简称IACAD）等部门。

国家媒体委员会 阿联酋国家媒体委员会成立于2006年，主要负责阿联酋媒体事务，拥有法人地位和独立预算。其工作使命包括：制定并落实国家传媒行业政策及法案，为阿联酋传媒业提供良好的发展环境；根据既定标准，确保相关从业人员和企业享有优质、高效、透明的管理与服务，为阿联酋的传媒业提供支持；提高阿联酋传媒业影响力，在国内外宣传阿联酋的发展成就，强化民族及国家认同，维护阿联酋在国内外的声誉，提升阿联酋国际地位。该委员会开展的具体监管与服务包括：新闻许可证服务，即与新闻许可证有关的所有事项，如颁发、延期、取消、增补、转让等；媒体内容服务，即组织媒体内容的进口、批准报纸杂志以及其他各类印刷品的流通、延长或取消报纸杂志的发行、颁发印刷许可等；外国媒体服务，即为各类赴阿联酋工作的外国记者颁发许可，并提供日常管理与服务；新闻服务，即通过阿联酋通讯社的官方网站为阿联酋民众和阿联酋国内外的合作伙伴免费提供有关阿联酋的重要信息；信息沟通服务，即建立相关专业网站，以多种语言向国内外公众免费提供各类信息、数据、视频等。

文化和知识发展部 文化和知识发展部的主要使命是保护文化成就，丰富繁荣阿联酋的文化体系，以知识推进可持续发展。该部主要通过立法和制定文化政策，支持国家的文化、艺术机构，为文艺人才和文化创新提供平台，鼓励阿联酋的文艺创作活动；与阿联酋教育部合作，强调教育对社会发展的作用，支持知识生产，确保提供高标准的教育和文化课程，缩小社会教育差距；通过各类媒体和各类文化活动挖掘、传播、弘扬阿联酋的传统文化和现当代文化，强化民族文化认同，提升阿联酋的人口素质和整体文化发展水平，并注重与国际文化艺术机构合作，在国家和国际层面打造阿联酋繁荣、多样化的文化景观，提升阿联酋文化的国际地位，促进跨文化对话。文化和知识发展部的工作涉及的领域较广，就新闻出版领域而言，文化和知识发展部承担与图书有关的各项工作：颁发国际标准书号，组织国家级图书、翻译奖项的评选，设立各类书报杂志，组织、参加各类国际文化节和国际书展，建设、管理国内各类图书馆等。

伊斯兰事务和慈善活动部 伊斯兰事务和慈善活动部的主要宗旨是传播伊斯兰教知识，提高伊斯兰宗教意识，弘扬“温和伊斯兰”价值理念，其主要工作内容围绕伊斯兰事务、慈善活动和清真寺事务三个方面展开。具体而言，该部负责制定有关伊斯兰事务和慈善工作的政策；监督清真寺管理；审批慈善团体、伊斯兰研究中心、宗教学校及教师的资质，并在行政和财务方面对有关单位加以监督；弘扬伊斯兰教义，提高信徒对天课[①]义务、施济[②]慈善活动的认识，推进和谐友爱社会的构建；把关宗教课程内容；编制和印刷伊斯兰历；监督宗教庆祝活动、伊斯兰研讨会、展览和宗教主题的竞赛；组织协调朝觐活动；提供在线法特瓦[③]咨询等。在传播出版方面，伊斯兰事务和慈善活动部参与制作、监管发行与宗教主题相关的图书和多媒体内容。在大多数情况下，由阿联酋国家媒体委员会进行的图书审批流程可在一两天内完成，只有不到5%的图书出于政治或宗教原因未能过审，其中涉及宗教内容的图书需要被送到伊斯兰事务和慈善活动部进行最终评估，等待最后结果，该流程通常耗时一

① 天课（Zakat），伊斯兰宗教用语，又称“济贫税”，是伊斯兰五大宗教信条之一。伊斯兰教法规定，凡有合法收入、具备条件的穆斯林家庭，须抽取家庭年度纯收入的2.5%用于赈济穷人或需要救助的人。

② 施济（Sadaqah），伊斯兰宗教用语，意为每个人皆可施行的善举。

③ 法特瓦（Fatwah），伊斯兰教法用语，意为“教法意见”。指伊斯兰权威教法学家或教法说明官就新产生的或有争议的教法疑难问题发表的正式法律见解或判断。

周，而对于争议较大的送审图书，该程序可能长达数月。

三、阿联酋主要传媒机构

21世纪以来，随着阿联酋石油美元的积累与经济的快速发展，以及政府在法律、政策上对传媒业的支持，阿联酋的传媒业发展获得了良好的环境与条件，从而在短短几十年内从落后的状态迅速发展至中东地区传媒业的领头羊。阿联酋的主要传媒机构如下。

阿联酋通讯社 阿联酋通讯社是国家通讯社，隶属国家新闻委员会，成立于1976年11月，在开罗、贝鲁特、华盛顿、萨那、布鲁塞尔和伊斯兰堡等城市设有办事处，在国内各城市以及伦敦、巴黎、华盛顿、纽约、莫斯科、东京、开罗、突尼斯、贝鲁特等地派有常驻记者，用阿拉伯文和英文发稿。阿联酋通讯社是海湾合作委员会国家通讯社联盟、阿拉伯通讯社联盟、伊斯兰国家通讯社联盟、不结盟国家通讯社联盟的成员。

阿布扎比传媒集团 阿布扎比传媒集团成立于2007年，被认为是中东地区实力最强、业务增长最快的综合性传媒企业，在迪拜、开罗、华盛顿设有办事处。该集团共经营25个媒体品牌，涉及图书、报纸、期刊、广播、电视等各个领域，包括8个电视频道、8个广播频道、2份报纸、3份杂志等，其中就包括在阿拉伯国家具有广泛影响力的《祖国报》和《意见报》。此外，阿布扎比传媒集团还拥有多家子公司，如已经成为世界一流故事片制作公司的幻想电影公司，活力出版公司则是海湾地区规模最大的图书出版机构之一。

迪拜传媒集团 迪拜传媒集团成立于2003年，阿联酋副总统兼总理、迪拜酋长穆罕默德·本·拉希德·阿勒马克图姆为其董事会主席。迪拜传媒集团旗下有8个电视频道、2个广播频道、3份报纸和1份杂志[①]，其中包括在阿拉伯国家广泛发行的《宣言报》和覆盖所有阿拉伯国家的迪拜卫视，这两家媒体在阿联酋拥有广泛的影响力，深受民众喜爱。

---

① “迪拜传媒集团简介”，见迪拜传媒集团官网。

马克图姆集团 马克图姆集团于2007年创建，创始人为迪拜酋长穆罕默德·本·拉希德·阿勒马克图姆，主要宗旨是弘扬阿联酋文化以及阿拉伯伊斯兰文化、促进阿拉伯文化与世界各国文化的交流和对话，主要业务范围为纸质媒体。2007年至今，该集团已经出版了大量在阿拉伯世界产生广泛影响力的精品图书，并创办《思想的火花》杂志。此外，该集团还开展了多个图书项目。例如，“翻译与写作计划”已出版了1 000余部世界各国优秀作家、学者的作品；“迪拜国际协作计划”资助100位当地作家，帮助他们的作品走向世界；“家庭阅读计划”帮助5万个当地家庭定期免费获得各类图书；“快速阅读计划”将世界各国的优秀图书用阿拉伯语进行缩编，以促进各国文化的普及。除图书项目外，该集团组织的“迪拜诗歌节”也已经成为阿拉伯诗歌领域的文化盛事。

阿联酋国家档案馆 阿联酋国家档案馆的前身国家文献与论文研究中心，由阿联酋第一任总统谢赫扎耶德·本·苏尔坦·阿勒纳哈扬于1968年建立，总部设在阿布扎比。自2014年起以现在的机构形式存在，是阿联酋历史最悠久的文化机构之一，也是海湾地区规模最大的文献机构。国家档案馆中收藏了阿联酋以及海湾国家的历史资料，并在此基础上进行专业的历史研究。此外，国家档案馆还举办区域、国际的会议、研讨会和展览等。①

苏尔坦·本·扎耶德文化及传媒中心 苏尔坦·本·扎耶德文化及传媒中心于2003年成立，是阿联酋的主要出版集团之一，旨在提高阿联酋民众的文化意识及对祖国的归属感，其出版物以书籍和杂志为主，涉及哲学、政治、经济、文化、社会等广泛领域。

阿联酋出版商协会 阿联酋出版商协会成立于2009年，总部位于阿联酋第三大城市、素有“阿拉伯世界文化之都”称号的沙迦，其创始人是沙迦王室成员波杜尔·本·穆罕默德·阿勒卡西米，现兼任国际出版商协会副主席，系数十年来首位在国际出版商协会担任要职的女性。阿联酋出版业的发展很大程度上得益于阿联酋出版

① “阿联酋国家档案馆简介”，见阿联酋国家档案馆官网。

商协会所作出的贡献。阿联酋出版商协会官网[①]列出了国内出版商及其出版物、图书馆、书展、文学大赛等与出版活动相关的详细清单，也为申请ISBN、出版图书、创建出版公司等流程进行指导，实现了阿联酋出版业的一站式集结，成功打造了出版业集约化平台。阿联酋出版商协会旨在打造一个阿联酋出版业的核心枢纽，协会的职能包括强化阿联酋现有的法律框架，为出版商提供世界水平的知识产权保护、有力的版权执法以及保障出版自由；提供培训，指导并帮助国内出版商拓展业务；指导出版业为阿联酋文化、教育、经济和社会发展作出更多贡献，提升阿联酋出版商的社会作用，加强阿联酋文化和知识创造力；开发高质量阿拉伯语教材；鼓励阿拉伯文作品的海外翻译，在阿拉伯世界和国际社会传播阿联酋的文化价值和知识产品；代表阿联酋出版商参加区域和国际出版活动、展览和研讨会；促进阿联酋国内图书分销、零售活动；推进图书馆建设与转型；营造良好的阅读氛围；巩固国家民族认同，建立民族自豪感和促进包容的跨文化交流等。

卡里马特出版集团　卡里马特出版集团于2007年由王室成员波杜尔·阿勒卡西米创立，是阿联酋国内第一家致力于制作高质量原创阿拉伯文儿童读物的出版社，旨在探索一套新颖、有趣、面向未来的阿拉伯语教育方法。自成立以来，卡里马特出版集团已经在16个国家和地区发行图书，已与120多位阿拉伯和世界知名作家合作，出版发行了400多种出版物，其中包含140多种阿拉伯语儿童图书。同时，该集团已将50多种图书从阿拉伯语翻译成其他语言，获得了多个阿拉伯和国际奖项，如2012年被评为沙迦国际书展年度杰出出版商；2016年该集团出版的《绕口令》（*Tongue Twists*）获博洛尼亚最佳童书奖，成为第一个获此殊荣的阿联酋出版社。

灯塔出版社　灯塔出版社成立于2004年，是阿联酋第一家向阿拉伯和海湾出版社发行儿童和青少年图书的机构，在迪拜和埃及均设有分支机构。该出版社专注于提供新颖独特、主题多元的儿童、青少年读物以及高质量、多层次的英阿双语教育资源，注重与世界

① “协会简介”，见阿联酋出版商协会官网。

各地的许多大型出版公司开展合作，并积极参与各种阿拉伯和国际书展，以不断扩充图书资源，将自身打造为地区领先的儿童、青少年读物的出版商和分销商。迄今为止该出版社已出版 495 种出版物，其中包括沙迦国际书展专题出版物。

库坦出版社 库坦出版社主要出版本国历史、文化思想遗产与国家信仰方面的图书，其中最著名的是阿联酋副总统、首相兼迪拜酋长穆罕默德·本·拉希德·阿勒马克图姆的《思想的闪光》，以及关于阿联酋国父扎耶德的治国理念的作品或传记，如《阿联酋先驱者》《扎耶德与阿联酋：联合酋长国的建立》等，这些反映阿联酋领导人治国思想、阿联酋发展经验的图书在国际上取得了较大反响。库坦出版社还出版了精选的阿联酋文学、历史、传统和遗产专题文集并翻译为多国语言推广到国外，还开设了文化咖啡馆，定期举办作家和读者交流会、媒体见面会等，在阿联酋和海湾地区具有较大影响力。

阿联酋作家文学家联盟 阿联酋作家文学家联盟于 1984 年在沙迦成立，宗旨是团结阿联酋文学家和作家，提高他们的技能，维护他们的权益，加强他们与世界各国文学家、作家的联系，提升阿联酋文学在全世界的影响力。目前阿联酋作家文学家联盟已出版 65 本诗集、61 本小说、90 本学术类图书，发行 4 种杂志。阿联酋作家文学家联盟中包含诗歌俱乐部和故事俱乐部，联盟每年还会定期举办“海湾创意集会”，为海湾阿拉伯国家合作委员会（以下简称海合会）成员国以及伊拉克和也门的文学家、作家提供了一个交流平台，此外，联盟每年还会举办“阿联酋文学家、作家大会”[①]。

阿联酋战略研究中心 1994 年 3 月 14 日，阿联酋战略研究中心在时任阿布扎比酋长国王储、阿联酋武装部队副总司令哈里发·本·扎耶德的提倡下正式成立，由时任阿联酋武装部队总参谋长穆罕默德·本·扎耶德中将出任中心主任。阿联酋战略研究中心是阿联酋国家级研究机构，宗旨是对与阿联酋及海湾地区安全、经济、社会发展相关的课题展开学术分析与研究，也对阿拉伯世界的

① “联盟简介”，见阿联酋作家文学家联盟官网。

政治、经济以及国际事件等展开研究，向政府提供咨询意见和决策依据。阿联酋战略研究中心下属图书馆是阿联酋最大、最重要的图书馆之一，其图书资料涉及政治、军事、社会、经济等广泛领域，拥有超过一百七十万本纸质书籍和电子书资源，其中包括学术参考资料、百科全书、各种期刊、特殊用途文件、官方报告、地图以及庞大的电子数据库。阿联酋战略研究中心还会举办具有重要学术和战略意义的会议、讲座、研讨会等活动，届时会有各国派来的学者与代表参会，如 2019 年 1 月 16 日战略研究中心举办了以“美国亚太战略”为主题的讲座。[①]

沙迦图书管理局 2014 年阿联酋最高委员会成员、沙迦酋长苏尔坦·本·穆罕默德·卡西米（Sheikh Sultan bin Mohammed Qasimi）颁布法令宣布成立沙迦图书管理局，希望用“文字的力量”改造国家和阿拉伯世界，其现任局长为艾哈迈德·阿梅里（Ahmed Al-Ameri）。沙迦图书管理局的宗旨为满足阿联酋人民对文化、文学、阅读的需求，希望年轻一代伴随着对图书和本国文化的热爱而成长，让全民阅读蔚然成风。沙迦图书管理局突出强调书籍在当今多媒体世界中的重要性，其使命是以图书为媒介使阿联酋与世界互联，为不同文化背景的人们提供一个重要的思想文化交流平台。沙迦图书管理局的主要职能包括图书出版发行，尤其侧重于文学作品和儿童文学，其出版和分销部门是完全整合的，是海湾地区最大的图书行业组织；负责管理沙迦公共图书馆和沙迦出版城；支持外国优质作品的引进和翻译；推动本土优秀作品、作家走向世界；收集并保存阿拉伯世界内外的历史文献和文物；协助出版工具和技术的研究与发展等。沙迦图书管理局还组织了专业出版培训项目，这是阿拉伯世界第一个免费培训出版商的项目。沙迦图书管理局致力于营造浓厚的文化和阅读氛围，2018 年 11 月，沙迦图书管理局与文化和知识发展部签署备忘录，通过合作共同推动文化领域的发展，支持阿联酋出版业，向阿联酋图书馆和书店提供更多支持，为图书馆提供高质量、多元的阅读资源和渠道。此外，沙迦图书管理局还通过提供

① “中心简介”，见阿联酋战略研究中心官网。

资助及专业指导，鼓励人们投资知识产业和创意产业。目前，沙迦图书管理局负责管理一系列文化项目，社会反响良好，如举办包括沙迦国际书展（世界第四大书展）、沙迦儿童读书节、沙迦儿童书籍插图展等在内的展览与节日，将国际书展作为重要窗口推介国内的优质作品、前沿作品。

沙迦出版城 阿联酋致力于将自身打造为全球出版业的中心，在此宏大愿景下，阿联酋于 2017 年建立了沙迦出版城，这是全球首个以出版为主题的自由贸易区，由沙迦图书管理局管理。沙迦出版城占地约 10 万平方米，容纳了许多包括创作、翻译、平面设计、印刷、出版、发行在内的机构或公司，为全球出版和印刷行业提供一站式、集约式服务，写作、出版、设计、印刷、发行、存储、分销、物流等图书生产活动均可在这里完成。沙迦出版城旨在打造高水平、高质量的图书出版中心，形成让阿联酋引以为豪的世界级出版业文化，促进阿联酋文化繁荣，驱动知识经济的建设，推进区域出版业蓬勃发展，并为全球出版业做出沙迦贡献。尽管沙迦出版城成立时间较短，但已经取得了长足发展。2019 年，沙迦赢得了联合国教科文组织授予的“世界图书之都”称号。如今，这座出版城已成为全球图书出版商、作家和自由职业者最受欢迎的选择之一。

迪拜媒体城 迪拜媒体城是阿拉伯国家规模最大的媒体产业集群，由迪拜酋长穆罕默德·阿勒马克图姆的家族企业——信息科技与通信投资公司于 2001 年开始开发，接受百分之百外资，对从事传媒业的个人和公司免征 50 年的公司和个人所得税。其目标是想要在 500 英亩（1 英亩约为 0.004 平方千米）的土地上建成一个“传媒生态系统”。迪拜媒体城的业务范围几乎涵盖传统媒体和新媒体的全部领域，并涉及咨询、培训、生产、物流等各个环节。近年来，迪拜媒体城发展迅速，写字楼入住率达到 95% 以上，目前已拥有 1 500 多家机构和 2 万名员工，他们来自美国有线电视新闻网（CNN）、路透社（Thomson Reuters）、英国广播公司（BBC）、韩国文化广播公司（MBC）、宏盟媒体集团（Omnicom Media Group）和李奥贝纳广告公司（Leo Burnett）等传媒品牌。

富查伊拉新闻自由区 富查伊拉新闻自由区于2007年建成，2009年投资5 500万美元启动电视台和电台，建有4 000平方米“创新城”，设立电台区、电视区、新闻区、技术区、戏剧区、电影区和新闻培训学院7个大区。

海湾报业印刷出版局 海湾报业印刷出版局为阿联酋著名出版机构，主要出版《海湾日报》、杂志《日出》、妇女杂志《全家》、经济周刊《经济人》与英文报《今日海湾》。

四、中国与阿联酋传媒业交流与合作的现状

（一）中阿传媒交流与合作现状

中国、阿联酋自1984年建交以来，两国友好合作关系发展顺利。特别是近年来，中阿关系呈现全面、快速、深入发展势头。两国高层互访和各级别往来不断，在国际和地区事务中相互支持与配合。21世纪以来，阿联酋提出了“向东看”战略，发展对华关系成为阿联酋外交的重中之重。阿联酋是第一批响应“一带一路”倡议的阿拉伯国家，目前已经成为中国在西亚北非地区重要的战略贸易伙伴、最大的出口市场之一以及中国海外投资和承包的重要市场。2018年7月，习近平主席对阿联酋进行国事访问，这是中国国家元首29年来首次访阿，也是两国关系发展史上的重要里程碑。同年，中国与阿联酋建立了全面战略伙伴关系，两国关系进入新的阶段。2019年7月，阿布扎比王储穆罕默德访华，中阿关系不断升温。而在传媒业方面，随着阿联酋传媒业的快速发展与中国文化对外传播的不断深入，中阿双方在此方面的合作也日益丰富，成就斐然。

第一，中国与阿联酋之间的多边合作机制为两国传媒合作提供了丰富的机遇与高水平的交流平台。2004年中阿合作论坛正式成立，在论坛框架下，2008年，中阿双方签署了《中国与阿盟成员国新闻友好合作交流谅解备忘录》，鼓励中国与阿盟成员国在新闻、出版、广电领域加强合作。2016年1月13日，中国发表了《对阿拉伯国

家政策文件》，明确提出加强新闻出版、广播影视领域的合作。2018年7月10日，中阿双方制订了《中国—阿拉伯国家合作论坛2018年至2020年行动执行计划》，将新闻出版、广播影视交流合作作为其中的重要内容。经过十多年的发展，中阿合作论坛机制已经日渐成熟完善，在传媒领域，就广电合作而言，中阿双方在论坛框架内举办了中阿新闻合作论坛、中阿出版合作论坛、中阿广播电视合作论坛、版权贸易洽谈会等，就版权输出、新闻互换、媒体内容交换、联合制作等达成百余项合作协议，其中就包括中国多家新闻机构与迪拜媒体城的合作协议以及双方出版机构达成的互译出版协议。[①] 诸多论坛为中国和阿拉伯国家新闻出版业提供了一个相互了解、互利合作的良好对话机制和版权贸易、合作出版及发行的交流平台，进一步促进了我国出版机构、新闻媒体与阿拉伯国家的合作与交流。在合作机制的支持下，我国多家官方和地方的广播电台与迪拜卫视签署了节目授权播出协议，达成了多个节目交流合作项目。

在图书出版方面，中阿两国多家出版社也在论坛机制下达成多项版权输出与引进协议。以2015年第二届中阿出版合作论坛为例，论坛紧紧围绕“推动一带一路文化交流”的主题，就版权贸易、出版合作与发行、图书文化交流等方面与参加论坛的各个阿拉伯国家出版商坦诚协商，就开创中阿出版业合作共赢的新局面深入洽谈，致力于推动双方出版业的合作迈入更高层次、更宽领域，为中阿文化交往发挥先导作用。论坛上，原国家新闻出版广电总局副局长阎晓宏在致辞中表示，中国与阿拉伯国家出版业应携手增强在国际出版中的地位，维护世界文化多样性，推动不同文明的对话和交融，共同促进人类文明进步繁荣。自2010年至2015年，中国同阿拉伯国家共签署图书版权输出输入协议324项，已互译中阿图书121种，涉及中国与阿拉伯国家基本国情、传统文化、当代文学、伊斯兰教经典、儿童文学等多个主题。

第二，中国与阿联酋媒体合作层次立体多元，交流频繁，内容丰富。中阿媒体交流既有双方政府部门之间的交流，也有双方报纸、

① 刘欣路:《阿联酋新闻出版业的体制与特点》，载《中国出版》，2017（5）。

广播电台、电视台之间的互访。目前，两国多家媒体机构已建立了合作关系，新华社和《人民日报》社均已在阿联酋设立分社，中央电视台、中国国际广播电台等官方媒体机构也在阿联酋建立了记者站。我国国家广电总局也在人员培训和交流方面取得了丰硕的成果。截至 2019 年 10 月，国家广电总局为阿拉伯各国开展了 20 多期培训班研修班，为阿拉伯国家培训了近 500 名高级管理和专业人才，为中阿合作培养了人脉资源基础。我国地方传媒机构也与阿联酋传媒机构展开了广泛的合作，比如 2017 年五洲传播出版社在阿联酋首都阿布扎比的 Jarir 书店举行了“丝路书香 · 中国书架”揭幕仪式，这是在海湾地区的第一个“中国书架”，打开了国外读者认识中国的新窗口，开拓了中国出版物对外传播的新渠道；2018 年山东出版集团在阿联酋设立的第一家尼山书屋正式落户迪拜；2018 年由山东出版传媒股份有限公司和阿联酋库坦出版社合作设立的“中国主题图书编辑部”在阿布扎比正式成立等。除了传媒机构，中阿智库、高校、学者专家、企业代表等也在中阿高校和媒体合作论坛、中阿新闻合作论坛、中阿广播电视合作论坛、国际研讨会、传媒研修班等不同场合有着活跃身影，为中阿传媒合作、中阿传播工作建言献策。不同层次的机构之间开展的不同形式的传媒内容交换和交流有助于阿联酋民众了解中国的文化，让阿联酋人看到真实而立体的中国，维护中国的国际形象，有利于拓宽我国对阿传播工作的思路并加以改进，提升我国在阿联酋的自主话语权。

第三，中阿影视交流在民众中取得了良好反响。习近平主席在亚洲文明对话大会开幕式上的主旨演讲中指出，中国愿同有关国家一道，实施亚洲影视交流合作计划，帮助人们加深对彼此文化的理解和欣赏，为展示和传播文明之美打造交流互鉴平台[①]。中阿两国之间在广播电视、影视剧方面的交流合作长期以来一直是“亚洲影视交流合作计划”的重要内容，影视是阿拉伯民众喜闻乐见的交流形式，取得了丰硕成果。截至 2020 年，中阿广播电视合作论坛已成功

① 《深化文明交流互鉴　共建亚洲命运共同体——在亚洲文明对话大会开幕式上的主旨演讲》，见新华网。

举办了四届，此外还有中阿影视产业高峰论坛等各项中阿影视交流活动在如火如荼地展开。2015 年总部位于迪拜的中阿卫视正式开播。作为传统丝绸之路上唯一中外合资的卫星电视台，中阿卫视成为中阿人民相互了解的重要窗口，致力于讲好中阿故事、传播两地声音，建设中国与阿拉伯各国之间新闻资讯、人文科技、商贸互通的媒体合作平台。2017 年中阿卫视获得中国外交部新闻司批准，在中国设立常驻新闻机构“中阿卫视中国新闻中心”。多年来，中阿卫视为阿拉伯观众带来不同视角的中国新闻资讯、政商高端访谈、纪录片等，并为阿拉伯观众奉上中国优秀影视剧译制作品，包括家庭剧、喜剧、现代剧、古装剧等，受到阿拉伯多国各年龄层观众欢迎。2018 年 7 月，中央广播电视总台与中阿卫视在迪拜举办中国—阿联酋“中国剧场”签约暨影视剧开播仪式，由中阿卫视播出中央广播电视总台译制的阿拉伯语版中国电视剧《欢乐颂》《北京青年》和《金太狼的幸福生活》。同年，首届迪拜中国电影周开幕，《天将雄狮》《破风》《夜莺》《中国合伙人》《狼图腾》等优秀华语电影在此期间播出，获得广泛关注。

第四，传媒机构通过中阿经典图书互译工程等翻译项目深化中阿人文交流，典籍图书成为两国民心相通的重要媒介。习近平主席在亚洲文明对话大会开幕式上的主旨演讲中指出，璀璨的亚洲文明，为世界文明发展史书写了浓墨重彩的篇章，人类文明因亚洲而更加绚烂多姿。从宗教到哲学、从道德到法律、从文学到绘画、从戏剧到音乐、从城市到乡村，亚洲形成了覆盖广泛的世俗礼仪、写下了传承千年的不朽巨著、留下了精湛深邃的艺术瑰宝、形成了种类多样的制度成果，为世界提供了丰富的文明选择[①]。中阿典籍互译项目是中阿文明对话和互鉴的具体举措。

典籍互译项目始于中阿合作论坛，在中阿合作论坛建立之后不久，经过论坛部长级会议的热烈讨论，文旅部、外交部和新闻出版署的中方代表与阿拉伯国家联盟的阿方代表都认识到经典互译对于

① 《深化文明交流互鉴　共建亚洲命运共同体——在亚洲文明对话大会开幕式上的主旨演讲》，见新华网。

人文交流的重要性，很快达成了协议，由双方政府部门推荐一些当代文学作品（后来又扩展到其他典籍）进行翻译出版[①]，现已形成了“丝路文库”“中阿友好文库”“大中华文库”“扎耶德文库”等数个重要文库，目前《论语》《孟子》《老子》《唐宋诗选》《聊斋志异》《西游记》《红楼梦》《水浒传》《三国演义》等众多中华文化经典著作已在广大阿拉伯国家发行。近年来，在“一带一路”倡议背景下，国家新闻出版广电总局设置“丝路书香工程”，各出版机构抓住机遇，担负历史使命，让众多中阿文化典籍重新焕发活力。以“北京扎耶德中心文库”为例，该文库是以阿联酋国父命名的重要文库，是中阿友谊的重要结晶，被中阿媒体誉为中阿文化交流领域的标志性项目。“北京扎耶德中心文库”于2017年4月在阿布扎比国际书展中国主宾国活动期间正式启动，在北京外国语大学、全国友协、中阿友协和北京师范大学出版集团的共同努力下，经过几年的建设，文库已初具规模，目前已出版图书五十多本，涵盖“文明交流互鉴丛书”“中国经典阿拉伯语译丛”“中国当代文学名家系列”三个书系，其中多数入选“一带一路”重点项目“丝路书香工程”，并进入阿拉伯国家公共图书馆和零售书店。阿联酋驻华大使扎希里在参加文库成果发布会时表示，阿联酋政府高度重视“北京扎耶德中心文库”项目，认为文库将为中阿文化关系的发展、中阿人民之间的民心相通发挥重要作用。

第五，华人华侨是中阿合作的纽带，为中阿传媒发展发挥着积极的建设性作用。目前，生活在阿联酋的华人华侨已超过30万人，这一群体不仅有效推动了中阿在经贸领域的合作，同时也在传媒领域作出了积极贡献。阿联酋的华侨华人不断通过报纸、杂志及互联网等网络媒体平台，向阿联酋政府和民众介绍有关中国的历史文化、风土人情及发展现状。1999年，海湾华人网的创办宣告了阿联酋首家华文传媒的诞生，结束了阿联酋无华文传媒的历史。随着中阿两国经贸关系、文化交流和旅游业务的不断升温，原阿联酋文化部设立了专门的中文网站，介绍阿联酋历史、经济社会发展、自然风光、

① 林丰民:《中阿经典互译：新时代文明互鉴的实际行动》，载《中国穆斯林》，2021（1）。

野生动物、运动休闲等，增进华人对阿联酋的了解，促进中阿两国的交往。

阿联酋的网络中文媒体兴起后，平面媒体也不甘落后。2001年，阿联酋第一份华人报纸《绿洲》创刊。2003年，《新民商报》于阿联酋媒体城注册创刊，该报以“团结树尊严、阿中颂友谊”为办刊宗旨，成为目前阿联酋发行量最大的华文报纸和影响力较大的报纸之一。此后《东方商报》《华人时报》《华人之窗》《迪拜人传媒》等报纸、期刊也相继面世。此外，阿联酋华人还开始进军电视媒体。2005年，迪拜中资公司华星集团斥资收购了阿联酋阿拉迪尔卫星电视台，并于2006年年初重新登记，更名为“亚洲商务卫视”。该电视台卫星信号覆盖欧、亚、非三大洲30多个国家，节目以阿拉伯语和英语全天候循环播出，《中国百业之窗》《中国著名品牌》《投资中国》《周游中国》等栏目着重宣传中国企业实力和品牌，构建“中国制造”通往阿拉伯世界的商务桥梁。2014年11月，迪拜著名华商与阿联酋王室成员共同创办的卫星电视台“中阿卫视”正式开播，节目信号覆盖整个中东地区，采用中文、阿拉伯语双语，主要栏目包括《今日迪拜》《中东商机》《美丽阿拉伯》《丝绸之路上的华商》《美丽中国》《中国著名品牌》等，其宗旨是架构中国与中东商贸最直接的桥梁，为中国和阿拉伯国家的政府、商人及投资项目创造一个对接平台，致力于服务和发展中国的外贸经济，提升中国的企业和品牌的国际影响力。①

随着“一带一路”倡议的深入发展，中国与阿联酋的关系呈现全面、快速而深入的发展势头，在国际和地区事务中的相互支持与配合亦更加紧密。与此同时，阿联酋的华人华侨亦以中国与阿联酋的共同发展、共享繁荣为旨要，努力向阿联酋社会阐释中国。②2020年11月，迪拜中阿卫视董事长张力军出席世界互联网大会，他表示：“迪拜中阿卫视将秉承将‘一带一路’建设成‘合作之路、健

① 刘欣路：《阿联酋新闻出版业的体制与特点》，载《中国出版》，2017（5）。

② 韩小锋：《阿联酋华人群体与中国国际话语权的建构》，载《中华文化与传播研究》，2020（2）。

康之路、发展之路'的理念，运用好互联网、人工智能和数字技术，建设中阿民心相通和贸易互通的桥梁和纽带。"[①] 阿联酋华人华侨在传媒领域上的身体力行极大地拓展了中国与阿联酋双方对彼此的认知空间，在推进中阿民心相通、构建我国自身的国际话语权、加强中阿务实合作、推动"一带一路"倡议等方面发挥了积极作用，为丰富两国关系内涵添砖加瓦。

最后，中阿传媒合作顺应时代发展趋势，注重数字赋能，增强科技探索，促进媒体融合发展，为中阿传媒合作提质增效。目前，阿拉伯国家已全面进入移动时代，4G 网络普及加快，智能手机用户数量成倍增长，互联网渗透率已经超过全球平均水平的 50%。其中，阿联酋的互联网渗透率高达 99%，手机使用率为世界第一，使用率高达 91%，这为进一步推动中阿两国传媒交流与合作提供了重要契机，推进中阿传媒的数字科技合作是必然趋势。如今，互联网新媒体成为中阿传媒合作的重要新主体。以中国国际电视台（China Global Television Network，缩写为 CGTN）阿语频道为例，其新媒体业务快速发展，已成为中阿广播电视交流新平台。目前，中国国际电视台阿语新媒体拥有粉丝总数达 1682 万，覆盖 22 个阿拉伯国家的 1400 多万用户。在双方领导人出访、"一带一路"合作等重大活动报道时，中国国际电视台阿语新媒体与阿拉伯主流媒体合作，通过网站、Facebook、Twitter、YouTube 等平台实现资源共享，打通传播渠道，获得了良好的传播效果。

而在民间，中国互联网企业已在阿拉伯地区开展社交、直播、媒体和泛娱乐等业务，是中阿开展智慧广电和媒体融合服务过程中的重要先行者。中阿卫视董事长张力军提出，"对于媒体来讲，数字赋能是创新发展的必由之路"。在此理念的引导下，中阿卫视打破单一平台，从多渠道、多角度发力，引入中阿不同媒体作为战略合作伙伴，比如与中东最大的社交直播平台 7Nujoom（"裂变"）达成战略合作，共同打造综艺类、选秀类直播与短视频，以此通过媒体融合，

① 张力军:《迪拜中阿卫视"中阿品牌矩阵"全新亮相　从乌镇走向"一带一路"》，见环球网。

建立用户生态级的媒体平台，强化媒体功能、供应充分信息、聚合海量资源，打造智慧广电媒体，发展智慧广电网络，扎根用户心灵，增进中阿民心相通，从而为推动中阿战略伙伴关系发展作出更大贡献。再比如，智慧宫文化产业集团有限公司以“互联网＋文化产业”的发展模式，以“讲好中国故事，传播好中国文化”为使命，以“一带一路，文化先行”为发展定位，主动融入“一带一路”，在阿拉伯国家运营多个 APP，搭建了“一带一路”阿拉伯国家文化交流平台、智能互译平台、数据库平台、出版数字平台、动漫影视制作平台、人才培养平台、信息交流平台和智能旅游平台，推动中阿媒体融合发展，致力于将自身建成“一带一路”阿拉伯国家文化产业第一品牌，当好中国文化在阿拉伯国家的代言人，为深化中阿交流作出贡献。

同样，在数字出版领域，阿拉伯国家出版商协会主席阿拉姆·沙拉比在 2015 年中阿出版合作论坛上表示，希望进一步加强中阿在电子图书出版领域的知识传播，以内容多元化增进双边对话。中国出版机构在这方面积极探索，打造电子资源库，利用数字化助推“走出去”和“引进来”，充分展现自身的责任担当。五洲传播出版社推出的“that’s books”阿文平台则是电子出版合作的成功范式。2015 年五洲传播出版社正式启动“that’s books”阿文数字内容运营平台，并举行中阿数字出版交流会，与阿拉伯出版商协会和数个阿拉伯国家出版商协会签订数字出版战略合作协议。2017 年“that’s books”阿语数字阅读平台首次亮相第 36 届沙迦国际书展，与沙迦图书管理局正式建立合作伙伴关系。沙迦酋长对“that’s books”在推进阿拉伯图书数字化、搭建面向全球阿拉伯语读者的数字阅读平台上所做的努力予以充分肯定，并表示将支持推动阿联酋出版社与“that’s books”平台合作。“that’s books”吸引了国内外媒体的关注，先后得到人民网、迪拜中阿卫视和沙迦电视台等媒体的专访，沙迦国际书展杂志刊登《“that’s books”是全球最大的阿拉伯数字阅读平台》文章。目前，平台已与阿联酋、埃及、黎巴嫩、约旦等国家的四十余家实力雄厚的出版社建立了合作关系，已上线阿拉伯语著作六千多册，既有经典文学、历史、哲学、政治类图书，也有时下热销的小说或社科类图书。值得一提的是，由五洲传播出版社和约旦空间出版社联合举办的“that’s books”阿拉伯网络小说创作大赛是阿拉伯地区唯一一项通过互联网进行的年度国际小说比赛，2019 年“that’s books”阿拉伯网络小说创作大赛颁奖仪式在沙迦国际书展隆重举行，并发布了首个网络小说创作平台，为广大阿拉伯青年提供了全新模式的创作平台，鼓励阿拉伯青年进行文学创作，进一步拓展了“that’s books”阿拉伯阅读平台在阿拉伯地区的品牌影响力。2019 年“that’s books”总下载量达到 350 万，平台日均下载量 6000~8000 人，日访问量突破 10 万人，成为阿拉伯地区最具影响力的手机阅读平台。

（二）中阿传媒合作面临的问题与挑战

中国与阿联酋两国发展战略相通，共建“一带一路”符合阿方利益，切中阿方关切，为阿联酋的发展带来了机遇和动力。中阿两国正在跨越山海，共同在“一带一路”这条合作共赢的阳光大道上并肩前进。令人欣慰的是，中阿两国在“一带一路”框架下的合作已经取得了丰硕成果，前景可观，但在当下机遇与挑战并存的国际政治经济新格局和国际舆论格局下，中国与阿联酋的传媒合作还面临着一些问题与挑战。

第一，中国与阿联酋的传媒合作滞后于其他领域的合作。在中国“一带一路”倡议下，中国和阿联酋在政治、经济、文化领域的合作不断深化和加强，尤其是在经贸领域，2017 年中国成为阿联酋最大贸易伙伴，阿联酋也是我国在阿拉伯世界最大出口市场和第二大贸易伙伴。与其他领域相比，中国和阿联酋的传媒合作在人员、规模、层次和频率等方面，相对滞后于双方在其他领域的交流与合作，中阿媒体交流与合作还不能满足中阿双边关系发展的需求，长此以往，会给中国与阿联酋合作关系的进一步发展带来不便。

第二，中国与阿联酋的传媒合作中存在不平衡的现象。中国媒体已在阿联酋设立两个记者站①、三家分社②，而阿联酋媒体在华并没有设立常驻机构，此外，中国和阿联酋媒体在采用对方语言报道方面不对称，中国媒体在电台、电视、杂志和网络等渠道中都有采用阿拉伯语报道的节目，而阿联酋仅有一个中文卫视③和一个中文电台④。中国与阿联酋的传媒合作应尽量开拓中阿媒体之间新的合作渠道，进一步深入交流，增进互相理解。

第三，中国和阿联酋传媒合作尚局限于官方合作，民间沟通和交流有待加强。中国与阿联酋的文化差异本身就很大，在国际形势急剧变化的当下，两国之间的民间交流十分重要，否则很容易产生认识上的误区和偏差，从而影响中国和阿联酋合作关系的发展。中国与阿联酋的传媒合作计划主要面向官方媒体，民间和地方媒体的合作比较有限。双方应进一步拓宽合作交流渠道，发挥民间和地方媒体的作用，提高双方新闻传播能力，增进互相理解，这对于提高中国和阿联酋的传媒合作水平有着重要的现实意义，必将对双方的发展产生积极的推动力。

第四，我国对阿开展传播工作时有待进一步加强互联网思维，社交媒体平台和互联网的巨大潜力有待进一步释放。目前传播格局正在发生深刻变化，在传统媒体和网络媒体界限逐渐模糊的当下，媒体融合已成一大趋势。社交媒体平台日益成为开展传播工作的重要平台，对中阿传媒合作而言，社交媒体也是促进民心相通的一个低成本的有效互动平台，是国际舆论斗争中不可或缺的重要平台，是讲好中国故事、宣传中国形象的重要抓手。目前，中国国际电视台阿语新媒体虽已覆盖22个阿拉伯国家的1400多万用户，但这一数量远小于BBC、法国24小时等西方媒体所拥有的阿拉伯关注者。就社交媒体舆论情况来看，西方媒体在网站上发布的短视频、时评

① 中央电视台、中国国际广播电台等官方媒体机构在阿联酋建立了记者站。

② 新华社、人民日报、五洲传播出版社在阿联酋建立了分社。

③ 中阿卫视是总部位于迪拜的一家卫星电视台，由阿联酋国家媒体委员会批准颁发卫视牌照，并于2017年5月获得中国外交部新闻司批准，在中国设立常驻新闻机构“中阿卫视中国新闻中心”。

④ 迪拜龙之声是中东地区首家中文广播电台，该频道由阿拉伯广播网运营，全天24小时播放。

在阿拉伯受众中仍具有强大舆论导向，对我国国际形象具有不容小觑的冲击力。当下，短视频日益成为新媒体时代最受欢迎的传播形态。短视频具有快速、广泛传播的特点，此外，其具有的评论、点赞和反对等社交机制也有助于突破单向的传播模式，增强话题的互动性和讨论氛围。因而，当前传播视频化的趋势越来越突出，这首先需要我国对外传播顺应媒介发展趋势，强化互联网思维，掌握互联网传播的特点，强化与阿联酋新兴媒体的合作，拥抱新媒体、新技术、新平台，一道挖掘阿拉伯受众的喜好，制作分享平民化、生活化的原创视频。另外，要深入推进精准传播，融媒体时代对外传播不能一个通稿打天下。习近平主席强调："要适应分众化、差异化传播趋势，加快构建舆论引导新格局。"[①] 当下我国与阿联酋的传媒合作在精准传播、差异化传播方面所做的工作还比较有限，我国亟须加强针对不同层次受众利用大数据进行精准创作的能力，逐渐将对外传播的方式方法从“大水漫灌”转变为“精准滴灌”，为不同受众提供喜闻乐见的传播内容，使传播更加有效。

五、结语

虽然阿联酋的传媒业起步较晚，但得益于经济的发展和政府的支持，其传媒业呈现出快速且多元化的发展态势，已经成为中东地区新的新闻传播业中心之一，21 世纪以来，随着互联网的飞速发展和人们受教育程度的普遍提高，人们对信息的需求更加多样化，这为阿联酋传媒业的进一步发展提供了丰富的可能性。

阿联酋地理位置优越，能源资源丰富，社会和平稳定，是中东和海湾地区的经济、贸易、金融和航运中心，是中国在“一带一路”倡议上的天然合作伙伴。近年来中阿两国关系发展始终保持上升势头，阿联酋是积极响应和参与“一带一路”倡议的中东国家之一，共建“一带一路”符合双方利益。中阿两国应在此背景下，继续在相互理解、相互尊重的基础上全面深化合作，进一步发展传媒业，

① 习近平:《坚持正确方向创新方法手段　提高新闻舆论传播力引导力》，见新华网。

加强传媒领域的交流与合作，尤其是要进一步开拓中阿媒体之间新的合作渠道，发挥民间和地方媒体的作用，提高双方新闻传播能力，增进双方人民的互相理解，夯实中阿友好的基础，努力打破西方媒体垄断，提高国际话语权。

（北京外国语大学阿拉伯学院　林建彬、黄心怡、孟炳君）

阿尔及利亚传媒业与中阿传媒合作

阿尔及利亚是阿拉伯和非洲大国，受殖民因素的影响，其现代传媒业发端较早，但成长曲折。独立后，因地区和国内局势持续动荡，阿政府对传媒业管控较为严格，传媒业总体发展缓慢。进入21世纪以来，随着阿国内政局趋稳，石油财富不断增长，阿传媒业也逐渐开放，在阿拉伯世界的影响力有所提升。阿尔及利亚与中国关系有着传统友好关系，阿是首个同中国建立全面战略伙伴关系的阿拉伯国家，双方在传媒领域也开展了务实合作，但还有较大发展空间。本章主要介绍了阿尔及利亚传媒业的发展历程、相关政策和法律法规、管理部门、主要传媒机构等，梳理并简要分析了阿尔及利亚与中国的传媒合作的现状和前景。

一、阿尔及利亚国情与传媒业主要发展历程

（一）阿尔及利亚国情

阿尔及利亚北濒地中海，东临突尼斯、利比亚，南与尼日尔、马里和毛里塔尼亚接壤，西与摩洛哥、西撒哈拉交界，国土面积为238万平方千米，是非洲面积最大的国家。首都是阿尔及尔，官方语言为阿拉伯语，通用语为法语，国教是伊斯兰教。截至2020年1月，阿尔及利亚人口数量已超过4 385万[①]，主要是阿拉伯人，其次是柏柏尔人，少数民族有姆扎布族和图阿雷格族等。

阿尔及利亚在北非是地区大国和中等强国，油气资源丰富，石油与天然气产业是阿尔及利亚国民经济的支柱，多年来其产值一直占国内生产总值的30%，税收占国家财政收入的60%，出口占国家出口总额的97%以上。[②]阿尔及利亚依靠能源出口发展出了较强的经济实力。在2019年联合国开发计划署发布的人类发展报告中，其人类发展指数居非洲第1位，世界第82位，表明其社会经济发展程度较高，为文化和传媒业的发展奠定了基础。

（二）阿尔及利亚传媒业主要发展历程

殖民时期，法国当局极力遏制阿尔及利亚传媒业的发展，阿尔及利亚传媒业起步缓慢。独立后，阿尔及利亚传媒业逐步发展壮大，并迎来了短暂的“黄金时代”，但20世纪90年代的十年内战又给传媒业带来了沉重的打击，阿尔及利亚传媒业在风雨中摇曳前行。随着内战结束，阿尔及利亚进入了较长的稳定期，传媒业也有了较大发展，但是政府对媒体的监管始终较为严格。

1. 殖民统治时期的阿尔及利亚传媒业

阿尔及利亚的第一份报纸是《信使报》（*L'estafette d'alger*），它是法国军队于1830年以法文出版的，发行3期后停刊。1847年，法国殖民者在阿尔及利亚出版了第一份阿拉伯语报纸《报喜者》（المبشر），

① 世界银行：《阿尔及利亚人口最新数据（2020年统计）》。
② “阿尔及利亚国家概况”，见中华人民共和国外交部网站。

主要针对阿尔及利亚民众，这也是近代以来阿拉伯世界的第三份阿拉伯语报纸。[①] 报纸的主要内容是介绍法国的殖民政策，企图消除阿尔及利亚人民对法国殖民统治的反抗和抵触，维护法国在阿尔及利亚的利益。

1893 年，《真理报》（جريدة الحق）开始发行，这是由阿尔及利亚穆斯林出版的第一份报纸，这份报纸开始时仅用法语发行，自第 16 期起用法阿双语发行。它在维护穆斯林、谴责穆斯林遭遇的不公正对待方面发挥了重要作用。

在殖民统治期间，法国殖民者为了操控舆论、维护法国统治利益，限制阿尔及利亚人创办报刊，遏制阿尔及利亚阿拉伯语报刊的发展。这一时期，法国殖民政府时常取缔当地人开办的报社，处罚其所有者。1893 年至 1923 年，阿尔及利亚境内一共有 78 种阿语报纸发行，其中有 45 种报纸被法国殖民政府取缔[②]，报纸的创办者也遭到威胁、监禁甚至流放。

1929 年，法国殖民者为了满足在阿尔及利亚定居的法国人的需要，引进了广播电台，在首都阿尔及尔建立了信号基站。1949 年，法国又在康斯坦丁（Constantine）和奥兰（Oran）增建了发射台。但是此时广播电台的受众仅有在阿尔及利亚的法国定居者，广播电台不向阿尔及利亚人提供服务。

1954 年 11 月 1 日，阿尔及利亚爆发独立战争。独立战争期间，阿尔及利亚本土媒体得到了快速发展。1956 年，《圣战者报》（*El Moudjahid*）以法阿双语发行，并逐渐成为领导阿尔及利亚独立运动的民族解放阵线的宣传阵地，在传播革命思想方面发挥了重要作用。同时期，电视媒体被法国殖民当局引入阿尔及利亚，电视节目内容多从法国引进，目的是美化法国的殖民统治，抹黑阿尔及利亚历史和文明，削弱阿尔及利亚人的抵抗和斗争。于是 1956 年 12 月，阿尔及利亚自己的广播电台“战斗的阿尔及利亚之声”应运而生，开

① 卡麦勒·欧拜德:《阿拉伯报刊的起源与发展》。

② 《纸媒报纸在阿尔及利亚公共舆情中的作用》(دور الصحافة المكتوبة في تكوين الرأي العام في الجزائر), 见阿尔及利亚 教育与科研部网站。

始秘密广播，宣传反抗法国殖民的主张，是目前阿尔及利亚广播电台的前身[①]。

在独立战争中，阿尔及利亚人民充分利用报刊和广播电台动员群众，鼓励群众反抗殖民统治，争取民族独立。可以说，阿尔及利亚人民自己创办的媒体在其争取民族独立的斗争中发挥了重要作用。

2. 独立后的阿尔及利亚传媒业

（1）1991 年及以前

1962 年阿尔及利亚独立之后，政府将媒体行业收归国有，并对媒体实行较为严厉的控制措施。当时阿尔及利亚国内所有报纸要么直接隶属于民族解放阵线，要么由民族解放阵线的分支机构发行。

1986 年，国际油价震荡，阿尔及利亚经济下行，陷入经济危机。1988 年 10 月，一场规模空前的全国性群众运动爆发。大批青年走上阿尔及尔街头游行示威，抗议物价飞涨和基本生活用品短缺。群众运动很快波及其他城市，目标也逐渐从要求改善生活状况转向要求进行彻底的经济社会改革转变，这促使阿尔及利亚政府开始审视其政治体制。1988 年“十月事件”是阿尔及利亚历史上一个重大的转折点，它开启了阿尔及利亚的民主化进程，推动了国内民主化改革。

1989 年，时任阿尔及利亚总统沙德利开始推行改革。1989 年 2 月，阿尔及利亚通过了新宪法。新宪法开放了一些公共自由，其中包括言论自由和新闻自由，新宪法的推行为阿尔及利亚传媒业的发展扫除了一些障碍。

1990 年，阿尔及利亚颁布《媒体法》，实行有条件的新闻自由，允许私营部门开办纸媒。这部法律结束了国家对纸媒的垄断，但是视听媒体仍然由国家控制。该法律颁布后，一些私有企业开始发行报刊，一些政党也创立了党报，并且出现了一些地方性报刊。同时，政府继续运营和管理新闻部下属的公共媒体机构，如阿尔及利亚新闻社、国家新闻档案室等。

阿尔及利亚政府结束对纸媒的垄断后，于 1991 年出台了一系列举措，促进私营印刷媒体的发展。例如，政府向私营报纸的记者发

① “阿尔及利亚国家概况”，见中华人民共和国外交部网站。

放两年薪资，在部分地区提供廉租房，以及保证为创业失败的媒体工作人员保留其回原单位的权利等。在政府的鼓励下，20 世纪 90 年代初，阿尔及利亚印刷媒体蓬勃发展，出现了大量私营报刊，这一阶段也被视为阿尔及利亚新闻出版业的“黄金时代”。1991 年，阿尔及利亚日报和周报的种类从 1988 年的 49 种增长到了 74 种，每天的总发行量达到了 143.7 万份。[①] 这一时期，阿尔及利亚的私营报业和党报都蓬勃发展，几乎每个政党都有自己的党报，伊斯兰拯救阵线的党报每周平均发行量可以达到 50 万份。[②] 但是国有报业的发展却由于其机制无法适应市场经济以及私营报业的竞争等遇到了一些问题，销量日益下降。

视听媒体方面，这一时期，阿尔及利亚的视听媒体仍然由国家垄断和控制，但是这并没有阻碍其民主转型。阿尔及利亚国家电视台对阿尔及利亚的局势、政党和工会活动等秉持更加开放的态度，并通过其电视节目为媒体多元化奠定了基础。随着阿尔及利亚政治逐渐开放，电视台出现了一些具有开创性意义的对话类节目，这些大多是直播节目，涉及政治、社会、文化等领域，深受阿尔及利亚民众的欢迎，人们普遍认为这种节目打破了受众和媒体之间的障碍，使得普通民众有更强的社会参与感。另外，国家广播电台同国家电视台一样，秉承着更加开放的态度，节目形式日益多元开放，也得到了政府的大力支持。[③]

1991 年，阿尔及利亚最大伊斯兰主义政党——伊斯兰拯救阵线在首轮立法选举中获胜，击败了长期执政的民族解放阵线。政府随即以威胁民主为由取消了选举，引发对抗。随后军方介入，总统下台，阿尔及利亚陷入军政府与伊斯兰武装势力之间长达 10 年的残酷内战，史称“黑色十年”。在此期间，阿尔及利亚传媒业也陷入危机。

① 伊斯梅尔·马拉兹卡:《政治和媒体多元性背景下阿尔及利亚的政治传播：影响独立日报作用的因素》(阿文)，阿尔及尔大学媒体和传播学系硕士论文，222 页，1997。

② 伊斯梅尔·马拉兹卡:《政治和媒体多元性背景下阿尔及利亚的政治传播：影响独立日报作用的因素》(阿文)，阿尔及尔大学媒体和传播学系硕士论文，53—54 页，1997。

③ 穆罕默德·拉加布:《媒体、伊斯兰教和文化的热点问题》(阿文)，28 页，霍马出版社，2021。

（2）1992—1998 年

1992 年，阿尔及利亚总统沙德利辞职，不承认国民大会第一轮选举结果，并取消了第二轮选举，宣布国家进入紧急状态，阿尔及利亚传媒业的“黄金时代”也因此结束。政府又开始控制纸媒，并对各类媒体进行严格监管，不允许传播任何与政治暴力、安全行动、军事行动等相关的新闻，并通过内政部禁止一些报刊出版发行，甚至开始扣押记者。1993 年，阿尔及利亚撤销了最高新闻委员会。由于政府对纸媒的控制，以及媒体资金短缺等，1992 年至 1994 年阿尔及利亚有 24 家报纸停止发行[①]，并且在此后两年中继续减少。1994 年，阿尔及利亚国内的日报有 27 家，每天的发行量为 905 528 份，至 1996 年，日报的数量减少到 19 家，每天的发行量减少为 546 398 份[②]。

鉴于这种形势，1997 年，时任阿尔及利亚总统拉明·泽鲁阿勒开始着手振兴媒体行业，制定新的《媒体法》。1998 年，新《媒体法》草案进入筹备阶段。这部《媒体法》试图开放包括视听媒体在内的整个媒体行业，但是，由于拉明·泽鲁阿勒总统任期缩短，并提前进行了总统选举，新《媒体法》没能成功制定，此后议会也冻结了此项立法，阿尔及利亚传媒业持续低迷。

（3）1999—2011 年

1999 年 4 月，布特弗利卡作为独立候选人参加阿尔及利亚总统大选并获胜。布特弗利卡上台后，阿尔及利亚国内局势逐渐好转，纸媒又开始快速发展起来。1999 年，阿尔及利亚报纸总数量仅为 103 种，2008 年阿尔及利亚报纸总数量快速增加到 291 种，平均发行量超过 242 万份。[③]

视听媒体方面，由于 1998 年的新《媒体法》草案被冻结，阿尔

① 巴库什·萨比哈：《1990—2015 年政治多元化背景下阿尔及利亚媒体政策的发展》，载《人文与社会科学杂志》（阿文），2016（23）。

② 巴库什·萨比哈：《1990—2015 年政治多元化背景下阿尔及利亚媒体政策的发展》，载《人文与社会科学杂志》（阿文），2016（23）。

③ 贝尔哈吉·瓦希比：《1999 年后阿尔及利亚新闻自由的法律环境：以私营报社为例》，载《思想家杂志》（阿文），2013（5）。

及利亚政府继续实行1990年的《媒体法》，国家继续保持对视听媒体的垄断。布特弗利卡曾在采访中表示，国家为广播和电视提供资金，这两者的存在是为了维护国家主权，而不是为了给那些攻击国家的人提供渠道，况且，阿尔及利亚已经有了自由的媒体和自由表达的空间，人们可以通过这些媒体自由地发表意见，但是广播和电视仍要归国家所有[①]。

虽然1999年后，阿尔及利亚的传媒业有所发展和进步，但是《媒体法》和其他有关法律法规仍然束缚着媒体行业的发展，这促使阿尔及利亚媒体人士行动起来，要求取消对记者的限制，获得更多的新闻自由。2010年至2011年，这种声音变得愈发强烈，许多媒体从业人员进行静坐、游行示威等，以争取更多的新闻自由。迫于形势，布特弗利卡于2011年4月15日发表声明，取消《刑法》中关于媒体行业不端行为的内容，并修改了《刑法》第144条，废除了对媒体工作人员的监禁处罚。

（4）2012年至今

2011年，始自突尼斯、埃及的"阿拉伯之春"席卷阿拉伯多国，这促使阿尔及利亚政府在多领域推出改革举措。2012年，阿尔及利亚颁布了新的《媒体法》。这项法律的颁布经过了一个漫长而艰难的过程，新闻部为此召开了七十多次会议，与相关人员进行磋商。[②]这部法律的目的在于结束国家对视听媒体的垄断，推动广播、电视、互联网等视听媒体的私有化进程。阿尔及利亚还成立了数个专门机构来监管媒体的运营。2014年，阿尔及利亚政府又颁布《视听活动法》，进一步强调了对少数民族、妇女和儿童的保护，以促进新闻出版业的全面发展。

得益于《媒体法》和《视听活动法》的颁布，截至2015年3月31日，阿尔及利亚的报纸数量达到321种[③]，国内约有二十家大型电

① 巴库什·萨比哈：《1990—2015年政治多元化背景下阿尔及利亚媒体政策的发展》，载《人文与社会科学杂志》（阿文），2016（23）。

② 《阿尔及利亚的媒体政策》（السياسة الإعلامية في الجزائر），见阿尔及利亚塞提夫大学官网。

③ 参见阿尔及利亚通讯部网站。

视台，其中五家是国有电视台。

二、阿尔及利亚传媒政策与管理部门

（一）阿尔及利亚传媒政策

1982 年，阿尔及利亚颁布《媒体法》，这是阿尔及利亚独立以来第一部关于媒体行业的法律。其中初步规定了国家和执政党对各类媒体所有权的绝对垄断，同时对出版、发行、记者职业操守、责任、赏罚等内容作出明确规定，更详细地规范了记者的权利和义务。

1990 年，国家颁布新《媒体法》，第一次规定了媒体言论自由、所有制多元化并允许私有传媒企业的存在。在行使 1982 年《媒体法》所规定的媒体自由原则的基础上，该法取消对媒体行业的行政监管，允许自由发行报纸，打破了阿尔及利亚政府对纸媒的垄断，同时决定成立最高新闻理事会以保障公民行使新闻自由的权利[①]。并第一次引入了“视听媒体”这个术语，在此之前，“视听媒体”在法律中都被称为“行使媒体权利的广播、音频、电视”。许多阿尔及利亚媒体领域的研究人员认为，这部《媒体法》草案引起了视听媒体开放方面质的转变。自该年起，阿尔及利亚报纸的日刊和周刊种类不断丰富、发行量增加，报刊所有权分为政府机关报、党报和私营报纸，这在一定程度上反映了阿尔及利亚言论自由状况，媒体市场也由此逐渐繁荣。[②]

2002 年，阿尔及利亚提出修改 1990 年新《媒体法》部分条例，要求政府开放视听媒体行业，以加快阿尔及利亚融入经济全球化、融入国际社会的进程。但是由于传媒业当时处于大混乱中，媒体和政府之间经常发生冲突，媒体从业者的职业道德问题也引发了广泛关注，再加上经济、社会文化和行政管理等方面的原因，该草案并没有落实。

---

① 欧拜德·努尔·哈达：《阿尔及利亚媒体法（1982 年—2012 年）：变与不变》，非洲法律和政治研究杂志（阿文）第 2 卷。

② 马晓霖、李晓悦：《伴随政治风雨的阿尔及利亚新闻传播业》，载《对外传播》，2019（7）。

2012 年，阿尔及利亚对 1990 年《媒体法》进行修正，颁布了 2012 年《媒体法》。这部法律共十二章，规定了新闻出版业的基本准则，强调新闻自由的前提是尊重《宪法》和法律，尊重伊斯兰教和其他宗教，尊重国民身份认同和文化价值观，尊重思想观点的多样性，不能损害国家利益、破坏国家安全等。

这部法律的第 61 条[①]规定了可以开展视听媒体活动的机构，包括公共部门以及遵守阿尔及利亚法律的企业、行业机构等。由此可以看出，阿尔及利亚政府向私人部门开放了视听媒体，结束了国家对视听媒体的垄断，推动了广播、电视、互联网等视听媒体的私有化进程。

为了追随时代的发展潮流，这部法律的第五章新增了关于网络媒体的内容，阐述了互联网新闻和视听活动的相关概念，并强调所有互联网新闻活动和互联网视听活动都要在《媒体法》和其他现行法律法规范围内进行，接受政府的监管。

这部法律还在第六章阐述了记者的职业内涵、职业道德与行为规范。同时，它废除了对违反《媒体法》的媒体从业人员处以监禁的规定，但政府有权吊销违法违规媒体的营业执照，取消相关人员从业资格，并处以高额罚款。这一举措得到阿尔及利亚媒体人士的支持，认为这不仅有助于规范媒体行业，而且能够更好地保障新闻自由，使媒体人可以充分履行职责，发挥媒体作为“第四权力”的作用。

此外，该法律还在第十章“对新闻业的帮助和支持”中规定国家要采取措施，对新闻业的健康发展提供必要支持。例如：

第 127 条　国家应按照相关法律法规确定方式和标准，对有助于改善言论自由的举措和活动给予支持。

第 128 条　国家应通过组织专业培训提升记者的从业能力和水平。

第 129 条　各媒体机构每年应将不少于年收入百分之二的经费

① 2012 年阿尔及利亚《媒体法》第二章第 64 条。

用于对记者的培训。[①]

这些措施有利于保障公民言论自由，提升媒体从业者的专业能力和素养，给新闻业提供了更广阔的发展空间，有利于阿尔及利亚新闻业的进一步发展。

在纸质媒体方面，2012 年《媒体法》规定设立纸质媒体管理局，以代替 1993 年解散的最高新闻理事会。其成员构成方式和主要职责为：纸质媒体管理局由 14 名成员组成，包括局长在内的半数成员由总统、国民议会主席和民族院主席推荐，其余成员由资深媒体人士组成。纸质媒体管理局的主要职责是监督纸质媒体在全国范围内的出版和发行；监督媒体质量；鼓励、支持符合条件的媒体用两种官方语言出版、发行期刊；监督出版机构运营过程中的财务行为等。

2012 年《媒体法》的目的在于响应阿尔及利亚人民在媒体、文化等领域的需求，保障言论自由和媒体多元化发展。阿尔及利亚国内舆论对新《媒体法》取得的进步予以高度评价，但同时认为该法在营造良好的舆论环境方面还有很大提升空间，特别是在保障媒体和公民的知情权以及为私营媒体发展提供充分法律保障方面还需要进一步完善。

2014 年，阿尔及利亚政府颁布了《视听活动法》，这是阿尔及利亚独立后第一部关于视听媒体行业的法律，旨在规范视听媒体活动，确保公共部门、得到授权的组织、遵守阿尔及利亚法律且得到授权的企业，能够在遵守视听活动法及其他现行法律法规的基础上，自由开展视听媒体活动。

《视听活动法》第一章中细化了可以开展视听媒体活动的机构，包括公共部门、得到授权的组织、遵守阿尔及利亚法律且得到授权的企业和公司。事实上，虽然自 2012 年后，私人卫星电视可以在阿尔及利亚境内获得许可，但是政府对其仍然有许多限制。例如，政府限制了私人电视台可以用于播放新闻节目的时间，从而限制了其独立报道的能力。

此外，《视听活动法》还在 2012 年《媒体法》的基础上，细化

① 2012 年阿尔及利亚《媒体法》第十章第 127、128、129 条。

了关于视听监管局的内容。2012 年颁布的《媒体法》第 64 条规定建立视听监管局，视听监管局需依据法律开展工作。《视听活动法》则确定了视听监管局的具体任务、职能、组织结构和运行方式。

国家结束对视听媒体的垄断后，阿尔及利亚电视频道的数量猛增。但值得关注的是，很多新建立的视听媒体由商人而非视听领域的专业人士创办，这违背了《视听组织法》第 19 条——视听媒体主要股东中须有职业记者或视听领域专业人士。对此，阿尔及利亚视听监管局局长表示，视听监管局会与通信部合作，解决视听行业中的乱象，推动相关法律的执行，并会为私营广播和电视台的发展提供便利。

（二）阿尔及利亚传媒管理部门

阿尔及利亚新闻出版领域的主管部门是通信部和文化部。通信部近年来致力于发展数字技术，扩大广播和电视的覆盖面，优化广播、电视节目的制作，创建专题广播、电视频道，以实现广播、电视节目多样化，推动广播电视等的发展。

文化部根据 1998 年 8 月 1 日发布的文件建立了国家文化和媒体局，并于 2013 年对国家文化和媒体局进行重组。它的任务是制作和发行电影等艺术作品；优化制作设备，改善制作方式；举办地区、国家和国际性质的文化活动和艺术表演；推广文化历史活动有关作品；传播和发展国家文化遗产和历史遗产；鼓励文化艺术创作等。

2016 年，阿尔及利亚政府根据《视听活动法》成立了视听监管局来监管视听媒体。视听监管局包括局长在内的成员均是由总统、国民议会主席和民族院主席推荐产生，其主要职责是确保视听活动在遵守《视听活动法》及其他相关现行法律的前提下自由地进行；负责普及两种国家官方语言，弘扬并支持民族文化；通过广播和电视节目，特别是所有政治和公共媒体节目，确保尊重思想和意见的多元表达；确保视听服务发布者提供的节目能反映国家文化的多样性；确保公众能够以直接或间接的方式通过免费视听服务获取有关国家重大事件的相关信息。

三、阿尔及利亚主要传媒机构

阿尔及利亚国内的通讯社、广播电台、电视台等视听媒体机构基本以国有为主，私营相对较少，且国有媒体机构的规模远大于私营媒体。报刊、出版社等纸质媒体机构中，国有和私营数量都很多，且都有规模较大的机构。这主要是由于阿尔及利亚国内纸质媒体行业开放较早，私营纸质传媒发展时间较长，而视听类媒体行业开放较晚，私营企业发展时间短，还没有形成规模。

（一）通讯社

阿尔及利亚最主要的通讯社是阿尔及利亚通讯社（وكالة الأنباء الجزائرية）。阿尔及利亚通讯社是阿尔及利亚官方通讯社，简称阿通社，成立于1961年。阿通社成立之初，阿尔及利亚仍然在法国的殖民统治之下，尚未独立，因此阿通社的总部设在突尼斯。1962年阿尔及利亚独立后，阿通社总部迁到阿尔及尔，致力于与其他各国新闻通讯社开展合作，扩大地区新闻网络。

目前，阿通社有500多名工作人员，其中包括300多名记者、摄影师和翻译，在华盛顿、莫斯科、巴黎、纽约、伦敦、布鲁塞尔、罗马、马德里、开罗、拉巴特、突尼斯城、安曼和达喀尔等地设有记者和办事处。该通讯社每天24小时用阿拉伯语、法语和英语三种语言播送约600条新闻。①

阿尔及利亚还有一家名为“New Press Algerie”的图片新闻社。该社成立于1990年，由专业摄影记者组成，是阿尔及利亚最具权威性的图片新闻报道机构。该社与国内外媒体合作，为他们提供阿尔及利亚独家新闻图片，涵盖内容多样，既包括官方会议、报告、政治新闻等图片，又包括展览、时装秀、地方仪式等非官方场合图片，具有一定的国际知名度。1997年，世界新闻协会授予该社“体育新闻奖”和“年度图片新闻大奖”。该社向阿尔及利亚全国各地派驻记者，因此能够提供及时的新闻报道，各新闻单位在该通讯社注册账

① 参见阿尔及利亚通讯社官网。

号后，可以向其申请获得新闻图片。[1]

（二）报社

2015年年底，阿尔及利亚的报纸数量达到321种，其中有159种日报，种类广泛，包括经济、政治、娱乐、体育等，约86种日报用阿拉伯语出版，发行量达到160万份。此外还有26种用阿拉伯语出版的周报、7种用法语出版的周报，它们的发行量每周可达到80万份。

阿尔及利亚全国有6家官方报社:《圣战者报》社、《人民报》社、《地平线报》社、《阿尔及利亚晚报》社、《胜利报》社和《共和国报》社。阿尔及利亚发行量最大的报纸是用阿拉伯语出版的《消息报》，它是在阿尔及利亚结束国家对纸质媒体的垄断后创办的，是阿尔及利亚第一大报。阿尔及利亚国内法语报刊的发行量普遍低于阿拉伯语报刊，发行量最大的法语报纸是《祖国报》。

以下是阿尔及利亚较为重要、较有影响力的报纸杂志。

《圣战者报》(*El Moudjahid*)：阿尔及利亚全国性重要报刊之一，于1956年以特别公报的形式创刊，起初是战争期间民族解放阵线的信息通报，在民族解放战士之间发行，总部曾设在突尼斯、摩洛哥[2],1962年独立战争结束后，总部迁至阿尔及利亚首都阿尔及尔，自此成为阿尔及利亚的主要日报，作为民族解放阵线一党制政府的宣传阵地[3]。目前该报为阿尔及利亚国内最重要的官方日报，法阿双语发行，由阿尔及利亚新闻部和文化部领导，报纸主要面向知识分子。

《人民报》(يومية الشعب الجزائرية)：全国性阿拉伯语日报，1962年在阿尔及尔创刊，是阿尔及利亚第一份阿拉伯语报纸。该报原为阿尔及利亚民族解放阵线党报，现受通信部和文化部管辖，是目前阿尔及利亚国内很有影响的一份报纸。该报每日8版，分别在阿尔及尔、君士坦丁和奥兰等地印刷发行。

---

① 参见阿尔及利亚 New Press 通讯社官网。

② 《圣战者报》介绍，见阿尔及利亚通讯部官网。

③ 黄慧:《列国志(阿尔及利亚)》，124页，北京，社会科学文献出版社，2010。

《地平线报》(*Horizons*)：全国性法语晚报，1985 年在阿尔及尔创刊。社长由《圣战者报》社长兼任。该报主要刊登软性新闻，如文学艺术、卫生科技、生活趣闻等，除此之外还会刊载少量国内和国际新闻。该报的体育版对国际重大足球赛事报道翔实、图文并茂，深受阿尔及利亚国内体育爱好者的欢迎。该报每日 8 版，最后一版为英文版，以报道国内新闻为主，主要为身在阿尔及利亚的外籍人士和旅游者服务，同时为青年学生提供阅读英文报纸的机会。该报文字简洁、通俗易懂、版面生动，深受阿尔及利亚青年喜爱。

《消息报》(جريدة الخبر)：阿拉伯语日报，创刊于 1990 年 10 月 8 日，是阿尔及利亚开放纸质媒体行业后出版的第一份私营报纸，1993 年、1994 年、1996 年，该报纸曾三次被政府取缔[①]。经过近二十年的发展，现发行量位居全国各报之首，是阿尔及利亚最具影响力的报纸。目前该报拥有 72 名记者，在全国设有 48 个办事处，在国外设有 7 个办事处，报纸读者以知识分子为主，报纸内容涵盖政治、经济、民生、社会、文体等各个方面。目前，该报在阿尔及利亚、法国、美国、加拿大同时发行。[②]

《自由报》(*Liberté*)：于 1992 年 6 月 27 日由 3 名职业记者和 1 名商人联合创办。由于该报为私人所有，因此具有独立的政治立场，[③] 目前该报纸的发行量和新闻可信度均居于阿尔及利亚国内报刊前列。

《祖国报》(جريدة البلاد)：阿拉伯语日报，创刊于 1999 年 11 月 2 日。该报纸致力于获取和传达事实，保持中立性、权威性和客观性，提供符合公众利益的信息，为阿尔及利亚和阿拉伯民族的正义事业服务。该报纸还特别重视青年群体，希望能够培养有理智、有觉悟、遵守职业道德的新一代媒体人。自成立以来，该报一直呼吁扩大公共自由和言论自由，以便媒体更好地发挥其作为“第四权力”的作用。[④]

---

① 黄慧:《列国志(阿尔及利亚)》，124 页，北京，社会科学文献出版社，2010。
② 参见《消息报》官网。
③ 参见《自由报》官网。
④ 参见《祖国报》官网。

《白天报》（جريدة النهار الجديد）：阿拉伯语日报，由两名记者于2007年创办，这是阿尔及利亚国内第一份由不曾在国有报社工作过的记者创办的私营日报。该报有四个印刷厂，分别位于阿尔及尔、奥兰、康斯坦丁和瓦尔格拉。

《阿尔及利亚时事周刊》：阿尔及利亚国内极具社会影响力的法文周刊。1965年创刊，原本是《圣战者报》出版的一份新闻周报，1987年阿尔及利亚新闻机构调整后，该周刊改为由政府管理。《阿尔及利亚时事周刊》的主要读者是政府行政人员、知识分子和私营企业家，每周四出版，每期20～25个版面。

《非洲革命》：阿尔及利亚民族解放阵线党的机关刊物，是阿尔及利亚国内重要的法文周刊之一。该周刊曾经在阿尔及利亚国内外颇具知名度和影响力。

阿尔及利亚国内大多数报纸都使用国有印刷厂和销售渠道，但是《祖国报》和《消息报》两家私营报刊建立了自己的印刷机构和分销渠道。这两家报纸都创刊于阿尔及利亚结束国家对纸媒的垄断之后，因此，它们一直被视为私营印刷媒体领域的领跑者。

（三）出版社

阿尔及利亚目前有500多家出版社，主要有卡斯巴出版社（دار القصبة للنشر والتوزيع）、绿色图书馆出版社（المكتبة الخضراء）、巴尔扎戈出版社（دار البرزخ للنشر）、流星出版社（منشورات الشهاب）、贾希兹文化协会（الجمعية الثقافية الجاحظية）等，它们在阿尔及利亚甚至阿拉伯世界都拥有较大的影响力。

卡斯巴出版社成立于1995年，是阿尔及利亚出版量最大、活跃度最高、拥有图书版权最多的私营出版社之一，其分销网络遍布全国。该社出版阿拉伯语和法语图书，但以法语图书为主，涵盖文学、历史、传记、教科书等多个领域。①

绿色图书馆出版社由阿尔及利亚作家贾麦勒丁·萨利希于1984

① 参见卡斯巴出版社官网。

年创立，专门出版儿童书籍。阿拉伯语图书占比超过 50%，其余为法语、英语、西班牙语图书。此出版社曾多次参加巴黎书展、阿布扎比书展、法兰克福书展等国际书展。2008 年，该出版社曾获得阿尔及利亚文化部颁发的最佳青年图书出版奖。

巴尔扎戈出版社成立于 2000 年，由两名阿尔及利亚学者创办，专门从事法语图书的出版。该出版社也出版了大量因内战流亡海外的阿尔及利亚作家的作品，其中大多数为小说和诗歌，同时也涉及哲学、摄影、喜剧和艺术等领域。该出版社在 2010 年获得荷兰“克劳斯亲王奖”，评审委员会称其为阿尔及利亚开辟了批判反思的空间，在不同语言和文化之间架起了沟通的桥梁。①

流星出版社成立于 1989 年，出版阿拉伯语和法语图书，出版图书种类主要为教辅书籍、儿童科普书籍、历史书籍（尤以阿尔及利亚独立战争时期为主）、文学书籍（尤以长篇小说、短篇小说集为主）。流星出版社最初以出版教辅书籍和儿童科普书籍起家，并在这一领域独占鳌头。随着出版社的发展，出版图书领域也渐渐扩大。该出版社还特别重视通过历史学家和阿尔及利亚独立战争参与者记录阿尔及利亚独立战争的历史，已经成为阿尔及利亚当代历史研究著作最重要的出版机构之一。

贾希兹文化协会成立于 1989 年，是由以阿尔及利亚小说家塔希尔・瓦塔尔为首的知识分子创立的。当时，阿尔及利亚正处于思想大讨论中，所以贾希兹文化协会以“不强加意见”为口号，以促进文化事业发展和文化融合为目标。基于支持、传播创作和不同思想的原则，贾希兹学会创办了文学评论杂志《阐释》（البيان），此杂志还有诗歌副刊。② 此外，贾希兹文化协会还出版了大量阿拉伯文学家的著作。值得一提的是，贾希兹文化协会为阿拉伯穆夫迪・扎克里亚诗歌奖（جائزة مفدي زكريا للشعر）的创办奠定了基础。该奖项以阿尔及利亚革命诗人穆夫迪・扎克里亚的名字命名，最初只是阿尔及

① 刘欣路、许婷:《阿尔及利亚新闻出版业发展管窥》，载《中国新闻出版广电报》，2018 年 11 月 5 日。

② 参见贾希兹文化协会官网。

利亚国内的一个文学奖项，随后其影响力扩大到整个马格里布地区。2007 年，该奖项成为阿拉伯世界的重要文学奖项之一。[①]

（四）广播电视

1. 广播

阿尔及利亚的广播电台包括国有电台和私营电台，大多是 24 小时不间断播出的。阿尔及利亚国家广播电台是国有电台，其前身为“战斗的阿尔及利亚之声”电台，创建于 1956 年，是阿尔及利亚最大的媒体机构。阿尔及利亚广播电台下设 6 个频道，分别为第一频道、第二频道、第三频道、国际频道、《古兰经》频道和文化频道。第一、第二、第三频道属于全国性频道，节目语言分别为阿拉伯语、阿马齐格语和法语，报道的内容涵盖政治、经济、文化、体育等多个方面。国际频道用阿拉伯语、法语、西班牙语和英语四种语言播放节目，重点关注国际上的重大事件。《古兰经》频道是宗教频道，文化频道则重点提供文化领域的新闻和节目等。这些频道的设立也正体现了阿尔及利亚广播电台制定的三大服务功能：信息功能、教育功能和娱乐功能，这也是阿尔及利亚政府对国家广播事业提出的要求。

此外，阿尔及利亚国内还有 48 个地方电台，使用阿拉伯语、法语、阿马齐格语、英语等语言播放节目。尽管 2012 年《媒体法》颁布后，阿尔及利亚国内允许设立私营电台，但是目前阿尔及利亚国内的广播电台仍然主要由政府运营。

2. 电视

阿尔及利亚电视业发源于 1956 年，由法国殖民者引进，当时阿尔及利亚正处于殖民时期，因此电视行业受到法国殖民者的管制。1962 年，阿尔及利亚独立后，政府接管了电视行业，创建了阿尔及利亚电视广播台（RTA），其前身是法国殖民者于 1956 年创立的阿尔及利亚电视广播台，隶属于法国电视技术局。1970 年 6 月 19 日，阿尔及利亚广播电视台开始播放电视节目。为了适应新的发

① 艾雅特・尤尼斯：《穆夫迪・扎克里亚——阿尔及利亚诗人》。

展，1986 年，阿尔及利亚广播电视台重组为 4 个机构：国家电视台（ENTV）、国家广播电台（ENRS）、广播电视播出机构（TDA）和国家视听制作机构（ENPA）。

阿尔及利亚国家电视台目前开辟了 5 个电视频道，分别为地面频道、阿尔及利亚 2 台、阿尔及利亚 3 台、阿尔及利亚 4 台、阿尔及利亚 5 台。

地面频道是母频道，也是公共频道，对全国 48 个省播放。该频道通过其设在全国各地的发射中心转发和转播新闻、娱乐、教育等电视节目，是一个全国性的电视频道。

阿尔及利亚 2 台于 1994 年开播，是阿尔及利亚第二个公共电视频道。该频道主要面向阿尔及利亚海外侨民特别是欧洲侨民，希望成为他们与阿尔及利亚的文化纽带。为吸引海外观众的注意，阿尔及利亚 2 台又叫阿尔及利亚频道。该频道主要播放阿尔及利亚国内政治与经济发展现状，同时也播放新闻、文化、娱乐、体育等节目。该频道在法国比较受欢迎，被称为“阿尔及利亚的法语国际台”。

阿尔及利亚 3 台于 1998 年 11 月开始筹备，1999 年 12 月完成筹备，2001 年 7 月 5 日正式开播。该频道主要面向阿拉伯世界，致力于与阿拉伯世界的阿尔及利亚侨民建立紧密联系，向各国阿拉伯人展示一个真实的阿尔及利亚。

阿尔及利亚 4 台于 2009 年 3 月开始试播，是大马格里布地区第一个官方阿马齐格语频道。最初每天只播出 6 小时（17：00~24：00），试播后变为 24 小时播出。

阿尔及利亚 5 台同样于 2009 年 3 月开始试播，是专门的《古兰经》频道，每天播出 6 小时。

目前，阿尔及利亚国内大约有二十家大型电视台，其中五家属于国有。2012 年《媒体法》颁布后，日出电视台、白天电视台等私营电视台陆续出现，也拥有了广泛的观众。在阿尔及利亚，大多数私人电视台都是在报社的基础上创办的，只有两家较大的私人电视台是由商人创办的。

白天电视台（قناة النهار）由《白天报》于 2012 年创办，是 2012

年《媒体法》开放视听领域后成立的第一个私营电视台。它关注阿尔及利亚政治、体育和文化事件，节目内容主要为新闻节目和体育节目。[①] 但斋月期间，该频道就会转为播放电影、电视剧和娱乐节目。2019 年，该频道在阿尔及利亚有 1 000 万名观众，深受阿尔及利亚观众喜爱，是阿尔及利亚最受欢迎的电视频道之一。

努米底亚电视台（Numidia TV）是阿尔及利亚独立的私营电视台，于 2012 年开播，主要关注世界政治和体育新闻，以阿拉伯语、法语、英语和西班牙语播放节目，具有一定的专业性、客观性和权威性。作为一个新闻频道，除了一些对话和互动节目，它的大多数节目都具有新闻性质。该电视台在世界不同国家（阿尔及利亚、埃及、利比亚、摩洛哥、西撒哈拉、突尼斯、也门、叙利亚、黎巴嫩、阿联酋、约旦、巴勒斯坦、伊拉克、土耳其、中国、法国、英国、西班牙、挪威、瑞士、加拿大、美国、巴西）都设有办事处和记者，并且获得了许多大型国际机构的授权。

阿尔及利亚国内能收看的电视节目丰富多彩，除本国的频道外，周边国家如突尼斯、摩洛哥、西班牙、法国等的电视节目亦可在阿尔及利亚收看。除此之外，阿拉比亚电视台、半岛电视台等泛阿拉伯卫星电视台在阿尔及利亚也比较受欢迎。

（五）网络媒体和社交媒体

阿尔及利亚的主要报刊都有各自的官方网站或电子刊物，自 2016 年年底以来，阿尔及利亚新闻网站和网络报纸的每日访客人数已经超过了纸质版阅读人数。近年来，阿尔及利亚国内也出现了一些仅在网络上发布消息，没有实体刊物的网络媒体，如法语媒体“阿尔及利亚焦点”（Algerie Focus）和“阿尔及利亚时报”等，都是仅在线上发布的网络媒体。

阿尔及利亚最大的法文网络媒体是 TSA，创建于 2007 年 6 月。2014 年，TSA 推出了手机客户端。该网络媒体的新闻覆盖政治、经济、社会等各个领域，同时该网站还定期更新中东地区的重要文件。

---

① 参见白天电视台官网。

TSA 的编辑团队由 20 名驻阿尔及尔的记者组成，此外，还有专栏作家，每周都会在网站上发表文章。2015 年，TSA 还和法国经济周刊 *La Tribune* 签署了合作协议，以加强两者之间的联系，法国和阿尔及利亚合作的新闻会在 TSA 网站和 *La Tribune* 周刊上同时发布。TSA 的读者不仅包括阿尔及利亚国内民众，还包括许多生活在国外的阿尔及利亚人。2015 年，该网站的日访问量已经达到四百万，页面浏览量达到了 1 200 万。

2019 年 4 月 5 日，阿尔及利亚第一个网络频道——阿尔及利亚 7 频道开播。该频道是由阿尔及利亚一些知名媒体人士建立的，它是一个多元化频道，节目内容涉及阿尔及利亚人民关心的各种话题。截至 2020 年 3 月 30 日，该频道 Facebook 账号的粉丝总数为 125 万，YouTube 账号视频总观看次数超过 1 000 万。

社交媒体方面，Facebook 是阿尔及利亚国内最受欢迎的社交媒体，但是阿尔及利亚的社交媒体用户与其他中东国家相比较少。主要原因在于，20 世纪 90 年代，阿尔及利亚遭遇了长达十年的内战，国家对技术和基础设施领域的投资下降，这导致国内互联网普及率较低。2013 年，阿尔及利亚才普及了 3G 移动互联网，这也限制了阿尔及利亚社交媒体的用户数量和使用频率。阿尔及利亚民众也会使用博客，他们的博客一般用阿拉伯语、英语和法语，话题涵盖社会、文化和政治等领域。

四、中阿传媒业交流与合作的现状与趋势

中国和阿尔及利亚的文化交往源远流长。阿尔及利亚独立后不久，中阿双方就签订了文化合作协定，以加强双方的文化交流。2014 年，中阿建立全面战略伙伴关系，双边关系取得长足发展，两国之间的文化合作也愈加紧密，双方签订了一系列合作协议，如 2015 年双方签署的《中华人民共和国政府和阿尔及利亚民主人民共和国政府文化协定 2015—2019 年执行计划》，该协议涵盖了新闻出版、电影电视等多个领域的合作。

（一）图书出版领域

20 世纪六七十年代，中国图书开始在非洲大陆大量发行。据统计，仅 1962 年至 1966 年，中国书刊在阿尔及利亚的发行量就达到 64 万册。此时，《毛泽东选集》成为阿尔及利亚乃至整个非洲大陆的畅销书。[①]

2006 年 6 月，广东省向阿尔及利亚赠书仪式暨《舞动的北京》图片展在阿尔及尔国家图书馆举行。赠书共计 3 501 种 4 120 册，包含中、法、英、阿四种语言，涉及政治、经济、文化、艺术、文学、历史等多个领域，着重反映中国悠久的历史文化和广东省改革开放的发展风貌。这批赠书为阿尔及利亚人民了解中国特别是广东省提供了途径和窗口。

2013 年以来，中国各大出版社积极响应“一带一路”倡议，实施“出版走出去”，极大地推进了中国和阿尔及利亚在图书出版领域的交流与合作。

2014 年 9 月，国家新闻出版广电总局副局长阎晓宏率团访问阿尔及利亚，访问期间双方签订了《中阿版权交流合作谅解备忘录》；2014 年 10 月，中国作家代表团访问阿尔及利亚作家协会，双方签署合作协议，以推动作品互译出版，加强双方的人员交流；2015 年，阿尔及利亚胡马出版社出版了首部中国文学作品——诗人王久辛的诗集《狂雪》；2017 年 5 月，中国国家新闻出版广电总局与阿拉伯国家联盟秘书处签订《中阿典籍互译合作备忘录》，并商定成立 10 人专门委员会负责该项目的实施，推动中国与包括阿尔及利亚在内的阿拉伯各国的图书互译出版工作。

2018 年 10 月，中国参加阿尔及尔国际书展，并担任主宾国，这是中国首次担任该书展的主宾国。阿尔及尔国际书展始于 1995 年，由阿尔及利亚文化部主办。经过 20 多年的发展，该书展已经成为中东北非地区一年一度的文化盛事。此次书展展示了中国 43 家出版单位的 2 500 多种 7 500 多册精品图书，其中 60% 为阿语或法语图书，

① 张生祥：《〈毛泽东选集〉的传播为中国拓展国际话语空间》，见中央党史和文献研究院官网。

图书类别涵盖主题图书、传统文化、社科、文学、儿童等领域。其中，汉语教学图书受到热捧，开展不到3天就全部售空，体现了阿尔及利亚民众了解中国、学习汉语的热情；法语小说、儿童图书也持续热销，在书展结束前，大多数中国参展图书被当地读者抢购一空。书展还展示了《习近平谈治国理政》阿文版（第一卷、第二卷）、《中国对外开放40年》等主题图书，这些图书为阿尔及利亚民众和其他阿拉伯国家读者了解当代中国的发展打开了一扇窗。①

值得一提的是，具有海外影响力的中国作家和学者莫言、阿来、曹文轩、赵丽宏、徐则臣、辛德勇等也现身本次书展，与来自各国的作家、学者、出版人交流互鉴。借助此次中国主宾国平台，中国出版单位与阿尔及利亚出版机构签署了多项版权输出和输入协议，涉及的图书类别有主题图书、传统文化、文学、少儿、汉语教材等，启动了中阿图书出版合作新篇章。

2018年11月，中国图书进出口（集团）总公司总经理张纪臣与阿尔及利亚第三世界书店总经理阿里、卡斯巴出版社社长斯曼在阿尔及尔签署成立中图公司驻阿尔及利亚中国图书中心合作备忘录。根据协议，中方将在第三世界书店设立“中国书架”，并在中国图书出口、翻译出版、数字资源等方面展开深度合作，深化中阿出版文化交流。第三世界书店成立于1965年，是阿尔及尔最大的书店，位于阿尔及尔市中心。该书店前身是一家国有书店，后转为私有，因规模大、图书种类齐全，在当地享有较高知名度，是当地人选购图书的最佳书店。

（二）新闻和广播电视领域

1962年，新华社在阿尔及利亚首都阿尔及尔建立分社。1988年4月，阿尔及利亚国家通讯社与中国新华社签订了“阿尔及利亚—中国新闻互换协定”，同年12月，两国正式开通电传互换新闻系统。

2008年4月，首届“中国—阿拉伯国家新闻合作论坛”在北京举行，中国同包括阿尔及利亚在内的阿拉伯国家签订了《关于中国

① 《中国主宾国活动亮相阿尔及尔国际书展》，见新华网。

与阿拉伯国家联盟成员国新闻友好合作交流谅解备忘录》，为双方媒体交流提供了新平台。

2009年，中国国际广播电台与阿尔及利亚国家广播电台联合举办“中阿友好50周年”知识竞赛活动，增进了双方之间的交流和沟通。

2011年，中央电视台在阿尔及利亚设立记者站；2012年5月，中国中央电视台副台长高峰率团访问阿尔及利亚，与阿尔及利亚国家电视台台长就加强两国国家电视台间合作事宜交换了意见，并签署了《中国中央电视台与阿尔及利亚国家电视台新闻合作协议》以及《中国中央电视台与阿尔及利亚国家电视台新闻交换协议》。

2013年，第二届“中国—阿拉伯国家广播电视合作论坛”在中国举办，阿尔及利亚也派代表赴华参加论坛。论坛期间，中方与阿尔及利亚和阿拉伯国家广播联盟等国家和国际组织签署了多项广播电视领域的综合性合作协议和播放中国影视节目的授权协议，并举办了中阿广播电视节目推介交流活动和中阿广播电视节目技术设备交流展。论坛还通过了《第二届中国—阿拉伯国家广播电视合作论坛会议纪要》。

2015年，中央电视台代表团访问阿尔及利亚国家电视台，双方就节目合作、人员交流、新闻互换等签署了合作协议。

2015年9月，第三届“中国—阿拉伯国家广播电视合作论坛”召开。该届论坛以“弘扬丝路精神，深化媒体合作”为主题，突出中阿影视节目交流合作。阿尔及利亚代表也受邀参加了论坛。论坛通过了《第三届中国—阿拉伯国家广播电视合作论坛会议纪要》，中阿代表一致对论坛机制和作用及其取得的成果给予积极评价。论坛期间，还组织了中阿媒体展、中阿节目交流推介、国产优秀影片《破风》观摩等活动，集中宣传、推介国产优秀影视节目和中阿影视交流合作成果。

2017年3月，央视电影频道节目中心和阿尔及利亚国家电视台联合主办“中国电影展播活动”，在阿尔及利亚国家电视台展映电影《十二生肖》和《大武当之天地密码》《太极1——从零开始》《太极

2——英雄崛起》等动作电影以及东方新魔幻电影《画皮 2》等，此次活动是中国电影首次在阿尔及利亚电视台亮相。

2017 年 12 月，中阿两国合作的航天领域项目——阿尔及利亚一号通信卫星在中国成功发射，这是阿尔及利亚第一颗通信卫星，主要用于阿尔及利亚的广播电视、宽带接入和星基导航增强服务等领域。这颗卫星可以向阿尔及利亚民众提供电信、互联网服务，提供广播频道和高清电视频道信号。

2018 年 6 月，第四届中非媒体论坛在北京举行，中国与来自包括阿尔及利亚在内的非洲国家政府部门、媒体机构代表讨论了媒体政策、话语权建设等问题，并签署了 12 项合作协议。

2018 年 10 月，在阿尔及尔国际书展期间，阿尔及尔电影资料馆和主宾国活动区也举办了“中国当代电影展”，展映当代中国优秀纪录片与电影作品，以增进阿尔及利亚人民对中国的了解。

2019 年 10 月，阿尔及利亚代表团来华参加第四届“中国—阿拉伯国家广播电视合作论坛”。10 月 16 日，合作论坛框架下的“中国电视节目阿拉伯语看片会”举行，邀请了“2019 年阿拉伯国家资深媒体人员研修班”及“2019 广播电视高级研讨班”学员参加，其中包括阿尔及利亚的资深传媒人士。看片会向阿拉伯学员介绍了中国电视行业的迅猛发展及中阿双方电视行业携手合作的成果，播放了电视剧《鸡毛飞上天》《李小龙传奇》、纪录片《丝路，重新开始的旅程》《指尖上的传承》、动画片《熊猫和小鼹鼠》《乐比悠悠系列之安全教育》阿拉伯语译制片花，展示了中国多类型电视节目内容。

如今，电影和电视已经成为文化传播的主要媒介，增进两国在影视方面的合作交流不仅能够让阿尔及利亚观众通过影视节目深入了解中国文化和日常生活，拉近两国人民的距离，开展文明对话，促进“民心相通”，也能为中阿全面战略伙伴关系的发展提供文化支撑。

加强两国之间的传媒合作对双方都具有重要的现实意义，能够提高两国的新闻传播能力，加强直接交流，化解不必要的偏见和误解，提升自身在国际舆论中的话语权，打破西方媒体的垄断。另外，中国和阿尔及利亚已经建立了全面战略伙伴关系，双方的媒体合作能够为两国之间友好合作关系的持续发展营造良好的氛围和舆论环境。

尽管中国与阿尔及利亚的媒体行业进行了一定的合作和交流，但是目前来看，中阿媒体方面的交流合作与双方在政治、经贸领域的合作相比，在数量、规模、层次等方面仍然相对滞后，不能满足中阿双边关系发展的需求。此外，中国和阿尔及利亚的媒体合作中也存在不平衡现象。一方面，中方媒体如新华社、中央电视台已在阿尔及利亚设立分社和记者站，但是阿尔及利亚目前没有媒体在中国设立常驻机构。另一方面，中国和阿尔及利亚媒体在采用对方语言报道方面也不平衡，中国采用阿拉伯语报道的媒体包括电台、电视、杂志和网络等，如新华社、人民日报社、中央电视台等媒体官网也都有阿拉伯语页面，但是在阿尔及利亚，无论是纸媒、视听媒体还是网络媒体都没有中文报道。因此，加强中国和阿尔及利亚的传媒合作仍然任重而道远。

（北京外国语大学阿拉伯学院　闫若素、孟炳君、刘欣路）

阿曼传媒业与中阿传媒合作

阿曼现代传媒业发端较晚，历史相对较短，但发展速度较快。1970 年卡布斯苏丹上任后进行了一系列文化改革，为传媒业提供了有力的政策、法律、资金、技术支持，推动传媒业取得了长足进步。本文聚焦于对阿曼传媒业政策、管理部门和主要传媒机构发展历程的回顾，总结其发展特点，并就中阿传媒业的合作成果和发展趋势进行梳理和展望。

一、阿曼国情与传媒业发展历程

（一）阿曼国情

阿曼苏丹国，简称阿曼，位于阿拉伯半岛东南角，东濒阿曼湾和阿拉伯海，西濒鲁卜哈利沙漠，与沙特阿拉伯、也门、阿拉伯联合酋长国接壤，北侧一部分领土被阿拉伯联合酋长国隔开，隔霍尔木兹海峡与伊朗相望，领土总面积为30.95万平方千米，是阿拉伯半岛上第三大国家。由于其位于海湾、印度洋和东部非洲之间的交通要道，扼守着海湾的咽喉，战略位置十分重要。阿曼气候炎热，除东北部山地外，均属于热带沙漠气候；水资源匮乏，境内无常流河与湖泊。总人口为455.9万（2019年），其中阿曼人占54.9%，其余为外籍常住人口。①

阿曼的古代文明史至少可以追溯到5000年以前。阿曼人于公元前2000年已广泛进行海上和陆路贸易活动，阿曼地区在当时已成为阿拉伯半岛的造船中心。凭借其优越的地理位置，阿曼人很早在航海和贸易领域声名远扬，据历史记载，7—15世纪，阿曼商人的足迹向东已经到达中国，向西到达非洲。16—18世纪阿曼先后遭到葡萄牙、波斯入侵，18世纪中叶建立马斯喀特苏丹国，成为当时印度洋沿岸实力较强的国家之一。19世纪遭到英国入侵，1973年英国军队撤出，阿曼独立。1996年，宣布建立君主立宪制国家。②

阿曼独立前，由于长期的殖民统治，基本上是一个以农业和畜牧业为主要产业的国家，经济、文化、教育和卫生状况都很落后。③当时的教育基本围绕经学院展开，整个国家尚未建立现代教育体系。1970年是阿曼教育发展的分水岭，时年卡布斯苏丹上任，在7月23日通过广播向阿曼人民承诺致力于建设现代化国家，带领阿曼人民走向光辉的未来，这一天被确立为复兴日。卡布斯苏丹提出了以发

① “阿曼苏丹国国家概况”，见中华人民共和国外交部网站。
② 马晓霖、江琪:《阿曼新闻传播业的发展》，载《对外传播》，2019（3）。
③ 李光斌:《发展中的阿曼》，载《世界知识》，1979（14）。

展教育、医疗为重点，推动各领域实现现代化的发展理念[①]，其中最具代表性的是“即使坐在树下，也要开展教育”的口号，代表了阿曼政府实行教育改革的决心：1970年至1971年年底，全国新开15所学校，学生人数达到7 000人；2013年，阿曼成人文盲率从1970年的65.7%下降至9.2%；至2016年，学校数量过千，学生数量达到50万人[②]。阿曼教育的飞速发展，得到了联合国教科文组织的高度评价，阿曼新闻部表示：“阿曼媒体是诞生于阿曼文化复兴中的果实，也是启迪复兴的现代纪念碑。”不断发展的阿曼教育事业为新闻界输送了大批具有现代文化知识的从业者，促进了传媒业的发展，同时媒体在教育改革中也扮演着忠实的记录者和传播者角色，对推动文化改革发挥了重要作用。

（二）阿曼传媒业发展历程

阿曼传媒业起步于20世纪70年代。在1970年卡布斯执政前，阿曼处于闭关锁国的状态，现代媒体尚未建立。1970年，卡布斯苏丹执政后开启复兴时代，重点提升国民基础教育和医疗水平，在此背景下，传媒业作为普及教育的重要媒介得到政府扶持。1974年，卡布斯苏丹在阿曼独立第二年的国庆节上发表讲话，强调了媒体的作用：“我们认识到媒体在国民生活中发挥重要作用，媒体是反映国家进程的镜子，这面镜子一定要真实、透明，对自己和他人诚实。”从20世纪70年代起，阿曼电台、电视台、报纸杂志、通讯社等媒体从无到有，迅猛发展，成为介绍和传播国内外信息的重要渠道。

1970年阿曼第一座小型广播电台始建于首都马斯喀特，随后几年陆续增加和扩建了一些广播电台。同年，新闻、社会事务及劳动部成立，之后几经改组，1982年独立的新闻部正式成立。20世纪80年代，阿曼新闻业由新闻部统一管理。新闻部设大臣、次大臣、大臣新闻顾问、专家等职位，下辖新闻司、广播电台司、电视台司、行政财政司等部门。除了新闻部，阿曼外交部也设有新闻研究司，

① 艾哈迈德·赛义德·艾哈迈德：《阿曼全面复兴整49年》，载《阿曼日报》，2019年7月。

② 穆罕默德·本·赛义德·本·穆罕默德·莱沃提：《伟大的卡布斯苏丹》，载《巴比伦大学基础科学和人文教育学院院刊》，2016（27）。

其职能主要是向政府领导人和部内各单位提供每日要闻，管理阿曼驻外使馆和外国驻阿曼使团的新闻文化工作。1980 年 5 月，阿曼报刊局成立，其前身为阿曼出版发行局，归新闻大臣主持的管理委员会领导，主要负责报纸杂志的出版发行管理工作。1986 年阿曼通讯社成立，成为阿曼官方通讯社。

在阿曼媒体建立之初，政府严格管控媒体传播的信息。1984 年 5 月，阿曼颁布《出版发行法》，在法律层面规范了出版和发行活动。1996 年颁布的《国家基本法》进一步强调了媒体的地位，指出报纸印刷、出版自由依据法定条件和程序受到保护，其中第 29、30、31 条款主张媒体自由和言论自由。1997 年，卡布斯苏丹为了进一步推进传媒业的发展，发布了一系列诏令，宣布建立阿曼传媒新闻出版和广告公司（Oman Establishment for Press，News，Publication & Advertising，简称为 OEPNPA），后改名为阿曼新闻出版和广告公司（Oman Establishment for Press，Publication & Advertising，简称为 OEPPA）。该公司是阿曼最大的传媒机构，是一个有独立财政权和行政权的法人实体，归新闻大臣领导。其下辖的机构包括阿曼通讯社、《阿曼报》社、阿曼广告和公共关系公司等。阿曼政府重视这一机构在普及国民新闻意识、强化国民身份、提高公民文化程度等方面发挥的重要作用，着力将其建设为地区具有影响力的机构，因此政府采取了一些优惠政策，如免除该机构下属单位的全部税收等，以保证本国传媒业的发展。①

阿曼传媒企业中除了阿曼新闻出版和广告公司（OEPPA）属国有外，其他企业全部属私营性质，具有较强的独立性，只要遵守相关法律法规就可以自主、灵活地开展媒体传播业务。20 世纪 70 年代后，阿曼主要的报纸杂志纷纷创刊，包括官方报纸《阿曼报》、最早的私营报纸《祖国报》《阿曼每日观察》等。

当 20 世纪末互联网在全球普及时，阿曼也紧跟时代潮流，迅速引进互联网，形成一套完整的网络传媒体系。各传媒机构纷纷建立了官网，近年来还在各大社交媒体建立官方账号。阿曼新闻部也建

① 马晓霖、江琪：《阿曼新闻传播业的发展》，载《对外传播》，2019（3）。

立了自己的阿拉伯语和英语官方网站（www.omanet.com），定期发布和更新有关阿曼的重要事件和消息，成为国内外了解阿曼传媒业相关机构及其职能和政策的关键渠道。[①] 从2003年开始，阿曼协商会议选举的全过程都会通过互联网向网民直播，增加了民众的政治参与度。

二、阿曼传媒政策与传媒管理部门

（一）阿曼传媒政策

由于阿曼传媒业起步较晚，1970年卡布斯苏丹执政后，阿曼政府陆续发布了一系列规定相关政府部门职能、规范传媒机构行为和保障言论自由的法令和政策，为阿曼日益繁荣的传媒业提供了法律保障和政策支持。不同指向性的传媒政策体现了阿曼政府对管理部门、传媒机构和媒体内容不同的法律约束和要求，下文根据指向性将阿曼颁布的传媒政策和法令分为针对传媒管理部门、媒体机构、传媒内容三类。

1. 针对传媒管理部门的法规政策

第一，关于新闻部职能和组织结构。

1975年阿曼首次颁布《出版法》，1984年颁布《出版发行法》对其进行修订，该法对出版发行各环节的管理进行了全面的规范。该法还规定了新闻部的职能——“新闻部是出版物发行的唯一许可机构”（第18条）；媒体经营需经过新闻部批准，出版物接受新闻部审查监督，“政府部门、公共机构或其发行的与这些部门有关的新闻出版物应接受新闻部的监督”（第2条），“有意愿成立印刷媒体的个人和机构应向新闻部申请营业执照”（第4条），“出版任何刊物前，应提前经新闻部批准”（第12条）。

1997年颁布了批准新闻部组织结构的第51号诏令，2015年第45号诏令对前者进行修订（后文有详细说明）。

① 仝菲、韩志斌:《列国志 · 阿曼》，226页，北京，社会科学文献出版社，2010。

2006 年颁布转移通讯社到新闻部名下及更改阿曼新闻出版和广告公司名称的 75 号诏令，“将阿曼通讯社的全部员工和资产划归新闻部”（第 1 条），“公司董事会由新闻大臣领导”。[①]

2009 年颁布的第 35 号诏令规定了新闻部的职能：“提出符合《国家基本法》的传媒公共政策，报内阁研究，呈苏丹批准”（第 1 条），“提出与新闻部工作领域有关的法律草案和法规，并努力予以实施”（第 2 条），“发行出版物，准备服务于媒体公共政策宗旨和传媒计划的媒体领域研究”（第 3 条）。[②]

第二，关于私营广播电视机构委员会职能。

2004 年颁布的《私营广播电视机构法》中规定了私营广播电视机构委员会的职责：“成立私营广播电视机构委员会……新闻部次大臣出任委员会主席，文化部次大臣出任委员会副主席……委员会负责审批机构申请，授权颁发广播电视机构运营许可证，确认申请符合相关规定后，批准有关机构提供广播或电视服务。”[③]

第三，关于阿曼广播电视总局职能。

2010 年颁布了关于建立阿曼广播电视总局的第 108 号诏令，对先前负责媒体事务的政府机关进行调整合并，“建立广播电视总局，该机构拥有法人资格、独立财权和行政权，由新闻大臣领导”（第 1 条），“（广播总局、电视总局、新闻部工程局的）所有员工，以及根据新闻大臣发布的规范选任的新闻部员工，全部归广播电视总局”（第 4 条）。[④]

2. 针对媒体机构的政策

第一，媒体机构成立前应向新闻部申请营业执照。

《出版发行法》中规定，“有意愿成立印刷媒体的个人和机构应向新闻部申请营业执照”（第 4 条）。

第二，支持媒体机构由阿曼公民所有。

---

① 阿曼第 2006/75 号诏令：转移通讯社到新闻部名下及更改第 97/43 号关于建立阿曼新闻出版和广告公司的诏令。

② 阿曼第 2009/35 号诏令：规定新闻部职能。

③ 阿曼第 2004/95 号诏令：出台《私营广播电视机构法》。

④ 阿曼第 2010/108 号诏令：建立广播电视总局并出台总局制度。

《出版发行法》规定，“(出版发行) 机构的资产应完全由阿曼公民所有。相关资产只能转让给阿曼公民”(第39条)，“主编的任职条件需为阿曼公民……”(第49条)，“在获得新闻出版部的许可前，阿曼籍记者不可为阿曼国内及国外的非阿曼报纸、机构工作”(第64条)。

2004年颁布的《私营广播电视机构法》中规定，“广播电视机构应由阿曼人所有，禁止非阿曼公民以任何方式控制该机构”(第22条)，“机构需要承诺在其技术和行政工作岗位中，尽可能多地雇用阿曼人”(第24条)。

第三，建立阿曼新闻出版和广告公司。

1997年颁布关于建立阿曼传媒新闻出版和广告公司的第43号诏令，“该公司拥有法人资格，并拥有独立的财政权和行政权，由新闻大臣领导”(第1条)，“《阿曼报》、阿曼通讯社、阿曼广告和公共关系公司的所有员工转移到该公司”(第6条)，使主流新闻媒体更为统筹高效地发挥作用。①

2006年颁布转移通讯社到新闻部名下及阿曼传媒新闻出版和广告公司更名的75号诏令，“将1997年第43号诏令第1条条文中的阿曼传媒新闻出版和广告公司(Oman Establishment for Press, News, Publication &Advertising，简称为OEPNPA)一名更改为阿曼新闻出版和广告公司(Oman Establishment for Press, Publication &Advertising，简称为OEPPA)”。

第四，建立新闻培训中心。

2018年颁布第3号关于建立新闻培训中心的诏令②，“(该机构)的宗旨是培养国家所需新闻从业者，提高各类传媒工作者的专业能力”，“为私营新闻媒体企业提供培训服务，提升这些企业的新闻工作者的竞争力”。

3. 针对传媒内容的政策

第一，出版发行物应符合法律法规，接受新闻部监管。

---

① 阿曼第1997/43号诏令：建立传媒新闻出版和广告公司。

② 阿曼第2018/3号诏令：建立新闻培训中心并出台中心制度。

《出版发行法》规定，“新闻、印刷和出版活动应按照本法相关规定进行组织”（第 1 条）；媒体经营需经过新闻部批准，出版物接受新闻部审查监督，“政府部门、公共机构或其发行的与这些部门有关的新闻出版物应接受新闻部的监督”（第 2 条），“出版任何刊物前，应提前经新闻部批准”（第 12 条）；出版物须符合法律规范，“禁止发行违背公共道德、传统价值规范、伊斯兰教律的出版物”（第 22 条）。

第二，艺术作品应符合法律法规，接受文化遗产部的监管。

《艺术作品审查法》[①] 规定，“所有艺术作品，不论是尚未完成的、长期保存的、记录在磁带或光碟上的，或使用其他技术方式生产的，都需要接受文化遗产部的监管”（第 2 条）。

第三，出版发行物应重视和保护个人隐私。

《出版发行法》规定，“禁止发布与个人身份或其他个人事务有关的调查或诉讼程序的详细信息”（第 29 条）；“禁止发布与个人私生活或家庭生活有关的新闻、图片或评论”（第 30 条）。

1996 年颁布的《国家基本法》[②] 保障了出版和言论自由，“在法律的范围内，保障通过言论、书面和其他方式进行表达的自由”（第 29 条）；“根据法律规定的条款和条件，保障新闻、印刷和出版的自由。禁止一切可能导致社会冲突，影响国家安全或损害个人尊严、权利的事物和行为”（第 31 条）。

4. 阿曼传媒政策的主要特点

第一，在保证监管效率的前提下赋予媒体运行较大的自主性和灵活度。政府统一管理媒体的同时保留媒体发挥空间，既保证了媒体的规范和高效运作，又赋予了媒体广泛的自由和灵活度。一方面政府部门参与管理官方媒体机构，如新闻部统一管理所有国营和私营新闻机构，以及建立阿曼最大的媒体机构阿曼新闻出版和广告公司，将官方通讯社、报社等纳入其组织机构，由新闻大臣领导；另一方面保障新闻出版自由，调动私营媒体积极性，比如《国家基本法》中第 29、30、31 条强调在法律允许的范围内，言论自由，以及

---

① 阿曼第 1997/65 号诏令：出台《艺术作品审查法》。

② 阿曼第 1996/101 号诏令：出台《国家基本法》。

新闻、印刷、出版自由均受法律保障；同时阿曼出版业中除阿曼新闻出版和广告公司外，私营公司可以拥有100%的所有权，新闻机构、报业和出版社等只要遵守相关法律法规，都可以独立自主经营，不受政府的行政干预。

第二，重视保护本国公民权益，支持阿曼人从事媒体行业。《出版发行法》《私营广播电视机构法》等传媒政策显示，出版发行机构、私营广播电视机构必须为阿曼人所有，主编需是阿曼公民，且媒体机构需承诺在其技术和行政工作岗位上尽可能多地雇用阿曼公民，这些政策体现出阿曼在很大程度上保护本国公民对媒体机构的所有权和管理权，并鼓励和支持阿曼公民在媒体行业担当要职，重视其在媒体行业中发挥的作用。

（二）阿曼传媒管理部门

1. 新闻部

1970年，阿曼首次组建了现代政府，首批管理部门中的新闻、社会事务及劳动部负责管理新闻业，该部门几经改组于1982年更名为新闻部，专门负责管理新闻业事务。1997年第51条诏令批准了新闻部的组织结构，2015年第45号诏令对其组织结构进行了进一步的改组和完善。2009年第35号诏令规定了新闻部的职能和权限，2014年第45号诏令在前者基础上进一步补充了新闻部的职能。

新闻部设大臣、次大臣、大臣新闻顾问、专家等职位。新闻部最高负责人为新闻大臣，全面负责新闻部工作，并直接管理大臣新闻顾问，大臣办公室、内部审计部、客户服务部、安全办公室、阿曼通讯社、外国媒体总司等部门。次大臣协助大臣开展工作，并主管次大臣办公室、出版物和艺术作品司、佐法尔省媒体司、电子媒体司、财政行政司。

新闻部的工作职责是根据国家基本法和宏观政策提出媒体领域的具体政策，提交至内阁进行商定，通过后提交至苏丹批准；制定传媒业发展规划，策划和组织相关活动并确保实施和跟进；发布相关规章制度并确保良好执行；发布媒体领域相关的研究报告，以服务于新闻政策和计划的制定和实施；通过各种媒体渠道，为阿曼公民提供关于国内外发展和重要时事的客观信息；让世界舆论对阿曼的政策、准则、发展以及阿曼对国内、地区和世界新闻的态度有清晰的了解；通过媒体来启迪大众、履行媒体使命，在法律范围内保障观点和言论自由；增强阿曼在国际舆论场中的存在感和作用；关注国内媒体并向其提供必要设施以确保履行其功能；支持创新型人才，培养他们在媒体领域的能力；支持和发展同国内外媒体组织和机构的合作，代表阿曼参加相关的区域和国际会议；履行法律和诏令规定的新闻部职责；培训官员来提升工作表现和能力。

2. 广播电视总局

根据 2010 年第 108 号诏令，阿曼广播电视总局（The Public Authority for Radio and Television，简称为 PART）于 2010 年 10 月建立，拥有法人资格、独立财权和行政权，由新闻大臣担任其主席。广播电视总局并不是全新建立的机构，而是由先前的阿曼广播总局、电视总局、新闻部工程局合并而成的。其主要职责包括：以阿英双语，采用现代技术和各种播送方式来运营和管理电视广播频道；在国内外出品、播送、推行电视广播节目、电视剧、广告等作品；同国内外媒体部门和企业签署合作出品、播送节目和新闻的协议；建立培训中心提升员工专业水准；与新闻部协同在国际、地区的广播电视会议上代表阿曼出席等。

3. 私营广播电视机构委员会

根据 2004 年第 95 号诏令，阿曼出台《私营广播电视机构法》，并成立了私营广播电视机构委员会，总部设在首都马斯喀特。新闻部次大臣出任委员会主席，文化部次大臣出任委员会副主席，委员会由旅游部次大臣、通信部次大臣、工商会主席和两名由新闻大臣提名并经过部长理事会商议的公众人物组成。其职责是制定私营广播电视机构必须遵守的基本准则、审批机构申请、授权批准广播电视机构运营许可证、监管已获得许可证的广播电视机构运营等。

4. 外交部国际关系事务司文化新闻处

阿曼外交部国际关系事务司文化新闻处是外交部外交事务次大

臣领导负责的部门，国际关系事务司分为六个处，文化新闻处是其中之一，主要向内阁和外交部各部门提供每日要闻，管理阿曼驻外使领馆及外国驻阿曼使团的新闻文化工作。

三、阿曼主要传媒机构

（一）报刊

阿曼出版业一直寻求与国际媒体、通信发展潮流接轨，因此从第一份国营报纸发行到现在的近 50 年内，已快速形成现代报刊出版体系，大多报纸拥有自己的官方网站和社交媒体账号，网民可通过多种途径快速获取新闻资讯。阿曼出版业的宗旨是报道阿曼大众关注的真实新闻，提供民众公开探讨的平台。阿曼出版业中除阿曼新闻出版和广告公司（OEPPA）之外，其他全部属于私营部门，所有人为阿曼公民。

截至目前，阿曼共有 40 家出版机构、32 家印刷机构，用阿拉伯语和英语发行 9 种日报及 80 多种报纸、杂志等。另外，一些政府机关或民间机构还发行时事类刊物，以解释和传播公共服务工作或提供地方民众所关心的观点解析。在阿曼用阿拉伯语发行的日报有《阿曼报》《祖国报》《青年报》《观点报》，用英语发行的报纸有《阿曼每日观察》《阿曼时报》《马斯喀特日报》。为满足民众日益变化的多样性需求，阿曼还有大量体育、娱乐、广告等主题的免费小报，它们随主刊赠送或单独分发。目前，阿曼报刊主要有以下几种。

1.《阿曼报》

《阿曼报》是阿曼政府发行的第一份阿拉伯语报纸，目前每期 12 版，在国内外公开发行，日发行量约为 41 720 份。该报于 1972 年创立，起初属于阿曼媒体旅游总局，1980 年成立独立的《阿曼报》社，1997 年划归阿曼新闻出版和广告公司旗下。1980 年起由周报改为日报，增加以文化、体育、经济、家庭等为主题的副刊，2009 年开通官网，是阿曼第一份开通线上阅读的报刊。该报 95% 的工作人员是阿曼人，主要刊登国内外重大新闻，每周有特色周刊《文化周刊》《家庭周刊》等。《阿曼报》是官方报纸，代表阿曼政府的观点。该报还为政府各部门推出特辑，比如与高等教育部合作推出《观点》，与社会福利部合作推出《我们的生命》，与教育部合作推出《教育之窗》等。阿曼学者阿卜德所做的读者调查显示，该报最受国营部门的男性欢迎，其写作风格、新闻分析、版面设计是最主要吸引读者的特点；学者哈布西对女性读者进行的调查显示，98% 参与调查的女性会偶尔阅读《阿曼报》，该报是阿曼拥有最多女性读者的报纸。

2.《祖国报》

1971 年《祖国报》在阿曼复兴的背景下创刊，使用阿拉伯语。20 世纪 70 年代在贝鲁特印刷出版，黎巴嫩内战爆发后印刷地点先后迁至开罗、科威特，1976 年迁回阿曼，1988 年建立了自己的印刷厂，1999 年开始使用光面纸进行印刷。《祖国报》原为周报，1984 年改为日报，每周出版妇女和儿童周刊。该报主编是阿曼人，记者和其他工作人员以埃及人和印度人居多。每期近 20 个版面，日发行量约 47 000 份。经常有独家报道，对艺术和体育方面的报道比较权威，被认为是阿曼体育报道中最可靠的来源。阿曼复兴初期，《祖国报》对阿曼体育运动进行了特别报道，在复兴中扮演了重要角色。其在阿曼国内拥有自己的报社总部大楼，这被认为是阿曼私营报纸历史上的里程碑。[①] 根据学者阿卜德的读者调查，《祖国报》最受男学生和私营企业雇员喜爱，其他调查显示《祖国报》是最受读者们喜爱的报纸，读者们认为《祖国报》是不同于其他主流报刊的十分有“胆量”的报刊，其内容可靠、负责、大胆、及时。

3.《阿曼时报》

创刊于 1975 年，是阿曼最早的英语私营报刊，也是第一个发行电子报刊的日报，属于马斯喀特传媒集团。原为周报，每期近 50 个版面，20 世纪 80 年代末改为日报后版面有所减少。主编为阿曼人，编辑多是英国人，记者多为英国、印度和巴基斯坦人。[②] 主要报道阿曼国内经贸、体育、时尚、教育、科技等领域的资讯以及世界范围

① 阿曼报业，见阿曼新闻部网站。

② 仝菲、韩志斌:《列国志 · 阿曼》，224 页，北京，社会科学文献出版社，2010。

内的重要新闻。日发行量约为21 000份，在知识分子中影响较广。该报的目标读者是外国侨民，尤其是居住在阿曼的大量印度侨民，并有意向海外扩展市场。2013年进行的针对阿曼国内英文报纸读者的调查显示，5.3%的调查对象喜欢阅读《阿曼时报》。学者阿卜德进行的读者调查显示该报最受国营部门的男性欢迎。

4.《阿曼每日观察》

1982年创刊，是新闻出版和广告公司旗下的官方报纸，日发行量约7 000份。在当地的外国社团中有较大影响。

5.《观点报》

2009年创刊，是阿曼的第一份经济日报，属于观点新闻出版公司。每期24个版面，除了经济新闻，还报道政治、文化、体育领域的新闻。

6.《青年报》

1993年创刊，是第一份针对青年的体育类报纸，前身是《青年杂志》，属于马斯喀特媒体集团。读者调查显示，读者们认为《青年报》中的本地新闻、体育赛事、国际新闻、艺术、猜谜游戏等内容要优于其他报纸。

7.《尼兹瓦》

阿曼新闻出版和广告公司旗下报刊，是用阿拉伯语发行的文化、文学、历史类季刊，刊有阿曼最新的高水平社科类文化研究成果，作者多为研究领域的知名学者，在学术界有较大影响。

8.《家庭》

1974年创刊，是海湾地区最早的家庭类杂志，用阿拉伯语发行，原为周刊，1986年改为半月刊。该刊内容侧重于阿曼家庭、妇女和儿童，深受女性读者欢迎。

9.《阿曼妇女》

属于媒体服务联合公司，1980年创刊，为阿拉伯语月刊，是阿曼妇女协会的机关刊物，主管部门是社会发展部。①

---

① 仝菲、韩志斌:《列国志·阿曼》，224页，北京，社会科学文献出版社，2010。

（二）广播和电视

1. 广播

1970 年 7 月卡布斯苏丹上台执政，上任不久就在贝特·法拉吉兴建了阿曼第一座小型广播电台，这标志着阿曼文化复兴的开始。1971 年，阿曼南部城市萨拉拉也有了一座小型电台，广播信号覆盖阿曼南部地区。1975 年马斯喀特和萨拉拉电台扩建，1979 年两电台通过人造卫星进行并联广播，每天用阿拉伯语和英语播音。后来全国各地又增设了一些广播电台，使全国形成了一个广播网。

20 世纪 70 年代，阿曼四分之三的广播节目是引进的，由于阿曼是阿拉伯广播电台联合会和伊斯兰国家广播组织成员，所以进口的节目主要是阿拉伯国家的交换节目，以及海湾各国制作的文教、科技节目。阿曼广播电台报道的国际消息主要转载自世界各大通讯社和广播公司，比如路透社、英国广播公司、美联社、美国之音、法新社等。

20 世纪 90 年代，阿曼本土制作的广播节目已经达到 80%，到现在 95% 的节目制作实现了本土化，斋月和节假日基本播国内节目。由于听众数量多、需求多样化，广播节目内容涵盖社会、生活、娱乐、教育、宗教等多个方面。播送最多的是娱乐类和新闻类节目，其次是宗教节目。阿曼电台也十分重视加强制作团队的建设和创新型发展，除了在国内各地派驻知名记者外，还在全球 13 个城市派有记者，这些记者就重大事件进行采访报道，为阿曼电台提供了前线报道内容。

由于重视媒体在社会、文化和经济方面发挥的作用，2010 年第 108 号诏令宣布成立阿曼广播电视总局（简称为 PART），其广播和电视节目内容涵盖政府政策、宣扬的价值观等方方面面，是国家直接、统一管理媒体的体现。

现在全国已有 25 家设备精良的广播电台，它们分别用中波、短波和超短波广播，覆盖范围包括整个阿拉伯世界、东非地区和印度半岛。阿曼的 5 个主要广播电台为阿曼广播（公共广播）、青年广播、外语广播、宗教广播和古典音乐广播，可以通过卫星调频或互联网收听以上广播的节目。

为了拓展广播和电视业的影响力，阿曼于2004年颁布《私营广播电视机构法》，鼓励私营电台和电视台的建立。在此之后阿曼涌现出多个电台，其中影响力较大的有哈拉广播（阿拉伯语）、“你好FM”广播（英语）、瓦希尔广播（阿拉伯语）、联合调频广播（英语）。

2. 电视台

1974年11月，阿曼的电视台开始从马斯喀特向全国转播。1975年11月，萨拉拉也有了自己的电视台，信号覆盖阿曼的南部地区。1979年，双方电视台通过卫星实现并联，阿曼成为第一个使用卫星播送电视节目的海湾国家。1985年，阿曼通过卫星实现了和诸多阿拉伯国家电视节目的互换。20世纪90年代，全国已有20多个电视频道，形成了规模较大的电视网。1998年，阿曼电视台实现24小时不间断播送，并向欧洲转播节目。21世纪以来，阿曼已建立了现代化的数字演播室，可通过地面发送系统为观众提供国内外资讯、政府公告、体育赛事、连续剧、自然纪录片等节目。随着电视节目制作技术的提高，阿曼不断推进同其他国家在电视领域的合作，2004年，阿曼新闻部和阿拉伯卫星交流传播组织（Arabsat）签署了交换协议，阿曼的广播电视节目开始传送到亚洲、非洲、北美洲和南美洲，还和法国著名卫星服务提供商Globe Cast签订了向澳大利亚和新西兰传送节目的合同。

目前阿曼所有新闻中心的设备已全面实现现代化和数字化，并使用阿拉伯卫星5C、阿拉伯卫星5号、欧洲电信卫星热鸟13号、银河卫星19号、西班牙卫星1D、埃及尼罗河卫星201号、澳洲澳普图斯卫星D2向全球转播节目。阿曼电视台节目还可通过互联网进行收看。为了适应现代信息化潮流，阿曼广播电视总局在官网和社交平台上推送新闻，同时推出手机新闻应用，现已有40多个官方媒体账号、门户网站和手机应用，通过多种渠道为用户提供新闻服务。

阿曼广播电视技术的飞速发展获得了国际上的肯定，近年来阿曼广播电视总局收获了众多地区和国际奖项。2004年，国际奥委会授予阿曼新闻部“新闻和体育奖”，以表彰阿曼媒体人在促进其他体育运动和奥林匹克运动中作出的贡献。2018 年 4 月，在第 19 届阿拉伯广播和电视节上，阿曼电视节目《一周档案》获得最佳公共卫视脱口秀奖,《独辟蹊径》获得最佳青年节目奖，纪录片《桑给巴尔的媒体》获得优秀作品奖。同年在第 49 届阿拉伯新闻部长会议上，《一周档案》获得 2018 年度最佳电视脱口秀奖,《尼兹瓦》获得最佳文化电视节目奖,《显微镜》获得最佳电视节日奖。

（三）阿曼通讯社（Oman News Agency，简称阿通社）

1986 年 5 月，阿曼通讯社根据第 1986/39 号诏令建立，是阿曼唯一的官方通讯社。通讯社自建立以来一直是阿曼新闻出版和广告公司的子机构，直到 2006 年第 2006/75 号诏令规定将其划归阿曼新闻部，由新闻大臣直接领导。该通讯社主要负责向阿曼国内外各大媒体提供阿拉伯语和英语的官方通讯稿，发布政治、经济等方面的新闻信息、图片、数据和分析内容。

阿通社的新闻接收和传送、采编和分析等设施都达到了国际先进水平，可通过卫星系统或官方网站发布新闻稿；办公实现电脑化和网络化，工作人员均熟练掌握最先进的编辑、信息接收、传送、储存和分析等手段。该通讯社还拥有一支较强的信息采编团队，国内方面，该社派出 55 名记者驻扎阿曼各地，负责收集当地的最新消息；地区和国际方面，共有 11 名特派记者驻扎在阿拉伯国家和世界多国首都，及时对突发事件进行跟踪报道和背景调查，形成了较全面的消息网络。该通讯社出稿快、消息准确权威，已成为阿曼的舆论先锋，在本国新闻领域享有很高的声誉。阿通社通过多种信息渠道方便用户获取新闻，从官方网站上可看到《阿曼报》和《阿曼每日观察》，同时阿通社还推出了自己的手机应用。目前，阿曼已和卡塔尔、沙特阿拉伯、巴林、科威特、阿拉伯联合酋长国、埃及、约旦、也门等 10 个国家签署了新闻合作协议。

（四）互联网

1996 年阿曼引进互联网，随后互联网迅速发展。截至 2019 年，阿曼的互联网用户已超过 300 万，渗透率达到 66%。政府各部门和主要社会机构都有自己的官方网站。阿曼新闻部除官网外还在社交网站上开设了账号，此外，其名为“成就”的电子服务平台能为个人、国营和私营企业提供技术模板、信息咨询等多项服务，还为视障人士特别打造了具有高清字体和特别色彩的服务网页。

阿曼电信公司主要负责向阿曼用户提供费用低廉的上网服务，如果阿曼个人用户使用其他国家的服务商上网则需支付高额费用。阿曼电信公司会筛查网络上的信息和内容，删除处理扰乱社会治安和损害政府名誉的负面信息。从 2003 年起，阿曼协商会议选举的全过程可通过互联网观看，网民可以提出问题，得到阿拉伯语和英语的回复。阿曼新闻部拥有自己的阿拉伯语、英语网站，定期发布和更新国内的新闻和重大事件。

互联网为青年人提供了政治参与的平台，2011—2017 年，阿曼的网络用户和 Facebook 用户分别增加了 176.95 万人和 241.07 万人，增幅分别达到 114.8% 和 109.2%。2011 年阿曼政局动荡时，很多抗议示威活动就是通过新兴网络工具组织的，而且许多青年人在网络论坛上使用自己的真实名字，公开讨论国家所面临的问题。①

四、中阿传媒业交流与合作的现状与趋势

1978 年 5 月 25 日中华人民共和国和阿曼苏丹国建交以来，政治互信不断增强，友好合作持续加深，能源、经贸、人文等领域合作成果丰硕，双方合作前景广阔。2018 年 5 月 15 日，中阿签署政府间共建“一带一路”谅解备忘录，5 月 25 日，中国和阿曼建立战略伙伴关系，这标志着两国关系迈上新的台阶。随着中国对外传播影响力的提高和阿曼传媒业的快速发展，两国传媒业的交流和合作也将在原有成果的基础上取得新的进展。

首先，中阿合作论坛这一多边合作机制为两国传媒业提供了沟通渠道和合作平台。中阿合作论坛已成为中国和阿盟成员国建立多

① 陈小迁、韩志斌：《中东变局以来阿曼国家治理转型评述》，载《西亚非洲》，2017（4）。

领域合作的平台。在合作论坛的框架下，阿曼作为成员国参加了“中阿新闻合作论坛”“中国—阿拉伯国家广播电视合作论坛”，双方已在新闻出版、人员互访、经验交流、影片互换、典籍互译等方面达成多项合作协议。

其次，丰富的传媒活动为两国提供了良好的合作平台。北京国际图书博览会、马斯喀特国际书展为两国多家出版机构提供了交流与合作的机会。2017 年，在第 24 届北京国际图书博览会上，阿曼加西姆出版社与山东友谊出版社达成《图说孔子》一书的版权引进协议，阿曼加西姆出版社成为第一家和我国出版社达成版权引进协议的阿曼出版社[①]。2020 年，在第 25 届马斯喀特国际书展上，我国展团携 200 余种、近 800 册图书亮相，内容涵盖习近平总书记著作、介绍中国当代发展经验的主题类图书、中国传统文化类图书、童书以及对外汉语学习类图书，语种包括中文、英文和阿拉伯文。其中，由北京师范大学出版集团、中国人民对外友好协会、中国阿拉伯友好协会、北京外国语大学共同打造的“中阿友好文库”获得了当地媒体和读者的关注，收到良好反响。中国代表团成员、2019 年中华图书特殊贡献奖青年成就奖得主雅拉·艾尔密苏里女士还在现场对北京师范大学出版社和阿方出版社合作出版的《黧黑的庙堂》《欧阳江河诗选》《1934 年的逃亡》等阿文译作进行签售。同时，北京师范大学出版集团引进了 2019 年国际布克奖获奖作品《月亮上的女人》(*Celestial Bodies*)，其作者是第一位获得国际布克奖的阿曼作家，该书由北京外国语大学阿拉伯学院尤梅副教授进行翻译，将在北京国际书展上首发。[②] 除书展外，两国在影视作品上也有交流合作：2018 年正值中国和阿曼建交 40 年，中央电视台和阿曼国家电视台以此为契机，联合制作 3 集电视纪录片《永恒的友谊》，在中央广播电视总台阿拉伯语频道和阿曼国家电视台播出。

此外，丰富的媒体盛事和文化艺术活动为增进媒体机构间互相

① 《中国图书香飘“一带一路”》，见《人民日报》官网。

② 《北京师范大学出版集团参加第 25 届阿曼马斯喀特国际书展》，见中国新闻出版广电网。

了解和多层次交流提供了契机。比如，2018 年是中阿建交 40 周年，阿曼新闻部赞助举办了中阿媒体文化节，其间展示了阿曼的文化、历史遗产和经济成果，双方交流了各自传媒业发展的经验，并有意加强媒体合作；2018 年我国导演和制片人参加了第 10 届马斯喀特国际电影节；2015 年马斯喀特艺术节期间，我国文化部主办、北京风向乐动数字音乐文化传播有限公司承办了“璀璨中华”欢乐春节行活动；2019 年广西民间歌舞团也参加了马斯喀特艺术节，向阿曼民众展示了中国民间歌舞、杂技，成为向阿曼民众展示中国民间文化的窗口。

近年来中阿双方传媒业的互动逐渐增多，整体呈现从广泛到具体、从官方到民间的趋势，这与我国积极推进文化走出去和阿曼传媒业的迅速发展有关。但是相比较我国同其他阿拉伯国家如阿联酋、沙特等国在传媒领域的合作情况，中阿传媒业合作尚在起步阶段，双方在新闻交流、版权输出、联合制作等方面达成的协议较少，近几年仅达成少量版权输出的协议，而且阿曼尚未开设孔子学院，汉学家和翻译家数量很少，反映出两国的文化交流还不够广泛深入，两国人民还缺少互相了解。在战略伙伴框架下，中阿两国在经贸领域的合作日见成效，但是中国企业和品牌的宣传和提升需要传媒领域的合作保驾护航，双方官方和民间机构有待开展更广泛、务实的合作。

五、结语

在卡布斯苏丹文化改革的背景下，阿曼传媒业尽管发端较晚，但发展较快。阿曼的传媒政策既重视国家利益的维护和政府的监管，也重视发挥媒体的自主性，支持媒体在国家和社会的发展过程中发挥积极作用。近几年来，随着中国和阿曼战略伙伴关系的建立，中阿传媒业交流愈加频繁，各类媒体和文化活动为双方合作提供了平台，呈现从广泛到具体、从官方到民间的趋势。但是这同时也暴露出初期文化交流欠缺、吸引力不足的问题，比如在互相参加国际书展方面，我国于2019年首次参加有24年历史的马斯喀特国际书展，而阿曼于2018年首次以国家为单位参加有32年历史的北京国际书展，相比我国同埃及、沙特、阿联酋等其他阿拉伯国家的传媒合作，还略显欠缺，中阿双方在新闻交流、版权输出、联合制作等方面达成的协议也较少，标志性项目和成果不多，中阿传媒业合作仍有较大发展空间。

（北京外国语大学阿拉伯学院　丁紫微、吴旻雁、刘欣路）

埃及传媒业与中埃传媒合作

作为世界文明古国以及中东地区具有强大影响力的文化中心，埃及是阿拉伯世界最早建立现代传媒业的国家之一。1953年，埃及共和国成立，此后，埃及传媒业在制度设计、法律制定、机构设置等方面的政策与实践在不同时期稳中有变，呈现出鲜明的特色，并在2015年以后进入全新的转型发展和深化改革阶段。埃及以其完备的传媒体系、成熟的传媒政策、多元的传媒机构在中东地区乃至世界范围都有着较大影响。埃及是最早与中国建交的阿拉伯国家，埃及同中国在传媒领域的合作由来已久，并且随着中埃共建“一带一路”的深入推进而不断发展，取得了丰硕成果。

一、埃及基本国情及传媒业概况

埃及，全称阿拉伯埃及共和国，面积100.1万平方千米，人口超过9 900万，首都开罗。国教为伊斯兰教，信徒主要属逊尼派，占总人口的84%；科普特基督徒和其他信徒约占总人口的16%。[①] 埃及地跨亚、非两大洲，大部分位于非洲东北部，只有苏伊士运河以东的西奈半岛位于亚洲西南部，是在政治、经济、文化、宗教等领域均具有重要影响力的中东国家。

埃及是人类古文明的发祥地之一。公元前5000年，埃及就出现了象形文字。公元前3200年，古埃及人开始将植物叶子制成纸草并在上面书写文字。公元前2500年，古埃及第五王朝时期，出现有文字记载的编年史。这种编年史既可以看作一种历史纪录，也可以看作当时的一种新闻传播。18世纪末，拿破仑入侵埃及，埃及建立了阿拉伯世界的第一家新闻出版机构，标志着埃及现代新闻传播业的起步。

埃及现在有报刊500余种。其中有报纸180余种，杂志300余种。[②] 主要的官方阿拉伯语报刊有《金字塔报》《消息报》《共和国报》《金字塔晚报》《鲁兹·尤素福》等；主要英文报刊有《埃及公报》；主要私营报刊有《七日报》《今日埃及人报》《今日报》《祖国报》《日出报》等；主要门户网站有“七日网”“国家回声”等。埃及国家通讯社是中东地区和阿拉伯世界最大的通讯社，创立于1956年，采用阿、英、法三种文字发稿；埃及现有269家广播台站，其中1928年创建的国家广播电台目前每天用80个频率、38种语言向国内外广播；埃及电视台建于1960年，目前埃及电视频道分中央、地方、卫星、专题共四类数十个频道，节目覆盖亚、非、欧、北美等地区，2001年6月，埃及还批准开播了私营卫星电视频道。[③] 总体而言，埃及已经形成了较为完备的传媒体系，其传媒产品在中东乃至世界范围内均产生了重要影响。

---

① “埃及国家概况”，见中华人民共和国外交部网站。

② 参见中华人民共和国外交部网站。

③ 参见埃及驻中国大使馆官网。

二、埃及传媒业发展历程与传媒政策演变①

（一）1798—1922年：半殖民地背景下传媒业的起步

18世纪末，埃及名义上是奥斯曼帝国的一个行省，实际上不断受到英、法两国直接或间接的殖民控制。殖民者统治埃及期间催生了埃及现代传媒业的萌芽。1798年，法国借口帮助奥斯曼帝国平定马穆鲁克人的叛乱，由拿破仑率军入侵埃及。法国军队用随军带到埃及的印刷机创办了法文期刊《埃及信使》和《埃及旬报》，用于为法军传递信息及就埃及的一些问题展开交流，这两本期刊成为埃及最早的现代新闻期刊。1799年1月14日拿破仑颁布了埃及第一部新闻出版方面的法律。1800年，下令出版阿拉伯文报纸《短评》，用来报道每日重要事件和发布政府决议，传播法国思想与文化，拉近同埃及当地民众的距离。该报随后还发往也门、叙利亚、北非等地区，掀起了一波办报风潮。同年11月26日，阿卜杜拉·米努将军发布了关于发展新闻出版业的命令。

1801年，法国军队被迫撤离埃及。虽然法国入侵的本质是夺取埃及财富、扩大自身利益，但也在一定程度上催生了埃及现代传媒业的萌芽。1805—1848年，穆罕默德·阿里担任埃及总督，他在埃及进行了一系列政治、经济和文化改革，开展阿拉伯文学运动，促进了现代阿拉伯语的发展，从而为埃及传媒业的发展积蓄了力量。19世纪20年代，开罗出现了埃及第一家印刷厂。1827年，阿里创办《总督报》，第二年更名为《埃及事件报》，报纸语言最初是土耳其语，随后改为阿拉伯语。该报主要用于发布官方新闻和各部门通告及传播阿拉伯文化，还就一些社会问题进行讨论；1828年，《埃及纪事报》正式发行，成为最早宣传埃及改革运动的报纸。

1863年，埃及虽然在奥斯曼帝国内部实现自治，但受到英法实际控制，西方资本主义和阿拉伯本土文化在这片土地发生了碰撞。

① 本文对埃及历史时期的划分参考了陈力丹老师在《世界新闻传播史》的“埃及社会动员型新闻传播业体制的形成和发展”一节中对埃及传媒史的分类方式。

同时，由于奥斯曼帝国实行专制政策，叙利亚、黎巴嫩等地的阿拉伯文化人士被迫逃往埃及。这些因素都有助于埃及传媒业的迅速发展。这一时期，埃及报刊业呈现多元发展的态势，大量的民办报纸中有的由阿拉伯人创办，如黎巴嫩人创办的《金字塔报》，有的由欧洲人创办，如英国人创办的《埃及公报》。此外，埃及还出现了十余种杂志，如1865年《蜂王》月刊的出版，标志着第一本提倡阿拉伯文学的专业刊物的出现。

1878年12月13日，当时的政府决定将新闻出版业划归内务部主管，并于1881年12月26日颁布了新的《新闻出版法》，该法被视为埃及真正的第一部新闻法。它就新闻出版业的有关事务作出详细规定。例如：任何报刊在出版发行前都必须向有关部门申请领取出版发行许可证；每家报刊必须缴纳10埃镑的保证金；在有关部门给予警告后，根据内务部长的命令，或无须警告而根据监察委员会的决定，政府有权停止、查封、查抄报刊社，以维护社会秩序、公共道德与宗教权威；内务部长有权禁止外国报刊进入埃及。同时规定，凡被报刊影射或公开点名批评的人士有反驳权，报刊所有者必须在收到当事人反驳文章的3天内免费将反驳文章刊发在该报上，如不如期刊载，报刊所有者要承担相应后果并进行赔偿。[①]

19世纪80年代，埃及出现了政党报刊。1879年，埃及成立了第一个民族主义党派——祖国党，该党随后出版了报纸《祖国报》和杂志《埃及是埃及人的》[②]。在19世纪末和20世纪初，埃及涌现了不少类似的党派报刊，但存在时间都较短。

总体而言，在半殖民地时期的埃及，阿里家族为实现埃及的强盛，在大量引进欧洲先进的科学和文化理念的同时，并未对传媒业的发展施加过多限制。这一时期，虽然报刊不能对政府进行直接批评，但是可以对一些政治、经济和文化问题进行讨论。同时，埃及报刊业也在这一时期形成了独特的报刊风格，即它不仅是新闻报道的载体，也是文化传播的载体，报刊的很多内容都来自埃及的文化

① 谢坤：《埃及的新闻业》，载《阿拉伯世界》，1997（2）。

② 陈力丹：《世界新闻传播史》，327页，上海，上海交通大学出版社，2002。

界人士之笔。如美国新闻学者威廉·鲁所说："深奥复杂的阿拉伯文化，早在大众媒介出现以前数百年就已经发展起来，因此，大众媒介从一开始就必然受到丰富的阿拉伯文学、宗教、哲学、音乐等方面的影响。"① 与当时欧洲出版的政治—文学杂志类似，埃及早期报刊的主编很多是文学界著名人士，报刊内容很多也来源于专业记者以外的作家和诗人，带有丰富的阿拉伯文化色彩，即有大量"讲故事"的内容。报刊编辑部也逐渐成为当时阿拉伯文化界人士的重要聚集地之一，他们借用报刊平台发表文学作品，传播新思想，促进了阿拉伯文学和文化的繁荣。

（二）1922—1952年：独立初期传媒业的探索前进

1916年，埃及脱离奥斯曼帝国。1922年，英国被迫承认埃及独立。虽然这段时期涌现出了一些商业化的报刊，如1924年的《图画》杂志和艺术周刊《鲁兹·尤素福》等，但报刊的市场化运作并没有完全实现，因而各种报刊往往呈现兼具政治性和商业性的特点。由于传媒市场的不发达，各种报刊，包括商业性的报刊，或多或少都依存于某种政治力量，带有某种政治倾向。在这一时期，埃及传媒业越来越多地受到英国、法国和美国等西方国家的影响，呈现出国际化的风格，例如，在国王的支持和美国的资助下，埃及最重要的报纸之一《消息报》得以创办。

1923年埃及颁布宪法，宣布保障新闻自由，但同时允许政府为了保护社会利益而没收报纸和关闭报社。因为多种政治力量的存在，这一时期的埃及虽然出现了一些压制和破坏新闻自由的事件，尤其是在"二战"和第一次中东战争的特殊时期，为了控制舆论都曾经进行过一定程度的限制，但这种限制往往因为多方势力的博弈，并未持续太久。例如，1946年英国迫使埃及政府关闭8家反英报纸，次年强硬的新政府又重新恢复了这些报纸的发行。

1928年起，埃及开始出现民营和半官方的广播电台。早期电台主要由一些商人和无线电爱好者创办，内容多为音乐和商业资讯，

① 威廉·A. 鲁：《阿拉伯报刊》，37页，北京，新华出版社，1987。

政府并未给予过多限制。1934 年，由政府委托英国马可尼公司经营的广播电台开播，民众可以在家里、咖啡馆、餐厅等地收听，收费标准为每年每台收音机 4 英镑。

（三）1952 年至今：共和国时期传媒业的稳步发展

纳赛尔执政后，致力于加强传媒业的建设和管理，将其视为对内传达理念、发动群众，对外宣传政策、提升国际地位的重要抓手。共和国时期，政府的政策扶持和财政支持推动了埃及传媒业的迅速发展，在中东地区产生了重要影响。

1. 纳赛尔时期

1952 年 7 月 23 日，以纳赛尔为首的“自由军官组织”发动军事政变，推翻法鲁克王朝，成立革命指挥委员会。1953 年 1 月宣布解散所有政党，6 月 18 日宣布废除君主制，成立埃及共和国。纳赛尔执政伊始便认识到媒体在塑造公众舆论方面的重要作用，因此采取了严格的新闻出版政策，希望媒体有效发挥解释和宣传新政府的法律条例、激励人民团结合作、努力为国家建设服务的作用，同时积极依靠传媒机构向世界人民介绍埃及发展现状、内外政策。

1952 年，埃及政府成立了专门负责传播和通信事务的政府部门民族事务指导部，后更名为文化和民族事务部，该部的职责之一就是建设和发展能够服务于国家和人民利益的传媒事业，并对其实施有效监管，增强埃及声音在世界范围内的影响。

同样在 1952 年，埃及政府主导成立了解放出版社，出版《解放》杂志，随后还创办了官方报纸《共和国报》，又在 7 月建立了短波国际台和对阿拉伯世界广播的“阿拉伯之声”电台，二者在中东得到广泛传播。1956 年，埃及几家私营出版社联合创办了中东通讯社，成为埃及的第一家通讯社。

1960 年，纳赛尔正式发布第 156 号法令，宣布对新闻业实行国有化，将几乎所有报刊、出版社、通讯社、电视台、电台收归国有。同年，埃及电视台开始播放节目，成为继伊拉克电视台之后第二个阿拉伯国家电视台。

总体而言，纳赛尔时期，传媒机构与政府形成了紧密的依存关系，成为国家直接控制的，用以表达自身理念、开展政治运动和组织宣传的媒介，较为有效地发挥了社会动员的作用。这种做法也是纳赛尔阿拉伯社会主义思想在传媒业上的投射，即“对社会和政治的引导工具实行公有制，是为了在新社会里禁止资本家对引导工具的控制，是为了建立民主政体，这个引导工具就是报刊”[①]。

2. 萨达特时期

萨达特执政后，埃及实行经济开放政策。1974 年 4 月，萨达特发布《十月文件》，提出实行内外经济开放政策，努力利用外资，鼓励国内私人投资。这一政策对传媒业的发展也产生了一定影响，与经济上的自由化相对应，萨达特放松了对整个社会的言论管制，在不改变基本体制的情况下调整了新闻政策，给予媒体更加宽松的发展环境。

萨达特在保证国家对新闻出版业控制能力的情况下，取消了部分传媒管制措施。1970 年 8 月，萨达特下令成立广播电视联盟，管理全国的广播电视台，并颁布法律，要求广播电视节目不得反对阿拉伯社会基本原则、亵渎宗教信仰、诋毁民族英雄等。该机构设有总书记处、总工程部、财经部以及一些直属公司，其职责包括制订工作计划、为媒体视听工作奠定公共基础、加强技术能力、加强无线电和电视广播传播等。此后，通过 1979 年第 13 号法令和 1989 年第 223 号法令，确认广播电视联盟是埃及广播电视工作的唯一权威。

1974 年，埃及政府取消了旧的《新闻法》，取消新闻检查，并在次年成立最高新闻委员会。1977 年埃及颁布《政党法》，允许党派存在和出版相关报刊，进一步放松了对新闻业的限制。1980 年，埃及颁布新《宪法》，规定新闻机构是独立于国家立法、行政和司法机构的“第四权力机构”，在法律层面正式宣布了对新闻工作者获取新闻、发表作品的权利的高度保护。1982 年第 43 号法令宣布成立国家新闻局。

总体看来，萨达特采取了相对宽松的新闻政策，面对报刊中出

① 陈力丹:《世界新闻传播史》，334 页，上海，上海交通大学出版社，2002。

现的批评言论，萨达特也采取了较为宽容和温和的做法，这都给予了新闻工作者更多的活动空间。

3. 穆巴拉克时期

萨达特遇刺身亡后，穆巴拉克接任总统，继续推行自由化的经济政策，且前期同样放松了对传媒业的管制。在报刊公有的前提下，将各报刊 49% 的所有权变成职工股份。同时，推动埃及国有出版机构的商业化发展，形成了以《金字塔报》报业集团、《消息报》报业集团、尼罗河电视台为代表的一批在世界范围内具有影响力的大型传媒集团。在新闻出版经营主体上，政府开始允许私营报刊、电视台、电台网络运营商注册运营，加速了传媒机构的多元化发展。

1996 年颁布的《宪法》第 45 条规定，公民的私生活不受侵犯，受法律保护；第 47 条规定，意见自由受到保障，人人有权在法律范围内通过书写、摄影或其他方式发表意见；第 48 条规定，新闻的印刷、出版和媒体的自由受到保护；第 208 条规定，保障新闻自由，禁止对报纸进行审查，禁止通过行政手段发出警告、暂停或取消报刊。

埃及的广播电视产业在这一时期得到很大发展。20 世纪 90 年代，埃及发射了尼罗河卫星，建立多个卫星电视台，内容覆盖新闻、教育、文化、娱乐、体育等多个方面。尼罗河卫星不仅为埃及的卫星电视频道服务，还搭载了阿拉伯地区其他国家的卫星电视信号，面向整个阿拉伯地区提供服务，在一定程度上掌控着阿拉伯地区卫星电视的命脉。除此之外，穆巴拉克还采取了一系列积极的传媒政策，如通过推行“家庭阅读计划”，为全国报刊提供补贴，满足民众文化需求；实行“天空开放”政策，允许外国的卫星电视频道在埃及落地等。

得益于上述措施，20 世纪八九十年代，埃及传媒业迎来迅速发展，进一步奠定了其在阿拉伯世界的引领地位。从这一时期开始，政府不再直接干预媒体的运作，而是通过对通讯社和广播电视台的控制，及对主要媒体负责人的调整，确保大众媒体的言论在整体上不逾越政府设定的底线。值得注意的是，在穆巴拉克统治后期，经济政策、腐败问题等常常受到媒体的批评，穆巴拉克感受到新闻自由对政权稳定的威胁后，加强了对传媒业的管控。

4.“1·25 革命”期间

“1·25 革命”爆发前，以《金字塔报》为代表的国家媒体占据主流地位，广播电视业主要处在政府的控制下，少有的批评声音只来自一些私人报纸。革命爆发后，埃及国家媒体最初站在政府一边。在这种情况下，一些独立报纸、私营电视台和国际媒体持续报道游行示威活动，吸引了大批读者和观众。虽然国家媒体后期发生了转变，从起初对于穆巴拉克政权的赞美，转为对革命的支持和对政府的谴责，但越来越多的民众对国家媒体产生了信任危机，转而更多地依赖于非官方媒体。

同时，“1·25 革命”在很大程度上是依靠网络和手机组织起来的。在开罗爆发的抗议活动能吸引大量民众参与，并迅速在埃及各地得到呼应，与移动网络的广泛应用是分不开的。网络发挥出的巨大能量又进一步促进了新媒体用户数量的增长，埃及新媒体，尤其是社交媒体也由此蓬勃发展起来。

5. 塞西时期

“1·25 革命”后，穆巴拉克下台，埃及进入后穆巴拉克时代，社会在经济、政治、文化等方面开始了整改和重建。在这一背景下，媒体机构显得异常活跃。在穆巴拉克下台后的较短时间内，埃及就新创办了 25 家卫星电视频道，其中一部分带有鲜明的革命色彩。

塞西执政后，强调给予媒体更多的自主权，并定期与记者和媒体专业人士会面，多次强调传媒机构在塑造积极的社会舆论方面的重要作用。2014 年，埃及颁布新《宪法》，专门强调了要保障传媒业的自由，并提出成立跨部门、直接由总统领导的最高媒体组织委员会作为管理全国新闻媒体事务的最高独立机构，还成立了国家媒体管理局和国家新闻局。

2016 年，塞西颁布第 92 号条令，废除 1979 年关于广播电视联盟的 13 号条令和关于新闻组织的 1996 年条令。该法还规定，国家新闻局的任务是管理国有出版发行公司、机构和新闻社，确保其现代化、独立性、公正性；国家媒体管理局则负责管理国有媒体机构，提供电视、广播、数字和新闻的播送服务以及相关技术服务。有反对者认为，这违背了现行宪法的精神，此前《宪法》第72条特别指出，国家致力于确保各种媒体的独立性，确保其公正和自由地反映政治倾向、思想倾向和社会利益，合理地处理公众舆论。2016年，塞西还颁布了第93号条令，禁止所有未持有专业资格的人员从事媒体活动，禁止未登记或获得许可证的媒体机构进行媒体活动，若有违反，可以关闭相关媒体。

这一时期，以《金字塔报》为代表的官方媒体开始反思同政府的关系，思考如何在体制内更好地表达自己的观点。同时，社交媒体越来越成为埃及民众了解信息和表达诉求的重要途径，塞西也从维护国家安全和社会稳定的角度出发，签署批准了《反网络及信息技术犯罪法》，这是埃及第一次在网络安全领域颁布法律。鉴于社交媒体在国家治理中的重要作用，塞西不仅自己开设了阿拉伯语、英语的Facebook和Twitter账号，还积极督促副总统、总理、副总理、各部部长等政府官员及《金字塔报》等国营媒体在社交媒体上开设账号或主页。同时要求国有报刊进行数字版建设，便于民众阅读。2017年，塞西注意到半岛电视台在中东剧变中的重要作用，宣布将筹备开通一个埃及国际新闻频道，专门用于同其他阿拉伯国家电视台竞争，全面展示埃及形象。

三、埃及主要传媒管理部门和传媒机构

（一）埃及主要传媒管理部门

1. 最高媒体组织委员会

最高媒体组织委员会是跨部门的、直接由总统领导的，统一管理和组织全国媒体事务的最高部门，最早依据2016年第92号《新闻和媒体机构组织法》设立。众议院于2018年颁布的第180号《埃及规范新闻媒体和最高委员会法》废止了2016年第92号《新闻和媒体机构组织法》，进一步明确该法适用于所有关于新闻媒体的实

体、机构以及网站，不适用于个人网站、社交工具、个人账号，规定最高理事继续履行其职能，其职权范围不变。

该法明确指出，国家保障媒体、印刷和相关的纸质、音频、视频和电子内容传播的自由。对国内媒体而言，在任何情况下，禁止审查或没收、暂停、关闭埃及报纸和媒体，但在战争或总动员时可以进行有限的控制；对国外媒体而言，出于国家安全的原因，最高委员会有权阻止国外发行的出版物、媒体或广告材料进入埃及流通或展示。各媒体或者网站需被颁发许可证或者允许其进行活动，并明确了记者和媒体专业人员的权利和职责。该法指出记者和媒体专业人士的工作是独立的，有权披露信息、数据和新闻，有权接受答复，有权参与各种会议、进行拍摄等，国家依照《劳动法》保障他们的合法权益；而记者或媒体人员履职时应遵守法律规定、职业操守、媒体的编辑政策以及职业道德和传统，不得侵犯公民的权利或自由。条例特别指出，媒体人员不得直接或间接接受任何人或机构提供的捐赠或资助。

此外，该法的第三章和第四章分别介绍了新闻机构和媒体机构成立和运营的基本要求。第五章具体介绍了最高媒体组织委员会的概况、职权范围、财政来源等，指出这是一个具有法人资格的独立机构，总部设在开罗，管理音频、视频、数字、印刷和其他媒体事务。委员会在履行职责时享有技术、财务和行政独立性。其目标是在自由竞争的背景下保障和保护新闻、媒体自由。第五章还规定最高媒体组织委员会的成立由共和国总统决定，其成员包括：由总统任命的理事会主席、由副总理和行政事务特别委员会任命的副主席、保护竞争和防止垄断行为部门负责人、由机构管理委员会主席提名的国家电信监管局代表、由总统提名的具有经验的公众人物、由记者工会管理委员会提名的非该委员会成员的记者、由媒体工会管理委员会提名的非该委员会成员的媒体工作者、由众议院提名的非众议院成员且具有经验的公众人物；由高校最高理事会提名的该理事会代表，以及埃及高校的新闻和媒体专业教授。

同时，该法还规定了最高媒体组织委员会的职责，例如：

就与其工作领域有关的法律法规草案发表意见。

接受设立埃及报纸和在埃及发行拥有外国许可证的报纸的通知；在与各相关单位协调后，为投资总局管理的非埃及但在埃及境内播放的卫星频道的音频、视频或数字媒体等媒体活动授予传播许可。

制定并应用必要的规则和标准，以确保媒体与新闻机构遵守专业的原则和道德，并保护与其内容相关的知识产权。

接收和审查有关公众的投诉，主要是对报纸刊登的内容或媒体播放的内容有损个人声誉或暴露个人隐私的投诉。

接收一般信息服务处提供的，关于埃及境内的外国记者以及运行的新闻与媒体工作室的信息，并与信息服务处协调有关这些办事处的运作规则及其在埃及的工作范围。

根据其确立的规则，确保新闻和媒体领域的经济活动在不妨碍、限制或破坏竞争自由的情况下进行，并防止垄断行为的发生。

在外国出版物分发之前对其进行审核。

2. 国家媒体管理局

国家媒体管理局是一个独立的机构，具有法人资格，总部设在开罗，根据2016年第92号《新闻和媒体机构组织法》设立，其前身为埃及广播电视联合组织（ERTU）。国家媒体管理局的目标是管理国有媒体机构，提供电视、广播、数字和新闻的播送服务以及相关技术服务。2018年第178号《国家媒体管理局法》和2019年第1963号总理令《国家媒体局法执行办法》废止了原2016年第92号《新闻和媒体机构组织法》第四章有关内容和相关执行办法，规定该法适用于所有的国有广电实体和机构、媒体网站。

该法介绍了管理局的职权范围，例如：

任命国有媒体机构负责人和国有媒体网站负责人，在其违反职责或丧失任用条件的情况下，有权对其进行解雇。

要求对国有媒体机构和网站的工作安排实施必要的控制，并且要求他们遵守行业规范和道德，加强产品的多样性，提高内容的质量，并确保媒体机构公平地为全国公民提供服务，维护国家利益。

要求国有媒体机构和网站从内容和技术质量两个层面实施媒体产品或广告评估标准。

通过发送定向音频和视频广播来监督目标区域的覆盖范围，监控发射站状态，避免发送故障，并在出现故障时及时进行修复。

监督国家媒体管理局所负责的公司运营，评估其绩效并确保它们能获得预期的投资回报。

制订计划，统一公共媒体向大众提供的服务，并鼓励各媒体在各自的领域相互支持，并提供公正的专业竞争机会，尽可能提供最好的服务。

此外，该法明确指出委员会由总统决定组成，共 9 名成员，包括管理局局长、管理局副局长、财政部代表、国家通信管理局代表、有资历的公众人物、媒体协会代表、记者与印刷出版和信息工作者总联合会的代表，并简要介绍了成员的权利与义务，以及管理局的管理制度、财政来源、年度报告、过渡性规定和惩罚措施等。

3. 国家新闻局

国家新闻局是一个具有法人资格的独立机构，总部设在开罗，负责管理国有出版发行公司、机构和新闻社，发行纸质报纸或电子报纸，确保其现代化、独立性、公正性，敦促其进行合理的专业、行政和经济行为。其核心管理层的 9 名成员由总统任命。

《埃及国家新闻局法》明确了新闻局的职权范围，主要包括：

根据各机构制订并由新闻局批准的经济政策和计划，监督国家新闻机构的经济和管理行为，并通过科学的观察、跟进和评估机制对其进行指导。

批准通过国家新闻机构与其他新闻机构或与其工作有关的非新闻机构的合作与伙伴关系方案。

任命国家新闻机构董事会负责人、刊物和网站主编、相关委员会成员。

对新闻机构的所有部门和出版物进行全面的定期评估，并采取必要的纠正程序。

确定广告价格和国家新闻机构发布的报纸和杂志价格。

批准国家新闻机构单独或与他人合作建立公司，开展与工作宗旨不相冲突的经济或投资活动，特别是在出版、广告、印刷、发行、出口、进口等方面的媒体业务。

（二）埃及主要传媒机构

1. 通讯社

中东通讯社是埃及国家通讯社，也是中东地区实力最强的通讯社，位列世界十大通讯社之一。该通讯社于 1955 年 12 月由埃及多家报社共同出资建立，1956 年开始发稿，成为中东第一家区域性通讯社。1960 年埃及政府将其收归国有，由新闻部直接管理，并由新闻部部长担任董事会主席。自 1978 年起，中东通讯社交由议会管理，董事会主席不再由新闻部部长兼任，而开始在董事会内部选举产生。自 1996 年起，中东通讯社开始通过 3 颗人造卫星传送信息，分别是覆盖亚洲、东非的亚洲通信卫星，覆盖欧洲及北非的大西洋通信卫星以及欧洲通信卫星。1997 年 6 月该通讯社开始在国际互联网上使用阿、英、法三种语言建立官方网站。目前，中东通讯社已经同全世界 30 家通讯社签署了新闻互换与合作协议。此外，中东通讯社还是伊斯兰通讯社、非洲通讯社、不结盟国家通讯社协会、阿拉伯通讯社联盟、地中海通讯社联盟等机构的创始成员。

中东通讯社在非洲、欧洲、亚洲和北美设有 38 个办事处，就政治、经济、文化和体育等各个方面给埃及境内外的订阅者全面报道埃及、中东和国际上的新闻事件。除此之外，该社还出版了一些特殊刊物，例如英文日报 *Cairo Press Review*，为非阿拉伯语读者提供埃及报纸上发布的重要新闻和评论摘要，分发给驻开罗的大使馆、新闻办公室和外国机构；英文周刊 *The MEN*，介绍埃及最重要的经济新闻；双月刊 *Party Press Review*，介绍埃及党派报纸发表的重要新闻和问题。目前，中东通讯社已出版 30 余种报纸杂志，其中影响较大的有《开罗报刊综览》《经济周刊》等。

2. 报刊及图书出版机构

在报刊方面，埃及现有三大全国性日报《金字塔报》、《消息报》和《共和国报》，国家报纸依靠政府补贴和广告作为资金来源。但过去几年，据国家消费者保护总局的数据，2017 年，政府的补贴下降了 40%，广告收入下降了 60%。国家报纸的主要问题是报纸之间没有竞争，往往使用相同的信息来源——政府，缺乏商业模式的引进，这都导致了国家报纸的困境。

《金字塔报》和《消息报》曾经是发行量最大的报纸。然而，自 2011 年起，私营报纸的发行量迅速上升。当前市场上主要的三家私营报纸是《今日埃及人报》、《今日报》和《祖国报》。2004 年，私营报纸《今日埃及人报》进入市场，它由原《开罗时代》杂志总编辑海山姆创刊，是埃及自 1950 年以来第一份私营独立日报，创刊初期以开罗知识分子和业界领军人物为主要读者，力图与有官方背景的主流大报划清界限，3 年后逐渐扩大到全国发行，该报同样有英文报纸。目前，《今日埃及人报》已经能够与《金字塔报》竞争，其发行量与《金字塔报》几乎不相上下。

2011 年的政治动荡和随后的经济衰退，极大地影响了国家报纸和私营报纸的印刷和发行量。自 2011 年以来，全国性报纸的发行量下降到了 60%，《金字塔报》宣布，由于美元对埃及镑的升值，印刷成本增加了 80%。对私营报纸来说，摆脱严峻的经济形势则更加困难。

当前埃及主要的报刊有以下几种。

《金字塔报》（*Al Ahram*）：《金字塔报》创刊于 1875 年 12 月 27

日，由贝斯哈拉·塔克拉和萨利姆·塔克拉两兄弟在亚历山大创办，最初为周刊，两个月后转为日报，第1期报纸发行于1876年8月5日。1952年，埃及共和国成立之前，《金字塔报》已成为埃及影响力最大的报纸之一，后被纳赛尔收归国有，在政府的大力扶持下，逐渐成为埃及的第一大报。1900年，迁至开罗出版。1988年被“世界报纸指南组织”列入“最佳国际报纸”，同年，《金字塔报》建立阿拉伯文官网，同时，在多个知名社交网站开设账号。1991年，创办英语和法语的周末版。2005年7月4日，埃及协商会议批准了政府对10家国有新闻机构董事长和总编辑的任命，从而完成了对国有新闻机构近20年来的首次大规模改组。此次改组一是领导层的新老交替，二是实行编采分开，《金字塔报》报业集团也在改组之列。此前，许多埃及文化界知名人士都曾担任过《金字塔报》主编，包括诺贝尔文学奖获得者纳吉布·马哈福兹、埃及文学泰斗塔哈·侯赛因等，现任主编是马吉德·穆尼尔。

该报目前拥有7个海外站点，并在8个国家设有常驻记者站，报纸在埃及和主要阿拉伯国家均有销售，销售点数量超过6 000个，日发行量达到110万份。报纸一般为24~28版，价格为1埃镑，每天分早、中、晚3次滚动出版，第一版于前一天晚7时印刷，主要向国外发行，第二版和第三版于当天的清晨和上午出版，随时更新内容，遇有重大国际事件时，甚至一天出版5次。[①]

目前，《金字塔报》报业集团已经发展成为综合性的报业集团。除《金字塔报》外，还用阿文、英文、法文三种语言出版十余种期刊，出版发行的类别包括纸质报纸、电子报纸和手机报等。该集团专门成立了翻译出版中心，每年出版数百种社科类图书，并兼营图书印刷、销售、进出口业务。集团还下设金字塔战略研究中心，阿拉伯世界一流的专家学者汇集于此，造就了埃及最重要的智库，与政府形成了紧密的“政智合作”关系，出版发行了具有深度的社科类研究丛书和战略发展报告。政府对《金字塔报》报业集团在减免企业所得税、抵御外国报刊竞争等方面提供了诸多优惠政策。例如，政

① 参见埃及《金字塔报》官网。

府规定《金字塔报》每份售价 1 埃镑，让人人买得起，而将《国际先驱论坛报》《泰晤士报》等欧美报刊定价为每份 30 埃镑，甚至更高；金字塔战略研究中心发行的书，一般定价约为 30 埃镑，西方国家发行的书定价基本是其 10 倍以上。

《消息报》(*Al Akhbar*):《消息报》由穆斯塔法·阿明和阿里·阿明两兄弟于 1943 年在开罗创办，最初为周报，后改为日报。阿拉伯埃及共和国成立后，埃及政府将其报纸收归国有，成为地位和规模仅次于《金字塔报》的国家报纸。哲迈勒·黑托尼、艾尼斯·曼苏尔等埃及著名文化界人士都曾担任过《消息报》的主编，现任主编是易卜拉欣·艾敏。[①]

目前，《消息报》报业集团除出版《消息报》外，还出版《经济消息》《体育消息》等十余份报刊，每年出版数百种图书，并从事图书印刷、销售和进出口业务。20 世纪 60 年代，报纸发行量已达到 70 万份，2000 年达到顶峰，突破 100 万份，2016 年发行量约 75 万份。该报受美国资助。

《共和国报》(*Al Goumhouria*):《共和国报》于 1953 年创刊，当时为埃及革命指导委员会机关报。1961 年改为阿拉伯社会主义联盟机关报，在开罗出版。目前，该报在埃及和主要的阿拉伯国家有售，发行量约 40 万份，每周四另出周刊。埃及前总统萨达特就曾长期担任该报主编。[②]

目前，《共和国报》报业集团旗下拥有十种报刊，其中影响较大的除了《共和国报》之外还有《埃及晚报》《自由周刊》等。除报刊业务外，该报业集团也兼营图书业务，涵盖出版、印刷、分销、进出口等各个环节。

《埃及公报》(*The Egyptian Gazette*):《埃及公报》是中东地区最古老的英文报纸，1880 年 1 月 26 日在亚历山大由五名英国人创办，其中包括《泰晤士报》的主编莫伯利·贝尔。该报第一任编辑是安德鲁·菲利普，创建初期是周报，后改为日报。1938 年 2 月 28

① 参见埃及《消息报》官网。

② 参见埃及《共和国报》官网。

日，编辑部迁至开罗。20 世纪 40 年代初，该报所有权被转让给英国富豪奥斯瓦尔德·芬尼名下集团。1952 年后，英文报纸的需求市场日益减小，《埃及公报》的发行量也随之减少。1954 年，艾敏·艾布·埃宁成为《埃及公报》的首位埃及主编。现任主编是穆罕默德·法赫米。[①]

《今日埃及人报》（*Al Masry Al Youm*）：《今日埃及人报》是埃及第一份私营独立报纸，创办于 2004 年 6 月，由《今日埃及人报》新闻出版基金会出版，董事长是埃及商人卡梅尔·陶菲克·迪亚布，首任主编是安瓦尔·哈瓦里。2004 年，在与 BBC 进行的一场访谈中，安瓦尔正式宣布了私营报纸《今日埃及人报》的创建，因此，安瓦尔也被看作该报纸真正的创办者。目前，该报的主编是阿卜杜勒·拉提夫·马纳维，埃及富商纳吉布·塞维利斯持有大量股份。2005 年，《今日埃及人报》的发行量约为 5 万份，2011 年革命之后开始受到广泛关注，其影响力现在已经可以与《金字塔报》竞争。根据美国 Alexa 的数据，《今日埃及人报》网站 2012 年的访问量在埃及所有网站中排第 26 名。[②]

《七日报》（*Youm 7*）：《七日报》是埃及地区重要的私营报纸，2008 年 10 月由埃及商人瓦利德·穆斯塔法创办，总部位于吉萨。最初是周报，2011 年 5 月 31 日开始每日发行。《七日报》曾两次被《福布斯》杂志评选为中东地区最有效率的报纸，2013 年 10 月 6 日，创建了名为“开罗邮报”（The Cario Post）的网站。该报也尝试过发行英文版，但是影响不大，后只专注于阿语版。该报纸创建之初主要关注政治经济类主题，在 2011 年之后因为政治立场经常被民众批评。[③]

《祖国报》（*Al Watan*）：《祖国报》是目前埃及发行量较大的私营报纸，于 2012 年 5 月由埃及商人创办，主要创办人是作家马吉迪·杰拉德，现任主编是马哈茂德·穆斯林。《祖国报》主要关注时

① 参见埃及《埃及公报》官网。

② 参见埃及《今日埃及人报》官网。

③ 参见埃及《七日报》官网。

政新闻和分析评论，同时兼顾娱乐消息，特别重视埃及和其他国家的阿拉伯语读者。①

在出版机构方面，目前埃及国内有数百家各类出版机构，出版超过500种报刊，其中报纸200余种，杂志300余种。比较重要的出版机构包括以下几个。

新月出版社（Dar Al-Hilal）：新月出版社是阿拉伯世界主要从事文化类书刊出版工作历史最悠久、影响力最大的出版社之一，由黎巴嫩文学家扎尔吉·扎伊丹于1892年在埃及建立。

1892年，扎尔吉在埃及建立了新月印刷厂，并创建杂志《新月》。扎尔吉希望这本杂志可以将阿拉伯文化传播到整个阿拉伯世界。当时创建的期刊大都局限于文学领域，但是《新月》同时关注艺术、文化、哲学、社会、经济，还有专门的栏目介绍外国文学。因此，《新月》自创刊以来一直是埃及乃至阿拉伯世界最受读者欢迎的期刊之一，包括塔哈·侯赛因、阿巴斯·阿卡德在内的诸多阿拉伯世界顶级的大思想家、文学家均在该刊开设专栏，从而使得该刊成为引领阿拉伯世界思想和文化潮流的风向标。②

1914年，扎尔吉去世后，他的两个儿子伊米勒和舒克里接管了出版社的管理工作。1924年，该社创办《图画》周刊，这是阿拉伯世界第一本图画类刊物。1956年，该社出版专门针对儿童的杂志《塞米尔》，后又创建儿童杂志《汤姆和杰瑞》等，并出版一系列儿童图书。20世纪60年代，新月出版社在政府的扶持下发展成为综合性的出版机构。目前，该社发行《图画》周刊、妇女杂志《夏娃》、电影杂志《众星》、儿童杂志《米老鼠》等期刊③，除此之外每年出版各类图书数百种，以文学、历史、思想领域的题材为主。

出版社的主编历来由埃及著名学者担任，其中包括艾哈迈德·巴哈丁、阿里·艾敏、舒凯里·齐丹等享誉阿拉伯世界的大学者，现任主编是马吉迪·赛卜莱。

---

① 参见埃及《祖国报》官网。

② 参见新月出版社官网。

③ 刘欣路：《埃及的新闻出版业现状及其与中国的文化往来》，载《出版发行研究》，2016（1）。

知识出版社（Dar Al-Maref）：知识出版社是埃及最古老的出版机构之一，最早由埃及人纳吉布·米特里于1890年在埃及创立，一开始是商业印刷厂，1910年由单一的杂志社转变为综合性出版机构，1950年总部迁往尼罗河畔，1963年完成了国有化改造，现在在埃及有21个分支机构。

该出版社在阿拉伯世界具有极高的知名度，曾出版过阿伊莎·阿卜杜、易卜拉欣·纳吉、穆罕默德·班杜里、陶菲格·哈基姆、塔哈·侯赛因等人的作品。该出版社不对思想潮流和党派进行区分对待，各类书籍均在该出版社出版范围之内[①]，目前出版的图书主要有文学系列、思想系列、医学系列、农业系列、哲学系列、地理系列等知识类系列图书。现任董事会主席是赛义德·阿卜杜·穆斯塔法。[②]

鲁兹·尤素福出版社（Dar Roz Al-Yosef）：鲁兹·尤素福出版社由阿拉伯女记者鲁兹·尤素福于1925年建立，同年出版该社的第一本杂志《鲁兹·尤素福》，后因外债停刊，改为报纸《鲁兹·尤素福》。1956年，开始出版《早上好》杂志，20世纪60年代收归埃及政府所有。现任董事会主席是赫巴·萨迪克，主编是艾曼·阿卜杜勒·梅吉德。[③]

埃及复兴出版社（Nahdet Misr）：埃及复兴出版社是埃及教育领域重要的出版社，由艾哈迈德·易卜拉欣于1938年建立，最初是一家小型印刷机构，后逐渐扩大业务范围，发展成为业务广泛的大型出版机构。

1940年，该社出版了第一本教科书，埃及教育部随即将其纳入埃及教学大纲，成为官方教科书之一。除此之外，艾哈迈德还与其他的阿拉伯国家合作，试图建立与发展不同模式的现代学校。1968年，艾哈迈德与其子穆罕默德·易卜拉欣出版了“光”系列教科书，旨在为学生提供全面的教学补充材料。1973年，艾哈迈德去世，穆罕默德接任出版社负责人，并进行了出版社的扩建工作。穆罕默德

① 刘欣路:《埃及的新闻出版业现状及其与中国的文化往来》，载《出版发行研究》，2016（1）。

② 参见知识出版社官网。

③ 参见鲁兹·尤素福出版社官网。

建立了新的印刷厂，并引进了先进的印刷设备，现在，埃及复兴出版社已经发展成为单日印刷量可达 50 万册的中东地区最先进的出版机构。1998 年，穆罕默德开始将目光投向电子教育，成立了子公司，现已发展成为埃及电子教育领域的先驱。2004 年，穆罕默德建立了埃及复兴新闻传播公司，出版世界知名文化娱乐杂志如《迪士尼》《国家地理》等的阿拉伯语版。2009 年，穆罕默德建立了埃及复兴商业公司，专门出版商业类图书。2017 年，穆罕默德建立 EdVentures 公司，这是埃及乃至中东第一家专注于教育与教育科技的风险投资公司。①

在 80 多年的发展历程中，埃及复兴出版社已经与剑桥大学出版社等 150 余家教育出版机构建立了伙伴关系，获得了谢赫·扎耶德图书奖等 40 多项国内外奖项。

解放出版社（Dar Al-Tahrir）：解放出版社是埃及的国有出版机构，隶属于埃及新闻部，成立于 1952 年埃及革命时期。1953 年 8 月 24 日，贾迈勒·阿卜杜·纳赛尔要求成立一所新闻出版机构，于是，解放出版社成立了，其发行的《共和国报》是当时埃及自由军官的喉舌。该社董事会主席多由政界领导担任，如埃及前总统安瓦尔·萨达特曾于 1953—1956 年担任该职，现任主席是伊亚德·阿布·哈贾吉。

解放出版社旗下有《共和国报》报社、东方广告公司、埃及广告公司和联合发行公司 4 家公司，出版阿语、英语、法语多种报刊，包括《共和国报》《晚报》《埃及报》《埃及邮报》等。

阿拉伯复兴出版社（Dar Al-Nahda Al-Arabiya）：阿拉伯复兴出版社是中东地区最大的出版机构之一，成立于 1960 年，总部位于埃及开罗，最初是赛义德家族的私人公司，在赛义德家族四代人的接续努力之下，现已发展成为埃及乃至阿拉伯世界重要的综合出版社，旗下书刊涉及社会学、心理学、经济学、管理学、历史学等多个领域。1968 年，该出版社在开罗大学内设立了分支机构，从而对一代代埃及的教授学者产生了重要影响。2000 年，建立分支机构 DANA 并

① 参见埃及复兴出版社官网。

设有电子门户网站，专门负责出版儿童图书。目前，该社在阿联酋迪拜开设有分部科学复兴书店，致力于海湾地区的图书出版与科学复兴。

阿拉伯复兴出版社目前已出版超过 3 500 本各类书刊，建立了完整的产业链条，业务范围包含选定主题、协调编者、出版准备、组织印刷、分配市场等，在阿拉伯世界享有盛名。①

日出出版社（Dar Al-Shorouk）：日出出版社由穆罕默德·穆阿利姆和易卜拉欣·穆阿利姆于 1968 年 10 月 23 日在开罗和贝鲁特建立，现在的董事会主席也由易卜拉欣担任。目前出版社旗下大约有员工 1 200 人，在开罗有两个图书馆，在埃及的大部分城市也都设有连锁书店。该社主要出版政治、历史、哲学、科学、社会学、宗教、艺术方面的书籍以及儿童图画书，纳吉布·马哈福兹、陶菲格·哈基姆、尤素福·伊德里斯等人的作品都在其出版行列。

日出出版社在国际领域享有盛名，获得过国内外多项荣誉，也积极参加各国际书展，是第一家参加法兰克福书展和博洛尼亚儿童书展的埃及出版社。②

3. 电视与广播

据统计，98.8% 的埃及家庭拥有电视机，94.1% 的埃及人每周至少看一次电视，84.2% 的埃及人每天或每周大部分时间都看电视。因此，电视是埃及最受欢迎的媒体形式。

1960 年，埃及开通了阿拉伯国家继伊拉克之后的第二家电视台，并通过广布电视发射台、装备电视节目制作室、提供购买电视补贴等形式扩展电视覆盖率，集中建设了 29 座电视发射台，装备了 11 个电视节目制作室，进一步扩大了埃及在中东地区的传媒影响力。

20 世纪 90 年代，埃及发射了尼罗河卫星，成为第一个拥有卫星的阿拉伯国家。尼罗河卫星搭载了上百家电视台的卫星信号，不仅为埃及的本土卫星频道服务，也向整个阿拉伯地区提供卫星电视服务。2001 年，埃及批准建立了第一家私营电视台，其他私营媒体

---

① 参见阿拉伯复兴出版社官网。

② 参见日出出版社官网。

也逐渐涌现，成为埃及本土新闻传播中的另一种声音。“1·25 革命”后，2011—2012 年，埃及创办了 25 家卫星频道，包括 7 个新闻频道，其中以 ONTV 为代表的私营频道尤其引人注意。

目前，埃及当局拥有两个全国频道、六个地方频道和一个卫星频道，即专题频道。根据埃及中央公共动员与统计局（CAPMAS）的报告，地方频道主要播放政治节目，其次是娱乐节目，然后是文化节目、宗教节目、公共服务节目、体育节目、教育节目、历史遗产节目、旅游广播等；卫星频道则由 10 个专业频道（尼罗河新闻、尼罗河戏剧、尼罗河文化、尼罗河体育、尼罗河生活、尼罗河电影、尼罗河教育、尼罗河家庭和儿童、尼罗河高等教育等）组成，大部分每天 24 小时播出，高等教育频道每天播出 14.5 小时。2018 年 2 月，在新监管机构的监督下，埃及推出了第一频道，用以播放晨间秀、晚间脱口秀、宗教节目和体育节目等，与 CBC（2011）、On E（2016）、DMC network（2017）等私营电视台展开竞争。

国家电视台的资金主要依赖政府的补贴和国内外产品的广告收入。私营电视台则要付出数目巨大的资金吸引观众，2017 年斋月期间，私营电视台就花费了约 20 亿里亚尔购买和制作独家内容，但其广告收入并未超过 8 亿里亚尔。付费电视台在埃及市场增长缓慢，尽管 OSN network 在 2014 年推出了视频点播和数字视频录制服务，并称其在全国的业务正在扩张。此外，在埃及最受欢迎的外国频道是英国广播公司阿拉伯语频道、今日俄罗斯阿拉伯语频道和德国之声阿拉伯语频道。

而在广播方面，埃及拥有阿拉伯地区最广泛、最强大的无线电广播系统，其无线电广播始于 1934 年。1953 年，埃及先后建立了短波国际电台开罗广播电台和面向阿拉伯世界广播的“阿拉伯之声”电台。

目前，埃及约有 1 800 万台收音机。截至 2016 年，广播电台节目主要是娱乐节目，其次是文化节目、宗教节目、政治节目和教育节目，占比最低的是旅游节目、历史遗产节目和健康规划节目。埃及广播电台最常用的语言是阿拉伯语，占广播内容的 79%，此外，英语占 17%，法语占 4%。根据 CAPMAS 在 2017 年的数据，埃及电台的每日平均广播时长从 2011 年的 482.9 小时下降到了 2016 年的 272 小时。

近年来，无线电广播也已开始了私有化的进程。2003 年后，埃及引进了地面私人调频电台，即纯阿拉伯语的音乐电台 Nogoum FM 和全天 24 小时用英语广播的西方音乐电台 Nile 104.2 FM，这两家电台广受欢迎。其他电台如 9090 电台（2011 年）和 DRN 电台（2017 年）也相继开播。在埃及最受欢迎的国际广播电台是英国广播公司阿拉伯语广播（BBC Arabic）、美国之音阿拉伯语广播和蒙特卡洛阿拉伯语广播。

开罗广播电台（Radio Cairo）：埃及的国际广播电台，是非洲和中东地区规模最大、世界上使用非洲民族语言最多的国际广播电台。1953 年正式广播，1987 年开始使用 30 种语言，每天对世界各地广播累计 48 小时。其中非洲民族语言 13 种，每天 22 小时。对以色列广播的希伯来语节目，每天 5 小时。对国内广播的阿拉伯语综合节目（24 小时连续广播）也同时对其他阿拉伯国家广播。

“阿拉伯之声”电台（Voice of the Arabs or Sawt al-Arab）：“阿拉伯之声”电台曾是埃及最著名的广播电台，于 1953 年 6 月 4 日建立。“阿拉伯之声”最初是开罗广播电台下的一个节目，后来在时任埃及信息部长穆罕默德·阿卜杜勒·卡德尔·哈特姆博士的建议和时任埃及总统贾迈勒·阿卜杜·纳赛尔的支持下，成为独立电台，首任主管是艾哈迈德·赛义德，现任主管是拉米亚·马哈茂德。

1962 年，出于政治宣传的目的，电台广播时间由每天半小时变为每天 15 小时，60 年代末达到 24 小时。在纳赛尔时期，电台以播放纳赛尔的演讲闻名，电台播放的主要内容也是号召阿拉伯人团结起来反抗殖民者、争取独立，不仅为埃及人发声，也为阿尔及利亚、摩洛哥、突尼斯、也门的阿拉伯人发声。尽管“阿拉伯之声”电台在 20 世纪五六十年代曾风靡全国，但现在的听众数量和节目收听率已大不如前。

Nogoum FM：Nogoum FM 电台是阿拉伯世界最受欢迎的电台，

也是埃及第一家私营电台，总部位于开罗，成立于2003年，现任主管是欧麦尔·艾迪卜，目前拥有3 500万来自开罗、吉萨等地的听众。2015年5月开通了电视频道Nogoum FM TV，收获数百万名观众，Nogoum FM也成为中东地区第一家从事电视业务的广播电台公司。公司同样重视社交媒体，Nogoum FM在各社交媒体平台粉丝总量超过800万。

尽管电台节目涉及社会、艺术、政治、体育等诸多话题，但该电台最重要的内容是音乐，因此该电台是阿拉伯世界了解流行歌曲的重要平台。2012年3月电台推出了*Nogoum Records*，为阿拉伯世界最著名的歌手们制作了杰出的抒情作品，深受音乐爱好者的喜爱。

Nogoum FM参加了许多国际广播节，并在许多埃及和国际评比中获得过奖项。2021年获得“Dear Guest”奖中5个奖项，并在第12届阿拉伯卫星电视节中获得3个奖项。①

英国广播公司阿拉伯语广播电台：英国广播公司阿拉伯语广播电台是埃及最受欢迎的国际广播电台之一。1938年，英国广播公司在成立16年后，开始用阿拉伯语广播，建立了英国广播公司阿拉伯语广播电台，每日播放时长为65分钟，1940年增加到每日1小时25分钟，到1942年接近2小时，到第二次世界大战结束时，每日播放时长已达3小时。电台成立之初播报的内容多是英国撰写的新闻公报的阿拉伯语翻译，直到1943年，英国广播公司设立了开罗办事处，可以在中东直接收集新闻。现在，英国广播公司阿拉伯语广播电台可以通过手机、电脑、电视、广播等各种媒介，向阿拉伯世界的听众每周7天、每天24小时播报新闻。②

近年来，埃及国营和私营电台、电视台都发展迅速。其中实力最强、影响力最大的广播电视机构是埃及广播电视联盟，后重组成为埃及国家新闻局。埃及广播电视联盟成立于1970年，联盟主席和主要负责人由政府任命，是一个半官方机构，兼具政府运作和商业监管双重职能。联盟旗下拥有三大广播电视网络：埃及电视网，主

① 参见Nogoum FM官网。

② 参见BBC Arabic官网。

要服务埃及国内，运营埃及一台、二台、国际台等全国性电视频道，同时还拥有开罗卫视、亚历山大卫视、三角洲卫视等地方性电视频道；尼罗河电视网是埃及乃至阿拉伯世界规模最大的电视网络，拥有新闻、文化、体育、教育、科技等十余个专业电视频道，信号通过卫星覆盖西亚、北非和欧洲地区，在阿拉伯世界拥有广泛的受众群体；公共广播网络，主要运营 14 个国有广播电台和 3 个参股的私营广播电台。此外，埃及广播电视联盟还设立有专门的影视制作中心、新闻中心和营销中心，实现专业化经营。①

目前，根据 2016 年第 92 号法律，联盟已重组为埃及国家新闻局。这是一个独立的机构，总部设在开罗，负责管理国有媒体机构，提供广播、电视、广播和数字制作服务。

4. 数字媒体

自 2011 年以来，埃及互联网和手机普及率显著提高。到 2017 年，埃及互联网用户高达 3 800 万，其中 3 200 万用户通过手机上网，移动宽带普及率达到 31%。埃及人平均每周上网时间已从 2013 年的 18 小时、2015 年的 23 小时增加到 2017 年的 26 小时。使用智能手机上网的人数正在上升，使用电脑的人数正在下降，智能手机的使用率从 2015 年的 32% 上升到 2017 年的 47%，电脑的使用率从 2015 年的 34% 下降到 2017 年的 20%。

《金字塔报》在 1998 年就建立了阿拉伯文官网，其访问量在中东媒体中位居前列，曾被《福布斯》中东杂志评为 2011—2012 年阿拉伯世界最受欢迎的新闻门户网站。2009 年起，该报开始在社交媒体开设账号，以 Twitter 为例，目前《金字塔报》阿文账号每天发送数百条新闻，粉丝数达 500 多万。

《消息报》报业集团推出了两个数字平台——“最新时刻”和“AR News”。其中，“最新时刻”是一个应用程序，用以收集所有埃

① 刘欣路:《埃及的新闻出版业现状及其与中国的文化往来》，载《出版发行研究》，2016（1）。

及媒体最新发布的资讯，“AR News” 以 AR（增强现实）技术[①]为基础，通过仿真技术将印刷媒体与互联网连接。此外，集团下属的所有出版物都设有自己的网站，其中影响力最大的是《消息报》网站。同时，《消息报》在 Facebook 上的官方账号以文字、图片、视频等方式发布新闻动态，粉丝数达到 450 万。

相对于报道口径统一、报道风格官方化的国有报纸，私营报纸报道风格多样，更敢于发表不同意见，因此在数字化转型过程中也更受民众欢迎，发展优势明显。私营报纸一般创刊时间较晚，创刊后参考国有报纸经验设立门户网站、开设社交媒体账号，并取得了比国有报纸更大的影响力。从 Facebook 上的粉丝数和获赞数来看，截至 2020 年 4 月 1 日，《今日埃及人报》《七日报》《祖国报》的粉丝数分别为 1 116 万、1 698 万、1 244 万，获赞数分别为 1 109 万、1 649 万、1 244 万，这些数据都远高于国有报纸。

社交媒体、新闻客户端等平台的互动性和即时性是纸媒无法比拟的。虽然目前报刊业在数字平台中取得的利润只占总收入的 20% 左右，但埃及互联网用户数量庞大，社交媒体普及率超过 40%，民众也越来越把互联网作为获取信息的重要渠道，因此报刊业的这一发展模式显然拥有广阔的发展前景。

四、中埃传媒业交流与合作的现状与趋势

埃及是最早与新中国建交的阿拉伯国家，中埃在传媒业领域的合作由来已久，并且在近年来持续不断发展。2014 年 12 月，埃及总统塞西访华期间，双方签署了《中埃关于建立全面战略伙伴关系的联合声明》，以此为新起点，中埃传媒合作不断深化，也取得了丰硕成果。

---

① 增强现实技术是一种将虚拟信息与真实世界巧妙融合的技术，广泛运用多媒体、三维建模、实时跟踪及注册、智能交互、传感等多种技术手段，将计算机生成的文字、图像、三维模型、音乐、视频等虚拟信息模拟仿真后，应用到真实世界中，两种信息互为补充，从而实现对真实世界的“增强”。

（一）报刊领域

20世纪60年代，中国外文局就同埃及文化和民族事务部合作，在埃及成功发行阿拉伯语版《今日中国》和《中国画报》，将中国声音传递给了埃及。此后，虽然《中国画报》阿文版已经停刊，但《今日中国》现已在埃及拥有稳定的读者群，并建立了读者俱乐部，定期举办各类活动。[①] 2016年1月20日，《今日中国》纪念中埃建交60周年专刊首发式在埃及首都开罗举行，习近平主席和埃及总统塞西分别为专刊致辞。[②] 埃及中东通讯社、《金字塔报》等当地主流媒体报道了专刊首发式活动情况。

另一份杂志《中国周报》是在埃及有关部门登记备案注册的、中文和阿拉伯语同时出版的双语报纸，旗下拥有纸媒、网站、App、微信公众号等多种形式，内容涉及中国的政治、经济、文化、体育等多个方面，中文版还有"旅埃华人"的特色版块，专门介绍在埃及华人的创业故事和经历。2013年改版为中阿文分开，各20版。阿文版在埃及出版主管部门注册，发行依托埃及三大国有报业集团之一的《消息报》网络，辐射其全部发行网点，发行量为1万至3万份。2014年，时任中国驻埃及大使宋爱国在新年贺词中称赞该报"浇灌中埃友谊之花，实现民族复兴之梦"[③]。2016年1月，习近平主席访问埃及，《中国周报》和中新社联合发布了"友谊特刊"，受到了多方好评，央视新闻频道也做了报道；同年，该报签约加盟了中新社打造的新媒体平台——全球编辑室+"华舆"客户端，并与中新社联合推出专刊。[④] 同年12月，《中国周报》与中新社签署了《"一带一路"华文媒体协作网媒体协议书》。[⑤] 2017年10月，《中国周报》

---

① 《今日中国》阿文版读者评刊在开罗圆满举行，见人民网。

② 习近平为《今日中国》杂志出版"纪念中埃建交60周年专刊"致辞，见新华网。

③ 驻埃及大使宋爱国向埃及华人报刊《中国周报》致新年贺词，见中华人民共和国驻阿拉伯埃及共和国大使馆官网。

④ 中新社访问团一行参访埃及《中国周报》社，见中国新闻网。

⑤ 中新社访问团考察埃及中资与华商企业并参访媒体，见中国新闻网。

派出记者赴京全程参与党的十九大报道。2018 年 6 月，《中国周报》成为中新社《中国新闻周刊》阿语版的合作单位。

（二）图书译介与出版领域

中国和埃及在图书译介与出版领域的合作历史悠久，成果丰硕。

中埃两国建交后，掀起了中国与埃及乃至整个阿拉伯世界第一次图书互译的高潮。这一时期的图书互译主要以官方出版物为主，兼顾经典文学作品译介。1956 年中埃建交后，在两国文化界亟待相互了解的大背景下，1956 年，埃及出版了由阿卜杜·阿齐兹·法赫米从英文转译的《屈原》，一家出版社更是主动出版了《中国革命和中国共产党》一书；1957 年，中国作家出版社出版了两部由俄语转译的《埃及短篇小说集》，由此拉开了中埃出版合作的序幕。[①] 1958 年，《埃及和平战士诗选》《阿拉伯人民的呼声》等部分从阿拉伯语直接翻译的图书在中国出版，表达了两国人民反对帝国主义和殖民主义、争取世界和平和民族解放的共同愿望。1975 年，在中苏、埃苏关系变化的大背景下，埃及讽刺戏剧《代表团万岁》在中国出版，名噪一时。

除了上述的零散译介，在外文出版社的安排下，一大批中国的政治、文学、文化经典被翻译为阿拉伯语，并在埃及和其他阿拉伯国家出版销售。《毛泽东选集》《鲁迅小说集》《子夜》《雷雨》等中国作品在这一时期被翻译为阿拉伯语，传播到了埃及和阿拉伯世界。国际书店先后与埃及民族出版发行公司、和平书店、东方书店、环球书店等经销机构合作，代销出版物，最多时曾在 1967 年发行超过 2.6 万册图书。据统计，1962—1977 年，国际书店年均在埃及发行图书 9 972 册。[②]

① Moghith Nada：《中国图书在埃及的翻译回顾》，《华东师范大学学报（自然科学版）》，2020（S1）。

② 何明星：《中国书刊在阿拉伯世界的发行（1950—1989）》上，载《印刷文化（中英文）》，2020（1）。

改革开放后，中国再度迎来翻译热潮，埃及图书特别是文学类图书开始大量引入中国；与此同时，埃及中文教育体系逐渐完善，埃及在中文图书的翻译数量、质量和广度上都日臻进步。中国方面，《阿拉伯埃及文学史》、萨米尔·阿明的学术著作和阿拉伯伊斯兰古典作品开始译介入国内，伊赫桑·阿卜杜勒·库杜斯、陶菲格·哈基姆等文学大家、穆罕默德·萨利姆等通俗文学作家的作品大量引入中国，在纳吉布·马哈福兹获得诺贝尔文学奖后，20 世纪 90 年代初的中国更是掀起了一阵“马哈福兹热”，马哈福兹的作品悉数出版。埃及方面，20 世纪 80 年代末，阿卜杜·阿齐兹·哈姆迪翻译了《日出》，这是埃及首部由中文直译的中国文学作品；1994 年，穆赫森·法尔加尼发表了从中文直译的《论语》和《道德经》，这在埃及的中华传统文化经典翻译史上尚属首次。[①]

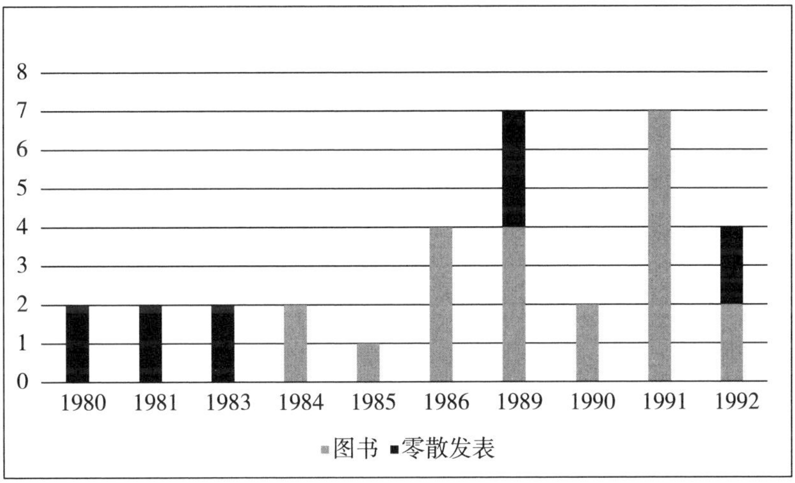

图 1　马哈福兹小说翻译出版情况

（数据来源：中国版本图书馆，单位：部 / 篇）

① Moghith Nada:《中国图书在埃及的翻译回顾》，载《华东师范大学学报（自然科学版）》，2020（S1）。

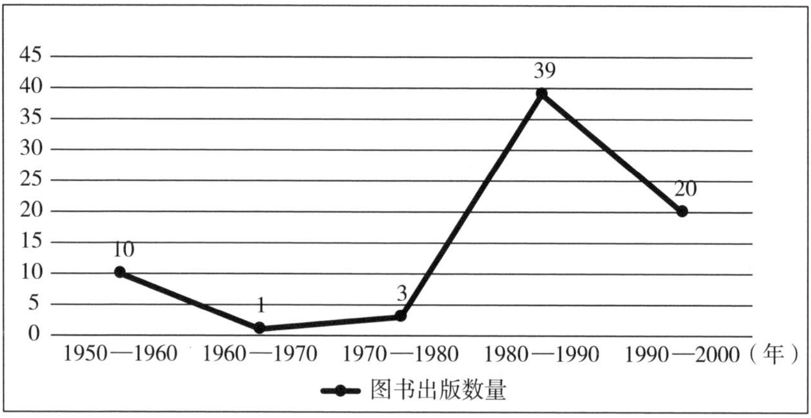

图 2 中国翻译出版的埃及图书出版数量

（数据来源：中国版本图书馆，单位：部）

2000 年，埃及文化部恢复了一度中断的国家级翻译项目——“国家翻译工程”，中文图书翻译在埃及迎来了高潮，中心决心做出没有“语言中间商”的图书，致力于“从中文直译”。[①] 其中既有《战国策》、“四书”等古典作品，也有《青春万岁》《咖啡店之一夜》等现当代文学作品的阿语版本问世。据不完全统计，在这十年间，在埃及翻译出版的从中文直译的作品就有 15 部，较过去有大幅增长。[②] 中国方面，从 2001 年到 2010 年，中国翻译出版（包括再版在内）的埃及图书品种达到 65 种。[③]

两国政府层面的出版合作项目开始于 2010 年，在国家项目的框架下，中埃两国图书译介与出版事业蓬勃发展，成果丰硕，在数量、质量和效益上都有极大提高。自“一带一路”倡议提出以来，各出版社响应“一带一路”倡议，积极实施“出版走出去”，为两国读者深入了解对方提供新的窗口，也为中国与包括埃及在内的阿拉伯地

① 《从中文到阿文 做没有“语言中间商”的图书——访埃及国家翻译中心主任安瓦尔·穆吉斯》，见新华网。

② Moghith Nada:《中国图书在埃及的翻译回顾》，载《华东师范大学学报（自然科学版）》，2020（S1）。

③ 《中阿文学与出版论坛在埃及召开 柳斌杰致辞 6 位埃及学者获得表彰》，见江西省出版传媒集团有限公司官网。

区的文化交流提供新的平台。2010年，中国新闻出版总署和阿拉伯国家联盟签署了“中阿典籍互译出版工程”合作备忘录，双方决定合作互译并出版对方的经典著作。[①]在2011年开罗国际书展上，中国作为主宾国携5 000余种图书参展，并在书展期间举办了“中阿文学与出版论坛”“中埃作家和学者交流会”等活动。[②]此后，宁夏黄河出版传媒集团、五洲传播出版社、接力出版社等一大批中国的出版机构，以各种不同的方式投入与埃及的文化交流与出版合作当中。而自从2011年中国作为主宾国第一次参加开罗国际书展起，每年书展的第一场活动都以中埃文化交流为主题，伴随书展同时举办的还有“中埃文化出版合作论坛”。

2015年2月，五洲传播出版社与埃及出版商协会和阿拉伯出版商协会签署合作协议，三方合作推出了“that’s books”数字阅读平台，为阿文版中国图书走进阿拉伯世界提供了新的渠道。[③]8月，由五洲传播出版社承担的中埃互译出版工程正式启动，中埃双方预计在未来五年将合作翻译出版50本文学、社科类书籍。9月1日，“中阿版权合作论坛”上，山东人民出版社与埃及大学出版社签订蔡志忠漫画国学经典图书合作协议。[④]9月2日，埃及大学出版社出版的《当代中国穆斯林作家作品（第一辑）》收录了中国数十位知名回族作家的作品。同一天，阿拉伯国家博览会重要活动之一——中阿出版合作论坛在宁夏举办，在本次论坛期间，国内外出版机构共签订图书出版合作意向书50项，涉及100多个图书品种。[⑤]

2015年，“中国书架”正式入选国家新闻出版广电总局“丝路书香”项目，该项目通过在目标国家的主要书店和大学图书馆等设

① 《中国与阿盟签署中阿典籍互译出版工程合作备忘录》，见中华人民共和国中央人民政府网。

② 《中国主宾国及“欢乐春节”活动在第43届开罗国际书展新闻发布会上备受媒体关注》，见中华人民共和国驻阿拉伯埃及共和国大使馆官网。

③ 《“that’s books阿文平台启动暨中阿数字出版合作交流会”埃及引关注》，见五洲传播官网。

④ 《丝路飘花雨，鲁版异域香——山东人民出版社与埃及大学出版社签订版权输出项目》，见山东人民出版社官网。

⑤ 《2015中阿国家出版合作论坛版贸结硕果》，见《中国出版传媒商报》官网。

立“中国书架”，展示和销售用当地文字出版的中国主题图书，满足国外读者的需求，同时在这些场所积极开展相关图书交流活动，开拓中国图书对外传播的新渠道。2016年1月27日，由五洲传播出版社启动的第一个“中国书架”项目在埃及正式落地。①

2016年8月26日，中埃文化年主题活动“中埃文化艺术交流与出版沙龙”在北京举行。中国、埃及及阿拉伯地区其他十余个国家的艺术界、出版界代表进行了对话交流，与会专家学者围绕中国文化“走出去”和翻译瓶颈问题进行了探讨。②

2017年2月7日，开罗中国文化中心与访问埃及的中国新闻出版团合作举办了“中埃翻译与出版研讨会”，就两国翻译、出版行业的现状与未来进行深入交流。③次年1月29日又举办了第二次研讨会。

2018年1月26日，宁夏智慧宫文化传媒公司携政治、文化、经济等方面约510种图书参加了第49届开罗国际书展，并与埃及国家图书总局签订了电子书版权转让协议，成为本届开罗国际书展第一个签订并落地的项目。④2018年7月12日，华中科技大学出版社分别与埃及国家翻译中心、埃及希克迈特文化投资出版公司签署了阿拉伯语版权输出协议，共签约决定输出1本图书和5个项目。⑤

2019年，中埃合作出版了多本图书，如埃及图书总局和宁夏智慧宫文化传媒公司发布的《南方的神话》阿文版。⑥2019年2月12日，中国新华文轩出版传媒股份有限公司与埃及达雷尔·舍若克集团、埃及文化大会出版社举办了中国图书阿拉伯语版权签约仪式，来自中埃两国的13家出版企业参加，17本中国出版物的阿拉伯语版权成功签约。新华文轩集团还分别向开罗大学和艾因夏姆斯大学

① 《“丝路书香·中国书架”在埃及首都开罗揭幕》，见中华人民共和国国务院新闻办公室网站。
② 《中埃文化艺术交流与出版沙龙在京举行》，见人民网。
③ 《中埃翻译与出版研讨会在开罗举办》，见《中国文化报》网站。
④ 《20种中国少数民族文学作品阿文版于开罗书展首发》，见中国新闻网。
⑤ 《我公司与埃及国家翻译中心、埃及希克迈特文化投资出版公司签署版权输出协议》，见华中科技大学出版社官网。
⑥ 《中埃文化出版合作论坛召开　少数民族作家作品走进埃及》，见中国新闻网。

捐赠了 14 种中国出版物。埃及国家图书总局局长在致辞中赞扬了近年来中埃双方在翻译、出版领域合作取得的重大成果。[①]

此外，一些中国媒体在埃及开设了编辑部，成为中国对外传播的重要创新方式之一。2015 年 8 月 28 日，中国接力出版社和埃及智慧宫文化投资（出版）公司举办了埃及分社创办签约仪式，标志着中国少儿出版社首次走出国门，在埃及建立分社。[②] 2017 年 4 月 26 日，新世界出版社与埃及日出出版社共同成立中国图书编辑部项目。该项目将与中阿互译项目结合，计划每年翻译图书 10 种，合作推荐并出版图书 10 种，图书选题既涵盖“中国梦”“一带一路”“中国道路”“解读中国共产党”等出版领域，也包括中国古典及现当代文学作品、社科学术、儿童读物等类别。[③] 2018 年 7 月 11 日，长江传媒中埃编辑部正式揭牌运营。编辑部由湖北教育出版社与埃及希克迈特文化投资公司共同筹建，布局北非，依托长江传媒丰富的出版资源以及希克迈特文化投资公司在阿拉伯地区出版界的影响力，努力打造湖北与阿拉伯地区文化交流合作平台。[④]

（三）新闻及广播电视领域

在中埃建交后，中国国际广播电台便开播了阿拉伯语内容，新华社也与中东社建立了工作联系，这为两国人民之间增进了解发挥了重要的作用。此后，两国在新闻及广播电视领域的合作不断深化。目前，新华社、国际广播电台、中央电视台、《人民日报》均在埃及建有分支机构，国际广播电台和中央电视台实现了在埃及的落地和本土化制作，新华社与中东社签署了新闻交换协议以及其他一系列合作协议。[⑤]

影视领域，中埃两国建交后，在两国签订的《中埃文化合作协定》中就约定了双方互办电影周。1957 年，在开罗举办了首届中国

① 《中埃两国企业签署 12 部中国图书阿语版权协议》，见新华网。
② 《让世界读者感受中国精彩　让中国读者与世界同步阅读》，见中国新闻出版广电网。
③ 《新世界出版社中国图书编辑部项目签约仪式在阿布扎比书展举行》，见中国新闻网。
④ 《湖北教育出版社亮相阿布扎比国际书展　签署多项版权输出协议》，见新华网。
⑤ 《新华社社长田聪明会见中东通讯社社长》，见新华网。

电影周，随后在北京举办了首届埃及电影周，埃及电影代表团还在天安门城楼上受到了毛泽东同志的接见。1958年，中国电影输入输出公司在埃及设立代表处。中埃两国互购（赠）了大量影片，其中不乏脍炙人口的经典。埃及电影《忠诚》于1959年引入中国，中国的《鸡毛信》《平原游击队》等影片也被引入埃及。[①]这一时期的影视交流题材丰富多样，涵盖了纪录片、故事片、动画片等形式，在“映出就是胜利”的方针下，中国电影通过无偿赠送、借款和部分收款等方式初步进入埃及市场。

改革开放后，中国经历了一阵电影引入热潮，埃及的影视作品更多地进入了中国，开始为中国观众熟知。《走向深渊》（1978，括号内表示引入时间，下同）、《征服黑暗的人》（1979）、《仅有爱情是不够的》（1983）等都是这一时期广为流传的埃及电影。中国电影则以武打片为主要出口方向，《侠女十三妹》《武当》《镖王》等经典武打电影进入埃及市场，《红高粱》《末代皇帝》等非武打片也广受埃及观众喜爱，拷贝量和放映量都创下新高。这一时期，双方的影视合作无论是在数量上还是在质量上，都有了更大的发展。[②]中国秉持着“宣传第一，经济第二”的方针，一方面注重选择能反映中国形象、代表中国影视水平、增进中埃人民相互了解和传统友谊的作品；另一方面，输出的影视作品的政治属性较以往大为减少，影视合作更加讲求影视作品的商品和娱乐属性带来的实际效益。

进入21世纪后，中埃两国的影视合作不断深化。2002年，中国国家广播电影电视代表团访问埃及期间，中方就中国节目在埃及和中东地区的覆盖与尼罗河卫星公司合作进行了探讨。[③]2004年，埃及《伟大的蚕豆》剧组成为首支获准在中国拍摄的埃及电影剧组。这一时期，双方互派代表团考察交流更为频繁，交流主题也逐渐深入院线发展等产业问题。2008年，中方对前来采访报道北京奥运会的埃及青年体育电台与尼罗河体育电视台给予了大力支持，协助完

① 张勇：《走进非洲：“十七年”中国电影在非洲的传播》，载《当代电影》，2021（8）。
② 张勇：《中非电影交往简论》，载《当代电影》，2016（3）。
③ 《中国国家广播电影电视代表团访问埃及》，参见中华人民共和国驻阿拉伯埃及共和国大使馆官网。

成了相关专题节目的拍摄。①

2012 年以来，埃及老牌影视工作室“振动”影视公司与中国国际广播电台展开合作，完成了数十部中国电视剧、故事片、纪录片、动画片等的译制工作，推动了《杜拉拉升职记》、《父母爱情》、《北京青年》和《欢乐颂》等中国优秀影视剧作品登上埃及电视荧幕。此外，自 2013 年开始，以《媳妇的美好时代》为代表的 10 多部中国当代题材的影视剧陆续在一些阿拉伯国家播出。埃及国家电视台二台播出了阿语版《金太狼的幸福生活》和《媳妇的美好时代》，分别创下 2.8% 和 3.2% 的收视率。②

2015 年 11 月 10 日，国家新闻出版广电总局副局长童刚与埃及广电联盟主席埃米尔签署《广播电视领域谅解备忘录》，决定在埃及国家电视台合作开办固定栏目“中国剧场”，中国影视剧阿语版将通过埃及国家电视台连续播出，以此为中国电视剧搭建可持续的展示平台。

2016 年 1 月，《父母爱情》在埃及国家电视台二套节目开播，中国国际广播电台影视译制中心对此开展了广泛宣传：在开罗举办首播仪式，通过当地主流媒体发布消息；租用开罗主要街道阿盟大街和英雄街上两块电子屏幕，连续 7 天滚动播出《父母爱情》精彩片段；在当地人气较旺的网站密集播发视频、音频和图文报道等。据埃及国家电视台调查显示，该剧收视率为 3.8%，观众人数多达 400 万。③与之同期播出的还有中国国际广播电台策划制作的《你好，中国》系列短片，以深入浅出的方式介绍中国的历史文化。2017 年 4 月，介绍中国风土人情和中埃友好合作的中国广播栏目《丝绸之路》在埃及国家广播电台公共频道开播，获得了埃及听众的热烈反响，经常有埃及听众打来电话询问节目的情况并表达自己的期待。④

2018 年 9 月，中国电影集团公司在开罗中国文化中心设立电影厅，采用了中国自主知识产权、国际领先水平的激光放映机设备，

① 《埃及媒体高度关注北京奥运会》，见中华人民共和国外交部网站。

② 《中国故事拉近中埃人民距离》，见新华网。

③ 《看完这部电影，我就爱上了中国》，见中华人民共和国国务院新闻办公室网站。

④ 《广播影视合作成为埃及民众了解中国的窗口》，见人民网。

并按照五星影院标准实施了安装、技术培训等保障工作，提供了硬件和技术上的支撑。从开放至今，电影厅累计开展中国电影展映活动 13 次，放映了《绣春刀》《唐人街探案 2》《旋风女队》等 18 部中国故事片、纪录片等。[①] 9 月 27 日，埃及举办首届“中国电影展映周”，在埃及国家电视台二台播放，连播 7 周，共播出了 7 部中国电影。[②] 11 月 26 日，应第 40 届开罗国际电影节邀请，为期 3 天的“开罗中国电影之夜”电影展在埃及开幕，共展映 4 部中国电影。[③] 2019 年 1 月，阿拉伯语版电视剧《欢乐颂》登上埃及电视荧屏，颇受当地观众欢迎。6 月 30 日，为庆祝中华人民共和国成立 70 周年，6 部中国电影陆续在开罗、亚历山大等城市上映。[④]

五、结语

埃及拥有独特的地缘优势，是“一带一路”倡议的重要支持者和参与者。埃及也是有着重要影响的阿拉伯文化大国，一直以来都是推动中阿关系发展，尤其是加强中阿、中非民心相通的先行者。近年来，中埃双方举办了多场传媒领域的研讨会、艺术节、展览会等，签署了多项合作协议。尤其是在 2016 年，中埃两国共同开启了中埃文化年，通过文艺团体互访、书展、画展、电影展等活动，掀起了中埃传媒交流合作的新热潮。回顾中埃传媒合作的历程，尽管硕果累累，但也存在着一些问题和挑战。

现有的中埃传媒合作政治色彩较为浓厚，方式较为传统，这使得传播受众范围小，传播效果不尽理想。中埃两国传媒合作的主体，往往是政府直接支持的机构，如新华社、中央广播电视总台、中国国际广播电台、《今日中国》、《金字塔报》等，这些机构语言较为官

---

① 《看完这部电影，我就爱上了中国》，见中华人民共和国国务院新闻办公室网站。

② 《埃及国家电视台下月起陆续播出 7 部中国电影》，见人民网。

③ 《“开罗中国电影之夜”电影展在埃及开幕》，见中华人民共和国国务院新闻办公室网站。

④ 《庆祝新中国成立 70 周年电影展在埃及开幕》，见人民网。

方化，议题设置缺乏大众性，受众大多是中高级知识分子和官员，普通民众参与度较低。在出版领域，往往也是政府决策多，市场决策少，因此形成的畅销书较少，文化 IP 输出率低。在影视领域，目前在中国，埃及大众传媒长期缺位，埃及电影、电视剧等一直难以有效进入中国市场，从而导致埃方在大众层面的有效传播难以实现；另外，传媒合作，特别是在政治领域的传媒合作中，重大政治术语译名不规范、不统一现象较为突出，容易导致“各说各话”，这也使得传播效果大打折扣。例如，“一带一路”倡议早期在对埃及传播中往往被译为“一带一路”战略[①]，使埃及民众的理解有所偏差；另外，中埃两国都面临着“西强我弱”的传播格局，部分不和谐声音严重干扰了双方合作展开。部分西方媒体炮制抹黑“一带一路”各领域合作和中国穆斯林群体处境的言论，利用其话语权优势和国际影响力，输送到包括埃及在内的阿拉伯国家，使得埃及等国部分学者和民众对与中国进行的传媒合作的成果持怀疑和抵触的态度；而对阿拉伯人和穆斯林群体的刻板印象，也随着西方舆论场的风潮波及我国，这些负面言论不仅不利于中埃人民友谊，也使得中埃丧失了许多潜在的合作机会。

未来，中埃传媒合作应继续坚持各美其美、美人之美、美美与共的原则。“各美其美”就是要对自身传媒资源展开具体调研，着重发掘自身优势传媒资源，构建中埃传媒共同体。习近平主席强调，要创新体制机制，把我们的制度优势、组织优势、人力优势转化为传播优势……各地区各部门要发挥各自特色和优势开展工作，展示丰富多彩、生动立体的中国形象。[②]两国应在充分调研的基础上，发挥各自优势网络平台资源、地区特色文化资源、高层次专家资源等，实现“有话可说”，做到“传播有物”“传播有人”。“美人之美”，就是要充分调研对方需求，实现两国传媒合作有效对接。习近平主席

① 《中埃产能领域的合作》，见《今日中国》官网。

② 《习近平在中共中央政治局第三十次集体学习时强调　加强和改进国际传播工作　展示真实立体全面的中国》，见新华网。

强调:“要采用贴近不同区域、不同国家、不同群体受众的精准传播方式，推进中国故事和中国声音的全球化表达、区域化表达、分众化表达。”[①] 两国要发挥市场主体的积极作用，充分调研对方市场需求，从而有效输出，另外还要发挥专家学者、智库的作用，把握对方社会思想动态，了解对方的文化偏好和价值观异同，实现精准输出，做好输出的“本地化”，提升当地民众的接受度。“美美与共”，就是要在政府层面配备高水平的传媒合作规划，帮助实现项目对接，推进项目落地，特别要注重鼓励新媒体项目的合作。语言层面，两国可探索建立联合小组，统一双方重大术语表述方式。另外，两国政府和媒体都应积极引导本国舆论，一方面，在重大敏感问题上，两国主流媒体应切实加强沟通交流，确保双方宣传报道步调基本一致，避免存在重大事实错误的负面报道出现；另一方面，双方都应当主动宣传对方的特色历史文化、社会积极变化和两国合作交流成果，塑造对方良好形象。

在“一带一路”倡议积极推进的背景下，中埃媒体应进一步加强交流，细化合作顶层设计，提高传媒合作的层次与水平，进而携手提高国际传播能力，构建服务于构建中阿命运共同体、人类命运共同体的传媒话语体系。

（北京外国语大学阿拉伯学院　刘辰、吴旻雁、赵千姿）

① 《习近平在中共中央政治局第三十次集体学习时强调　加强和改进国际传播工作　展示真实立体全面的中国》，见新华网。

卡塔尔传媒业与中卡传媒合作

卡塔尔传媒业起步较晚，1971 年国家独立后才逐渐发展起来。1995 年埃米尔哈马德·本·哈利法·阿勒萨尼执政后，鼓励新闻自由，取消多项限制措施，设立专项资金，大力推动传媒业发展，卡塔尔传媒业从此进入高速发展阶段。如今，卡塔尔已成为中东地区的传媒强国之一，在世界范围内也具有较大影响力。随着中阿共建“一带一路”倡议不断深化，近年来中卡两国在传媒业领域的合作也取得了丰硕成果。

一、卡塔尔国情与传媒业主要发展历程

（一）卡塔尔国情

卡塔尔是一个位于阿拉伯半岛东部、波斯湾西海岸中部的半岛国家，东、北、西三面环海，仅南部疆域与沙特阿拉伯接壤，国土面积 11 521 平方千米，人口约 278 万[①]，首都多哈，官方语言为阿拉伯语，国教为伊斯兰教。

卡塔尔地势西高东低，靠近西海岸地势略高，该地区是卡塔尔陆上石油的主要储藏区；东部沿海地带地势平缓，是居民集中居住的地区。卡塔尔为热带沙漠气候，春季常有沙尘暴，四季不分明；境内大部分地区为覆盖沙土的荒漠，植被较少，且全境基本无淡水河流，仅有少数季节性咸水河流和一个咸水湖，主要位于卡塔尔与沙特交界地带；卡塔尔有丰富的石油和天然气资源，已探明石油储量 252 亿桶，2014 年石油出口额达 569 亿美元，在 13 个石油输出国组织成员国中排名第九，天然气储量约 24.5 万亿立方米，占世界天然气总储量的 15.3%，仅次于俄罗斯和伊朗，居世界第 3 位。[②]

卡塔尔历史悠久。据考察，公元前 5500 年左右该地已有人类居住，当地人主要以狩猎、捕鱼为生。随着伊斯兰教的传播，该地区被纳入阿拉伯帝国的版图，后于 1555 年并入奥斯曼帝国。1846 年，萨尼・本・穆罕默德建立了卡塔尔酋长国。1882 年英国入侵卡塔尔酋长国，并于 1916 年强迫卡塔尔酋长接受奴役性条约，卡塔尔变为英国的保护国。直到 1971 年，卡塔尔才正式成为一个主权独立的国家。

政治上，卡塔尔属于君主立宪制国家，埃米尔为卡塔尔国家元首，掌握国家最高权力，由阿勒萨尼家族世袭；卡塔尔没有政党，禁止政党活动。经济上，卡塔尔国土面积虽小但发展强劲。石油和天然气为卡塔尔的支柱产业，其生产过程中雇用了大量外籍劳工，约占人口总数的 88%。[③]得益于石油财富，该国的居民享有高质量的

---

① 数据来源：世界银行 2018 年人口统计。

② 数据来源：石油输出国组织 2015 年统计简报，2019 年卡塔尔退出石油输出国组织。

③ 数据来源：卡塔尔人口分布报告 2019。

生活水准和完善的社会服务体系。

（二）卡塔尔传媒业发展历程

同埃及、黎巴嫩等其他阿拉伯国家相比，卡塔尔的现代传媒业起步较晚。但自独立以来，经过五十余年的发展，卡塔尔已经成为阿拉伯地区最具影响力的传媒强国之一。卡塔尔传媒业发展以 1971 年、1995 年、2017 年为界，大致可分为以下四个阶段。

1. 第一阶段（1971 年卡塔尔独立以前）

1971 年卡塔尔独立以前，虽然有印刷媒体、广播电台和电视台，但受国内不稳定的政治社会环境影响，发展较为缓慢，规模小，影响力有限。1961 年，卡塔尔颁布第一部关于推动报业发展的“1961 年第 1 号法案”①。1968 年，卡塔尔广播（Qatar Radio）电台开播，最初仅面向国内听众，两年后开始向海湾其他国家播出节目。1969 年，各类政府出版物相继发行，同年卡塔尔政府设立新闻部，并发行了第一份阿拉伯语杂志《多哈月刊》（*Dhoha Magazine*）②。1970 年，卡塔尔教育部创办《教育》（مجلة العلوم التربوية）杂志，同年国内第一家电视台卡塔尔电视台成立，但节目较为单一，仅使用阿拉伯语播出。

2. 第二阶段（1971 年至 1994 年）

1971 年卡塔尔独立以后，政府开始重视传媒业发展，但同时也设立了严格的审查制度。1972 年，新闻部创办卡塔尔第一份阿拉伯语综合性日报《阿拉伯人》。③ 1974 年，卡塔尔电视台开始播出彩色电视节目。1975 年 5 月 25 日，卡塔尔通讯社（وكالة الأنباء القطرية）成立，它是卡塔尔第一家通讯社。1978 年 12 月 10 日，海湾出版印刷公司发行第一份英文报纸《海湾时报》（*Gulf Times*），因其使用国际通用语言英语，并且作为私营报纸较官方媒体在内容上更加丰富多元，一时成为被国际媒体引用次数最多的卡塔尔报纸之一。1979

① Depart of Information & Researches，“The Media in the State of Qatar”，Doha：Ministry of Foreign Affairs，2001.

② 参见《多哈月刊》官网。

③ William A. Rugh，“Arab Mass Media：Newspapers，Radio，and Television in Arab Politics”，Greenwood Publishing Group，2004.

年5月10日该公司创办卡塔尔第一份私营阿拉伯语日报《旗帜报》（الراية）。1971年至1985年，卡塔尔广播电台相继开通英语、乌尔都语、法语等外语电台，这些广播节目不仅面向卡塔尔本地，还用短波波段覆盖整个海湾地区。1993年，卡塔尔有线电视系统将卫星电视信号传入卡塔尔，从而打破了卡塔尔电视台的垄断，向观众提供包括CNN、BBC、福克斯体育在内的31个国内外电视频道。[①]

3. 第三阶段（1995年至2017年）

1995年埃米尔哈马德·本·哈利法·阿勒萨尼执政后，加大对传媒业的扶植力度，设专项资金推动传媒业的发展；同时鼓励新闻自由，取消对新闻出版物的审查，以一部新的规定自由出版的法律替代原来的《新闻出版法》；1996年，埃米尔斥巨资设立半岛电视台（الجزيرة）；1997年成立广播电视总局，由埃米尔亲自担任局长，该部门预算独立，直接向内阁负责；1998年正式取消新闻部，政府不再对本国电视、报纸等新闻媒体的刊播内容进行审查；2001年，对外新闻署成立，负责与外国新闻机构的交往活动以及向世界媒体介绍卡塔尔。[②]从此，卡塔尔的传媒业进入高速发展时期，其中最具代表性的半岛电视台以播出海湾地区争议性事件著称。“9·11”事件后，半岛电视台独家播出本·拉登录像，伊拉克战争中又播放与美国舆论导向背道而驰的录像，导致卡塔尔与美国的关系降至冰点。值得一提的是，2011年“阿拉伯之春”革命期间，半岛电视台凭借其强大的传播能力进行符合卡塔尔利益的议题设置，加深了卡塔尔与周边阿拉伯国家的矛盾。但不可否认，卡塔尔历经二十余年的发展，已成为中东地区的传媒强国，在世界范围内亦具备相当的影响力。

4. 第四阶段（2017年海湾断交危机至今）

2017年6月，沙特、埃及等阿拉伯国家陆续宣布与卡塔尔断交，这场风波的原因与卡塔尔媒体有解不开的关联。半岛电视台在成立

---

① 陈力丹、许瑞仪:《现代化进程中后来居上的卡塔尔新闻传播业》，载《新闻界》，2015（15）。

② 王猛、王国兵:《“一带一路”国别概览：卡塔尔》，29页，大连，大连海事大学出版社，2018。

后的 20 年间，经常报道争议性话题，这一方面使其在短时间内名声大噪，另一方面也恶化了卡塔尔与其他阿拉伯国家、中东国家的外交关系。2017 年 5 月 24 日，卡塔尔官方通讯社发布卡塔尔埃米尔的某次内部演讲，其中有“伊朗是地区稳定力量”“对伊朗怀有敌意是不明智的”等内容，尽管卡塔尔紧急发表声明辟谣，但沙特、埃及等国当日便屏蔽了半岛电视台等卡塔尔媒体。断交事件升级后，沙特撤销了半岛电视台在沙特的运营权，并将电视台工作人员驱逐出沙特。约旦也关闭了半岛电视台位于安曼的办公室。6 月 23 日，沙特等国向卡塔尔提出 13 条解除制裁的条件，其中包括关闭半岛电视台。半岛电视台则回应称，电视台的工作方式是公正的，关闭电视台的要求是在破坏言论自由，电视台将不受影响，继续播报全球新闻。

二、卡塔尔传媒政策与传媒管理部门

（一）卡塔尔传媒政策

如前所述，卡塔尔传媒业自 1971 年独立后开始稳步发展，1995 年后进入发展黄金期，这两个阶段不同的传媒政策决定了不同时期传媒业的发展状况，其中最重要的是 1979 年颁布的《新闻出版法》和 1995 年的哈马德改革。

1979 年，卡塔尔政府发布确认官方审查制度的 1979 年 8 号法令《新闻出版法》，该法共八章[①]，对卡塔尔传媒业的各个方面做出了严格的规范。此外，《新闻出版法》更加强调卡塔尔新闻出版业的本土化，对外国新闻出版机构在卡开展业务进行了严格限制，例如，第二章规定“在卡塔尔发行新闻出版物必须获得新闻部部长签发的书面许可证，发行前需要向新闻部递交申请；没有获得卡塔尔新闻部批准，禁止外国新闻出版物将出版地转移至卡塔尔；新闻出版物的所有者须拥有卡塔尔国籍，如果不能满足该条件，出版物所有者应精通阿拉伯语，或精通出版物所用语言；卡塔尔籍新闻记者

① 卡塔尔 1979 年 8 号法令《新闻出版法》。

不得与外国有工作联系，非卡塔尔籍记者需获得相关机构的资质认可，并在卡塔尔知名新闻机构有三年的工作经验，禁止从事除新闻工作以外的职业；报刊主编应永久居住在卡塔尔”，第三章规定“印刷方、出版方、规定印刷机构的所有者和行政管理人员应为卡塔尔国民，未经印刷与出版局（إدارة المطبوعات والنشر）许可，不得印刷任何出版物”。

此外，这一法律也对新闻出版内容进行了严格规定，严禁新闻媒体和出版机构攻击卡塔尔元首、政治体制和国家基本政策。例如，《新闻出版法》第四章第 46 条规定“严禁批判卡塔尔埃米尔。除非得到其办公室主任的书面许可，否则不得议论卡塔尔埃米尔”；第 47 条规定，“禁止发布任何可能煽动推翻本国政权、损害国家利益和安全、亵渎或蔑视伊斯兰教及其教义的内容。除非得到官方授权，不得发布与个人案件、身份有关的调查和起诉，以及质疑公职人员的言论”。根据这些条款，卡塔尔政府取缔了多家报社和出版社。

该法律也赋予了出版机构较大的内容编辑审定权，第五章第 58 条规定“出版机构经新闻部批准，可以删除任何段落、条款、评注或任何本法第四章规定所禁止的内容。如果无法删除，出版机构可以在新闻部批准下发布禁止出版物发行的决定。任何司法机构都不得对此决定提出诉讼”；第八章第 99 条规定，新闻部授权的印刷与出版局的工作人员有相应的执法权。

该法律还设立了严格的文化活动监督和惩罚机制，如第六章规定在印刷与出版局下设艺术监督委员会，该委员会有权对卡塔尔各地方的电影院和剧院进行暗访，以确保电影、广告和剧本符合监督委员会的要求；第七章则规定对违反相关条款的行为进行处罚，根据情节轻重处以一至六个月的监禁及三千里亚尔以下的罚款。

可以看出，在卡塔尔独立初期，传媒业尽管较独立前有所发展，但管理体制与其他阿拉伯国家类似，相对保守，发展潜力还未完全释放。

1995 年 6 月，埃米尔哈马德颁布埃米尔令，取消对新闻出版物的审查制度。1996 年进一步取消限制，信息监管部被撤销，并入新闻部。1998 年 10 月 5 号令宣布取消新闻部，政府不再对本国电视、报纸等新闻媒体的刊播内容进行审查。[①] 这是哈马德执政以来做出的重大决策之一，为传媒业的发展提供了开放自由的环境，传媒从而脱离了政府的直接干预，进入新的发展阶段。

2008 年 5 月，卡塔尔颁布法令决定成立“多哈媒体自由中心”，旨在推动新闻自由和媒体国际合作。2019 年 5 月，卡塔尔颁布 13 号法令，宣布成立“媒体城”，目标是管理和发展媒体活动，吸引全球媒体和科技公司，支持和鼓励数字媒体项目，为通过经营许可的企业提供一个开放互动的环境。其主要任务是开展有关媒体和科学研究的活动，为在媒体城运营的持牌公司提供行政、后勤和技术服务，建立企业孵化器，在媒体领域设立投资基金，在电影和电视制作领域设立投资基金。2019 年 11 月，卡塔尔内阁新批准了一项规范新闻、出版物、媒体活动和艺术的法律草案，该法通过后将取代 1979 年关于出版物的第 8 号法令和 1993 年关于广告、公共关系以及艺术作品的第 16 号法令。

（二）卡塔尔传媒管理部门

1. 卡塔尔广播电视总局

1996 年 6 月，埃米尔哈马德颁布埃米尔令，取消新闻审查制度并解散新闻部，将原来属于新闻部的人员调整至外交部、卡塔尔文化遗产最高理事会等部门。新闻部解散以后，卡塔尔广播电视总局于 1997 年 5 月成立。根据卡塔尔 1997 年 11 号埃米尔令[②]，卡塔尔广播电视总局是一个独立的法人单位，直接向卡塔尔内阁负责。它在国家总财政预算中有属于自己的独立预算。其任务是保证卡塔尔广播电视行业规范运营，并能够跟上世界传媒业发展潮流。

卡塔尔广播电视总局所管辖的新闻单位分别是卡塔尔广播电台和卡塔尔电视台，同时负责与其他国家在广播电视领域的合作，签订合作协议，交换广播电视节目等。例如，在该局的协调下，一些

① 卡塔尔 1998 年 5 号法令《取消新闻文化部及职责调整》。

② 卡塔尔 1997 年 11 号法令《成立卡塔尔广播电视总局》。

国外广播电台和电视台开始在卡塔尔落地播出，这包括中东广播中心、英国广播公司、蒙特卡洛电台和阿布扎比电台等。

2. 对外新闻署

卡塔尔对外新闻署成立于2001年，是一个具有独立管理职能的新闻联络机构，负责与外国新闻机构之间的所有交往活动，并通过建立在科学、可行基础上的牢固关系，担负起向世界新闻媒体介绍卡塔尔国家形象的任务。

其具体职责与任务主要包括四个方面：第一，制定和执行对外新闻战略；第二，统筹国际媒体交流合作事务，包括对与友好国家签订的新闻协议和新闻合作议定书进行跟踪，就履行情况发布年度报告并提出意见和建议，加强与国外新闻机构、新闻人士的联系，组织外国新闻记者前来卡塔尔交流访问，与本国有关机构和企业进行协调，参加国内外各种新闻展览会等；第三，负责卡塔尔在国际媒体的形象传播，包括兴建本国新闻中心和举办相关会议等，编辑有关本国重要的新闻素材，并在各新闻媒体上发布，让国际新闻界了解卡塔尔各个领域的最新情况；第四，收集和筛选国际新闻媒体有关卡塔尔的信息资料，并加以分类和存档。

其下属机构共有七个：记者部，负责国外来卡塔尔采访的新闻媒体记者的相关事务；新闻机构部，负责加强与国外各新闻媒体的关系，组织新闻记者来访；展览部，与国内有关机构和企业进行协调，参加国内外举办的各类新闻展览；网络部，建设、维护具有多种语言和功能的新闻网站；新闻接收部，跟踪新闻媒体发布的有关卡塔尔及其他海湾、阿拉伯、伊斯兰教国家和国际上的重要新闻；资料部，将新闻接收部收集到的新闻整理归档；技术部，采用现代化技术为本署的所有管理部门和各中心提供技术支持。

3. 卡塔尔媒体公司

卡塔尔媒体公司（QMC）是卡塔尔的官方广播机构，成立于2009年，负责监督电视和广播频道的媒体服务，包括：卡塔尔电视台、阿尔卡斯体育频道（Alkass）、卡塔尔广播电台、《古兰经》电台（Quraan Kareem）、卡塔尔英文电台（QBS）、羚羊调频广播（Oryx FM）、乌尔都语电台和海湾之声电台。其宗旨是“跟踪新事物和符合我们价值观的事物”，服务卡塔尔“2030 年国家愿景”的媒体定位和发展目标，致力于追求媒体技术的创新，打造顺应时代潮流、符合国家利益及社会文化属性的媒体内容。

4. 卡塔尔文化与体育部

文化与体育部成立于2016年，由卡塔尔原文化、艺术与遗产部和卡塔尔原青年与体育部合并而成。该部组织架构为：大臣直接管理的行政单位（الوحدات الإدارية التابعة للوزير），包括大臣办公室、内部审计办公室、计划和质量办公室、法律事务办公室、公共关系与传播办公室、无线电广播办公室；次大臣直接管理的行政单位（الوحدات الإدارية التابعة لوكيل الوزارة），包括次大臣办公室、人力资源办公室、财务和行政事务办公室、信息系统办公室、图书馆管理办公室等；文化事务助理大臣直接管理的行政单位（الوحدات الإدارية التابعة لوكيل الوزارة المساعد لشؤون الثقافة），包括文化事务助理大臣办公室、文化艺术办公室、遗产和身份管理办公室、出版和技术办公室；青年及体育事务助理大臣直接管理的行政单位（الوحدات الإدارية التابعة لوكيل الوزارة المساعد لشؤون الشباب والرياضة），包括青年及体育事务助理大臣办公室、青年事务办公室、体育事务办公室、资产和项目管理办公室。文化与体育部负责赞助卡塔尔的文化、艺术事业，保护民俗和伊斯兰遗产，组织一系列国家文化活动，致力于突出本民族的文化特色并对其进行相关的研究。该部拥有许可建立艺术团、广播电台的权力，并对其播放的材料进行审查；此外，文化与体育部为图书出版物、新闻和艺术作品颁发许可证并对其进行审查。除了组织、发展国家文化事业，该部还致力于建设国民体育事业，为卡塔尔的文体平衡发展奠定组织基础。

三、卡塔尔主要传媒机构

（一）报刊与通讯社

1. 报刊

卡塔尔目前出版发行各种日报、周刊、月刊和季刊共 19 种。其中阿拉伯语报刊 13 种，英文报刊 4 种，马来语和尼泊尔语报纸各 1 种。卡塔尔人口较少，民族多元，报纸的发行量不大，报刊出版发行机构均在首都多哈。

卡塔尔现有的主要阿拉伯文日报有 3 种:《旗帜报》，1979 年由海湾出版印刷公司创刊，属政治性日报，是最早在卡塔尔发行的阿拉伯文报纸，1980 年 1 月 27 日前为周刊，后改为日报，该报日发行量约 4.5 万份（2018 年 10 月数据，下同）;《东方报》，1987 年由东方印刷出版公司创办，属政治性日报，日发行量约 6.5 万份，是卡塔尔发行量最大的日报;《祖国报》，1995 年由祖国印刷出版公司创办，属政治性日报，日发行量约 2.4 万份。

卡塔尔第一份阿拉伯语综合性日报《阿拉伯人》于 1972 年创办，但在 1995 年其创办人去世后，由于家族内财产分割问题，于 1996 年底停办。2005 年在网络上以电子版的形式复刊。

卡塔尔目前主要的阿拉伯文周刊有 4 种:《泛阿拉伯》，1970 年由泛阿拉伯印刷出版社创办，属政治性周刊;《旗帜》，是《旗帜报》的姊妹刊物;《召集》，1991 年由每周新闻出版社创办，属社会与娱乐性杂志;《锦标赛》，1978 年由阿卜杜拉·哈马德·阿提亚出版社创办，属体育类杂志。

卡塔尔主要的阿拉伯文月刊有 4 种:《珠宝》，1977 年由阿哈德新闻印刷和发行机构创办，属女性杂志;《卡塔尔建设》，1989 年由马哈茂德建筑公司创办，属工程与建筑类杂志;《东方女士》，1993 年由东方印刷出版公司创刊，属女性杂志;《乌玛》，1982 年创刊，是一份以伊斯兰思想与事务为主的汇编刊。

卡塔尔主要的阿拉伯文季刊为《教育》，1970 年由卡塔尔教育部创办，属教育、文化与科技杂志。

卡塔尔现有的英文日报有2种。《海湾时报》，1978年由海湾出版印刷公司创办，属政治性日报，是卡塔尔现存历史最久的英文日报。初为四开黑白周报，1981年2月22日改为日报，1995年12月改为对开彩色报纸。该报发行量约2.5万份，是卡塔尔发行量最大的英文日报[①]；《半岛报》，1996年由东方印刷出版公司创刊，属政治性日报。

卡塔尔主要的英文周刊为《海湾时报》周刊，为《海湾时报》的姊妹刊物。此外，《卡塔尔今天与未来》为英文季刊，1978年由阿拉伯羚羊出版与广告公司创刊，属旅游信息类杂志。

2. 通讯社

卡塔尔通讯社建于1975年5月25日，是该国第一家也是唯一一家新闻通讯社，是阿拉伯地区主要通讯社之一。其职能是代表政府发布各种政令和政策信息，报道本国及世界其他国家所发生的重要事件，既为卡塔尔服务，也致力于促进阿拉伯和伊斯兰世界的团结。卡塔尔通讯社原隶属于新闻部，该部取消建制后改属外交部，其总部位于多哈。

卡塔尔通讯社自成立以来，一直致力于扩大新闻覆盖面，同时不断更新技术。卡塔尔通讯社的电讯稿来自分布在世界各国首都的驻站记者，这些记者大多由当地的新闻工作者兼任，报道内容比较客观。[②]通过外派人员以及同许多国家同行签订互换信息协议，卡塔尔通讯社的新闻传输渠道畅通，覆盖面广，信誉良好。该社每天用阿拉伯语、英语、西班牙语和葡萄牙语4种文字传输新闻。自1990年以来，该社每天24小时不间断运转，效率较高，已经跻身于阿拉伯重要通讯社的行列。[③]

3. 出版社

卡塔尔最大的出版社为哈马德·本·哈利法大学出版社（HBKU

① 参见辜晓进：《当代中外新闻传媒》，北京，中国人民大学出版社，2012。
② 参见吴茴萱：《当代卡塔尔国社会与文化》，上海，上海外语教育出版社，2007。
③ 参见孙培德、史菊琴：《列国志：卡塔尔》，北京，社会科学文献出版社，2009。

Press)，位于首都多哈。其前身为卡塔尔第一家出版社 Bloomsbury 卡塔尔基金会出版社（BQFP）。哈马德·本·哈利法大学出版社隶属于哈马德·本·哈利法大学，出版物既包括阿拉伯文书籍，也包括外文书籍，种类涵盖小说、非小说、儿童文学以及学术著作。该出版社作为卡塔尔学术基金会成员，出版了一系列反映波斯湾地区的政治环境、历史和社会问题的书籍。例如,2018 年，哈马德·本·哈利法大学出版社出版了由罗里·米勒（Rory Miller）教授编辑的《海湾危机：卡塔尔的观点》，此书收录了来自多哈的 15 位学者的文章，探讨了 2017 年断交危机对卡塔尔本国、地区和国际局势造成的影响，在卡塔尔引起较大反响;《海湾妇女》系列文集主要研究女性问题，帮助人们深入了解波斯湾、阿拉伯世界、伊斯兰世界妇女的地位变迁和发展现状，在阿拉伯国家引起广泛关注。哈马德·本·哈利法大学出版社还以出版翻译作品著称，尤其是阿拉伯语和英语的互译项目。近年来，该出版社将翻译的范围扩展到阿拉伯语和英语以外，比如将土耳其语、中文、马拉雅拉姆语、希腊语、法语、西班牙语、德语、加泰罗尼亚语和俄语书籍翻译成阿拉伯语，扩大了卡塔尔民众了解其他国家优秀文化的渠道。

其他出版社还包括卡塔拉出版社（Katara Publishing House）、罗莎出版社（Roza Publishing House）、达·阿尔·瓦塔德出版社（Dar Al Watad）等，但相对于哈马德·本·哈利法大学出版社规模都较小。

4. 广播电视台

（1）卡塔尔广播电台

卡塔尔广播电台建于 1968 年 6 月，系国有广播电台。自成立以来，不断致力于引进先进技术，改进广播节目，力求为国家和人民提供优质服务。1971—1985 年，卡塔尔广播电台相继开通阿拉伯语以外的其他语言广播：1971 年增加英语广播；1980 年元旦，开播乌尔都语广播，听众为巴基斯坦来卡塔尔的 10 万多侨民和劳工；1985 年，开播法语广播。1992 年，又开办了“多哈广播电台”和“《古兰经》广播电台”。卡塔尔广播电台的广播节目不仅向卡塔尔本地播出，还用短波波段覆盖整个海湾地区。节目内容包括新闻、文化、娱乐、戏剧、宗教和教育等。目前，卡塔尔广播电台每天用阿拉伯语、英语、法语和乌尔都语 4 种语言播音，此外还与其他媒体机构合作汇编、出版书籍与文献。

（2）海湾之声广播电台

海湾之声广播电台是根据埃米尔哈马德的指示而设立的，于 2002 年 2 月 2 日开播。其任务是通过播放以海湾地区阿拉伯国家为主的文学和诗歌作品，来平衡西方文化对本地区传统文化的影响。该电台开播后不久，就受到听众的喜爱，在卡塔尔乃至海湾地区有一定的影响力。

（3）卡塔尔电视台

卡塔尔电视台于 1970 年 8 月首次播出黑白电视节目，1974 年开始播出彩色电视节目。1982 年，卡塔尔电视台开办英语频道，主要服务于居住在卡塔尔的外国侨民。目前，该电视台每天通过阿拉伯语和英语两个频道播出节目。阿拉伯语频道包括新闻、专题报道、时事评论、专家论坛、世界各地、科技博览、体育天地、儿童节目、阿拉伯电视连续剧、电影、戏剧、音乐等版块；英语频道除各类新闻和专题报道外，还包括卡塔尔的文化遗产、风土人情和宗教知识，以及外国电影、电视连续剧等。

卡塔尔电视台还设立了电视剧制作中心，每年制作十余部内容多样的电视连续剧。这些电视剧除了在本台播出外，还供给其他阿拉伯国家电视台。在每年斋月期间，卡塔尔电视台每天都播出有关伊斯兰历史事件和人物的电视剧。同时，还播出有关伊斯兰教知识的各种讲座、专家评议等节目。

（4）半岛电视台

1996 年埃米尔哈马德登基后，一改传统阿拉伯国家的封闭和禁锢，在内政上致力于打造自由开放的新社会，外交上寻求在沙特和伊朗之间保持中立，逐步提升卡塔尔在地区和国际的影响力。哈马德斥巨资成立了半岛电视台，这是中东北非地区第一家独立的阿拉伯语新闻电视台。他鼓励新闻媒体自由，希望借此提升国家的国际话语权和软实力，从而进一步在地区和国际事务中发挥影响。半岛电视台成立之初招揽了约两百名来自英国广播公司阿拉伯语频道的专业媒体人士，同时从 CNN、ABC 等英美电视台招贤纳士，这为半岛电视台的发展奠定了坚实的人才基础。经过二十余年的发展，半岛电视台在全球设立了 35 个分社或记者站，拥有 70 个地面和卫星电视频道，节目覆盖整个阿拉伯世界，非洲、欧洲、亚洲等，成为中东地区收视率最高的电视台之一。半岛电视台主要播出全面而详细的政治新闻和体育新闻，经济类新闻主要由驻伦敦和纽约的记者负责进行直播报道。2012 年，beIN Sports 公司成立，是半岛媒体公司最重要的子公司之一，其在法国扩展了三个频道：beIN Sport 1、beIN Sport 2 和 beIN Sport Max。2012 年 8 月，该公司在美国推出了另外两个频道。在 2011 年亚洲杯期间，该公司下属的体育频道创造了世界纪录，当时他们设置了 51 个不同的机位来播放一场比赛。

半岛电视台的异军突起，确立起足以与西方媒体相竞争的地位，与美国 CNN、英国广播公司并称为全球三大二十四小时新闻电视台，被称作“中东 CNN”。2001 年“9・11”事件发生后，半岛电视台和 CNN 几乎同步报道事件全过程，并独家向全球播放本・拉登发表的声明。阿富汗战争期间，半岛电视台成为唯一获批在阿富汗进行现场采访的电视台，通过独家报道在新闻界扬名立万。受西方媒体的影响，半岛电视台风格大胆，在节目中开创性地引入电话采访、电视论战等形式，并公开讨论有关伊斯兰教法、阿拉伯社会习俗等敏感问题。这些颠覆传统阿拉伯世界媒体风格的电视节目受到了阿拉伯观众的欢迎和追捧。

但由于半岛电视台的节目经常涉及敏感问题，招致了一些国家的非议和批评，甚至引发断交风波。1998 年，半岛电视台节目嘉宾在谈话类节目中批评了科威特王子，其科威特分社因此被科威特政府关闭两个月。约旦、沙特、突尼斯、巴基斯坦和以色列等国家也曾要求卡塔尔政府管制半岛电视台的行为，但均遭到卡塔尔政府的拒绝。半岛电视台对其他阿拉伯国家造成了很大困扰：一方面，其独立自由的节目风格和大胆的节目内容吸引了广大阿拉伯观众，这对其他阿拉伯国家内部宣传构成了威胁；另一方面，半岛电视台对其他阿拉伯国家直接进行批评，直接影响了周边国家的政治环境。因此，2017 年卡塔尔断交风波并非偶然发生，而是积怨已久的必然结果，沙特、埃及等国必定会打压卡塔尔，并提出“关闭半岛电视台”的要求。未来，半岛电视台面对周边国家的竞争压力和传统媒体的普遍式微，影响力或许会有所下降。但在卡塔尔积极参与地区国际事务的愿景下，半岛电视台仍会是卡塔尔政府有力的对外传播渠道。

5. 新媒体

卡塔尔的信息传播技术水平指数排名全球第 23 位，居中东国家之首，互联网用户已达 181 万人，互联网渗透率高达 99%（2020 年数据）。互联网环境也给卡塔尔传媒行业的发展带来了新的机遇，传统媒体迅速向新媒体转型。

传统纸媒如《阿拉伯人》《旗帜报》等均已实现在线阅读模式，广播电视台也纷纷建立全媒体网站，如海湾之声（www.soutalkhaleej.fm）、卡塔尔电视台（http://www.qtv.qa）、半岛电视台（https://www.aljazeera.net）等。卡塔尔通讯社 2014 年创办的卡塔尔五月天网（Qatar Mayday），致力于让用户能够就新闻的重要内容产生互动，使用户自己也可以生产新闻，该网站据称是阿拉伯世界首个社会化新闻网站。①

社交媒体方面，Facebook 是卡塔尔最常用的社交媒体平台，每月活跃用户达 270 万；Instagram 是卡塔尔第二大社交媒体平台，每月活跃用户为 93 万；Twitter 位列第三，每月活跃用户为 70.85 万（2019 年数据）。

社交媒体的自媒体和互动属性，引起了卡塔尔政府的关注，政府开始采取相关措施对这一新兴传播媒介进行管理和监督。2014 年，卡塔尔通过《反网络犯罪法》，对危害本地安定、损害伊斯兰教、发布虚假新闻的行为进行监控和管制，违反者将视情节处以 5 000～10 000 里亚尔的罚款及最高十年的监禁。

2019 年 11 月，在卡塔尔举办的媒体产业论坛（QMIF）上，卡

① 王猛、王国兵:《“一带一路”国别概览：卡塔尔》,103 页，大连，大连海事大学出版社，2018。

塔尔媒体行业专家共同探讨了卡塔尔的新媒体发展趋势。与会专家指出，随着高新技术在媒体领域的深入应用，数字媒体的作用将更加凸显，5G 技术的应用将对媒体产生深刻影响。专家认为，在卡塔尔举行的国际田联世界田径锦标赛证明了卡塔尔在媒体技术应用方面的领先地位，来自全球的媒体在几秒钟之内就从卡塔尔将原素材传输回本国。此外，有学者总结了与技术紧密相关的四个新媒体发展趋势——图形和社交媒体、内容创建、自动新闻和人工智能的作用，并特别强调创业公司和研究机构在媒体世界中扮演的角色，鼓励初创公司和中小型企业努力提供与媒体行业相关的解决方案，与行业保持一致。例如，卡塔尔计算机研究所开发了一种机器翻译技术，目前已应用于半岛电视台新闻节目的制作中；一家中小型企业也开发了对 Twitter 内容进行情感分析的技术。

四、中卡传媒业交流与合作的现状与趋势

中国与卡塔尔于 1988 年建交。建交后两国关系发展顺利，特别是近年来，两国高层交往密切，各领域务实合作深入开展，在国际和地区事务中保持了良好的沟通与协调，两国在包括传媒业在内各个领域开展了良好的交流与合作。

1995 年卡塔尔埃米尔哈马德上台后，取消了对国内传媒业的严格监管机制，并开始鼓励与海外媒体展开合作，中卡传媒合作开始步入快速发展期。初期，两国传媒交流与合作以互设官方媒体机构分站、分社形式展开。1996 年 3 月，中国国际广播电台派驻卡塔尔记者一行抵达多哈，开始筹建中国驻卡塔尔的第一个新闻机构——中国国际广播电台驻卡塔尔记者站。当年 6 月记者站正式成立，并开始进行新闻报道工作。此后新华社在卡塔尔开设分社，中央电视台在卡塔尔设立记者站。2002 年，半岛电视台设立北京分社。

进入 21 世纪后，随着中阿合作论坛的成立、中阿战略合作伙伴关系的确立，中阿传媒合作有了更大的推动力和更好的机制保障，

在此背景下，中卡传媒交流也实现了前所未有的突破。

2006年适逢中国与阿拉伯国家开启外交关系50周年[①]，半岛电视台于6月3日至10日对中国进行了为期一周的密集报道，称为“中国周”。“以一个国家为主题进行为期一周的系列报道，这在半岛电视台尚属首次”[②]，这也是阿拉伯国家主流媒体第一次全面介绍中国，更是中阿建交纪念活动的亮点。为做好这档节目，半岛电视台派了几十名编辑记者到北京，由该台的高级编辑哈桑督战，两位名主持杰麦尔和伊曼在具有浓郁中国特色的恭王府花园访谈嘉宾，在中国中央电视台、上海电视台等媒体的支持和帮助下采用现场直播的方式向全世界播出[③]，取得圆满成功和广泛好评。

近年来，我国创新文化交流合作形式，官方组织、民间参与，中卡传媒合作迈入新台阶。2013年“中阿丝绸之路文化之旅”正式启动，由我国文化部、外交部、国家新闻出版广电总局等部门共同组织开展，成为我国对阿文化交流的新品牌。2014年春节期间，卡塔尔举办了“欢乐春节”系列文化活动，来自四川、福建、湖南、江苏、重庆5个省市共150多人的代表团参加了活动，在当地引起了轰动。这是中卡建交以来，中国在卡塔尔举办的规模最大的文化活动，也是2014“欢乐春节”活动在亚非地区的“开场大戏”。此后，卡塔尔“欢乐春节”活动又陆续举办多届。作为新中国成立以来对阿拉伯国家开展的规模最大的文化交流品牌活动，“中阿丝绸之路文化之旅”涵盖了新闻出版、广播电视等多个领域、多个国家，为加强中阿民心相通作出积极贡献。

与此同时，随着互联网技术在媒体领域的应用，两国与时俱进，积极探索新的媒体交流形式。2016年3月，新华社与半岛电视台在多哈合作举办第三届世界媒体峰会，峰会执行主席、新华社社

---

① 埃及于1956年与中国建交，是第一个与中国建交的阿拉伯国家，随后多个阿拉伯国家先后与中国建交。因此，1956年也被认为是中国与阿拉伯国家开启外交关系的年份。

② 秦轩:《半岛电视的中国公关》，载《中国新闻周刊》，2006（6）。

③ 丁淑红:《从卡塔尔半岛电视台〈聚焦中国〉节目看中阿关系的现状及媒体的作用》，载《当代阿拉伯研究》（第2辑），2006。

长蔡名照就社会责任、创新发展和交流互鉴发表了题为“深化合作交流 共同面向未来”的演讲，提出了多项务实合作建议。2018年，已有22年历史的半岛电视台在其阿拉伯语台成立17周年之际，正式推出中文网站，进而开启半岛电视台的多国语言项目。作为一家同时具有阿拉伯属性与世界级水准的媒体，该项目不仅能完善半岛电视台在履行媒体使命的过程中所发挥的主导作用，也能与其发展愿景相辅相成。作为第一个推出中文服务的阿拉伯媒体网站，半岛电视台中文网为中卡两国人民及文化沟通搭建了桥梁，全球华人可以用母语来关注阿拉伯人眼中的世界。此外，半岛电视台还通过“微博”“微信”等社交平台使用中文进行推送，吸引了中国受众的关注与互动。半岛传媒集团数字平台负责人亚西尔·白沙尔博士表示，半岛进入了中国，希望能以正确的视角将阿拉伯文化及阿拉伯人对世界的观点介绍给中国人。

虽然两国在媒体交流合作领域实现了一系列突破，但中卡传媒交流合作仍存在一些问题和挑战。首先，由上述中卡传媒合作发展历程可见，两国传媒交流主要停留在官方层面，民间互动较少；其次，受西方话语霸权、地缘政治博弈、卡塔尔自身利益和外交政策、卡塔尔媒体新闻价值观等因素的影响，卡媒体在部分问题上的报道不够客观；最后，中国媒体在卡塔尔的影响力还有待提高，卡塔尔媒体使用中国信源的数量还不大。基于此，中卡双方需要进一步加强媒体领域的深层次交流合作，在互相理解、互相尊重的基础上，实现更大范围的良性互动，架起促进两国民心相通的桥梁。

（北京外国语大学阿拉伯学院 王文君、吴若仪、刘辰）

科威特传媒业与中科传媒合作

科威特是海湾地区传媒业历史最悠久、新闻自由程度最高的国家，传媒业发展水平始终位居阿拉伯世界前列。科威特传媒业发端于20世纪20年代，60年代进入高速发展期，90年代后开始进入重建与发展新阶段。其相关法律较为完备，管理部门和主要媒体机构建设较为完善，在地区处于领先地位。中科两国传媒领域的交流与合作具有良好基础，近年来双方积极推动“一带一路”倡议与科威特“2035国家愿景”对接，这为两国扩大传媒领域合作、加深合作水平、创新合作方式等提供了充分的条件和广阔的前景。

科威特的传媒业发展水平位居阿拉伯世界前列，是海湾地区最为发达、自由与开放的国家之一。这得益于科威特多元化的人口结构、高政治参与率和相对民主、开放的社会文化环境。科威特传媒业发端于20世纪20年代，60年代科威特独立建国后进入高速发展期，尽管1990年伊拉克入侵科威特破坏了大量新闻设施，但科威特随后积极开展传媒业的恢复与重建工作。进入21世纪后，科威特顺应信息技术和互联网的发展，调整和完善传媒业相关领域法律法规，促进电子媒体领域发展并取得丰硕成果。可以说，科威特新闻传播业始终坚持发挥在海湾地区的先锋作用，以及服务整个阿拉伯民族的行业原则，为海湾地区的新闻传播业作出了积极贡献。[①]

一、科威特国情与传媒业发展历程

（一）科威特国情

科威特，全称科威特国，位于亚洲西部波斯湾西北岸，首都科威特城。与沙特、伊拉克相邻，东濒波斯湾，同伊朗隔海相望。海岸线长290千米，总面积17 818平方千米，总人口443万，其中科威特籍人口约占30%，2018年人均GDP已高于3万美元。

科威特在7世纪成为阿拉伯帝国的一部分。1710年，居住在阿拉伯半岛的阿奈扎部落中的萨巴赫家族迁移到今科威特境内，1756年取得统治权，建立科威特酋长国，1871年成为奥斯曼帝国巴士拉省的一个县，1939年沦为英国保护国。1961年6月19日科威特宣布独立，同年成为阿拉伯国家联盟和联合国成员国。1990年8月2日伊拉克入侵科威特，1991年2月26日复国。科威特禁止一切政党活动。目前，萨巴赫家族统治地位牢固，政局相对稳定，安全形势良好。[②]

石油是科威特社会经济发展的主要推动力，不仅吸引了大量外来人口来到科威特谋求工作，还促进了科威特城镇化水平的提高。

① 马晓霖、孟炳君:《传承与发展中的科威特新闻传播业》，载《新闻界》，2018（3）。

② “科威特国家概况”，见中华人民共和国外交部网站。

此外，科威特积极保持与世界的联系，对经济全球化持欢迎和开放的态度，为其公民提供了富裕和安全的生活条件。

（二）科威特传媒业发展历程

1. 传媒业发端（20 世纪 20 年代至 1961 年）

1938 年，科威特发现了具有商业开采价值的油田，此后第二次世界大战爆发，科威特的石油工业得到飞速发展，国家经济在短短数年内就实现了跨越式提升，大量石油财富投入基础设施建设以及文化教育等各项事业的发展中，一个福利型国家初步建成，并于 1961 年取得独立。

科威特的现代印刷媒体始于 20 世纪 20 年代。1928 年，由阿卜杜勒・阿齐兹・拉希德[①]出版的月刊《科威特》（مجلة الكويت）是科威特境内发行的第一份正式出版物，也是海湾地区的第一本杂志，每期 80 页，是一本中等体量的杂志，内容主要涉及历史、文学和语言。该杂志的发行历经坎坷，受当时科威特技术条件的限制，拉希德不得不前往埃及进行印刷，再返回科威特发行。但 1930 年 3 月发行到第二卷第十期之后，《科威特》杂志便因种种困难不得不停刊，虽然后来拉希德之子于 1950 年 6 月复刊以纪念其父，但后又由于经济原因于同年 12 月宣布永久停刊。《科威特》杂志的出版发行被认为是科威特现代传媒业发端的标志。

经过拉希德的积极探索，以及第二次世界大战后经济环境的逐渐复苏，科威特传媒业在 20 世纪 40 年代末至 50 年代初迎来了最初的繁荣和多元发展时期，一大批新报刊纷纷涌现，内容不再仅仅满足于收集、整理各种轶事奇谈，主题也不再局限于阿拉伯民族主义和伊斯兰教。首家印刷厂和广播电视台也在此时建立起来。

1946 年，《留学生》（مجلة البعثة）杂志创刊，这是埃及“科威特

① 阿卜杜勒・阿齐兹・拉希德，被称为科威特新闻业之父，在由其创办的《科威特》杂志停刊之后，他被迫离开科威特前往新加坡和印度尼西亚，先在新加坡同伊拉克记者尤尼斯・巴赫里合作于 1931—1933 年发行了一本名为《科威特和伊拉克人》（الكويت والعراقي）的杂志，之后于 1933 年在印度尼西亚的爪哇创办了只发行了一年的《统一》杂志（مجلة التوحيد），1938 年在新加坡病逝。

之家”[①]的一项重要成就，在科威特和埃及两国共同发行，内容包含图片、评论和漫画，主要报道科威特国内的消息和旅埃留学生的学业活动，在一定程度上激发了更多的科威特学生赴埃留学。杂志还关注科威特的历史、文化和体育事务，并且首开争议性话题的讨论栏目，如妇女的出行问题等。《留学生》杂志是一本在阿拉伯世界具有创新意义的出版物，当时有许多旅埃学生参与其中，他们中的一些人后来成为科威特新闻业的中流砥柱，《留学生》也因此被认为是他们探索科威特新闻业发展的实验室。

1947 年，科威特知识局购买了印刷所需的设备、零件和纸张，建立了科威特第一家印刷厂。[②]1948 年，第一份在科威特印刷的刊物《卡泽马》（مجلة كاظمة）杂志开始发行，该刊主要探讨文学、科学、艺术和社会话题，后于 1949 年停刊。

进入 20 世纪 50 年代，科威特报刊业发展较快，新发行的报刊数量有十余种，有代表性的如下。

《先锋》（الرائد），是由科威特教师俱乐部（现教师协会）新闻和传媒委员会于 1952 年 3 月开始发行的杂志，在贝鲁特的卡沙夫出版社印刷，主要关注教育和社会问题，特别是女性问题。

《信仰的回声》（صدى الإيمان），是《信仰》杂志于 1957 年起独立发行的副刊，以轻松简明的社会新闻和阿拉伯诗歌为主要内容，关注民族主义精神的培养和传播，此外还特别重视社会议题，尤其关注女性问题，呼吁实现男女平等。

《黎明》（الفجر），是校友俱乐部于1955年2月开始发行的周刊，尤其重视文学，刊登的文章佳作频出，同时致力于培养公众对政治问题的基本认知，以一种有趣、非说教的方式加强公众的民族精神和社会意识。

《人民》（الشعب），1957年开始发行的社会类杂志，1959年停

---

① 自 1939 年科威特向埃及派遣第一批留学生以来，在埃及的科威特留学生人数日渐增多，科威特教育部门便考虑在埃及建立一个“科威特之家”，将所有留学生聚集在一起。1945 年，“科威特之家”在开罗的扎马雷克区建立。

② 《知识局于 1947 年在科威特建立了第一家印刷厂》，载《舆论报》（阿文），2009 年 7 月 24 日。

刊，兼顾文学和文化内容，既具备出色的艺术创作水准，又做到了各议题板块的融合。该刊虽然发行时间不长，但被认为是当时科威特最重要、最受欢迎的报刊之一。

除此之外，当时科威特发行的报刊还有：

《幽默》（الفكاهة），文化类杂志，创刊于1950年10月，以笑话、漫画和喜剧为主要内容，仅发行9期后停刊。

《复兴》（البعث），文化类杂志，创刊于1950年6月，发行三个月后停刊。

《健康》（الصحة），1952年1月1日由公共卫生部发行的月刊，关注卫生和健康事务。

《信仰》（الإيمان），民族文化俱乐部于1953年开始发行的月刊，关注社会时事，1995年停刊。

《指导》（الإرشاد），由伊斯兰指导协会于1953年起发行。

《今日科威特》（مويلا تيوكلا），1954年发行至今的科威特官方周报。

《联合会》（الاتحاد），科威特驻埃及使团联合会于1955年开始发行的杂志，是一本不定期出版的文学、政治和社会类杂志。

《每周新闻》（أخبار الأسبوع），1955年开始发行的周报，1956年停刊，关注政治和社会事务。

《协会》（الرابطة），1957年开始不定期发行的杂志，关注在英国和爱尔兰学习的科威特留学生的事务。

《工人之声》（صوت العامل），科威特社会事务部工人文化中心于1958年开始发行的月刊，关注劳工和工人事务。

《阿拉伯人》（العربي），1958年起发行至今的综合性月刊，关注阿拉伯世界的文化、社会、健康、历史和文学话题，在整个阿拉伯世界都具有较大影响力。

1956年，科威特第一家国有印刷厂建立，负责《今日科威特》《阿拉伯人》等国有报刊和《古兰经》及其经注的印刷出版，摆脱了之前绝大多数报刊因技术条件所限只能在国外印刷的困境。

可以发现，科威特现代纸质媒体在诞生之初，主要集中在杂志的出版上，缺少现代意义的日报等，其主要原因有两个：一方面，科威特社会较小，当地的重大消息可以较快地在民众之间传播，一定程度上削弱了人们对本地日报的需求；另一方面，其他阿拉伯国家和西方国家的报纸进入科威特市场较晚，相关个人或团体还无法有规律地获得并使用外部消息来源。①

除此之外，财政和技术方面的困难以及知识分子、专业人才的缺乏也是重要原因。

2. 传媒业蓬勃发展时期（1961 年至 1990 年）

1961 年 6 月，英国政府承认科威特的完整主权。政治的稳定和经济的逐步发展使得独立后的科威特传媒业进入了蓬勃发展的阶段，政府制定法律法规，设立监管部门和组织机构，成立官方通讯社和电视台，从国家层面夯实了传媒业的发展基础。这一时期出版发行的报刊在数量、类别、发行语言等方面相比独立前有了明显的增长和进步。

1961 年，《宪法》和《新闻出版法》颁布，从法律高度为科威特的新闻自由提供保障，改善了此前新闻业缺乏法律监管和约束的情况，为科威特现代传媒业的发展奠定了法律基础，推动了行业的进一步发展。

1961年，《舆论报》（الرأي العام）开始出版发行，这被认为是科威特现代报业和新闻自由的真正开端，此后的20世纪六七十年代陆续有一大批新的日报和周报开始发行，比较有代表性的报纸有《先锋报》（الطليعة）、《祖国报》（الوطن）、《科威特消息报》（أخبار الكويت）、《政治报》（السياسة）、《火炬报》（القبس）、《新闻报》（الأنباء）；比较重要的杂志有《我的家庭》（أسرتي）、《伊斯兰意识》（الوعي الإسلامي）、《觉醒》（اليقظة）、《思想世界》（عالم الفكرة）、《社会》（المجتمع）、《银河系》（المجرة）、《明辨》（الفرقان）、《多样》（الختلف）。

另外，两份英文报纸《科威特时报》（*Kuwait Times*）和《阿拉伯时报》（*Arab Times*）也分别于 1961 年和 1977 年开始发行。

除了一大批新报刊纷纷涌现，科威特电视台、科威特记者协会、

① 马晓霖、孟炳君:《传承与发展中的科威特新闻传播业》，载《新闻界》，2018（3）。

科威特通讯社、科威特新闻部等传媒管理部门和传媒机构也在这一时期相继成立，成为科威特传媒业向现代化、专业化、组织化方向发展的中坚力量。

3. 传媒业重塑和新发展时期（1991 年至今）

（1）复国之后的恢复期和发展期

1990 年伊拉克入侵科威特，对科威特各个方面产生很大影响，包括电视、广播和报刊在内的科威特传媒设施和机构遭到破坏，科威特电视台当时的损失超过 1.5 亿美元。① 但科威特在复国后积极开展传媒业重建工作，通过政策支持、财政扶持，科威特传媒业很快恢复到战前水平。

进入 21 世纪后，科威特政治和安全环境趋于稳定，经济全面发展，社会更加开放，政府开始谋划传媒业的创新发展。2003 年，科政府开始发放私营广播电视牌照。2006 年 3 月科威特议会通过了新的《新闻出版法》，对 1961 年《新闻出版法》做出了修改和调整，其中最重要的变化是给予被剥夺执照的当事方在法庭上诉的权利，以及有关部门采取吊销执照、停刊、拘留记者等措施时必须事先获得司法授权。

新的《新闻出版法》出台后的五年间，一大批新报纸出现，如《日报》（جريدة النهار）、《见证者报》（جريدة الشاهد）、《报刊报》（الجريدة）、《清晨报》（جريدة الصباح）、《今日世界报》（جريدة عالم اليوم）、《观点报》（جريدة الرؤية）、《达尔报》（جريدة الدار）、《祖国日报》（جريدة الوطن دايلي）、《自由报》（جريدة الحرية）、《中间报》（جريدة الوسط）、《科威特未来报》（جريدة المستقبل الكويتية）。

除了报纸外，内容更贴近生活、风格更加轻松的杂志也相继面世，进一步丰富了科威特读者的阅读选择：

《学生说》（*Student Talk*），2001 年开始发行的英文杂志，是科

① Abdullah Khayrallah，"The Transformation of Kuwait Television from 1961 to 2015: Current Challenges and Future Opportunities for National Public Service Television to Promote an Arab Public Sphere in the Context of Globalization"，Queensland University of Technology，2017.

威特第一本学生类杂志，关注学生、青年的生活和思想动态。

《属于我们》(لنا), 2002年开始发行的女性月刊, 隶属于“纳扎伊勒”(النظائر) 集团, 内容以时尚、艺术、文化为主。

《你好》（أهلا）, 2004年开始发行的娱乐杂志, 隶属于“PH7”集团, 它是科威特第一本以“名人”为主题的杂志, 报道科威特、阿拉伯国家和国际名人的最新消息, 内容涵盖时尚、美妆和女性生活等方面。

《品味》（ذوق）, 2004年开始发行的时尚生活类季刊, 内容以时尚、设计、艺术、旅行、社区和烹饪为主。

《谈话》（سوالف）, 2006年开始发行的艺术杂志, 由“艺术”电视频道出版, 隶属于科威特新闻部, 主要报道阿拉伯世界的名人消息和艺术新闻。

（2）社交媒体和网络媒体的跃进式发展

通信设施和技术的发展、移动电话尤其是智能手机的普及、社交媒体的流行使科威特在数字化时代的媒体发展上走在阿拉伯各国的前列，根据《2016 年全球信息技术报告》，科威特在网络发展方面排在全球第 61 位，在阿拉伯国家中排名第 6。国际电信联盟《2017 年衡量信息社会报告》将科威特排在因特网通信技术发展指数第 71 位，在阿拉伯国家中排名第 7。2016 年 6 月时，科威特的互联网用户已超过 320 万人，互联网渗透率达到 79.9%。

科威特人是阿拉伯国家乃至整个世界排名前列的社交媒体狂热用户。在各大知名社交软件中，Facebook 注册用户达 230 万人，“Twitter 在科威特人中的渗透率是世界上最高的”[①], 尽管科威特总人口“不到阿拉伯国家总人口数的 1%，但他们是中东国家中消费和发布 Twitter 内容最积极的人，占中东 Twitter 信息总量的 30%，高于 22 个阿拉伯国家中 18 个国家推文的总和”[②]。

① Mark Graham, Monica Stephens，Scott Hale，Featured Graphic，“Mapping the Geoweb: A Geography of Twitter”，in *Environment and Planning* (2013).

② R. Mourtada, F Salem，“Social Media in the Arab World: Influencing Societal and Cultural Change?”，in *Arab social Media Report*，Vol.2，No.1 (2012).

在本国公民对社交媒体和网络媒体如此热衷的背景下，科威特政府和各大报刊、广播电视也紧跟潮流，加快传媒数字化进程，开设自己的官网和社交媒体账号已是大势所趋。

2010年《福布斯》中东版基于网站内容、关注者数量等标准发布了一份中东北非地区最佳新闻网站top50的排名，有三家科威特报纸进入排名，分别是排名第2的《祖国报》、排名第8的《舆论报》和排名第39的《新闻报》。①

科威特新闻部利用社交平台提供各项业务服务，不仅开通包括Twitter、Facebook、Instagram、YouTube在内的各大社交媒体账户，还推出了可在谷歌和“苹果”应用商店下载的应用程序，方便用户获取相关信息和服务。科威特各大传统媒体更是充分利用新技术，认真经营各平台的官方账号，在加快内容更新和传播的同时，还扩大了用户群体，提高了受众黏度。

互联网的发展还催生出了完全脱离纸质印刷的电子刊物，如2000年发行的《安海尔伦》（*Al-Anhaar*）杂志，这是一本通过互联网传播的线上文学类电子期刊，其主要特征是通过互联网集合普通群众特别是青年人使用阿拉伯语或科威特方言写成的诗歌，或文章、小说等，通过编委会专家的审校可以直接在网站（http://www.anhaar.com）发表，并开设与读者互动的窗口，可以点评、留言、与作者交流。②

二、科威特的传媒法律、政策与传媒管理部门

（一）科威特的传媒法律与政策

1. 1961年《宪法》

1961年《宪法》第36至37条保障科威特的言论自由和新闻自由：“保证言论和科学研究自由。在遵守法律规定的条件和前提下，

① Forbes Releases Top 50 MENA Online Newspapers; Lebanon Fails to Make Top 10, October 28，2010.

② 马晓霖、孟炳君:《传承与发展中的科威特新闻传播业》，载《新闻界》，2018（3）。

每个公民均有权以口头、书面或其他方式表达自己的意见。”“在遵守法律规定的条件和前提下，保证新闻出版自由。”

同时，《宪法》界定了可能导致报纸被停刊或记者被监禁的行为，如攻击埃米尔和政府，以及传播任何可能被解释为会对经济造成伤害、违反道德准则或鼓励犯罪行为的信息。

2. 1961 年《新闻出版法》

1961 年《新闻出版法》是在筹备国家独立的过程中产生的，为科威特独立后的媒体管理奠定了法律基础。该法律从出版物、报纸的发行、禁止事项和最终裁定四个方面作出规定，明确保障公民的“印刷、写作和出版自由”，是对《宪法》中“新闻自由”的补充和强调，此后该法律经过多次修改以适应不同时期的需求和变化。

3. 2006 年《新闻出版法》

2006 年《新闻出版法》是在 21 世纪通信技术跃进发展的背景下，科威特在新闻传媒立法上与时俱进的具体体现，主要内容包括：明确规定“新闻、印刷、出版自由依照本法律予以保障”；对法律中涉及的专业术语做出明确定义，包括印刷、排版、流通等各环节所涉及的术语；对传媒业从业人员的职责做出界定，包括总编辑、副总编辑、编辑、出版商、发行商等；对印刷出版物相关行为做出规定，包括获得执照后设立进行出版、发行或翻译活动的印刷媒体公司的法人条件，执照吊销、转让的规定，印刷方应遵循的程序，进口印刷出版物销售和流通的规定；对报纸经营做出规定，包括获得执照后开办、发行报纸的条件，新闻部颁发执照的期限为九十天，申请被拒后和被允许后的相关手续流程，吊销执照的情况，报纸总编、编辑的职责，外国媒体人员的工作和执照情况；对禁止在印刷品或报纸上刊登的内容以及违反本法律的处罚做出规定；其他一些解释性、说明性、结论性规定。

总体而言，2006 年《新闻出版法》在三个方面具有重要意义：第一，通过简化和明晰申请程序，降低准入门槛，鼓励新报刊的发行；第二，进一步保障新闻出版自由，限制政府对传媒业的行政干预和审查，提倡法律在保障传媒业自身权利和发展上的重要作用；

第三，对严禁出版发行的内容及其处罚做出更细致和严厉的规定，在消除法律模糊空间的同时，也对从业者的职业操守提出更高要求。

4. 2007 年《电子视听法》

相较于 2006 年《新闻出版法》偏重纸质媒体，2007 年通过的《电子视听法》则是响应视听媒体和信息技术发展的趋势，主要对广播、电视媒体做出法律规定。主要内容包括：对该法律中涉及的专业术语做出定义，包括视听新闻、播出、转播、频道、节目、频率、播出许可、被授权方、部委、部长等；对申请执照的条件和流程做出规定；对禁止播出的内容及其责任人和处罚做出规定，例如，第 11 条规定了禁止播出的 14 条事项；对处理相关诉讼和调查的机构作出规定。

5. 2016 年《电子媒体法》

科威特议会于 2016 年 1 月 13 日以压倒性票数通过了一项包含 27 条法规的新法律《电子媒体法》，对包括报纸和新闻网站、新闻服务、社交媒体、网络调查、网络电视和网络公告栏在内的所有网络出版物的发行和传播作出规定，所有上述服务必须取得政府牌照才能运作，而相关违法行为将会被判处重刑。此后的一年里，有 365 家机构申请了在线新闻许可证。2018 年 1 月 4 日官方发布的名单显示，新闻部发放了 213 个许可证。政府通过这项法律旨在增强公民的言论自由和获取信息的权利，同时更好地规范新媒体使用。

该法律主要内容有：对网络新闻活动的相关术语做出定义，包括电子媒体、电子出版物、电子内容和其他与法律相关的术语；规定政府管理电子媒体的权利，要求不对媒体进行事前审查；对该法律适用的网站做出规定，即电子出版物、电子通讯社、电子新闻、新闻服务、信息服务设施、商业广告；该法律还适用于纸质报纸和视听卫星频道的电子版；同时指出该法律不适用于用户不具有专业性的域名、设施或个人电子账户；对申请电子媒体执照的个人和管理者的条件做出规定；对执照被吊销的情况做出说明规定；对禁止发布的内容及其违法行为的处罚做出规定。

（二）科威特的传媒管理部门

1. 科威特新闻部

科威特新闻部（Ministry of Information）成立于 1979 年，是科威特传媒业的主要管理机构，主要任务是“向国民通报与国内以及阿拉伯世界大事相关联的信息，通报国家对内对外政策，使国民了解国家在执行这些政策时可能遇到的困难”[①]。新闻部下设电视部、报刊部、广播部、新媒体部和外国媒体部等 11 个部门，每个部门都规定有具体的职责，如报刊部的职责是“组织出版纸质和电子音像读物，向政府机构提供出版和广告服务，并为私营部门的艺术、文化和新闻活动提供许可服务，以保护媒体行业、提高媒体工作水平”。

2. 其他组织和机构

除了新闻部，还有其他一些政府部门、组织、机构以不同方式在科威特传媒业的监管和服务中发挥协助作用。

科威特记者协会（Kuwait Journalist Association）于 1964 年 6 月 21 日成立，这是一个致力于为其成员提供服务的独立行业组织，主要宗旨包括：促进协会成员之间、科威特和阿拉伯国家记者之间的联系和友谊；促进科威特新闻业的发展，使其成为科威特乃至整个阿拉伯世界的纽带；维护成员利益，以最符合公众利益的方式履行其新闻职责。协会在对记者的权利做出保障的同时，也用记者行为守则对传媒从业者的职业操守和新闻活动做出规定，在业界倡导形成公正、客观的专业导向。

科威特国家文化、艺术与文学委员会（The National Council for Culture，Arts and Letters，简称为 NCCAL），1973 年奉埃米尔之令成立，是隶属于科威特政府的最重要的文化类机构之一，主席由科威特新闻部部长担任，其承担的广泛的文化责任使其职能范围超过其他国家的文化部，以推动本国文化、艺术和思想领域的发展与繁荣为目标，积极开展同其他阿拉伯国家的合作。在图书传播方面，科威特国家文化、艺术与文学委员会致力于收集各种文献、资料，

① 肖峤：《科威特的新闻事业》，载《新闻战线》，1981（7）。

发行各类著作、词典和汇编，推广创新性的思想成果和译作，并监督各类出版物。同时它还负责主办包括科威特国际书展、科威特电影节在内的十余项大型文化活动，参与举办海合会和阿拉伯国家联盟框架下的文化活动。

三、科威特主要传媒机构与重大传媒活动

（一）主要传媒机构

1. 通讯社

科威特通讯社（简称科通社，KUNA）于 1976 年 10 月 6 日成立，主要职责包括为个人和媒体机构采集、产出和传播新闻，研究各种政治和社会问题，以本国为中心提供专业且客观的地区性和国际性新闻服务，在伦敦、巴黎、柏林、东京、华盛顿等地设有办事处。1979 年起，科通社向科威特驻外使馆提供新闻服务，1980 年起增加英语作为发稿语言。1990 年伊拉克入侵期间，科通社将办公室迁至伦敦继续坚持运营，肩负起强调科威特作为一个主权国家的合法性和独立性的责任。科威特复国后，科通社积极开展重建工作，增加工作人员数量，发布新闻量大幅提高，1992 年日均发布新闻超过 40 条。21 世纪以来年均播发新闻约 5 000 条，全年向个人提供新闻、信息、咨询服务 2 000 万件。[①]

科通社董事会是其最高权力部门，主席及成员由科威特新闻部提名选举产生，负责通讯社发展战略和目标的制定。目前，科通社用阿语、英语和法语向外发稿，官方网站也同时提供这三种语言的信息和服务。

海湾各国通讯社和报纸之间联系紧密，合作密切，科通社经常转发卡塔尔、阿联酋等其他海湾国家媒体的消息，它还是阿拉伯和伊斯兰新闻通讯社联盟的重要成员，并长期担任联盟主席[②]，可以说是阿拉伯国家最活跃、最具影响力的通讯社之一。此外，科通社还

① 王景祺:《列国志 · 科威特》，211 页，北京，社会科学文献出版社，2014。
② 王景祺:《列国志 · 科威特》，210 页，北京，社会科学文献出版社，2014。

和世界重要的通讯社都建立了联系，其中包括新华社和欧美国家的一些通讯社，如美联社、埃菲社、路透社、安莎社、法新社、彭博社等。

2. 报纸

《今日科威特》，隶属于科威特新闻部，是科威特政府的官方报纸，除国内外新闻外，还刊登法律法规、埃米尔敕令、内阁决议、司法决议等内容。2012 年的日发行量为 5 000 份。[①]

《观点报》，1995—2006 年曾以《舆论报》的名称发行，其创办人是科威特前政界要员，每期均刊载社论，现隶属于“观点”传媒集团（Alrai Media Group），是科威特最知名的报纸之一。该报坚决支持埃米尔，偶尔也发表一些反对意见，揭露一些政府官员的腐败行为。[②]《舆论报》在 2004 年开设官网，同年推出舆论电视台，2008 年获得谢赫·塞勒姆·阿勒阿里·萨巴赫信息化奖中的最佳新闻网站设计奖。2012 年的日发行量达到 101 000 份。[③]

《先锋报》，1962 年开始发行，2016 年停刊。起初为每周发行的杂志，之后变更为周报，报道内容广泛全面。该报是海湾地区最早的反对派报纸之一，追求政治民主化，以自由和坦率的话语表达对阿拉伯人民的关切。

《政治报》，1965 年创刊，隶属于政治出版公司，1968 年由月刊转为日报，主要关注政治和金融新闻，内容多样，观点多元，是一家较为自由、坦率的报纸[④]。2012 年的日发行量为 60 700 份。[⑤]

《火炬报》，1972 年创刊，1976 年发行量跃居全国日报第一位。伊拉克入侵期间该报迁往伦敦继续发刊。2002 年，其官方网站每周点击量约为 3 万次。[⑥] 该报的新闻和评论相对自由、客观，侧重经

① 王景祺：《列国志·科威特》，214 页，北京，社会科学文献出版社，2014。
② 陈力丹：《世界新闻传播史》，462 页，上海，上海交通大学出版社，2002。
③ 王景祺：《列国志·科威特》，210 页，北京，社会科学文献出版社，2014。
④ 陈力丹：《世界新闻传播史》，462 页，上海，上海交通大学出版社，2002。
⑤ 王景祺：《列国志·科威特》，210 页，北京，社会科学文献出版社，2014。
⑥ Duffy Wilks，“Kuwait Press, Media，TV，Radio，Newspapers，Press Reference”.

济报道和有分析的内幕新闻、编译文章[①]，敢于在讨论和点评政府的报道中采取批评的态度，该报编辑穆罕默德·萨格曾“因为面对政府的审查和起诉威胁，勇敢地报道了政治和人权问题”[②]而获得保护记者委员会（Committee to Protect Journalists）的国际新闻自由奖。2012 年的日发行量为 60 700 份。[③]

《祖国报》，1974 年创刊，2015 年停刊。与其他报纸相比，该报更注重外国事务，特别是海湾地区事务，倡导民主，呼吁言论自由和思想自由，向持有各种不同观点的作者开放版面。[④]2012 年的日发行量为 91 726 份。[⑤]

《新闻报》，1976 年开始发行，是 1962—1975 年发行的《科威特消息报》（جريدة أخبار الكويت）的延续刊物，主要关注政治、社会、科技和体育新闻，持亲政府立场。伊拉克入侵科威特后，《新闻报》迁往开罗，1990 年 8 月继续发刊，报道科威特人民在被占领期间遭受的苦难，传达人民对祖国的忧虑和关怀。科威特复国后于 1991 年 12 月回到科威特复刊。2012 年和 IMC Digital 公司合作以提高其在社交媒体上的传播度，两个月后其在 Facebook 上的粉丝数就达到了 3 万名，在 Twitter 上的粉丝数超过 25 000 名，YouTube 上的视频播放量超过 20 万次。2012 年的日发行量为 85 000 份，是科威特发行量最大的出版物之一。[⑥]

《科威特时报》（*Kuwait Times*），是科威特和海湾地区第一份英文报纸，提供对本国事务和金融新闻的深度报道，发表关于本地、地区和国际问题的分析和社论，同时也不乏娱乐和体育新闻，政治立场较为中立。2012 年的日发行量为 32 000 份。[⑦]

《阿拉伯时报》（*Arab Times*），隶属于科威特“政治”出版社，

---

① Duffy Wilks，“Kuwait Press, Media，TV，Radio，Newspapers，Press Reference”.

② Committee to Protect Journalists，“CPJ Deplores Sentencing of Two Journalists by Kuwait”，25 July 1998.

③ 王景祺：《列国志·科威特》，210 页，北京，社会科学文献出版社，2014。

④ 陈力丹：《世界新闻传播史》，463 页，上海，上海交通大学出版社，2002。

⑤ 王景祺：《列国志·科威特》，210 页，北京，社会科学文献出版社，2014。

⑥ 王景祺：《列国志·科威特》，210 页，北京，社会科学文献出版社，2014。

⑦ 王景祺：《列国志·科威特》，211 页，北京，社会科学文献出版社，2014。

起初为周报，很快变更为日报。2012 年的日发行量为 41 922 份。[①]

3. 杂志

《阿拉伯人》(العربي)，隶属于科威特新闻部，在开罗、贝鲁特、大马士革和利雅得等地均设有办事处，其创立的初衷是为了响应科威特政府对阿拉伯文学的提倡和重视，许多著名的阿拉伯文学家、诗人、学者都曾为其撰稿。伊拉克入侵期间，该杂志曾短暂停刊 7 个月。《阿拉伯人》“自诞生至今，始终坚守着民主、自由的期刊基调以及服务于阿拉伯民族的办刊宗旨，是科威特乃至整个阿拉伯世界著名的文化类期刊，深受读者喜爱”[②]。杂志还鼓励公众参与讨论，经常采用自由摄影人和自由撰稿人的作品。如今的《阿拉伯人》已经是阿拉伯文化类期刊的杰出代表，成功定义了阿拉伯杂志的范式。下设《阿拉伯人文集》(العربي كتاب)、《科学阿拉伯人》(العلمي العربي)、《小阿拉伯人》(الصغير العربي) 三本杂志，分别聚焦思想、科学和儿童领域。2012 年的发行量为 350 000 份。[③]

《我的家庭》(أسرتي)，1964 年开始发行，创办人艾妮迈・法赫德・穆尔祖格是海湾地区最早的一批女性记者之一，也是科威特记者协会的创始人之一。这本刊物是科威特乃至海湾地区最早的家庭类杂志，提出了“进入每个家庭”的口号，关注女性、家庭、健康、美容、文化、艺术等方面。2012 年的发行量为 10 050 份。[④]

《社会》(مجلة المجتمع)，1970 年开始发行，由科威特社会改革委员会主办，是一本宗教类综合性杂志，以解读和传播正确的伊斯兰教教义和观念为宗旨，许多著名学者和思想家为其撰稿，在整个伊斯兰世界具有一定的影响力。

4. 广播

1951 年 5 月，科威特广播电台成立，国家独立后收归国有，由新闻部直接管理，最初每天的播音时间只有两小时，1960 年开始播

① 王景祺:《列国志・科威特》，211 页，北京，社会科学文献出版社，2014。
② 马晓霖、孟炳君:《传承与发展中的科威特新闻传播业》，载《新闻界》，2018 (3)。
③ 王景祺:《列国志・科威特》，214 页，北京，社会科学文献出版社，2014。
④ 王景祺:《列国志・科威特》，215 页，北京，社会科学文献出版社，2014。

报新闻。科威特广播电台于20世纪80年代步入高速发展期，逐渐向综合性媒体过渡，技术和运行设备得到及时的更新换代，工作人员的经验和素质稳步提升。这一时期其广播覆盖的领域扩展至澳洲、北美洲和南美洲，以及阿拉伯地区、东亚和东南亚等地。1990年伊拉克入侵科威特期间，科威特广播事业受到极大破坏，但电台依然坚持在沙特、开罗播出节目，鼓舞科威特人民。

目前，科威特广播电台全天24小时播出，主要语言是阿拉伯语，另外三种播出语言分别是英语、波斯语和乌尔都语，播出频道主要有9个（参见表1）。

表1 科威特电台各频道

序号	名称	调频
1	科威特FM（كويت اف ام）	FM 103.7
2	古兰经（القرآن الكريم）	FM 98.9
3	Super Station FM（سوبر ستيشن）	FM 99.7
4	综合频道（البرنامج العام）	FM 89.5
5	青年之声（صوت الشباب）	FM 93.9
6	传统频道—人民（الشعبية）	FM 94.9
7	阿语经典音乐（الغناء العربي القديم）	FM 87.9
8	易趣&体育频道（ايزي اف ام）	FM 92.5
9	第二频道（البرنامج الثاني）	FM 97.5

除了国内电台提供的节目以外，科威特人还能够收听到很多国外的电台频道，比如BBC Arabic和英国广播公司国际频道（BBC World Service）、美国的萨瓦电台（Sawa Radio）和VOA新闻频道（VOA News）、法国的国际广播电台（Radio France International）和蒙特卡洛中东电台（Monte Carlo Doualiya）等。

5. 电视

科威特的第一家电视台出现在1957年，当时是一家私人电视台，科威特独立后开始由政府接管，成为海湾地区第一家国家电视台和第一家广播电视运营商，隶属于科威特新闻部，负责包括节目采编、播出和管理在内的所有相关活动。成立之初制作资源的缺乏迫使科威特从其他阿拉伯国家，特别是埃及获得节目内容、学习传播经验。

科威特电视台在成立之初，每天只播出几个小时的黑白电视节目；1974 年开始制作并播放彩色电视节目；1978 年，电视台每天播出 12 个小时的节目，装配了先进的技术设备和演播室，开始积极培养本土电视人才，同年设立了播出语言为英语的频道 2，主要向居住在科威特的外国侨民介绍科威特的风土人情，也播放国外引进的节目和新闻。目前，科威特电视台 24 小时播出节目，共有 9 个电视频道，包括综合、英语、体育、电影、纪录片等多个细分内容频道，主要播出语言是阿拉伯语。

表 2　科威特电视台各频道

序号	名称	类别
1	第一频道（ىلولأا ةانقلا）	阿拉伯语综合
2	第二频道（ةيناثلا ةانقلا）	英语综合
3	第三体育频道（ةيضايرلا ةثلاثلا ةانقلا）	体育
4	体育+频道（ةيضايرلا سلبد ةانق）	体育
5	伊斯拉频道（ءارثا ةانق）	文化宗教
6	阿拉伯电影和纪录片频道（يبرعلا ةانق）	纪录片
7	儿童频道（لفطلا ةانق）	儿童
8	古莱茵传统节目频道（نيرقلا ةانق）	传统
9	议会专属频道（سلجملا ةانق）	议会

1998 年科威特国内出现了希望允许开办私营广播和电视台的声音，2003 年科威特新闻部开始向私营广播电台和电视台发放运营许可证，2004 年“观点”电视台（Al-Rai）（قناة الرأي）获得了科威特第一张私人电视台执照，成为科威特乃至海湾地区第一家私人独立电视台。之后数家私人电视台相继成立，它们拥有更加独立灵活的内

容编辑权限，播放内容涵盖娱乐、艺术等方面。其中最具代表性的私人电视台为“艺术”电视台（Funoon TV）（قناة فنون）、“祖国”电视台（Al-Watan）（قناة الوطن）和“库特”电视台（Al-Kout）（قناة الكوت）。

“观点”电视台于2004年开播，和《观点报》同隶属于“观点”传媒集团，电视台和办公室设在科威特市，转播塔设在迪拜。“观点”电视台全天24小时播出节目（包含重播节目），节目内容包括电视剧、教育节目、宗教节目和新闻，主要受众是中东、北非阿拉伯语区域的观众。

“祖国”电视台于2007年开播，和《祖国报》同隶属于科威特传媒集团（Kuwait Media Group），播出语言是阿拉伯语，下设三个频道：祖国综合频道，注重本土事务，以批评政府而著称，同时也播放一些娱乐节目；祖国Plus频道，主要播放体育和政治访谈，也重播一些电视剧；音乐频道，主要播放海湾流行音乐。2015年科威特新闻部以资金条件不符为由撤销了“祖国”电视台的运营牌照。

6. 出版机构

科威特拥有多家实力雄厚、业务广泛的大型新闻出版集团，如上文提到的“舆论”传媒集团，“它们拥有大型的、设备先进的印刷厂，不仅每天完成报纸的印刷任务，而且还能经营商业性印刷和广告业务”①。

规模相对较小的专业出版社和出版集团专注于图书、杂志等印刷物的出版发行，有的更在内容选材、发行范围、发行渠道和数字化出版等方面另辟蹊径，拥有自己独特的受众群。纳什利电子图书出版社（دار ناشري）是一家非营利性质的电子图书出版社，同时也是一个网络图书馆，提供免费的各领域海量电子书籍、文献、期刊资料。它为实体印刷提供了一种实用的、可替代的出版方案，并为用户提供创作、评论和电子书下载等功能。明珠出版社（دار لولوه للنشر）创办于2011年，隶属于科威特王室因蒂萨尔·萨利姆·萨巴赫公主创办的明珠集团（مجموعة اللؤلؤة），在科威特、迪拜和贝鲁特均设有办

① 王景祺:《列国志·科威特》，209页，北京，社会科学文献出版社，2014。

事处，是阿拉伯世界唯一一家以出版个体发展相关内容书籍为主的出版社，旨在出版有助于改变读者生活、促进个人成长的书籍和杂志。PH7 出版社（PH7 Group）创建于 2000 年，是一家综合性传媒集团，业务范畴涵盖印刷出版、媒体运营等，还经营一家网络电子媒体平台“Passions Arabia”。

（二）重大活动

1. 书展

科威特国际书展（Kuwait International Book Fair）于 1975 年开始每年举办一届，是阿拉伯世界规模最大、历史最悠久的书展之一，主办者为科威特文化、艺术与文学委员会（NCCAL），这也是该委员会举办的参与者最多的文化活动，科威特的各大政府机构和阿拉伯世界的多家出版社都会参与。书展还举办研讨会、论坛、讲座和诗歌会等活动，为出版商、创作者和读者搭建了一个交流互动、观点碰撞的平台。设立儿童馆也是科威特书展的一大特色，通常来说，童书出版商和科威特文化、艺术与文学委员会的少年儿童文化监管小组会共同举办多项针对儿童读者的特色活动，包括实践工坊和文艺表演等，激发孩子们的阅读兴趣和创作热情。

第 44 届科威特书展于 2019 年 11 月 20 日至 30 日举行，有来自 30 个国家和地区的约 500 家出版机构参展，包括三家中国出版社，其中五洲传播出版社是第三年参加。

2. 艺术节

古林艺术节（Qurain Festival）是科威特最大的文化艺术活动，1994 年起每年举办一次，每次为期 3 周，由科威特文化、艺术与文学委员会主办，活动涵盖思想、艺术、音乐、戏剧、诗歌和造型艺术等各领域。2016 年 1 月，中国浙江艺术团在古林艺术节举办专场演出；2017 年 10 月，科威特文化、艺术与文学委员会主席兼古林艺术节主席阿斯尤希参加在浙江举办的“意会中国——阿拉伯知名艺术节负责人访华交流活动”，并代表古林艺术节加入“丝绸之路国际艺术节联盟”。

3. 戏剧和影视活动

与其他海湾国家相比，科威特的戏剧传统较为悠久，发展较为繁荣，是科威特民众文化生活的重要组成部分，因此，科威特文化、艺术与文学委员会每年举办科威特戏剧节（Kuwait Theater Festival）和阿拉伯儿童戏剧节（Arab Children's Theater Festival），面向不同年龄段、不同国家的戏剧表演爱好者和专业人士。

与戏剧相比，科威特的电影事业不是很发达，观众偏向欣赏外国影片。近年来科威特开始提高对电影业的重视，科威特文化、艺术与文学委员会从2017年起开始举办科威特电影节，鼓励科威特青年影人的艺术创作，提高观众走进电影院观影的兴趣。

四、中科传媒业交流与合作的现状与前景

1971年3月22日，中国和科威特建立外交关系，科威特成为最早与中国建交的海湾阿拉伯国家。事实上，在正式建交之前两国就已经开始友好交往，1961年中国政府致电祝贺科威特独立，1965年双方派代表团互访，1967年中国在科威特举办经济贸易展会。

20世纪八九十年代，两国关系不断发展。1981年起中国在科威特开展劳务承包；1985年两国开通航线，签署投资保护协议，科威特成为中东地区第一个响应中国改革开放的国家；1990年海湾战争前后，中国明确表示支持科威特并积极参与科威特的战后重建工作；1998年科威特向中国提供洪灾捐助。

进入21世纪后，中科友好合作关系继续发展，各层次友好交往频繁，双方多次进行高级别互访，签署各领域合作文件。2014年6月，科威特首相贾比尔访华，两国签署了涉及外交、金融、投资、能源、航空、财政、文化等领域共10项合作文件，科威特成为全球首批与中国签署"一带一路"合作文件的国家之一，也成为亚洲基础设施投资银行的创始成员国之一。2018年7月，科威特埃米尔萨巴赫访华，中科两国升级建立战略伙伴关系。

目前，中科关系正处于历史最好时期，两国的友好交往也一直

是中国同地区国家交往的典范。自两国于1982年签署《中华人民共和国政府与科威特国政府文化、教育、新闻合作协定》起，中科之间的文化交流日渐加深。2018年中科两国发表联合声明，明确指出加强在新闻出版、广播影视、智库等领域的合作。在此背景下，中科两国在图书交流、出版业合作、传统新闻媒体合作、艺术交流等方面取得一系列成果。

（一）图书交流

中科两国开展图书交流的一个重要方式是互赠图书，中国驻科威特使馆曾多次向科威特国家图书馆、高校、文化和学术机构捐赠各类中文图书，书籍内容涵盖中国历史、文化、政治、外交、旅游、汉语教学等多个领域，这有助于加深两国人民的相互了解。2009年3月，驻科使馆在科威特海湾科技大学举办中国文化周活动，并代表中国文化部赠送中文图书260余册。2018年3月、4月、5月和11月，驻科使馆分别向科威特国家图书馆、科威特外交学院、科威特巴比屯基金会、科威特科学研究院赠送纸质中文图书和电子图书，科方表示使馆所赠的中文书籍广受好评，借阅量不断增加。

2016年《中阿合作论坛2016年至2018年行动执行计划》提出，中国和阿拉伯国家应加强图书馆和信息领域合作，保护遗产、文献和档案。在新的指导意见框架下，双方的图书交流从赠书扩大到图书馆和信息领域合作。中阿图书馆与信息领域专家会议至今已成功举办三届，2019年第三届会议在科威特举办，包括中国国家图书馆和各省图书馆在内的30余名中方馆长、官员、专家出席会议，并参观了科威特国家图书馆，双方就图书馆信息化的互惠机制展开了深入交流。

（二）出版业合作

近年来中国在国际论坛、出版项目和互译协定等方面将阿拉伯国家和“一带一路”沿线国家作为工作重点，中科之间的图书互译出版与书展交流在此背景下取得了新发展。

2014年6月，中国国家新闻出版广电总局与科威特国家文化、艺术与文学委员会在北京签署了《中科经典和当代文学作品互译出版项目合作议定书》，旨在积极推动相互翻译出版对方国家的经典和当代文学作品，进一步促进两国人民之间的相互了解和友谊。根据协议，双方将启动“中科经典和当代文学作品互译出版项目”，5年内相互翻译出版对方国家文学作品不少于25种，出版不少于50种图书。为实现这一目标，双方将各自成立项目协调小组，并指定本国一家出版机构负责项目的具体实施。2016年，《中阿合作论坛2016年至2018年行动执行计划》第十一条提出，双方应在业已签署的谅解备忘录框架下，在翻译和出版领域继续积极开展合作。

科威特文化、艺术与文学委员会于2015年出版了由埃及汉学家阿卜杜勒·阿齐兹·哈姆迪翻译的余华作品《活着》；五洲传播出版社和上海文艺出版社分别于2019年和2020年出版了科威特作家阿卜杜拉·巴希斯的小说《狼的味道》和萨乌德·桑欧西的小说《竹竿》，将科威特的优秀文学作品介绍给中国读者。

与此同时，中国出版机构积极参与科威特国际书展，助推更多的中国主题书籍进入科威特读者的视野。

2018年11月，五洲传播出版社作为“中阿典籍互译出版工程”和“中科经典和当代文学作品互译出版项目”的主要执行方，携约160种800余册精品图书参加第43届科威特国际书展，这是中国实体图书首次亮相科威特国际书展。

2019年，第44届科威特国际书展如约举办，五洲传播出版社继续参展，带来了100余种阿文和英文精品图书，其中最受欢迎的作品是中国四大古典名著，阿文版的《红楼梦》一上架就被抢购一空，《三国演义》也延续了上一届书展的热度，受到更多读者的关注。首次参展的人民天舟（北京）出版有限公司为当地读者带来了6 000余册阿语、法语、英语精品图书，并进行文创产品的展示与销售。

（三）传统新闻媒体合作

中科两国主流媒体和通讯社自建交以来积极进行双边新闻报道

与交换，其中科威特通讯社与新华通讯社每天都交换新闻。[①]

科威特的广播电视主管部门和媒体机构自2013年起积极参加每两年举办一届的“中国—阿拉伯国家广播电视合作论坛”，并同中国国家新闻出版广电总局签署了综合性广播电视合作协议。

此后，双方广播电视媒体高层和专业人员也保持经常性互访。2014年10月，新华社总编辑何平率团访问科威特，其间会见了科威特新闻大臣兼青年事务国务大臣萨勒曼，双方就加强中科新闻、文化、青年交往等领域的合作与交流，共同推进“一带一路”倡议相关问题交换了意见。何平还会见了科威特通讯社社长穆巴拉克，就进一步深化双方合作、增进业务交流等进行了富有成效的交流。2014年12月，国家新闻出版广电总局国际合作司副司长闫成胜率团出席在科威特举行的阿拉伯广播联盟第34届大会，其间拜会了科威特新闻大臣兼青年事务国务大臣萨勒曼、新闻部助理次大臣尤素福，就进一步加强中科两国广电领域合作交换了意见。2015年4月，国家新闻出版广电总局副局长童刚会见科威特新闻部助理次大臣尤素福一行，探讨了加强两国在广播影视媒体领域的交流合作。

（四）艺术交流

近十年来，中科两国保持着稳定而频繁的文化艺术交流，活动主要由中国文化部，中国驻科威特使馆，科威特文化、艺术与文学委员会及两国高校发起并参与，多以电影周、文化周、文化节、音乐节、艺术展、图片展、文艺演出等形式呈现，这些交流活动充分展现了两国在文化艺术领域的历史沉淀和创新成果，促进了两国民众对彼此灿烂文化的了解和认知。

“意会中国”是中国文化部于2009年发起的文化交流活动，主要邀请阿拉伯艺术家赴华采风创作。2017年12月第九届“意会中国”国际巡展在科威特举办，科威特是此次国际巡展的第三站。展览汇聚了来自16个阿拉伯国家的知名艺术家创作的精品，共展出画

① 黄秉生:《向世界传送阿拉伯人民的声音——埃及、科威特新闻事业一瞥》，载《海外新闻界》，2001（1）。

作30幅，包括8位科威特优秀画家的作品。例如，科威特画家穆罕默德·阿尔莱伊斯描绘中国古镇餐馆的画作《前童古镇》和艾哈迈德·穆基姆描绘中国女性和北京故宫的画作《古老与现代》。

2006年7月，中国电影周在科威特举行。2011年正值中国与科威特建交四十周年，中科两国文化部门举办了一系列庆祝活动，如“科威特文化周”“中国文化节”等，通过图片展、文艺表演等方式回顾两国交往历程。2016年以来，湖南、四川、广西等地艺术团多次赴科参加艺术节、音乐节演出，展示了独特的中华艺术魅力。

总体来看，中科双方的人文交流在内容、形式和互动层次方面存在一定的局限性：交流合作内容多与艺术相关，广播、影视、媒体领域的互动相对较少；交流形式较为单调，多为艺术团访问演出、使馆赠书、文化周和艺术展等传统模式，缺乏多样性、创新性活动类型；绝大多数交流活动是在“中阿合作论坛”等多边合作框架下展开，中科两国双边深层次的合作交流较少。

相较于埃及、沙特等已经和中国传媒业开展多年交流且成果丰富的阿拉伯国家，科威特的新闻出版、广播影视乃至新媒体行业对中国的相关机构和企业来说稍显陌生，但是这些不足和局限正说明了中科传媒合作还存在着巨大的潜力。

首先，两国可以扩大新闻媒体合作领域，投入更多资源，更加真实、客观、全方位地报道对方国家的社会情况和民众生活。其次，两国可以进一步加强图书出版互译合作，由相关主管部门牵头，联系两国专业出版社和译者，制订更为具体、细致的执行计划，发掘更多优秀文学作品，早日推出互译出版成果，将民众之间的了解从国家社会的基本情况推进至更深度的历史文化和民族传统；此外，两国在戏剧和影视发展上各有所长，可以积极组织科威特戏剧团体赴华演出，同时推动中国影视作品在科威特展映和播出。最后，双方还可以开辟新媒体领域的合作，中国网民数量多，互联网企业实力雄厚，产品多样，科威特互联网渗透率高，民众对社交媒体和新兴互联网产品具有极大的热情，如果成功推动中国互联网企业及其产品进入科威特市场，将搭建起两国民众尤其是青年人之间最有效的沟通交流的桥梁。

中科友好交往历史悠久，近年来双方积极推动共建“一带一路”倡议与科威特“2035 国家愿景”对接，进一步加强各领域深层次合作。无论是友好的历史交往还是积极的时代助力，都为中科两国的传媒合作提供了充分的条件、深厚的基础和广阔的前景，双方如果能更加主动、全面和务实地开展相关合作，所取得的成果一定能惠及两国人民，真正实现“民心相通”。

（北京外国语大学阿拉伯学院　张见童、孟炳君、刘欣路）

黎巴嫩传媒业与中黎传媒合作

黎巴嫩传媒业的诞生可追溯至17世纪，新闻自由传统和相对开放、宽松的政策环境为其传媒业的持续发展奠定了坚实的基础。国家独立后，黎巴嫩传媒业获得长足发展，传媒政策与机构建设不断完善，黎巴嫩更是被视为中东传媒业中心。进入21世纪后，互联网技术的广泛应用则为黎巴嫩传媒业的新发展提供了机遇。随着中阿共建“一带一路”的深入推进和中国新闻出版“走出去”步伐的加快，中黎在传媒业上的互利合作呈现出形式日益多元、成果日渐丰富的特点。

一、黎巴嫩国情与传媒业主要发展历程

（一）黎巴嫩国情

黎巴嫩共和国（الجمهورية اللبنانية），简称黎巴嫩，被视为中东地区西化程度最高的国家之一。历史上，黎巴嫩在公元前2000年为腓尼基的一部分，此后相继受埃及、亚述、巴比伦、波斯和罗马统治。7至16世纪，黎巴嫩并入阿拉伯帝国，1517年被奥斯曼帝国占领，第一次世界大战后沦为法国的委任统治地，后于1943年11月22日独立。黎巴嫩常被人们称为“中间之地”（a land in-between）。地理方面，黎巴嫩位于亚洲西南部地中海东岸，东部和北部与叙利亚接壤，南部与以色列（边界未划定）为邻，西濒地中海，地处关系紧张的叙以之间，黎巴嫩长期承受巨大的安全压力。2011年叙利亚内战爆发后，大量叙利亚难民涌入黎巴嫩，据估计，至2016年，在黎的叙利亚难民已达150万人[①]，对黎巴嫩本国的经济和社会局势造成了巨大冲击。

人口方面，截至2020年5月，黎巴嫩人口已超680万，约占全球人口总数的0.09%，在全球人口中排名第108位。其主体民族为阿拉伯人，人口密度为每平方千米667人。同时，世界各地的黎巴嫩裔人口总数已达到约1 500万，使得黎巴嫩成为鲜有的国外本民族人口多于国内人口的国家。目前黎巴嫩城市人口约占总人口的78.5%，人口年龄中位数为29.6岁，是一个较为年轻化的国家，人口预期寿命为79.3岁，排在全球第44位。[②]受到历史因素和地理位置的影响，黎巴嫩有史以来就不断接收着邻近国家和地区的人口移民，并融合形成了本土的多元化民族。黎巴嫩的外来移民主要包括亚美尼亚人、犹太人、伊朗人、法国人、意大利人、巴勒斯坦人、叙利亚人、伊拉克人、库尔德人、土耳其人等。

宗教方面，黎巴嫩受到多种宗教文化的影响，穆斯林占57.7%

① Marco Funk and Roderick Parkes，Syrian refugee flows – and ebbs（2016）.

② Worldometer，Lebanon Population（2020）.

（其中逊尼派占 28.7%，什叶派占 28.4%，阿拉维派和苏非派占 0.6%），基督徒占 36.2%（主要是马龙派教徒、亚美尼亚东正教、梅尔凯特天主教徒和新教徒、迦勒底天主教徒，叙利亚天主教徒等），德鲁兹教派占 5.2%，其他宗教群体人口占 0.9%。信仰人数最多的三大最主要教派分别是伊斯兰教逊尼派、伊斯兰教德鲁兹派和基督教马龙派。

政治方面，纷繁复杂的宗教也导致了黎巴嫩政治格局的多党林立、互相制衡，其政治力量较为分散。目前黎主要政党有伊斯兰教逊尼派政党"未来阵线"（Future Movement）、基督教马龙派政党"黎巴嫩长枪党"（The Lebanese Kataeb Party）、穆斯林什叶派政党"真主党"（The Party of God 或 Hezbullah）和基督教派右翼政党"黎巴嫩力量"（Lebanese Forces）等。黎巴嫩实行三权分立的议会民主制，是议会制民主共和国。总统是国家元首，内阁行使行政权，议会行使立法权，最高法院为行使司法权的最高司法机关。根据 1943 年独立时的《民族宪章》规定，总统由基督教马龙派担任，总理由伊斯兰教逊尼派担任，议长由伊斯兰教什叶派担任。1990 年《塔伊夫协议》签署后，总统权力受到削弱，国家实际权力已转交总理。

（二）黎巴嫩传媒业主要发展历程

黎巴嫩是阿拉伯地区新闻业历史最久、发展最快的国家，被视为阿拉伯新闻媒介的诞生地和发展中心之一。其优越的地理位置以及发达的教育，为国内新闻业的发展奠定了良好的基础。但影响新闻业发展的不利因素也很明显，黎巴嫩教派林立，受地缘政治因素制约，各种矛盾错综复杂，地区大国以及世界强国都试图对黎巴嫩施加影响，并通过多种方式控制媒体。新闻媒体往往受制于其背后不同宗教及党派的政治力量，故黎巴嫩的新闻媒体常常成为某一特定利益集团的喉舌，其报道倾向受到政治利益的影响。

1. 出版业

黎巴嫩近代出版业的出现最早可追溯到 1610 年，当时卡迪莎山谷（Kadisha Valley）的卡扎亚圣安东尼修道院出现了第一台印刷机，[①] 用古叙利亚语和阿拉伯语制作发行了它的第一本出版物，“Qozhaya Psalter”——《旧约》的赞美诗，这也是中东地区的第一本出版物。19 世纪下半叶，贝鲁特成为一个多宗教汇集的商业中心，1864 年贝鲁特美国大学和 1875 年圣约瑟夫大学这两所私立高等教育机构建立之后，吸引大批知识分子云集于此。正是在这一时期，贝鲁特涌现出一大批出版机构。

黎巴嫩独立后，贝鲁特以其自由开放的传媒和文化氛围，成为阿拉伯世界的出版中心。在 20 世纪 40 年代，贝鲁特共拥有 39 种报纸，以及以阿拉伯语、法语、英语出版的 137 种期刊。此外，首届贝鲁特书展于 1956 年举办，这也被视为黎巴嫩出版业进入快速发展时期的重要标志。20 世纪 60 年代初，黎巴嫩有近百家出版商和 250 多台印刷机，[②] 多语种出版物在这一时期也得到大力发展和广泛推广，例如，亚美尼亚语出版物有 44 种，包括日报和期刊。[③] 许多叙利亚、巴勒斯坦和其他阿拉伯国家的作家也被黎巴嫩自由的出版环境所吸引。尽管黎巴嫩的国土面积较小，但得益于便利的地理位置、自由的言论环境、现代印刷机的发明和先进的图书发行渠道，贝鲁特成为区域出版业的领航者，黎巴嫩出版商在阿拉伯出版业中长期占据主导地位。

书展是黎巴嫩重要的售书渠道，几乎全国所有的出版商都会参与黎巴嫩主要书展活动。黎巴嫩每年举办两次重要的区域出版活动，即贝鲁特书展和贝鲁特法语博览会。由阿拉伯文化俱乐部和黎巴嫩出版社联盟主办的贝鲁特国际书展自 1956 年在贝鲁特美国大学举办第一届以来从未间断，被认为是中东地区最重要的书展之一，也是黎巴嫩每年重要的文化活动，为黎巴嫩出版商的图书发行提供了广阔的平台。此外，随着近年来互联网的崛起，不少黎巴嫩出版公司将眼光投向了线上出版。如知名的阿拉伯科学出版社，每年出版新

① Paul L. Hover，*Islamic Book and Information Culture: An Overview*，Webology，201703.

② Washington，D.C.，*Federal Research Division: Lebanon A Country Study*，1989.

③ Nicola Migliorino，*(Re)constructing Armenia in Lebanon and Syria—Ethno-cultural Diversity and the State in the Aftermath of a Refugee Crisis*，Berghahn Books，2008.

书500种，拥有13种语言的翻译能力，年销售额1 200万美元。其图书数字化程度高，所有图书均有电子版，电子书收益占到年销售额的近10%，旗下还经营一家网上书店。目前，在黎巴嫩新闻部和黎巴嫩出版商协会注册登记的出版社数量超过700家，其中比较活跃的有200家左右，每年出版的图书数量超过8 500种，占阿拉伯世界图书出版总量的30%以上。①

2. 报业

历史上黎巴嫩一直是中东地区报纸私人订阅量最高的国家之一，也是中东地区印刷环境最好的地区之一，历来被称为“中东新闻中心”。这一定程度上得益于其新闻媒体的多元化和广泛的读者群体。黎巴嫩创办报纸的最初目的是在紧张的宗教与地区氛围中呼吁民族团结，报纸的主要作用是教化人民，而非娱乐消遣或是单纯提供信息。1858年，黎巴嫩乃至整个阿拉伯地区的第一份现代报纸《新闻花园》于贝鲁特出版，并一直持续出版到1911年。1860年，又有另外三份报纸紧随其后出版发行，分别是在黎巴嫩出版的《叙利亚的呼唤》（*The Call of Syria*，Nafeer Souria）、在伊斯坦布尔出版的《旅行新闻》（*The Traveling News*，Aj-Jawa'ib）和在法国出版的《巴黎邮报》（*Paris Mail*，Barid Paris）。② 1929年，黎巴嫩国内出版报纸数量超过270份。

20世纪70年代，由于黎巴嫩独特的文化开放政策和言论自由氛围，其首都贝鲁特成为阿拉伯地区的媒体和出版中心，获得大量投资，投资者包括伊拉克前总统萨达姆·侯赛因、利比亚前领导人奥马尔·穆阿迈尔·卡扎菲、突尼斯前总统本·阿里以及多名沙特王室成员等。黎巴嫩的报纸畅销整个阿拉伯世界，刊有来自各个阿拉伯国家的作者的文章和专栏。海湾国家、伊拉克和利比亚都曾资助黎巴嫩新闻机构，利用黎巴嫩报纸的影响力进行政治斗争和较量。在一段时期内，黎巴嫩报业曾获得丰富而稳定的外国资金注入。20世纪70年代，黎巴嫩出版的日报就多达30多种。1975年，有21

① 苗强：《黎巴嫩：中东出版中心》，载《出版参考》，2017（6）。

② Press Reference，“Lebanon Press，Media，TV，Radio，Newspapers.”

种日报的日均发行量超过 1 000 份，其中发行量在 18 000 份以上的有 5 种之多[①]，这对一个当时人口仅有三百多万的小国来说实属罕见，报业也在一段时间内成为黎巴嫩国内外各方政治势力角力的主要平台。目前，黎巴嫩全国各类报刊有 600 余家，其中有 52 家是政治性日报。[②] 主要日报有《每日星报》《白天报》《消息报》等，主要刊物有《事件周刊》《阿拉伯周刊》《杂志周刊》《黎巴嫩评论》《星期一早晨》等。

3. 电视媒体

1959 年，两家私营电视台 CLT 和 Télé Orient 在黎巴嫩成立，翻开了黎电视媒体行业发展的全新篇章。这两个电视台于 1978 年被政府收购，合并为黎巴嫩国家电视台（Télé Liban），政府占一半资本。该电视台归黎巴嫩电视公司所有，但董事长和董事局成员均由政府任命。新闻节目采用阿拉伯语、法语和英语播出，而教育、卫生、文化娱乐等节目则主要以阿拉伯语播出。1985 年，黎巴嫩广播公司电视台（LBC）成立，成为黎巴嫩第一家私人电视台。1992 年，该电视台被黎巴嫩商人皮埃尔·埃尔·达赫（Pierre El Daher）收购，重组为黎巴嫩国际广播公司（Lebanese Broadcasting Corporation International，缩写为 LBCI）。1996 年 4 月，黎巴嫩国际广播公司推出了免费卫星频道 LBCSAT，取得巨大成功。此后不久，在短短三个月的时间内，它又推出了三个新的加密频道：LBC 欧洲台、LBC 美洲台和 LBC 澳大利亚台。时至今日，LBC 欧洲台每天播出 16 个小时，而另外两个频道则全天播出。目前，黎巴嫩国际广播公司已成为中东地区最受欢迎的电视台，也是黎巴嫩第一大电视台。该台的成功鼓励了其他政客和金融家进军电视领域，导致黎巴嫩电视台数量激增。1992 年，由已故黎巴嫩前总理哈里里创建的黎巴嫩未来电视台正式开播，目前已成为黎巴嫩第二大电视台。创办于 1991 年的黎巴嫩灯塔电视台是黎巴嫩真主党的宣传喉舌，节目的政治性和

---

① Nabil Dajani, "The Myth of Media Freedom in Lebanon," *Arab Media and Society*, 2013.

② 刘欣路、何明星:《黎巴嫩新闻出版业概况——兼谈黎巴嫩与中国的文化交往》, 载《科技与出版》, 2016（6）。

宗教性很强。

各种私人电视台如雨后春笋般成立发展的现象，直到 1994 年《视听媒体法》规定限制电视台数量后才有所改变。黎巴嫩电视业的一个显著特点就是政治和宗教影响着电视竞争格局，不同派别的政治和宗教势力都控制和管理着相应的电视媒体。目前，黎巴嫩有十个国家电视频道，以及五家数字有线电视公司——线视公司（Cable Vision）、Econet、City TV、Digiteck 和 UCL，其中大多数是某些政党或联盟的附属或支持机构。在运营方面，2015 年，黎巴嫩政府要求有线电视平台在播出本国频道时，需要为这些频道支付一定数额的播出费。[①] 该政策在增加本国电视播出机构收入来源，推动黎巴嫩电视媒体机构规范发展等方面发挥了积极作用。

至 2016 年，黎巴嫩电视普及率达到 92%，共有 359 万用户，电视到达率为 69%。2016 年，黎巴嫩的年平均收视率为 4.09%，复合年增长率为 3.55%，年平均收看时长为 359 分钟。[②] 另据萨米尔 · 卡希尔基金会发布的无国界记者调查显示，至 2016 年，黎巴嫩 79% 的民众每日观看电视以获取时事资讯，99% 的民众收看阿语新闻，60% 的民众收看英语新闻，另有 11% 的民众收看法语新闻。96% 的民众最习惯于通过收看电视获取信息，91% 的民众认为电视是获取信息的重要手段。可以说，电视在黎国内的普及度以及受人民欢迎程度相对较高。目前，当地最具影响力的电视台是黎巴嫩国际广播公司和未来电视台（Future TV），其国内最大的付费电视运营商是线视公司，其市场份额为 62%[③]。

在数字化方面，黎巴嫩政府早在 2006 年就计划在 2015 年完成模拟转数字进程。但在实际推进过程中，黎巴嫩在模拟转数字进程方面落后于整个阿拉伯地区，到 2021 年，该国的数字电视用户在电

① 李宇:《黎巴嫩电视业发展现状研究》，载《现代视听》，2019（3）。

② Ipsos，Lebanon：2016 TV Audience Measurement.

③ Freedom House，“Lebanon - Freedom of the Press 2016.”

视家庭中所占比例预计为 5%。[①]

4. 广播电台

1938 年，法国托管当局在黎巴嫩建立了一座广播电台，1946 年该电台被新独立的黎巴嫩政府接管，成为黎巴嫩无线电广播业的基础。1959 年，私营的黎巴嫩电视公司开播，开启了黎巴嫩的电视广播事业。1990 年内战结束时，大约有 180 个无执照的广播电台在全国范围内播放节目。[②] 为了整合规范媒体部门，黎巴嫩政府于 1994 年通过了《视听媒体法》，确定了无线电台的播放范围和技术标准。

目前，黎巴嫩有五大广播电台和数十个规模较小的广播电台，用该国四种主要语言——阿拉伯语、英语、法语、亚美尼亚语，进行无线电广播，其听众覆盖 85% 的黎巴嫩人口。[③] 大多数电台位于首都贝鲁特。截至 2015 年，黎巴嫩有 72% 的广播电台提供阿拉伯语广播，48% 提供英语广播，24% 提供法语广播。约 22% 的黎巴嫩民众每天收听广播以获取资讯，平均每人每周收听广播时长达到 7 小时。[④] 该国大部分广播电台都有商业许可证，其广播范围包括音乐节目、社会文化节目和娱乐谈话节目。但根据《视听媒体法》，和黎巴嫩的电视机构一样，黎巴嫩的广播电台也因其播放目的和播放资质的不同而被分为“一类”和“二类”，拥有“一类”牌照的电台被允许播放含有政治内容的节目，尽管它们要缴纳的运营费用更高，面临的限制也更严格，而持有“二类”牌照的电台则不被允许播放政治内容和新闻。目前只有少数广播电台持有“一类”牌照，如黎巴嫩之声电台、人民之声电台、黎巴嫩自由电台、明日之声电台、光之声电台和国有的黎巴嫩广播电台。

与其他黎巴嫩新闻媒体一样，广播电台也受到不同的政党或是

① 李宇:《黎巴嫩电视业发展现状研究》，载《现代视听》，2019（3）。

② Fanack Home，“Lebanon’s Media Landscape：An Overview.”

③ Central Intelligence Agency，“The CIA World Factbook 2009，” Skyhorse Publishing Inc.，2008.

④ Samir Kassir Foundation，“Reporters Without Borders：Media Ownership Monitor in Lebanon，” 2018.

宗教派别支持，有其不同的新闻提供者和意见支持者，为不同的利益发声。但国有的黎巴嫩广播电台除外，该电台主要反映黎巴嫩政府的官方路线，是无党派的中立电台，也反映了黎巴嫩所有主流政治力量的观点。它对泛阿拉伯和国际事务采取中立立场。

5. 数字媒体和新媒体

黎巴嫩是阿拉伯世界最早引入互联网的国家之一，也是最早开始媒体数字转型的国家。到 1996 年，已有三家报纸，即《光明报》（*Al-Anwar*）、《白天报》（*An-Nahar*）和《使节报》（*Al-Safir*）开设了网络版。[①] 截至 2000 年，黎巴嫩已有 200 多个新闻网站。2013—2016 年，黎巴嫩的互联网普及率迅速提高。到 2016 年，黎巴嫩共有超过 450 万互联网用户，占全国人口的 75.9%。黎巴嫩的社交媒体平台用户快速增长，其 Facebook 用户数在 2017 年已达到国内总人口的 77%[②]，为阿拉伯地区最高比例。

黎巴嫩政府于 2008 年 5 月发布了一项名为“宽带宣言”（The Broadband Manifesto）的文件，指出国家的经济增长和社会发展一定程度上取决于公民和企业是否能够真正获得宽带连接。该宣言旨在推动黎巴嫩宽带业务的推广，提出建设“全民宽带”，提高宽带可靠性，保障公民隐私和安全，打造透明、公平而有竞争力的市场等目标。随着数字化的逐渐普及，黎巴嫩的居民可以通过 24 小时有线网络、卫星频道、网站等方式获取信息。但是黎巴嫩舆论认为，这种广泛的可用媒体并没有转化为有效的意见表达和社会融合。数字媒体的许多新消息来源只是复制了传统媒体所表达的声音，传统媒体中反映出的分裂的政治议程也经常被“复制粘贴”至互联网平台上。

---

① Sarah Mallat, “Mapping Digital Media：Lebanon, Program on Independent Journalism,” 2012.

② 吕延茜：《阿拉伯世界传媒的嬗变及革新》，西安，西北大学硕士学位论文，2011。

二、黎巴嫩的传媒政策与传媒管理部门

（一）黎巴嫩的传媒政策

1. 奥斯曼帝国时期的传媒政策

1841年，奥斯曼帝国颁布法令，任何出版物在印刷发行前都需获得官方许可，即“事前审查”，该法令直到克里米亚战争结束才被废止。根据该法令，帝国境内任何出版物对帝国、政府或是处于帝国管辖内的任何人的攻击，都可能导致无限期停刊和罚款，且此法的适用范围不再局限于土耳其语出版物，而是对帝国境内所有语种的出版物都具有效力，如此一来，新闻审查无论从规模还是从内容上来看，都比以前更为严格了。

然而，黎巴嫩的新闻业在严峻的政策形势中却保持了相对的繁荣。这是因为1864年新闻法决定在一部分基督教徒聚居的地区实行较为特殊的新闻宽容政策，其中就包括今天的黎巴嫩。加之黎巴嫩发达的教育系统，使得黎巴嫩的新闻媒体数量比周围其他阿拉伯国家更多，新闻氛围更宽松，其知名出版物出现时间稍早于埃及，远早于叙利亚、伊拉克和巴勒斯坦，许多阿拉伯世界的名人都曾为黎巴嫩的报纸撰写文章和专栏。

1878年对俄作战失败后，阿卜杜勒·哈米德二世乘机解散议会，停止实行宪法，奥斯曼帝国在战争中失利的消息受到严格审查，以保护平民士气并塑造公众舆论。但由于公众了解战争情况的迫切需要，当时的报纸发行量反而有所增加。战争报道主要内容包括宣传参军和对胜利新闻的鼓吹。当军事审查在第一次世界大战末期有所放宽时，许多记者开始批评诸如经济政策、腐败和战争牟利等问题。第一次世界大战结束时，盟军的占领给黎巴嫩的新闻自由又带来了曙光。在英国盟军司令马歇尔·艾伦比于1919年9月发布废除新闻审查制度的命令之后，黎巴嫩记者迅速恢复了自己的组织工作，并于1919年建立了第一个黎巴嫩新闻工作者联合会。[①]

---

① EAF Baykal，*The Ottoman Press, 1908-1923*，University of Cambridge，2013.

2. 法国委任统治时期的传媒政策

第一次世界大战结束后，法国委任统治政府制定了更为严厉的新闻法，并专门成立了新闻局用于监管媒体，对黎巴嫩和叙利亚境内的所有印刷机构拥有完全控制权，哪怕是当地政府官员，要对任何媒体或是任何新闻从业者采取行动也必须先向该局申请许可。1924 年，黎巴嫩的法国统治者关停了几家反对派的报纸。1931 年，新闻法中又增加了新条例，允许政府对各种出版物进行“事前审查”，并且禁止刊登包含宗教、民族主义思想和政治批评在内的文章。

然而，在这样的高压政策下，黎巴嫩的媒体依旧灵活地履行着自己的使命。到 1929 年，黎巴嫩共有 271 份报纸发行，其中大多数报纸都呼吁将国家从外部压迫政权中解放出来。[①] 报纸上大量讨论政治思想，报业也蓬勃发展。各种报纸被大规模分发和阅读，不仅在首都，较小的区域城镇也往往有自己的当地报纸。即使在法国委任统治的早期阶段，黎巴嫩新闻界在阿拉伯世界也享有较为自由的特殊地位。

3. 黎巴嫩独立后的传媒政策

1946 年，英军和法军从黎巴嫩撤出，黎巴嫩终于获得了完全的独立。但令人诧异的是，第一个上台的黎巴嫩统治政权制定了比法国统治时期更为严厉的新闻法。然而，媒体再次拒绝屈服于高压。1952 年，民众进行了一系列反政府活动，迫使政府放宽新闻法。1962 年，保障新闻自由的法律得以颁布。1975—1991 年的漫长内战再次带给黎巴嫩新闻界严峻的挑战。然而，仍有新闻媒体从战争的血腥混乱中脱颖而出，直至 1991 年战争结束，黎巴嫩新闻界共有 105 份获得许可的政治出版物，其中包括 53 种日报、48 种周报和 4 种月刊。此外，还有 300 多份非政治出版物。[②] 可以说，黎巴嫩新闻在困境中不断发展壮大。

总体来说，独立后的黎巴嫩实行的是较为宽松的传媒政策，其新闻自由度在阿拉伯国家中名列前茅，黎巴嫩媒体被称为“政府的

① Fanack Home，“Lebanon’s Media Landscape：An Overview.”

② Press Reference，“Lebanon Press，Media，TV，Radio，Newspapers.”

第四分支”。黎巴嫩宪法和黎巴嫩签署的若干国际条约均保障公民言论自由和新闻自由。在这方面，黎巴嫩宪法第 13 条规定:“在法律规定的范围内，应保障公民以口头或书面形式表达自己意见的自由，保障新闻自由、集会自由和结社自由。”此外，黎巴嫩议会通过并批准了《世界人权宣言》以及《公民权利和政治权利国际公约》。目前，黎巴嫩的媒体主要受到 1962 年 9 月 19 日出台的《新闻法》以及 1994 年 4 月 11 日出台的《视听媒体法》的监管。

（1）1962 年《新闻法》

1962 年《新闻法》经历过两次修订，第一次是 1977 年颁布的第 104 号修正案，规定媒体工作者需对错误或虚假的新闻、威胁或勒索、侮辱性言论、有损总统尊严的诽谤和蔑视，以及对于宗派的挑衅负责任，且取消了对新闻记者的“预防性逮捕”以保护言论自由。第二次是 1994 年通过的第 330 号修正案。

1962 年《新闻法》的颁布，旨在保护媒体免受随意滥用干预措施的影响，以及保护国家及其公民免受新闻偏见的影响。这部法律规定，记者应至少年满 21 岁，拥有学士学位并且进行了至少四年的专业学习，从而确保了新闻业从业人员的基本素质。实习记者不需要认证，但拥有新闻学学位的人必须在政府相关机构注册，而新闻部则负责每年发行记者证。

在新闻许可证方面，1962 年《新闻法》规定，政治类日报的数量限制在 110 种及以下，并要求新闻部撤回长期未使用的许可证以供其他潜在申请人使用。但在实际操作过程中，许可证很少被撤销。相反地，许可证的所有者常常高价出售未使用的许可证，使得在资源紧缺的情况下成立有许可证的日报渠道成本过高。新闻部和政府相关机构可以拒绝续签广播和电视许可证，并要求外国出版物在国内发行之前注册许可证。

该法律中更为积极的部分，如第九条，规定新闻业是“出版新闻出版物的自由职业”。它将记者定义为主要职业和收入来自新闻方面的任何人。它还将新闻从业人员划归两个联合会：新闻集团（所有者）联合会和黎巴嫩新闻作家（记者）联合会。与此同时，还设立了一个高级新闻委员会以及其他委员会，负责解决与记者有关的其他问题，包括为记者制订退休计划等。这些条款均有效保障了记者的权利，有利于提高其职业尊严，促进了整个记者群体的发展。

此外，新闻法禁止发布"违反道德和公共伦理、不利于民族情感和宗教情感或民族团结"的新闻，违反者如果被判有罪，将面临罚款。记者也被禁止侮辱国家元首或外国领导人，面临该项指控的记者可能会被特别出版法院起诉。

（2）1994 年《视听媒体法》

在 1975—1991 年的内战时期，政府对媒体的控制力有所下降，1962 年《新闻法》并未得到有力执行，这给了媒体极大的发声空间。早在 1992 年 1 月初，黎政府就发布提案，称任何希望继续运作的电视台，其播放的节目中都不应包含政治信息，因为发布此类消息是政府的职权范围，然而这项提案立即受到媒体的抨击，几天后便被撤回。1994 年，黎政府试图对各种新闻机构和新闻从业人员增加拘留和罚款措施，但遭到新闻界和民众的一致抵制和反对，最终不得不在压力下让步。内战期间，成立了许多由不同政党和宗派团体控制的私人电视台。为了规范这些私营电视台的运作，以便使其更好地代表黎巴嫩社会中的宗教和政治团体，1994 年 10 月，黎议会通过《视听媒体法》（第 382/94 号法），对广播电台和电视台进行了整合重组，该法案最终于 1996 年 9 月 18 日生效。

1994 年的《视听媒体法》将电视和广播电台分为两类：一类是已获得播放新闻和 / 或政治内容许可证的电视或广播电台，而另一类则仅获得播放娱乐新闻或一般内容的许可证。这项法律取消了国家对广播电视行业的垄断，黎巴嫩也由此成为第一个允许私人广播电台和电视台在其境内运作的阿拉伯国家。① 虽然这可以看作一个巨大的成就，但当地舆论认为其缺点是，内战中诞生的许多由个人成立的非法小型电视台和广播电台被迫关闭，大部分私人许可证由有影响力的政治家和企业集团获得，以牺牲多元化的代价推动了一些

① Marwan Kraidy, "Broadcasting Regulation and Civil Society in Postwar Lebanon," *Journal of Broadcasting & Electronic Media*, 1998.

地区性媒体大亨的出现。

根据该法，任何个人或家庭都不得拥有一家电视台或广播电台超过 10% 的股份，这项规定与 1962 年《新闻法》中的对应部分有关，即一个人仅可以拥有一份报纸（《新闻法》第 31 条）。此外，电视台必须每年播放至少 4 000 小时的节目，其中至少 40% 是在黎巴嫩本国制作的。节目中不允许包含任何表示赞同或是支持“犹太复国主义运动”的内容。对于电视或广播机构所传播的信息，《视听媒体法》赋予了个人和机构回应和为自己辩护的权利，尽管该法没有具体说明应如何做出回应或向谁做出回应，而新闻部部长有权要求更正或撤回与公共利益或行政管理有关的信息。因此，黎巴嫩公民虽然表面上可以向新闻部提出对广播电视媒体的投诉，但《视听媒体法》并没有明确规定投诉的机制，这样一来，当作为个体的公民在面对一个庞大的媒体集团时，维权事实上是有难度的。[①]

（3）新媒体和数字媒体法案及政策

随着互联网的普及，黎巴嫩的新媒体和数字媒体迅猛发展。尤其是社交媒体在黎巴嫩被广泛使用，其使用者不仅包括绝大多数青年，也包括政治家、艺术家和其他公众人物，他们利用互联网传播信息和思想，在日常生活的许多方面影响着黎巴嫩公民。公民也转向社交媒体和新媒体，以自由地表达他们的意见。

然而，对于这些新媒体的立法仍不完善。目前，黎巴嫩没有任何与新媒体或数字媒体有关的明确立法。在许多情况下，黎巴嫩当局以违反公共秩序或违反某些其他法律为由对新媒体和社交媒体上发表“不当言论者”进行起诉。立法的空缺阻碍了黎巴嫩新媒体和数字媒体的发展，造成许多网络言论不规范的行为。2010 年 6 月至 7 月，公共检察官指控三名公民在其博客和 Facebook 上诽谤黎巴嫩时任总统米歇尔·苏莱曼。在同一时期，一名黎巴嫩博主因在网络上批评武装部队和总统而遭到军事情报部门审问。[②] 2019 年 3 月 7

① Bernhard Hillenkamp，“The Press in Lebanon，” Awakening Media.

② http://www.beirut-today.com/2019/05/03/freedom-of-the-press-in-lebanon/，访问时间：2020 年 3 月 5 日。

日，新新电视台（Al-Jadeed）的一名记者因在 Facebook 发帖批评黎巴嫩国家安全局逮捕了一名患有艾滋病的叙利亚男子，而被以“侮辱安全机构”罪名起诉并被军事法庭缺席判处三个月徒刑。2019 年 4 月 25 日，军事检察官宣布撤回起诉及监禁判决，但类似的案例不断向记者们传达一个信息——政府对网络言论内容的管控将不会放松。仅在 2018 年一年，黎巴嫩支持组织（Lebanon Support）安全主管就记录了至少 13 起黎巴嫩人因在社交媒体上发帖批评政治或宗教领袖，而被公共安全总局传唤、讯问和拘留的案例。[①]

2010 年，马哈拉特基金会与议员卡桑一起提交了一项关于媒体法的提案——“马哈拉特法案”。[②] 该法案呼吁尽快实现新媒体和社交媒体的立法现代化，同时呼吁取消对记者因发表不当言论而判处监禁的条款，建议取消新闻许可证制度，强调应保障公民在网络媒体中言论自由的权利，加强新闻从业人员的资格审核等。但相关立法工作没有取得实质进展。

（二）黎巴嫩传媒管理部门

1. 公共安全总局

公共安全总局（General Directorate of General Security），简称公安总局，早在法国委任统治初期，当时的黎巴嫩政府就于 1921 年 1 月颁布第 1061 号决定，建立公安总局的前身——“第一局”（First Bureau）。独立后，黎内政部于 1945 年 8 月 27 日颁布第 845 号法令，建立公共安全局，隶属于内政部。1953 年和 1955 年，内政部根据工作发展的需要，两度对公共安全局的机构进行调整。1959 年 6 月 12 日，第 139 号法令出台并于同日生效。根据这项法令，公共安全局提升为公安总局。同年 12 月，公安总局职权扩大，除总局原有机构外又配属了各地区和陆、海边境站点。

今天，对黎巴嫩的文学、艺术作品及出版物的审查工作均属于公安总局的管辖范围。公安总局的主要职能之一为新闻监督，主要

① https://monitor.civicus.org.

② LEBANON ILA Country Report.

包括对视听媒体、任何与印刷媒体或印刷机构有关活动的监管，以及对电影的事先审查，有权就监督印刷品、音像制品、报刊和新闻媒体的手段提出研究报告，并致力于妥善执行有关新闻监督的法律、条例。可以说，公安总局的职能范围是广泛而有弹性的。

在印刷媒体方面，外国出版物需要经过公安总局的审查，该局有权审查外国书籍和电影，并对“威胁国家安全”的期刊进行事前审查。2010 年，公安总局就禁止在两个电影节上放映迪贾尔·艾德（De Gaulle Eid）导演的纪录片《怎么回事？》（*Chou Sar?*）。这部电影记录了 1980 年发生在一个村庄的大屠杀事件。[①] 公安总局还禁止一部根据漫画小说改编的关于伊朗革命的获奖电影《波斯波利斯》（*Persepolis*）上映。[②]

2. 出版法院

黎巴嫩出版法院（Publication Court）是根据 1994 年的法律成立的，是专门处理与出版事务有关的特别法院，具有审判权和执行权，还有权派出法官参与上诉法院的审判。出版法院成立的初衷是建立一个由具有审议新闻和出版物犯罪知识和经验的专业人员所组成的专门法院。一般情况下，出版法院对出版物犯罪所做出的处罚包括罚款、8 天至 3 年不等的监禁、强制履行出版义务和暂停或禁止发售出版物等。

3. 新闻部

黎巴嫩新闻部（Ministry of Information）成立于 1961 年，其主要机构包括信息总局、黎巴嫩研究和出版理事会、黎巴嫩国家通讯社、黎巴嫩广播理事会和审计部门等。

新闻部的主要职权包括：为所有出版物颁发或撤回许可证、批准或暂停卫星电视频道及卫星广播、对出版物进行财务监督及对其非法利润或收益采取行政措施、对视听媒体进行事后审查等。

公安总局和新闻部的职权范围有重合部分。为解决这个问题，黎巴嫩司法部立法和咨询委员会发布了一项妥协性决定，使得这两

---

① https://blogbaladi.com/chou-sar-banned-in-lebanon/，访问时间：2020 年 1 月 15 日。

② Nabil Dajani，“Media in Lebanon：Fragmentation and Conflict in the Middle East.”

个机构共享对初步审查的管辖权。该决定声明，如果双方均认为某一部电影可以上映，那么这部电影就会自动获得放映许可。但是，如果任何一方找到合理的理由限制或禁止放映，那么电影将被送交特别行政委员会决定是否上映。

4. 视听委员会

黎巴嫩视听委员会（National Audiovisual Council，缩写为 NAC）成立于 1994 年，是新闻部下属机构——部长理事会的咨询机构。委员会由 10 名成员组成，其中一半由政府（部长理事会）任命，另一半由议会任命，其选举任命程序与黎巴嫩宪法委员会成员选举程序一致。

根据《视听媒体法》，黎巴嫩视听委员会的主要职能是：监督媒体机构运营及广播电视节目的制作和播出；研究媒体机构或个人的许可证申请以及许可证续期申请，确保申请者符合 1994 年《视听媒体法》和相关法律文件中所规定的条件；向部长理事会提交新闻法执行情况报告和法律建议；组织研讨会和媒体调研工作等。值得注意的是，黎巴嫩视听委员会虽然拥有较大权力，但部长理事会才拥有处罚媒体机构以及授予或撤销许可证的最终决定权。

总的来说，黎巴嫩的传媒管理部门各司其职，分工较为明确。黎巴嫩视听委员会主要负责广播、电视等视听媒体运营资格的颁发和审查、视听媒体内容的事后监管。新闻部的主要职责为国家政策宣示，平面媒体运营资格的颁发与审查，平面媒体内容的事后监管，国家通讯社的日常管理、外国新闻机构及人员的管理等。信息部负责网络媒体运营资格的颁发与审查，以及网络媒体内容的事后监管。电信部和电信管理局负责与电话、互联网、电视和广播有关的所有事务，维护市场秩序，建设电信基础设施及推进电信业发展。公共安全总局和黎巴嫩内部安全部队负责全面监管各类媒体内容，对涉嫌威胁公共安全的媒体进行调查，并协同黎巴嫩视听委员会、新闻部和司法部门进行处理。在司法方面，出版法院专门负责审理媒体或个人违反新闻出版法律的案件，对媒体针对行政部门的决定提出的上诉作出最终裁决等。虽然在立法、司法、行政等方面对传媒业作出安排，但总体而言，黎巴嫩相关部门的监管、处罚都较为宽松，其管控方式多为事后审查而非事前审查。

三、黎巴嫩主要传媒机构

（一）通讯社

黎巴嫩共有 3 家通讯社，其中黎巴嫩通讯社是黎巴嫩的第一家通讯社，也是黎巴嫩唯一的官方通讯社，于 1961 年成立，由黎巴嫩新闻部直接领导，每日用阿拉伯语、英语、法语 3 种语言发布新闻稿，报道重点为黎巴嫩政府的官方消息和国内政治、经济、文化发展状况，在黎巴嫩全国各地均设有办事处。

另有两家私营通讯社，分别为黎巴嫩中央通讯社和中东报道通讯社。黎巴嫩中央通讯社成立于 1982 年，通过其网站和印刷出版物，用阿拉伯语报道黎巴嫩国内政治、经济和社会新闻。中东报道通讯社成立于 1977 年，在开罗和华盛顿设有分社，在工作日每日刊发国内外消息英文通讯稿，周末有综述和新闻分析内容的专刊。

（二）出版社

尽管受到黎巴嫩内战、黎以冲突、叙利亚危机等事件影响，但黎巴嫩出版行业仍然保持着较高的发展水平。黎巴嫩出版行业准入门槛低，各政治团体、党派、工会、学术机构、文化机构等均可出版图书。据黎巴嫩出版商协会统计，黎现有约 700 家出版社，比较活跃的有 200 家左右。其中，影响力较大的有以下几家。

阿拉伯东方出版社（دار الشرق العربي）：成立于 1848 年，是黎巴嫩历史最悠久的出版社，在阿拉伯世界享有极高的声誉。该出版社最初以出版古籍图书而著称，曾在阿拉伯各国搜集了大量阿拉伯伊斯兰文化的经典古籍，并重新整理出版。进入 20 世纪后，该出版社除保持古籍出版优势外，还涉足现当代文化领域，出版了塔哈・侯赛因、陶菲克・哈基姆、尤素福・欧瓦德、莱拉・阿斯拉尼等一大批思想家和大文豪的作品。此外，该出版社还出版了大量工具书，其中《阿拉伯语大辞典》是阿拉伯世界使用范围最广的辞典。

法拉比出版社（دار الفارابي）：1956年在贝鲁特成立，是黎巴嫩规模最大的综合性出版机构之一，在中东、欧洲主要国家建有营销渠道，每年出版图书近千种，涉及科学、思想、文化、文学、艺术等多个领域。该出版社的理念是传播与时代同步的思想和知识，为人民特别是弱势群体发声。在过去的60年中，该出版社出版了一大批在阿拉伯世界引起极大反响的本土书籍和引进版书籍，特别是在传播阿拉伯文化方面受到读者的广泛认可。

阿拉伯书局（دار الكتاب العربي）：成立于1980年，总部位于阿勒颇，在贝鲁特、开罗等地均设有分支机构，其出版物涵盖科学、文学等领域，以出版著名阿拉伯作家艾哈迈德·阿敏（Ahmed Amin）、穆斯塔法·萨迪克·拉菲（Mustafa Sadiq Al-Rafii）和阿巴斯·马哈茂德·阿卡德（Abbas Mahmoud Al-Akkad）的作品而闻名。该出版社2017年出版了700多本图书，并参加了多个阿拉伯书展。[①]

萨基出版社（دار الساقي）：1979年萨基书局在伦敦注册成立，是阿拉伯世界第一家在英国成立的出版机构，出版英语和阿拉伯语图书。1990年，萨基书局在黎巴嫩注册成立了萨基出版社。该出版社虽然历史不长，但以推动阿拉伯思想现代化和阿拉伯文明复兴为宗旨，出版了一大批反映世界各国先进文化的优秀图书，阿多尼斯、图尔基·哈马德等大思想家的图书均在该出版社出版。萨基出版社以出版质量高而闻名，仅2008年一年该出版社出版的图书就获得了20多个国际性图书奖项。此外，萨基出版社与阿拉伯国家、欧洲国家的图书馆均保持着紧密的合作关系，其出版的图书被多家图书馆全系收藏。

数字未来出版社（المستقبل الرقمي）：该社成立于1986年，与传统出版企业不同的是，这家公司从数字、电子产品做起，然后扩展到纸质图书出版。该出版社每年新书出版品种在六七百种，主要为外语学习类、伊斯兰主题类、百科全书类等，跟公司的业务特点相关，点读笔、数字化学习应用、教育工具、趣味游戏等也很多。“数字未

① عن دار الكتاب موقع دار الكتاب الإلكتروني. نسخة محفوظة 02 ديسمبر 2017 على موقع واي باك مشين。

来”的国际化程度较高，除阿拉伯地区外，在加拿大、美国、欧洲等地都设有分公司。目前，该社的主要业务范围为传统教育书籍及百科全书类书籍的出版、译制、数字学习开发、教学产品研发、小说出版。

（三）报刊

黎巴嫩有600多家报纸，其中政治性报纸占52家，其他为娱乐、体育、艺术等领域的专门性报纸。[①]黎巴嫩所有报纸均为私营报纸，且其所有权和经营权必须掌握在黎巴嫩本国人手中。很多报纸历史悠久，并以观点开放而受到阿拉伯世界读者的喜爱，成为阿拉伯思想领域的方向标之一。

黎巴嫩报纸主要以阿拉伯语、法语、亚美尼亚语和英语四种语言出版。影响力较大的阿拉伯语日报有《白天报》（*An-Nahar*）、《家园报》（*Al-Diyar*）、《旗帜报》（*Al Liwaa*）、《东方报》（*El Shark*）、《建设报》（*Al Binaa*）、《消息报》（*Al Akhbar*）、《国家报》（*Al-Balad*）和《希望报》（*Al-Amal*）等，影响力较大的英语日报为《每日星报》（*The Daily Star*）。

《白天报》成立于1933年，是一份独立的温和派左翼报纸，致力于成为公权力的监督者，同时以专业方式为读者报道各种不同观点和意见，为各种思想流派的交锋提供平台，以报道政治事件为特色，在“最具影响力的阿拉伯报纸（2020）”评选中位列第七。[②]其创始人为图维尼，图维尼本人自1933—1949年担任报社总经理兼主编，其去世后报社一直由其家族经营，沙特王子瓦利德是《白天报》的重要股东之一。《白天报》被认为是黎巴嫩历史最为悠久的私营报纸之一，也被评为黎巴嫩最受读者欢迎的5家报纸之一，在黎巴嫩和其他主要阿拉伯国家均有发售。一些黎巴嫩著名的作家和政治人物，如埃里亚斯·科里（Elias Khoury）、萨米尔·卡西尔（Samir Kassir）和瓦利德·贾姆普拉特（Walid Jumblatt）均受聘为其供稿。

① 刘欣路、何明星：《黎巴嫩新闻出版业概况——兼谈黎巴嫩与中国的文化交往》，载《科技与出版》，2016（6）。

② https://www.industryarabic.com/arabic-newspapers/，访问时间：2023年2月13日。

此外，《白天报》是阿拉伯世界最早开始连续关注环境议题的报纸，从 1997 年开始便每天设立环境问题专版。继 2016 年黎巴嫩第一大报《使节报》倒闭后，《白天报》发行规模和地位跃居黎巴嫩报纸之首。2017 年，其日发行量达到 55 000 份。[①] 然而，与埃及《金字塔报》超过百万份的发行量相比，其规模相对较小。

《每日星报》是一家总部位于贝鲁特、面向阿拉伯地区所有国家的泛阿拉伯报纸，在“最具影响力的阿拉伯报纸（2020）”评选中位列第三。[②] 该报于 1952 年由出版商卡梅尔·姆罗瓦（Kamel Mrowa）创立，旨在服务被石油工业吸引来的越来越多的外籍人士，与另一家创立于黎巴嫩的知名日报《生活报》隶属于同一出版公司。随后，它成为黎巴嫩领先的英语出版物之一，并将影响力扩展到了整个中东和海湾地区。沙特政治分析家贾马尔·卡舒吉（Jamal Khashoggi）生前曾为《每日星报》撰写了多篇评论。2004 年，该报将其在黎巴嫩本地与中东其他国家的日报合并，重点关注波斯湾地区的黎巴嫩侨民，并在除科威特以外的所有阿拉伯国家统一发行。除了纸媒外，《每日星报》的新闻网站也拥有大量在线读者，他们主要来自黎巴嫩、美国、加拿大、欧盟和澳大利亚。2009 年，《每日星报》由于财务危机而一度停止运营。2010 年，黎巴嫩的哈里里（Hariri）家族开始为报刊提供经济支持并成为报纸的主要股东。该报纸 2011 年的发行量为 29 940 份。与其他报刊相比，《每日星报》自其创立以来的大多数时间一直作为独立报刊运营，其立场更为温和中立。2020 年 2 月 4 日，《每日星报》宣布，由于“在当前危机中面临财务挑战”，其报纸印刷版将暂时停刊，但其在线网站和社交媒体平台上的账户将保持正常运行。

除阿拉伯语和英语日报外，黎巴嫩还有少量以其他语种发行的报纸，包括三个亚美尼亚语日报和两个法语日报。亚美尼亚语日报分别是：*Ararat*、*Aztag* 和 *Zartonk*。法语报纸是 *L'Orient-Le Jour*（由

① Voxeurop，https://voxeurop.eu/en/content/source-information/971771-nahar，访问时间：2020 年 2 月 21 日。

② Industry Arabic，“RANKED：The Most Influential Arabic Newspapers（2020 Edition）.”

《白天报》的出版商出版发行，以其经过仔细调研的背景信息、优秀的特写报道和有深度的社论而闻名）以及 *Le Soir*。由于黎巴嫩大量精英人士精通法语，法语报纸的影响程度在黎巴嫩较高。

（四）广播电视

广播媒体是黎巴嫩最具多元化特色的新闻媒体之一。在广播领域，黎巴嫩全国现有约 40 家广播电台，其中绝大部分是私营的娱乐性电台，只有少数广播电台能申请到播放新闻的许可证，分别是：黎巴嫩之声电台（Voice of Lebanon）、人民之声电台（Voice of the People）、黎巴嫩自由电台（Radio Lebanese Liberty）、黎巴嫩广播电台（Radio Lebanon）、明日之声电台（Voice of Tomorrow）和光之声电台（Voice of Light）。目前，黎巴嫩影响较大的广播电台有以下几家。

黎巴嫩广播电台，为国家广播电台，归政府所有，由新闻部直接领导。其前身是“东方电台”，始建于 1938 年。1962 年开始用阿、法、英、西、葡 5 种语言对外广播。但此后一度因内战爆发而被迫停止对外广播。

黎巴嫩之声电台是由黎巴嫩卡塔布党于 1958 年在黎巴嫩危机期间建立的。然而在创办几个月后，随着黎巴嫩老总统卡米尔·查蒙的下台和新总统福阿德·谢哈布的上任而停播，后于 1975 年恢复播放。

人民之声电台由黎巴嫩共产党于 1987 年创办，每天广播 18 小时，每隔半小时有一次新闻节目，在开罗、巴黎、伦敦和莫斯科派有常驻记者。

在电视领域，由于阿拉伯世界普遍采取“天空开放”政策，黎巴嫩电视频道得以在各个阿拉伯国家落地。黎巴嫩的电视业因新闻报道及时深入、文化艺术节目开放包容而受到阿拉伯受众的广泛欢迎。黎巴嫩的主要电视台包括以下几家。

黎巴嫩国家电视台成立于 1978 年，政府占有一半股份，公司的董事长和董事会成员均由政府任命，用阿拉伯语、法语和英语播放新闻节目，教育、卫生、文化娱乐等节目则以阿语为主。

黎巴嫩国际广播公司成立于1985年，该台系私营电视台，是黎巴嫩最大的电视台，黎巴嫩多位政要名流均为该电视台股东，沙特的瓦利德亲王是该电视台最大股东，拥有49%的股权。旗下拥有影视台、欧洲台、美洲台、非洲台、马格里布台、澳大利亚台、C33等多个卫星电视频道，是与尼罗河电视台、MBC电视台、阿拉比亚电视台齐名的电视台。

未来电视台创办于1992年，由已故前总理哈里里创建，是黎巴嫩第二大电视台，旗下拥有新闻、体育、戏剧等多个频道，2001年5月与沙特的MBC电视台合并。

灯塔电视台由黎巴嫩真主党开办，创办于1991年，是该党的宣传喉舌，节目的政治性和宗教性较强。

广场电视台是黎巴嫩电视业的后起之秀，创办于2012年6月，总部设在黎巴嫩，但注册地为英国。广场电视台以“还原真实”为口号，主张宽容，拒绝暴力。因客观深入报道中东热点问题，逐渐被阿拉伯观众接受和认可，成为最受关注的阿拉伯电视台之一。

四、中黎传媒业合作与交流的现状与趋势

黎巴嫩是中东的传媒中心之一，中国与黎巴嫩在这一领域的交流合作历史较为悠久。早在20世纪60年代，中黎尚未建交时，黎巴嫩伊本·西纳出版社便出版了《毛泽东选集》，并在各个阿拉伯国家发行。此后，由于黎巴嫩国内局势长期动荡不安，中黎新闻出版合作受到很大影响，双方在该领域的交流合作主要为互访和参加对方举办的书展。近年来，随着黎巴嫩局势逐渐稳定以及中国新闻出版“走出去”步伐的加快，中国新闻出版业越来越重视与黎巴嫩的交流合作，合作形式日益多元，相关成果也日渐丰富。

在图书出版领域，中国国际出版集团与总部设在黎巴嫩的阿拉伯思想基金会签署协议，启动中国经典图书翻译工程；安徽少年儿童出版社与黎巴嫩数字未来公司在黎巴嫩首都贝鲁特合资成立时代

未来有限责任公司，重点开展童书的翻译出版工作。过去几年间，黎巴嫩数字未来出版公司已经翻译、出版200多种中国图书。这些翻译出版的作品中，既包括《构建人类命运共同体》《人民币读本》等主题类或通识类书籍，也有《永远有多远》《慈悲》《五百万汉字》等中国作家的畅销书，为中国图书、中国文化走向阿拉伯国家作出了积极贡献。该公司出版的中国少儿图书也备受阿拉伯国家读者的喜爱，如《爸爸树》《刘海栖幽默童话系列》《海边妖怪小记》《兔子作家》《好好玩·立体互动经典童话绘本》等。数字未来出版公司总裁穆罕默德·阿提卜先生曾荣获第十一届“中华图书特殊贡献奖”青年成就奖，他在接受央视采访时还表示，希望和中国合作进行防疫图书翻译，以学习中国的防疫经验。此外，黄河出版集团、外语教学与研究出版社、朝华出版社等中国出版社与黎巴嫩萨基出版社、黎巴嫩知识出版社等机构建立了版权合作协议，利用黎巴嫩在中东地区的图书销售渠道推动中国图书更好地“走出去”。

为了更好地进行海外新闻的采编，中央电视台已经在黎巴嫩建立了记者站，隶属中东中心记者站。此外，在中黎双方政府的推动下，双方在节目交流方面的合作进展较快。例如，2009年，黎巴嫩国际广播公司、国家电视台、未来电视台以每周两部的频率播出了中央电视台《走近中国》活动提供的十余部电视节目，在黎巴嫩和阿拉伯国家引起强烈反响。

随着“一带一路”倡议的提出以及实施，黎巴嫩作为“一带一路”沿线国家，与中国的传媒合作也日益增多。在媒体合作方面，2016年中国驻黎巴嫩大使姜江先生在接受黎巴嫩国家广播电台的采访时表示，中黎双方在代表团交流、人员培训、项目开展和技术支持等领域都取得了持续进展。[1] 中方邀请黎巴嫩媒体和研究人员定期来华采访或交流，并邀请黎巴嫩媒体专业人士来华参加媒体讲习班，目前中国每年都接待20多名黎巴嫩媒体行业的从业者或学员赴中学习

① مقابلة خاصة للسفير الصيني جيانغ جيانغ في الإذاعة الوطنية اللبنانية.

访问。①

中黎两国出版社也积极参与对方的书展和会议。2016 年 11 月 25 日，中国优秀出版物展览暨向黎巴嫩大学赠书仪式在黎巴嫩贝鲁特哈里里大学城举行，共展出中国出版的英文、阿文和法文版图书共计 200 种 500 多册，涉及中国当代政治、经济和社会发展等各个方面，图书类型有经典学术专著、文学作品、汉语教材、儿童读物等。开幕式同时举办了《百年牵手——中国和黎巴嫩的故事》阿文版的首发式，吸引了众多观众到场。2016 年 12 月，北京外国语大学下属的外语教学与研究出版社（下文简称外研社）参加了第 60 届贝鲁特阿拉伯国际图书展，这是其代表中国第一次参加这个阿拉伯地区的重要书展。受国家新闻出版广电总局委派，外研社在展会上共展示了 380 余种图书，内容包括人文社科、中国文化、外语教学、童书等。② 这也是外研社首次访问黎巴嫩。鉴于黎巴嫩中东出版中心的地位，该社希望借书展之机增强与黎巴嫩出版界的联系，开拓新的合作资源。2018 年，黎巴嫩阿拉伯科学之家出版社参加了北京国际书展，共带来了 150 多本由中文翻译成阿拉伯语的书籍，涵盖文化、建筑、历史、哲学等领域。黎巴嫩研究中心（The Centre for Lebanese Studies）也每年组织有关中国的研讨会，翻译和出版与中国有关的新书。③

在广播电视领域，2013 年，应黎巴嫩新闻部的邀请，由中国国家新闻出版广电总局发言人、办公厅主任吴保安率领的中国电影工作小组一行 3 人对黎巴嫩进行了友好工作访问。同年，黎巴嫩国家电视台派摄制组来华采访拍摄，制作了《世界奇迹——中国》纪录片在黎播放，并在同年 10 月播放了央视阿语频道制作的 10 集阿语纪录片《车行新疆》。2014 年 12 月，国家新闻出版广电总局与黎巴

① https://www. lebanese-forces.com/2018/09/25/agness-helo-zaarour/，访问时间：2018 年 9 月 25 日。

② 外研社参加第 60 届贝鲁特阿拉伯国际图书展，http://lb.china-embassy.org/chn/whkj/t1421001.htm，访问时间：2023 年 2 月 15 日。

③ الوكالة الوطنية للإعلام: السفير الصيني: لبنان ظل نموذجا للديموقراطية والوسائل الاعلامية اللبنانية لعبت دورا في تطوير العلاقات الثنائية، ,http://nna-leb.gov.lb/ar/show-news/269700/nna-leb.gov.lb/ar，访问时间：2020 年 1 月 14 日。

嫩国家电视台签署合作协议，就黎巴嫩国家电视台定期播放中国影视节目达成一致，根据协议，2015 年 2 月，阿文版的中国电视剧《金太狼的幸福生活》登上黎巴嫩荧屏。

此外，中国驻黎巴嫩大使馆每年与黎巴嫩电视台合作，在春节和国庆节期间制作并播放中文节目。2015 年春节，黎巴嫩电视台首次播出了两个中文系列的节目。2016 年春节，该电视台连续十天播放中国旅行节目，主要介绍了位于丝绸之路沿线的重要城市以及几个历史文化名城。

2016 年，中国与黎巴嫩官方电视台签署了合作协议，根据协议，中国将向黎巴嫩提供部分设备。此前，中国曾向黎巴嫩国家新闻局提供计算机，并举办培训课程以提高黎巴嫩新闻记者及编辑的业务能力，以加强中黎两国媒体从业者之间的合作。

2017 年，黎巴嫩国家电视台和 OTV 电视台在贝鲁特签署了加入“丝路电视国际合作共同体”的备忘录，为中黎两国在“一带一路”框架下的文化交流与合作注入了新的活力。“丝路电视国际合作共同体”由中国中央电视台和中国国际电视总公司发起，联合亚、欧、非多国媒体共同创建。共同体于 2016 年 8 月在北京成立，已有来自五大洲的 33 个国家和地区的 53 家媒体与制作机构加入。共同体秉持“和平合作、开放包容、互学互鉴、互利共赢”的丝路精神，致力于搭建平等、开放、共享、国际化的制播一体合作平台，为成员单位在国际合拍、节目播出、项目评奖、丝路基金运营、合办频道、信息共享等方面提供交流机会。黎巴嫩加入共同体后的第一项活动就是参加中国国际电视台（CGTN）阿语频道在阿拉伯广播电视节期间发起的中国电视连续剧《生活启示录》（阿语版）的联播活动。该剧共 35 集，黎巴嫩国家电视台已于当年 4 月 24 日开始播出，每天一集，获得广泛关注。

电影方面，2018 年，中国中央电视台电影频道和黎巴嫩国家电视台在贝鲁特签署“2018 中国电影月”赠播协议，后者将在一个月的时间里播放 10 部中国电影。2019 年 4 月于中国上映的黎巴嫩电影《何以为家》也取得了巨大成功，其票房超过 3.74 亿元人民币。

此外，由于人们对数字媒体和社交媒体的关注日益上升，中国国际电视台阿拉伯语频道在Facebook、Twitter和Instagram上的官方账号也获得了黎巴嫩民众的关注，人们能够通过这些网站和媒体来获取有关中国政治、文化、经济、社会、体育和商业方面的最新资讯。此外，在黎巴嫩运营的网站“阿拉伯眼中的中国”（موقع الصين بعيون عربية）也有大量中国新闻以及关于中黎关系、中阿关系的报道。

（北京外国语大学阿拉伯学院　钟羽佳、刘冰洁）

摩洛哥传媒业与中摩传媒合作

摩洛哥是北非及阿拉伯世界的重要国家之一，随着中摩关系的深化及“一带一路”倡议的推进，深入了解摩洛哥传媒业的历史与现状，对中国加强与摩洛哥及阿拉伯世界的传媒合作具有重要意义。本文梳理了摩洛哥传媒业发展历程，分析了其各阶段发展特点，论述了摩洛哥传媒政策的演变，并对其主要管理部门和传媒机构等方面做了较为详细的介绍，最后总结和评析了近年来中摩双方传媒合作的内容、特点以及合作趋势。

一、摩洛哥国情与传媒业发展历程

（一）摩洛哥基本国情

摩洛哥王国，简称摩洛哥，面积45.9万平方千米（不包括西撒哈拉地区的26.6万平方千米），位于非洲西北端，东部与阿尔及利亚接壤，南部为西撒哈拉地区，西部濒临大西洋，北部隔直布罗陀海峡和西班牙相望。首都为拉巴特，是摩洛哥的政治中心，卡萨布兰卡是第一大城市，是摩洛哥的经济中心。摩洛哥人口总数为3 621万（2021年）[①]，绝大部分信仰伊斯兰教，官方语言为阿拉伯语，通用法语，当地人主要使用摩洛哥阿拉伯语（Darija）作为生活用语。

20世纪初，摩洛哥先后遭法国、西班牙等殖民者入侵，1912年沦为法国保护国，北部地带和南部伊夫尼等地则被划为西班牙保护地。1956年，摩洛哥独立，次年改国名为摩洛哥王国，苏丹改称国王，实行君主立宪制，国王拥有最高权力。现任国王穆罕默德六世于1999年即位后，坚持君主立宪制、多党制等既定政策，注重发展经济，强调依法治国，优先解决贫困、就业等社会问题。目前，摩洛哥政局总体稳定，经济发展总量在非洲靠前，社会开放程度较高，这些条件均为摩洛哥传媒业的发展提供了可靠保障。

（二）摩洛哥传媒业发展历程

摩洛哥传媒业的发展反映了该国历史、政治和社会的演进。摩洛哥史学家认为，摩洛哥报刊史最早可追溯到1448年，教法学家穆罕默德・本・阿兹・马柯奈西（محمد بن الغازي المكناسي）首次尝试在摩洛哥发行大众公告。[②] 近现代报刊业则发端于19世纪初，欧洲国家开始扩大在摩洛哥的影响力，相继开办报刊，力图在争夺摩洛哥的过程中占据优势。独立后，摩洛哥政府高度重视传媒业发展，提供了法律、政策、资金等方面的支持，摩洛哥传媒业步入快速发展轨道，影响力不断增强。总体而言，摩洛哥传媒业的发展可以分为以

① 数据来源："摩洛哥国家概况"，见中华人民共和国外交部网站。

② 《摩洛哥报刊业的发端和发展》一书简介，参见呼唤真理电子期刊（دعوة الحق），124期。

下几个时期：

1. 殖民统治前（1820—1912 年）

这一时期，摩洛哥政治上主要分为西班牙保护区、法国保护区、多国势力盘踞的丹吉尔地区，以及摩洛哥北部和塔尔法亚地区，该时期的新闻业有以特定城市为中心、多语种、多元化的特点。1820 年，摩洛哥发行第一家近代报纸《非洲解放者》(المتحرر الإفريقي)，次年发行《宪法的回声》(الصدى الدستوري)，1860 年创办《得土安报》(مخبر تطوان) 和《得土安回声》(صدى تطوان)，这些都是西班牙语报纸，主要在休达和得土安发行，关注新闻、文学、当地西班牙社区的公共利益等。法语报刊流行地主要是丹吉尔和卡萨布兰卡，据统计，1870—1912 年摩洛哥共有 17 家法语报纸，其中丹吉尔 13 家，卡萨布兰卡 4 家[①]，包括《南北报》(الشمال والجنوب)，《摩洛哥公共教育报》(جريدة التعليم العام بالمغرب)，以及由德国大使馆管理的《摩洛哥新闻》(أنباء المغرب)。摩洛哥早期创办的英文报刊有 1883 年发行的《丹吉尔公报》(*Ghazit Tangiers*) 和 1884 年发行的《摩洛哥时代》(*The Times of Morocco*)。第一份阿拉伯语报纸则是 1889 年于丹吉尔创办的《摩洛哥报》(المغرب)，其他较早创办的阿语报刊有 1904 年发行的《幸福报》(السعادة) 和 1907 年发行的《摩洛哥之声》(لسان المغرب) 等。

19 世纪末，多国争相在当时的国际化都市丹吉尔办报发刊，西、英、法、阿四种语言的报刊同时存在，以丹吉尔为中心的摩洛哥报业成为欧洲各国势力兜售本国意识形态与价值观、保护自己在摩洛哥利益的工具，也成为争夺摩洛哥的国际冲突的真实写照。法国占领沙维亚地区后，报业活动相应地转移到卡萨布兰卡，丹吉尔作为报业中心的地位逐渐衰落。

2. 殖民统治时期（1912—1956 年）

1912 年，摩洛哥沦为法国保护国，同年 11 月，法国同西班牙签订《马德里条约》[②]，摩北部地带和南部伊夫尼等地区划为西班牙保护地。欧洲殖民者利用报刊为自身利益服务，给摩洛哥报刊出版业的

① 艾哈迈德·马里尼:《摩洛哥报刊史概览》，见海湾记事网 (مدونات الجزيرة)。

② 《摩洛哥殖民的相关协定》。

发展造成重要影响。法国当局通过在当地办报等方式宣传、美化殖民目的，将语言、价值观等外来文化输入摩洛哥，削弱当地的宗教信仰，防止当地起义者发动叛乱以及其他殖民者与其争夺权力；与法国竞争的殖民者则利用报刊保护自身利益，抨击法国政治，介入摩洛哥争端。1914 年，法国实施戒严令，同年 4 月 27 日颁布法令，限制任何可能威胁法国对摩洛哥统治地位的宣传活动，禁止任何违背当局意愿的有关摩洛哥局势发展的言论。在此背景下，报纸变成了殖民者的宣传平台，失去了其应有的色彩。[①] 1926—1939 年，摩洛哥发行的报纸主要分为大型日报和小型周报两种。法国媒体集团 Mas 在摩洛哥新闻、印刷、广告等领域获得诸多特权，拥有当时多份重要日报。[②] 小型周报则是舆论领袖表达意见的主战场，各类左翼和右翼报刊出现，摩洛哥精英也开始尝试建立民族报业反抗法国统治，但常被殖民当局关闭。

第二次世界大战爆发之后，摩洛哥报刊业进入新阶段。公众舆论与法国政府及殖民当局的对立加剧。战争条件下，殖民当局进一步加强了对报业的管控，报业狭小的自由空间再次被压缩。这种情况一直延续到 1942 年盟军进驻卡萨布兰卡后才有所变化，右翼报纸开始重新活跃起来，此前大部分被法国殖民当局关闭的受民族主义思潮影响的报刊也再次回到人们的视野，摩洛哥有志之士充分发挥报刊的作用，唤醒民众，争取独立。例如，1946 年创立的《旗帜报》（العلم）积极传播现代国家理念，呼吁摩洛哥独立，有力促进了摩洛哥的思想变革和独立运动。

3. 独立后（1956 年至今）

独立后的摩洛哥并未立刻走上国家发展的快车道，面对清除前殖民国家残余势力、收复领土、维护主权和王权、防止社会分裂、发展经济、提高教育等重任，摩洛哥王室和政府一方面高度重视发挥媒体的积极作用，鼓励和支持国有、私营媒体的发展，建立了通

① 穆斯塔法・礼萨:《摩洛哥报刊业发端史》。
② 贾米尔・巴伊达:《摩洛哥法语出版物：从发端至 1956 年》。

讯社、电台、电视台、出版社等传媒机构，形成了完整的传播体系；另一方面也根据国内外局势发展，不断调整传媒政策，在加强监管、维护稳定、保障自由之间寻求平衡，特别是20世纪50至70年代，中东不断爆发的地区战争、大国干涉，以及摩洛哥国内的多次政变，都成为摩洛哥调整传媒政策的推动因素。但总体而言，受历史上长期多元文化的影响，摩洛哥政府主要通过渐进式改革，为传媒业发展提供了一个较好的政策环境，并且由于其连接亚非欧三大洲的优越地理位置以及融合阿拉伯文化、非洲文化、欧洲文化的文化属性，独立后的摩洛哥传媒业的辐射力不断增强，逐渐成为阿拉伯世界的传媒强国之一。

目前，摩洛哥报刊总数达到560多种，其中阿拉伯文版375种，法文版185种。主要报刊有官方《新闻报》，日发行量约3万份；半官方《撒哈拉晨报》，日发行量5万份；《舆论报》，日发行量7万份，独立党法文机关报；《旗帜报》，日发行量5万份，独立党阿拉伯文机关报；《马格里布报》，日发行量1万份，自由人士联盟机关报；《民族使命报》，日发行量2万份。[①]

广播电台方面，摩洛哥有50多个电台，使用多种语言广播，既包括国家级广播电台，如卡萨布兰卡电台、地中海国际广播电台等，也包括大量地方电台和私营电台。

电视台方面，1959年，摩洛哥广播电视台在首都拉巴特成立，1962年建立广播电视网，20世纪90年代以来，其卫星电视发展较快，频道上星率高；网络方面，摩洛哥网络用户数超过2000万，渗透率达60%，年增长率为10%，政府部门、媒体、学术机构等都开设了官网，并在社交媒体开设了官方账号。这些媒体的信息、立场、观点相对多元，并能够覆盖中东、北非以及欧洲国家的广泛受众。

① 资料来源：中国驻摩洛哥大使馆网站。

二、摩洛哥传媒政策与传媒管理部门

（一）摩洛哥的传媒政策

1. 19 世纪末至 1956 年

摩洛哥沦为法国保护地和殖民地之前，已有多种代表不同声音、不同观点和不同派别的报刊和发行物，或为法国扩大影响力铺路，或为英国、德国、西班牙发声，或支持摩洛哥当局及国内的爱国运动等。这一时期，摩洛哥还没有形成独立自主的传媒政策，受殖民国家影响较大。

虽然缺少纸质媒体和新闻自由方面的法律政策，摩洛哥当局仍然谨慎对待报刊业可能出现的问题，对于在丹吉尔发行且批评政府和外交使团的报刊，摩洛哥外交大臣有权对这些报刊提出警告，严重时可提出停刊警告。[①] 同时，摩洛哥当局间接采取措施应对外国势力在当地的舆论话语权，如邀请知名记者和学者发文，捍卫王室和政府利益，揭露殖民国家罪恶行径等，回应受西方控制的媒体所进行的负面和不实报道。[②] 广播方面的管理措施则有所不同，在德法争夺摩洛哥的背景下，摩洛哥当局明确禁止外国人在境内开办任何广播，并于 1907 年出台法令，规定广播媒体必须由摩洛哥政府管控。1908 年，摩洛哥宪法加入了保护新闻自由和多元化的原则。[③]

1912 年，摩洛哥沦为法国保护地，法国殖民当局对新闻界施加压力，并参照法兰西第三共和国《新闻法》，于 1914 年 4 月 27 日颁布摩洛哥《新闻法》。该法规定，任何报纸的发行，均需声明其身份并在政府备案，设立财务担保，获取交易、运输和发售的行政许可；同时规定了报刊违反公共秩序、侵犯公共自由和个人权利时的惩罚

① 阿里·克拉米:《马格里布国家传媒法的现实和挑战》，25 页，伊斯兰教科文组织出版，2011。

② 穆罕默德·本·阿齐兹:《摩洛哥报业发端（1）》。

③ 阿里·克拉米:《马格里布国家传媒法的现实和挑战》，21、26 页，伊斯兰教科文组织出版，2011。

措施。[①] 此后，法国殖民当局在 1920 年、1936 年、1937 年修订并颁布新的《新闻法》，加强对新闻媒体的监管。这一系列殖民地传媒法令的主要特点是压制摩洛哥民族报刊，阻止当地民众表达爱国情感和传播寻求变革的声音。[②] 第二次世界大战爆发后，法国殖民当局以战时管控为由，在 1939 年 8 月 29 日颁布法令，扩大殖民当局对媒体的管辖权，允许其对发表不利言论的媒体和个人采取强硬措施；规定对未经允许发布军事新闻的媒体予以处罚；在各主要城市设立媒体监管办公室，负责监管与新闻、出版、印刷等有关的一切媒体活动。之后殖民当局公布了其他补充性法令，规定对发布有害新闻的个人或组织实施取缔、罚款和监禁等处罚，规定禁止发行新报纸或恢复已停刊的报纸。[③] 总体而言，殖民阶段的摩洛哥新闻业受殖民法律的限制，但在一定程度上也享有较大的自由度，报刊体现出语言、文化和意识形态方面的多元化特征。

2. 1956—2011 年

摩洛哥独立后，政府逐渐取消了法国殖民时期的各项法律和政策。王室和政府多次强调，独立后的摩洛哥将保障言论、新闻和集会自由。[④]1958 年 11 月 15 日，摩洛哥政府颁布《新闻出版法》（قانون الصحافة بالمغرب），新的立法既考虑了独立初期复杂的政治环境，也较好地体现了民主精神，还对殖民时期关注国家解放事业而受到约束和压制的报刊予以表彰和扶持。根据政治环境的变化，此后摩政府对 1958 年《新闻出版法》进行了多次修订。1959 年的两次修订对相关惩罚措施做出更详细的规定，如进一步明确取缔、没收、拘留等处罚措施的范围和条件，授予内政部采取警告等预防性限制措施的权力等。1960 年 5 月，摩洛哥对《新闻出版法》第 77 条进行修订，授予内政部长和总理相关权力，对于可能亵渎宗教原则和国

① 穆罕默德·伊德利斯·埃勒米：《法国保护时期摩洛哥的媒体殖民立法》，载《马格里布政法报》，1982（12）。

② 阿里·克拉米：《马格里布国家传媒法的现实和挑战》，32 页，伊斯兰教科文组织出版，2011。

③ 贾米尔·巴伊达：《摩洛哥法语出版物：从端至 1956 年》。

④ 赛义德：《新闻法的历史进程》。

家政治基础的出版物，内政部长可按情节暂停相关报纸和刊物的经营，总理则拥有取缔相关媒体的权力。随着国内政治派别斗争加剧，1958年《新闻出版法》承诺的新闻自由在1965年年末，国家宣布进入紧急状态后受到较大限制，1971—1972年的两次政变，使得政府加强了对各类媒体的监管。1973年4月，摩洛哥再次对《新闻出版法》进行修订，加重了各项惩罚措施，加强了对媒体内容的审查力度，确保政府对媒体活动和舆论的管控。[①]

随着地区和国内局势的稳定，推动改革的主要因素不再局限于政治问题，媒体领域的技术发展、社会全面发展的新原则和新概念都被纳入立法者的考虑范围内。2002年，应国家媒体工会、人权协会等组织和机构的要求，摩洛哥再次对《新闻出版法》进行修订，主要目的是保护新闻自由，规范新闻活动，完善相关保障措施。[②]同年8月，摩洛哥政府决定设立视听传播最高委员会。9月，摩洛哥政府决定进一步向私营资本开放视听传播领域，限制广播电视业的国家垄断行为。

2005年1月7日，摩洛哥颁布《视听传播法》，以推动国有视听媒体改革，促进私营媒体发展。该法规定：国有视听媒体行业的改革是摩洛哥总体改革进程中的一项重要内容，其能够帮助奠定自由化、多元化、现代化、开放化的价值观，尊重人权，维护国家和公民尊严，在政治、经济、社会、文化等多个方面服务于祖国建设。[③]该法案完善了视听媒体行业相关术语和范畴的定义，强调了维护言论自由和文化多元化的原则，为视听媒体行业的发展强化了法律支撑。尽管国家明确支持新闻和言论自由，但这种自由不是无限制的，相关法律法规中设有若干“红线”，特别是对攻击王室、国家体制、宗教、传统价值观的行为予以严厉惩罚，并且继续保留内政部长和总理警告、取缔违法违规媒体的权力。2008年，摩洛哥新闻界围绕

① 阿里·克拉米:《马格里布国家传媒法的现实和挑战》，36页，伊斯兰教科文组织出版，2011。

② 赛义德:《新闻法的历史进程》。

③《摩洛哥第77.03号视听传播法》(قانون رقم 77.03 متعلق بالاتصال السمعي البصري)，摩洛哥官方报，5288期，2005.01.07，第404页。

新闻法规的修订展开讨论，摩洛哥记者联盟等组织多次明确表示，希望新的新闻法取消对涉及敏感问题报道的记者采取监禁等惩罚措施的规定，这样的呼吁得到了人权组织、工会等的支持，并敦促摩洛哥政府对新闻法进行修订。[①]

3. 2011 年至今

2011 年，受突尼斯和埃及等阿拉伯国家民众针对政府的抗议活动的影响，摩洛哥青年利用社交媒体，于 2011 年 2 月 20 日展开示威运动。此次运动以青年为主力，参与者来自社会各个领域，通过 Facebook 等社交媒体联合起来，开展线上和线下的示威抗议活动，要求更多的民主、社会正义和反腐败措施。为了回应此次运动，国王穆罕默德六世在 2011 年 3 月 9 日的演讲中承诺会在宪法改革进程做出相应调整。2011 年 7 月 1 日，修订后的《宪法》在投票中以压倒性多数获得通过，新通过的宪法得到了主流政党、工会和媒体的支持。[②]

新宪法体现了媒体领域取得的一些重要进展。如第 28 章规定：应保障新闻自由；应保障公众言论自由，但公众不可违反相关法律法规的规定；政府鼓励媒体的独立、民主建设，但应符合相关法律及道德标准；法律规定媒体的建设及监管规则，并对媒体的运行提供保障，但应符合摩洛哥社会的语言、文化和政治多元化原则；管理部门将根据第 165 章规定，对维护多元化原则进行监管。第 165 章规定，视听传播最高机构将依照摩洛哥基本的价值观及法律，对观点、思想的多元表达以及视听产业信息权加以监管。与此同时，尽管宪法改革在保障公民言论自由、推动媒体多元化、保护私营媒体健康发展等方面做出较大调整，但在涉及王室、国家体制、民族宗教等敏感问题上，仍然保留若干“不可触犯”的红线，社会各界

① Aziz Douai, *In Democracy's Shadow: The "New" Independent Press and the Limits of Media Reform in Morocco*, University of Ontario Institute of Technology, Oshawa, Canada, 2009.05.

② Fatima El-Issawi, "Moroccan National Media Between Change And Status Quo," *LSE Middle East Centre Report*, April 2016.

对此也能够达成共识。

经历“阿拉伯之春”和宪政改革之后，摩洛哥颁布了新的《新闻出版法》，该法案对新闻出版的相关概念做出界定，明确了新闻和言论自由的界限、新闻业准入条件、新闻从业者和新闻机构的权利义务及应遵守的职业道德与规范，细化了行政、司法机构对新闻出版业的保障措施和管理流程，规定了有关新闻出版的印刷、发行和推广活动的组织规则。该法案的突出特点是，在现代科技发展的背景下，补充和完善了对电子出版物的定义和相关管理措施，进一步规范各类媒体的广告宣传行为，对虚假的政治宣传和商业广告进行规范。总体来说，该法案的通过以及之后全国新闻委员会的成立，在一定程度上加强了对新闻自由的保障，对于摩洛哥新闻业的多元化发展和规范化运行起到了积极作用。

（二）摩洛哥的传媒管理部门

摩洛哥文化、青年与通信部（وزارةالشباب والثقافة والتواصل）是摩洛哥的传媒管理部门，下设通信部（قطاع التواصل）负责具体工作。根据摩洛哥第 2.06.782 号法令，通信部主要职责是代表政府管理通信领域，工作内容包括筹备和执行报刊、视听媒体、电影、广告、版权、人力资源体系等领域的政策，发展部门建设，发展摩洛哥传媒，负责通信领域立法研究，提供传媒服务等。摩洛哥电影中心（المركز السينمائي المغربي）也受文化、青年与通信部监管，主要职责是监管电影产业的相关部门，规范视听制作，保护和推广本国电影遗产，开展电影产业国际合作。

2002 年 8 月 31 日，第 1.02.212 号国王令宣布设立视听传播最高机构（الهيئة العليا للاتصال السمعي البصري），授权管理无线广播和电视广播；2011 年，该部门成为独立机构，依法负责管理和规范视听传播领域，确保以视听传播自由作为基本原则，在尊重基本文明价值以及《宪法》所定义的法律和人权的框架内，尊重摩洛哥社会的语言、文化和政治多元化，尊重多方意见和思想表达的多元化，保障视听领域的知情权。

该机构由视听传播最高理事会（المجلس الأعلى للاتصال السمعي البصري）和视听传播总局（المديرية العامة للاتصال السمعي البصري）组成，最高理事会作为统筹和执行机构，由九名成员组成，其中有国王任命的主席和其他四名成员，首相任命的两名成员，众议院长和参议院长任命的两名成员。理事会主要负责提供相关建议和意见，负责规范、监督、惩罚等相关的工作；传播总局作为行政和技术机构，局长由国王直接任命，主要负责行政、财务、法律、技术、信息、合作等相关工作。视听传播最高机构在国王穆罕默德六世的支持下，拥有独立的行政权力，负责视听通信部门的管理和立法，实现摩洛哥与民主和现代化进程同步，应对通信和传媒领域面临的全球技术发展的挑战，以高效和可信度执行法令规定的职责。

除政府机构外，一些行业组织也在摩洛哥新闻业的发展过程中发挥着协调作用，其中比较突出的有摩洛哥全国媒体工会（النقابة الوطنية للصحافة المغربية）和全国新闻委员会（المجلس الوطني للصحافة）。摩洛哥全国媒体工会成立于 1963 年，为了捍卫新闻业和言论自由，工会将保护新闻工作者免受一切形式的阻碍、扣押、起诉和骚扰作为工作重心，致力于有效解决媒体实践中涉及道德、调解仲裁、培训的关键问题，对与新闻出版、公共信息、言论自由和人权有关的立法做出贡献。全国新闻委员会则成立于 2016 年，旨在推动新闻和出版自由，加强行业规范运营。在视听传播最高机构的监管下，全国新闻委员会开展新闻出版业的自我管理与服务，制定委员会内部规章制度，制定职业道德守则，授予专业记者证，调解和仲裁专业人员之间的纠纷，监管新闻自由，审议新闻机构或记者违反其专业职责、职业道德守则、委员会内部规章等纪律问题。全国新闻委员会由 21 名成员组成，其中 7 名成员由专业记者选出，7 名由报纸出版商选出，7 名由摩洛哥不同领域的代表组成，如最高司法委员会代表、全国人权理事会代表等。

三、摩洛哥主要传媒机构

（一）新闻通讯社和报社

摩洛哥新闻传播业比较发达，目前出版的报刊共560多种，其中阿拉伯文版375种，法文版185种，主要的通讯社和报刊有：

马格里布阿拉伯通讯社（وكالة المغرب العربي للأنباء）：1959年，穆罕默德五世下令建立马格里布阿拉伯通讯社，梅迪·本努纳（Mehdi Bennouna）以股份制公司形式成立该通讯社，组织和利用媒体服务，满足马格里布媒体的需求，通过各种技术手段发展新闻服务，发布北非和国外的新闻。1974年1月，马格里布阿拉伯通讯社依法成为国家机构。1977年9月19日，根据第235.75.1号法案，该通讯社成为具有私有性和财务独立性的公共机构，并受政府传媒机构的监督。该通讯社位于拉巴特，在国内12个城市和亚、非、欧多个国家均设有分社，与阿拉伯国家通讯社间有供稿联系，与法新社、美联社和新华社等有交换新闻的协定，对内通过电传机或电讯稿，向国内各大报、电台、政府部门、银行、外国驻摩使馆提供国内外新闻。[①] 如今，马格里布阿拉伯通讯社加强了公共服务的定位，确保服务和产品与市场需求相符，将丰富的编辑经验和现代信息通信技术结合，通过新闻剪辑、照片、视频、音频视频等形式，提供五种语言（阿拉伯、英、法、中、阿马齐格语）的综合性新闻。得益于其精准的战略定位，该通讯社在摩洛哥媒体领域始终发挥着中心作用，成为高度专业的国家和地区新闻来源。

《新闻报》：1960年摩洛哥独立后创办，最初名为《国家报》，为阿拉伯语日报，社址位于拉巴特，日发行量约3万份，主要报道王室和政府官员的重要活动、官方公报、行政措施。

其他报刊有：半官方报《撒哈拉晨报》，阿拉伯语日报，日发行量5万份。《旗帜报》，独立党机关报，1946年创刊，为阿拉伯语日报，是摩洛哥最早发行的报刊之一；《舆论报》，发行量7万份，是独立党

① 明安香：《全球传播格局》，612页，北京，社会科学文献出版社，2006。

法文机关报;《自由报》，人民力量社会主义联盟机关报，1964 年创刊，为法语日报;《宣言报》，社会进步主义党的机关报，1972 年创刊，为阿拉伯语、法语日报，社址位于卡萨布兰卡，发行量 2.5 万份;《民族使命报》，宪政联盟机关报。[1]

另外，独立报刊有《摩洛哥镜报》《摩洛哥时报》《摩洛哥经济新闻》《mbc 时报》《摩洛哥今日报》《摩洛哥新闻》等。

（二）广播电视台

摩洛哥设有 27 个 AM 无线电台，25 个调频广播电台，6 个短波电台[2]，主要由摩洛哥广播电台和一些私营电台组成。

摩洛哥广播电台（محطة راديو المغرب）建于法国殖民保护时期，在国家邮政电报局的赞助下，于 1928 年 4 月 13 日首次广播节目，1959 年收归国有，由新闻部领导。1960 年 4 月开始短波广播，1968 年开始长波广播。20 世纪 50 年代，摩洛哥广播电台将投资许可授予一家法国公司，成为具有公共性质和独立资产的公共机构，由通信部中央管理部门负责管理。目前，摩洛哥广播电视台在全国设有 9 个分台，采用阿、法、英、西和三种柏柏尔语方言广播。

私营电台比较知名的有地中海国际广播电台，1980 年 7 月成立，法国广播金融投资公司是其主要股东，该广播台用法语、阿拉伯语广播，关注时事新闻、文化、家庭和体育。综合性私营电台还有 Med 广播和 MFM 广播，内容涉及宗教、娱乐、健康、家庭、体育和艺术节目。Hit 电台和 2M 电台是摩洛哥知名的音乐类广播电台，深受青年群体青睐。

摩洛哥目前有 12 个电视频道，分为 8 个国家广播电视公司拥有的公共频道，1 个隶属于摩洛哥政府的频道和 3 个私人频道。

摩洛哥国家广播电视台（SNRT الشركة الوطنية للإذاعة والتلفزة），成立于 1959 年，总台设在拉巴特，1962 年建立电视广播网，1972 年开始播放彩色电视节目，建有 64 个转播站，平均每天播放 12 小时。国

① 明安香:《全球传播格局》，612 页，北京，社会科学文献出版社，2006。
② 明安香:《全球传播格局》，612 页，北京，社会科学文献出版社，2006。

家广播电视台设有八个台，通过 TNT 网络和 COMBO 电视分享盒为观众提供数字电视和卫星频道服务。其中摩洛哥一台提供新闻、信息、文化和娱乐服务，1962 年开播；阿尤恩一台则是地方电视频道，总部位于阿尤恩市，2004 年 11 月 6 日推出，覆盖摩洛哥的三个南部地区；三台体育频道关注国内外体育方面的新闻和赛事，2006 年开播；四台文化频道，2006 年 2 月 28 日推出，关注教育方面；摩洛哥五台为国际电视台和新闻台，2004 年开播；六台专门服务于伊斯兰宗教事务，如播放《古兰经》诵读和宗教连续剧，2005 年开播；七台为电影频道，2008 年开播，播放电影、电视剧和戏剧；八台是阿马齐格频道，2010 年开播，面向摩洛哥国内外讲阿马齐格语的观众，工作日播放 18 小时，周末播放 14 小时。国家广播电视台同时也开设了在线门户网站 snrt.ma 和直播网站 snrtlive，为用户收听和观看网络广播电台电视台的实况转播提供便利。

摩洛哥官方电视频道在媒体中起着重要作用，是收视率最高和可用率最高的频道，由于摩洛哥限制开通私营卫星频道，因此私营电视台数量较少。但与此同时，私营频道在开发和提供有针对性的媒体内容方面发挥了重要作用，比较知名的私营频道有摩洛哥二台（2M TV）和 Tele Maroc（تيلي ماروك）。摩洛哥二台 1989 年由私人建立，但 1996 年被政府收购 70% 的资本，是目前摩洛哥收视率最高的电视频道之一。节目主要包含三方面内容，即电影电视剧等娱乐节目、新闻和谈话节目、纪录片，这些节目题材广泛、新颖，丰富了摩洛哥的视听内容。Tele Maroc 则是从西班牙首都马德里发射信号的卫星电视，2017 年开播，每天 24 小时以阿拉伯语和柏柏尔语播放节目，涉及政治、艺术、文化、体育和娱乐的方方面面。节目旨在提升摩洛哥的国际形象，保障国家机构，增强摩洛哥的对外形象，并开创对话节目，关注摩洛哥公共问题，打破以往的固有形象。另外两个私营电视台，影响力不如 Tele Maroc。

从 2018 年 10 月黄金时段（20：50—22：30）的收视率来看，摩洛哥一台收视率为 18.6%，摩洛哥二台为 28.3%，摩洛哥五台为 2.4%，SAT 1、三台、八台收视率之和为 3%，其余频道所有的收视率为 47.7%。从 2019 年 1 月 23 日至 29 日，黄金时段（20：50—22：30）的收视率来看，摩洛哥一台收视率为 25.5%，摩洛哥二台为 30.8%，摩洛哥五台为 1.7%，SAT 1、三台、六台、八台收视率之和为 3.6%，其余频道所有的收视率为 38.4%。

（三）出版社

殖民保护时期，现代印刷术被引入摩洛哥，但传统印刷技术仍占上风，同时，在殖民统治的背景下，不断变化的文化和社会政治条件，使摩洛哥本土出版业发展受限，这种情况一直持续到独立初期。20 世纪 80 年代，受文化政治环境、埃及和黎巴嫩出版市场竞争的双重压力，摩洛哥的出版业发展乏善可陈，印刷网络和出版商比较有限，大多数都位于拉巴特和卡萨布兰卡这两个城市。到 20 世纪 80 年代中期，摩洛哥出版业取得一定发展，文学、人文科学和社会科学领域的年产量翻了一番。如今，摩洛哥出版业的规模不断扩大，图书出版数量从 1985 至 1995 年的 700 种，上升到 2010 年的 1 300 种，阿语书的份额呈上升趋势，而 20 世纪 80 年代中期开始出版的柏柏尔语书籍仍然难以找到立足点，每年发行量占比很小。

根据摩洛哥 2016—2017 年出版数据报告，摩洛哥专业出版社数量已达 178 家，阿拉伯语是出版物的主要语言，占比 81.88%，法语是第二受欢迎的语言，占出版物的 14.54%。知名出版社有：知识出版社（دار نشر المعرفة），成立于 1988 年，位于首都拉巴特，成立后迅速发展为摩洛哥最具代表性的出版社之一，主要出版阿拉伯伊斯兰文化、科学、思想、人文研究等领域的图书；图卜卡勒出版社（دار توبقال للنشر），成立于 1985 年，位于卡萨布兰卡；沙漠狐出版社（دار النشر الفنيك），成立于 1987 年，位于卡萨布兰卡。

随着中摩文化交往深入发展，摩洛哥连续几年参加北京国际图书博览会，2018 年摩洛哥首次作为主宾国参加北京国际图书博览会，由摩洛哥文化大臣率队，成员包括摩洛哥档案馆、摩洛哥国家旅游办公室、摩洛哥国家图书馆等 13 家文化出版单位相关负责人及部分作家代表，参展图书 800 余种。摩洛哥出版商联盟主席、摩洛哥展区主要负责人阿卜杜勒·卡迪尔·拉特奈尼表示，摩洛哥出版社曾将中国诗歌翻译成阿拉伯语，法语图书《我们和中国》也将会翻译成中文，以拓宽中摩双方的文化合作前景。

2019 年 3 月，由人民天舟（北京）出版有限公司全资主办的星空书店（Les etoiles）在摩洛哥首都拉巴特创办，受到摩洛哥文化新闻部、摩洛哥出版商协会等多方机构的关注和支持，全国人大常委会副委员长曹建明在视察星空书店时更是希望它成为传播中华文化的窗口。目前《习近平谈治国理政》《花木兰》《企业的智慧》等一系列优秀中国图书的阿拉伯语版均在此书店销售，很好地传播了中国声音。

四、中摩传媒业交流与合作的现状与趋势

1958 年 11 月 1 日，中国与摩洛哥建交。摩洛哥是第二个同新中国建交的非洲阿拉伯国家。1963 年 12 月 27 日至 29 日，周恩来总理一行对摩洛哥进行访问，为两国关系发展奠定了基石，之后中摩互访频繁，友好关系持续稳定、健康发展。2016 年 5 月 11 日，摩洛哥国王穆罕默德六世访华，两国元首决定建立以相互尊重、平等互利原则为基础的中摩战略伙伴关系，两国元首共同签署了《关于建立两国战略伙伴关系的联合声明》，开启双边关系新篇章。2017 年 11 月 17 日，摩洛哥外交与国际合作大臣布里达访华。布里达同王毅外长共同签署《中华人民共和国政府与摩洛哥王国政府关于共同推进丝绸之路经济带和 21 世纪海上丝绸之路的谅解备忘录》。摩洛哥成为首个签署该文件的马格里布国家。中摩两国以此为契机，加强发展战略对接，不断深入务实合作，更加重视加深交流与合作。作为马格里布地区具有重要区位优势和影响力的国家之一，中国对发展与摩洛哥传媒领域的交往合作给予高度关注，并取得了一系列合作成果。

（一）新闻领域合作

中国与摩洛哥为加强和发展两国的文化合作，于1982年2月25日签订文化合作协定，此后该文化合作协定每五年进行更新，两国文化领域的相关合作不断细化、加强。该文化协定从文化、基础教育、高等教育、新闻与通讯、青年与体育、妇女儿童与残疾人事务、宗教与伊斯兰事务、总则与财务八个方面对双方的文化交流与合作进行规划。其中在新闻与通讯条款下，又分为广播与电视、通讯社、电影、培训四个分项的合作内容，特别是鼓励和支持摩洛哥通讯社与新华社的记者及工作人员进行互访；交换两国视听方面的档案资料和图片；鼓励两国合作进行电视节目制作；鼓励和加强在电视数字信号地面发射和传媒通信新技术应用方面的经验交流；鼓励在新闻、通信、信息技术等领域的人才培训方面开展合作；鼓励根据两国相关部门签署的协议共同制作电影。[①]

进入21世纪以来，在中国—阿拉伯国家合作论坛框架下，中摩双方建立了新闻合作机制，共同签署《中国—阿拉伯国家合作论坛行动计划》，该计划声明，通过双边和多边渠道开展新闻合作，鼓励双方主要新闻媒体加强交流，继续互派新闻采访团组，为对方派驻的记者开展工作提供协助和便利；鼓励互派专业小组制作关于中国和阿拉伯国家的旅游和文化节目；鼓励通过商业渠道购买对方的新闻和艺术资料；鼓励有关部门共同创作并宣传艺术作品。[②] 2008年4月23至26日，首届中国—阿拉伯国家新闻合作论坛在北京举行，双方签署了《关于中国与阿拉伯国家联盟成员国新闻友好合作交流谅解备忘录》，标志着中阿和中摩媒体交流的最高级别平台和机制正式建立。随着2021年第五届“中国—阿拉伯国家新闻合作论坛”在杭州采用线上线下结合的方式举办，中摩双方表示将积极推进双方在信息通信、高清视听系统建设、传媒政策以及传媒的危机应对等领域的合作。

① 资料来源：《中华人民共和国和摩洛哥王国政府文化合作协定2016—2020年执行计划》

② 王南：《中阿媒体交流与合作刍议》，载《阿拉伯世界研究》，2011（1）。

媒体机构之间的交流包括在对方国家互设新闻机构分社、互派记者、共享新闻资源等。1984年，中国新华社与摩洛哥通讯社建立合作关系，并在2002年和2017年签订合作协议，不断拓展和推进新闻合作。目前，新华社在拉巴特设有分社，摩洛哥通讯社在北京设有分社，两家通讯社均开通了中文和阿语网站，为中摩两国之间的传媒交流提供重要渠道。2011年，新华社整合国际部和对外部的阿文报道资源，组建阿文专线，24小时不间断播发国内外重大事件阿语稿件，日均发稿量约200条，阿文专线已与摩洛哥通讯社签署了新闻产品交换和合作协议。[①]

媒体从业人员日益频繁互访和交流学习，是两国媒体交流领域取得的新突破。自20世纪50年代起，摩洛哥及其他阿拉伯国家的新闻工作者、新闻代表团，以及政府新闻部门的官员和政党方面的新闻负责人陆续来华进行访问，中国也向摩洛哥派出新闻代表团、记者采访团等。中摩建交64年以来，重要的中摩互访有：1999年江泽民主席访问摩洛哥，2002年朱镕基总理访问摩洛哥，穆罕默德六世国王2002年和2016年对中国进行国事访问，2008年私人访问，2015年和2018年私人访问香港；吴邦国委员长2005年访摩；杰图首相2006年访华；胡锦涛主席2006年访摩；中共中央政治局常委李长春2008年访摩；众议长拉迪2010年访华；温家宝总理2012年过境卡萨布兰卡；全国政协主席俞正声2014年访摩；参议长本希马2017年访华；首相欧斯曼尼2018年9月来华出席中非合作论坛北京峰会等。

2015年5月，国家新闻出版广电总局局长蔡赴朝访问摩洛哥，同摩方签署了影视合作协议，双方还共同举办了“中国电影日”活动；2016年1月，中国文化部代表团访摩，同摩方签署了关于在摩设立中国文化中心的谅解备忘录。同年，出访摩洛哥的中国新闻代表团与摩洛哥全国新闻记者联盟在拉巴特举行了会谈，双方围绕中摩“一带一路”合作项目报道、新闻机构交流、媒体人员培训等展

① 陈杰:《中阿合作论坛成立以来的中国对阿媒体交流》，载《阿拉伯世界研究》，2014(5)。

开交流，摩洛哥全国新闻记者联盟秘书长伊德里斯·谢赫坦表示，摩洛哥媒体对华报道主要集中在基础设施建设、科技发展和历史古迹三大方面，他希望借助中国新闻代表团访摩契机，扩大两国媒体机构的人员往来，加强在新媒体领域的合作，加大对两国友好合作项目的报道。[①] 同年 9 月，摩洛哥国王文化顾问阿祖莱来华出席首届丝绸之路（敦煌）国际文化博览会。同年 10 月，应摩洛哥作协邀请，以中国作家协会副主席张平为团长的中国作家代表团一行六人于 15 日至 20 日访问摩洛哥，双方作家通过举行研讨会增进了解，作为访问成果，中国作家代表团与摩洛哥作协签署了联合宣言，除对访问进行回顾总结外，宣言强调双方文化界人士、作家应更加团结协作，对抗极端思想，加强文明对话。[②] 近年来，中国更是通过举办记者研讨会和培训班，邀请摩洛哥新闻官员和新闻工作者来华进行学习交流，为媒体人员了解中国社会的真实情况提供更多机会和便利。2017 年 6 月 16 日，驻摩洛哥大使孙树忠陪同到访的新华社总编辑何平代表团一行，会见摩文化与新闻大臣穆罕默德·拉哈吉，就加强中摩两国新闻领域合作进行交流。2019 年，由中国记协组织，摩洛哥媒体联合会顾问、前任内阁新闻大臣、议会和公共关系负责人穆斯塔法·卡勒菲带队的摩洛哥媒体联合会代表团访华，参观了《厦门日报》社，了解厦门新闻事业发展的前沿动态，与《厦门日报》社新闻工作者展开交流，代表团表示此行增进了对中国新闻界的了解，促进了摩洛哥与中国的友谊。据统计，2019 年共有 206 名摩各界人员赴华培训，包括中华人民共和国国务院新闻办公室举办的非洲国家政府官员新闻研修班，商务部和中国传媒大学举办的广电新闻采编研修班等，有效推动了两国人文交流互鉴、民心相知相通。

（二）广播电视类媒体交流

在广播电视领域，中国国际广播电台在中摩传媒合作中扮演了重要角色，其阿拉伯语广播是比较早的传媒合作渠道，2002 年，中

① 《中国新闻代表团与摩洛哥全国新闻记者联盟进行“一带一路”主题交流》，见国际在线网站。

② 《记中国作家代表团访问摩洛哥》，见中国政协传媒网。

国国际广播电台正式开通阿拉伯语网站，2005 年 12 月，中国国际广播电台派代表访问摩洛哥。2007 年，中国国际广播电台与摩洛哥二台签署了《影视节目播出合作协议》，根据该协议，由国际台译制的阿拉伯语版电视连续剧《金太狼的幸福生活》和 4 部阿拉伯语版、法语版电影将在摩洛哥二台播出。[①]

中国电影在摩洛哥的影响力也不断提高，中国电影和电影人渐渐走入摩洛哥公众视野。2015 年 5 月 8 日，“中国电影日”活动在摩洛哥首都拉巴特举行，中国国家新闻出版广电总局局长蔡赴朝与摩新闻大臣卡勒菲举行了会谈，见证了中摩影视合作协议签署仪式。2017 年 3 月 31 日，中国以主宾国的身份参加第 23 届摩洛哥得土安国际电影节，该电影节展现了不同时期的中国电影和中国电影拍摄艺术，摩洛哥主流报纸《晨报》对此做了专题报道，详细介绍了中国电影发展简史和各时期的代表作品。2019 年 4 月 22 日，拉巴特中国文化中心举办“中国电影展映季”启动仪式，双方签署合作举办“中国电影展播周”活动的协议，借助电影作为文化传播主要媒介的强大力量，吸引摩洛哥民众的兴趣，让中国电影走进当地民众的生活。此外，2019 年 10 月 29 日，在中华人民共和国国务院新闻办公室和中国驻摩洛哥大使馆指导支持下，五洲传播中心和拉巴特中国文化中心联合承办的纪录片《习近平治国方略》展映推介会在摩洛哥首都拉巴特举行，标志着由中华人民共和国国务院新闻办公室与国家广播电视总局发起的“视听中国　全球播映”活动正式走进摩洛哥。[②]这些合作交流，不仅能够让摩洛哥观众欣赏到丰富的中国影视节目，了解中国的日常生活和文化，拉近两国民众的距离，而且推动了中国同摩洛哥的战略伙伴关系不断发展，为构建人类命运共同体提供文化支撑。

（三）出版合作

图书出版交流主要体现在图书互译出版和参加对方国际书展两

① 《中国影视剧展播签约及开播仪式在摩洛哥举行》，见新华网。

② 《纪录片“习近平治国方略”展映推介会在摩洛哥首都拉巴特举行》，见人民网。

方面，为促进图书出版交流工作顺利开展，两国签订了相关的合作协议。2010 年 6 月 22 日，摩洛哥文化部部长本萨勒姆·哈米什和中国文化部部长蔡武签署为期三年的文化合作协议执行计划，其中包括两国出版领域的合作协议，鼓励双方在书籍、出版和公众阅读领域进行合作，鼓励对包括儿童读物在内的重要作品进行介绍、翻译和出版，鼓励书籍和出版领域的专门机构参加在各自国家举行的国际书籍和出版展览。2019 年 6 月 13 日至 16 日，中国国家图书馆副馆长孙一钢率代表团到摩洛哥访问，其间参访了摩洛哥国家图书馆，孙一钢副馆长与摩洛哥国家图书馆代表哈桑·阿盖共同签署《中国国家图书馆与摩洛哥王国国家图书馆合作协议》，并与该馆来自文献典藏管理部、国家书目中心、馆长顾问办公室、国际交流与合作部等部门的代表进行座谈，重点介绍了丝绸之路国际图书馆联盟和中阿电子图书馆门户网站项目的现状与发展规划。此外，为有效推动中国图书“走出去”，我国已先后实施“经典中国国际出版工程”和“丝路书香出版工程”，涵盖重点翻译资助项目、丝路国家图书互译项目、汉语教材推广项目、境外参展项目、出版物数据库推广项目等，在此基础上，国内一些大型出版机构已经和摩洛哥出版社建立合作关系，如中国人民大学出版社和摩洛哥统一出版社合作出版了一批介绍中国的阿拉伯语书籍，包括中国基本情况系列、中国文化系列、中国文学系列等图书，并在摩洛哥市场产生良好反响。

北京国际图书博览会和卡萨布兰卡国际书展为两国开展图书交流提供了重要平台。2017 年第 23 届卡萨布兰卡国际书展，中方和摩洛哥文化部共同主办了丰富的文化艺术交流及体验活动，并在卡萨布兰卡标志性建筑哈桑二世清真寺图书馆举办了“艺术中国”主题展览。出现在卡萨布兰卡国际书展上的中国出版社和中国书籍数量也越来越多，一家参加卡萨布兰卡书展的中国出版商表示，摩洛哥读者对中国文化、中国书籍以及学习中文都有浓厚兴趣。[①] 2018 年，中国和摩洛哥建交 60 周年之际，摩洛哥受邀担任第二十五届北京国际图书博览会主宾国，除几家主要出版商来到中国参加北京国

① 《卡萨布兰卡国际书展闭幕》，见中国新闻网。

际图书博览会以外，摩洛哥国家图书馆、摩洛哥档案馆、摩洛哥国家旅游办公室等机构也向中国展示了数百种介绍摩洛哥文学、思想的图书，其中不乏与中国有关的书籍，如阿语版《屠呦呦传》、中国诗人吉狄马加的诗集《火焰与词语》、摩洛哥作家法塔拉·瓦拉卢撰写的《我们和中国》等。[①] 书展期间，以翻译之路、“一带一路”倡议下的摩中关系、摩洛哥文化及文学等为主题的文化交流活动成功举办，由摩洛哥出版社联盟、广东省出版集团有限公司、南方出版传媒股份有限公司、花城出版社、摩洛哥 DAR AL AMAN 出版社共同主办的“搭建中摩文化友谊之桥:《中摩合作关系史》《伊本·白图泰东游中国》双语版签约仪式”也顺利举行。[②]

随着北非地区出版文化企业与中国出版企业合作与交流渐成规模，双方合作更加密切。以人民天舟（北京）出版有限公司（以下简称“人民天舟”）与摩洛哥出版业的合作为例，“人民天舟”通过合作出版、落地经营、开办商业性中国文化艺术中心三个步骤，开展与摩洛哥的战略合作，探寻出一条全新的国际化发展道路，为中摩主题图书的合作出版，即推荐国内优质图书在摩洛哥出版，或根据摩方需求和中国内容配对，积极寻找适合摩洛哥市场的图书产品，初步积累了市场信息和与摩合作的行业经验。“人民天舟”同摩洛哥及北非多国出版机构、发行机构、文化机构形成了业务合作，建立信任和当地人脉，打造商业性“中国文化艺术中心”。2019 年 3 月，由“人民天舟”全资主办的星空书店在摩洛哥首都拉巴特正式落户，这家汇聚中、阿、法三语书籍的中国书店赢得了当地读者的广泛青睐，除了提供丰富的书籍外，书店也会定期邀请中摩两国作家、艺术家举办文化沙龙，为促进中摩文化交流开辟了新途径。“人民天舟”的成功案例，很好地诠释了出版业合作的积极意义，为双方在影视、多媒体、教育等全方位合作打下坚实基础，巩固并增进了两国人民的友谊和互信。

---

① 《第 25 届北京图博会摩洛哥主宾国活动印象：路虽远 书为媒》，见人民网。

② 《花城出版社揭开摩洛哥神秘面纱 让中国孩子知晓伊本·白图泰》，见《中国出版传媒商报》网站。

虽然中摩双方的传媒合作已拓展到多个领域，交流形式多样，但是中摩传媒交流与合作仍然面临一些挑战。

第一，语言壁垒是需要突破的瓶颈，虽然已有一批优秀语言学习者和翻译家为双方合作交流贡献力量，但掌握中阿双语、了解摩洛哥方言、有较高翻译水平和语言运用能力、具备媒介素养的人才仍较为有限，特别是在新闻翻译和图书出版业的合作，相对英语来说，参考资料少，相关信息查找难度高，中阿文化差异大，翻译质量难以保障。曾有阿拉伯国家媒体人士指出，希望新华社阿文专线经济新闻稿件写作水平更加专业，分析解读更加深入，另外可以适当增加稿件篇幅。因此，未来需要培养更多能够熟练运用阿拉伯标准语和摩洛哥阿拉伯语的人才，提升媒体从业人员新闻稿件写作水平，拓宽媒体从业人员对其他领域的了解，输出更多符合对方话语体系和需求的精良作品。

第二，合作生产的传媒产品的质量和数量有待提升，内容建设的力度有待加强。虽然中国国际电视台、新华社、中国国际广播电台等国内比较知名的机构已经在 Facebook 和 Twitter 平台开设英、阿、法语账号，为摩洛哥民众及时了解中国的新闻、热点事件和纪录片提供渠道，一批优质中国书籍也已进入摩洛哥图书市场，但是这些内容以中国国情、传统文化、外交政策和经济发展为主，未能有效地将国内发展情况以及中国的理论政策和实际措施传递给摩洛哥社会。双方未来的合作交流应该增加采编渠道，配合国家战略需要打造充分的、有说服力的新闻报道和作品，注重满足当地受众的基本需求，将贴近生活、两国民众关注的内容有效转化为对外合作资源，做到将渠道和内容结合起来，输出精品内容，提升传播效果，提升媒体影响力。

第三，民间媒体和新媒体合作有待进一步深化。目前的中摩传媒交流格局中，由中央主流媒体占主导，官方和大型的组织机构挑起交流合作的大梁，民间媒体和地方媒体参与极少，由于民间媒体在对外传播交流中可以发挥自己的优势，淡化外宣色彩，因此中摩双方可以积极借助民间交往的方式促进合作交流。新时期条件下，科技对加快融合发展具有重要意义，利用传统媒体和新兴媒体优势互补，关注摩洛哥主要群体的新媒体使用特点，建立数字平台以传播可以共享和互动的视觉内容，打造一批形态多样、手段先进、具有竞争力的新型主流媒体是未来可拓展的合作方向。

综上，中摩传媒领域的合作和交流取得了丰硕成果，同时也有广阔的发展空间。双方的交流和合作，不仅能够推动双方本土传媒业的发展和进步，加深两国民众的了解，促进中阿友谊发展，同时有助于两国共同应对新时代国际局势的新挑战，推动国际传媒话语格局朝着积极公正的方向发展。

（北京外国语大学阿拉伯学院　王晶、马宇媛）

沙特传媒业与中沙传媒合作

沙特传媒业发端于20世纪初，30年代进入独立发展阶段，60年代后迎来黄金时期。进入21世纪，沙特紧跟时代步伐，通过行政改革、制度变革与技术革新推动本国传媒业发展不断完善、建设日趋成熟，在视听和数字媒体领域取得瞩目成就。近年来，中沙两国在图书出版、文化活动、传统媒体和新媒体交流合作等领域取得诸多积极成果。在“一带一路”倡议与“2030愿景”对接的背景下，双方借传媒合作推动文化交流和民心相通，成果丰硕，前景广阔。本文试从发展历程、政策与管理、主要机构、重大活动、重点合作行业等方面梳理沙特传媒业，针对中沙传媒合作面对的机遇与挑战提出若干建议。

一、沙特国情与传媒业发展历程

（一）沙特国情

沙特全称沙特阿拉伯王国，地处阿拉伯半岛中心，位于亚洲、非洲和欧洲交汇处，东濒波斯湾，西临红海，同约旦、伊拉克、科威特、阿联酋、阿曼、也门等国接壤，并经法赫德国王大桥与巴林相接。国土面积225万平方千米，是阿拉伯半岛面积最大的国家。人口数量3 501万（2020年中）[①]，其中沙特公民约占62%。首都利雅得，官方语言为阿拉伯语，通用英语。国教为伊斯兰教，是典型的政教合一国家，逊尼派约占居民人口的85%，什叶派约占15%。[②]2015年传媒市场规模达33.18亿美元。[③]2020年国内生产总值为7 001.18亿美元。[④] 主要节假日有开斋节、宰牲节和国庆节。每周休息日为周五、周六。

沙特是伊斯兰教的发源地，也被称为“两圣寺之地”，其境内有伊斯兰教最重要的两大圣寺——位于麦加的禁寺，以及位于麦地那的先知寺。沙特是君主制国家，禁止一切政党活动。伊斯兰教在沙特具有举足轻重的地位，《古兰经》和圣训是国家执法的依据。7世纪，伊斯兰教创始人、先知穆罕默德的继承者建立了阿拉伯帝国。8世纪帝国达鼎盛时期，版图横跨欧、亚、非三大洲，11世纪开始衰落，16世纪开始为奥斯曼帝国所统治。19世纪英国入侵，当时分为汉志（又译“希贾兹”）和内志（又译“纳季德”）两部分。1924年，内志酋长阿卜杜勒·阿齐兹·伊本·沙特（عبد العزيز آل سعود，1876—1953年）兼并汉志，次年自称国王，经过多年征战统一了阿拉伯半岛。1927年，沙特与英国签署《吉达条约》，沙特正式脱离英国而独立。1932年9月23日，沙特阿拉伯王国宣告建立，这一天被定

① 数据出自沙特统计总局官网。
② “沙特阿拉伯国家概况”，见中华人民共和国外交部网站。
③ 迪拜新闻俱乐部:《阿拉伯国家媒体展望（2016—2018）》，第126页。
④ 数据出自世界银行数据库。

为沙特国庆日。[①]

作为二十国集团中唯一的阿拉伯国家，沙特拥有世界上最丰富的石油资源，是最重要的石油供应国，以“石油王国”而著称，也是世界金融市场的重要成员，还是解决中东地区冲突的关键力量之一，在国际事务中发挥着重要作用。沙特是伊斯兰合作组织总部、海湾阿拉伯国家合作委员会总部所在地，在阿拉伯世界和海湾地区均占有重要地位。

（二）沙特传媒业发展历程

沙特传媒业以私有制为主，主要包括报刊、广播和电视三大分支，其产生、演变过程与本国经济增长需要、国际关系发展和意识形态维护等因素紧密相关。绝大多数传播机构都在政府补贴和监管下运营。[②]沙特政府通过法律颁布和内容审查等途径影响与监管传媒业实践。[③]近年来，为适应国家“2030 愿景”发展战略目标要求、跟进全球科技发展前沿趋势，以及满足国民的信息和娱乐需求，沙特传媒业在数字媒体领域也做出了许多积极尝试与探索。

沙特传媒业正在经历从传统媒体转向数字媒体的过渡阶段，体现出三条主要特征。第一，讨论禁忌话题成为可能。由于政府审查政策逐渐放宽，沙特传媒业开始讨论过去因规避审查而未能公开的话题，诸如对政府、宗教领袖的合理批评，以及妇女权益问题等。第二，传媒业与政府的关系正在发生转变。沙特政府自传媒业诞生以来，便始终通过传媒政策、资金支持和内容把关等途径与之保持紧密联系。然而新兴媒体的出现正在改变这一联系，政府需要依靠内容审查及记者以外的途径影响传媒行业。第三，在线新闻网站涌现带来竞争与制度变革。沙特在线新闻网站大多未经官方许可，且不受官方部门的审查，这使得管理机构开始重新评估其审查制度，以帮助本国传媒行业应对外来新闻源的竞争，维护其信誉、权威性、

① 陈沫:《列国志：沙特阿拉伯》，20—40 页，北京，社会科学文献出版社，2011。

② 阿里 · 阿尔马尼娅:《调查性新闻在沙特面临的挑战》。

③ 阿卜杜勒 · 拉赫曼 · 舒拜伊:《沙特媒体：文献、描述性和分析性研究，媒体年度大事记》。

读者群，以及在国际媒体涉沙特信源中的主导地位。[①]

1. 报刊

沙特报刊业主要经历了三大发展时期，分别是奥斯曼帝国时期（1908—1915 年）、英国统治时期（1915—1924 年），以及现代沙特时期（1924 年至今）。

（1）奥斯曼帝国时期

近代以来，得益于优越的地理位置，黎巴嫩和埃及得以首先与西方接触，吸收了大量源自欧洲国家的进步因素，先后成为阿拉伯世界两大新闻中心。而囿于经济状况恶劣、创作人才匮乏、教育水平低下、进步要素不足等条件，加之时任奥斯曼帝国统治者阿卜杜勒·哈米德二世（عبد الحميد الثاني，1842—1918 年，1876—1909 年在位）实施僵化的审查制度，包括沙特在内的阿拉伯国家传媒事业则发展缓慢，尤其是私人经营期刊的出版与发行遭到当局严格限制。

1908 年，青年土耳其革命爆发，阿卜杜勒·哈米德二世遭废黜，主张实行君主立宪制的民主主义和民族主义思潮逐渐抬头。[②]阿拉伯世界传媒发展步入新时代，展现出独特的活力，各地新设立、发行的报刊不断涌现。该时期发行的报刊多与“自由、平等、博爱、正义”的革命运动号召紧密相连，主张以“灵魂自由”为“幸福之源”，一方面鼓励广大读者冲破思想束缚、追求言论自由，另一方面积极参与政治活动，表达政治主张与意识形态立场。其间，沙特境内报刊迎来集中发展的黄金时期，新发行报刊总数达 6 家。它们在发行方式以及语言和行文风格上高度相似，且均带有或明确或暧昧的官方立场。

第一家在汉志出现的报纸，是 1908 年于麦加创刊的《汉志报》（الحجاز），由官方采用土耳其语、阿拉伯语双语印发，主要报道官方新闻，登载文学作品，1915 年停刊，共发行 175 期。此后在沙特境内陆续创刊发行的报纸还有：《真理之阳报》（شمس الحقيقة），1909 年于

① T. 阿瓦德：《沙特媒体和互联网：在互联网作为新闻和信息媒介的背景下，沙特记者、文化新闻部的媒体决策者如何评估审查制度》。

② 管梦翡：《青年土耳其革命研究》，沈阳，辽宁大学硕士论文，2018。

麦加创刊，为时任执政党同盟进步委员会（Committee of Union and Progress, CUP）[①]针对反对派发行的党报[②]，数月后停刊。《汉志改革报》（الإصلاح الحجازي），1909年由本地居民于吉达创办，主要报道政治、文学和商业新闻，每周发行1期，报道文学性较强，多发表回应《真理之阳报》文章的内容，数月后因董事去世停刊。[③]《麦地那报》（المدينة المنورة），1909年由文学家穆罕默德·麦蒙（محمد مأمون）于麦地那创办，采用奥斯曼土耳其语、阿拉伯语双语印刷。《观察者报》（الرقيب），1909年由文学家易卜拉欣·哈塔布（إبراهيم خطاب）、艾布·伯克尔·达格斯塔尼（أبو بكر داغستاني）于麦地那创办。[④]《萨法·希贾兹报》（صفاء الحجاز），1909年于吉达创刊，同年8月发行仅2期后停刊。[⑤]

1908年报刊业的蓬勃发展为表达新观点和反映社会问题提供了新的窗口，但多数报刊存在发行量较少、持续性不强、影响力不够广泛等问题，主要原因可以归结为以下三方面：第一，新创立的报刊遍地开花，却没有与之相匹配的经济实力和技术条件。相当数量的报刊是由个人或小团体创办并负责发行的，而青年土耳其革命虽然吹来了民主的春风，却未能真正建立起稳定的政治和经济环境。经济实力不足和印刷机短缺等问题都从客观上制约了该时期报业的发展。第二，报刊遍地开花生不逢时，无法与民众的新闻兴趣和文化水平接轨。政治环境变革激发了民众日益增长的新闻兴趣，加之新闻发行许可条件放宽，许多报刊应运而生，它们大多具有特定的政治观点。然而在民众普遍为文盲的环境下，将报刊作为一种有效的传播媒介吸引公众支持并获得一定影响力并非易事。第三，报刊创立与发展速度过快，管理和推广经验不足，很难为报刊良性发展提供有效支撑。许多出版物形式粗糙，内容相似，本质上缺乏创新。

① 即“青年土耳其党”。

② A. 阿亚隆：《私有新闻业：1882—1918》。

③ 奥斯曼·贾曼-甘迪：《汉志各城市报业在个体努力下的兴起：吉达报业的故事》。

④ 《麦地那报业：〈观察者报〉〈汉志报〉和〈源泉〉杂志创办于麦地那；早在一个世纪前，麦地那就见证了报业的开端，当地居民在等待新报刊的诞生》。

⑤ 阿卜杜勒·拉奇卜：《汉志报业史：挫折中发展》。

过分追求数量发展而忽略质量，导致大多数报刊难以维系，发行数月后便销声匿迹。

此外，同盟进步委员会执政后也带来了媒体风向与言论管控上的又一次转折。相比于1908年新闻业相对自由的发展态势，1909、1912和1913年爆发的三次严重的政治危机一方面进一步巩固了同盟进步委员会的统治，另一方面也加剧了当局对报刊业的不信任与媒体政策的僵化。面对新闻界大肆批评当局、支持反对派、呼吁阿拉伯人从奥斯曼帝国独立的言论，同盟进步委员会在1912—1914年多次修改新闻法，允许取缔报刊、监禁和鞭打记者[①]，这在一定程度上也阻碍了沙特初生报刊业的进一步发展。

（2）英国统治时期

1914年7月，第一次世界大战爆发。战火蔓延到中东，给阿拉伯世界带来了前所未有的政治动荡和经济困局，刚刚起步的新闻业几乎完全瘫痪，印刷纸张严重短缺，印刷机备件供应受阻，发行活动遭到限制，大部分报纸面临停刊或倒闭，鲜有新的报刊创立或发行，少数幸存的报刊也面临着巨大困难。当局实施严格的战时审查制度，此前新闻行业体现的政治活动和民族主义势头在第一次世界大战期间基本被完全压制，直到战争结束后才得以重新出现。1915年，英国强迫伊本·沙特签订“友好同盟”条约，承认沙特家族对哈萨绿洲和内志地区的统治地位，标志着内志成为英国的“保护地”。1916年，汉志地区爆发反对奥斯曼帝国统治的阿拉伯大起义，汉志王国独立，并获得英国支持。[②]

英国统治时期，沙特境内主要有3家报纸[③]和1家杂志，分别为：《朝向报》(القبلة)，1916年于麦加创刊，是时任汉志王国酋长侯赛因·本·阿里（الحسين بن علي الهاشمي，1854—1931年）领导下发行的官方半周报，旨在宣扬阿拉伯民族独立思想，是战时针对英国宣传的产物。[④]其报道内容丰富多元，以国内新闻为主，重点关注沙姆地区

① A.阿亚隆:《私有新闻业：1882—1918》。
② 陈沫:《现代沙特阿拉伯王国的建立》。
③ 《沙特报业的112年历史》。
④ A.阿亚隆:《阿拉伯国家和新闻界：1918—1945》。

的革命进展，是当时汉志王国赋予新闻界权利的显著标志。[①] 1924年9月停刊。《居如勒农业学校学报》(مجلة مدرسة جرول الزراعية)，1920年由居如勒农业学校学生于麦加创办的周刊，是汉志地区首家工、商、农、技刊物，每期篇幅30页左右，发行仅3期后停刊。《农民报》(الفلاح),1920年于麦加创刊,1924年9月停刊。《汉志邮报》(بريد الحجاز)，在伊本·沙特进军麦加、侯赛因·本·阿里退守吉达期间，由汉志民族党（ الحزب الوطني الحجازي ）于1924年在吉达创办的小规模周报，其报道内容多跟进战事动态，1925年随汉志王国灭亡而停刊，共发行56期[②]（一说60期[③]）。

（3）现代沙特时期

第一次世界大战后奥斯曼帝国解体，改写了中东地区的政治格局，权力去中心化为新闻业的发展创造了新的条件。传统的专制模式使得阿拉伯半岛各国几乎不受外界，尤其是西方文化的影响。相较于其他阿拉伯国家，第一次世界大战后的沙特没有悠久的新闻传统，其文化、教育和技术状况也不利于新闻业发展。[④] 沙特建国初期，新政府急于开办全国性报纸，以取代奥斯曼帝国和英国统治时期的报纸。得益于教育事业的发展，文化运动逐渐繁荣，加之20世纪40年代发现石油资源带来的资金支持和信息流动[⑤]，沙特国内报刊业显著发展，大量报刊涌现，呈现出从个体办报（1924—1958年）向合并经营（1958—1964年），再到机构专业化办报（1964年—20世纪末）和数字化办报（21世纪初至今）发展的态势。[⑥]

个体办报阶段发行的报刊大多由家族企业运营，除经济考虑外，更多则是作为家族自豪感的象征。该时期报刊主要集中在汉志地区的麦加、吉达和麦地那，具有以下三方面特点：第一，团队专业性较低。个体办报时期的报刊大多由非专业人士所有，财力支撑有限，

---

① A. 阿亚隆:《私有新闻业：1882—1918》。
② 阿卜杜勒·拉奇卜:《汉志报业史：挫折中发展》。
③ 穆罕默德·本·阿卜杜拉·哈姆丹:《汉志地区旧时的报纸》。
④ A. 阿亚隆:《阿拉伯国家和新闻界：1918—1945》。
⑤ 甘惜分主编:《新闻学大辞典》，468页，郑州，河南人民出版社，1993。
⑥ 《沙特阿拉伯王国新闻业》。

缺乏专业记者，依赖从通讯社等新闻机构转发的报道。第二，文学风格显著。作家、诗人等知识分子群体办报深刻影响了当时的新闻写作风格。大部分报道都采用描述性语言和押韵的词句，而不是新闻性的措辞。标题则大多来自阿拉伯诗歌和谚语。报道内容以文学为主，新闻故事和政治分析较为少见。第三，立场开放鲜明。个体办报时期的报刊在报道、讨论社会普遍存在的问题时，表现出相当程度的客观性，不惧怕当局的新闻审查。

尽管享有政府补贴，但个体办报时期的报刊发行商大多面临着财务困难的状况，在新闻编辑和制作方面未能取得较大进步，缺乏新闻专业性，在写作和报道方面没有行业标准。1958 年前后，沙特境内个体创办和运营的报刊数量达到 40 家，另有百余家报刊正在申请创刊许可。相较于当时沙特的人口数量和识字率，报刊数量已经供过于求。基于上述状况，政府决定将国内现行报刊合并，委任一批具有专业资质的个人进行管理，在法律法规要求范围内编辑和印刷符合公众利益的内容。这一过程并不是政府直接干预，而是报业所有者自行开展、政府间接参与的结果。一方面，10 家新闻、出版、传媒和印刷领域的专门机构获准成立，由政府颁发独家新闻和出版许可证，提供年度补贴和印刷机、纸张等硬件购置补贴，免除关税，划拨办公场所专用建设用地，高额投放政府广告，购买报纸分发给政府雇员以保障发行量①；另一方面，政府并没有禁止任何党派或个人印刷、发行自己的出版物，但要求其获得新闻部许可②。1964 年，政府下令关停所有个体运营的报刊，转为由专业机构授权运营。③

创刊于 1924 年 12 月 12 日的周报《乌姆·古拉报》(أم القرى) 是现代沙特的第一家报纸，也是沙特政府的官方出版物，用于刊载各项法令、决议、法规和公告。④ 该报由沙特第一任国王阿卜杜勒·阿

① T. 阿瓦德:《沙特媒体和互联网：在互联网作为新闻和信息媒介的背景下，沙特记者、文化新闻部的媒体决策者如何评估审查制度》。

② N. K. 肖利:《变化中的传播格局的挑战：对沙特媒体的考察》。

③ 威廉·A. 鲁赫:《阿拉伯大众媒体：阿拉伯政治中的报纸、广播和电视》，76 页，美国普雷格出版社，2004。

④ T. 阿瓦德:《沙特媒体和互联网：在互联网作为新闻和信息媒介的背景下，沙特记者、文化新闻部的媒体决策者如何评估审查制度》。

齐兹·伊本·沙特在麦加创立，其名称源于《古兰经》中对圣城麦加的称呼。[①] 该报曾一度逐渐淡化官方性质，侧重文化、文学、宗教领域，后恢复官方报纸地位并持续发行至今。[②] 该报篇幅也历经若干次调整，最初由 4 版组成，第二次世界大战期间因纸张短缺缩编为 2 版，后来又扩大到 8~10 版。1925—1932 年，《乌姆·古拉报》几乎是沙特唯一的正式出版物。该报在沙特历史上具有重要作用，记录了沙特从荒芜的沙漠王国发展成为石油大国的历程，曾报道王国历史上的一系列重大事件，如 1926 年内志和汉志的统一、1932 年沙特阿拉伯王国的成立、1938 年石油的发现，以及 1945 年伊本·沙特国王与美国总统富兰克林之间的历史性会晤等。[③]

沙特境内同期还发行有两家较为知名的报纸——《汉志之声报》（صوت الحجاز）和《麦地那报》（المدينة المنورة）。前者为周报，后改为半周报，于 1932 年 4 月在麦加创刊，供精英人士开展文化辩论，是《汉志邮报》的延续[④]，1946 年 4 月易名为《沙特国家报》（البلاد السعودية），1959 年 1 月与《阿拉法特报》（عرفات，1957 年创刊）合并，易名为《国家报》（البلاد），成为沙特第一家日报；后者为周报，后改为半周报、日报，于 1937 年 4 月在麦地那创刊。第二次世界大战期间，两家报纸均停刊。1964 年 2 月，沙特新闻部规定禁止私人办报，两家报纸也因此分别改由国家新闻与出版集团（Al-Bilad Press and Publication Establishment）和麦地那新闻集团（Al-Medina Press Establishment）运营。[⑤] 另有三家文化宗教期刊，其中以创刊于 1937 年的《源泉》（المنهل）最为著名。这是当时唯一一家文学和文化月刊，也是沙特历史最悠久的文化月刊。[⑥] 总的来说，这一时期的沙特新闻业是“要求善良而非毁灭，追求统一而非分裂，为伊斯兰教、真理和信徒服务”[⑦]

① 阿卜杜勒·拉奇卜:《汉志报业史：挫折中发展》。
② 参见穆罕默德·本·阿卜杜拉·哈姆丹:《汉志地区旧时的报纸》。另见《沙特新闻出版法》，第 34 条，见沙特内阁专家委员会网站；另见沙特新闻部官网。
③ 参见词条“乌姆·古拉”，见世界数字图书馆。
④ 《沙特阿拉伯王国新闻业》。
⑤ 穆罕默德·本·阿卜杜拉·哈姆丹:《汉志地区旧时的报纸》。
⑥ 甘惜分主编:《新闻学大辞典》，468 页，郑州，河南人民出版社，1993。
⑦ 《沙特阿拉伯王国新闻业》。

的新闻业。然而国内技术水平落后和教育水平低下在很大程度上制约了上述美好愿望的实现。由于缺乏资金，沙特境内多数报刊被迫关停，加之第二次世界大战爆发后中东各国实行严格的审查制度，新闻业发展进一步受到制约。截至 20 世纪中叶，沙特境内日均只有约 7500 份日报流通，即每 1000 名居民只能共享 1~2 份日报。[①]

第二次世界大战后，阿拉伯各国新闻业相对较快地恢复了往日的势头。沙特报刊业在技术变革的大背景下也重新得到发展，获得了更广泛的受众认可。20 世纪 70 年代初中东爆发“石油战”，沙特在经济上开始富足，新闻事业取得长足进展。[②] 这时期发行的报刊有《宰赫兰新闻报》（أخبار الظهران，1954 年创刊）、《新黎明报》（الفجر الجديد，1954 年创刊）、《希拉报》（حراء，1956 年创刊）、《光明报》（الأضواء，1957 年创刊）、《论坛报》（الندوة，1958 年创刊）、《欧卡兹报》（عكاظ，1960 年创刊）、《半岛报》（الجزيرة，1960 年创刊）、《利雅得报》（الرياض，1965 年创刊）、《今日报》（اليوم，1965 年创刊）、《中东报》（الرشق الأوسط，1978 年创刊）等报纸[③]，以及《叶玛麦》（اليمامة，1952 年创刊）、《先驱者》（الرائد，1959 年创刊）、《园地》（الروضة，1959 年创刊）、《古来氏》（قريش，1959 年创刊）、《商业周刊》（الأسبوع التجاري，1962 年创刊）、《号召》（الدعوة，1965 年创刊）、《读》（اقرأ，1974 年创刊）等杂志。

经过半个多世纪的发展，沙特现有日报 10 余种，非日报 200 多种。[④] 在沙特创办报纸需经过政府批准，内容审查较为严格。虽然几乎所有报刊都由私营公司创办，但都具有一定的政治背景，且受政府管控。新闻工作者多数为本国人，也有部分其他阿拉伯国家的侨民。[⑤] 发行量较大的阿拉伯语报纸有《中东报》（23.5 万份，2015 年）、《麦地那报》（18.5 万份，2016 年）、《利雅得报》（15 万份，2007 年）、

① A. 阿亚隆：《阿拉伯国家和新闻界：1918—1945》。
② 甘惜分主编：《新闻学大辞典》，468 页，郑州，河南人民出版社，1993。
③ 艾哈迈德 · A. 阿尔扎拉尼：《沙特新闻机构中的新闻编辑室融合：对 4 家传统报纸新闻编辑部的定性研究》。
④ 辜晓进：《当代中外新闻传媒》，289 页，北京，中国人民大学出版社，2012。
⑤ 甘惜分主编：《新闻学大辞典》，468 页，郑州，河南人民出版社，1993。

《祖国报》（15 万份，2007 年）、《今日报》（13.5 万份，2007 年）、《半岛报》（12 万份，2013 年）和《欧卡兹报》（11 万份，2006 年）。上述报纸均为综合类报纸，内容覆盖面广，涉及政治、经济、体育、社会等内容。此外，沙特还发行专门报道经济类新闻的阿拉伯语报纸，如创办于 1962 年的《经济报》（الاقتصادية），被称为沙特的“金融时报”，目标受众主要是商业人士，以及海湾阿拉伯国家合作委员会成员国的学者与官员。该报密切关注沙特国内外经济和金融发展趋势，定期组织出版研究报告，发行量约 6 万份（2007 年）。

沙特新闻业大规模复兴还带来外语报刊和外国报刊的发行。20 世纪 70 年代，沙特开始出现外语报纸，起初旨在将国内新闻翻译给海外侨民，后报道范围逐渐扩大到科学、社会和城乡活动，向世界展示沙特的崭新面貌。沙特的英文报纸主要有《阿拉伯新闻报》（5 万份，2012 年）和《沙特公报》（5 万份，纸质版取消前）。另有阿美石油公司发行的《阳光》（*Sun and Flare*）、《阿拉伯之阳》（*Arabian Sun*，为该公司内部周刊，涵盖日常新闻与专题报道）、《阿美世界杂志》（*Aramco World Magazine*，双月刊，1949 年 11 月首次出版），以及《沙特每周简讯》（*Saudi Weekly Newsletter*）、《红海评论》（*Red Sea Review*）、《沙特经济概览》（*Saudi Economic Survey*）、《今日利雅得》（*Riyadh Today*）等外文报刊。外国报刊则主要分为两类，一类是登记为外国媒体，但由沙特注册机构拥有的出版物；另一类则是由外国媒体机构注册并拥有的出版物。上述报刊有些直接在沙特境内印刷，有些则是在境外印刷，并定期运送至沙特传媒市场。①

进入 21 世纪，互联网的出现为沙特新闻业电子化带来了新的契机。一方面，各大传统报刊纷纷推出其在线网站②；另一方面，由个人经营的网络媒体机构推出的新型报纸——电子报纸开始出现。这

① 艾哈迈德·A. 阿尔扎拉尼：《沙特新闻机构中的新闻编辑室融合：对 4 家传统报纸新闻编辑部的定性研究》。

② 如：《半岛报》（1997 年 4 月）、《利雅得报》（1999 年 3 月）、《祖国报》（2000 年 11 月）、《欧卡兹报》（2001 年 6 月）、《今日报》（2002 年 4 月）、《麦地那报》（2003 年 1 月）、《东方报》（2011 年 11 月）、《麦加报》（2014 年 1 月）等。参见艾哈迈德·A. 阿尔扎拉尼：《沙特新闻机构中的新闻编辑室融合：对 4 家传统报纸新闻编辑部的定性研究》。

类在线新闻网站与目前沙特境内的报纸、电视、广播、通讯社等传统新闻机构没有任何联系，如创办于 2007 年的电子日报《赛百格报》（سبق）。该报理念前卫、视野开阔、充满活力，全天候报道突发新闻，致力于提供独特的对话和跟踪报道，旨在维护社会价值观与国家统一，以高度专业、客观的媒体标准推动读者个人与沙特社会发展[①]，稳居沙特网站流量排名首位。对许多沙特人来说，每天访问该网站已经成为一种仪式和习惯。[②] 2011 年以来，沙特国内涌现出 2 000 多家纯电子报纸，其中部分具有较强的专业性，但大多为缺乏新闻经验的个体业主所有，只有约 750 家在线报纸获得了运营许可。由于财务问题加之《电子出版活动执行条例》的出台，许多纯在线新闻供应商已经关闭或正在考虑停止其新闻活动。[③]

沙特现有百余种杂志。[④] 阿拉伯语杂志主要有：①《叶玛麦》（اليمامة），1952 年创刊于利雅得，起初为月刊，后改为周刊。该周刊内容丰富，涵盖政治、经济、社会、文化、艺术等领域，被认为是利雅得第一家倡导女性受教育的报刊，发行量约 3.5 万份（1994 年）。②《男人》（الرجل），创刊于 1992 年，为面向男性精英群体的阿拉伯语月刊，总部位于吉达，内容涵盖时尚、体育、影视、汽车等生活方式，发行量约 3.6 万份（2009 年）。③《绿洲》（الواحة），创刊于 1996 年，为文学类月刊。④《罗塔纳》（روتانا），创刊于 2005 年，为泛阿拉伯艺术、生活和娱乐周刊，内容涵盖美容、时尚、名人新闻、社会事件、电影、漫画、戏剧、设计、健康、文化等多个门类，面向整个中东和北非地区发行。还有一些杂志使用多种语言发行：①《我的女士》（سيدتي），1981 年于英国伦敦创刊，后总部迁至阿联

---

① 参见《萨布克报》官网。

② 刘梦婕、夏鸿：《沙特阿拉伯互联网发展与治理研究报告（2017）》，载《汕头大学学报（人文社会科学版）》，2017（11）。

③ 参见阿卜杜勒·阿齐兹 - 阿尔贝拉斯：《哈特拉维：电子报纸需要转变为有组织的机构，否则将面临关闭》，载《利雅得报》，2015 年 8 月 11 日；艾哈迈德·A. 阿尔扎拉尼：《沙特新闻机构中的新闻编辑室融合：对 4 家传统报纸新闻编辑部的定性研究》。

④ 商务部国际贸易经济合作研究院、中国驻沙特阿拉伯王国大使馆经济商务处、商务部对外投资和经济合作司：《对外投资合作国别（地区）指南：沙特阿拉伯（2020 年版）》，第 10 页，见中华人民共和国商务部“走出去”公共服务平台。

酋迪拜，为用英语、阿拉伯语双语发行的女性时尚刊物，是阿拉伯世界第一家也是唯一一家泛阿拉伯女性周刊；由沙特研究与媒体集团（Saudi Research & Media Group，SRMG）运营，其发行区域遍及中东、北非、欧洲和美洲地区，主要受众为家庭主妇；发行量约14.3万份（2009年）。②《杂志》(المجلة)，于1980年首次发行，总部位于吉达，被认为是阿拉伯世界最重要的政治类杂志之一，内容以政治时事为主，以独到的时事评论和政治漫画闻名，注重原创性，发行语言为阿拉伯语、英语和波斯语；2009年4月纸质版停刊前，发行量约8.7万份，后全部转为数字版在线发行。

2. 广播

沙特广播事业起步较晚，且初期发展缓慢。在第一任国王伊本·沙特的大力倡导下，沙特广播事业于20世纪30年代开始建立，并始终受到国家管控。1932年，国王下令在全国建立无线电网络，最初主要供其个人和下属官员掌握全国动态。1949年7月，沙特广播电台成立，全国广播电台框架初见雏形。1949年10月，吉达一家小型电台开始面向全国广播。[①] 1951年，麦加电台开播。[②] 吉达和麦加电台每周广播4小时，播放《古兰经》诵读、圣训、新闻、文化节目和一些音乐节目。[③] 1955年2月，沙特广播总局成立。1960年，沙特中部和东部省份开始广播。

进入20世纪60年代，沙特无线电广播事业取得较大发展，利雅得和其他城市相继建立广播电台。1962—1975年，沙特收音机数量从20万台增加到100万台，听众从50万人增至250万人。[④] 1963年，麦加电台传出女主播的声音，这是沙特历史上第一次有女性担任广播节目主持人。1964年，利雅得电台和麦加“伊斯兰之声”

① 《沙特广播业：忠实、权威、求发展的73年》，见阿卜杜勒·阿齐兹国王研究和档案基金会网站；纳斯琳·奥姆兰：《世界广播日：沙特广播事业的兴起与第一批女播音员》。

② 参见沙特新闻部官网。

③ 陈沫：《列国志：沙特阿拉伯》，342页，北京，社会科学文献出版社，2011。

④ 吕延茜：《阿拉伯世界传媒的嬗变与革新》，西安，西北大学硕士学位论文，2011。

开始播放节目。1979 年，沙特各电台的无线电广播统一组建为通用广播公司。公司管理和政策规划遵循以下原则：突出宗教、社会和文化节目，重视新闻和政治类节目；鼓励著名学者参与谈话节目，探讨重要话题；通过教育节目引导听众，提供适合于家庭、儿童和健康教育的节目；鼓励优秀学者创作宗教、文化和社会系列广播剧。1994 年，MBC FM 在沙特境内开播。2011 年，五家新的 FM 电台获准运营，目标受众为年轻群体，旨在发布国内外信息、播送娱乐节目，听众数量达 2 500 万人。[①]

目前，沙特全国约有 30 家广播电台、近 80 个电台频率，热门广播内容为宗教、音乐、专题节目和新闻。[②] 最大的广播机构是国有的沙特广播公司（Saudi Broadcasting Corporation），为避免与新近设立的沙特广播频道（Saudi Broadcasting Channel）混淆，现已更名为沙特广播管理局（Saudi Broadcasting Authority）。[③] 唯一合法的私营广播电台是阿美石油公司（ARAMCO）设立的“沙特阿美调频广播电台”（Saudi ARAMCO FM Radio）。主要电台均已实现 24 小时播音，部分广播电台除使用阿拉伯语广播外，每天还用英语、法语、乌尔都语、斯瓦希里语、波斯语和班加利语对外广播。[④]

利雅得广播电台、吉达广播电台和《古兰经》广播电台是全国最大的三家电台。利雅得广播电台是提供新闻、娱乐、宗教和艺术文化节目的综合性广播电台，于 1964 年首次播送节目，主要面向沙特和其他海湾国家听众。[⑤] 吉达广播电台于 1949 年首次播送节目，面向沙特和其他海湾国家听众，旨在成为沙特第一个多元化、年轻化的电台，提供新闻、体育、娱乐、艺术文化等多样化的节目板块。[⑥]

---

① 伊尔凡・穆罕默德:《广播在沙特有其历史与遗产》。

② 迪拜新闻俱乐部:《阿拉伯国家媒体展望（2016—2018）》。

③ 《沙特广播公司更名为沙特广播管理局》。

④ 商务部国际贸易经济合作研究院、中国驻沙特阿拉伯王国大使馆经济商务处、商务部对外投资和经济合作司:《对外投资合作国别（地区）指南：沙特阿拉伯（2020 年版）》，见中华人民共和国商务部“走出去”公共服务平台。

⑤ 参见利雅得广播电台官网。

⑥ 参见吉达广播电台官网。

《古兰经》广播电台于1952年成立，为专门的宗教电台，其节目面向全世界穆斯林，主要播放《古兰经》诵读及其经注，以及宗教科学的相关内容。[①]

除通用广播公司所属电台之外，沙特还设有其他无线电频道："第二套节目"专门播放民间传说、戏剧、娱乐、文学和科学节目；"外语广播"，强调伊斯兰团结精神和对外宣教，已基本覆盖全世界；"伊斯兰之声"，主要从事宣教和反击敌对宣传；《古兰经》广播台，面向阿拉伯世界，以及东亚、南亚和中非国家播放《古兰经》诵读，区别于面向国内的《古兰经》广播电台，欧洲语言电台，用英语和法语播放宗教及新闻节目。此外还设有朝觐指导台，属季节性广播，专门为朝觐活动服务。

3. 电视

1959年，沙特在利雅得建立电视台，后又相继在吉达、达曼等地建立电视台。[②] 1964年，费萨尔国王（فيصل بن عبد العزيز آل سعود, 1964—1975年在位）委托美国国家广播公司建设全国电视网络。1965年，利雅得和吉达电视台开始播送黑白节目，标志着沙特进入电视时代，电视信号覆盖面积约100平方千米。

1967年，吉达电视台经过改造，信号覆盖面扩大到麦加和塔伊夫地区。同年，麦地那电视台成立。次年，盖西姆电视台成立。1969年，达曼电视台成立，在各台中信号最强，能够覆盖沙特东部地区和海湾大多数国家。1970年，全国电视广播网建成。1977年，艾卜哈电视台成立，开始播送彩色电视节目。1978年，沙特开始建立一套国内电视转播系统，境内全部电视台实现彩色播放。1983年，一座现代化电视中心在利雅得落成。1984年，艾卜哈电视台开通第二个频道，用英语、阿拉伯语和法语播放节目，后开始通过卫星向欧洲和北美地区播送，其节目内容包括宗教、文化、娱乐、音乐、戏剧、电影和电视连续剧，以及儿童、新闻、时事节目等，斋月和

① 参见《古兰经》广播电台官网。
② 邱沛篁等主编：《新闻传播百科全书》，994页，成都，四川人民出版社，1998。

朝觐期间还会制作特别节目。

20 世纪 90 年代，卫星技术的发展解决了电视信号传输覆盖的问题，沙特电视业进入快速发展时期。21 世纪以来，沙特卫星电视频道数量不断增长，沙特境内开办的免费卫星频道数量占整个中东北非地区免费卫星频道总数的 14%。整体来看，免费卫星电视仍然是沙特民众收看电视的主要渠道，付费电视业务则存在较大的发展空间。目前，沙特全国各地分布有 107 个中转站，电视网已覆盖全国 98% 的地区，以高达 97% 的电视普及率位居阿拉伯地区第二位。① 国内设有 4 个电视网，117 个电视频道，其中大部分是国有的。

值得一提的是，在数字卫星电视快速发展的同时，数字地面电视在沙特的覆盖率也在不断上升。经过 2004—2005 年在吉达的试点，数字地面电视于 2006 年 7 月正式在沙特开通，标志着“模拟转数字”工程正式启动，最初覆盖 5 座主要城市，后建设有百余座数字地面广播塔，但其覆盖率仍远不及卫星电视。截至 2016 年，数字地面电视用户在沙特拥有电视的家庭中所占比例仅为 7%，预计到 2022 年仍将维持在这一水平。②

4. 数字媒体

数字媒体在沙特极为流行。年轻群体是沙特数字媒体消费的主力，社交媒体、在线视频和电子游戏是数字媒体消费的主要产品形态。

整体来看，沙特数字媒体市场呈现两大特点。第一，国内数字媒体消费量巨大，主要表现在人口基数、消费能力、基础设施三个方面。庞大的消费者数量（尤其是年轻人群）、强劲的消费能力和完善的网络基础设施为沙特数字媒体发展奠定了坚实的基础。沙特网络普及率高，4G 网络已在全国大部分区域开通，覆盖 94.2% 的人口，

---

① 参见童兵、陈洵主编:《新闻传播学大辞典》，721 页，北京，中国大百科全书出版社，2014；姜锋:《“媒”力世界——“一带一路”沿线国家媒体生态调研》，上海，上海人民出版社，2016。

② 李宇:《沙特阿拉伯电视发展现状》，载《寰球传媒》，2018（5）。

99.2% 的家庭实现互联网接入，96.9% 的国民拥有移动电话，固定宽带用户总数达 680 万（2019 年）[①]。第二，本地数字媒体的产品研发和生产能力一直徘徊在较低水平，国内尚无较大规模的数字媒体开发与生产企业。国家数字媒体软硬件整体研发水平较低，没有形成自主研发生产力。在产业政策方面，沙特长期以来推行较为保守的政策，未能对数字媒体产业发展进行重点扶持，这在一定程度上限制了数字媒体的发展。在人才培养方面，沙特数字媒体相关领域人才匮乏，缺少健全的人才培养体系。受到上述因素制约，沙特在内容制作、后期编辑、商业开发等数据产品价值链的各个环节都缺乏优势，使得自身在全球数字媒体中难以占据一席之地。

由于数字媒体生产能力和市场需求差距较大，不能满足国内消费需求，沙特成为数字媒体输入大国。在社交媒体领域，Facebook、Twitter、WhatsApp、Snapchat 等社交媒体是沙特主流社交媒体，而这些社交软件开发商无一例外都位于美国。国外社交软件基本统治着沙特市场，而沙特国内公司则未能开发出具有竞争力的社交软件。在网络视频领域，沙特普及率最高、应用最为广泛的网络视频应用是 YouTube，尚无自主研发的视频应用。在电子游戏领域，沙特虽然是中东北非地区最大的电子游戏市场，但本国电子游戏产业刚刚起步，尚未形成产业，本国游戏开发企业也寥寥无几。近年来，沙特政府已经意识到自身在数字媒体上长期受制于人，开始大力发展本国数字产业。[②]

（1）社交媒体

沙特是中东地区最大的社交媒体市场之一，互联网接入的广泛覆盖和智能手机的高使用率推动了社交平台的普及。[③]截至 2021 年 6 月，沙特境内互联网用户数约 3 358 万，渗透率达 95.9%；活跃社交媒体用户数达 2 780 万，其中 35 岁以下用户占比超过 76%。日

① 数据出自国际电信联盟（ITU）数字发展数据库。

② 《沙特数字媒体产业前景广阔——沙特产业系列调研之八》，见中华人民共和国驻沙特阿拉伯王国大使馆经济商务处网站。

③ 《沙特档案：媒体》。

均社交媒体使用时间达 3 小时零 6 分钟，人均社交媒体账户数达 9 个。社交媒体产品已经成为沙特人日常生活的重要组成部分，其中 WhatsApp、Instagram、Facebook、Twitter、Snapchat 等西方社交媒体在沙特占据主流。[①] 据统计，截至 2019 年，沙特是 Twitter 全球第五大市场，有超过 1 000 万活跃用户，其中还有 72% 认为 Twitter 是其在线视频内容的主要来源；沙特是 Snapchat 全球第五大市场，有超过 1 565 万用户，覆盖超过 90% 的 13~34 岁人口，其中 16~24 岁的年轻人中有 55% 每天都会使用 Snapchat；Facebook 用户数达 2 577 万，渗透率达 72.9%[②]，其中有至少 1 600 万活跃用户。[③]

沙特社交媒体用户数快速增长的原因可以归结为三方面：一是社交媒体在保守的沙特社会中开辟了广阔的自我表达和民意传达空间，用户可以在社交媒体上自由地表达各种观点；二是社交媒体打破了传统新闻媒体对消息传播途径的垄断，从而使沙特民众能够突破体制限制，揭示腐败现象，讨论争议话题与热点事件，影响经济、社会和文化活动，社交媒体也由此成为国家和社会发展的缩影；三是社交媒体作为娱乐性极强的传媒手段，能够丰富民众的娱乐方式，让用户体验到传统媒体无法提供的各种服务。[④]

（2）在线视频

在线视频在沙特极受欢迎。据统计，2017 年，沙特每天有超过 50% 的人口通过智能手机观看在线视频，全国人口在线视频观看总时长达 32 万年，均位居全球第一。[⑤] 其中 YouTube 是沙特人使用最多的在线视频应用，这也使得沙特成为全球人均使用 YouTube 最为频繁的国家。沙特既有庞大的 YouTube 活跃用户基数，也有影响力较大、视频制作精良的 YouTube 博主。例如，截至 2021 年 8 月，沙特家庭博主穆罕默德·莫沙亚（Muhammad Moshaya）的 YouTube

① 《沙特社交媒体数据（2021 年）》。
② 《中东互联网统计数据》。
③ D. 雷德克里夫、H. 阿布哈迈德：《中东社交媒体报告（2019 年）》。
④ 徐诗雯：《沙特社交网站快速兴起 新媒体成为表达民意新途径》，见环球网。
⑤ 参见中华人民共和国驻沙特阿拉伯王国大使馆经济商务处网站。

频道（ID：mmoshaya）拥有2070万名订阅者，浏览量突破143.3亿次，单条视频最高播放量达2.2亿次。[①] 值得注意的是，育儿和家庭相关主题视频是沙特YouTube上最热门的内容，也是沙特父母最为关注的作品。在沙特，家长大多选择YouTube而非谷歌搜索作为育儿知识的获取途径。斋月期间，电视剧和肥皂剧在YouTube上的收视率明显提高，体育、旅游以及动作、模拟和主机游戏类视频最受青睐。[②]

沙特境内也提供集互联网、多媒体和通信技术于一体的交互式网络电视（IPTV）服务，以及网络视频点播服务。前者在沙特市场相对较小。沙特电信公司（Saudi Telecom Company，缩写为STC）是沙特IPTV服务的主要运营商之一，于2010年8月推出IPTV服务。2016年，IPTV订户在沙特电视家庭中所占比例仅为2%，预计到2022年将小幅增长至3%。后者既有沙特本土传统广播电视机构顺应科技和时代发展潮流的初步尝试，也有外国老牌视频点播和网络电视公司业务在沙特境内的拓宽延续。其中，中东广播公司是沙特传统电视机构向在线数字视频服务提供商转型的代表。2008年，该公司推出在线视频网站“MBC Shahid Online”，旨在让观众能够随时回看其各电视频道播送的节目。2009年，该网站升级为流媒体平台“Shahid.net”，提供免费的视频点播服务。2014年，旗下网络电视业务“Shahid+”上线，主打高端订阅制视频服务，致力于打造世界一流的阿拉伯语视频流媒体平台，向阿拉伯本土和美国等海外国家观众提供阿拉伯世界的高评分原创作品、各类独家电影、收视率最高的电视频道等网络视频点播、回看和抢先点映服务，让中东和北非地区以外的观众也能收看到该公司制作、播出的节目。截至2019年斋月，该平台拥有超2 700万名月活跃用户，在线视频观看量达2.48亿，占据中东和北非地区85%的视频点播服务市场份额。[③]

---

① 数据出自穆罕默德·莫沙亚的YouTube频道主页。

② D.雷德克里夫、H.阿布哈迈德：《中东社交媒体报告（2019年）》。

③ 穆罕默德·纳比勒：《Shahid和Shahid+公布斋月期间的收视率和观看数据》。

2020 年，“Shahid+” 服务全面改版升级，更名为 “Shahid VIP”，面向 23 个国家和地区提供服务，视频内容涵盖电影、首发预告、电视直播、欧美视听、纪录片、儿童节目等，其在美国、加拿大、英国、澳大利亚、德国、法国等地区的国际观众数量增长近 60%。[①] 同年，该平台在 2020 年 “中东和非洲地区变革大奖”（Transform Awards Middle East and Africa）评选中荣获 “最佳数字产品品牌重塑” 金奖、“反映使命、价值观或定位改变的最佳品牌发展项目” 银奖和 “科技、媒体和电信行业最佳视觉识别” 金奖[②]。另有阿联酋艾克菲（icflix），美国 “阿拉伯星光播映”（Starz Play Arabia）、网飞（Netflix）、亚马逊（Amazon Prime Video），马来西亚艾菲（iflix）等知名海外网络电视服务提供商在沙特落地，其中以 “阿拉伯星光播映” 较为典型。该公司通过与沙特当地移动通信和交互式网络电视运营商合作，实现销售、缴费等业务的本土化，并着手开展本土节目制作，其近一半订户源自沙特，2015—2017 年订户规模增长了 112%。[③]

二、沙特传媒政策与传媒管理部门

（一）沙特传媒政策

沙特传媒政策颁布于 1982 年 8 月 11 日，是新闻出版行业从业者在沙特开展传媒活动的总纲领，也是沙特国家整体政策的一部分。沙特传媒政策根植于伊斯兰信仰与伊斯兰教法，以遵守伊斯兰法规、合乎本国所信奉的伊斯兰思想为原则，主张新闻传播要在思想和文化上为社会服务，采取新闻、娱乐等媒介形式，通过教育、引导等方式，巩固国民对真主的依赖，加强其宗教信仰与制度意识，提高其智力、文化和意识水平，解决实际社会问题；鼓励科学技术发展，传播阿拉伯伊斯兰文化，捍卫阿拉伯民族和阿拉伯世界的地位。

① S. 塞拉诺:《Shahid VIP 过去一年成就满满》。
② 《2020 年 “中东和非洲地区变革大奖” 获奖名单揭晓》。
③ 李宇:《沙特阿拉伯电视发展现状》，载《寰球传媒》，2018（5）。

沙特传媒政策明确提出，沙特媒体应当在以下四方面发挥积极作用：第一，巩固宗教信仰和民族传统。沙特媒体须时刻严格遵守伊斯兰教义，巩固伊斯兰信仰、价值观和阿拉伯传统，保留沙特优良传统，加强穆斯林之间的兄弟情谊和团结纽带，抵制破坏性思潮、叛教倾向、敌对思想以及破坏阿拉伯人团结合作与穆斯林共同信仰的企图，积极应对来自国内外敌对媒体的挑战。第二，维护公民关系和社会良俗。沙特媒体应基于事实依据，采取正确立场客观地呈现新闻，在伊斯兰信仰和国家法律法规框架下保障言论自由。沙特媒体还应特别关注家庭在社会中的重要地位，坚持人道主义观点，强调尊重个人和群体的权利，明确国民自身对社会的责任，捍卫国民最高利益。第三，服务国家发展和文化传承。沙特媒体应注重传承和利用与本国历史、文化有关的文献资料，支持沙特科学发展与文化复兴事业，向国内外展示沙特发展成就，强化国民的荣誉感，助力国家建设与核心利益维护。沙特媒体应秉持人道主义观点处理国际关系，谴责任何侵犯公民和个人权利的行为，坚持真理、正义与和平，反对不公平与种族歧视。第四，助力教育普及和扫盲事业。沙特充分认识到媒体对于发展国家教育和扫盲事业的重要性，以使用和推广标准阿拉伯语为己任，通过媒体研究、交流合作、专业培训等方式不断提高各领域媒体内容质量，针对儿童、青少年和受高等教育群体推出不同的节目内容，满足不同喜好和年龄层群体的文化需求。①

为实现上述传媒政策目标，沙特新闻部、文化部等职能部门先后制定并颁布《沙特新闻出版法》及其实施条例、《沙特新闻机构组织法》及其实施条例、《沙特广播基本法》《沙特媒体活动实施细则》《沙特视听媒体法》《沙特电子出版活动实施条例》等行业专项法律法规，另有《沙特交存法》《沙特著作权法》及其实施条例等多项适用法律法规，涵盖新闻出版与广播业、新闻机构组织、视听媒体与

① 《沙特媒体政策》，参见沙特新闻部官网。

电子出版活动、文献保存与著作权保护等细分领域。主要法律法规颁布、修订时间与主要内容如下表所示：

表 3 专项法律法规

<table>
<tr><th>序号</th><th>法律名称（代码）①</th><th>颁布时间</th><th>公布时间</th><th>修订时间</th><th>主要内容</th></tr>
<tr><td>1</td><td>《沙特广播基本法》②（GB）</td><td colspan="2">1955 年 2 月 10 日</td><td>—</td><td>沙特广播公司使命，成员任命条件及其职权</td></tr>
<tr><td>2</td><td>《沙特新闻出版法》③（CB）</td><td colspan="2">2000 年 11 月 30 日</td><td>2012 年 3 月 5 日、2020 年 7 月 23 日</td><td>新闻出版活动范畴、许可办法、内容规范</td></tr>
<tr><td>3</td><td>《沙特新闻出版法实施条例》④（CBS）</td><td colspan="2">2001 年 9 月 5 日</td><td>2018 年 7 月 22 日</td><td></td></tr>
<tr><td rowspan="2">4</td><td>《沙特新闻机构组织法》⑤（JG）</td><td>2001 年 7 月 29 日</td><td>2001 年 8 月 17 日</td><td>2021 年 1 月 7 日</td><td rowspan="2">私营新闻机构设立、组织，成员任命条件及其职权</td></tr>
<tr><td>《沙特新闻机构组织法实施条例》⑥（JGS）</td><td>2001 年 8 月 17 日</td><td>2002 年 3 月 22 日</td><td>2021 年 4 月 19 日</td></tr>
</table>

① 后文中法律法规参考信息均以代码、符号和数字组合的形式标明。代码表示对应的法律法规，冒号表示其后条款属于前述法律法规，半字线表示条款的从属关系，分号表示法律法规之间的并列，逗号表示法条之间的并列，正斜杠表示条款之间的并列。例如，“CBS:36-c/e, 37-a; MT:4-2”表示前文参考《沙特新闻出版法实施条例》第 36 条第 c、e 款，第 37 条第 a 款，以及《沙特媒体活动实施细则》第 4 条第 2 款之内容。

② 《沙特广播基本法》，见沙特内阁专家委员会网站。

③ 《沙特新闻出版法》，见沙特内阁专家委员会网站；另参见沙特新闻部官网。

④ 《沙特新闻出版法实施条例》，见沙特新闻部官网。

⑤ 《沙特新闻机构组织法》，见沙特内阁专家委员会网站。

⑥ 《沙特新闻机构组织法实施条例》，见沙特文化新闻部官网。2018 年文化新闻部拆分后未经修订，见世界知识产权组织数据库。

序号	法律名称（代码）	颁布时间	公布时间	修订时间	主要内容
5	《沙特电子出版活动实施条例》①（DZ）	2016 年 12 月 2 日（生效）②		—	电子出版形式、许可与注册事宜、内容审查、违禁内容
6	《沙特视听媒体法》③（ST）	2017 年 12 月 13 日		—	视听媒体内容规范、许可证相关事宜
7	《沙特媒体活动实施细则》④（MT）	—	—	—	印刷、影印与复制、广告、摄影行业从业规范

表 4　适用法律法规

序号	法律名称（代码）	颁布时间	公布时间	修订时间	主要内容
1	《沙特阿拉伯王国治国基本法》⑤（ZG）	1993 年 3 月 1 日	1992 年 3 月 6 日	2006 年 10 月 19 日	基本原则、管理体制、社会基础、经济财政、权利义务
2	《沙特交存法》⑥（JC）	1992 年 3 月 11 日	1992 年 4 月 17 日	—	需交存法赫德国王国家图书馆文献事宜

① 《沙特电子出版活动实施条例》，见沙特新闻部官网。

② 阿卜杜拉·巴尔卡维：《〈沙特电子出版活动实施条例〉历经 6 个月修订，旨在避免错误实践影响社会》。

③ 《沙特视听媒体法》，见沙特内阁专家委员会网站。

④ 《沙特媒体活动实施细则》，见沙特新闻部官网。

⑤ 《沙特阿拉伯王国治国基本法》，见中华人民共和国驻沙特阿拉伯王国大使馆经济商务处网站；另参见沙特内阁专家委员会网站。

⑥ 《沙特交存法》，见沙特内阁专家委员会网站。

续表

<table>
<tr><th>序号</th><th>法律名称（代码）</th><th>颁布时间</th><th>公布时间</th><th>修订时间</th><th>主要内容</th></tr>
<tr><td>3</td><td>《沙特著作权法》[①]（ZZQ）</td><td>2003 年 8 月 30 日</td><td>2003 年 9 月 19 日</td><td>—</td><td rowspan="2">受保护作品范围、作者权利以及侵权行为界定、责任与处理程序</td></tr>
<tr><td>4</td><td>《沙特著作权法实施条例》[②]（ZZQS）</td><td colspan="2">2004 年 5 月 30 日</td><td>2005 年 6 月 22 日、2019 年 8 月 4 日</td></tr>
</table>

专项法律法规方面，最早出台的法律是《沙特广播基本法》。该法伴随沙特广播总局的成立而问世，其性质更接近该局以及其后成立的沙特广播公司的内部章程，而非一部严格意义上的国家法律。1963 年制定的《沙特新闻出版法和新闻机构组织法》则是沙特传媒领域第一部较为完善的法律。该项法律规定：任何报刊和新闻机构必须先在政府新闻部注册和报批，报刊主编、新闻机构负责人必须由年满 25 周岁以上的沙特阿拉伯人担任；报刊和新闻机构不得在公民中散布和鼓励颠覆现政权和扰乱公共秩序的信息；新闻部有权干预出版社和新闻机构工作人员的任命；新闻部有权根据情况解散某个新闻机构或吊销其许可证。[③]

2000 年 6 月，沙特对新闻出版领域法条进行细分，将《沙特新闻出版法和新闻机构组织法》拆分为《沙特新闻出版法》和《沙特新闻机构组织法》两部独立的法律，成为沙特传媒业的核心法律法规。《沙特新闻出版法》及其实施条例明确沙特境内新闻出版活动范畴，申请新闻出版许可证的条件、程序和费用，媒体活动、出版物发行流通和新闻业从业规定，以及相关处罚和上诉事项，涵盖新闻出版活动概念界定、许可颁发、内容审查、内容规范、出版物在公共场合的使用以及行业协会建立等事项。《沙特新闻机构组织法》及其实施条例则主要面向沙特国内私营新闻机构，对私营新闻机构的

① 《沙特著作权法》，见沙特内阁专家委员会网站。

② 《沙特著作权法实施条例》，见世界知识产权组织数据库。

③ 甘惜分主编：《新闻学大辞典》，915—916 页，郑州，河南人民出版社，1993。

性质、资本、地点，设立私营新闻机构的程序，终止私营新闻机构的规定，机构成员的条件、职责和禁止事项，关于机构总经理、总编辑和编委会成员的任命及其职权，成立沙特记者协会等内容作出明确规定。2011 年 4 月 29 日，沙特前国王阿卜杜拉·本·阿卜杜勒·阿齐兹·阿勒沙特（عبد الله بن عبد العزيز آل سعود，2005—2015 年在位）发布敕令，对 2000 年 11 月颁布的《沙特新闻出版法》进行修改，特别是对涉及有损宗教机构声誉和国家利益的报道与出版物施加限制，对出版物内容、负责调查和裁决违法行为的部门以及相关处罚事项做出重新规定。①

除新闻出版、新闻机构组织、广播业等传统传媒政策外，沙特政府也在紧跟时代步伐，积极探索视听媒体、电子出版等新兴媒体活动与本国发展目标和法律法规的适应与契合。视听媒体方面，沙特针对国内视听媒体活动出台《沙特视听媒体法》，规范和发展沙特境内视听媒体活动，为其创造适当的投资环境，确保其内容符合沙特传媒政策；专门设立视听媒体管理总局，明确从事任何视听媒体活动必须首先获得广播许可证，由管理总局负责许可证的颁发、换发、变更、暂停和吊销事宜（ST：2，3，7，8）。

电子出版活动方面，沙特针对在线新闻和出版服务成立电子出版管理处，对电子出版违规和投诉进行调查问责；出台《沙特电子出版活动实施条例》，详细规定电子出版形式、许可和注册事宜、内容审查与责任、违禁内容等，旨在规范电子新闻业、电子通讯社、电子出版社、社交媒体、电子应用、论坛、博客、电子广告、通过手机等电子途径广播（消息、新闻、广告、图片等）、个人网站、电子邮件组、电子档案、聊天室等沙特电子出版活动，保护社会免受不当电子出版活动的影响；为网站及其从业者开展活动提供便利，支持树立专业价值观的电子媒体，发展新媒体；建设对话与多样的文化，巩固保障言论自由的人权文化；明确电子出版行业从业人员的权利和义务；保留个人创办和注册任何形式的电子出版物，以及在面临投诉时向有关部门提起诉讼的权利（DZ：2，3，16）。

① 《沙特修订新闻出版法》，见新浪新闻。

王储穆罕默德·本·萨勒曼（محمد بن سلمان بن عبد العزيز آل سعود，2017年担任王储）实际掌权后，为推动国家转型，摆脱国家对石油收入的过度依赖，实现经济多元化发展，于2016年公布了沙特社会经济改革计划——“2030愿景”，明确提出要推动数字媒体发展。为此，沙特制订了一系列数字媒体产业发展计划。首先，沙特将加大对基础设施建设投资力度，扩大网络覆盖范围，提升网络质量。到2030年，沙特将在人口密集区实现90%、在郊区实现66%的高速宽带覆盖率。其次，沙特将投资约10亿美元打造“媒体城”，建设数字媒体生态系统。最后，沙特正在研究制定信息保护法，解决数字媒体中的信息保护问题。①

适用法律法规方面，《沙特著作权法》明确受保护作品范围、作者权利以及侵权行为界定、责任与处理程序。任何人首次在沙特国内以及沙特公民首次在沙特国外出版、制作、表演或展示的书籍、印刷品等书面材料，广播专用或通过广播播送的作品，新闻报道，绘画、美术、摄影、音像、翻译作品，计算机软件，以及总结、修改、注释或调查作品等均受到《沙特著作权法》保护（ZZQ：2，3，18；ZZQS：2）。《沙特交存法》规定，沙特境内发行的官方、半官方和民间报纸以及期刊需在法赫德国王国家图书馆存放副本（JC：2-3-a）。

1. 机构与行业组织

沙特传媒业组织分为传媒机构组织与行业组织两类。根据《沙特新闻出版法实施条例》，私人实体或个人可依据新闻出版需要成立私营新闻机构；媒体各行业可建立本行业的媒体协会，旨在组织和发展本行业媒体活动，巩固对行业传统、道德和原则的遵守，解决行业内职工面临的问题，发展和规范协会职工的专业表现，实现行业内专业人士交流对话，促进国内外类似机构的合作（CBS：90）。

（1）传媒机构组织

传媒机构组织中比较具有代表性的是私营新闻机构。私营新闻机构是以发行具有新闻性质的定期出版物为目标的法人实体，恪守真实客观的原则开展传媒活动，通过竞争提升新闻与传媒行业服务

① 参见中华人民共和国驻沙特阿拉伯王国大使馆经济商务处网站。

质量，促进沙特公民与政府和非政府机构合作，普及文化知识，支持国家和社会发展。其发展目标和出版物须符合沙特传媒政策、《沙特新闻出版法》及其实施条例、《沙特新闻机构组织法》及其实施条例、《沙特著作权法》及其实施条例以及《阿拉伯媒体荣誉宪章》的规定（JG：2-b；JGS：2-1/2/3/4）。私营新闻机构自负盈亏，注重人才队伍和专业技术建设，一方面不断鼓励、发掘和培养新闻工作领域的创造性人才，另一方面在每年产生的利润中划拨足够比例的资金用于专业培训，以及开发新闻工作所必需的现代技术手段（JG：5-b/d；JGS：2-5）。

私营新闻机构应取得定期和非定期新闻出版物发行出版从业许可证，在新闻工作实践中应追求可信性、客观性，秉持尊重受众的原则。定期新闻出版物应设有总编辑和编委会，包括报纸、杂志、简报和通函四种出版类型。其中报纸分为日报、晨报和晚报，杂志分为周刊、半月刊、月刊、季刊和年刊；简报每周、每月或每季度专门发行一次，从多方面报道分析一个或多个事件或问题；通函分为半月刊、月刊或季刊，以专门系列的形式发行，旨在解决社会、文化等问题，提高受众思想水平和文化意识（JGS：1-2，2-2）。

私营新闻机构应至少拥有 30 名成员，下设全体大会和董事会。全体大会由获准成立该机构的创始成员，通过出售、转让部分股份或继承、追加资本获准加入该机构的成员，以及欲加入该机构的法人代表组成，为机构最高权力部门，有权制定和发布机构总体方针、内部章程及其修正案等内部法规和其他规范其工作流程的规章制度，任命董事会成员，通过总经理、总编辑和机构成员的任免，批准机构预算和决算，任命特许会计师。机构成员必须是沙特公民，至少拥有大学学历，或者是科学界、思想界和媒体人士，或者是关注文化事业的实业家，且已获准成为思想、文化和科学领域法人成员（JG：6，8；JGS：1-1，6，8）。

私营新闻机构设有 1 名总经理，负责根据相关政策和指示，机构内部章程、工作章程以及全体大会和董事会决定，在职权范围内管理和代表机构处理财务和行政事务。总经理为全职职位，必须由已获大学学历，拥有不少于5年行政、新闻或媒体工作经验，且年龄不低于30岁的沙特公民担任。对于知识水平和行政能力突出者，可以免除学历要求（JG：15,16；JGS：12,13）。另设有1名总编辑，为编委会负责人，负责指导和监督实施新闻出版政策，并全权负责机构出版物刊登和编委会发表的所有内容，其具体职能包括：直接指导、监督和管理本机构及其工作人员的所有编辑工作，代表本机构出版物处理新闻事务，制订发展本机构出版物的计划和项目。总编辑为全职职位，必须由已获大学学历，拥有不少于5年新闻工作经验以及足够的知识水平和媒体能力，通晓出版物发行语言，且年龄不低于30岁的沙特公民担任（JG：18，19；JGS：1-3）。私营新闻机构专职编辑由总编辑任命，其职责包括：努力实现机构设立的目标，提升该机构出版物的品质，在各类活动、会议和大会中代表本机构出席，遵守《沙特著作权法》相关规定（JG：22）。

（2）行业组织

行业组织以沙特记者协会为典型。沙特记者协会是根据《沙特新闻机构组织法》成立的具有独立法人资格、财务独立的记者行业组织，负责记者事务（JG：27）。沙特官方对“记者”一职的界定是“撰写、编辑和设计文字、图片、音频或视频等新闻材料的新闻工作相关媒体机构从业者”，包括报刊出版机构的工作人员，在发行定期出版物的政府、教育和文化机构从事新闻工作的人员，按照《沙特新闻出版法》及其实施条例从事新闻跟踪、消息发布、报刊刊登、国内外新闻通讯等相关工作的新闻办人员，以及在新闻部门从事新闻工作有关活动的广播和电视行业工作者等。符合上述条件的编辑、作家、通讯员、翻译、调查员、摄影师、设计师、校对员、评论员、画家、书法家、导演等均属“记者”范畴（JGS：20）。记者必须是已获高中或同等学力，拥有不少于5年新闻行业从业经验，且年龄不低于20岁的沙特公民。非沙特公民须根据适用法律法规签订相关合同以从事新闻职业。沙特记者须持有新闻部颁发的新闻通行证以及沙特记者协会颁发的记者证执业，应遵守《沙特新闻出版法》《沙特新闻机构组织法》和《沙特著作权法》及其执行条例的规定，有权根据《沙特新闻出版法》及其实施条例担任一家或多家媒体的记者（JGS：21，22，23）。

沙特记者协会成立于2004年7月7日，以将沙特媒体打造成内容、技能和道德先驱为愿景，以巩固新闻业理念，提高新闻业从业水平，维护新闻业正当利益，推动行业进步和发展，根据既定原则促进言论自由，制定专业准则；通过举办研讨会、会议、培训课程、讲习班等各种文化和社会活动，以及开展调查和研究活动，向成员开发和提供服务为使命。协会享受新闻媒体机构年度资助，可以接受其成员和沙特其他个人或实体的赠款与援助，也可以参与报刊发行公司或新闻机构的传媒活动。其战略目标包括：第一，服务国家建设。捍卫新闻行业的公信力，强调对受众的尊重，维护沙特国民凝聚力和社会稳定。第二，推动行业发展。开展科学和技术研究以降低财务成本，提高行政效率。敦促新闻机构发掘、支持和鼓励新闻领域的创造性人才，并为之提供培养机会。加强与国际类似机构和协会的联系，促进双边知识交流，服务沙特新闻业和记者职业发展。第三，权益维护。加强传媒机构主管部门与从业者的联系，捍卫协会成员在沙特国内外的财务、行政等合法权益；代表沙特记者与国内官方机构和其他专业机构，以及国外与记者事务有关的机构交涉；为协会成员提供与其专业资历相匹配的传媒工作机会、福利和配套设施，诉诸主管部门保障遭不正当解雇、患病或残疾成员的合法权益。第四，专业化建设。通过提供培训课程、召开研讨会、颁发奖金等途径持续提高沙特新闻界从业人员的专业能力；确保记者能够参加舒拉委员会[①]、省议会、市议会，以及工会、学会、协会等公共机构召开的一般会议；鼓励并监督协会成员按照职业专业化原则从业，并提供必要的专业培训。[②]

---

① 又称“沙特协商会议”，为沙特政府的最高政治咨询机构，下设12个专门委员会。协商会议由主席和150名委员组成，由国王任命，任期4年，可连任。

② 参见沙特记者协会官网。

2. 许可申请与颁发

沙特传媒领域针对不同的新闻出版活动设有不同的许可证，如下表所示。以下选取传统新闻出版活动和新兴电子出版活动许可申请、颁发事宜作简要介绍。

表 5 不同活动领域许可证

活动领域	许可证名称	颁发机构
新闻出版	新闻出版许可证	沙特国家出版管理局（文化部）
私营新闻机构	定期和非定期新闻出版物发行出版从业许可证	沙特国家出版管理局（文化部）
视听媒体	媒体广播许可证	沙特视听媒体管理总局
电子出版	电子出版活动许可证	电子出版管理处（新闻部）

（1）新闻出版许可证

新闻出版许可证由沙特国家出版管理局[①]颁发。在沙特境内提供印前准备服务、新闻服务、影印与复制服务，从事摄影、公关、出版、发行（书籍、报刊批发）、广告、宣传、媒体研究与咨询行业，开展广播、电视、电影和戏剧艺术制作，进口、销售和租赁电影及录像带，生产、销售和租赁计算机程序等传媒活动，开办运营印刷厂、图书馆（新书与二手书籍、文具、办公用品、报刊零售）、广播电视演播室、外国媒体办事处（含记者）等传媒活动场所，以及出版发行出版物、书画、印章、磁带、唱片等传媒介质均须经沙特新闻部许可，并遵守沙特传媒政策、《沙特新闻出版法》及其实施条例和《沙特著作权法》及其实施条例的有关规定（CB：2；CBS：2，3，4，5，9）。从业者应当在固定场所从事许可范围内的新闻出版活动（CBS：64-a）。未经新闻部许可，任何个人均不得从事任何媒体活动。未获新闻出版许可证的从事专业活动或为特定部门服务的私人实体、从事宣传活动的团体，以及职业和服务咨询提供商不得从事《沙特新闻出

① 沙特国家出版管理局此前隶属于沙特新闻部，现已并入 2020 年新成立的文学、出版和翻译委员会，由文化部专辖。其间《沙特新闻出版法》及其实施条例未经修订，原文如此。

版法》及其实施条例中列明的媒体活动（CBS：97）。新闻部颁发的许可不能代替其他适用法律法规要求的由其他政府机构颁发的许可（CBS：5-1）。

新闻出版许可证由媒体从业者或机构法人提出申请。申请人应由年龄不低于 25 岁且不是政府雇员的沙特公民担任。其中，提供印前准备服务、影印与复制服务，从事摄影、公关、出版、发行、广告、宣传行业，生产、销售和租赁计算机程序，开办运营印刷厂、图书馆，出版发行书画、印章对申请人无学历要求；提供新闻服务的申请人应至少获学士学位；从事媒体研究与咨询行业的申请人应至少获学士学位，且具有相关领域 5 年及以上工作经验（CB：5，CBS：7-1/2/3/4，9）。

在沙特境内开办的报纸、通讯社和广播电视服务等外国媒体办事处负责人如果是外籍人士，则该机构必须任命一名沙特公民担任其助理或副手（CBS：40-d，41-a）。除私营新闻机构外，经新闻部批准后，沙特境内私人实体和个人也可以发行报纸（CB：25-1）。

沙特新闻部对于摄影师执业资格有着严格的规定。摄影师必须是年龄不低于 17 岁的沙特公民。沙特境内举办的重大活动的摄影师必须由获新闻部许可的沙特公民担任。自拍设备必须在经新闻部许可的销售点购买（CBS：36-c/e，37-a；MT：4-2）。

（2）电子出版活动许可证

《沙特电子出版活动实施条例》是沙特政府针对电子出版活动出台的专项约束性法规，要求在沙特境内从事任何电子出版活动必须获得电子出版活动许可证。《沙特电子出版活动实施条例》还详细划分了许可和注册程序的适用范围，明确在不影响出版内容的责任的情况下，所有形式的电子出版不受有关部门控制，给予在线新闻出版活动自由空间的同时，也在原则上约束、监督其执业与出版物内容。根据《沙特电子出版活动实施条例》要求，开展电子新闻业、电子通讯社、电子出版社、通过手机等电子途径广播（消息、新闻、广告、图片等）活动必须获得许可，论坛、社交媒体、博客、电子广告、个人网站、电子邮件组、电子档案、聊天室、政府机构、教育和科研机构、科学协会以及文学、文化学会和体育俱乐部网站等电子出版形式经注册即可开展活动（DZ：1，5，6，13，16）。

电子出版活动许可证申请人应由已获大学文凭或同等学力，年龄不低于25岁且不是政府雇员的沙特公民担任（DZ：7-1）。电子出版活动注册者应由已获高中文凭或同等学力，且年龄不低于25岁的沙特公民或合法居住在沙特的外籍人士担任（DZ：8-1）。电子报纸的责任主编应由已获大学文凭或同等学力，拥有在多家媒体共计不少于5年工作经验，且年龄不低于30岁的沙特公民担任（DZ：7-2）。

3. 出版物内容审查

在沙特境内印刷、出版、流通的媒体内容均须经新闻部批准。新闻部有权委派熟悉出版法律法规的专业人士进行审查（CB：42；CBS：17-a）。

（1）国内出版物

政府机关，教育和科研机构，科学协会，文学、文化和新闻学会，以及私营新闻机构等可以在其职能和责任范围内发行非定期出版物，并自行负责审查，但不得从事专业出版活动，新闻部一般不进行内容审查。上述机构引进的出版物同样不受新闻部审查，但应仅供机构内部使用，不得在市场上发行、流通或出借（CB：6，21；CBS：63，70-a）。此外，沙特新闻部还为研究人员、思想家等文化群体出于科学研究目的引进出版物提供便利（CBS：71）。

特别地，由私人实体在特定范围内发行的、用于服务自身活动的非销售目的宣传品，以及由私人实体或个人发行的科学或专业领域期刊须经新闻部批准。由公共教育机构或政府机关发行的报纸和科学杂志须提前向新闻部报备（CB：25-2/3）。

（2）国外出版物

在沙特境内开办的报纸、通讯社和广播电视服务等外国媒体办事处及其记者均须向新闻大臣提交申请以获得执照。外国出版物不得触犯伊斯兰信仰和政府制度，不得采取与沙特友好国家敌对的立场，不得损害沙特最高利益，不得违背公共道德。由沙特境外的媒体机构、科学协会等机构和个人发行，经首相批准在沙特国内出版印刷的报刊，以及在沙特境外制作、编辑、配音、翻译的音像艺术作品均须经新闻部审查（CB：18，23；CBS：21-a，39-c，87）。2021 年 6 月，视听媒体管理总局针对国内私营机构发行的外国书籍、电子书等出版物推出即时在线直审服务，有助于简化针对图书作者、出版商和发行商的审查流程，缩短等待时间，规避不正当竞争，为图书创作、出版与发行吸引投资，促进电子书与电子商务行业发展，反哺创作者产出更多优质内容。[①]

外交机构、外国领事馆和驻沙特国际组织发行的小册子和传单等出版物同样受《沙特新闻出版法》及其实施条例中一般监管规则的约束，且须事先经相关部门批准（CBS：65）。

4. 内容与行业规范

按照沙特新闻与传媒政策要求，沙特新闻出版活动应以弘扬伊斯兰信仰、弘扬高尚道德与善良正义、普及文化知识为目标，根据有效事实和真实证据，客观地提出服务于公共利益的建设性批评（CB：3，9；CBS：78-a）。言论自由通过各种出版方式在伊斯兰教法等法律法规范围内得到保障（CB：8）。所有新闻机构及其活动必须遵守伊斯兰教有关规定，不得与之相冲突或矛盾；新闻部要坚持服务社会，提倡优良传统，反对腐败，推动发展；媒体宣传要为国家政治服务，坚持客观报道事实真相，保护阿拉伯穆斯林特别是沙特人民的利益；巩固和促进沙特人民之间的团结、亲善与互助关系；重视社会基本单位——家庭及儿童教育；关注妇女群体；关注青年人思想成长。[②] 新闻出版行业及其从业者应在沙特传媒政策框架下开展活动，树立尊重意识，保障言论和意见自由，注重知识产权保护。新闻部有权撤回任何包含违反伊斯兰教法内容的报刊（CB：36）。作者、出版商和印刷商对其未经批准印刷或发行的出版物中包含的违规内容负责。报刊主编应对报刊上发表的内容负责，文章作者应对文章内容负责（CB：15，33）。

① 《出版物在线直审服务上线》；苏阿黛·亚拉：《沙特取消书籍预审》。

② 陈沫：《列国志：沙特阿拉伯》，339 页，北京，社会科学文献出版社，2011。

（1）违禁内容

沙特当局禁止任何新闻、出版和传媒机构以任何方式在任何新闻出版活动中发布、出版、发行、传播、播送或影印以下内容：

第一，触犯宗教经典和法律法规的。例如，违背《古兰经》、圣训和伊斯兰教法原则的，违反伊斯兰教法条规等现行法律法规的。

第二，违背主流道德和价值观念的。例如，展示或传播裸露、不雅服饰和粗俗语言等淫秽色情内容的；宣传或认同毒品、精神药物、酒精、烟草及其制品的。

第三，危害国家安全和社会稳定的。例如，有损于国王、王储的，威胁国家安全、扰乱公共秩序或破坏政权的，企图分裂国家或造成紧张局势的；为与国家利益相冲突的外国利益服务的，偏袒或反对任何国际集团导致国家利益受到损害的；损害公共利益或国家声誉的；有损国家经济、卫生等公共事业的；可能损害沙特本国货币地位，导致沙特经济声誉受损，或混淆对沙特资本市场及其状况认知的；美化、教唆或可能煽动犯罪、暴力和恐怖主义的，威胁国家、社会和国际安全的；未经主管部门授权的军事新闻和机密消息。

第四，破坏国内外人民团结统一的。例如，破坏国民团结或引起公民间歧视、纷争、冲突、分裂与仇恨的，挑拨社会成员关系的；造成伊斯兰世界分裂的，破坏阿拉伯人民团结或削弱各国人民间兄弟关系的，损害沙特与其他阿拉伯、伊斯兰和友好国家关系的。

第五，侵犯个人隐私和基本人权的。例如，侵犯个人隐私、个体尊严和自由的；暴露大穆夫提[①]、高级科学家、政治家等人士个人信息的；未经主管部门许可发布与个人身份等有关的调查和判决事实的，以及并非出于保护公共利益所必需的司法裁决或行政决定需要，发布涉及个人生活隐私的新闻或图片的；以煽动、诋毁、敲诈勒索等方式损害个人或机构名誉、干涉私人问题的。

第六，发布传播不实或虚假信息的。例如，未经主管部门许可

① 大穆夫提，指逊尼派（伊斯兰教四大主要教派之一）或伊巴德派（伊斯兰教四大主要教派之一的哈瓦利吉派唯一留存至今的分支）提供法律意见或解释伊斯兰教法的最高宗教法官。

披露调查或判决事实的；未经正式发布的，国家参与缔结的协议或条约文本；与沙特旅游局、市政府批准地图不符的沙特国家地图和城市地图，以及包含与批准地图不符的沙特边界地图或城市地图的出版物；可能误导或欺骗消费者的广告（CB：9；CBS：38-b，73；GB：8；ST：5；DZ：15）。

（2）行业规范

沙特当局对于特定新闻出版行业也有出台相应的内容规范。例如，媒体研究与咨询行业从业者在制定问卷时，不得加入违背沙特宗教信仰、主流价值观和习俗，以及侵犯个人和家庭隐私的问题（CBS：61-2）。公关活动不得违反开展商业、行业和行政活动的通行规定，也不得使用任何违反伊斯兰教法或违背道德价值观的方式方法（CBS：62-a）。广告应使用正确的阿拉伯语，不得采用有损家庭关系和尊老传统的内容，不得教唆模仿、容忍犯罪与欺诈行为，不得使用贬义或粗俗的表达方式。广告商不得发布、宣传或推广未经主管部门批准许可的销售、募股和投资项目，药品、营养补剂、医疗产品或治疗方案以及留学项目等。在不对播送成效和质量产生负面影响的前提下，传媒机构应注意平衡广告和媒体内容的播送时间（CBS：74；ST：5-9/16）。在沙运营各电视频道聘用的女播音员出镜时，着装应符合伊斯兰教法要求以及沙特妇女通行的着装方式（ST：5-14）。书展方面，由新闻部会同有关部门就规范私营出版社和发行机构举办书展制定法规、颁发许可，并监督其活动。书展期间，不得展示未经新闻部事先批准的出版物，不得展示或销售在境外印刷的书籍，禁止销售新近发行的外国报刊（CB：43；CBS：68-b-1/7/8/9）。禁止进口在沙特境外出版的书籍（CBS：69-1-b）。

特别地，沙特新闻部对于在公共场合分发出版物、播放音像制品、使用和展示照片等行为有着较为严格的规定。任何个人或代表在任何情况下都不得沿街或在公共场所销售和分发出版物。未经许可，不得在橱窗或商店内展示包含演员或表演者照片的海报图片或广告；未经沙特国家出版管理局许可以及照片所有人要求或同意，不得打印、放大个人照片用于商业用途，也不得在公共场合展示照片，尤其是女性照片。除试看、试听用途外，不得在商店内播放、展示电影和音乐作品，且音像作品播放音量不得超出商店经营范围。此外，在酒店、商场、医院、住宅区、公司、会所、餐厅等设有电视广播系统或封闭式内部广播频道的公共场所录制或播放音像作品前，均须得到沙特国家出版管理局批准（CBS：30，31-d，32，38，64-a）。

（3）外国媒体限制

沙特对发布毒品、赌博、酒精等内容或侮辱伊斯兰教、违反沙特法律法规等内容的外国媒体进行封锁。例如,2017年，沙特、埃及、巴林等多国以卡塔尔支持恐怖主义为由，宣布与卡塔尔断交。断交危机爆发后，卡塔尔的新闻机构被沙特列入黑名单，半岛电视台等知名媒体驻沙特办公室被迫关闭。[①]

（二）沙特传媒管理部门

沙特传媒领域采用一级、二级分列和特别部门单列的管理架构，分管国内外新闻、媒体、电视、广播等传媒领域。其中主管机构为新闻部，下辖沙特广播管理局。另设有沙特视听媒体管理总局，以及文学、出版和翻译委员会，分管国内视听媒体和出版活动。

1. 新闻部

沙特新闻与传播事务由新闻部（Ministry of Media）管理。新闻部是沙特政府机构之一，其前身可追溯到1955年2月随沙特广播总局成立的沙特新闻出版总署（General Administration of Press and Publication）。1963年3月，新闻出版总署职能归入新成立的信息部（Ministry of Information），标志着沙特传媒行业行政发展初见雏形。2003年，信息部更名为文化新闻部（Ministry of Culture and Information）。2018年6月，该部拆分为文化部和新闻部两大部门。新闻部下设联络司、行业发展司、支持服务司等三大司，新闻大臣办公室下设行业战略处、愿景实践处、传媒规划与展望处、内部审计与治

① 《世界新闻自由日的沙特：法律和政策使系统性侵犯新闻自由的行为合法化》，见欧洲沙特人权组织网站。

理处、法务处五个行政单位，另设有若干委员会。[①]

新闻部积极参与构建并保护沙特民族身份认同，负责利用报刊、电视、广播等媒介向国内外传播新闻与消息，在沙特公民日常生活中弘扬伊斯兰价值观，展示国家成就及其在地区和国际舞台上的重要作用，纠正有关沙特的错误信息。其主要职能是规范沙特媒体及其与其他国家之间的沟通，具体包括：

（1）政策制定：制定与时俱进的新闻方针，确保沙特公民在伊斯兰教法和国家基本政策框架下享有表达自由；确保沙特媒体在国内政策制定方面发挥作为具有影响力的独特、有效战略工具的作用。（2）行业发展：利用沙特媒体营造民族归属感，界定沙特文化；使沙特媒体跻身阿拉伯地区领先媒体之列；全面改革与发展视听媒体，服务国家文化事业和最高利益；回应各方受众的多元关切；应对来自海外的媒体攻击。（3）部门管理：制定有关人力资源和财产管理的措施与行动方案，服务部门发展；提供必要信息和分析报告，维护部门的权威性和可信度，赢得公众对本国媒体、文化和民族归属的信任。[②]

新闻部是沙特主要的新闻审查机构，所有出版物都须经新闻部严格审查后方可向公众传播。该部曾下辖沙特国家出版管理局，负责管理沙特国内出现的国内外书籍、报刊和音像制品，坚持和维护沙特伊斯兰传统价值观。该局总部位于首都利雅得，在全国各大城市和各个海陆空口岸设有分支机构，负责监督各类音像制品出版准入，禁止有悖伊斯兰伦理道德的出版物入境。[③]目前该局已并入2020年新成立的文学、出版和翻译委员会，由文化部专辖。[④]新闻部还负责监督国内一些文化机构及其活动，如法赫德国王文化中心、民间文学艺术管理局、沙特文化艺术协会、文化活动总局和文学俱乐部、公共图书馆总局和文化关系总局等。

---

① 《新闻大臣批准全新组织架构，赋能新闻部践行宣传沙特和发展行业之使命》，见沙特新闻部官网。

② 参见沙特新闻部官网。

③ 陈沫：《列国志：沙特阿拉伯》，341页，北京，社会科学文献出版社，2011。

④ 《沙特文化部的愿景和方向》，见沙特文化部官网。

2. 沙特广播管理局

沙特广播管理局成立于2012年7月，总部位于首都利雅得，其前身是沙特广播公司和沙特阿拉伯王国广播服务（Broadcasting Services of the Kingdom of Saudi Arabia，缩写BSKSA）。管理局为具有独立法人资格、财务和行政独立的公共机构，通过国家公共预算拨款、收取服务费用、接受捐赠等途径获得资金，按照公共机构进口规则享受进口关税豁免；由首相直接管理[①]，隶属于沙特新闻部。下设董事会，为管理局的最高权力机构，负责监督和管理该局事务，由新闻大臣任主席，由管理局局长任副主席、董事会成员，其他董事会成员包括内政部代表、外交部代表、财政部代表、文化新闻部[②]代表、通信和信息技术委员会代表各1名，以及2名管理局业务领域经验丰富的专业人士。现任局长为穆罕默德·本·法赫德·哈西（محمد بن فهد الحارثي）。[③]

沙特广播管理局以沙特各领域总体政策和相关规定为指导，旨在利用最先进的技术手段，通过文字和图像向国内外传递有关沙特的新闻和信息；注重发展、突出源自伊斯兰教法的价值观，建构道德基础和精神价值，深化民族团结；推动广播电视服务升级，比肩世界一流标准，提高本国广播电视节目制作水平，确保其服务于国家利益和经济社会发展，发展视听媒体广播活动；为传播国家、伊斯兰和人类遗产，普及文化和提高认知水平作出贡献。其具体任务、职能和使命包括：

（1）制定总体政策：在沙特总体政策和媒体政策框架内开展活动，制订工作方案计划；根据工作性质提议设立或取消规章制度，完善法定程序。（2）服务国家建设：在国内外传播伊斯兰教义，以公众理解的方式传播沙特文化，提高国民知识和道德水平；简化并推广标准阿拉伯语，服务国家教育、扫盲事业和经济社会建设，满

---

① 《沙特广播基本法》，见沙特内阁专家委员会网站。

② 《沙特广播管理局章程》颁布于2012年7月30日，2018年文化新闻部拆分后未经修订，原文如此。

③ 《哈西任沙特广播管理局局长》。

足文化和社会发展需求；传播国家社会、文化和经济等领域事实，树立国民对本国现状与未来的信心，营造良好的对外形象；构建统一的阿拉伯话语，维护并加强沙特同其他阿拉伯国家的团结、正义、友谊与合作。（3）发展广播事业：发展广播电视事业及其在国内外的传播；开发制作广播电视节目，赋能管理局与他国类似机构的平等交流与产品推广；规划、指导和监督管理局独立或与其他机构合作编制的各类广播电视节目；购买、出租和销售各类媒体录制的广播电视资料。（4）建设配套设施：经财政部批准，建立或参与建立开展与管理局业务性质相关活动的公司；设立实现其在国内外目标所必需的分支机构、办事处和制作中心；建立地面和卫星传输站、广播和电视演播室等配套设施，并在国内外进行装备、运营和维护。（5）提高行业水平：对管理局干部开展资格培训，可以将其员工派往国内外大学、学院进修以提高从业者文化、技术和专业水平；出席地方、区域、阿拉伯和国际层面的会议、座谈会、重大节日和展览，订阅专业杂志、出版物，跟进现代化数字信息；按照法定程序加入与自身活动有关的地方、阿拉伯、伊斯兰和国际联盟、组织和机构；开展沙特广播管理局规划和工作发展所需的科学研究和民意调查；加强沙特广播管理局与各级有关机构、团体之间的联系。①

沙特广播管理局旗下运营有若干官方电视和广播频道，如“沙特”频道、“利雅得”频道、SBC 频道、“记忆”频道、“消息”频道、《古兰经》频道、“圣训”频道 7 套电视节目，利雅得电台、吉达电台、《古兰经》电台、“沙特”电台、“伊斯兰召唤”电台 5 套广播节目，以及国际广播节目。②

3. 沙特视听媒体管理总局

沙特视听媒体管理总局（General Commission for Audiovisual Media）成立于 2012 年 9 月，2016 年为适应“2030 愿景”实施的阶

---

① 《沙特广播管理局章程》，见沙特内阁专家委员会网站；《沙特广播基本法》，见沙特内阁专家委员会网站。

② 参见沙特广播管理局官网。

段性要求，从文化新闻部独立，总部位于首都利雅得。管理总局为具有独立法人资格、财务和行政独立的公共机构，通过国家公共预算拨款、从政府颁发媒体广播许可证所收取的费用中获得分配份额、收取工程和服务费用、收缴罚款等途径获得资金，按照公共机构进口规则享受进口关税豁免。管理总局下设董事会，为管理总局的最高权力机构，负责监督和管理该局事务，由新闻大臣任主席，由管理总局局长任副主席、董事会成员，其他董事会成员包括通信和信息技术委员会主席，内政部代表、财政部代表、贸易工业部[①]代表各1名，以及文化新闻部[②]代表、媒体事务专家各2名。

沙特视听媒体管理总局是沙特广播事务和视听媒体内容的主管机关，专门负责根据沙特媒体政策规范、管理和监督包括本国私营媒体、外国媒体的广播、电影、娱乐节目以及动漫、游戏等在内的沙特视听市场、产业和视听媒体广播活动；注重巩固沙特宗教、社会和文化价值观并促进其在视听媒体的传播；确保视听媒体行业向公众提供高质量的服务和多元化的视听、娱乐、文化和教育等媒体内容，丰富消费者的娱乐选择；建立灵活、明确的视听媒体广播许可框架以适应商业和技术发展趋势，确保市场机会平等和视听行业公平竞争，提高市场透明度；支持沙特广播部门和视听媒体内容发展，通过广播服务和视听媒体内容支持实施沙特媒体政策目标和国家计划；负责广电产业招商引资与合作，刺激视听媒体领域经济活动。其具体任务和职能包括：

（1）受理许可事项：管理和发布所有广播服务和视听媒体内容、活动的许可程序，颁发、换发、变更、暂停和吊销视听媒体活动许可证；就广播服务和视听媒体内容许可费用制定与调整事宜提出建议，提交主管部门批准。（2）制定行业标准：与通信和信息技术委员会确定视听媒体广播频谱，制定视听媒体广播设备技术规范，

① 《沙特视听媒体管理总局章程》颁布于2012年9月3日。2016年，贸易工业部改为商务投资部，原工业部并入能源、工业和矿产资源部，2019年8月拆分为能源部与工业和矿产资源部。2020年，原商务投资部拆分为商务部与投资部。其间上述章程均未经修订，原文如此。

② 2018年，文化新闻部被拆分为文化部与新闻部。其间该局章程未经修订，原文如此。

颁发设备进口和准入批准；独立或与其他类似机构共同支持和开展研究，组织召开与广播服务和视听媒体内容有关的会议和研讨会。（3）监管媒体服务：对所有广播服务和视听媒体内容提供商实施监管，确保其遵守各项法规并执行所获许可证的各项条款与规定；受理和调查与广播服务和视听媒体内容有关的投诉；按照有关规定，建立沙特视听媒体管理总局与广播服务和视听媒体内容提供商之间的纠纷解决机制。①

4. 文学、出版和翻译委员会

文学、出版和翻译委员会（Literature，Publishing & Translation Commission）成立于2020年2月，隶属于文化部，旨在规范、管理和发展沙特国内文学、出版和翻译行业，实现“2030愿景”和《沙特国家文化战略》目标，使文化成为一种生活方式，为经济增长作出贡献，为国际文化交流创造机会。

文学、出版和翻译委员会致力于推动行业发展，支持内容创作，改善立法环境，鼓励投资和非营利部门参与。其使命是构建能够激发创造力、提高产出质量和增强读者体验的文学、出版与翻译生态，使沙特出版业具备国际竞争力，比肩全球最高标准。寻求翻译行业专门化，促进国际文化交流，丰富阿拉伯语内容。其愿景是打造全新的文学精神、成熟的出版行业和专业的翻译部门，其目标是发展文学、出版和翻译行业，助力提高文学、出版和翻译委员会财务和运营效率，以及吸引、发展和激励人才。

文学、出版和翻译委员会下设文学、出版和翻译三大分委会。（1）文学分委会以积累可持续的文学财富为愿景，通过提高作家技能、增进对文学流派的认识和促进阅读习惯，支持文学内容创作。其战略目标包括：提高文学内容的质量和多样性；为文学创作营造激励环境；支持批评和哲学发展；支持儿童和青少年文学；提高文学在个人生活中的价值。（2）出版分委会以建立先进的出版行业为

① 李怡清：《沙特来华取经文化产业觅合作，15年内欲摆脱石油依赖》，见澎湃新闻；沙特政府全国统一平台；沙特视听媒体管理总局官网；《沙特视听媒体管理总局章程》，见沙特内阁专家委员会网站；《沙特视听媒体法》，见沙特内阁专家委员会网站。

愿景，负责对照国际标准监管和发展本国出版业，支持包括印刷品、音像制品和电子书在内的沙特出版物在国内外的出版，负责组织国际书展。其战略目标包括：支持沙特图书在国内外出版；以最高标准组织沙特图书展销会；根据市场需求实现出版方式多样化；发展国内出版社，提高其在区域和全球范围内的竞争力；增加对沙特出版市场投资；规范本国出版市场，改善其工作环境。（3）翻译分委会以打造专业的翻译行业为愿景，力求在地区和全球范围内赋予沙特翻译行业领先地位，使之成为阿拉伯世界的先锋，通过支持阿拉伯语外译促进文化交流，使沙特文学为全球读者知晓。其战略目标包括：丰富翻译内容，使之能够传递给国内外受众；根据市场需求实现出版方式多样化；发展翻译行业，提高其竞争力和可持续性。[①]

（三）沙特传媒政策与行政特点

第一，以恪守宗教、弘扬道德为首要原则，关注特定群体文化需求。沙特是伊斯兰教国家，以《古兰经》和圣训为本国法律的效力渊源，以伊斯兰教法、教义为国家政权和社会道德的核心约束。恪守伊斯兰教义和通行的道德观念，捍卫宗教信仰和道德传统是新闻出版政策的核心目标。当局积极利用新闻出版等传媒活动巩固伊斯兰教义，弘扬高尚道德与善良正义，明确各类媒体应当使用文明用语，遵守国家法律，促进国民教育，维护国家统一，禁止发布一切煽动叛乱和分裂、危害国家安全、破坏国家与公众关系、侵犯他人人格尊严与权利（ZG：39）等触犯宗教经典、法律法规以及违背主流道德和价值观念的内容，且有权直接撤回任何包含违反伊斯兰教法内容的国内外出版物。基于上述基本原则，沙特传媒政策在新闻、出版、广告等行业突出对家庭以及儿童、青年和受过高等教育人士等不同年龄和文化层次受众群体的关注，例如，针对儿童推出引导、早教和娱乐节目，针对青少年推出宗教、道德和行为规约方面的内容，针对知识分子群体推出高水平文化节目等，充分利用传媒手段提高家庭在社会建构中的重要地位，发挥媒体内容在引领儿

① 参见沙特文学、出版和翻译委员会官网。

童和青少年成长，教导国民巩固其信仰和爱国意识，以及满足社会各界人士文化、思想和知识需求等方面的关键作用，从而使传媒行业成为捍卫本国政权、维护社会稳定的有力工具。

第二，以保护本土、引进外来为核心手段，突出本国多维主体地位。沙特传媒政策与行政机构致力于从多方面、多层次、多维度维护沙特在本国新闻出版行业的主体地位。首先，针对本国媒体和出版物出台豁免政策。在沙特境内运营的外国传媒机构和出版物必须经新闻大臣批准方可获得执照，且沙特当局有权将外国传媒机构直接关停。而本国机构、私人实体和个人发行的出版物则无须提交新闻部审查。其次，针对传媒许可和机构从业制定准入门槛。新闻出版许可证和电子出版活动许可证申请人，以及私营新闻机构总经理、总编辑等核心领导层必须由沙特公民担任。外籍人士在沙从事记者一职或开设媒体办事处均受到额外限制，如必须签订相关合同，或额外任命沙特公民担任领导职位等。最后，注重本国遗产传承和阿拉伯语保护。沙特明确将传媒作为传承本国优良传统、普及科学知识以及推行标准阿拉伯语的重要手段，在传媒政策中特别说明如何推动新闻出版服务扫盲和教育事业，以及在各传媒行业使用标准阿拉伯语的必要性等，甚至针对广告行业都有专门规定阿拉伯语和其他语言应占画面的大小。与此同时，沙特也在积极探索举办书展、引进出版物、离岸办报、数字融合等可能性，不断丰富国内新闻出版内容，促进外国传媒“引进来”和沙特传媒“走出去”的双向互动，提高沙特传媒行业的国际影响力。

第三，以严格审查、灵活处理为实践要义，赋能新闻出版产业发展。沙特当局针对传媒行业采取严格与灵活相结合的政策安排，在整体开展较为严格内容审查的基础上，一方面注重保障言论自由和意见自由，针对特殊机构、群体新闻出版需求给予适当的政策放宽，针对新兴传媒活动制定符合时代要求的约束条文，从而为本国传媒行业发展提供更多操作空间。例如，新闻出版物免审、出版物即时在线直审、科学研究目的引进出版物便利化，以及此前出台的视听媒体和电子出版领域专项法规，都是沙特主管部门不拘泥于传统法律法规和一般政策，紧随时代步伐、响应受众关切提出的灵活举措。另一方面，沙特当局也在积极响应“2030愿景”号召，从改革管理部门组织架构和职能范围入手，突出职责细化与分工明晰对传媒行政的增效作用。沙特旧有传媒行政体系存在组织机构冗余、职能交叉重叠、分工含糊不清等影响行政效率的消极结构性因素，一定程度上阻碍了传媒行业的健康发展。近年来，沙特当局开展一系列部门精简、合并、分立和重组改革，根据时代要求和现实需求新设立一批行政单位，拆分原文化新闻部，成立视听媒体和出版领域专门机构，通过培养有效的领导队伍提高传媒行业管理、行政、运行和监督水平，形成职责细化且独立、分工明晰且合理、管理健康且高效的传媒行政体系，为本国传媒行业发展奠定坚实基础。

三、沙特主要传媒机构

沙特传媒机构主要包括报刊、通讯社和广播电视机构三类，其中报刊影响力以报纸最甚，广播电视机构以电视媒体发展更具特色，且电视和无线电广播常由一家或多家公司融合运营。

（一）报刊

沙特报刊有集团运营和私人运营两种模式，绝大多数报刊均为集团运营。沙特各大报刊有着相似的管理和组织结构，由大会、董事会和内部管理层等三大主要决策机构组成。内部管理层分为两个平等的权力部门，即编辑部门和管理部门，分别由负责编辑活动的总编辑和负责商业、财务运作的总经理领导。编辑和管理部门高级经理由各自的副手和主任支持，在维持上述分级管理模式和控制管理链上下级信息流方面发挥重要作用。不同之处在于，内部管理层各部门职位数量可能存在动态调整，各家也会针对临时或长期需求而设立新岗位。①

① 艾哈迈德·A. 阿尔扎拉尼：《沙特新闻机构中的新闻编辑室融合：对4家传统报纸新闻编辑部的定性研究》。

目前在沙特境内发行报刊的集团主要有 5 家，依据旗下运营报刊发行量占比排名，由高到低依次是沙特研究与媒体集团（Saudi Research & Media Group，缩写 SRMG）、阿西尔新闻出版集团（Assir Establishment for Press & Publishing）、欧卡兹新闻出版机构（Okaz Organization for Press & Publication）、叶玛麦新闻集团（Al-Yamama Press Establishment）和麦加印刷与信息集团（Makkah Establishment for Printing & Information）。[①] 另有麦地那新闻集团（Al-Medina Press Establishment），半岛新闻、印刷与出版集团（Al-Jazirah Corporation for Press，Printing & Publishing），国家新闻与出版集团（Al-Bilad Press and Publication Establishment），今日新闻、印刷和出版公司（Dar Al-Yaum for Press，Printing and Publishing），以及东方印刷、新闻与传媒集团（Al-Sharqyah Establishment for Printing，Press & Media）5 家新闻与传媒集团。主要集团及其运营报刊情况如下。

1. 沙特研究与媒体集团

沙特研究与媒体集团于 1988 年 7 月在利雅得注册成立，为沙特股份公司，其前身是成立于 1963 年的麦地那印刷出版公司（Al-Madina Printing & Publication Company）。该集团是中东地区规模最大的出版公司[②]，主要业务为出版、印刷和发行各类刊物，以及处理中东、北非和欧洲地区的广告与分销业务；与沙特政府关系密切，被认为是在西方（尤其是英国）展现本国软实力，提升沙特国际形象的政治实体。[③] 2021 年 4 月之前，该公司的曾用名为“沙特研究与营销集团”（Saudi Research & Marketing Group）。

该集团旗下拥有沙特研究与出版集团（Saudi Research & Publishing Company）、海湾广告与公共关系公司（Al-Khaleejiah Advertising & Public Relations）、沙特发行公司（Saudi Distribution Company）、沙特印刷与包装公司（Saudi Printing & Packaging）、东方新闻服务有限公司（Asharq News Services Ltd）、淘客研究公司（Taoq

① 西北大学卡塔尔校区、多哈电影学院：《中东媒体产业报告（2016 年）》。
② 理财专家控股集团：《全球股票研究报告：沙特研究与营销集团（2009 年 11 月）》。
③ J. 沃特森：《沙特向英国公司支付数百万美元以提升形象》。

Research）[①]，运营有沙特第一家英文报纸《阿拉伯新闻报》和泛阿拉伯妇女周刊《我的女士》，以及《中东报》、《体育报》（الرياضية）、《经济报》、《独立报（阿文版）》（*Independent*）、《巴西姆》（باسم）、《男人》、《她》（هي）、《贾米拉》（الجميلة）、《罗博报告阿文版》（*Robb Report Arabia*）等近 30 种纸质和电子报刊[②]，其中重点刊物包括：

（1）《中东报》（الشرق الأوسط）：1978 年在时任王储法赫德（فهد بن عبد العزيز آل سعود，1921—2005 年）的支持下创刊于英国伦敦，为阿拉伯语国际日报，后推出英文版，成为国际性新闻报纸。该报虽然与沙特王室关系密切，支持政府的政策方针，但从未标榜自己是沙特政府官方报纸或政权喉舌，对涉及沙特和伊斯兰世界的"敏感性问题"持谨慎态度，新闻报道和评论观点相对客观公正，被视为观察沙特和中东地区形势发展变化的最佳媒体之一。[③] 该报是首家采用卫星传送印刷版面技术的阿拉伯语报纸，自称为中东国家在海外发行量最大的阿拉伯语报纸，又称"阿拉伯人的国际报纸"[④]，被誉为阿拉伯媒体"离岸"办报模式的先驱、"中东地区最悠久、最有影响力的媒体"[⑤] 和"领先的阿拉伯日报"，2005 年被《纽约时报》评为欧洲最早和影响力最大的阿拉伯语报纸之一。该报与《纽约时报》《华盛顿邮报》《洛杉矶时报》《基督教科学箴言报》等西方主流媒体签订有供稿合作协议，获准刊登著名作家的专栏文章。主要面向沙特读者和世界各地的阿拉伯侨民，设有 21 种专业副刊，每天在四大洲的 14 座城市印刷发行。纸质版分为工作日版（32 版）及周六和周日版（28 版）。工作日版的主题为：新闻、热点事件、也门、叙利亚、黎巴嫩、巴勒斯坦、回忆录、马格里布、观点、经济、实业、时尚、图书、体育和东方日记，周六和周日版增加了电影、健康和娱乐三个主题，其他主题相对削减。发行量约为 23.5 万份（2015 年）。

① 参见沙特研究与媒体集团网站。
② 参见沙特研究与媒体集团网站。
③ 张羽：《沙特〈中东报〉涉华报道呈现的中国形象研究》，大连外国语大学 2020 年硕士论文。
④ 《沙特媒体》，见英国广播公司网站。
⑤ 哈桑 · M. 法塔赫：《传递文字：阿拉伯媒体名人录》。

（2）《阿拉伯新闻报》（*Arab News*）：1975 年 4 月在吉达创刊，后总部迁至利雅得。是沙特首家英文报纸，以打破文化壁垒为己任，旨在满足阿拉伯人和非阿拉伯受众对信息接收的需求，被认为是“沙特政府的喉舌”，反映沙特官方立场。2016 年年底推出针对巴勒斯坦、日本和法语地区的电子版报纸。其报道涵盖欧洲、美国、印度、巴基斯坦、菲律宾和中东国家等多个地区，还设有商业、体育等专题新闻报道。[①] 发行量约为 5 万份（2012 年）。

（3）《我的女士》（سيدتي）：1981 年 3 月创刊于伦敦，后总部于 2005 年迁至迪拜，2007 年推出英文版，是阿拉伯世界第一家也是唯一一家泛阿拉伯女性刊物。阿文版为周刊，英文版为月刊。该杂志在迪拜和贝鲁特出版，面向中东、北非和欧美国家发行，受众主要是思想前卫的女性群体和家庭主妇。主打女性时尚，设有全球新闻、寰宇都市、时装、首饰、美妆、两性、调查、明星、健康、装潢、厨艺、旅游、灵魂对话等栏目。该杂志也在积极跟进数字化时代发展潮流，推出“我的女士：厨艺”和“我的女士：汽车”专版，深受沙特女性欢迎。发行量约为 14.3 万份（2009 年）。

2. 阿西尔新闻出版集团

阿西尔新闻出版集团于 1978 年获得出版许可，但由于经济原因直到 1998 年才在艾卜哈成立。[②] 旗下运营的报纸《祖国报》于 2000 年在艾卜哈创刊，为阿拉伯语日报，也是沙特最坚持自由主义的报刊之一，在伦敦、纽约、安曼、开罗等地都有报社。创刊之初只是一份小众的地方报纸，后来迅速发展并跻身当地畅销报刊前三名。该报是阿拉伯地区第一家以综合科学研究立足的地方日报[③]，分为艾卜哈版、吉达版、利雅得版和达曼版四版。每期篇幅 48 页，发行量约为 15 万份（2007 年）。

① 《沙特媒体》，见英国广播公司网站。

② T. 阿瓦德：《沙特媒体和互联网：在互联网作为新闻和信息媒介的背景下，沙特记者、文化新闻部的媒体决策者如何评估审查制度》。

③ 参见《祖国报》官网。

3. 欧卡兹新闻出版机构

欧卡兹新闻出版机构于1965年在吉达成立，1983年在吉达建立欧卡兹信息中心。该中心拥有基于文献出版物、百科全书和传媒行业清单等来源的自建信息库，涵盖文本数据、电子图书、照片、文档等多种信息载体，面向机构运营出版物提供编辑支持，为感兴趣的读者和各公司、大学、智库、决策机构等的相关研究人员提供知识服务。其提供的统计数据直接与沙特监督和反腐败局对接，涵盖旅游、海关、新生儿数量等国家基本指标。另出版有《沙特名人百科全书》。[①] 该机构旗下运营的报刊主要有：

（1）《欧卡兹报》（عكاظ）：1960年在吉达创刊，起初为阿拉伯语周报，1964年10月改为日报。起初为文学报纸，关注思想、观念和社会事务，之后多报道与沙特社会直接相关的话题，20世纪80年代末转变为政治报纸，进入21世纪后全面转型，凭借其兼顾地区、国内和国际事件的报道模式逐渐构筑起一套完整的新闻传媒体系。[②] 该报在沙特全国各地设有分社，同时在利雅得和吉达出版，但主要在汉志和阿西尔地区发行，被认为是汉志地区最受大众喜爱的报纸[③]，位居利雅得最受欢迎报刊排行榜第三位，与《祖国报》并称为沙特两大自由日报之一，敢于报道禁忌话题。发行量约为11万份（2006年）。

（2）《沙特公报》（*Saudi Gazette*）：创刊于1978年，总部位于吉达，在利雅得和寇巴尔设有两家分社，秉承“传递真相”和“内容温和”的报道基调，旨在让沙特国内的英语读者了解沙特的发展成就和外交政策。目前仅发行数字版。纸质版取消前，该报发行量约为5万份。

4. 叶玛麦新闻集团

叶玛麦新闻集团于1963年在利雅得成立。该集团在国内外拥有60多个分支机构和庞大的全球记者网络，就销售额而言，被认为

---

① 参见欧卡兹信息中心网站。

② N. K. 肖利：《变化中的传播格局的挑战：对沙特媒体的考察》。

③ 参见词条“《欧卡兹报》”。

是阿拉伯世界规模最大、最成功的新闻机构之一。旗下运营有《利雅得报》《叶玛麦》杂志、《利雅得之书》(كتاب الرياض)、《点》(*Dot*)和《利雅得日报》(*Riyadh Daily*) 5 种出版物。

《利雅得报》(الرياض) 是叶玛麦新闻集团的核心刊物。该报于 1965 年 5 月 11 日在利雅得创刊，是利雅得市第一家阿拉伯语日报，也是沙特本土发行量最大、阅读量最多、发行范围最广的阿拉伯语报纸。该报在首都利雅得编辑、出版、发行，目标受众为政府官员、军官、专业人士、高校及宗教机构学者和商人群体。同时，该报在全球设有 58 个记者站，发行范围涵盖全部海合会国家，以及伊拉克、黎巴嫩、埃及、叙利亚、约旦、摩洛哥、英国、法国、美国等国。① 该报虽由私人企业出版，但受到王室直接监管，被认为是沙特的半官方亲政府报纸，经常发表社论，阐明沙特政府对不同问题的看法。无论是发行量、出版页数还是广告额，该报都位居国内日报首位。该报也是同类型日报中第一家引入漫画作品的报纸，凭借生动幽默的画风赢得了大量读者喜爱。每期篇幅约 80~100 页，发行量约 15 万份（2007 年）。1998 年，《利雅得报》官方网站正式上线，目前已成为阿拉伯国家访问量最多、点击率最高、受众最广的新闻网站之一。近年来，该报已完全实现编辑人员本地化。② 2017 年 1 月，《利雅得报》英文版、利雅得市首家在线英文报纸《利雅得日报》上线运营。

5. 麦加印刷与信息集团

麦加印刷与信息集团于 1964 年在麦加成立，旗下运营的主要刊物为《麦加报》(مكة المكرمة)。该报前身为 1958 年在麦加创刊的《论坛报》(الندوة)，1959 年 1 月与创刊于 1956 年 12 月的《希拉报》(حراء) 合并。③ 1964 年，沙特政府颁布法令，禁止个人参与传媒行业，改为机构办报，《论坛报》并入麦加印刷与信息集团，成为保守的亲政

① 范帅帅、刘欣路:《关于沙特主流媒体习近平治国理政思想报道的研究——以〈利雅得报〉为例》，载《国际传播》，2019（3）。

② 参见《利雅得报》官网。

③ 穆罕默德·本·阿卜杜勒·拉扎克·卡萨米:《沙特媒体的起源》，249 页，吉达，沙特欧麦里，2004。

府日报。20 世纪 90 年代，该报曾发表一系列批评极端主义的文章，也是伊拉克入侵科威特期间唯一一家在沙特政府就此表明官方立场前公开谴责伊拉克行径的报纸，发行量约为 3 万份（2003 年）。2013 年 2 月，该报因资金问题被迫停刊。2014 年 1 月，在沙特前国王阿卜杜拉的支持下，该报易名为“《麦加报》”并重新发行，采用行业先进标准和前沿科技手段，以现代媒体的发展方式运营。[①]《麦加报》是首家在阿拉伯世界推出数据新闻的沙特日报，注重用信息图表讲述新闻故事，旨在用原创知识带领沙特新闻界步入新的发展阶段。[②]

6. 其他

（1）《生活报》（الحياة）：1946 年由黎巴嫩出版商、记者、作家卡梅尔·马洛瓦（كامل مروة）在黎巴嫩贝鲁特创立，起初在贝鲁特和海外发行，后总部于 1988 年迁至英国伦敦，开始在全球范围内发行，1996 年归沙特王室成员哈立德·本·苏尔坦·阿勒沙特（خالد بن سلطان بن عبد العزيز آل سعود）所有，获准在沙特境内发行。自称为“具有国际影响力的、独立的阿拉伯政治日报”，旨在“为寻求关于中东和阿拉伯世界别样视角和深入报道的英语读者提供主要信息来源”[③]。该报为私人运营的阿拉伯侨民报纸，其采访和报道风格独树一帜，对沙特政府的抨击尤为激烈，在泛阿拉伯主义日报中处于顶尖地位，也是阿拉伯地区坚持自由主义的犹太人向公众发声的主要平台。其目标受众为中东、北非、欧洲和北美约 30 个国家和地区的阿拉伯人，分为沙特版和国际版两版，每期篇幅分别为 24 页和 48 页，发行量约为 15 万份（2009 年）。2020 年 3 月因财务问题被迫停刊。

（2）《半岛报》（الجزيرة）：1960 年在利雅得创刊，是沙特境内发行量第二大的阿拉伯语报纸，在国内外 30 余个城市设有分社或记者站，尤其受到部分欧洲国家民众的喜爱。为阿拉伯语日报，隶属于半岛新闻、印刷与出版集团。该集团旗下还运营有《电信和数字

---

① 哈米斯·扎赫拉尼：《〈论坛报〉换新颜，易名“〈麦加报〉”：米沙尔·本·阿卜杜拉王子为该报特刊揭幕，签署批准新报纸首期发行》，见阿拉比亚新闻网，2014 年 1 月 12 日。

② 参见《麦加报》官网。

③ 《沙特媒体》，见英国广播公司网站。

世界》(*Telecom & Digital World*)、《汽车俱乐部》(*Auto Club*)和《文化》(*Cultural Magazine*)3 种周刊。[①] 该报每期篇幅约 48 页，发行量约为 12 万份（2013 年），是沙特首家通过第三方机构定期对外公布发行数据的报纸。内容以国内新闻为主，通常发表关于国内、阿拉伯世界和国际问题的报告与采访，涵盖经济、体育、文化、文艺、科技、医学等主题，以每日增刊闻名。于 1996 年率先开通网络版，其网站访问量在不到三年的时间里激增至 300 万[②]，1999 年起通过卫星传版与合作方在国内外 126 个城市同时发行，2007 年 11 月成为中东第一个开通手机报的报纸，同年荣获世界报纸“最佳印刷奖”。

（3）《今日报》(اليوم)：1965 年在达曼创刊，最初是篇幅 8 页的周报，后于 1978 年改为日报，篇幅达 28 页。该报为亲政府报纸，隶属于今日新闻、印刷和出版公司，是中东地区首家荣获世界报业和新闻出版协会（World Association of News Publishers，缩写为 WAN-IFRA）亚洲最佳印刷奖的报纸。主要报道达曼及其附近地区的新闻，也关注沙特等海湾国家读者感兴趣的地区新闻、体育赛事和社会问题，因文化和文学方面的报道而闻名。1982 年 5 月，该报曾因其文学副刊与沙特共产党、社会主义运动以及左翼青年作家关系密切，遭到沙特政府短暂停刊。每期篇幅 28 页，发行量约为 13.5 万份（2007 年）。

（4）《国家报》(البلاد)：沙特第一家日报，隶属于国家新闻与出版集团。其前身是于 1932 年 4 月在麦加创刊的《汉志之声报》(صوت الحجاز)。该报起初为周报，后改为半周报，篇幅为 8 页，刊登新闻、评论和诗歌选段，供受过教育的精英人士开展文化辩论，1946 年易名为“《沙特国家报》(البلاد السعودية)”，1959 年 1 月与《阿拉法特报》(عرفات)合并，易名为“《国家报》”。发行量约为 6 万份（2016 年）。

（5）《麦地那报》(المدينة المنورة)：于 1937 年 4 月在麦地那创刊，

---

① 辜晓进:《当代中外新闻传媒》，292 页，北京，中国人民大学出版社，2012；另参见半岛新闻、印刷与出版集团官网。

② 《沙特媒体》，见英国广播公司网站。

是沙特第一家刊载照片的报纸。1941—1947 年因第二次世界大战停刊[①]，战后恢复。最初为周报，篇幅达 4 页，报道国内外新闻，刊登知识和文化类文章，后改为半周报。1960 年总部迁至吉达，1962 年 12 月 24 日起在吉达发刊。1964 年根据沙特王家法令要求，归由麦地那新闻集团运营。同年改为日报，每周停刊 1 天，后改为每天发行。该报以传递思想为己任，曾呼吁在吉达建立大学，后促成阿卜杜勒·阿齐兹国王大学的落成。该报为亲政府报纸，在沙特全国各地设有 18 家分社，在埃及开罗设有 1 家地区分社，与沙特通讯社、美联社、路透社、法新社等重要的阿拉伯和国际新闻机构联系密切。篇幅为 36~48 页，主报设国际版和地方版，另设有伊斯兰宗教版，以及民间诗歌、文学遗产和文化版。[②]发行量约为 18.5 万份（2016 年）。

（6）《东方报》（الشرق）：于 2011 年 11 月在达曼创刊，最初为电子版报纸，后于同年 12 月上线纸质版。[③]隶属于 2009 年 10 月获准成立的东方印刷、新闻与传媒集团。

（二）通讯社

沙特通讯社（简称“沙通社”）成立于 1971 年 1 月 23 日，系沙特官方通讯社，为具有独立法人资格、财务和行政独立的公共机构，通过国家公共预算拨款、收取服务费用、接受捐赠等途径获得资金，按照公共机构进口规则享受进口关税豁免。2012 年 5 月，沙通社和沙特广播电视台拆分为两家公司独立运营。[④]沙通社下设董事会，为最高权力机构，负责监督和管理通讯社事务，由新闻大臣任主席，由沙通社社长任副主席、董事会成员，其他董事会成员包括外交部代表、文化新闻部[⑤]代表、财政部代表各 1 名，以及 2 名意见领袖或经验丰富的专业人士。

---

① 艾哈迈德·A. 阿尔扎拉尼:《沙特新闻机构中的新闻编辑室融合：对 4 家传统报纸新闻编辑部的定性研究》。

② 参见《麦地那报》官网。

③ 《沙特〈东方报〉纸质版发行推迟到 2011 年 12 月 5 日》。

④ 巴德尔·阿尔卡塔尼:《沙特电视台、沙通社将成为独立公司》。

⑤ 《沙特通讯社章程》颁布于 2012 年 7 月 30 日，2018 年文化新闻部拆分后未经修订，原文如此。

沙通社是沙特主要的新闻传播机构，直接受新闻部领导，负责面向国内外采编和发布沙特官方消息；跟踪报道地方、区域和国际层面（特别是与沙特有关）的各种事件、问题和活动；对照跟进自身业务领域及其技术的发展和变化，促进沙特媒体和新闻业专业化。其具体任务和职能包括：

（1）提供新闻服务：提供、广播和分发自国内外各种信息源采编的新闻材料；分发由驻外分社或其他通讯社、广播电台和记者发回的国际新闻。（2）促进合作交流：与其他通讯社等新闻机构交换信息，提供业务和技术便利；加强与区域和国际机构的合作，深化与区域和国际新闻机构联合会的联系。（3）提升行业质量：开展科学研究和民意调查，编制专业出版物，开发新闻服务；经财政部批准，建立或参与建立开展与通讯社业务性质相关活动的公司；完成新闻传媒及其相关领域的工作和任务。①

沙通社总部位于首都利雅得，在麦加、麦地那、吉达和达曼设有 4 个国内分社，在华盛顿、伦敦、巴黎、突尼斯、贝鲁特、开罗和波恩等地设有国外分社；是阿拉伯通讯联盟、伊斯兰通讯联盟、海湾通讯联盟、不结盟国家通讯联盟的缔造者和成员国，和世界各大通讯社联系紧密，每年均参加国际会议，与各国通讯社协调合作、互换信息，扩展新闻渠道。沙通社设备先进，工作高效，建立后发展迅速，不断拓展业务，每天 24 小时不间断地用阿拉伯语、英语、法语、波斯语、汉语和俄语发稿。除每日新闻外，还发布时事综述、评论和新闻分析，注重提供全方位、高质量的新闻服务。②

（三）广播电视机构

沙特广播电视机构有官方机构和私人机构之分。其中官方机构以沙特电视台为代表，私人机构以中东广播公司、罗塔纳媒体集团和阿拉伯广播电视网为代表。此外，麦加电视台（Al-Majd）、阿拉伯新闻频道（Al-Arab News）等台也具有较大市场影响力。

---

① 《沙特通讯社章程》，见沙特内阁专家委员会网站。

② 陈沫：《列国志：沙特阿拉伯》，343 页，北京，社会科学文献出版社，2011。

1. 沙特电视台

沙特电视台（Saudi TV）是沙特官方电视台，拥有先进的技术产品和转播间，以及完整的电影制作设备。该台为全国电视发射中心，占地 39 000 平方米，总投资 15 亿里亚尔（约合 4 亿美元），高达 170 米的转播塔耸立在电视台上空。该台持续报道国际重要新闻，其卫星信号几乎覆盖全球，由其派驻世界各地的通讯记者对全球各种突发事件进行实时跟踪报道。[①]

沙特电视台由新闻部管理，下设四大主要频道：

（1）“沙特”（Al-Saudiya）频道：旧称“沙特一台”（Saudi TV Channel 1 或 KSA 1），隶属于沙特广播管理局，为综合频道，以阿拉伯语面向中东、欧洲和北美地区广播。1965 年 7 月 7 日于利雅得和吉达采用黑白画面首播，后于 1974 年转为全彩色播送。该频道侧重文化、政治和经济内容，也有播放宗教节目，宣传伊斯兰教，1974 年年底成为沙特第一个播放朝觐节目的电视频道。（2）“沙特二台”（Saudi 2）频道：为英语新闻频道，主要为沙特境内的外籍人士制作文化、政治和经济节目。1983 年首播，2007 年年中转为 24 小时播出后开始向欧洲和北美地区播放，在中东、英国和美国拥有庞大的新闻记者网络，2017 年 12 月被政府暂停。（3）新闻频道（Al-Ekhbariya）：2004 年 1 月 11 日开播，主要播送新闻、访谈和评论类节目，旨在向全世界更广泛地展示“海湾阿拉伯国家的新面貌”，对标卡塔尔半岛电视台。（4）沙特体育频道（Saudi Sports Channel，SSC）：2021 年新设立的体育频道，独家拥有沙特职业足球联赛、国王杯、沙特超级杯等国内外大型体育赛事的电视转播权[②]。另设有体育频道（Al-Riyadhiyyah）、财经频道（Al-Iqtisadiyyah）、儿童频道（Ajyal）、文化频道（Al-Thaqafiyyah）和宗教频道（Al-Sunnah）。[③]

2. 中东广播公司

1991 年，中东广播公司（Middle East Broadcasting Center，缩写

---

① 陈沫：《列国志：沙特阿拉伯》，343 页，北京，社会科学文献出版社，2011。

② 《沙特体育公司与 MBC 集团签订协议并发布联合声明，宣布开设名为“沙特体育频道”的全新卫星频道》。

③ 李宇：《沙特阿拉伯电视发展现状》，载《寰球传媒》，2018（5）。

为 MBC Group）在英国伦敦成立，后总部于 2002 年迁往阿联酋迪拜。这是第一家主要面向泛阿拉伯观众的私人阿拉伯卫星电视台[①]，也是整个阿拉伯世界 24 小时提供基于卫星的免费电视网络的广播公司，还是中东和北非地区最具影响力的电视机构之一，以及沙特最重要的电视机构之一，具有沙特资本背景，是沙特最具知名度的私人广播电视台。在短短 20 多年的时间里，这家广播电视媒体凭借其雄厚的资金实力和专业化发展策略，迅速成为中东、北非地区和阿拉伯媒体界的翘楚。成立以来，该公司在新闻报道、综艺娱乐、唱片发行、影视创作、在线游戏和网络视听等领域持续发力，逐步确立了其在中东媒体市场上的优势地位。[②]

中东广播公司旗下目前经营有 20 余套电视节目，如 MBC 一套（MBC 1，综合娱乐）、MBC 二套（MBC 2，西方电影）、MBC 三套（MBC 3，儿童节目）、MBC 四套（MBC 4，妇女节目）、MBC 五套（MBC 5，马格里布频道）、阿拉比亚新闻频道（Al-Arabiya）、MBC 动作（MBC Action）、MBC 电影（MBC Max）、MBC 综艺（MBC Variety）、MBC 电视剧（MBC Drama）、MBC 波斯语（MBC Persia）、MBC 音乐（Wanasah）、MBC 埃及（MBC Masr）、MBC 埃及二套（MBC Masr 2）、MBC 宝莱坞（MBC Bollywood）、MBC 伊拉克（MBC Iraq）[③]、MBC 体育一套（MBC Pro Sports 1）、MBC 体育二套（MBC Pro Sports 2）[④] 等，以及 MBC 调频（MBC FM）和当代阿拉伯流行音乐（Panorama MBC）两套广播节目。其中最知名的电视频道为阿拉伯语新闻频道阿拉比亚（Al-Arabiya）。该频道使用标准阿拉伯语面向整个阿拉伯世界播送新闻、访谈、脱口秀、纪录片等不同类型的节目，内容涵盖时事、商业、股票、体育等多个领域，被视为卡塔尔半岛电视台的有力竞争对手。其官网提供阿拉伯语、英语、

---

① 参见词条“阿拉伯国家的广播电视”。

② 丁淑红：《从中东广播中心的发展经验谈中国媒体对阿拉伯地区的传播策略》，载《传媒》，2019（13）。

③ 参见中东广播公司官网。

④ 丁淑红：《从中东广播中心的发展经验谈中国媒体对阿拉伯地区的传播策略》，载《传媒》，2019（13）。

乌尔都语和波斯语 4 种语言的内容。

3. 罗塔纳媒体集团

罗塔纳媒体集团（Rotana）成立于 1987 年，总部位于利雅得，面向中东、非洲和欧洲地区提供媒体和娱乐服务。该集团为私人运营的泛阿拉伯媒体集团，由沙特王室成员瓦利德·本·塔拉勒（الوليد بن طلال）旗下的王国控股公司（Kingdom Holding Company）全资持有，是阿拉伯世界规模最大的娱乐公司，下设电影制作公司罗塔纳工作室（Rotana Studios）、免费电视台罗塔纳电视台（Rotana TV）、音乐频道罗塔纳广播电台（Rotana Radio）、阿拉伯世界最大的唱片公司罗塔纳唱片（Rotana Records）等，同时发行杂志。该集团也是阿拉伯电影的主要发行商，拥有近 1 600 部电影的发行权。[①] 2007 年 8 月，罗塔纳媒体集团与黎巴嫩广播公司（Lebanese Broadcasting Corporation，缩写为 LBC）合并，旨在对标中东广播公司在阿拉伯世界的娱乐传媒业务。[②]

罗塔纳电视台下设海湾频道（خليجية，为综合娱乐频道）、儿童频道（kids）、戏剧频道（دراما）、电影频道（سينما）、埃及电影频道（سينما مصر）、经典频道（كلاسيك）、高清电影频道（أفلام HD+）、美国频道（AMERICA）、罗塔纳高清频道（روتانا HD+）、黎巴嫩卫星频道（الفضائية اللبنانية，缩写 HBC）、音乐频道（كليب）、“使命”频道（الرسالة，为宗教频道）、流行音乐频道（M+）等节目。

4. 阿拉伯广播电视网

阿拉伯广播电视网（Arab Radio and Television Network，缩写为 ART）成立于 1993 年 10 月，总部位于吉达，是一家全球领先的优质阿拉伯家庭节目和娱乐节目制作方，也是阿拉伯世界领先的优质付费电视和娱乐内容提供商。该电视网隶属于联合媒体公司（Allied Media Corporation），拥有一套包含采购、制作和整理在内的完整娱乐解决方案，旗下拥有大量精选阿拉伯语娱乐内容，与阿拉伯世界

① 伊莱·M. 诺姆等:《埃及媒体所有权与媒体集中》，见《谁拥有世界上的媒体：全球媒体集中与所有权》，牛津大学出版社，2016。

② 哈比卜·巴塔:《黎巴嫩广播公司与罗塔纳媒体集团合并细节模糊不清：此举引发对阿拉伯媒体行业未来的质疑》。

领先的电影制作公司长期合作，每年制作超过 6 000 部直播和录播节目，包括面向家庭的电视剧、系列剧、戏剧、体育节目、音乐视频和纪录片等，坚持提供高质量的视频服务，致力于丰富阿拉伯家庭娱乐形式，维护阿拉伯文化的传统价值。该电视网还拥有多项体育赛事的独家转播权，旗下拥有电影一套（Aflam 1）、电影二套（Aflam 2）、电影频道（Cinema）、电视剧频道（Hekayat）、叙利亚和海湾电视剧频道（Hekayat Kaman）、怀旧电视剧频道（Hekayat Zaman）、经典音乐频道（Tarab）、沙特体育频道（Al-'Alami）、新月体育频道（AlZaeem）、伊斯兰宗教频道（Iqraa）、体育频道（Sport 7）和英语体育频道（Prime Sport）等。[①] 2009 年，该电视网体育频道被出售给卡塔尔半岛电视台。

四、沙特重大传媒活动

传媒活动是娱乐活动的重要组成部分，既能在对内维护国家和民族核心价值观、丰富国民精神文化生活方面发挥积极作用，也有助于对外宣示国家发展政策，改善本国在国际舞台上的形象，提高国际地位。囿于政府严格的审查政策和宗教对于日常生活较强的约束作用，沙特国内过去鲜有颇具国际影响力的传媒活动。近年来，在改革势力推动和国际环境变化的双重作用下，沙特政府开始实施以“2030 愿景”为主轴的一系列改革政策，明确将建设“朝气蓬勃的社会”作为“2030 愿景”的三大主题之一，其中“推广文娱活动”是实现这一愿景主题的重要支柱[②]。在上述政策框架下，书展、文化节等传统文化活动得到长足发展，成为沙特对外展示国家形象的一张亮丽名片。

（一）书展

1. 利雅得国际书展

利雅得国际书展（Riyadh International Book Fair）是沙特举办的

① 参见阿拉伯广播电视网官网。
② 《沙特“2030 愿景”文件》。

大型图书博览会，自 2004 年开始每年举办一届，由沙特文化部（前身为文化新闻部）主办，由文学、出版和翻译委员会组织，在利雅得会展中心举办，是中东地区最大的年度文化展览活动之一，每年吸引近 200 万人参观。该书展提供较为自由的图书获取渠道，包括一些平时在沙特禁止出售的书籍，因此在沙特具有较大的争议性。部分政府先前批准参展的书籍会因保守势力批评而在展会期间遭到没收。

除书籍展览和销售外，书展期间还设有主舞台、演讲者平台、工作坊以及各类特别节目，组织作家、诗人、知识分子与公众见面，就文化、艺术与文学相关主题开设互动讲座，举办各类艺术、写作、出版、书籍制作、阅读、翻译等日常工作坊①，以及书籍签售、主题讨论和公开演讲等各类文学文化活动。② 主办方还会举办出版商大会，其间设有关于贸易和出版行业的专题讲座与研讨会，旨在建立和加强本地、区域和国际出版商之间的联系。2019 年，共有来自 30 个国家的 900 家出版社参加利雅得国际书展，其间举办了 200 余场文化艺术活动，包括 62 场讲座、13 场研讨会、4 场戏剧表演，以及为儿童提供的 8 项游乐活动。

2. 吉达国际书展

吉达国际书展（Jeddah International Book Fair）是沙特第二大书展，由沙特文化部主办，其规模仅次于利雅得国际书展，旨在提供丰富的知识资源和文化内容，彰显沙特文化遗产在推广科学知识方面的重要作用。吉达国际书展通常于 12 月在吉达南奥布尔的活动场馆举行，首届书展于 2015 年举办。展会期间，主办方还会组织画展、民俗表演等内容丰富的活动。2019 年 12 月，第五届吉达国际书展如期举行，吸引近 44 万名参观者，来自 35 个国家的 400 多家本地、阿拉伯国家和国际出版社参加展览，共展出 35 万册书籍，有 200 多位作者参加签名活动。③

---

① 参见利雅得国际书展官网。

② H. 阿尔多萨里：《2016 年利雅得国际书展：新任统治者的政治备忘录》。

③ 沙特通讯社：《吉达国际书展落下帷幕》。

（二）文化节

1. 杰纳第利亚遗产文化节

“杰纳第利亚遗产文化节”（مهرجان الجنادرية）是沙特前国王阿卜杜拉于 1984 年亲自创立的文化艺术节，旨在传承和发扬沙特传统文化遗产。该文化节由沙特文化部主办，每年举办 1 次，为期两周，举办地为距首都利雅得市区 45 千米的杰纳第利亚村。文化节期间，主办方会组织书展、传统工艺展览、歌舞表演、赛马、赛骆驼、诗歌之夜、研讨会等活动。该文化节至今已成功举办三十多届，参观人数超过 800 万人次，是海湾地区乃至阿拉伯世界最重要的文化节之一。土耳其、俄罗斯、法国、日本、韩国、中国此前曾受邀担任文化节主宾国。①

2. “吉达季”

“吉达季”（موسم جدة，又称 Jeddah Season）是按照沙特政府在“2030 愿景”框架下出台的“沙特季”（Saudi Seasons）计划，在全国各地开展的特色季节性活动之一。沙特历来凭借其蓬勃发展的宗教旅游业吸引了大批稳定的国际游客，而为期一年的“沙特季”系列活动则旨在通过推出令人兴奋的景点和世界级的娱乐活动，将自身定位成具有普遍吸引力的全球旅游胜地。“沙特季”由沙特旅游和国家遗产委员会（Saudi Commission for Tourism and National Heritage）发起，在文化部、娱乐总局（General Authority for Entertainment）、体育总局（General Sports Authority）和沙特会展局（Saudi Exhibition and Convention Bureau）等多个政府部门的合作下，由王储穆罕默德·本·萨勒曼主持的高级委员会领导。②“吉达季”是其中最具代表性的活动之一。

首届“吉达季”活动于 2019 年 6 月 8 日至 7 月 18 日在吉达举办。吉达市历来是沙特水上活动的首选地点，同时也是吸引国际游客的多元文化中心，由此奠定了首届“吉达季”的主题——“海洋和文化”。“吉达季”设有奥布尔湾（Obhor）、旧城阿尔巴拉德（His-

① 《杰纳第利亚遗产文化节迎来“璀璨中华”》，见人民网。

② 玛哈·阿基尔:《第一届“吉达季”的成功只是个开始》。

toric Jeddah）、乔哈拉（Al-Johara）、吉达滨水路（Jeddah Waterfront）和哈姆拉（Al-Hamra）五大主要活动场地，其间举办了现场音乐会、戏剧表演、艺术展览、单口喜剧、重大体育赛事、水上活动等150余项活动，一方面通过民俗表演游行和当地艺术家展演展现沙特独特文化传统，另一方面通过露天电影放映、汽车巡游表演、快闪娱乐等活动形式邀请知名国际艺术家和歌舞团体带来世界级娱乐盛宴，为游客和当地居民带来激动人心的文化体验。①

沙特政府未来将进一步优化场地、活动等方面的审批流程和配套设施，全面审查规划、管理、服务和宣传等核心环节，为继续举办“沙特季”系列活动做好充分准备。通过专注发展旅游业，同时保持自身独特遗产和文化传统，沙特正在创造激动人心的机遇，以充满活力的文化交流赋能经济发展。这一开创性的季节性活动向世界打开探索沙特多元文化的体验窗口，标志着沙特作为全球旅游目的地的新时代的到来。

（三）娱乐活动

沙特信奉瓦哈比教派，严格遵守教义，原先禁止电影院、音乐会、演唱会、KTV等各种娱乐活动。自2018年，王储穆罕默德·本·萨勒曼大力发展文化和娱乐产业。根据沙特“2030愿景”，文化部宣布将成立11个专业文化机构，其业务范围将涵盖电影和视觉表演、时尚、音乐、遗产、文学和出版、表演艺术、视觉艺术、建筑和室内设计、食品和烹饪艺术等领域。2018年，沙特公共娱乐部②在沙特举办了数量空前的文娱活动，在56个城市举办了5 000多场现场表演、节日庆典和音乐会。③以上活动安排呈现出沙特有史以来最为多样化的现场娱乐活动阵容。目前，公共娱乐部正在加大对娱乐基础设施的投资，为沙特民众提供更多娱乐选择，丰富国民文化生活。

除文娱活动外，沙特政府也在积极放宽对电影行业的审查与约

---

① 《“吉达季”向世界展示沙特的多元文化体验》。

② 沙特公共娱乐部是一个脱胎于沙特“2030愿景”，经由沙特政府批准成立的机构。该机构寻求在沙特开发、推广和监管娱乐基础设施，并为之提供资金支持。

③ 《公共娱乐部推出5000种不同类型的活动》。

束政策。2017年年底，沙特取消了与宗教有关的电影禁令，沙特电影产业开始蓬勃发展。目前，沙特政府正在大力推动国内电影业的发展。2019年，沙特文化部在吉达宣布启动年度电影节——“红海国际电影节”（Red Sea International Film Festival，缩写RSIFF）。该电影节由红海电影节基金会（Red Sea Film Festival Foundation）筹办，是沙特计划推广的首个电影节活动，主要关注新兴叙事潮流，吸引来自沙特等阿拉伯国家和全球各地的电影人才，展映和支持阿拉伯国家和世界各地的电影，将当今世界和地区电影瑰宝呈现给沙特民众。第一届电影节原定于2020年3月12—21日举办，但受到全球新冠肺炎疫情影响，推迟至2021年12月6—15日在联合国教科文组织世界遗产所在地——吉达老城举办。该电影节为“电影爱好者、电影制作人和全球电影业”而办，其间以30多种语言展映了来自67个国家的138部长短片，其中包括27部沙特电影，试图以不同的方式描绘沙特[①]。第二届电影节将于2022年12月1—10日举办[②]。

五、中沙传媒业交流合作

中国和沙特自1991年建交以来，两国友好合作关系发展顺利。2004年9月14日，中国与阿拉伯国家签署《中国—阿拉伯国家合作论坛宣言》，标志着中阿双方建立在平等互利基础上的集体对话与合作框架形成；同日，中阿双方还签署了《中国—阿拉伯国家合作论坛行动计划》，其中就包含关于中阿新闻合作的内容。中国—阿拉伯国家多边合作机制为中沙两国媒体合作带来了更丰富的机遇与更广阔的平台。2018年7月10日，中国与阿拉伯国家联盟在北京签署《中国和阿拉伯国家合作共建“一带一路”行动宣言》，标志着中阿双方在“一带一路”倡议框架下的系列共同发展目标在阿拉伯世界正式落地。在中阿合作论坛、“一带一路”倡议等合作机制的推动

① 黄培昭：《沙特首届红海国际电影节在吉达拉开帷幕，将展示超过100部电影》，见环球网。

② 《继成功举办首届后，红海国际电影节公布其第二届的举办日期》。

下，在“中阿翻译联合培养计划”、“中阿典籍互译出版工程”、中阿友好大会、文明对话、新闻合作论坛等人文交流活动框架的激励下，近年来，中沙关系与传媒业双边合作呈现出全面、快速、深入发展的势头，双方在图书互译出版、文化交流活动、传统新闻媒体、视听节目制作、新媒体行业建设等方面的合作取得长足发展，为增进双方“民心相通”，塑造积极、正面的国家认知和国际形象持续赋能。与此同时，双方在传媒业各领域的相互了解还不够深入，媒体合作仍有较大发展空间。

（一）图书互译与出版

出版业具有传播思想的重要功能。中沙交流增多促进两国出版业合作，在“中阿典籍互译出版工程”“中国文化著作翻译出版工程”“经典中国国际出版工程”“中华学术外译项目”“丝路书香工程”等框架下推出一系列图书互译项目，并取得一定成果。2014 年 2 月，中国国家新闻出版广电总局副局长邬书林率团访问沙特，会见沙特文化新闻部副大臣阿卜杜拉·贾西尔和广电机构主席阿卜杜勒 - 拉赫曼·哈扎阿等沙特传媒领域高层。中沙双方一致表示，希望加强作品互译出版，推动业界积极参加对方书展，在主流书店开展图书展销活动，加强人员培训，促进中沙图书出版业合作。

经过多年辛勤耕耘，中沙双方已经在图书互译互介领域取得诸多早期成果。阿文作品汉译方面，2019 年 8 月，第 26 届北京国际图书博览会在北京举行，其间北京师范大学出版集团联合中国人民对外友好协会、北京外国语大学举办“中沙经典和现当代作品互译出版项目”“中阿友好文库”成果发布仪式等系列活动，发布《夜行衣上的破洞》（ثقب في رداء الليل）、《牺牲的价值》（ثمن التضحية）、《汗水与泥土》（عرق وطين）等文库首批成果。这三部作品均来自沙特知名作家。他们以文学的形式向读者介绍沙特人民社会生活的方方面面，为中国读者提供感受沙特风土人情的机会，对增进中沙民心相通发挥了积极作用。[①] 中文作品阿译方面,《荀子》《老子》《庄子》《菜根谭》《楚辞》等中国经典文学作品均已被翻译成阿拉伯语在沙特等阿拉伯国家出版发行。另有许多中国现当代作家的作品被翻译成阿拉伯语出版发行，其中包括莫言、刘震云、迟子建、余华、贾平凹等在中国家喻户晓的作家的代表作。

沙特对中阿图书互译事业给予高度关注，积极表彰对翻译工作作出突出贡献的中国学者，其中最著名的是“阿卜杜拉国王世界翻译奖”的设立。该奖项设立于 2006 年，致力于推动阿拉伯语与其他语种在人文、科技等领域的互译，共设 6 个奖项，以表彰和鼓励在该领域有突出贡献的个人和机构。2011 年 10 月 11 日，第四届沙特“阿卜杜拉国王世界翻译奖”颁奖仪式在北京举行，北京大学阿语系仲跻昆教授获得荣誉奖，成为首位获此殊荣的中国学者。[②] 2014 年 5 月 13 日，第七届沙特“阿卜杜拉国王世界翻译奖”颁奖仪式在利雅得举行，上海外国语大学中东研究所所长朱威烈教授荣获个人贡献奖。[③]

大型国际图书展览也是中沙出版业合作的重要平台。2013 年 8 月，沙特成为第 20 届北京国际图书博览会的主宾国，这也是首次由阿拉伯国家担任主宾国。在本届书展上，沙方携 500 余种图书参展，其中 50 种阿拉伯语图书已经通过翻译项目译成中文。[④] 2018 年 3 月，第 14 届利雅得国际书展开幕，北京外国语大学、北京师范大学出版集团代表团参展。由北京师范大学出版集团出版的译成阿、英文的中国图书在展会上受到当地读者的欢迎。2018 年 12 月，第四届吉达国际书展举行。致力于对外图书出版与文化传播事业建设的宁夏智慧宫文化传媒公司作为中国唯一一家参展商，携约 430 种中文图书

① 参见《“中沙经典和现当代作品互译出版项目”“中阿友好文库”成果发布仪式暨“东方文明的对话”系列活动在京举办》，见人民网;《我校举办“中阿友好文库”成果发布仪式》，见北京外国语大学新闻网。

② 《沙特阿卜杜拉国王世界翻译奖在京颁发》，见中华人民共和国国务院新闻办公室网站。

③ 《上外朱威烈教授荣获沙特阿卜杜拉国王翻译奖》，见中华人民共和国驻沙特阿拉伯王国大使馆网站。

④ 参见中华人民共和国国家新闻出版广电总局官网。

参展，主题涵盖政治、经济、文化、文学、儿童、中文教材等。这是吉达国际书展首次迎来中国主题图书。此外，宁夏智慧宫文化传媒公司目前已获得沙特图书主管部门关于其在沙特展销中国主题图书的许可。沙特读者可以在 JARIR 连锁书店[①]等多家书店购买到宁夏智慧宫文化传媒公司联合阿拉伯地区多家知名出版社出版的中国主题图书。

（二）大型文化交流活动

近年来，中沙大型文化交流活动日益频繁，文化周、文化节等活动不仅促进了两国民众的互相了解，增进了两国民众之间的友谊，也促进了双方传媒业的交流与合作。

2010 年，“沙特文化周”在北京举行，通过民间艺术展览、文艺演出、电影放映等活动全方位展示沙特文化。2013 年，中国受邀担任第 28 届“沙特杰纳第利亚遗产文化节”主宾国。以“璀璨中华”为主题的中国主宾国活动，提出“文明，与世界分享”的活动主旨，通过中国主宾国馆展示、“中国风”室外舞台演出（包括舞龙舞狮、太极、武术等）、中沙文化关系研讨会等内容，借由全新的创意策划和展呈方式，勾勒出极具特色的中国文化，向沙特及阿拉伯世界全方位展示中华传统文化与现代中国风貌，力求让沙特民众看到一个既有传统文化传承，又有现代发展创新的活力中国。此外，主办方还举办了品茗日、瓷艺日、华服日、书法日、太极日等文化“特别日”活动，同时安排中沙两国艺术家和民间大师共同切磋技艺、合作完成艺术品。在面积超过 2 000 平方米的主宾国场馆内，沿参观方向依次设置有“文明的创造”“文明的分享”“文明的交融”三大板块，以与民众生活息息相关的“衣、食、住、行”四方面为核心，设计了“锦绣人间”“品味醇美”“文明天下”“跨越世纪”四个篇章的主展内容，借助多种传统与科技相结合、体验与互动相贯穿的展呈手段，活色生香地展示出中国传统文化的瑰丽、中沙间丝路文明的渊源、当代中国的崭新魅力，以及伊斯兰文化在中国的发展、中沙建

① 阿联酋和中东地区第一家，也是最大的图书经销商。

交以来两国之间的友好往来。中国主宾国活动引起当地及阿拉伯世界主流媒体的极大关注。中沙媒体竞相报道中国主宾国活动，沙特主要电视台、主流报纸等媒体在利用传统手段报道的同时，还利用新媒体对中国馆活动进行网络直播；国内主流媒体也对活动进行了大篇幅报道。有媒体评价此次文化盛事犹如“为古老中国穿上现代华服”[①]。

（三）新闻媒体与视听节目

新闻媒体是民众获取新闻信息的主要方式，也是受众建构对外部世界认知的重要工具，视听节目则是完善和充实这一认知形象的有效途径。中沙双方在报纸、广播电台、电视台等传统新闻媒体和视听节目制作方面交流频繁，成果卓著。

媒体交流方面，中国媒体与沙特等阿拉伯国家积极开展新闻产品交流，目前两国多家媒体机构已建立合作关系。1999 年 10 月，中沙两国签订《中华人民共和国国家广播电影电视总局与沙特阿拉伯王国新闻部广播电视合作协议》《新华通讯社与沙特通讯社新闻交换和合作协议》，标志着双方新闻媒体合作的开始。新华社依靠自身强大的采编力量，成为中国国内阿语新闻产品的生产大户。2011 年，新华社整合国际部和对外部的阿文报道资源，组建了阿文专线。目前阿文专线已与沙特通讯社等中东主流媒体签署了新闻产品交换和合作协议。[②] 2014 年 2 月，中国国家新闻出版广电总局副局长邬书林率团访问沙特，会见沙特文化新闻部副大臣阿卜杜拉·贾西尔和广电机构主席阿卜杜勒 - 拉赫曼·哈扎阿等沙特传媒领域高层，参观沙特研究与出版集团、中东报社、利雅得报社、沙特国家电视台等沙特主要传媒机构。[③] 2016 年 8 月，时任新华社社长蔡名照在北京会见沙特文化和新闻大臣阿德尔·图赖菲，新华网和沙特通讯社

① “活动特色”板块，见腾讯新闻“璀璨中华”新闻专题；罗艳：《沙特杰纳第利亚遗产文化节中国主宾国活动举办》，载《中国青年报》，2013-04-08。

② 陈杰：《中阿合作论坛成立以来的中国对阿媒体交流》，载《阿拉伯世界研究》，2014（5）。

③ 参见中华人民共和国国家新闻出版广电总局官网。

就拓展网站交流与协作初步达成合作意向。[①] 2018 年 10 月 10 日，中国五洲传播中心与沙特 TVG 集团签署《中沙媒体合作谅解备忘录》，旨在响应“一带一路”倡议，在影视联合制作、节目内容播出、媒体交流互访及新媒体建设等方面开展多项合作，进一步推动中沙两国文化合作与交流事业发展。[②]

视听节目制作方面，两国已有多部具有代表性的电影和电视节目落地。2017 年 2 月 22 日，由中沙两国联合制作的首部动画片《孔小西与哈基姆》在沙特首映。该片以中沙儿童友谊为主题，在展现沙特本土文化特征的同时，融入了中国美食、服饰、功夫等中国元素，增进了沙特民众对中国文化的了解。该项目为中沙影视合作开创了良好开端。[③]

（四）新媒体行业建设交流

融媒体时代的信息传播呈现出速度快、范围广、影响力大、交互性强的特点。大众传媒成为人们了解外部世界的重要渠道，对优化国际舆论环境、构建国际话语权、塑造国家形象和提升国家软实力发挥着举足轻重的作用。新媒体是融媒体和大众传媒的重要组成部分。[④] 中沙双方在原有传统媒体合作的基础上，正在积极开拓新媒体和融媒体合作。

中国新媒体与包括沙特在内的阿拉伯国家开展的交流合作主要体现在两个方面。一方面是一些中国的主流媒体开设有专门的阿拉伯语频道，如中国国际广播电台（CRI）阿语频道和中国国际电视台（CGTN）阿语频道。一些传统纸媒的网络版也开辟有阿语版面，如人民网、新华网以及中国外文出版发行事业局管理的中国网等，这些媒体还开设了与阿拉伯语读者的互动空间，可以开展双向交流等，

---

① 《蔡名照会见沙特文化和新闻大臣》，见新华网。

② 《五洲携手沙特阿拉伯王国 TVG 集团在“一带一路”倡议下展开多项媒体合作》，见五洲传播网。

③ 《中沙首部联合制作动画片〈孔小西与哈基姆〉首映式在沙特举行》，参见中华人民共和国外交部官网。

④ 范帅帅、刘欣路:《关于沙特主流媒体习近平治国理政思想报道的研究——以〈利雅得报〉为例》，载《国际传播》，2019（3）。

取得了初步成效。另一方面是中国主流媒体在 YouTube、Twitter、Facebook 等全球知名的社交媒体上均开通有官方账号，成为中国媒体向阿拉伯世界传达中国声音的重要渠道以及与阿拉伯民众互动的重要窗口。我国对外传播机构在融媒体方面取得前期成效的是中国国际电视台。截至 2021 年 8 月，中国国际电视台阿语频道 YouTube 官方账号（CGTN Arabic）有 31.3 万订阅者，视频总播放量超 7 801 万次；Facebook 账号粉丝数达 1 609.1 万，已经接近 Sky News、BBC、RT 等主流西方媒体阿拉伯语频道；Twitter 账号拥有 68.5 万关注量。另有“财经中国”（صين المال والأعمال）栏目在 Twitter 开设专属账号，每日发布中国经济内容；微信公众号会根据传统节日定期推出系列综艺，“活力中国”系列综艺节目内容活泼，亲和力强，在阿拉伯受众中反响热烈。此外，其他对外宣传机构也已形成一定影响力，例如，中国国际广播电台（CRI）阿语频道 Facebook 账号粉丝数超 285 万，Twitter 账号有 1.9 万关注量；人民日报阿拉伯语版 Facebook 账号粉丝数达 331.7 万，Twitter 账号关注者达 13 万。尽管中国主流媒体已经开始重视阿拉伯语新媒体的运营，并取得一定阶段性成果，然而对比社交媒体上庞大的阿拉伯语用户数量，以及阿拉伯本土媒体和西方媒体账号高达数百万甚至千万的关注量，可以看出，中国媒体针对阿拉伯的新媒体运营仍处于起步阶段，在国际社交媒体上的影响力有待进一步提升。

中沙新媒体合作前景广阔、合作潜力巨大。社交媒体的广泛运用已成为全球趋势，沙特也不例外。2017 年，中国与沙特、土耳其等国家共同发起《“一带一路”数字经济国际合作倡议》，希望打造互联互通的“数字丝绸之路”。目前沙特尚未形成自主研发生产力，其国内网络用户主要使用西方数字媒体产品。而中国拥有世界领先的数字媒体产品集群。社交软件方面，我国有微信、腾讯 QQ 等使用便捷的产品；网络视频领域，我国有搜狐视频、爱奇艺等在线视频服务提供商。短视频剪辑软件“抖音”的海外版 TikTok 近年在全球广泛流行，一定程度上说明我国自主研发的社交软件在包括沙特在内的海外市场拥有巨大的发展潜力，值得进一步深入挖掘。

六、中沙传媒合作与国家形象塑造

新闻媒体报道是本国认识世界的窗口，也是世界了解一国的渠道，深刻影响着一国及其民众对他国的形象认知。中沙建交以来，各领域友好合作关系不断深化。2016 年，两国一致同意将双边关系提升至“全面战略伙伴关系”，牢固深入的双边关系为两国开展以传媒行业合作为核心的人文交流奠定了坚实基础。随着双方媒体报道的独立性和自主性不断提高，借由传媒工具从多角度、多层次塑造中沙健康、稳定、蓬勃发展、积极向好国家形象的重要性愈发凸显。总体来看，沙特媒体对华评价偏于正面，但也存在负面报道或评论，且对中国的关注度尚待提高；而中国媒体在沙声音仍较弱。中沙两国在新闻媒体领域的合作有待进一步推进，中国新闻媒体对沙影响力、话语权还需进一步加强。

（一）中沙媒体报道概况

中国始终坚持不干涉他国内政的基本原则，不干涉沙特内政事务，不向沙特传输中国的价值观，对沙特秉持完全尊重的立场。中国媒体一方面在遵守这一原则的前提下，客观地报道有关沙特的信息；另一方面也在顺应双方外交和发展需要，适时微调报道策略。例如，中国媒体早年在报道有利于沙特国家、政府和人民形象的消息时，会根据其新闻价值适度报道，而对于负面消息则通常会低调地淡化处理，甚至根本不予报道。[①] 如今，中国主流媒体会客观地报道这些新闻，尽可能避免其受到报道者个人喜好等因素影响，对战争、流血冲突和恐怖袭击不予过多评论，而是将真实发生的事件展现在读者眼前。例如，人民网对沙特的报道是客观的、公正的，一半以上都是报道事实，不会用自身的价值观进行评论。[②]

沙特主流媒体对中国给予高度关注，涉华报道数量整体呈波动上升趋势。中沙高层互访、沙特本国发展战略、中国内外局势是影

① 马晓霖：《中国媒体中的沙特阿拉伯形象》，载《阿拉伯世界研究》，2005（1）。

② 祁志强：《沙特阿拉伯王国在中国的国家形象研究》，太原，山西师范大学硕士论文，2016。

响沙特主流媒体对中国关注度和报道倾向的重要因素。报道内容方面，各媒体涉华报道基本涵盖经济、政治、文化、社会民生等主题，其中经济、政治方面较多，而对文化与社会民生方面的关注则较少，且在各领域表现出对突出议题和细分领域的关注。例如，沙特主流媒体在报道中国经济时力求报道领域的全面性，重点关注“中沙关系”“中国企业和商品”“中国发展”“中美关系”[①]，尤其是中沙两国在能源等领域的合作[②]，对中国经济发展现状、中资企业参与沙特经济建设、项目中标的新闻则时有报道[③]。国内政治方面，各媒体比较关注的是中国领导人的人大换届、涉及中国国家主权的台湾和香港问题、反腐和人权；国际政治方面，比较关注中国在解决“朝核问题”上的作用，以及中国在“巴勒斯坦问题”上的立场；军事领域则较为关注中国军事实力增长、军备创新、中国海外补给基地建设，以及中国与其他国家开展的军事合作等内容；环保领域关注中国在应对全球气候变化和环境保护方面所做出的努力，特别是中国对新能源和可再生能源的研发与投入，以及环保创新活动；文化领域关注中国传统习俗、网络文学和餐饮文化。

立场态度方面，各家媒体对华总体持友好态度，涉华报道整体上较为全面、客观和公正，对双边重大活动给予正面报道，积极评价稳定发展的两国关系，肯定中国经济发展成就和中国在国际事务中发挥的积极作用，负面和消极报道较为少见。其中，沙特本国媒体和援引中国媒体信源的报道多为正面和积极报道，且关注焦点集中在经济和政治领域。以《利雅得报》为例，在政治方面，该报关注“全面从严治党”议题，相对客观地报道了腐败大案和反腐背景下的一些社会现象，认为中国反腐风暴呈持续态势，并没有放缓的痕迹。在塑造中国经济形象时，该报一方面赞扬中国经济飞速发展、

① 童昊:《“一带一路”背景下沙特主流媒体中的中国经济形象研究》，北京，北京外国语大学硕士论文，2020。

② 姜锋:《“媒”力世界——“一带一路”沿线国家媒体生态调研》，43 页，上海，上海人民出版社，2016。

③ 商务部国际贸易经济合作研究院、中国驻沙特阿拉伯王国大使馆经济商务处、商务部对外投资和经济合作司:《对外投资合作国别（地区）指南：沙特阿拉伯（2020 年版）》，见中华人民共和国商务部“走出去”公共服务平台。

中外良性经济互动取得的丰硕成果、中国企业的海外经营业绩等，肯定中国经验值得学习；另一方面也对中国经济发展存在的问题、中外贸易摩擦以及中国假冒伪劣产品等负面内容直言不讳。[①]

（二）重点议题报道情况

“一带一路”倡议

沙特作为“一带一路”沿线的重要国家，其国内主流媒体普遍积极报道该倡议，从本国视角着重强调沙特在倡议中的重要地位和作用，将其塑造为“一带一路”的“密切关注者”“重要参与者”及“互利共赢者”，正面评价“一带一路”倡议并将其与沙特“2030 愿景”对接，高度评价沿线国家在该倡议框架下取得的发展成就，认为“一带一路”倡议有利于沿线国家和全球经济发展，同时也对“一带一路”未来合作空间给予积极评价。[②]沙特主流媒体对“一带一路”倡议报道量随倡议推进而逐渐递增，体现其对该倡议的重视和关注，其报道整体呈现中立时期、认可时期、参与时期三大发展阶段，新闻主题逐渐由中沙向中外转变，重点关注经济、政治、能源、军事、文化、宗教等议题。[③]报道议题方面，沙特主流媒体主要聚焦中国“一带一路”倡议与沙特“2030 愿景”战略对接、“一带一路”框架下的中沙经济合作项目、不断深化的中沙全面战略伙伴关系、对“一带一路”倡议国际影响的评价等四方面[④]，特别关注世界各国参与“一带一路”倡议和中沙两国开展各领域合作、中国对“一带一路”倡议的投资，以及中国在全球经济治理中所扮演的角色。[⑤]以经济领域涉及“一带一路”倡议的报道为例，从宏观经济层面看，中国经济

① 参见童昊：《“一带一路”背景下沙特主流媒体中的中国经济形象研究》，10、39 页，北京，北京外国语大学硕士论文，2020；张羽：《沙特〈中东报〉涉华报道呈现的中国形象研究》，大连，大连外国语大学硕士论文，2020。

② 孟炳君：《沙特阿拉伯主流媒体对“一带一路”倡议的认知》，载《外语学刊》，2018（6）。

③ 米澜：《沙特阿拉伯主流报纸的“一带一路”报道研究》，西安，陕西师范大学硕士论文，2019。

④ 范帅帅、刘欣路：《关于沙特主流媒体习近平治国理政思想报道的研究——以〈利雅得报〉为例》，载《国际传播》，2019（3）。

⑤ 张羽：《沙特〈中东报〉涉华报道呈现的中国形象研究》，大连，大连外国语大学硕士论文，2020。

整体呈现正面形象。中国经济成就背后的中国经验引起沙特各界关注，呼吁学习和借鉴中国经验。从中外经济互动层面看，中国扮演着积极、主动的角色。随着“一带一路”倡议深入推进，中国积极与各国在贸易、投资、金融、能源和基础设施等领域开展合作，中外良性互动日益频繁，中外互利共赢，成果显著。同时，中国还主动承担大国责任。从中国企业和商品层面看，中国的企业和商品是一个矛盾的综合体。①

（三）对策建议

中国与沙特同为“一带一路”沿线大国。由古及今的丝绸之路不仅是东西方互通有无的商贸之路，也是沿线各民族交流的文化之路。沙特近年来“向东看”倾向明显，尽管两国在文化、国情等方面差异显著，但双方深化战略伙伴关系、加强战略对接的意愿明确②，沙特已成为我国维护国家安全、推进全方位对外开放、推动中华文化走出去、塑造良好国际形象的重要对象。③在尊重文明多样性的今天，中国与沙特的新闻媒体应顺势而为，为构建有效的国际话语体系，加强中沙的媒体合作和交流机制，实现文化的交流、交融，构建人类命运共同体而承担起应尽的使命与责任。而在中沙借由媒体开展国家形象构建的过程中，均涉及对各自战略和建设理念的阐释工作，由此产生了应该如何阐释的问题。为此，本文以全球范围内认知度最高的“一带一路”倡议④对外传播为例，为更好开展中沙传媒合作提出以下建议：

1. 转变话语方式，以传媒合作为契机主动填补理念阐释空白

话语方式关系到受众接受新闻的意愿与效度。“一带一路”倡议

---

① 童昊:《“一带一路”背景下沙特主流媒体中的中国经济形象研究》，33页，北京，北京外国语大学硕士论文，2020。

② 范帅帅、刘欣路:《关于沙特主流媒体习近平治国理政思想报道的研究——以〈利雅得报〉为例》，载《国际传播》，2019（3）。

③ 刘欣路、范帅帅:《沙特〈利雅得报〉关于人类命运共同体理念的报道研究》，载《对外传播》，2020（10）。

④ 张明新、秦小芳:《2018年中国政治形象研究报告》，见张昆、张明新主编:《中国国家形象传播报告（2019）》，20—21页，北京，社会科学文献出版社，2019。

与人类命运共同体、生态文明建设等中国为适应全球秩序变革新近提出的顶层概念一样，都存在阐释不到位的问题，具体表现在：首先，此类概念大多以一种主导思想、理念或方针的形式存在，与实践之间的直接联系并不紧密。着眼于概念进行阐释，往往会陷入“空对空”的死循环，即用一个中国化的抽象概念去解释另一个概念。[①]其次，此类概念与国际和地区秩序中现行类似概念的关系、异同如何并无确凿定论。在建设意图昭示不明的情况下，可能引发受众对其借互利互惠之名，行霸权破坏行径之实的担忧，导致互不信任关系乃至对立冲突的出现。[②]最后，此类概念旨在实现的发展目标大多着眼于长期，短期内并不会收获立竿见影的效果[③]，甚至可能带来对现有制度、秩序的冲击与既得利益的破坏，这与大多数中等强国的实用主义外交理念是相悖的。

当前“一带一路”倡议对外传播还面临自身建设意图不明晰、中国国家形象受损等问题。[④]针对疑虑背后出现的倡议传播真空，我们不应放任各界舆论自行发酵，有必要掌握主动权，及时、有效地通过增信释疑予以填补，一方面应充分发挥学者作用，展现客观公正立场。在包括中沙在内的世界各地，学者往往都因其独立判断能力和理性批判精神而被认为具有更高的可信度。[⑤]应格外关注学者所代表的知识分子阶层，充分调动中沙、中阿学者资源，从客观、中立的角度解读、阐释“一带一路”倡议，妥善应对各类质疑与批评的声音。另一方面应关注国情差异，增强新闻的可读性。世界上不同民族、国家有着不同的文化背景、价值观念、思维方式与利益关切，即便是在同一民族、同一国家内，也存在不同层次、受教育程

① 孙有中、江璐:《澳大利亚主流媒体中的“一带一路”》，载《现代传播（中国传媒大学学报）》，2017（4）。

② 李永成:《意图的逻辑：美国与中国的安全软环境》，126—127页，北京，世界知识出版社，2011。

③ 黄河:《公共产品视角下的“一带一路”》，载《世界经济与政治》，2015（6）。

④ 马丽蓉:《“一带一路”软环境建设与中国中东人文外交》，191—198页，北京，社会科学文献出版社，2016。

⑤ 薛庆国:《关于在阿拉伯媒体上传播“中国声音”的思考》，载《阿拉伯世界研究》，2011（1）。

度与认知广度的群体，这决定了我国对外传播工作不应走“万金油”式的传播道路。应注重做好精细传播和差异化传播，针对阿拉伯地区受众，使用其喜闻乐见的思维方式和话语方式，谈及宗教与民族议题时也应保持高度敏感性。

2. 增进直接交流，以新闻出版为媒介有力赋能国家形象塑造

国家形象一般是指人们对一个国家的主观认知和评价，包括政治、文化、经济、国民形象等的综合印象，总体上属于价值判断，但基础是认知事实。[①] 国家形象塑造与传播是新时代中沙双方建设发展的重要课题，这一过程离不开作为媒介的新闻出版活动。中沙双方签有相关媒体合作协议，且已在新闻出版领域取得一定早期合作成果。例如，在对中国政府形象认知方面，沙特对“廉洁为民”“开放创新”“法治程度高”等关键词的认知均位居世界前列。[②] 但与此同时，两国新闻出版领域也会偶尔出现有损双边关系和国家利益的现象，究其原因有二：一方面，两国媒体直接接触的机会较少，对热点问题报道容易受西方媒体影响，极有可能产生误解、疑虑与认识偏差。以沙特主流报纸《利雅得报》涉华经济报道为例，其信源超三成来自西方媒体，直到 2016 年中沙合作开启新篇章后，才开始零星采用新华社的报道。另一方面，两国新闻在对方国家都不是舆论活跃的主题。沙特主流媒体多数涉华报道并未对事件进行深层解读，往往一笔带过，因而给读者留下了残缺不全的中国形象。同时，沙特也并不会刻意争取中国媒体舆论，使得沙特在中国媒体的曝光率极低，形成“模糊的、可有可无的”国家形象。[③]

当前中沙新闻出版合作存在广度有限和深度不足的问题，前者表现为集中于传统媒体合作，在图书出版、音像制品和融媒体方面

① 参见张昆：《国家形象传播》，175 页，上海，复旦大学出版社，2005；陈玉：《国家形象传播战略需求下主题出版的实践走向》，载《科技与出版》，2020（5）。

② 张明新、秦小芳：《2018 年中国政治形象研究报告》，见张昆、张明新主编：《中国国家形象传播报告（2019）》，33—35 页，北京，社会科学文献出版社，2019。

③ 参见童昊：《“一带一路”背景下沙特主流媒体中的中国经济形象研究》，北京，北京外国语大学硕士论文，2020；田艺琼：《中国对沙特阿拉伯的人文外交研究》，载《阿拉伯研究论丛》，2015（2）。

合作刚刚起步；后者体现在多数交流合作项目成效不明显，两国在对方国家传媒行业的不可替代性较弱。图书出版方面，应充分利用主题出版的传播优势，密切配合国家大局、大势、大事，在图书互译工程、文化交流活动框架下，抓准文化节、国际书展、在线网站等传媒活动契机，将更多符合受众口味、多元立体的中国故事“打包”运输至沙特国民的“餐桌”上。音像制品和融媒体方面，应密切两国新闻和视听媒体机构交流交往，一方面与广播电视机构合作出品观众喜闻乐见的电视剧、电影等娱乐资源，另一方面培养一批能够制作高质量、强信度、广受众视听节目的专业人才，服务两国主流媒体向融媒体的最终形态发展过渡，建立健全立足中沙，服务中阿、中东乃至世界的融媒体复合新闻网络，助力两国软实力与国际话语权建设。

3. 关注核心需求，以言行并举为抓手加快构建对外话语体系

“一带一路”倡议是中国向世界提供的公共产品。[①]对外宣示、实施“一带一路”倡议的过程，也是向沿线国家提供公共产品的过程，需要考虑到对象国对公共产品的实际需求。北京外国语大学扎耶德阿拉伯语与伊斯兰研究中心主任薛庆国曾撰写专栏文章《中国的“一带一路”倡议，能否像丝绸一样柔软？》投寄到阿拉伯媒体[②]，在《金字塔报》刊载时标题被编辑改为“阿拉伯人能从‘新丝绸之路’得到什么？”[③]，这充分说明了“一带一路”沿线阿拉伯国家基于实用主义的外交立场与利益诉求。和新闻出版领域针对受众兴趣集中的内容尽可能做好充分供给异曲同工的是，宣示“一带一路”倡议理念的过程，也应注重从沙特视角出发，做好言行并举，采用“项目先行”或“人文先行”的呈现方式，充分关照倡议能够为其带来的利益与成果。

阿拉伯世界和中国同属东方文明，二者有着实现繁荣与发展的

① 王毅:《“一带一路”是中国向世界提供的公共产品》，见新华网。

② 薛庆国:《“一带一路”倡议在阿拉伯世界的传播：舆情、实践与建议》，载《西亚非洲》，2015（6）。

③ 薛庆国:《阿拉伯人能从“新丝绸之路”得到什么？》。

共同目标，没有本质上的矛盾冲突，其民众大多对华友好，普遍认为中国强大符合自身利益。[①] 沙特各界对倡议的误读大多出于自身利益考虑，或受到西方信源影响，因此是浅层次的理解不充分的问题，而非深层次的意识形态对立的问题。作为发起者的中国完全有资格、有能力牢牢掌握话语权，主导倡议理念传播，在倡议实践和战略意图的双向互动中加大对“和平发展”就是中国未来战略意图的传播力度，提升中国战略意图的国际传播力。此外，还应增进两国媒体机构的直接交流，加快构建基于倡议术语、理念的“一带一路”传播话语体系，实现理论与实践双轨并行，为“一带一路”倡议正名、塑形、定性[②]，完成中国从“倡导者”到“阐释者”的身份转变。相关报道表明，沙特媒体在传播“一带一路”倡议过程中存在术语不规范、阐释不统一、认知有偏差等问题，具体表现为对倡议名称表述不正确、对倡议理念理解不完整、对倡议意图解读不全面。围绕倡议构建由我国主导的统一的传播话语体系，将有助于从传播规范层面解决上述问题。

（北京外国语大学阿拉伯学院　崔舒洋、星星·波学、王晶）

① 薛庆国:《对阿拉伯世界讲述“一带一路”需精细化传播》，载《光明日报》，2015-07-21。

② 马丽蓉:《“一带一路”软环境建设与中国中东人文外交》，193 页，北京，社会科学文献出版社，2016。

苏丹传媒业与中苏传媒合作

1903年，苏丹第一份阿拉伯语报纸《苏丹报》发行，标志着传媒业开始在英埃共管统治下的苏丹萌芽。伴随着政治局势的动荡，苏丹传媒业的发展也一波三折，在各种内外困境和挑战中成长。本文重点梳理了苏丹传媒业的发展历程，详细介绍了苏丹传媒业的相关法律法规、监督和管理部门以及主要的传媒机构，分析了中苏传媒业的合作现状，提出应利用好中苏两国良好的政治、经贸合作基础，充分发挥中方的技术优势，通过技术培训、人员交流等方式助力苏丹传媒业发展，更好地传递中国声音。

一、苏丹国情与传媒业主要发展历程

（一）苏丹国情

苏丹共和国，简称苏丹，位于非洲东北部、红海西岸，东接埃塞俄比亚，西邻乍得和利比亚，南毗南苏丹，北靠埃及，兼具非洲国家、阿拉伯国家和伊斯兰国家三重属性，是一个特色鲜明的国家。南苏丹独立前，苏丹是非洲面积最大的国家；南苏丹独立后，苏丹依然是非洲面积第三大国，仅次于阿尔及利亚和刚果（金），面积达188.6万平方千米。[①] 苏丹幅员辽阔，气候干旱炎热，自然资源丰富，拥有丰富的金、铁、铬等矿产资源和畜牧业资源。

苏丹共有18个州（苏丹最高地方行政区划），人口约4 182万（2019年）[②]，官方语言为阿拉伯语，大多数民众信奉伊斯兰教，属逊尼派。首都喀土穆是全国的政治、经济和文化中心。苏丹实行建立在联邦制基础上的非中央集权制，总统是国家主权的最高代表、军队最高统帅，国民议会为国家立法机构。作为联合国公布的世界最不发达国家之一，苏丹的经济结构单一，以农牧业为主，工业基础薄弱，对自然环境和外援依赖性强。

苏丹历史悠久，早在4000年前就出现了原始部落。公元前2800年至公元前1000年，苏丹是古埃及的一部分。13世纪，阿拉伯人征服苏丹，伊斯兰教在当地迅速传播开来。16世纪，苏丹被并入奥斯曼帝国的势力范围。19世纪70年代，英国开始向苏丹扩张，1899年苏丹成为英国和埃及的共管国。1953年苏丹建立自治政府，1956年1月1日，苏丹宣布独立，成立苏丹共和国。1969年5月25日，贾法尔·尼迈里通过军事政变上台，改国名为苏丹民主共和国。1985年4月6日，阿卜杜勒·拉赫曼·苏瓦尔·达哈卜发动军事政变上台，改国名为苏丹共和国。1989年6月30日，奥马尔·哈桑·艾哈迈德·巴希尔发动军事政变，成立救国革命指挥委员会，宣布解

① “苏丹国家概况”，见中华人民共和国外交部网站。
② 参见苏丹中央统计局网站。

散议会、内阁和地方政府，取缔一切政党，停止一切非官方新闻机构的活动，后于 1993 年解散救国革命指挥委员会，改任总统。2011 年，南北苏丹分离，南苏丹共和国成立。2019 年 4 月，苏丹军方宣布解除巴希尔的总统职务，解散原政府和议会，中止《宪法》，成立临时最高权力机构军事过渡委员会接管政权。

（二）苏丹传媒业主要发展历程

伴随着动荡的政治局势，苏丹传媒业的诞生与发展也一波三折，在内外困境和挑战中成长。苏丹传媒业的发展历程可以划分为三个时期：英埃共管时期，苏丹出现报纸和广播电台，现代新闻传播业萌芽；苏丹独立初期，国家投资建立电视台和通讯社，政府加强对报刊业的管控，苏丹的新闻传播业稳步发展；20 世纪 90 年代以来，数字革命带来新的机遇，苏丹的新闻传播业快速发展，同时政府继续实施严格的新闻监管制度。

1. 英埃共管时期（1899—1953 年）

苏丹现代新闻传播业的萌芽始于报纸。1899 年，英国发行了英语和阿拉伯语双语的《苏丹公报》，用来宣传新的法律和官方条例，苏丹成为非洲较早出现报纸的国家。1903 年，苏丹第一家私营的阿拉伯语报纸——《苏丹报》开始发行，创立者是一位曾在贝鲁特和开罗创办亲政府报刊的黎巴嫩商人。当时苏丹的报刊业受国外尤其是黎巴嫩、埃及和欧洲的影响较大。后来，殖民统治者为了加强对苏丹新闻传播业的监管，于 1930 年出台了第一部《新闻法》，规定所有报刊都必须在完成政府的审查手续并获得许可证后方可发行，在内容上也必须接受政府的监管，对“攻击政府”“扰乱社会秩序”的言论予以严厉惩罚。

尽管受到殖民政府的政策限制，但这一时期苏丹报刊业的发展势头依旧迅猛。20 世纪 30 年代，大批留学埃及或在埃及报社工作过的苏丹人回到国内，相继创办了《苏丹文化报》《呐喊报》和《新曙光》三份报纸。1935 年，苏丹第一份日报《尼罗河报》发行。20 世纪 40 年代，各类报纸相继出现：第一家政治宣传类报纸《新苏丹》

诞生；随后第一家晚报《舆论报》发行，该报后于 1945 年转型为晨报；1946 年，第一家儿童报纸《少年报》和第一家女性报纸《谷之女》问世。

第二次世界大战期间，由于战争宣传的需要，同盟国出资于 1940 年 4 月在喀土穆以北的恩图曼建立了苏丹广播电台，标志着苏丹广播业的开端。当时该台仅广播阿拉伯语节目，每天播送 30 分钟，内容主要为《古兰经》诵读和前线战斗新闻报道。1942 年，该台开通英语频道，用阿拉伯语和英语轮流广播。第二次世界大战结束后，同盟国停止了对该电台的资助，随后英国政府接手该台，将其打造成殖民政府的宣传工具。

2. 独立初期（1953—1989 年）

1953 年苏丹建立自治政府，1956 年苏丹宣布独立，成立共和国。独立之初，苏丹报刊业呈现出争奇斗艳的繁荣景象，各类报纸有 70 多家，如 1950 年发行的《苏丹人》、1955 年发行的《消息报》等，它们中有的至今仍然活跃在苏丹报业的舞台上。然而好景不长，随着苏丹南北方在政治、民族和宗教等方面的矛盾日益激化，1955 年苏丹第一次内战爆发。在安全形势、政治局势全面陷入动荡的背景下，刚刚有所发展的苏丹传媒业也面临严峻挑战，政府对新闻传媒业实行严格管控，苏丹报刊业受到严重阻碍。1958 年，易卜拉欣·阿布德发动军事政变，创办《革命报》为其政权发声，而其余政党则被迫禁声，各党报也被勒令停刊，这项规定直到 1964 年才被撤销。1969 年，贾法尔·尼迈里军事政变上台，次年，他决定将新闻传媒业国有化，禁止所有的私人出版物。1972 年，苏丹第一次内战落下帷幕，1973 年，苏丹新闻出版委员会成立，政府继续实行严格的新闻审查制度。

直到 1985 年尼迈里政府被推翻，苏丹才在一定程度上恢复了新闻自由。然而在非常短暂的喘息之后，1989 年巴希尔通过军事政变上台，随即宣布取缔一切政党，禁止除《武装部队报》以外的所有出版物，停止一切非官方新闻机构的活动。进入 90 年代中期，巴希尔政府才允许军队和政府控制的部分其他报纸重新发行，但必须作为政府的喉舌发声。

尽管南北内战、政权更替等政治局势的动荡和新闻政策的限制导致这一时期苏丹报刊业发展缓慢，但是苏丹新闻传媒业在广播、电视和通讯社等领域有了较快的发展。苏丹建立自治政府后，苏丹广播电台逐渐收归苏丹政府所有，1956 年 11 月，苏丹广播电台首次向境外播送节目，宣布苏丹以独立国家身份加入联合国。20 世纪 80 年代，各地方广播电台相继成立，苏丹广播业呈现繁荣景象。1962 年，苏丹电视台进行首次试播，1963 年，从德国引进先进的设备和技术，正式建台。20 世纪 70 年代，阿拉伯各国的卫星电视业蓬勃发展，受此影响，苏丹电视业也在加快融入区域一体化进程。1971 年，苏丹通讯社正式成立，1973 年，国家通过首部关于苏丹通讯社的立法，对其人员构成、业务范围、资金来源等都做了较为明确的规定。

3. 数字革命以来（20 世纪 90 年代至今）

因为教育水平相对较低，多数苏丹人不会读写，电视和广播成为 20 世纪 90 年代苏丹大众媒体的传播主要方式。苏丹第二次内战期间（1983 年 4 月至 2005 年 1 月），全国民主联盟（National League for Democracy）、苏丹人民解放军（Sudan People's Liberation Army）等反政府组织经营着秘密广播电台，他们通过厄立特里亚和埃塞俄比亚对苏丹进行广播，从而躲避苏丹政府的监管。同时，政府也严格控制境内媒体，将各类媒体作为政治宣传的工具。1993 年，在局势相对稳定后，巴希尔开始适当放松新闻管制，同年苏丹政府颁布新的《新闻出版法》，允许政治类报纸在获得许可后发行。

20 世纪 90 年代后半期，互联网的出现拓宽了苏丹人获取信息的途径，数字革命为苏丹的新闻传播业带来了新的机遇，为发展滞缓的苏丹新闻传播业增添了新的动力，苏丹的传统媒体开始向现代化转型。苏丹许多的报纸杂志都开通了网站，如《苏丹人》《舆论报》等均建立了官网，读者可在其网站上在线阅读最新消息，搜索往期内容。乘着数字革命的浪潮，苏丹通讯社实现了办公的电脑化和网络化，致力于将自身打造成为一个集文字和音像于一体的多媒体新闻机构。随着数字技术的传入和卫星天线被光纤网络所取代，苏丹的电视节目在数量、质量和类型上都取得了巨大飞跃，各州的地方台达 87 家，电视频道覆盖率达 95%，电视节目种类涵盖电视剧、新闻、音乐、宗教、文化、体育等。

1999 年，由于内战引发的动荡加剧，巴希尔宣布全国进入紧急状态，政府进一步收紧了新闻监管政策，直到 2001 年才部分解除。尽管 2005 年 1 月，苏丹政府与南方反政府武装——苏丹人民解放运动（Sudan People's Liberation Movement）签署了《全面和平协议》，为苏丹的新闻传媒业带来了更多的自由，新生的独立媒体仍面临着来自政府的巨大压力。仅 2006 年上半年，就有 15 名苏丹记者和外国记者被捕。2009 年，苏丹现行的《新闻出版法》出台，该法虽不再禁止私人创立报刊等媒体，但各类审查，特别是安全管控仍非常严格，限制措施多样。由此可见，苏丹独立之后，政治局势越动荡，政府对新闻传媒业的监管和干预就越严格。

2011 年，南苏丹独立公投通过，南北苏丹分裂。由于大多数的石油资源都位于南苏丹境内，苏丹陷入经济危机，危机辐射到苏丹社会的各个领域，其中也包括报刊业，纸张和印刷的高成本导致报刊价格飞涨，销量下滑。同时，低工资和强管控迫使大批优秀的记者和新闻从业人员离开苏丹，流向海湾地区。与之相反，2005 年之后，随着各大国际媒体的进驻，南苏丹的新闻媒体机构数量开始增长，到 2011 年正式宣布独立时，南苏丹国内已有 5 家纸媒、40 家调频广播电台、1 家电视台及 10 家国外媒体机构。①

二、苏丹传媒政策与传媒管理部门

（一）苏丹传媒政策

1. 英埃共管时期（1899—1953 年）

英埃共管时期，苏丹报刊业萌芽，各类报纸陆续发行。1930 年 8 月 25 日，苏丹出台第一部新闻立法——《新闻出版法》，为国内发

① 詹姆斯·阿鲁西·阿汤加：《南苏丹媒体概况》，载《中国投资》，2017（24）。

行报刊的许可以及引进、发行和销售国外出版物的监管提供了法律依据。该部法律规定报刊的发行须获得苏丹行政秘书处的许可，许可证上应当注明报刊的所有者、印刷者、发行者和编辑，报刊发行者还须缴纳保证金；行政秘书处有权拒绝颁发许可，有权停止或者取消许可，有权查封未获得许可或未缴纳保证金的报刊；苏丹总督有权引进、发行和销售境外的出版物等。此外，该部法律第 16 条还规定，在获得苏丹总督批准后，苏丹行政秘书处有权另行出台相关法规。

1931 年，苏丹的新闻出版管理工作转由内政部负责。内政部在 1930 年《新闻出版法》的基础上，于 1931 年颁布了《出版条例》，该条例详细规定了出版物出版发行的具体要求以及违反相关规定的惩罚措施。

1948 年，苏丹修订并颁布了新的《新闻出版法》，规定内政部部长有权颁发许可，有权拒绝、停止和取消发行许可，有权引进、发行和销售境外的出版物；任何报纸的所有者、印刷者、发行者和编辑一旦被指控犯罪，法院就有权终止发行许可。此外，国内印刷厂的运营也须获得内政部部长的批准。

从这一时期的三部法律法规可以看出，英埃共管下的苏丹政府对苏丹报刊业的兴起持谨慎态度，试图通过立法来加强对新闻传播业的管控，对违法者给予严厉的惩罚。

2. 尼迈里时期（1969—1985 年）

1973 年，根据苏丹民主共和国《宪法》第 225 条规定，苏丹颁布了其独立后的第一部新闻立法——《新闻出版法》（1973），明确文化和信息部部长直接负责苏丹报刊业的日常监管，确保其遵守苏丹社会主义联盟的政治路线。该部法律首次提出成立新闻出版委员会，负责落实新闻传播政策、统筹新闻传播工作以及捍卫言论自由等。该部法律还对报刊的发行授权、印刷厂的运营授权、报刊的发行和销售以及私人或商业出版物的发行和销售作了详细的、严格的规定。此外，该部法律还明确指出，一旦报刊和出版物破坏公共秩序和安全或是攻击当局、社会主义共和制和政府机构等，内政部部长在与新闻出版委员会主席协商后，有权叫停或禁止其发行。由此可见，1973 年的《新闻出版法》进一步加强了政府对新闻出版的管理和控制，新闻传播业的各个环节都在政府的严格监管之下。

3. 达哈卜过渡军政府时期（1985—1986 年）

1985 年 4 月 6 日，武装部队总司令达哈卜发动军事政变上台，4 月 9 日，过渡军事委员会成立，行使过渡时期的国家最高统治权和立法权。委员会宣布恢复各种形式的民主和多党制，这一意志也充分体现在该时期的两部新闻立法中，政府放宽了对新闻业的管控，允许各党发行党报，新闻传播获得了短暂的自由。

1985 年 4 月 23 日，根据过渡军事委员第 8 号声明的规定，苏丹颁布新的《新闻出版法》，法律正文部分宣布废除旧的新闻法规，但已颁发的所有许可均有效。此外，该部法律还授权文化和信息部部长统筹制定新闻出版工作的有关规章制度。与旧法不同的是，新法允许各党派和各社会团体提交发行申请，对申请者也未做过多实质性的要求，放宽了国家对新闻业的管控。该决议还对报刊和其他各类出版物提出了基本的要求，包括确保民主和宗教自由、不得干预宗教和信仰、秉承公正和客观、拒绝鼓吹煽动和夸大其词以及不得损害国家利益等。对违反该决议有关规定的报刊和出版物，除禁止其发行外，并未规定施加其他惩罚措施。

1985 年 12 月 28 日，根据《过渡宪法》的规定，过渡军事委员会出台了更加完善的《新闻出版法》，决定成立主管新闻出版的独立机构——新闻出版委员会，明确规定了委员会的构成、任期和职能等，强调委员会应当致力于通过一切合法途径维护民主制度、确保和推动言论自由以及捍卫新闻自由和独立。该部法律指出苏丹人有权发行报刊，在获得委员会的许可后，包括驻苏丹外国机构和组织发行的私有报刊在内的任何报刊和出版物均可发行，甚至在获得委员会批准后，发行许可可以转让给他人。此外，该部法律还对同年 4 月出台的决议进行了补充和完善，明确了违反有关法规所应当承担的惩罚。

4. 巴希尔时期（1989—2019 年）

1989 年 6 月 30 日，苏丹再次发生军事政变，巴希尔上台，苏丹第三届军人政府成立。巴希尔执政后，实行党禁和严格的新闻管控，在其执政期间，苏丹分别于 1993 年、1996 年、1999 年和 2009 年出台了四部新闻法。

1993 年，根据 1991 年第 5 号《宪法》法令的规定，苏丹出台了《新闻出版法》，决定成立国家新闻出版委员会，即如今苏丹新闻出版业的主管机构。该部法律明确了新闻出版机构的类型、注册资本和股权分配，规定了发行许可的有效期为一年，到期缴纳相应的费用后可延期。除常规的报刊外，该部法律还允许各州以州政府的名义发行报刊，允许国有企业和政府机关发行自己的报纸、杂志和出版物。在国家新闻出版委员会的职责方面，第一条就强调委员会有权起草新闻出版业的有关政策，不得让任何一个社会团体、秘密组织、党派以及宗教团体控制任何一家新闻出版机构。此外，该部法律还明令禁止所有报刊和出版物传播损害武装部队和国家安全机构的消息。

1996 年，根据 1995 年第 13 号《宪法》法令的规定，苏丹重新修订并颁布了《新闻出版法》。1998 年，苏丹新《宪法》出台，次年，根据新《宪法》的规定，苏丹再次修订并颁布了《新闻出版法》。这两部新闻法大同小异，相较于 1993 年出台的新闻法，除了规定新闻工作者应当履行的义务之外，还明确了他们享有的合法权利，包括不得因为工作而遭受威胁、侮辱等非法侵犯；新闻机构有权保护新闻信息源；在不违反新闻法的情况下，传递信息或表达意见时不承担责任；除非涉嫌违法犯罪，任何机构不得在未告知记者协会主席的情况下，指控记者从事新闻工作时的某些行为或将其逮捕。

2005 年 1 月 9 日，苏丹政府与南方反政府武装苏丹人民解放运动签署《全面和平协议》，7 月 9 日，依据 1998 年《宪法》和《全面和平协议》制定的过渡宪法出台。新宪法第 39 条规定，国家应当保障民主社会下的新闻和媒体自由；同时还规定，所有的媒体都应当遵循职业道德，不得煽动宗教、种族等冲突，不得宣扬暴力和战争。

2009 年 6 月 8 日，依据 2005 年《临时宪法》的规定，苏丹出台现行的《新闻出版法》。该部法律开篇就强调新闻自由，指出新闻业应享有自由和独立，要兼顾公共利益和他人权利，不得践踏社会公共道德；除了法律规定的捍卫国家安全和政权等外，不得对新闻出版的自由强加限制。该部法律要求所有的记者从业前必须在记者协会登记注册，并指定主编为报刊编辑工作的第一负责人，对报刊上所发内容负有刑事责任。此外，该部法律还规定了记者应当履行的义务，数量更是达到了史无前例的 11 条，包括未经授权不得传播与国家安全以及武装部队的军事计划、行动有关的内容；不得煽动宗教和种族冲突，不得宣扬暴力和战争；报道负面新闻时，要避免破坏社会公共利益；不得收受境外机构的资助，防止影响报道的客观和公正等。这部现行的《新闻出版法》在一定程度上加强了政府对苏丹新闻传播业的监督、管理和控制。

（二）苏丹传媒管理部门

苏丹信息部（Ministry of Information）是苏丹最早成立的传媒管理部门。1930 年 8 月，苏丹出台第一部新闻出版法，当时隶属于苏丹行政秘书处的公共联络办公室开始着手新闻宣传工作，这就是苏丹信息部的前身。1940 年，随着苏丹广播电台的成立，该管理部门下相继成立了摄影部和电影制作部。1959 年至 1962 年，该部门又迅速发展，除负责监管新闻和出版的中央情报办公室外，还收编了原属于外交部的展览部，成立了电视部。此后，该部门又多次易名，1973 年 5 月 9 日更名为文化和信息部（Ministry of Culture and Information），2001 年 2 月 28 日又更名为信息与通信部（Ministry of Information and Communication），2013 年改为信息部。它的主要职责包括：提议本国的宣传政策和计划，监督相关项目的实施；借助传媒机构，实现民族团结，巩固身份认同，深化宗教价值观；服务和宣传本国的外交政策；跟进和测评公众舆论的趋势，为公众提供发表意见的渠道，使更多人从信息服务中受益；监督和管理苏丹的广播和电视，为它们颁发运营许可；制订信息系统开发计划等。

苏丹广播电视总局（Radio & TV General Corporation）主要负责监管苏丹的广播电台和电视频道。它的主要职责包括统筹广播电台和电视台的直播和重播；授权许可私营广播电台，并对其进行监督和管理；与国家机关在广播和电视领域开展技术合作；提供与广播和通信等有关的咨询和技术服务等。

苏丹国家新闻出版委员会（National Council for Press & Journalistic Publication）主要负责监管苏丹的新闻机构和出版行业，解决媒体之间以及媒体和政府之间的争议和纠纷。1993 年，根据当年颁布的《新闻出版法》，该委员会成立，总部设在首都喀土穆，下设秘书处以及新闻和服务中心委员会、投诉和调解争端委员会、印刷发行和广告委员会等五个专门委员会。它的主要职责包括：监管新闻机构和企业、出版社、印刷厂以及新闻通讯社等的运行；给予新闻出版行业必要的帮助，帮助其克服阻碍，扩大传播范围；培养和提高新闻工作者的职业能力，为读者提供满意的新闻服务；从事新闻传播领域的研究，如苏丹新闻传播史；支持和维护新闻自由，提议制定或修订与新闻自由有关的法律；根据法律，落实有关新闻出版的政策；与其他国家的对口部门开展合作和交流；保障国内新闻工作者的最低工资等。同时，国家新闻出版委员会还是苏丹唯一给新闻工作者颁发“媒体从业资格证”的官方机构。

此外，苏丹记者联盟（Sudanese Journalists Union）也是苏丹新闻传媒业的一个重要机构，下设媒体和档案秘书处、新闻自由和记者保护秘书处、女性记者事务秘书处和记者注册委员会等十五个专门的秘书处和委员会。它的主要职责包括捍卫新闻自由和记者的合法权利；与所有的新闻传媒机构建立联系，监督所有新闻稿件的发布；成立新闻培训中心，为记者提供职业技能培训；制定记者问责条例等。

三、苏丹主要传媒机构

苏丹依法建立和运营着种类齐全的媒体，包括新闻通讯社、报纸、广播电台、电视台和互联网社交媒体等。

（一）新闻通讯社和报纸

苏丹通讯社（Sudan News Agency）是苏丹的官方新闻传播机构。1970 年 1 月 1 日，苏丹总统贾法尔·尼迈里在苏丹独立纪念日讲话中提出，决定成立苏丹通讯社；1970 年 9 月 21 日，苏丹通讯社首次发布阿拉伯语和英语双语新闻；1971 年的五月革命纪念日，苏丹通讯社正式成立。1973 年 11 月，苏丹通过首部关于苏丹通讯社的立法。苏丹通讯社利用现代化的技术手段集可读、可听、可视新闻于一体，用阿拉伯语、英语和法语向国内外发布苏丹新闻，其总部位于首都喀土穆，现由编辑部、技术与工程部以及资金与管理部三个部门构成。苏丹通讯社的新闻报道业务覆盖苏丹北部 15 个州，它还向欧、亚、非三洲和部分阿拉伯国家派驻 23 名记者，及时报道当地发生的各类新闻。此外，它还与 50 多个国家和地区的通讯社在新闻信息共享、技术和人员培训等领域签署了双边协议。

苏丹媒体中心（Sudanese Media Centre）是苏丹另一家主要的新闻通讯社，成立于 2002 年 12 月，全天 24 小时用阿拉伯语、英语和法语发布新闻，由苏丹国家情报与安全局（National Intelligence Security Service）负责运营。苏丹媒体中心旨在打破外国主流媒体的影响，从苏丹的视角客观地报道苏丹新闻，尊重事实和真相，维护苏丹人民和国家的利益。

苏丹的报纸分为阿拉伯语和英语两类，苏丹国家新闻出版委员会 2018 年度调查报告显示，2018 年全国一共出版报纸 37 种，其中政治类报纸 26 种，体育类报纸 6 种，社会类报纸 5 种。[①] 目前，苏丹主要的报纸有：

《关注报》（*Alintibaha*）是一家亲政府的政治类阿拉伯语日报，2018 年位居苏丹报纸发行量榜首，全年一共发行 349 天，日均发行量 13 812 份，是政治类阿拉伯语日报发行量第二名——《苏丹人》

① 《2018 年苏丹报刊和新闻出版物发行报告》（阿文），见苏丹国家新闻出版委员会网站。

的两倍[①]。《苏丹人》（*Alsudani*）创办于1985年，它秉持着专业、正直和公正的态度报道各类新闻事件，该报2018年一共发行357天，日均发行量约为7 000份[②]。《舆论报》（*Alray Alaam*）也是一家较受欢迎的政治类阿拉伯语日报，首次发行于1948年，是苏丹历史最悠久、最具影响力的报纸之一。此外，苏丹主要的阿拉伯语日报还有《显微镜报》（*Almghar*）、《潮流报》（*Altayar*）、《呐喊报》（*Assayha*）、《明日报》（*Alyoum Altali*）以及《今日新闻报》（*Akhbar Alyoum*）等。

《苏丹视野报》（*Sudan Vision*）创刊于2003年，是一家亲政府的政治类英语日报，同时还设有网站。该报是2011年南苏丹独立后，苏丹市场上五家英文报纸中仅剩的一家，其宗旨是向世界介绍苏丹，纠正西方媒体对苏丹的歪曲报道，消除外界对苏丹的误解。[③]此外，《苏丹视野报》还关注国家的和平与安全，记录苏丹政治、经济和社会的发展成就，全方位报道各类事件。作为目前苏丹境内唯一的一份英语报纸，该报充分发挥着媒体的外交作用，许多国家和地区的媒体都会引用其文章和报道。该报2018年一共发行278天，日发行量为1 000份到1 500份。[④]

（二）广播与电视

苏丹地域广阔，广播与电视是极为重要的大众传播途径，特别是广播电台，由于成本低且传播范围广，曾长期是苏丹最普遍的媒介。20世纪90年代以来，卫星电视逐渐普及，成为最受苏丹民众欢迎的媒体形式。苏丹主要的广播电台和电视台有：

苏丹广播电台（Sudan Radio）始建于1940年，设在喀土穆以北的恩图曼，在国内共有9个发射台，全天24小时用阿拉伯语、英语和法语等语言对国内外播音，是苏丹政府主要的宣传渠道。《古兰经》广播电台（Holy Qur'an Radio），成立于1970年，主要播送宗教类节

① 《2018年苏丹报刊和新闻出版物发行报告》（阿文），见苏丹国家新闻出版委员会网站。
② 《2018年苏丹报刊和新闻出版物发行报告》（阿文），见苏丹国家新闻出版委员会网站。
③ 穆罕默德·阿卜杜拉：《苏丹媒体概况》，载《中国投资》，2018（18）。
④ 《2018年苏丹报刊和新闻出版物发行报告》（阿文），见苏丹国家新闻出版委员会网站。

目。苏丹家庭广播电台（Sudanese Home Radio），主要播送苏丹文化和家庭类节目。欧洲服务广播电台（European Service Radio），主要为母语为非阿拉伯语的听众播送英语和法语节目。近年来，私营的商业广播电台逐渐兴起，节目内容多为音乐和娱乐类，其主要受众是年轻人，如颇受欢迎的 Mango 96 FM。

苏丹电视台（Sudan TV）是苏丹主要的电视台，1962 年进行首次试播，1963 年正式开播，台址位于喀土穆以北的恩图曼。苏丹电视台在 1968 年之前只有直播节目，从日本引进录播设备后，开始播放录播节目。1996 年，苏丹电视台首次向境外播放节目，1998 年，它的电视节目通过卫星可传入欧洲、北非和亚洲大部分国家。现如今，它每天用阿拉伯语和英语 24 小时播送政治、经济、社会、文化、科学和纪录片等各类节目，同时还放映各类电影和电视连续剧，以满足不同国家各年龄段观众的需求。

日出电视台（Ashorooq TV）是一家私人运营的电视台，成立于 2006 年，每天 24 小时从迪拜媒体城用阿拉伯语播送新闻和娱乐节目。该电视台聚焦苏丹国内资讯，关注非洲、阿拉伯和国际问题，它宣称不代表某一个政党、民族和宗教，而是代表苏丹全体民众，旨在维护苏丹的和平与统一、稳定与发展，促进苏丹与外界的沟通。此外，日出电视台还开设了自己的阿拉伯语新闻网站——日出网（http://www.ashorooq.net）。

青尼罗河电视台（Blue Nile Channel）成立于 2006 年，其所有者与苏丹前总统巴希尔关系密切。该电视台很大程度上由政府资助，每天主要播送文化和娱乐节目，避免过多涉及政治内容。2017 年 2 月，该电视台因火灾受损严重。

恩图曼电视台（Omdurman TV）是一家私人运营的电视台，成立于 2010 年。2016 年 11 月，因未获得相应许可，该电视台被苏丹政府勒令关闭。除此之外，苏丹还有诸如红海、卡萨拉、尼罗河等颇受欢迎的地方频道以及体育、医疗卫生等一系列的专业频道。

（三）出版社

苏丹的出版业与其他阿拉伯国家相比，数量较少，规模较小。国内主要的出版社有：

阿亚姆出版有限公司，组建于 1953 年，总部位于喀土穆，其出版物多为大众小说、艺术、诗歌、报纸以及杂志等。①

苏丹书局，创办于 20 世纪 60 年代末，其创始人阿卜杜勒·拉希姆·梅卡维是当时苏丹出版商联盟的主席，同时也是阿拉伯出版商联盟的创始成员之一。苏丹书局既从事图书零售业务，也从事印刷、出版和发行业务。

喀土穆大学出版社，在联合国教科文组织的帮助下，于 1967 年创立。该出版社已成为阿拉伯和非洲地区最有影响力的大学出版社之一，同时，它还是苏丹出版社的先驱。作为一所大学出版社，它尤为重视阿拉伯语和英语的科学和文化出版物，出版了大量优秀的思想、文学以及文化类著作。

伊扎出版社，由努尔·胡达·穆罕默德于 1998 年 8 月创立，起初是一家图书馆，后来发展成为出版社，总部位于喀土穆大学工程学院附近。到目前为止，它已经出版书籍三百余种，涵盖思想、文学以及科学等领域。

（四）新媒体

“互联网世界统计”（Internet World Stats）的数据显示，截至 2018 年 12 月，苏丹的互联网用户人数达 1182 万人，占总人口的 27.8%；截至 2017 年 12 月，苏丹的 Facebook 用户人数达 260 万，占总人口的 6.1%。苏丹的主要传媒机构均在 Facebook 上开设了主页，如苏丹通讯社，关注用户近 22 万；苏丹人在线（Sudanese Online），关注用户超 35 万。

苏丹有 93% 的手机用户通过 WhatsApp 进行通信和信息共享，

① 刘鸿武、姜恒昆:《列国志：苏丹》，477 页，北京，社会科学文献出版社，2008。

苏丹的一些新闻媒体也通过 WhatsApp 向读者发布新闻。作为苏丹极受欢迎的社交媒体平台，WhatsApp 不仅被用于传递消息、共享娱乐信息，还可供用户浏览时事新闻，发表对政府的看法。

此外，苏丹还有一些建立在互联网基础上的网络新闻媒介，它们并不发行实体刊物，而是通过互联网发布新闻，如苏丹论坛（Sudan Tribune），是一家 2003 年于巴黎创办的非营利新闻网站，2011 年开设阿拉伯语版网站，该网站由来自苏丹和世界各地的记者和编辑独立运营，旨在推动信息的多元化，对苏丹政治和社会问题展开自由讨论。

四、中苏传媒业交流与合作的现状

中国与苏丹之间的友谊源远流长，两国自 1959 年建交以来，友好关系始终平稳健康发展，两国政府相互理解、相互配合，始终在涉及彼此核心利益和重大关切的问题上相互支持，中苏关系堪称“南南合作”的典范。1970 年 8 月，两国签订了《中国、苏丹科学、技术、文化合作协定》[①]，此后陆续签署了 10 项协定执行计划，其中就包括加强中苏两国在新闻、广播、电视领域的合作，互换广播、电视节目，尤其是反映本国文化风俗的节目，鼓励互派广播电视代表团和广播电视记者组访问等。2015 年 9 月，两国签署了《中华人民共和国和苏丹共和国关于建立战略伙伴关系的联合声明》，强调要扩大中苏在文化、艺术、体育、新闻、广播电视等方面的交流与合作，鼓励艺术团组互访，互相举办文化周等文艺活动。[②] 在两国政府的大力支持下，中苏在新闻传媒领域的合作取得了丰硕的成果。

在新闻和广播电视领域，两国合作密切，交流频繁。苏丹通讯社与新华社已建立交流和业务联系，新华社、人民日报社和中央电

① 刘鸿武、姜恒昆：《列国志：苏丹》，425 页，北京，社会科学文献出版社，2008。

② 《中华人民共和国和苏丹共和国关于建立战略伙伴关系的联合声明（全文）》，见新华网。

视台在苏丹均设有分社和记者站。2012 年 5 月 31 日，中央电视台代表团访问苏丹，访问期间，代表团团长、央视副台长高峰拜会了苏丹国家电视台台长穆罕默德·哈提姆·苏莱曼，为进一步加强两国电视领域的交流与合作，双方签署了框架合作协议，此外，还就节目交换、频道转播、人员交流与培训等问题交换了意见。[①] 近年来，中央电视台、凤凰卫视、旅游卫视、湖南卫视、宁夏卫视、《长江日报》等国内媒体先后到苏丹采访、制作相关节目，苏丹国家电视台、日出电视台、青尼罗河电视台等苏丹媒体也曾组团访华采风。中苏两国的记者协会也一直保持着友好交往和互访。

在新媒体领域，随着“一带一路”倡议的不断推进，两国合作处于起步阶段，合作前景广阔。2014 年两会期间，苏丹媒体团的记者艾哈莱姆·黛布在接受采访时表示，她非常关注中国在新媒体技术上的创新和成就，希望加强两国的新媒体技术合作，帮助苏丹媒体从中受益。[②] 2016 年 6 月，在第三届中非媒体合作论坛期间，央视国际视频通讯社携手非洲广电媒体伙伴发起组建非洲视频媒体联盟（Africa Link Union），苏丹电视台和苏丹国家广电公司先后加入，在媒体融合的背景下，这一平台有助于双方的新媒体内容创作、采编人员交流和节目联合制播。同年 7 月，在《人民日报》社、人民网主办的“一带一路”媒体合作论坛新媒体新技术分论坛上，人民网和苏丹通讯社就联合采访、技术交流等方面签署了合作协议，建立了双边新闻产品互换机制，推动和丰富了两国在新媒体领域的合作。[③] 2017 年 7 月，苏丹记者协会主席萨迪格·易卜拉欣率苏丹媒体代表团访问《羊城晚报》之际，赞扬了《羊城晚报》探索媒体融合、转型发展的做法和经验，对加强苏丹媒体与《羊城晚报》在全媒体、文化产业等领域的合作表达了殷切希望。[④]

---

① 《中央电视台与苏丹国家电视台签署合作协议》。

② 《苏丹国家电视台导演：希望两会更多关注文艺、传媒》。

③ 《人民网与三家阿拉伯媒体在京签署合作协议》。

④ 《苏丹记协主席率媒体代表团考察羊城晚报：欢迎“走进一带一路”采访团赴苏丹》。

在人才培养领域，中苏两国保持着良好的新闻传媒培训合作关系。1993 年 9 月 22 日，中苏签订《中华人民共和国政府和苏丹共和国政府一九九四至一九九六年文化合作执行计划》，在计划执行期间，经过协商两国互派播音员或业务人员进行为期三个月的培训。[①]2000 年 5 月 23 日，中苏签订《中华人民共和国政府和苏丹共和国政府二〇〇〇、二〇〇一、二〇〇二年文化科技合作执行计划》，中方为苏丹电台和苏丹电视台分别培训 2 名广播电视工程人员。[②] 此外，国务院新闻办公室干部培训中心、中国外文局教育培训中心等单位都会定期承办非洲国家和阿拉伯国家的新闻官员和记者研修班，邀请苏丹的新闻官员和新闻从业者来华短期研修，一方面促进中苏两国新闻价值观的认同，推动中苏新闻传媒业的共同发展，另一方面通过学员在培训期间亲身所感、亲眼所见我国的发展成就，为建立中国话语体系、讲好中国故事打下坚实的基础。

在出版领域，2006 年 6 月 24 日，中苏签订《中华人民共和国政府和苏丹共和国政府文化合作协定 2006—2008 年执行计划》，鼓励翻译、出版对方国家的优秀出版物，鼓励各自出版机构参加对方国家举办的国际书展。[③] 喀土穆大学孔子学院代表中国国家汉办连续多届参加喀土穆国际书展，2011 年第 7 届喀土穆国际书展上，喀大孔院展出了阿拉伯语的汉语教材、工具书和音像制品，多家图书代理商和出版机构表达了与中方合作的意愿[④]；2018 年第 11 届喀土穆国际书展上，智慧宫文化产业集团有限公司携政治、文化、经济、人物传记、经典文学以及儿童读物等 200 余种图书参展，向苏丹民众展示了中国图书出版的最新成果，推动中苏两国出版交流。

① 《中华人民共和国政府和苏丹共和国政府一九九四至一九九六年文化合作执行计划》，见中华人民共和国条约数据库。

② 《中华人民共和国政府和苏丹共和国政府二〇〇〇、二〇〇一、二〇〇二年文化科技合作执行计划》，见中华人民共和国条约数据库。

③ 《中华人民共和国政府和苏丹共和国政府文化合作协定 2006—2008 年执行计划》，见中华人民共和国条约数据库。

④ 《汉语教材在苏丹喀土穆国际书展上热销》，见中国新闻网。

综上所述，随着中苏战略伙伴关系的建立和中国“一带一路”倡议的纵深推进，中苏在新闻、电视广播、新媒体和出版等传媒领域的交流与合作需要向两国的政治和经贸合作看齐，在增加频率和扩大范围的同时，也要兼顾合作的深度，改善中苏新闻传媒合作不充分的现状。同时，还要发挥中国的科技优势，为苏丹的新闻媒体从业者开办更多的培训班，推动苏丹媒体的现代化发展，将中国的声音更好地传递给苏丹民众，也将苏丹的声音更好地传递给中国人民。

（北京外国语大学阿拉伯学院　童昊、尤梅）

突尼斯传媒业与中突传媒合作

突尼斯传媒业出现于19世纪中后期，自1956年独立后起步。1956—2011年，传媒业基本上处于国家严格管控的状态，发展缓慢。2011年骚乱发生后，传媒市场空前增长，各类传媒机构迅速发展。近年来，中突两国在图书出版、文化艺术、新闻广电等领域的合作取得丰硕成果，而“一带一路”倡议的深入推进更是为中突深化传媒业合作，促进民心相通提供了良好的机遇。

一、突尼斯基本国情

突尼斯全称“突尼斯共和国”（The Republic of Tunisia），属马格里布国家，位于非洲大陆北端、地中海南岸中段，西和西南与阿尔及利亚为邻，东南与利比亚接壤，东、北两面濒临地中海，隔突尼斯海峡与意大利相望，扼地中海东西航运的要冲，海岸线全长 1 300 千米。北部属地中海型气候，夏季炎热干燥，冬季温和多雨；南部属热带沙漠气候；中部气候介于地中海型和撒哈拉大陆型气候之间。国土面积 162 155 平方千米，全国划分为 24 个省（ولاية）[①]，下设 264 个行政区（معتمدية），350 个市（مدينة）。人口数量 1 170.8 万（2020 年）[②]，其中 90% 以上为阿拉伯人，其余为柏柏尔人、少量犹太人和欧罗巴人。首都突尼斯（Tunis）市为突尼斯政治、金融、文化中心和交通枢纽。[③] 官方语言为阿拉伯语，通用法语。国教为伊斯兰教，主要是逊尼派，少数人信奉天主教、犹太教。[④] 2015 年传媒市场规模达 1.14 亿美元。[⑤] 2020 年国内生产总值为 416.2 亿美元。[⑥] 主要节假日有元旦（1 月 1 日）、革命与青年节（1 月 14 日）、国庆日（独立日）（3 月 20 日）、烈士节（4 月 9 日）、劳动节（5 月 1 日）、共和国日（7 月 25 日）、妇女与家庭节（8 月 13 日）、撤退日（外国军队从突尼斯撤军纪念日，10 月 15 日），另有伊斯兰历新年、先知穆罕默德诞辰、

① 24 个省名称如下：突尼斯（تونس）、阿里亚纳（أريانة）、马努巴（一译“曼努拜”）（منوبة）、本·阿鲁斯（بن عروس）、纳布勒（一译“纳贝尔”）（نابل）、宰格万（زغوان）、比塞大（بنزرت）、贝贾（باجة）、坚杜拜（جندوبة）、卡夫（الكاف）、西里亚奈（سليانة）、凯鲁万（القيروان）、卡塞林（القصرين）、西迪·布济德（سيدي بوزيد）、苏塞（سوسة）、莫纳斯提尔（المنستير）、马赫迪耶（المهدية）、斯法克斯（صفاقس）、加大萨（قفصة）、扎泽尔（توزر）、吉比利（قبلي）、加贝斯（قابس）、梅德宁（مدنين）、塔塔维纳（一译“泰塔温”）（تطاوين）。

② 数据来自突尼斯国家统计局网站。

③ 商务部国际贸易经济合作研究院、中国驻突尼斯大使馆经济商务处、商务部对外投资和经济合作司：《对外投资合作国别（地区）指南：突尼斯（2020 年版）》，见中华人民共和国商务部“走出去”公共服务平台。

④ 杨鲁萍、林庆春：《列国志：突尼斯》，1、4、6、9 页，北京，社会科学文献出版社，2010。

⑤ 迪拜新闻俱乐部：《阿拉伯国家媒体展望（2016—2018）》。

⑥ 数据来自世界银行数据库。

开斋节和宰牲节 4 个宗教节日。[①] 现任总统为凯斯·赛义德（قيس سعيد，1958— ），2019 年 10 月当选。[②]

突尼斯具有十分重要的战略地位，被称为“北非之角”的崩角（الرأس الطيب，Cap Bon）半岛同西西里岛、意大利半岛构成海上链条，紧缩地中海腰部。历史上，突尼斯往往成为腓尼基人、罗马人等异族入侵北非的跳板，受到迦太基、罗马、阿拉伯、伊斯兰、柏柏尔、欧洲和奥斯曼文明的影响，从而呈现多民族、跨文化的特征。[③] 公元前 13 至前 12 世纪，腓尼基人从叙利亚北部沿地中海南岸进入突尼斯，建立停泊港和贸易点，公元前 9 世纪在今突尼斯湾沿岸地区建立迦太基城，后发展为强大的奴隶制国家——迦太基王国，其版图囊括西班牙、北非、地中海沿岸等地区，成为当时地中海最强盛的国家。公元前 3 世纪突尼斯人与罗马人展开了著名的布匿战争，公元前 146 年被罗马帝国统治，成为帝国阿非利加省的一部分。5—6 世纪先后被汪达尔人和拜占庭人占领，703 年被阿拉伯人征服，逐渐阿拉伯化，成为阿拉伯国家。13 世纪哈夫斯王朝建立突尼斯国家，1574 年沦为土耳其奥斯曼帝国的一个行省，并在此后很长一段时间内受到奥斯曼帝国统治。1881 年成为法国保护国，即法属突尼斯。第二次世界大战期间，法国维希政府继续统治突尼斯。1942 年，维希法国被德意联合瓜分后，意大利军队占领突尼斯，建立短暂的意属突尼斯。第二次世界大战后，突尼斯重新被法国接管。在突人民反对殖民统治的持续斗争下，1955 年，法国被迫给予突尼斯内政自治权。1956 年 3 月 20 日，法国同突尼斯签订联合议定书，宣布废除 1881 年的《巴尔杜条约》，承认突尼斯独立。1957 年 7 月 25 日，突尼斯制宪会议通过决议，废黜国王，建立共和制国家。

突尼斯北方的比塞大港是地中海中部的咽喉，20 世纪 60 年代以

---

① 商务部国际贸易经济合作研究院、中国驻突尼斯大使馆经济商务处、商务部对外投资和经济合作司:《对外投资合作国别（地区）指南：突尼斯（2020 年版）》，见中华人民共和国商务部“走出去”公共服务平台。

② “突尼斯国家概况”，见中华人民共和国外交部网站。

③ 努雷丁·米拉迪:《突尼斯：革命后转型的媒体环境》，见卡罗拉·里奇特、克劳迪娅·库兹曼编:《阿拉伯传媒系统》，268 页，开放获取图书出版社（OBP），2021。

前一直是法国在北非的主要军港。第二次世界大战期间，美、英军队占领突尼斯，第二次世界大战后，美国第六舰队在比塞大港设有仓库。突尼斯后来成为新、老殖民主义镇压北非民族解放运动的重要军事基地。突尼斯独立后，在总统哈比卜·布尔吉巴（الحبيب بورقيبة，1957—1987 年任职）领导下奉行民族民主主义政策，60 年代实行“宪政社会主义”，70 年代中期开始实行经济自由化、市场化和政治民主化改革。1987 年 11 月 7 日，宰因·阿比丁·本·阿里（زين العابدين بن علي，1987—2011 年任职）发动不流血政变，废黜布尔吉巴，长期任总统，继续推进经济和政治改革，在经济和社会发展方面取得了一定成绩。[①] 2010 年年底至 2011 年年初，突尼斯发生大规模骚乱，亦称“茉莉花革命”或“尊严革命”，突政局陷入动荡。2011 年 1 月 14 日，突尼斯人民举行抗议示威，迫使本·阿里流亡沙特，总理组建民族团结政府，突尼斯进入政治过渡期。2014 年 1 月，制宪议会投票通过新宪法，新任过渡政府宣誓就职。同年 10 月，突尼斯举行制宪议会选举，组成国民代表大会，取代现有制宪议会。2018 年 5 月，突尼斯选举产生新的市镇委员会。2019 年 10 月 17 日，赛义德当选突尼斯第七任总统。同年 11 月 8 日，复兴运动（حركة النهضة）党成为议会第一大党。2020 年 2 月 27 日，突尼斯新一届政府正式成立。[②]

突尼斯经济以工、农、服务业为主要支柱。其中，工业以石油和磷酸盐开采、制造业和加工业为主；农业是国民经济的重要部门；服务业中旅游业较发达，在国民经济中占重要地位。1986 年，突尼斯经济实行“结构调整计划”，由计划经济向市场经济过渡。1995 年与欧盟签署联系国协议，2008 年与欧盟启动自贸区，其中法国、意大利、德国在各贸易伙伴中名列前三。近年来，突尼斯经济稳步发展，GDP 年均增长 5% 左右，但依然面临国内市场狭小、资源匮乏、

① 杨鲁萍、林庆春：《列国志：突尼斯》，自序第 1—2 页、正文第 1 页，北京，社会科学文献出版社，2010。

② “突尼斯国家概况”，见中华人民共和国外交部网站；商务部国际贸易经济合作研究院、中国驻突尼斯大使馆经济商务处、商务部对外投资和经济合作司：《对外投资合作国别（地区）指南：突尼斯（2020 年版）》，见中华人民共和国商务部“走出去”公共服务平台。

对外依存度高，农业生产落后、粮食无法自给，失业率特别是高学历者失业率居高不下等诸多不利因素。2011 年年初突尼斯遭遇政局剧变后，经济增长缓慢，高失业、高赤字、高通胀症状明显，旅游、磷酸盐等支柱产业受到较大冲击。突政府曾制定 2016—2020 年五年发展规划，重点规划港口、铁路、高速公路等大型基础设施项目建设，意在拉动经济增长、创造就业、吸引投资，进而推行政治、经济改革，实现国家可持续发展。①

二、突尼斯传媒业发展历程与传媒政策演变

突尼斯传媒行业发端于 19 世纪中后期，是该国的重要行业之一。法国建立殖民统治后，突尼斯传媒行业发展缓慢，各方面均受到殖民当局的诸多限制。哈比卜·布尔吉巴和本·阿里执政期间，突尼斯传媒业遭遇专制统治的直接控制与严密监控。2011 年革命爆发后，突尼斯迎来新的民主时代，传媒行业活力随之得到释放，公共服务媒体摆脱政府干预得到巩固。新成立的电视和广播频道蓬勃发展，同公共服务广播公司相竞争。随着传媒行业不断向多元化媒体市场发展过渡，突传媒业立法和监管机制也发生重大变化，言论自由与记者独立性逐渐获得保障。2013 年，独立视听传播高级管理局（الهيئة العليا المستقلة للاتصال السمعي والبصري，Haute Autorité Indépendante de la Communication Audiovisuelle，缩写为 HAICA）作为电视和广播行业的标志性独立监管机构成立，在推动突尼斯视听市场与国际标准接轨方面发挥了不可或缺的作用。时至今日，受布尔吉巴和本·阿里政权建设倾向影响，突北部与沿海城市同农村与南部地区之间的经济鸿沟仍然明显，这也在全国媒体机构分布中有所体现。因基础设施建设状况、投资数额和就业市场状况等条件不同，除主要报纸外，突尼斯各大电视频道、广播电台大多设在富裕的沿海城市。意识形态、商业巨头与海外影响仍然是影响突各媒体机构运作

① 《突尼斯国家概况》，见中华人民共和国外交部网站。

的关键因素。[①] 突尼斯传媒行业的发展进程，一定程度上也是突尼斯民主转型和社会变革进程的体现。

（一）初创与发展时期（1956 年之前）

早在 1881 年沦为法国殖民地之前，新闻事业便已在突尼斯国内发端。1860 年 7 月 22 日，时任统治者穆罕默德三世（穆罕默德·萨迪克贝伊[②]）创办阿拉伯语报纸《先驱报》（الرائد الرسمي），成为第一份在突尼斯印刷的日报[③]，于 1928 年 2 月 29 日成为突官方报纸，共和国成立后更名为《突尼斯官方公报》（الرائد الرسمي للجمهورية التونسية，*The Official Journal of the Republic of Tunisia*），并改为双周刊延续至今，逢周二、周五出版，用于刊登法律文本和政府官方公告[④]，2011 年革命前是官方对传媒业实施专制控制的象征，将新闻界同政治当局相联系[⑤]，其法文版自 1883 年开始刊发[⑥]。另有阿拉伯文报纸《太平时代》，与《突尼斯官方公报》共同成为同期突境内仅有的阿拉伯文报纸。

1875 年，奥斯曼帝国政治家海雷丁·帕夏（خير الدين باشا，1820—1890）积极推动突尼斯改革，创办突第一所现代学校——萨迪克学校（المدرسة الصادقية）[⑦]，旨在推动教育精细化、现代化，尤其关注阿拉

---

① 努雷丁·米拉迪:《突尼斯：革命后转型的媒体环境》，见卡罗拉·里奇特、克劳迪娅·库兹曼编:《阿拉伯传媒系统》，267—269 页，开放获取图书出版社（OBP），2021。

② 系突厥语音译。奥斯曼帝国时对长官的称谓，意为“首领”“头目”“统治者”“官吏”“老爷”“先生”等。奥斯曼帝国时期，此词先是对贵族或旁系王子的尊称，次于汗或帕夏，同时也是对县、桑贾克旗这一行政级别长官的尊称，一般置于名前；后泛指各省区执政者。1705 年突尼斯王朝的统治者称贝伊。参见中国伊斯兰百科全书编辑委员会编:《中国伊斯兰百科全书》，成都，四川辞书出版社，2007。

③ 《突尼斯的新闻与传播》。

④ 《〈突尼斯先驱报〉的发行》，见突尼斯司法部网站。

⑤ 蒙吉·马布鲁基:《突尼斯新闻业：法国殖民统治时期到后革命时代》，见努雷丁·米拉迪、诺哈梅勒编:《劳特利奇阿拉伯媒体手册》，441—442 页，劳特利奇出版社，2021。

⑥ 雅克·米琼、让 - 伊夫·莫里尔:《18 世纪至 2000 年世界图书和出版业的变化》，353 页，拉瓦尔大学出版社，2000。

⑦ 阿迪尔·埃萨比蒂:《突尼斯萨迪克学校：科学、斗争和政治家的象征》。

伯语和欧洲语言教学。[1] 萨迪克学校与宰图纳大清真寺共同成为推动青年运动觉醒的核心进步教育机构，同时也促进了新闻行业的发展。1881 年，随着法国不断对外开拓殖民地，突尼斯沦为法国的保护国。法国入侵后不久，代表奥斯曼苏丹的突尼斯贝伊制度遭到废除，由新的法国当局取代。1884 年 10 月 14 日，时任法国驻突尼斯长官保罗·甘本（Paul Gambon）根据法国于 1881 年 7 月 29 日颁布的法律，宣布在突尼斯国内实施《新闻法》，旨在遏止突尼斯人诉诸新闻业表达个人诉求。殖民当局开始对所有在突发行的报刊征税，这一定程度上阻碍了初期传媒业发展的步伐。[2] 1888 年 8 月 12 日，法国占领后突尼斯境内首家非官方报纸《首都报》（الحاضرة）宣告创刊。该报为政治、文学周报，作为改革运动喉舌，呼吁法国社会尊重伊斯兰教戒律，通过效仿欧洲经验，发展科学与自由推动突尼斯工业进步。该报同当局采取温和的绥靖政策，因而获得了法国当局的支持。

新总督上台后，立即着手改变突尼斯的政治、经济和社会秩序，由此引发当地民众的持续对抗，进而掀起长期不间断的反殖民化运动与独立斗争，直至推动突尼斯于 1956 年获得完全独立。在完全控制突尼斯后，以反阿拉伯人的殖民主义者维克多·德·卡尼埃（Victor de Carnières）等人为代表的法国殖民当局立即着手没收《先驱报》《突尼斯人》（*Le Tunisien*，التونسي）等报纸，将其转变为自身的喉舌，影响突尼斯本地和法国公众舆论。[3]

法国殖民期间，法文报刊相继出现，阿拉伯文和法文印刷出版业均较为兴旺，除数十份以法语出版的报纸外，还有百余份以阿拉伯语出版的报纸和期刊。报纸成为反对法国殖民的重要渠道，在助力民族抵抗运动，同殖民霸权归化、抹杀突尼斯国家文化根源之

---

① 阿尔伯特·霍拉尼：《自由时代的阿拉伯思想（1798—1939）》，367—368 页，剑桥大学出版社，2012。

② 蒙吉·马布鲁基：《突尼斯新闻业：法国殖民统治时期到后革命时代》，见努雷丁·米拉迪、诺哈梅勒编：《劳特利奇阿拉伯媒体手册》，443 页，劳特利奇出版社，2021。

③ 贾梅尔·兹兰：《突尼斯阿拉伯语出版业的起源》，载《支流（突尼斯玛努巴大学民族运动史高等研究院学报）》，2002（7）。

企图开展斗争方面发挥重要作用，其中以突尼斯记者、政治家，突尼斯民族主义运动发起人阿里·巴什·汉巴（علي باش حانبة，1876—1918年）在青年运动倡议下，领导一群精通阿拉伯语和法语的年轻知识分子于1907年创办发行的《突尼斯人》最具代表性。这是突尼斯首份由本土穆斯林发行制作的法语报纸，为青年突尼斯人（حركة الشباب التونسي）党机关报，发行量达到2 500份，其中有250份免费发往法国、土耳其、美国、德国等。该报将自身定义为“代表本土利益”，采用温和清醒、冷静客观、理性思辨、扎实有据的话语风格，主要表达当地居民和工人的政治、经济、社会与文化诉求，呼吁教育兴国、解放妇女、改善童工境况、设立代表机构、普及教育和卫生服务、改革司法、降低税收、打击卖淫贩毒行为、保障工农权益等，开辟出一条避免同法国当局直接对抗、倾向于同法国左翼自由势力接触以捍卫突尼斯民族事业的行动路线。为避免受到殖民当局限制，同期通过开办讽刺报刊左右国内舆论的突尼斯记者也不在少数。1908年3月，严肃类讽刺报纸《艾布·盖舍报》（أبو قشة）创刊[①]，同年停刊[②]。1909年11月8日，《突尼斯人》阿文版在突尼斯政治和宗教领袖阿卜杜·阿齐兹·塞阿勒比（عبد العزيز الثعالبي，1876—1944年）主持下出版。1911年，突尼斯民族主义党派青年突尼斯人组织发动抗议法国侵略突尼斯以及意大利侵略利比亚的运动，抗议者同法国殖民当局在杰拉兹公墓（مقبرة الجلاّز）发生暴力冲突，突尼斯民族主义运动迎来关键时刻。11月7—8日，突境内爆发骚乱并遭镇压。殖民当局宣布国内戒严，查禁国内所有阿拉伯语报纸，仅保留一份法国殖民者的官方机关报，《突尼斯人》《首都报》等一批报纸被迫停刊。1912年3月13日，《突尼斯人》主编阿里·巴什·汉巴及其同僚因反对当局被捕，该报随即停止发行。[③] 至此，突尼斯传媒业在形式与内容上均有所发展，同时呈现两方面转变，一

① 蒙吉·马布鲁基:《突尼斯新闻业：法国殖民统治时期到后革命时代》，见努雷丁·米拉迪、诺哈梅勒编:《劳特利奇阿拉伯媒体手册》，443页，劳特利奇出版社，2021。

② 阿卜杜勒·阿齐兹·哈利:《突尼斯讽刺类新闻业被遗忘的故事》。

③ 巴希尔·特里利:《当代伊斯兰—地中海世界的危机和变异（1907—1918）：改良主义的基础与立场》，286页，突尼斯大学文学和人文科学学院，1979。

是传媒内容从新闻观点转向新闻报道，二是办报形式从个人开办转向集体办报。

1919年后，突尼斯传媒业迎来新的发展阶段。以阿拉伯语或法语面向全国发行的报纸数量成倍增长，且报道风格大胆直率，敢于披露侵犯突公民合法权利的现实问题，同时将本国公民同境内法国等欧洲国家公民团体做出明确区分。此后，《新时代报》（العصر الجديد）、《阿拉伯讲坛报》（المنبر العربي）、《维奇尔报》（الوزير）、《伙伴报》（النديم）、《穆巴希勒报》（المباشر）、《证言报》（البرهان）、《真理报》（الحقيقة）、《复兴报》（النهضة）、《弩炮报》（المنجنيق）、《文学世界报》（العالم الأدبي）、《时代报》（الزمان）、《意志报》（الإرادة）、《突尼斯农民报》（الفلاح التونسي）、《青年报》（الشباب）等一批党派媒体相继问世，反映出突尼斯新闻多元化渐成规模，民族运动在表达政治诉求与普及知识方面初见成效。[①] 1932年11月1日，布尔吉巴创办《突尼斯行动报》（*L'Action Tunisienne*），后于1934年创办其阿拉伯文版《行动报》（العمل），作为后来曾在突尼斯执政的党派宪政民主联盟（التجمع الدستوري الديمقراطي，Rassemblement Constitutionnel Démocratique，缩写为RCD）[②]的官方报纸，供同期对持温和态度的媒体感到失望的民族主义者表达对殖民当局的不满情绪，因其内容涉及反对殖民统治、争取独立斗争而多次被迫停刊[③]，突尼斯独立后继续出版至1988年3月19日。1936年，突尼斯广播电台正式建立，适应了当时传播信息的迫切需求，后成为今突尼斯国家广播电台和国际广播电台的

① 蒙吉·马布鲁基:《突尼斯新闻业：法国殖民统治时期到后革命时代》，见努雷丁·米拉迪、诺哈梅勒编:《劳特利奇阿拉伯媒体手册》，443—444页，劳特利奇出版社，2021。

② 原名“新宪政自由党”（الحزب الحر الدستوري الجديد，Nouveau Parti libéral constitutionnel），简称“新宪政党”（Neo Destour），1964年11月更名为“社会主义宪政党”（الحزب الاشتراكي الدستوري，Parti Socialiste Destourien），1988年2月更名为“宪政民主联盟”。参见杨鲁萍、林庆春:《列国志：突尼斯》，87—88页，北京，社会科学文献出版社，2010。

③ 《突尼斯新闻事业》，见甘惜分主编:《新闻学大辞典》，474—475页，郑州，河南人民出版社，1993。

前身。[①]其间，突尼斯国内报纸、书籍、杂志、电影、戏剧和广播节目等一切涉知识生产创造的领域均受到殖民当局审查。1938 年，审查制度作为法律文本正式落地。

第二次世界大战爆发后，国际地缘政治格局巨变，新闻与传播介质在社会活动家与新兴受教育群体之间频繁流动，进一步强化了突尼斯国内抵抗运动势头。法国殖民当局出于规范和控制新闻市场的需要，在突尼斯成立传播控制委员会（Communication Control Council），负责就媒体活动颁发许可证、出台监管法律、实施内容控制。[②]同期出版发行的报纸仍以党派机关报为主，其中较具代表性的有：

（1）《先锋报》（الطليعة）：1937 年 6 月 11 日创刊，为突尼斯共产党（الحزب الشيوعي التونسي，Tunisian Communist Party）发行的政治和新闻周报，1939 年因第二次世界大战期间殖民当局封锁被迫停刊并秘密发行，后于 1947 年 6 月 10 日恢复出版，1952 年 2 月因领导人被捕而再度停刊。（2）《觉醒之路报》（سبيل الرشاد）：由突尼斯政治、宗教领袖阿卜杜·阿齐兹·塞阿勒比创办，旨在反对法国殖民统治，呼吁独立与自由，后遭法国当局取缔[③]。（3）《宰图纳学生之声》（صوت الطالب الزيتوني）：1950 年创刊，为宰图纳学生之声委员会会报，该委员会主要活动于 1950 年 2 月至 1956 年，曾发布《宰图纳大清真寺章程》，旨在通过发动学生罢工推动清真寺教育改革。另有《鲜花报》（الزهرة）、《喜乐报》（السرور）、《宪法报》（الدستور）等在维护反殖民运动与挑战法国当局在突传媒战略方面发挥过重要作用的报纸。1942 年，德军占领突尼斯，鼓励突发行《今日报》（اليوم）、《瑰丽非洲》（إفريقيا الفتاة）、《青年报》（الشباب）以挑战法国殖民当局势力。上述报刊后随德军于 1943 年 5 月 6 日撤出突尼斯而宣告停刊。1951 年 2 月

① 杨鲁萍、林庆春：《列国志：突尼斯》，340—341 页，北京，社会科学文献出版社，2010。

② 努雷丁·米拉迪：《突尼斯：革命后转型的媒体环境》，见卡罗拉·里奇特、克劳迪娅·库兹曼编：《阿拉伯传媒系统》，269—270 页，开放获取图书出版社（OBP），2021。

③ 《伊本·赫勒敦“再世”：阿卜杜勒·阿齐兹·塔尔比》。

1 日，私营阿拉伯语政治类综合日报《晨报》（الصباح）创刊，后成为突规模最大的阿拉伯语报纸。

自 1881 年法国殖民当局进驻突尼斯至 1956 年突获得独立前夕，突国内共发行过 338 份阿拉伯语报纸和 985 份法语等欧洲语言报纸。[①] 1907—1956 年，突尼斯法语刊物数量增至 41 种，阿拉伯语报刊数量增至 288 种。[②] 其间，突尼斯传媒行业整体呈现出从无到有、建立缓慢、限制繁复的发展特点，表现为很大程度上受到殖民当局的控制和影响，缺乏自主性和独立性，同时又带有鲜明的以反殖民、反侵略为旗帜的民族主义抵抗运动色彩，多数报刊均与主要抵抗运动团体或反殖民活动相伴相生，成为突尼斯独立进程的真实写照。

（二）成型与僵化时期（1956—2011 年）

突尼斯获得完全独立后，其国内传媒行业进一步夯实原有基础，追求专业化发展，政府也开始大力发展新闻事业，但与此同时，原来殖民当局施加的媒体压制政策并未完全消失，独立后早期传媒市场呈现萎缩，言论自由受到更大限制，缺乏民主氛围。直至 2011 年 1 月 14 日骚乱爆发前夕，突尼斯仅有布尔吉巴、本・阿里两任总统上台。两人均在一定程度上实施独裁统治，对突国家包括传媒行业在内的各部门实施严格管控，其间传统媒体发展整体仍受到较大约束，但言论自由限制略有放松。与此同时，面对在线媒介的兴起，突尼斯传媒行业也涌现出一批海外的政治讨论与新闻报道平台，另有若干反对派媒体为争取言论自由不断发起斗争运动，这在一定程度上也使得突尼斯成为依靠革命实现民主治理与媒体自由方面的特别标杆。

1. 布尔吉巴时代（1956—1987 年）

（1）执政历程

1956 年，突尼斯摆脱法国控制宣布独立，新宪政党领袖哈比

① 蒙吉・马布鲁基：《突尼斯新闻业：法国殖民统治时期到后革命时代》，见努雷丁・米拉迪、诺哈梅勒编：《劳特利奇阿拉伯媒体手册》，444 页，劳特利奇出版社，2021。

② 伊夫・拉科斯特、卡米尔・拉科斯特・杜雅尔丹、让・德雷施等编：《马格里布地区现状》，410 页，法国发现出版社，1991。

卜·布尔吉巴上台担任突尼斯总统。布尔吉巴上台后，将“爱国主义加突尼斯传统”的“突尼斯社会主义”确定为国家建设路线，基于苏联建设经验，执行“有限制的自由开放”经济政策，促进国营、合营和私营经济共同发展，为私营中、小企业腾飞注入动力。为减少军事政变风险，布尔吉巴致力于缩编军队，提高教育和农业经费，主张实行土地合作和工商业国营政策。20 世纪 60 年代中期，布尔吉巴曾发动一场不成功的农业合作社运动，转而寻求外交建树，主张支持阿以和解，突尼斯一度取代开罗成为阿拉伯世界的中心。进入 70 年代，经济自由化政策在对突经济建设产生积极影响的同时，也促进了其政治民主与对外开放。在布尔吉巴的领导下，突政治、经济均发生较大变化，民主、开放因素增多，但其多元化政治实践也存在限制反对党公开活动、实行总统“一言堂”等弊端。[①] 布尔吉巴的政治主张被称为“布尔吉巴主义”，而后成为突尼斯制定内外政策的依据。

布尔吉巴很早便意识到通过媒体树立舆论导向的重要性，高度重视传媒行业与媒体机构发展，将媒体视作敦促公众执行国家政策的激励工具，经常列席媒体会议，通过媒体发表声明，注重同媒体人士建立良好关系，利用传播战略引导公众舆论，向民众灌输其“文明社会”理念。[②] 布尔吉巴还通过媒体践行其直接沟通的行政主张，一方面与媒体密切接触，直接向全国民众和法国官员传递政治信息，另一方面经常同公众直接交流，亲自前往城市、农村同百姓见面并发表讲话。上任初期，突尼斯国内公共传播手段有限，信息传播技术尚不发达，且大多数国民并不具备读写能力。布尔吉巴通过其明畅通达的雄辩演讲，一方面有效提高民众对其支持率，用于维护自身政权长期统治的合法性，另一方面为后续媒体导向设置与传媒行业所发挥的传播国家高层与政务信息职能奠定基础。布尔吉巴政府前部长、布尔吉巴主义最重要的理论家之一穆罕默德·赛亚赫

① 杨鲁萍、林庆春:《列国志：突尼斯》，45—49 页，北京，社会科学文献出版社，2010。

② 努雷丁·米拉迪:《突尼斯自独立到后 2011 年革命时代的广播》，见努雷丁·米拉迪、诺哈梅勒编:《劳特利奇阿拉伯媒体手册》，451 页，劳特利奇出版社，2021。

（محمد الصياح）认为，无论是在殖民时代还是独立国家建立期间，布尔吉巴的政治生活从不曾停止，他本人的一句话可以形象地描绘其所采取的媒体政策——“我想写信给不相信我的人，与他们交谈。我对未来的思考多于当下”[①]。

（2）媒体政策与传媒发展

布尔吉巴积极运用媒体逐步扩大自身对国家的影响，在国家电视台、广播电台以及官方和亲政府报刊上占得主导地位，表现为国家广播和电视新闻节目每日对总统活动的报道占到全台播出总时长的三分之一，几乎没有时事分析或调查性报道。布尔吉巴还对媒体机构实施全面控制，通过任命执政党成员担任国家新闻与传媒行业主管部门负责人来增强自身的控制力，导致媒体逐渐丧失监督政府职能与保护公众利益的作用。[②]

自布尔吉巴时代起，突尼斯媒体逐渐为国家和执政党所控制，国内广播、电视和新闻多元化进程遭到遏制，关键媒体的管理与决策过程受到垄断。独立当年，突尼斯颁布《印刷、出版、图书销售和新闻法》[③]，后于1975年和1988年重新修订。1956年5月31日，突尼斯国家媒体办公室（Office of State Media）成立，后成为布尔吉巴对突国内所有媒体机构实施直接监督与控制的重要媒介。执政初期，突尼斯当局仅允许出版4家报纸，且均与国家政府和执政党紧密相关，其中布尔吉巴在其上任前便创办的法文报纸《突尼斯行动报》及阿拉伯文版《行动报》均为其所领导党派宪政民主联盟的机关报，自1955年恢复出版；另有作为政府喉舌的《新闻报》（*La Presse*）及其阿拉伯文版本《新闻报》（الصحافة）[④]，二者虽对外标榜为独立出版物，但实际上严格遵循内政部制定的编辑准则。1957年4月25日，突尼斯颁布法令明确规定电视、广播事业由国家垄

① 《布尔吉巴与媒体：权力与宣传的辩证法》，见“突尼斯网络门户”（Babnet Tunisie）网站。

② 努雷丁·米拉迪：《突尼斯自独立到后2011年革命时代的广播》，见努雷丁·米拉迪、诺哈梅勒编：《劳特利奇阿拉伯媒体手册》，451—452页，劳特利奇出版社，2021。

③ 1975年修订后更名为《新闻法》。

④ 亦称《今日新闻报》（الصحافة اليوم）。

断。1959年，突尼斯《宪法》在第8条中提出，应针对新闻与广播行业采取严格立法，规定国家保障言论自由与新闻自由，但同时明确要求新闻和出版业运行受到国家监管，且针对传媒业的具体立法具有鲜明的压制性与任意性。1961年，作为突尼斯国家通讯社的突尼斯非洲通讯社（وكالة تونس إفريقيا للأنباء，Tunis Afrique Presse，缩写为TAP）成立，成为该时期唯一的官方信息渠道，旨在关注当局发展、稳固政权合法性并服务于国家政治议程，后长期作为突官方新闻主要来源，由国家最高通讯委员会主管，该委员会同时负责审查广播和电视台设立相关事宜。1966年5月31日，突尼斯境内第一个公共电视频道开始对外广播，用阿拉伯语和法语播出，主要报道总统及其家族的新闻。成立于1936年的突尼斯广播电台也在这一时期被收归国有，二者后合并组建“突尼斯广播电视台”（الإذاعة والتلفزة التونسية，Radiodiffusion-télévision tunisienne，缩写RTT），作为官方政府机构参与传媒事业，其高层管理人员直接由总统府任命，主要领导职位人选也依执政党利益确定，因此并非典型的公共服务广播机构。[①]同期私人广播和电视频道数量有限，影响力难及国有机构。

除稳步发展本国媒体并建立完善媒体监管体系外，布尔吉巴也致力于发展本国及地区的传媒教育事业。1967年12月30日，突尼斯传媒与新闻科学学院（معهد الصحافة وعلوم الإخبار，Institut de Presse et des Sciences de l'Information，缩写为IPSI）成立[②]，是突尼斯与马格里布地区第一所新闻学院，也是突尼斯唯一一家负责培养新闻和传播领域专业人才的公共机构。其前身是突尼斯新闻国务

① 努雷丁·米拉迪:《突尼斯：革命后转型的媒体环境》，见卡罗拉·里奇特、克劳迪娅·库兹曼编:《阿拉伯传媒系统》，270—271页，开放获取图书出版社（OBP），2021。

② 杨鲁萍、林庆春:《列国志：突尼斯》，341页，北京，社会科学文献出版社，2010。

秘书处（كتابة الدولة للأخبار）[①]于1956年11月开设的记者培训班，以及1964年于巴什·汉巴学院（l'Institut Bach Hamba）启动的记者与纪录片制作人培训试点项目。学院隶属国民教育国务秘书处，1973年成为自治教育机构，1978年划归突尼斯高等教育和科研部（وزارة التعليم العالي والبحث العلمي，Ministère de l'Enseignement Supérieur et de la Recherche Scientifique）管理[②]，注重理论与实践相结合，旨在培养新一代新闻从业人员，推动新闻研究。其院长由教育部任命，由院务委员会（包括新闻国务秘书处代表、通讯社代表、教师和学生代表）和学术委员会协助工作。[③]

1970年，赫迪·努伊拉（الهادي نويرة，1970—1980年在任）担任总理，传媒业管控稍显放宽，呈现一定的自由取向。同期，两份周报《日子报》（الأيام）、《人民报》（الشعب）分别于1970年12月7日、1972年5月27日创刊发行。1973年，突尼斯议会通过法令，成立最高新闻委员会，作为咨询机构协调政府制定新闻政策。1974年9月9日，法语周刊《对话》（*Dialogue*）获批发行。上述报刊均呈现出内容多样、敢于报道政治社会问题并提出大胆批评的特征。1975年4月28日，修订后的《新闻法》付诸实施，传媒业自由窗口再度遭到封锁。同年，突尼斯国内第二家法文日报《时报》（*Le Temps*）由《晨报》创办者哈比卜·谢赫-鲁哈（الحبيب شيخ روحه）开办发行。1976年，突尼斯国家电视频道开始播送彩色节目。[④]1977年12月29日，突尼斯人权联盟（Tunisian League for Human Rights）创办《观点报》（الرأي）。1978年，突尼斯国内爆发大规模

① 新闻国务秘书处成立于1956年5月31日，1958年12月30日更名为“新闻和指导部”（وزارة الأخبار والإرشاد），1969年恢复秘书处建制，1970年重新独立成部，1973年再次回归秘书处建制，1978年更名为“信息部”（وزارة الإعلام），其间曾与文化部（وزارة الثقافة）合并，1991年第三次回归秘书处建制，1999年更名为“通信部”（وزارة الاتصال），2011年1月15日遭过渡政府撤销。根据国内媒体报道与学术界的通行做法，本文以“新闻部”（وزارة الإعلام）指称上述行政机构，仅同新闻国务秘书处作以区分。

② 《欢迎词，历史》，见突尼斯传媒与新闻科学学院网站。

③ 杨鲁萍、林庆春:《列国志：突尼斯》，347页，北京，社会科学文献出版社，2010。

④ 《突尼斯电视行业历史》，见突尼斯电视公司网站。

罢工，当局极力打压言论自由。同年与次年，《观点报》《突尼斯周报》（*Tunis-Hebdo*）、《人民报》（الشعب），以及《知识》（المعرفة）、《社会》（المجتمع）杂志先后暂停出版业务，或被迫停刊，或遭当局查封。1980年，新任总理穆罕默德·姆扎利（محمد مزالي，1980—1986年在任）推动实施政党与媒体多元化政策，一批党派机关报获批恢复出版。1983年4月，突尼斯共产党机关报《新路报》（الطريق الجديد）恢复发行。1983年6月12日，应法国方面要求，突尼斯开办国家第二套公共电视频道——突尼斯广播电视台2套（RTT 2），以法语播送节目，作为对国内现有阿拉伯语电视频道的补充。同期，人民团结党（حزب الوحدة الشعبية，Popular Unity Party）机关报《团结报》（الوحدة）、民主进步党（الحزب الديمقراطي التقدمي，Progressive Democratic Party，缩写为PDP）机关报《立场报》（الموقف）等报纸均恢复出版，另有《真理报》（الحقائق，阿法双语）、《观察者》（*Observer*，阿拉伯语）、《马格里布经济学人》（*L'Economiste Magriban*，法语）等一批新报刊问世。[①]

总体来说，布尔吉巴执政时期，国有电视和广播是突尼斯主流的媒体形式，尽管后期曾短暂出现言论自由窗口，传媒业整体仍受到新任政府的严格管控。布尔吉巴本人主导国家电视台、广播电台，以及官方和亲政府报纸的新闻内容，要求其反复报道演讲、会议、视察、访问等总统活动，采取严格的媒体审查措施，以“保护言论自由”之名行压制言论自由之实，掌握新闻话语和议程控制权，导致突传媒机构形成自上而下的灌输式报道范式，传媒机构报道深度和多样性严重匮乏。[②]

2. 本·阿里时代（1987—2011年）

（1）执政历程

进入20世纪80年代，受到欧洲经济发展停滞与油价下跌影响，

① 蒙吉·马布鲁基:《突尼斯新闻业：法国殖民统治时期到后革命时代》，见努雷丁·米拉迪、诺哈梅勒编:《劳特利奇阿拉伯媒体手册》，445页，劳特利奇出版社，2021。

② 努雷丁·米拉迪:《突尼斯：革命后转型的媒体环境》，见卡罗拉·里奇特、克劳迪娅·库兹曼编:《阿拉伯传媒系统》，271页，开放获取图书出版社（OBP），2021。

突尼斯经济状况不断恶化，人民生活水平受到严重影响，群众不满情绪与日俱增，国内反对派活动加剧。为应对不断高涨的政府开支，1983 年，布尔吉巴接受国际货币基金组织（IMF）以出台削减政府开支、取消外汇管制、取消保护性关税和货币贬值等相关经济配套措施为条件的贷款[①]，于 12 月 29 日宣布取消对小麦和粗面粉的食品补贴，导致面包与面粉价格随即飙涨一倍以上，引发全国性骚乱，一定程度上撼动了布尔吉巴永久总统任期的合法性。1984 年 10 月，本·阿里出任将军，后于 1987 年升任国家总理，兼任内政部部长和突尼斯社会主义宪政党主席。此后，布尔吉巴对国家政策和人事任命多次朝令夕改，扰乱政府正常工作，加之其健康状况不断恶化，逐渐丧失担任总统的能力，引发民众对其早日退位的期望。[②]同年 11 月 7 日，本·阿里接任总统，于 1989 年 4 月正式当选，并于 1994 年、1999 年、2004 年和 2009 年四次连任。

本·阿里将“法制、民主、开放”作为主导统治思想，在基本延续布尔吉巴时代政治精神的基础上，实行开明政策，稳定政治形势，加快政治民主化、经济自由化、社会公正化等多领域、多层次改革与发展步伐，放宽布尔吉巴任内设下的诸多限制。本·阿里还通过私有化改革、开放市场等举措吸引大量国际投资，带领突尼斯迅速走出布尔吉巴治下通货膨胀与经济增长缓慢的泥潭，使之一跃成为北非地区最具发展活力的国家，呈现政局稳定、社会安定、经济蓬勃发展的新气象。而在这一系列漂亮的数据背后，私有化程度加深的突尼斯逐渐意识到自身无法同强有力的欧洲、美洲经济体平等竞争，日益扩大的贸易逆差致使突越发依赖外来投资。为最大限度缓解就业压力，扩大福利范围，政府官僚机构不断扩张。随着政治腐败现象日益严重，经济各行业命脉为统治者及其家族所掌握，对于宗教自由、言论自由、媒体自由的限制加剧，2008 年金融危机导致突就业问题进一步恶化，政府同民众之间的信任不断瓦

---

① 罗伯·普林斯:《结构调整：前总统本·阿里留给突尼斯的礼物》。

② 杨鲁萍、林庆春:《列国志：突尼斯》，50—51 页，北京，社会科学文献出版社，2010。

解，人民对政府不满情绪日渐增长。[①]同期突尼斯社会的基本矛盾表现为年轻人日益增长的就业压力同膨胀的政府机构之间的矛盾，庞大的政府官僚机构以短视的平均主义为指导，向社会大规模“行贿”，却无法真正解决全球自由市场结构中深刻的不平等源泉，执政党也随之丧失意识形态作用，沦为党徒侵占社会资源的私产[②]，直至2010年12月17日，失业大学生、果蔬小贩穆罕默德·布阿奇兹（محمد البوعزيزي）遭执法人员粗暴对待后在市政府门前自焚抗议，成为2011年爆发“茉莉花革命”的导火索，最终促成本·阿里政府倒台。

（2）媒体政策

本·阿里执政期间，国家对媒体机构的严格管控并未发生转变。尽管政权官方声称将推进言论自由，但看似民主的政策实则旨在考验媒体对政府的忠诚度。相较于布尔吉巴统治时期，该时期的主要特点是，本·阿里及其家庭成员开始活跃在媒体等公民生活的各个领域，通过控制主要前执政党宪政民主联盟和突尼斯劳工联合会（الاتحاد العام التونسي للشغل，Union Générale Tunisienne du Travail，缩写UGTT）等一系列核心组织支配公民社会，凭借其对突政治、经济和社会生活多数方面的绝对控制，模糊“公共”同“私人”领域的界限[③]，从而在各行业获得相当程度的影响力，具体表现为反对派电视台、广播电台被压制，政权垄断媒体，公共电台交由总统亲眷运营。其间，本·阿里积极运用政治手段，依托各类官方机构，实现对传媒行业与媒体机构的管控，除要求国内媒体机构负责人、主编等领导层职位均由总统令任命[④]外，一方面将其所辖政党宪政民主联盟作为向媒体机构渗透的手段，另一方面将新闻部（وزارة الإعلام，Ministry

① 伊美娜:《2010～2011年突尼斯变革：起因与现状》，载《阿拉伯世界研究》,2012（2）。

② 殷之光:《“革命”中的突尼斯》。

③ 琼·巴拉塔:《本·阿里政权专制结构下及其之后的突尼斯媒体》，见图雅·瓜伊贝斯编:《阿拉伯国家的全国广播和国家政策》，118页，帕尔格雷夫·麦克米伦出版社，2013。

④ 蒙吉·马布鲁基:《突尼斯新闻业：法国殖民统治时期到后革命时代》，见努雷丁·米拉迪、诺哈梅勒编:《劳特利奇阿拉伯媒体手册》，454页，劳特利奇出版社，2021。

of Information）和突尼斯对外传播委员会（الوكالة التونسية للاتصال الخارجي, Agence tunisienne de communication extérieure，缩写为 ATCE）作为媒体控制工具。前者通过政策制定以官方名义渗透媒体活动，后者掌控公共广告资金分发，负责为本・阿里政权开展对外宣传活动，一方面负责审批所有拟在突尼斯境内刊载的外国广告，以及政府各部门和国有企业在全国性新闻报刊上刊载的广告，对公共传媒机构施加控制，同时将暗含批评或独立立场的媒体排除在广告资金体系外，以期控制私营媒体，影响编辑政策和印刷内容[①]；另一方面通过资助欧美作家与公关组织，贿赂拉拢国内外传媒公司与记者团体，就本・阿里治下的经济成就、社会稳定、言论自由与尊重人权等重要议题撰写虚假报道，关停对政权发表负面意见的媒体机构，最终将境内外大批媒体组织收编为海外宣传工具。[②]此外，对外传播委员会还持续运用审查技术获取电子邮件、追踪网站导航、访问互联网服务提供商设备，广泛控制记者、活动家等任何可能威胁政权稳定者的私人在线通信活动。[③]

同期，突尼斯公共广播部门结构也出现较大转变。1990 年，突尼斯广播电视台升格，成立突尼斯广播电视集团（مؤسسة الإذاعة والتلفزة التونسية, Établissement de la Radiodiffusion-Télévision Tunisienne，缩写为 ERTT），作为突国家广播组织和视听垄断实体运营，同年成立马格里布台，主要播出突尼斯和其他阿拉伯马格里布国家生产制作的电视节目。[④] 1993 年，突尼斯广播电视总署（الديوان الوطني لإرسال الإذاعي والتلفزي, Office National de la Télédiffusion，缩写为 ONT）获准成立，作为具有民事地位和财务自主权的非行政性国营机构统管全国广播电视行业，

① 《印刷媒体》。

② 穆斯塔法・本・拉蒂夫:《突尼斯的言论自由：文本和背景》。

③ 琼・巴拉塔:《本・阿里政权专制结构下及其之后的突尼斯媒体》，见图雅・瓜伊贝斯编:《阿拉伯国家的全国广播和国家政策》，122 页，帕尔格雷夫・麦克米伦出版社，2013。

④ 杨鲁萍、林庆春:《列国志：突尼斯》，344 页，北京，社会科学文献出版社，2010。

归属通信技术与数字经济部（وزارة تكنولوجيات الاتصال والاقتصاد الرقمي）[①]管辖，下设主席办、办公厅、电视总局和广播总局[②]，负责创建、运营、维护与扩展广播电视网络，控制、维护广播电视节目接收质量，调查、研究、参与制定无线电和电视广播设备、技术及其标准，协同相关国家机构与国际技术机构开展合作。[③]突尼斯广播电视集团也属于其管辖范围。2003 年 11 月，本・阿里决定启动突尼斯广播和电视市场自由化进程，打破以往公共媒体完全由国家官方广播和电视媒体主导的垄断局面。2007 年 7 月，本・阿里宣布将第二个国家电视频道突尼斯 21 台（تونس 21，Tunis 21）打造成为"拥有全新形式、播出现代节目"的卫星频道。2007 年 8 月 31 日，突尼斯广播电视集团被拆分为突尼斯电视公司（مؤسسة التلفزة التونسية，Établissement de la télévision tunisienne）和突尼斯广播公司（مؤسسة الإذاعة التونسية，Établissement de la radio tunisienne）[④]两大独立公共实体，分别管理国家公共电视频道，整合国家广播、突尼斯国际广播电台、青年电台、文化广播 4 大国家级和莫纳斯提尔、斯法克斯、卡夫、加夫萨、塔塔维纳 5 大地区（省）级广播电台。上述公共媒体受到严格的国家控制，其机构既不具备相当程度的编辑独立性，也没有预先明确的公共服务职责，而是受本・阿里本人及其政府直接管理，负责传播特定信息并引导和控制公众舆论。同期另有马赛克调频、宝石调频、太阳调频、快线调频和棕榈电台 5 家私营广播电台，均由与本・阿里政权关系密切者运营管理。[⑤]突尼斯非洲通讯社则作为不同媒体获

① 其前身是 1888 年 6 月 11 日成立的突尼斯邮政电报局（الديوان التونسي للبريد والبرق），1955 年改制成立邮政、电报与电话部（وزارة البريد والبرق والهاتف），1970 年 6 月 12 日与公共工程部（وزارة الأشغال العمومية）合并成立交通部（وزارة المواصلات），1971 年重新分立为邮政、电报与电话部，1973 年并入交通运输部（وزارة النقل والمواصلات），1985 年再次分立，2001 年更名为"信息与通信技术部"（وزارة تكنولوجيا المعلومات والاتصال），2002 年并入运输部（وزارة النقل），2004 年恢复分立，2014 年并入高等教育和科研部，2015 年 2 月分立组建通信技术与数字经济部，2020 年 2 月更名为"通信技术与数字化转型部"（وزارة تكنولوجيات الاتصال والتحول الرقمي）。突尼斯广播电视总署网站自 2018 年后未经更新，原文如此。

② "突尼斯国家概况"，见中华人民共和国外交部网站。

③ 参见突尼斯广播电视总署网站。

④ 参见"突尼斯媒体所有权观察"网站。

⑤ 《广播电台》，见"突尼斯媒体所有权观察"网站。

取国内信息的唯一来源，主要为私营机构提供新闻内容，同国家广播系统并行，共同实施对大部分公共领域的全面控制。[①] 总体来说，突尼斯广播电视自由化更偏向本·阿里“虚构”的自由化媒体格局，既没有引入新的经济竞争因素，也没有趋向政治和社会多元化，而是通过建立基于宗族利益和政党主导经济环境的制度依赖体系，利用立法的模糊性和广播电视总署作为施政工具，未能真正实现媒体独立。[②]

（3）法律监管

本·阿里执政时期，新闻国务秘书处是国家新闻主管部门。1991年2月20日突尼斯内阁改组，设立文化部和总理府新闻国务秘书处。新闻国务秘书处由总理直接管理，负责制定和执行新闻政策，检查与控制宣传舆论，对通讯社、广播电视、报社及新闻出版单位进行宏观管理和指导，组织出版政府公报和有关宣传材料；授权以政府名义发布政府声明和内阁会议公报；负责统一协调总统府新闻处和外交部新闻司的新闻发布工作，组织在突尼斯举行的重要国际与地区性会议，主管邀请并接待外国新闻代表和记者组的工作，以及选派突尼斯新闻代表团与记者组出访事宜。新闻国务秘书处下设新闻司、出版发行司、行政财务司和研究室。新闻司国内新闻处下设合法存查科。根据《新闻法》规定，凡在突尼斯公开出售、发行、散发、出租和再版的各种印刷品和著作（包括书籍、期刊、小册子、版画、插图、明信片、告示、地图、新闻稿、年鉴等）以及音乐、摄影和录音作品等都应遵守合法存查规定，办理注册手续。所有在突尼斯发行、散发的刊物均应事先移交5份给合法存查科审查。新闻司对外关系处负责联系各外国驻突尼斯新闻机构与代表处并协助其工作。该处还负责签发外国驻突记者的记者证、重大报道和专题

① 琼·巴拉塔:《本·阿里政权专制结构下及其之后的突尼斯媒体》，见图雅·瓜伊贝斯编:《阿拉伯国家的全国广播和国家政策》，118、122页，帕尔格雷夫·麦克米伦出版社，2013。

② 琼·巴拉塔:《本·阿里政权专制结构下及其之后的突尼斯媒体》，见图雅·瓜伊贝斯编:《阿拉伯国家的全国广播和国家政策》，125—127、129页，帕尔格雷夫·麦克米伦出版社，2013。

报道的采访许可证、赴突内地采访许可证，以及参与并协助突尼斯记者之家与驻突外国记者之间的联系与活动等。①

言论自由方面，突尼斯《宪法》虽将“思想、言论、新闻、出版、集会和结社自由”确立为得到国家保障的公民基本权利②，却并未明确立法者对上述权利持有何种程度的自由裁量权。本·阿里在任期间，积极延续并先后于1988年、2001年、2006年数次修订布尔吉巴政权于1975年修订的《新闻法》③，使之更好地服务于政权稳定与舆论控制，其主要手段包括：

第一，利用作为把关政策的“合法存查”条款要求，要求所有出版商在面向公众发行报刊、书籍、海报、地图、小册子等出版物和印刷品前，必须向国家提交副本以供信息审查，期刊打版印刷前必须知会内政部，否则将面临罚款、取缔等严厉的行政处罚；第二，对媒体机构负责人选举规范、雇员结构、专业人士录用、记者身份条件等内容作出明确规定，严格限制传媒公司资金来源，特别是与外国投资者有关的资金渠道；第三，将针对个人或机构的公开指控或指责视作诽谤行为，但相关立法文本措辞过于笼统宽泛、模糊不清，并未明确媒体信息在何种程度上可被视作“对当事人形象或声誉造成不利影响”，可能造成公共机构和政府官员的权力滥用。④

综上，《新闻法》虽在一定程度上填补了突尼斯传媒行业立法空缺的问题，却也同时为本·阿里政权所用，一方面进一步限制传媒与言论自由，另一方面成为政治操纵的立法工具，用于指控和监禁政治异见人士和独立记者，维护国家安全与公共秩序，以及国家元

① 杨鲁萍、林庆春：《列国志：突尼斯》，345—346页，北京，社会科学文献出版社，2010。

② 参见1959年6月1日颁布的《突尼斯共和国宪法》，第8条，见日内瓦安全部门治理中心涉突尼斯安全部门法律数据库。

③ 参见1975年4月28日颁布的《关于颁布〈新闻法〉的第75-32号法律》，见日内瓦安全部门治理中心涉突尼斯安全部门法律数据库。

④ 琼·巴拉塔：《本·阿里政权专制结构下及其之后的突尼斯媒体》，见图雅·瓜伊贝斯编：《阿拉伯国家的全国广播和国家政策》，123—125页，帕尔格雷夫·麦克米伦出版社，2013。

首等政府人物的正面形象[①]，最终打造出一个完全为自身广泛利益服务，高度控制社会与公众舆论，为特权阶级和利益相关者谋私利的媒体环境，从而在本·阿里政权结构性腐败体系中发挥了重要作用。

除此以外，突尼斯并无其他针对广播媒体服务的单独立法，也没有明确规定各大广播和电视运营商的权利与义务，广播或电视许可证的审核与发放基本取决于政府的政治决定，任何媒体机构的新闻总监必须服从政府任命，广播电视信号分配权基本由突尼斯广播电视总署垄断。由此，私人实体等个人与组织提出的广播申请许可基本都没有得到当局回应[②]，这在一定程度上促成了后革命时期突尼斯传媒业规模急剧扩张的特殊局面。

（4）传媒发展

本·阿里统治期间，突尼斯境内传媒行业主要分为印刷媒体、私人媒体、视听媒体和数字媒体四类，整体呈现发展缓慢、受限制约束较多、缺乏内容多样性、与国家政权有直接联系，但其中不乏行业进步推动因素的特点。例如，同期印刷业发展显著，执政党媒体得到加强，私营媒体逐步出现。[③]传媒行业规模不断扩大，专业记者数量从20世纪90年代初的639人增长至2002年的1 000余人，报纸数量从1987年的91家增长至1997年的185家和2002年的210余家。[④]

第一类，印刷媒体。截至1993年，突尼斯全国有官方和私人报刊110种，其中知名度较高的有主流日报8家、周刊15家。阿拉伯

① 努雷丁·米拉迪:《突尼斯：革命后转型的媒体环境》，见卡罗拉·里奇特、克劳迪娅·库兹曼编:《阿拉伯传媒系统》，272—273页，开放获取图书出版社（OBP），2021。

② 琼·巴拉塔:《本·阿里政权专制结构下及其之后的突尼斯媒体》，见图雅·瓜伊贝斯编:《阿拉伯国家的全国广播和国家政策》，121、125—127页，帕尔格雷夫·麦克米伦出版社，2013。

③ 蒙吉·马布鲁基:《突尼斯新闻业：法国殖民统治时期到后革命时代》，见努雷丁·米拉迪、诺哈梅勒编:《劳特利奇阿拉伯媒体手册》，445—446页，劳特利奇出版社，2021。

④《突尼斯新闻业正在快速推进》，见中东在线网站。

语是主要发行语言，有报刊40余种。[①]许多出版商也会分别出版阿文、法文两种刊物或同时发行双语版。上述印刷媒体或直接或间接地受到政府控制，内容与官方基本一致，少见事实披露与观点评析类报道，其中归属公共部门的《新闻报》等报刊媒体始终占据核心地位。1979年，突尼斯传媒业曾短暂迎来政策开放期，其间出现批评政府的私人报纸，但进入80年代后，特别是在本·阿里治下，上述刊物便因审查或政府干预而被迫停刊。同期，法国报纸《自由人报》（*Liberation*）、《十字架报》（*La Croix*）、《鸭鸣报》（*Le Canard enchaîné*）、《人道报》（*L'Humanité*）等多家外国出版物也受到当局审查，甚至部分阿尔及利亚和摩洛哥报纸也被禁止在突发行。《世界报》（*Le Monde*）、《外交世界报》（*Le Monde Diplomatique*）、《聪明的青年非洲》周刊（*Jeune Afrique – L'Intelligent*）等被允许在突尼斯刊发的法国主流出版物，其新闻与社论板块也被禁止发布任何涉突敏感话题的言论。1988年，《革新报》（*Le Renouveau*）作为前总统布尔吉巴创办的《突尼斯行动报》之延续，成为宪政民主联盟的机关报，后随2011年该党解散而停办。[②]

2000年以来，突尼斯新闻出版物因其信息来源重复单一、内容形式单调空洞、未能回应读者需求而逐渐丧失公众信任。突报纸读者数量持续下降，此前最受欢迎的阿拉伯文日报《晨报》（الصباح）的日发行量从布尔吉巴时期的50 000份降至2002年的不到15 000份。同年，突国内所有日报平均日发行量仅约3 000份。除《新闻报》《时报》外，同期另有两份日报，共同占据本·阿里治下突尼斯平面媒体的主要份额，其一是《每日报》（*Le Quotidien*），创刊于2001年4月，每周二至周日以法语发行，其二是《今日》（اليوم，*Al Yaoum*）[③]。另有多家实际由执政党掌控的反对派机关报，根据突法律

① 《突尼斯新闻事业》，见甘惜分主编：《新闻学大辞典》，474—475页，郑州，河南人民出版社，1993。

② 琼·巴拉塔：《本·阿里政权专制结构下及其之后的突尼斯媒体》，见图雅·瓜伊贝斯编：《阿拉伯国家的全国广播和国家政策》，120页，帕尔格雷夫·麦克米伦出版社，2013。

③ 琼·巴拉塔·米尔：《突尼斯政治与媒体转型：媒体政策和监管环境简介》。

规定获得政府资助，以维持反对党在突议会中的席位，但影响有限且多遭到边缘化。其中比较有代表性的有三家：

《立场报》（الموقف）：由民主进步党主办，创刊于 1984 年 5 月 12 日，起初为周报，1990 年 10 月 18 日改为杂志，后又恢复政治周报体裁，80 年代因批评本・阿里政权而遭到多次封禁，2002 年 2 月因明显批判立场而遭审查停刊，这也是突政府首次干预拥有议会席位政党的机关报，后恢复发行，2011 年“茉莉花革命”爆发后停刊。《新路报》（الطريق الجديد）：由突尼斯革新运动（حركة التجديد，缩写 HE）[①] 前第一书记、名誉主席穆罕默德・哈梅尔（محمد حرمل）于 1981 年 10 月 3 日创办，使用阿法双语发行，起初为周报，20 世纪 80 年代曾多次遭当局查没停刊，自 1992 年起报道文化与政治内容，成为政治、文化与思想类杂志，服务“争取民主、进步和社会主义的斗争”，2007 年恢复周报定位，2012 年 4 月随革新运动与其他政党合并成立社会民主道路党（المسار الديمقراطي الاجتماعي，Voie démocratique et sociale）而停刊。[②]《公民报》（مواطنون）：创刊于 2007 年 1 月 15 日，为争取工作与自由民主论坛（التكتل الديمقراطي من أجل العمل والحريات，Et-takatol – Forum démocratique pour le travail et les libertés，缩写 FDTL）的机关报，是同期少数敢于发表批评意见并详细报道反对派示威活动的周报，目标读者主要是非主流政党的知识分子群体，经常遭当局查封。

第二类，视听媒体。该时期突尼斯视听媒体市场完全由国有电视台与广播电台垄断，私人频道和节目只能通过卫星收看。1988 年，突政府允许公民使用卫星天线，后于 1995 年立法要求个人在安装卫星天线前必须获得市政授权，但未获有效执行。20 世纪 90 年代前后，外国视听媒体频道获准在突落地运营。1989 年，公共电视频道法兰西 2 台（France 2）获准在突境内免费广播，原国家公共法语电视频

① 即“突尼斯共产党”，1993 年 4 月 23 日更名。参见杨鲁萍、林庆春：《列国志：突尼斯》，93 页，北京，社会科学文献出版社，2010。

② 《突尼斯媒体概观》，见“国际媒体支持”网站。

道突尼斯广播电视台 2 套（RTT 2）随即停播。1990 年，法国 Canal+ 集团（Canal+ Group）旗下突尼斯视野频道（Canal Horizons Tunisie）、沙特多频道数字平台“阿拉伯广播电视网”（Arab Radio and Television Network，缩写为 ART）作为利益相关者，凭借其与本·阿里政府高层人士的密切关系，获准在遵守突当局制定的法律法规框架下开展运营活动。同年，马格里布电视频道（القناة المغاربية التلفزية）在突尼斯播出。[①] 1994 年，突尼斯第二个国家电视频道——第 21 频道（قناة 21）开播，以应对法兰西 2 台等外国频道落地的影响[②]，后更名为“突尼斯 21 台”（تونس 21，Tunis 21）。1999 年，法兰西 2 台因批评本·阿里连任总统等违反突尼斯当局关于政治性内容的限制条款而被取消广播资格。[③]

21 世纪初，突城市和农村地区卫星天线普及率达 45% ~ 55%，同期突境内最具影响力的卫星电视频道是由突尼斯商人穆罕默德·哈希姆·哈米迪（محمد الهاشمي الحامدي）于 1999 年创办的独立电视台（المستقلة），其总部位于英国伦敦，主要关注人权、民主和言论自由议题。根据规定，私营电视频道不能播送政治信息，而独立电视台推出的电视节目《大马格里布》（*The Great Maghreb*）则为突反对派提供了政治发声的重要平台，打破知识分子特权，使得突尼斯普通公民首次得以接触反对派领导人、人权活动家等个人及其政治观点，因而获得广泛受众。另有卡塔尔半岛电视台（الجزيرة）因充分报道阿拉伯国家的言论自由、人权、民主、腐败等政治与社会议题且无须审查，而在突境内具有较大影响力。同期中东广播公司（Middle East Broadcasting Center，缩写为 MBC Group）等其他在突国内电视市场占有一定份额的电视频道大多从伦敦广播。[④] 截至 2011 年革命爆发前夕，突本土视听媒体包括 2 个大型国家电视频道、2 个私

① 《突尼斯电视行业历史》，见突尼斯电视公司网站。

② 《电视频道》。

③ 琼·巴拉塔：《本·阿里政权专制结构下及其之后的突尼斯媒体》，见图雅·瓜伊贝斯编：《阿拉伯国家的全国广播和国家政策》，119—120 页，帕尔格雷夫·麦克米伦出版社，2013。

④ 努雷丁·米拉迪：《突尼斯自独立到后 2011 年革命时代的广播》，见努雷丁·米拉迪、诺哈梅勒编：《劳特利奇阿拉伯媒体手册》，454 页，劳特利奇出版社，2021。

营电视频道和 12 家广播电台，其中私营电视频道仍与本・阿里家族有联系。部分社区存有少量未经许可的电台机构，但总体较为少见。[①]

第三类，数字媒体。突尼斯的数字媒体发展得益于其较早发展网络事业，以及配套完善的互联网立法。1991 年，突尼斯率先引入互联网，成为第一个开通互联网的阿拉伯国家和非洲国家。1996 年，突政府宣布互联网使用合法化，同年组建成立突尼斯互联网管理局（Agence Tunisienne d'Internet，缩写为 ATI），负责协调互联网政策和服务，授权 7 家互联网服务提供商面向个人用户提供相关服务，同时将所有国内外通信收归监管，一定程度上也继承了对外传播委员会对互联网领域的监控职能，垄断互联网接入服务批准与国家域名发放，按照对外传播委员会要求开展内容管理与审查工作。[②] 2002 年，突尼斯的互联网用户达 30 000 人。针对新兴互联网传媒活动，突尼斯当局于 1997 年出台互联网法令，规定互联网新闻报道属于"通过通信手段进行的信息生产、提供、分发和存储过程"，内容加密须获通信部许可，且后者有权要求相关人士提供解密密钥；互联网服务供应商和用户需同意并遵守政府出台的管控措施，且供应商必须向政府披露所有注册账户；管理局有权对经认定存在违规行为的用户终止相关服务。政府还通过限制账户注册、强制注销账户、监控电子邮件、封禁违规网站等各种形式的国家干预对互联网实施监管[③]，一定程度上阻碍了突尼斯国内数字媒体的发展。尽管如此，2011 年革命爆发前夕，互联网已经通过在线报纸、杂志和社交媒体为突尼斯传媒业开辟全新空间，成为后续革命爆发与过渡政府履职期间信息服务的重要媒介。[④]

---

① 琼・巴拉塔・米尔:《突尼斯政治与媒体转型：媒体政策和监管环境简介》，见"国际新闻"网站，2011 年 8 月。

② 琼・巴拉塔:《本・阿里政权专制结构下及其之后的突尼斯媒体》，见图雅・瓜伊贝斯编:《阿拉伯国家的全国广播和国家政策》，122 页，帕尔格雷夫・麦克米伦出版社，2013。

③《突尼斯媒体概观》，见"国际媒体支持"网站。

④ 琼・巴拉塔・米尔:《突尼斯政治与媒体转型：媒体政策和监管环境简介》，见"国际新闻"网站，2011 年 8 月。

（三）转型时期（2011年至今）

2011年年初，突尼斯爆发“茉莉花革命”，全国上下发生大规模骚乱，国家政局和社会陷入动荡。本·阿里政权倒台后，过渡政府宣布取缔原执政党宪政民主联盟。2011年10月23日，突尼斯举行首次自由民主大选，温和伊斯兰主义政党复兴运动党首次上台，突尼斯迎来60余年独裁统治后的首个民选政府，其中复兴运动党以及世俗政党争取工作与自由民主论坛、保卫共和大会党（المؤتمر من أجل الجمهورية，Congrès pour la République）组成三党联盟，在同年举行的制宪议会选举中胜出，组建成立新过渡政府。由于失业率不断攀升、经济持续不稳定、外国投资规模大幅缩减，突尼斯政治与社会不稳定局势日趋恶化，导致过渡政府同反对派间紧张关系加剧，加之突尼斯劳工联合会不断在全国各地组织罢工，造成政治局势进一步僵化，最终促使复兴运动党下台，为大选开辟道路。2014年10月以来，突尼斯先后举行议会和总统选举。突政坛元老埃塞卜西领导的新成立的世俗政党突尼斯呼声党（نداء تونس）在议会选举中击败复兴运动党成为议会第一大党，保障了突尼斯政治过渡的民主性与和平性。2015年1月，突尼斯人民代表大会（议会）投票通过由中立人士埃西德（الحبيب الصيد）总理领衔的新一届政府名单，标志着突尼斯剧变后首届正式政府宣告成立。突尼斯政治过渡进程平稳收官，一方面对内进一步缓和国内政治氛围，凝聚各方共识，提振民众信心，为政府尽快投入精力解决经济、社会、安全等紧迫问题，带领突尼斯步入稳定发展阶段创造了条件[①]；另一方面也对突尼斯媒体行业运作、发展与转型产生了深刻影响。政治舞台的深刻变化催生了言论自由与媒体自由的土壤，政党竞争博弈首次出现在报纸头版头条以及电视和广播电台的对话节目中，公共服务广播蓬勃发展带动独立媒体与社区媒体发展，独立监管机构替代当局审查机

① 郭金灿：《“阿拉伯之春”四周年下的突尼斯政治转型》，载《当代世界》，2015（3）。

构发挥监督作用。[①] 后革命时代的突尼斯传媒市场正在规模、数量与监管法规方面呈现出新的发展特点。

1. 重组放开传媒监管机构

本·阿里政权倒台后，突尼斯传媒行业监管机构出现重大变化，具体表现为从国家官方把关审查转向独立机构承担监督与发放许可工作的放权过程。2011 年 1 月，过渡政府首先宣布废除本·阿里执政时期的新闻部，不再对境内媒体实施严格管控，开通与人民交流的有效渠道，保障包括言论和表达自由在内的一切自由[②]。被本·阿里政权用作信息控制之有力武器的对外传播委员会也遭解散。2 月底，过渡政府组建成立不具备行政职能的咨询机构——国家信息通信改革委员会（الهيئة الوطنية لإصلاح الإعلام والاتصال，Instance nationale pour la réforme de l'information et la communication，缩写为 INRIC），由在传媒和通信领域具有丰富经验的专家与技术人员组成，旨在实现机构去官僚化，剥离前政权思想和运作模式，基于不同专业、领域、政治背景人士的讨论，以更加透明的方式修订、改革与完善现行涉及信息与通信行业的法律法规，一方面规范无线电与电视服务许可发放流程并对其实施监管，剥离前政权遗留影响，保障媒体信息多元化；另一方面确立公共服务广播公司的目标与作用，制定配套法律、体制结构与融资机制规定，推动本地舆论公开化、透明化，满足公众对信息的需求，因而也被突尼斯社会各界视作监管实体。早在同年涉传媒业的三部重要法令发布前，该委员会就已建议过渡政府向部分由被认为独立于政府的私营传媒公司运营的电台和电视广播公司发放临时许可证，有 5 家电视频道获得许可建议。[③] 3 月 15 日，过渡政府成立“实现革命目标、政治改革和民主过渡高级委员会”（الهيئة العليا لتحقيق أهداف الثورة والإصلاح السياسي والانتقال الديمقراطي，Haute instance pour la réalisation des objectifs de la révolution，de la réforme

① 努雷丁·米拉迪:《突尼斯：革命后转型的媒体环境》，见卡罗拉·里奇特、克劳迪娅·库兹曼编:《阿拉伯传媒系统》，273—275 页，开放获取图书出版社（OBP），2021。

② 贺超:《突尼斯将改革清算贪腐 成立民族团结政府实施新闻自由》，见环球网。

③ 《电视频道》，https://tunisia.mom-rsf.org/en/media/tv/，访问时间：2023 年 3 月 26 日。

politique et de la transition démocratique，缩写为 HC），负责组建最高独立选举委员会（الهيئة العليا المستقلة للانتخابات，Instance supérieure indépendante pour les élections），旨在通过立法对突尼斯实施综合改革，针对信息获取、政党组织和选举制度制定诸多重要规定，其中包括以更加公开、透明和更具参与性的方式，就言论自由、传媒监管和视听媒体服务监管领域的法律框架起草提案，并作为成文法令付诸实行。① 该委员会下设由 3 名法律专家组成的技术分委会，全权负责媒体监管事宜。为规范传媒行业发展，分委会曾牵头制定《新闻法》草案（Project of Press Law），组建名为“高级信息委员会”（Higher Information Commission）的监督机构。相较于此前通行的传媒行业法律，该草案对媒体的限制程度有所降低，但整体仍未摆脱“政治控制”范畴，反映威权主义思想，如要求媒体人向当局提交资料，对开展未经登记备案之活动的媒体施加严厉处罚等。这可能使公职人员过度受益，且未经行业专业人士审议②，因而招致传媒从业者的强烈批评，最终未能付诸实施。2013 年 5 月，独立视听传播高级管理局根据立法获准成立，拥有监管、咨询与司法执行权，一方面作为全国电视与广播内容新的独立监督监管机构，制定公共广播机构许可规范，负责向公私媒体发放许可证，批准并管理频率许可；另一方面作为咨询机构为传媒业发展提出建设性意见，参与相关法律提案制定与国家广播电视机构董事提名，批准公共服务媒体机构行政职位任命。此外，管理局还负责订立广告播送的道德原则与行为准则，制定保障突尼斯广播电视行业公平竞争的市场规则，确保言论自由与传媒业立场的多样性、客观性，新闻报道的平衡性，以及新闻从业人员在恪守新闻道德的前提下开展职业活动。管理局还有权同最高独立选举委员会共同在选举活动期间监督在国内广播电视上开展的竞选宣传活动，并对违反规定者实施制裁警告或撤销广播

① 琼·巴拉塔:《本·阿里政权专制结构下及其之后的突尼斯媒体》，见图雅·瓜伊贝斯编:《阿拉伯国家的全国广播和国家政策》，127—128 页，帕尔格雷夫·麦克米伦出版社，2013。

② 琼·巴拉塔·米尔:《突尼斯政治与媒体转型：媒体政策和监管环境简介》。

许可。[①] 鉴于其有权调解涉及广播电视的争端，并就制裁决定向国家司法系统提出上诉，因而也被视作传媒行业的“初审法庭”。[②] 2020年9月，针对此前印刷媒体行业专门独立监管机构空缺的局面，突尼斯民间各社会组织合力组建由记者、出版商和公众代表三方组成的“新闻委员会”（Press Council），由2008年1月13日成立的突尼斯全国新闻工作者协会（النقابة الوطنية للصحفيين التونسيين，Syndicat National des Journalistes Tunisiens，缩写为SNJT）和2013年2月27日成立的突尼斯报业经理人协会（الجامعة التونسية لمديري الصحف，Fédération Tunisienne des Directeurs de Journaux，缩写为FTDJ）联合组建的理事会领导[③]，突尼斯人权联盟（الرابطة التونسية للدفاع عن حقوق الإنسان, Ligue tunisienne des droits de l’homme，缩写为LTDH）参与，作为非营利性机构实施媒体自我监管，旨在促进对新闻道德的尊重，维护新闻自由，捍卫突尼斯公民获得高质量信息的权利，主要负责协助媒体机构建立职业道德约束机制，调解传媒行业与公众关系，改进完善涉传媒行业，特别是平面与在线新闻行业立法[④]，并提供公共财政支持。[⑤] 至此，突尼斯传媒业基本完成从本·阿里政权时期“一家独大”的专制传媒监管，向国家与民间组织合力共享监管职能、“严视听，松平面”的传媒监管模式的转变。

2. 修订完善传媒法律法规

本·阿里政府下台后，突尼斯过渡政府针对革命后国内传媒行业面临的生态闭塞、发展缓慢、表达不畅、压制严重等迫切问题，结合现实发展需求，积极从政策框架与制度层面起草拟定相关法律

① 努雷丁·米拉迪:《突尼斯自独立到后2011年革命时代的广播》，见努雷丁·米拉迪、诺哈梅勒编:《劳特利奇阿拉伯媒体手册》，456—457页，劳特利奇出版社，2021。

② 法蒂玛·艾萨维:《转型中的突尼斯媒体》，见卡内基国际和平基金会网站。

③ 阿卜杜·卡里姆·希扎维:《“阿拉伯之春”后：两大（不同的）新闻委员会》，见欧洲新闻业观察机构网站。

④ 努雷丁·米拉迪:《突尼斯：革命后转型的媒体环境》，见卡罗拉·里奇特、克劳迪娅·库兹曼编:《阿拉伯传媒系统》，275—276页，开放获取图书出版社（OBP），2021。

⑤ 《印刷媒体》，见“突尼斯媒体所有权观察”网站。

法规，旨在尽快解决信息公开范围不明、言论自由渠道不畅、监管立法覆盖不足等行业缺陷，以期推动突尼斯传媒业同国际先进水平接轨，完成自身自由化改革转型，保障国民自由获取信息与表达言论之法定权益。转型时期沿用或出台的涉传媒业重点法律法规及其基本信息如下：

表 6 转型时期传媒业重点法律法规及其基本信息

法律法规代码	标 题	性质	颁布时间	类别
2011-115	《新闻、印刷和出版自由法》①	政府法令	2011 年 11 月 2 日	传媒行业基本法规与监管机构建设
2011-116	视听传播自由，创建“独立视听传播高级管理局”②	政府法令	2011 年 11 月 2 日	传媒行业基本法规与监管机构建设
2004-63	《个人数据保护法》③	组织法	2004 年 7 月 27 日	个人数据保护
2011-41	《公共机构行政文件获取法》④	政府法令	2011 年 5 月 26 日	信息获取与公开
2016-22	《信息获取权法》⑤	组织法	2016 年 3 月 24 日	信息获取与公开
2021-3	《公共数据公开法》⑥	政令	2021 年 1 月 6 日	信息获取与公开

① 参见 2011 年 11 月 2 日颁布的《关于新闻、印刷和出版自由的第 2011-115 号政府法令》，见日内瓦安全部门治理中心涉突尼斯安全部门法律数据库。

② 参见 2011 年 11 月 2 日颁布的《关于视听传播自由和创建独立视听传播高级管理局（HAICA）的第 2011-116 号政府法令》，见日内瓦安全部门治理中心涉突尼斯安全部门法律数据库。

③ 参见 2004 年 7 月 27 日颁布的《关于保护个人数据的第 2004-63 号组织法》，见突尼斯“国家个人数据保护委员会”网站。

④ 参见 2011 年 5 月 26 日颁布的《关于公共机构行政文件获取的第 2011-41 号政府法令》，见日内瓦安全部门治理中心涉突尼斯安全部门法律数据库。该法于 2011 年 6 月 11 日经《第 2011-54 号政府法令》修订和补充，2016 年 3 月 24 日经《第 2016-22 号组织法》废止。

⑤ 参见 2016 年 3 月 24 日颁布的《关于信息获取权的第 2016-22 号组织法》。

⑥ 参见 2021 年 1 月 6 日颁布的《关于公共数据公开的第 2021-3 号政令》。

续表

法律法规代码	标　题	性质	颁布时间	类别
2014-59	《登记和合法存查程序法》[①]	法令	2014 年 1 月 7 日	合法存查
2015-37	《登记和合法存查法》[②]	组织法	2015 年 9 月 22 日	合法存查

（1）积极落实信息公开

信息是传媒行业赖以生存的关键。本·阿里统治时期，政府文件获取受到严格限制，这本质上是对调查性新闻的禁止与封杀，广泛引发了突尼斯新闻从业者的不满情绪。2011 年革命爆发后，过渡政府先后就公共机构行政文件获取与公民信息获取权起草、修订专项法律法规，为记者和公众获取信息提供便利，信息公开与信息获取作为公民基本权利得到立法确认。

第一，信息公开成为国家部门与公共机构的法定义务。根据相关法律规定，包括共和国总统府及其下属机构、人民代表大会及其下属机构、中央部委和地方政府部门、司法机构、宪法机构、监管机构，各类基金会、组织、协会等接受公共资助的机构，以及公共机构和企业及其驻外代表机构的行政文件与基本信息应当定期向公众公开，且至少应每 3 个月在其网站更新一次，内容涵盖组织架构、职能与政策，涉及公共利益的决定与政策，决策与监测过程所遵循的程序，雇员名单及其工作详情，信息事务负责人名单及其姓名、联系方式等必要信息，供相关公共机构或其雇员履行职责时使用的工作条例与手册，面向公众提供的服务、计划及其成果，制定专门预算的采购合同，绩效指标、主要公共招标结果等涉政府计划信息，电子文件清单、协助行政事务人员获取行政文件的程序指南等；政府机构应当定期公布国民账户等经济社会统计数据，披露政府资产与负债、支出评估、公共财政管理状况以及中央和地方各级详细预算等宏观经济指标，发布与社会服务、计划有关的信息。任何自然

① 参见 2014 年 1 月 7 日颁布的《关于登记和合法存查程序的第 2014-59 号法令》。

② 参见 2015 年 9 月 22 日颁布的《关于登记和合法存查的第 2015-37 号组织法》。

人或法人均有权向公共机构提出行政文件查阅申请，其信息获取权由新成立的专门机构“国家信息获取管理局”（هيئة النفاذ إلى المعلومة，Instance d’accès à l’information，缩写为 INAI）负责管理与监督（2011-41：2，3，4，5；2016-22：2，6，7，37，38）。[①]

第二，信息公开在传媒领域的具体实践得到明确界定。相关立法明确，保障信息获取权旨在强化政府透明度和问责制原则，强化公共服务管理，提高公共服务质量和效率，实现行政现代化，鼓励公众参与公共政策制定、实施与评估，加强科学研究，促进经济发展并增加就业机会（2016-22：1；2021-3：1）。具体到传媒行业，首先，保障记者与传媒机构公平、合法获取信息的渠道畅通，明确获取信息、最新数据和一般统计数据是记者作为突尼斯公民的基本权利，不得对记者获取上述信息的数据来源施加任何限制（2011-115：10）；禁止对信息自由流通、各媒体机构获取信息的平等机会，以及公民依法享有的自由、多元、透明媒体获取权施加限制（2011-115：9）。其次，为传媒机构履行信息公开职能、保障透明度订立相关规范，要求出版商明确披露自身作为法人的形式、名称、资本、注册办事处、法定代表人姓名、合伙人姓名、责任编辑、总编辑、印刷数量、年度财报等信息（2011-115：23）。最后，明确国家保障视听传播自由，基于人权与公共自由国际公约，在落实言论自由、相互平等，尊重思想与意见表达多元，秉持客观性、透明度原则，尊重个人尊严、隐私与信仰自由的基础上，出于保护儿童合法权益、维护国家安全与公共秩序、保障公众健康、促进文化传承、鼓励国家信息和传播领域生产活动需要，保障公民的信息获得权与视听传播权（2011-116：3，4，5）。

（2）充分保障言论自由

言论与观点自由是突尼斯传媒业民主化转型的重要支柱。过渡

① 文中法律法规参考信息均以代码、符号和数字组合的形式标明。代码表示对应的法律法规，冒号表示其后条款属于前述法律法规，括号表示法条与条款之间的从属关系，分号表示法律法规之间的并列，逗号表示法条之间的并列。例如，“75-32：15(b)；2015-37：2，3”表示前文参考《第 75-32 号法律》第 15 条第 2 款以及《第 2015-37 号组织法》第 2、3 条之内容。下同，后文不再赘述。

政府主持将言论自由写入2014年《宪法》，并将其作为诸多传媒行业立法的根本依据，同时明确言论自由在传媒行业中的具体实践路径，从而在多项后革命时期传媒行业规范与监管立法中予以明确体现。

第一，言论自由作为立法依据与监管目的被写入多项传媒行业重点法条。2014年通过的新《宪法》明确规定，言论自由与宗教自由是突尼斯公民的基本权利；意见、思想、言论、媒体和出版自由受到保障，且不得预先审查；国家保障公民的信息权与获取信息权，并力求保障公民接入通信网络的权利。[①] 包括各种消息、观点、思想自由流通、传播、接收在内的言论自由权得到国家保障，言论限制措施须以“不得侵犯言论和信息自由权利之实质”为首要前提等内容被写入关于新闻、印刷和出版自由的重要法令的头部位置，作为政府法令明确提出（2011-115：1，2）。

第二，对作为传媒业信息重要来源的记者群体合法权益给予充分保障。新立法重点关注记者在不受人身或经济威胁的前提下，依照职业规范与道德约束开展职业活动的合法权益，规定记者等任何新闻材料生产者均受到国家保护，除出于国家安全或防务目的等紧急动机外，其消息来源机密性受司法监督，不容任何形式的侵犯；公共当局不得以所表达意见或发布信息为由，损害记者尊严或对其施加身心惩戒，不得向记者施压或要求其披露消息来源，出于探查记者消息来源或同记者有特殊关系人士需要而开展的任何调查、搜查与通信窃听行为均视同侵犯消息来源机密性（2011-115：11，12）。

第三，通过放宽立法推动言论自由向传媒业各大广义层面落地实践。本·阿里执政时期用于对国内出版物施加严格管控的“合法存查”规定得到大规模修订，立法文件篇幅相较1975年《新闻法》大幅缩减。

首先，送存目的转变为明确出于“保存国家记忆，传承文化价值，提高公众意识，丰富国家图书馆和国家文献中心存量”与版权保护需要（2014-59：2；2015-37：2，3），合法存查由此不再是阻碍媒体自由化、专业化发展的统治工具，而是促进信息自由传播、提

① 参见2014年1月26日颁布的《突尼斯共和国宪法》，第6、31—32条。

高公众文化知识水平、传承本国文化与传媒精品产品的重要载体。

其次，存查监管措施得到显著放宽。一方面，此前涵盖“任何种类的印刷品”和“面向公众提供或出于复制转让目的而制作的音乐、视听记录、摄影作品和信息软件”（75-32：2）[①]的存查传媒制品范围大幅收窄，非商业用途的文件档案，选票、选举海报等选举印刷品，以及不宜发表的研究文章、学位论文等由大学、院所产出的科研成果不再纳入存查范围（2015-37：4，5），知识、文学和艺术领域作品的存查范围也得到进一步细化（2011-115：4，5，6；2015-37：4）；另一方面，此前针对违反《新闻法》关于媒体活动约束义务的罚款、监禁定罪、刑事责任等惩戒措施大幅减少，大多数刑事处罚均被废除并以罚款代之。除针对利用新闻出版手段支持恐怖主义、教唆杀人与战争、侵犯人身安全，以及煽动宗教和种族仇恨、强奸或掠夺犯罪等严重情形的《刑法》适用规定得到保留外，相关惩戒办法的应用广度和实施强度均大幅降低，仅针对违反机构人事安排、信息透明度、竞争活动等行政规定者发挥提醒与警示作用，而非旨在打压异见声音与言论自由。

最后，对政治异见的宽容立场得到立法确认。选票、选举海报等选举印刷品豁免权明确写入合法存查相关法律条文（2015-37：5），指定地点选举海报内容的可辨认性与完整性得到国家保护，移除、撕毁、遮盖或涂改等蓄意破坏选举海报之行为将被处以罚款（2011-115：49）。此外，对定期刊物的政治、党派性质区分也于后续立法修订中被删去（2014-59：5；2015-37：4），进一步说明转型时期突尼斯传媒业对包括反对派在内的各类政治与意识形态观点所持的言论自由原则与包容立场。

（3）完善政策框架制定

针对转型初期传媒行业缺乏明确立法框架与约束体系，各行业

① 参见1975年4月28日颁布的《关于颁布〈新闻法〉的第75-32号法律》，见日内瓦安全部门治理中心涉突尼斯安全部门法律数据库。该法于1988年8月2日经《第88-89号组织法》修订和补充，1993年8月2日经《第93-85号组织法》修订，2001年5月3日经《第2001-43号组织法》修订，2006年1月9日经《第2006-1号组织法》修订，2011年11月2日经《第2011-115号政府法令》废止。

机构、从业者定义模糊，配套保障与内容导向机制缺失的现状，过渡政府通过涉及新闻、出版、视听等传媒活动的立法与过渡性措施逐一予以明确。

第一，明确关键群体从业概念及其条件。独立以来，突尼斯传媒业虽已有半个世纪的发展积累，但官方层面并无针对行业机构、组织及其从业者等核心概念的明确界定，导致许可颁发、责任划分、内容监管、从业评估等实践层面活动经常面临较大的模糊性与不确定性，一定程度上阻碍了行业良性发展进程。过渡政府上台后率先立法，阐明传媒行业重点概念。

新闻工作者身份：根据相关立法，一切持有国家职业证，拥有突尼斯高等教育机构颁发的新闻与信息科学文凭或同等学力（75-32：15[b]），在日报与定期刊物出版机构、通讯社、视听传播机构或在线传媒机构供职，以收集、传播并面向公众发布各类信息、消息、意见和想法为主要活动之人士均属职业新闻工作者。符合上述条件的国内外通讯员，以及长期从事相关工作的编辑、翻译、速记员、插画作者、摄影师、摄像师等人员也纳入职业新闻工作者范畴（2011-115：7）。依法组建成立独立委员会，负责《国家职业新闻工作者证》颁发事宜，由1名经行政法院第一院长提议的行政法院首席法官担任主席，其余成员包括3名经最具代表性的新闻工作者组织提名成员、1名公共新闻机构负责人代表、1名经突尼斯最具代表性的报纸负责人组织提名成员，以及1名经最具代表性的私营视听传播机构负责人组织提名成员，委员会主席和成员由政府法令任命，任期4年，不得连任，半数成员每2年更换一次（2011-115：8）。新设法令生效前已在平面、视听或在线新闻机构中以职业新闻工作者身份工作满一年者可获学力要求豁免（2011-115：79），体现过渡政府在行业规范法令制定过程中充分落实法律不溯及既往原则，一定程度上进一步印证转型时期相较此前所独具的自由度。

定期刊物机构组织：新立法确保媒体机构的基本权利，允许定期刊物自由出版而无须获得事先授权（2011-115：15）。定期刊物需指定一名享有民事和政治权利、在突国内有固定住所的成年突尼斯公民担任其负责主管；由法人发行的，需从其管理机构中选举成员担任；由自然人发行的，则由该自然人担任（2011-115：16）。刊物出版机构须依法拆分其行政与编辑职能，下设1名编辑部主任，由享有民事和政治权利且年龄不低于30岁的突尼斯公民担任；刊物负责主管不是职业新闻工作者的，编辑部主任由刊物所属出版公司任命（2011-115：17）。刊物编辑部成员中，全职新闻工作者不得少于半数，且须持有《国家职业新闻工作者证》或拥有突尼斯高等教育机构颁发的新闻与信息科学文凭或同等学力。综合性新闻日报必须组建不少于20名职业新闻工作者的专职编辑部，综合性新闻周报或电子报纸编辑部成员数量则不得少于6名（2011-115：20）。

第二，提供必要的配套保障满足行业需求。本·阿里统治时期的《新闻法》从许可发放、架构组织、人员任命、内容监管等多个层面对突尼斯传媒机构施加严格限制，并辅以严厉的惩戒措施，致使突主要媒体机构从事新闻活动时畏首畏尾，心存顾虑。过渡政府上台后致力于通过立法保障提高传媒业活力，废止此前多次修订的《新闻法》，对印刷和数字媒体作出进一步规范，一方面取消不合理的限制与惩罚措施，针对日益壮大的视听媒体行业成立独立视听传播高级管理局实施专门监管与自由维护，另一方面积极明确责任划分，结合版权保护、独立性保护等具体活动领域落实反垄断规定，为传媒机构提供政策保障，促进媒体多样化发展。

版权保护与反垄断：相关立法规定，任何借用其他文本或其译文的文章必须注明原始出处，否则将构成抄袭并处罚款（2011-115：32）；禁止任何个人拥有两家发行量超过全国同类出版物日总发行量30%的政治性或综合性定期出版物，坚决取缔可能造成行业主导或个人集中控制等不正当竞争的涉政治或综合性定期出版物收购与借由多数资本、投票权或自由代理合同的控制行为，政治性或综合性定期出版物所有权转让须向竞争委员会申报（2011-115：33，34，35）；明确媒体机构的直接责任人依次为负责人或出版者、作者、印刷商或制造商，以及销售商、分销商或广告商（2011-115：65）。

选举活动期间媒体需求：针对全国选举活动的媒体宣传需求，

相关立法规定，候选人仅可使用国家媒体开展宣传活动，独立视听传播高级管理局负责确保竞选期间媒体的多元化与多样性，消除法律与行政障碍，实现媒体准入原则，协同竞选委员会基于多元化、公平和透明原则制定视听媒体宣传规则、程序，为各候选人合理分配节目时间（2011-116：42，43，44），从而为竞选活动前后突尼斯传媒业活动树立指导原则与从业规范，有助于提高竞选活动的关注度与透明度。

第三，制定内容规范，营建清朗传媒环境。内容规范是过渡政府传媒立法中少有的涉及明确惩戒措施的条文内容，重点关注与公共传媒产品有关的公序良俗导向、杜绝仇恨歧视、个人权益维护与未成年人保护等议题，要求保障涉及宗教习俗、儿童保护和公共卫生的个人隐私权。相关立法规定，印刷品、图片、雕塑、标志、海报、广告等面向公众出售、展示的书面与图像媒体产品，以及其他视听和在线媒体必须遵循内容规范。首先，不得煽动他人犯罪，不得运用敌对手段或实施暴力，不得煽动或传播歧视思想，不得散布种族、宗教与人口仇恨；其次，不得通过散布虚假信息蓄意破坏公共秩序，不得以损害他人名誉为目的公开发表诽谤与指责言论，不得运用有损他人尊严或表达蔑视、侮辱的言辞；最后，不得以任何方式传播强奸与性骚扰未成年人的犯罪信息，不得有意披露受害者姓名或可能暴露其身份的个人信息，不得进口、分销、出口、制作、出版、展示、销售或持有儿童色情材料（2011-115：60）。总体来说，过渡政府针对突尼斯传媒业做出的持续立法革新尝试，能够适应当今以视听媒体和数字媒体为主的传媒业新发展形态，对报刊等传媒机构的所有权和控制权做出明确规范，从而为突传媒业新闻自由与市场化组织形式奠定了坚实基础。

3. 传媒业发展特点与挑战

突尼斯传媒行业发展同政治局势紧密关联，诞生初期不可避免地受到作为殖民国的欧洲国家立场影响，独立建国后受到布尔吉巴和本·阿里政权加强对突尼斯国内各行业控制力的影响，成为政府宣传自身形象的政治工具，后伴随社交媒体飞速发展与国内阶级矛盾激化，迎来民主化转型契机。2011 年爆发的“尊严革命”深刻影响了突尼斯传媒业，带动突媒体行业步入多元化、扩张化、自由化的新发展阶段。大量电视频道、广播电台、报刊和数字媒体折射出不同的政治与文化光谱，公共广播不再由国家和政府垄断，私人传媒机构的生存空间得到充分保障，充分证明后革命时代的突尼斯传媒业已经迸发出不同于布尔吉巴和本·阿里统治时期的传播张力、技术能力与政策活力，并在市场规模、媒体权利和手段路径方面呈现以下突出特点。

第一，传媒市场规模与体量急剧扩大。2011 年以来，突尼斯传媒业已经从本·阿里在任时期的少数几家媒体，发展成为由数十家广播电台、电视频道和在线新闻平台，以及大量印刷报刊组成的庞大市场。新开办的印刷媒体多达 228 家，各类刊物如雨后春笋般涌现。革命爆发后的突尼斯广播市场也急剧扩张，12 个电视频道和 21 家广播电台在突境内先后落地。模拟信号频道主要有国家 1 套（Al-Watania 1）、国家 2 套（Al-Watania 2）[①] 和汉尼拔电视台（Hannibal TV）三家，其中前两个频道归属突尼斯国家电视台（التلفزة التونسية，Television Tunisienne），播送范围几乎覆盖突尼斯全境，后者覆盖率约 45%。数字信号频道除国家 1 套、国家 2 套外，另有汉尼拔（حنبعل，Hannibal）、和风（نسمة，Nessma）、梓橄（الزيتونة，Ezzitouna）、突尼西亚（التونسية，Attounissia）、突尼斯对话（الحوار التونسي，El-Hiwar Ettounsi）、第九频道（التاسعة，Attessia TV）、M- 突尼斯（أم تونيزيا，M Tunisia）、突尼斯娜（تونسنا，Tunisna TV）、人类（الإنسان，Al-Insen）、泰勒弗载（التلفزة，Telvsa TV）、南方（الجونبية，Al-Janoubia）、迦太基 +（قرطاج +，Carthage+）等十余个私人频道。[②]

突尼斯传媒市场呈现上述繁荣景象，很大程度上归功于后革命

① 2011 年革命爆发前分别称“突尼斯 7 台”（Tunis 7）、“突尼斯 21 台”（Tunis 21）。

② 努雷丁·米拉迪:《突尼斯：革命后转型的媒体环境》，见卡罗拉·里奇特、克劳迪娅·库兹曼编:《阿拉伯传媒系统》，275 页，开放获取图书出版社（OBP），2021。

时代的监管与立法环境大大拓宽了言论自由空间，赋予突传媒机构与新闻从业人士自由表达政治主张与见解、对社会事件发表评论、转引传播国内外海量信息的权利。“保障公民宗教信仰与从事宗教活动的自由”“禁止以宗教为名煽动仇恨与暴力”“保障意见、思想、言论、媒体与出版自由，不得事先审查”“保障信息权和获取信息与接入通信网络的权利”等内容作为国家顶层责任与义务写入2014年新《宪法》[①]，使得突尼斯言论自由层级进一步上升至对个人信仰的维护。过去的突尼斯人普遍不信任本国媒体，法国24电视台（France 24）、半岛电视台（الجزيرة）等国际信息来源在公众舆论中的分量远超本地的新闻来源。[②]随着政治改革、腐败、教育、警察、公民社会、人权、文化、体育等革命爆发前被严令禁止的内容大批涌现在报刊、屏幕和广播中，各类思想开放、内容新颖、观点独特的访谈节目成为公众就国家新民主形式表达个人见解的重要空间，无形中使本国媒体一改过往千篇一律、单调乏味的政治宣传模式，紧密贴合受众信息兴趣与传媒期待。私营频道数量日益攀升，同时带动公共广播网络与时俱进，开展自我“革命”，以期适应传媒行业新形势、新态势带来的发展挑战。各政党关键领袖也在不断向公共媒体机构、独立视听传播高级管理局和突尼斯全国新闻工作者协会渗透，形成意识形态争鸣局面，进一步维护了不同声音在突传媒界的存在[③]，促进媒体信息多样化、立场多元化。

第二，机构权所有与控制权发生深刻转变。2011年革命爆发后，突尼斯电视频道、广播电台、报刊机构的所有权发生重大转变，原先由布尔吉巴和本·阿里及其家族亲眷完全垄断控制的媒体市场出现新兴私有力量，大量参与者涌入传媒行业自立门户，且其中不乏许多获得国家、私人或外部机构资助的产业组织。私营媒体组织通常以“独立”标榜自身的新闻取向，但媒体经营者与政治派别之

① 参见2014年1月26日颁布的《突尼斯共和国宪法》，第6、31—32条，见突尼斯总统府网站。

② 琼·巴拉塔·米尔:《突尼斯政治与媒体转型：媒体政策和监管环境简介》。

③ 努雷丁·米拉迪:《突尼斯：革命后转型的媒体环境》，见卡罗拉·里奇特、克劳迪娅·库兹曼编:《阿拉伯传媒系统》，276页，开放获取图书出版社（OBP），2021。

间通常具有明显的直接联系。例如，于2007年开办和风频道的纳比勒·卡鲁维（نبيل القروي）同时也是突尼斯政治家，曾参与创建世俗派政党突尼斯呼声党，后成为突尼斯之心（قلب تونس）党主席并参与2019年10月总统选举。[①]再如，突尼斯对话频道的创始人塔希尔·本·侯赛因（طاهر بن حسين）曾在本·阿里政府担任要职，汉尼拔电视台的创始人阿拉比·纳斯拉是突尼斯人民之声（صوت شعب تونس）党的创建者，橡橄频道的创始人乌萨玛·本·塞利姆（أسامة بن سالم）是复兴运动党成员，南方电视台的所有者穆罕默德·阿亚希·阿季鲁迪（محمد العياشي العجرودي）是2011年"茉莉花革命"的关键人物等。根据独立视听传播高级管理局的规定，传媒行业从业者在从政前须出售其所持有的传媒机构股份，但其在竞选期间对各频道的政治影响仍然存在。[②]总体来说，以公共服务电视广播为代表的突尼斯传媒业在革命爆发后成为此前遭到信息或政治边缘化的群体抗议政府的重要平台，以及本国公民争取正义、公平和自由的终极手段，除在引导舆论、设置议程方面发挥主导作用外，也作为文化载体成为社会融合过程中的决定性因素之一。[③]

第三，传播媒介与手段呈现技术让位。突尼斯拥有北非地区最为先进的电信和宽带基础设施，且移动互联网覆盖率、渗透率也高居该地区各国家之首[④]，加之2011年以来政府逐步放宽互联网治理监管[⑤]，2013年出台的《电信法案》（The Telecommunications Act of 2013）宣布终止审查制度，鼓励在线平台相互竞争，2016年突尼斯政府向国内主要网络运营商发放4G技术运营许可，2017年政府推出"数字突尼斯2020"（Digital Tunisia 2020）国家战略计划[⑥]，以及

---

① "突尼斯国家概况"，见中华人民共和国外交部网站。

② 努雷丁·米拉迪：《突尼斯：革命后转型的媒体环境》，见卡罗拉·里奇特、克劳迪娅·库兹曼编：《阿拉伯传媒系统》，277页，开放获取图书出版社（OBP），2021。

③ 杰马勒·宰兰、穆伊兹·本·迈斯欧德：《阿拉伯世界的公共广播服务：断裂与延续》，载《国际社会科学与管理》，2018（3）。

④ 亨利·兰卡斯特：《突尼斯电信市场报告：电信、移动和宽带——统计和分析》，见保罗·布德通讯有限公司网站。

⑤ 亚历克西斯·阿尔托德·德拉费里埃尔、纳西奥·瓦利纳-罗德里格斯：《"剪刀"和"放大镜"：突尼斯过渡时期的互联网治理》，载《北非研究》，2014（5）。

⑥ 《"数字突尼斯2020"国家战略计划》，见突尼斯通信技术与数字经济部网站。

预计到 2022 年将推出 5G 服务[①]等，突尼斯建立了较为完善合理的数字传媒技术路径与基础设施，一方面为在线新闻媒体营造了良好的生存环境，促使各类不依托实体纸质媒介或电视、广播等传统媒介的在线媒体频道大量涌现；另一方面间接提升了互联网与社交媒体在传媒行业中的地位，使之成为传统媒体的有效替代者。突尼斯的互联网和社交媒体用户数逐年稳定增加，积累了充足的网络舆论基数，逐渐成为社会活动与抵抗运动的“传声筒”。新兴电子媒体和社交网站在突尼斯的革命与政治改革进程中发挥了重要作用。抗议者充分利用社交媒体传播速度快、信息量大、覆盖面广的特点，配合集体“串联示威”[②]，将其作为政治行动的实施平台、利益的博弈场域和价值的输出渠道，参与颠覆权力结构，重塑政治行为，在实现传媒活动“数字化”的同时，完成政治空间的“虚拟化”[③]，扰乱政府的信息管理政策，塑造主流媒体新闻议程，以期在政治沟通方面获得超越本国的影响力。

在后革命时期，突尼斯的社交媒体依然稳定发挥其监督作用，在 2014、2019 年总统和议会选举期间作为选举活动和投票过程的监督工具，一方面揭露候选人的政治腐败行为，另一方面核实媒体活动可能施加的意识形态影响。总而言之，与新兴数字技术相伴相生的社交媒体网络已经成为突尼斯传播活动、新闻共享和政治运动不可或缺的重要工具，其功能意义也已超出传统媒体的信息传播范畴，成为意识形态斗争的“角力场”。

与此同时，作为新近放宽监管、与国家民主重建进程同步发展的见证者与受益者，统一公共监管机构的确实也在一定程度上导致行业混乱，给突尼斯传媒业带来机构可持续性、意识形态操纵、精

① 曼尼·范:《突尼斯预计将于 2022 年推出 5G》。

② 魏超:《新媒体的“双刃剑”性质——论网络社交媒体对中东变局的影响》，载《新闻界》，2011（5）。

③ 韩娜:《社交媒体对政治传播影响的研究——基于批判的视角》，载《新闻记者》，2015（8）。

英主义导向三方面的挑战[①]：

第一，机构可持续性薄弱，财务问题与发展路径挤压传统媒体生存空间。空前自由的言论空间与国内外资金来源的有力支持促使大量公私经营者进入沉寂多时的突传媒业，一方面带来突尼斯报纸与视听媒体市场的空前繁荣，形成立场多元、观点交锋、路径新颖的传媒业新格局，推动突尼斯言论自由与信息共享事业跻身地区国家前列；另一方面也为传媒市场带来新的运营与管理模式，不同传媒组织、机构通过获取海内外投资、兼并、收购等方式扩大发展规模，采取数字化、网络化运营新模式，带动市场竞争加剧，导致突尼斯有限的媒体市场迅速饱和。大多数新型机构未能长久经营，一方面，此前长期作为前政权宣传工具的媒体人士普遍缺乏行业经验和道德行为准则，不了解专业性、客观性、严谨性等新闻从业概念，加之出版物条件简陋，媒体机构和从业者普遍面临资金和工作条件不稳定的发展困境，因而无力将自由化的言论环境转换为制定行业规范的动力，反而可能倾向于违背报道中立原则输出个人价值[②]，导致报道内容偏离事实，极大影响内容质量；另一方面，无法适应时代需要的传统媒体机构难以生存，私人媒体机构因无力竞争或因突尼斯国内局势所限丧失意识形态输出作用，最终因财务问题被迫停止服务。2012 年，突尼斯官方取消所有报纸订阅，各纸媒广告收入下降，电子媒体竞争进一步加剧了财务困难局面。[③]2015 年前后，突尼斯国内传媒业体量跃至顶峰，随后迅速陷入衰退，截至 2017 年，印刷报纸数量已从峰值时的 250 家降至 50 家，新型广播中较有代表性的女性综合频道“第一电视台”（First TV）因面临财务压力于 2017

① 努雷丁·米拉迪：《突尼斯：革命后转型的媒体环境》，见卡罗拉·里奇特、克劳迪娅·库兹曼编：《阿拉伯传媒系统》，278—281 页，开放获取图书出版社（OBP），2021。

② 琼·巴拉塔：《本·阿里政权专制结构下及其之后的突尼斯媒体》，见图雅·瓜伊贝斯编：《阿拉伯国家的全国广播和国家政策》，129 页，帕尔格雷夫·麦克米伦出版社，2013。

③ 《印刷媒体》。

年 10 月关闭[①]，在突尼斯大众间颇具知名度的穆泰沃西特（المتوسط）频道在被收购后同其他媒体机构重组为“M- 突尼斯”频道。[②]

此外，突尼斯传媒业对国际援助计划的依赖进一步弱化了其自身结构韧性。在民主过渡期间缺乏负责媒体治理的公共机构，以及缺乏用于培训和支持媒体改革之公共资金的背景下，欧盟委员会、英国“第 19 条”（Article 19）、英国广播公司等新闻业机构和组织相继推出“媒体行动”（BBC Media Action）等培训项目并在突尼斯落地，通过其参与设立后革命时期新的法律框架，提高突尼斯独立视听传播高级管理局的专业化程度。但许多突尼斯媒体人，特别是私营媒体机构的新闻从业者发现，西方国家及无政府组织所提供的技术培训计划动机不纯，加之相关项目内容并不能切实同当地媒体发展需求接轨，导致相关援助活动既没有获得更大范围的支持与认可，也未能真正解决突尼斯新闻业面临的现实问题。[③]规模快速扩张与当地媒体市场需求的不匹配，以及随之而来的资金与内容质量缺口，是引发大量新兴传媒机构运营崩溃的核心原因。

第二，监督监管难度激增，精英人士与外部援助操纵媒体意识形态立场。媒体市场规模扩张，特别是在线新闻媒体平台数量激增，给突尼斯传媒业共同组织与监管机构带来了更大的挑战，同时引发社会各界对新兴媒体机构潜在立场影响输出的担忧。不同媒体对自身在过渡时期民主进程中作用的理解分歧，以及企业家、政客、意识形态游说团体对媒体机构的渗透与操纵，引发对突尼斯传媒市场自由共识下媒体机构独立性的质疑。[④]一方面，大量私人传媒机构的创始人、所有者或持有者大多为政界或商界等精英人士，其创办传媒机构之初便带有服务自身宣传需求的明确目的；另一方面，西方国家出于民主、自由旗号给予突尼斯传媒机构“援助”，无形中建立

① 努雷丁·米拉迪:《突尼斯：革命后转型的媒体环境》，见卡罗拉·里奇特、克劳迪娅·库兹曼编:《阿拉伯传媒系统》，280 页，开放获取图书出版社（OBP），2021。

② 《突尼斯:“穆泰沃西特”电视频道更换所有者、名称和概念》。

③ 阿卜杜·卡里姆·希扎维:《媒体援助，还是国际政治？》。

④ 努雷丁·米拉迪:《突尼斯：革命后转型的媒体环境》，见卡罗拉·里奇特、克劳迪娅·库兹曼编:《阿拉伯传媒系统》，281 页，开放获取图书出版社（OBP），2021。

起后者对前者的依赖，通过人事安排、内容设定、改革计划等多种途径为自身向突媒体渗透“开绿灯”。

受历史殖民经历影响，突尼斯传媒业持续受到西方媒体模式影响。本·阿里统治期间，突尼斯作为保障西方在马格里布地区地缘政治战略等广泛利益的重要参与者，持续得到法国、意大利、美国等大多数西方国家，尤其是欧洲民主国家的支持。[①]“茉莉花革命”爆发后，欧洲各国政府和国际组织先后派驻代表赴突尼斯推动开展媒体改革工作，联合国教科文组织、欧盟委员会等国际和地区重要组织，英国“第19条”、法国“无国界记者”（Reporters sans frontières，缩写为RSF）等从事新闻自由和记者保护标准制定的非政府组织，以及丹麦“国际媒体支持”（International Media Support，缩写为IMS）、荷兰“自由无限制新闻界”（Free Press Unlimited）、瑞士喜燕基金会（Hirondelle Foundation）、法国国际电视台（Canal France international，缩写为CFI）等媒体发展和记者能力建设的组织机构相继在突尼斯设立地区办事处，开展培训活动，在提高突尼斯传媒行业技术水平并对其提供资金保障的同时，旨在使突尼斯媒体行业标准向西方国家媒体行业靠拢。但上述改革计划背后的实际动机则是扩大自身在突尼斯的软实力，同时对突尼斯新闻行业施加影响。[②]

如今，采取“离岸办报”或将实际运营总部设在海外的突尼斯媒体机构并不在少数。鉴于媒体所面临的诸多挑战都与外部资金直接相关，以资助名义行服务政治或意识形态利益之实的情况可能十分普遍。如何在坚守爱国原则、捍卫本国民主精神的同时，又能有机融合媒体国际化进程的潜在优势，是突尼斯公共服务媒体在民主转型中亟待攻克的重要课题。[③]

第三，舆论议程路径分裂，前政权遗留影响背离服务公众利益

① 琼·巴拉塔:《本·阿里政权专制结构下及其之后的突尼斯媒体》，见图雅·瓜伊贝斯编:《阿拉伯国家的全国广播和国家政策》，119页，帕尔格雷夫·麦克米伦出版社，2013。

② 阿卜杜·卡里姆·希扎维:《媒体援助，还是国际政治？》。

③ 杰马勒·宰兰、穆伊兹·本·迈斯欧德:《阿拉伯世界的公共广播服务：断裂与延续》。

原则。一方面，突尼斯国家转型与媒体市场转型进程存在一定割裂，具体表现为布尔吉巴和本·阿里统治时期的政策遗留影响日趋固化，根植于国家官僚机构的老派官僚影响政治议程，不符合当前突民主化转型与保障言论自由的政策导向，且难以彻底摈除。2011 年革命爆发后，突国家媒体已经从政府控制转变为公共服务，呼吁民主自由的政治生态也已步入国家统治前沿，但广播和报纸市场的固有基础和根本宗旨并未发生根本性转变。以突国有电视频道“国家 1 套”为例，其在本·阿里和布尔吉巴维持数十年的独裁统治中牢固确立了自身地位，并在后革命时代继续加强其影响力。迫于选举活动需要，大量媒体机构一方面向精英主义路线靠拢，另一方面作为突尼斯新型权力结构之间相互斗争的复杂空间，顺应各自所持有的意识形态路线相互分裂，忽视以“服务公众利益”为根本目标的新闻实践专业规范[①]，导致媒体平台的舆论议程制定权落入少数意识形态和精英团体手中。

突尼斯当局需确保将国家媒体转化为真正的公共服务媒体，明确公共服务媒体机构“提供客观信息、具有教育和文化价值的节目，以及服务各层次人群、促进文化多样性”的职责与使命。[②]突尼斯传媒业未来发展仍需更多关注规避政治影响，防止海外力量对突尼斯媒体渗透，公共服务广播公司需就编辑政策、新闻实践和专业标准开展结构性改革，趋向意识形态中立，从而更好发挥作为建设性监督者的关键作用。[③]

第四，数字媒体立法缺失，数据保护与内容规范难以适应行业发展需要。数据安全既关乎作为传媒机构核心竞争力基础之新闻内容的原创性与独占性，也涉及作为个人财产一部分的、在大数据技术中占有举足轻重地位的用户数据保护[④]，因而成为传媒业发展与转

① 努雷丁·米拉迪:《媒体与突尼斯民主过渡：对国家广播公司“国家 1 套”的案例研究》。

② 琼·巴拉塔·米尔:《突尼斯政治与媒体转型：媒体政策和监管环境简介》。

③ 努雷丁·米拉迪:《突尼斯：革命后转型的媒体环境》，见卡罗拉·里奇特、克劳迪娅·库兹曼编:《阿拉伯传媒系统》，281—282 页，开放获取图书出版社（OBP），2021。

④ 张利:《传媒行业用户数据泄露防护刍论》，载《中国传媒科技》，2020（8）。

型过程中的核心课题。当前突尼斯针对数字内容的立法面临数据保护条例陈旧、内容控制规范缺失的双重挑战。一方面，以信息传递与共享为核心功能的突尼斯传媒业对数据保护的重视程度不足，一定程度上成为突传媒业发展转型的阻碍因素。突尼斯是该地区较早出台涉及数据保护的法律法规的国家。突尼斯相关法律规定，通信和个人数据的私密性受到国家保护[①]，处理个人数据必须遵循“尊重尊严、隐私与公共自由，不得侵犯他人受保护权利或损害其名誉”之前提，且必须获得国家个人数据保护委员会（الهيئة الوطنية لحماية المعطيات الشخصية，缩写为 INPDP）的授权。[②] 2015 年，突尼斯加入欧洲理事会第 108 号公约《有关个人数据自动化处理之个人保护公约》（Convention for the Protection of Individuals with regard to Automatic Processing of Personal Data）。2016 年，突尼斯成立具有法人资格的“国家信息获取管理局”（هيئة النفاذ إلى المعلومة，缩写为 INAI），旨在保障突尼斯自然人和法人访问、获取信息的合法权利，提高公共服务管理透明度[③]。2017 年，突尼斯议会获批准加入“第 108 号公约”附加议定书。[④] 2018 年，突尼斯内阁正式批准修订后的《数据保护法》草案，但尚未获得议会批准。尽管突尼斯数据保护立法长期处于地区领先地位[⑤]，但法律法规制定时间普遍较早，亟须修订以适应时代发展需要。

另一方面，尽管数字媒体在突尼斯政治转型进程中发挥核心作用，但突尼斯官方目前尚无针对在线内容监管的专门立法[⑥]，仅有关

① 参见 2014 年 1 月 26 日颁布的《突尼斯共和国宪法》，第 24 条，见突尼斯总统府网站。

② 参见 2004 年 7 月 27 日颁布的《关于保护个人数据的第 2004-63 号组织法》，第 9、第 75 条。

③ 参见 2016 年 3 月 24 日颁布的《关于信息获取权的第 2016-22 号组织法》，见日内瓦安全部门治理中心涉突尼斯安全部门法律数据库。

④ 伊门・恩内法尔：《突尼斯：数据保护概述》；参见 2017 年 5 月 30 日颁布的《关于批准突尼斯共和国加入欧洲委员会〈有关个人数据自动化处理之个人保护第 108 号公约〉及其关于监督机构和跨境数据流动的第 181 号附加议定书的第 2017-42 号组织法》《关于批准突尼斯共和国加入欧洲委员会〈有关个人数据自动化处理之个人保护第 108 号公约〉及其关于监督机构和跨境数据流动的第 181 号附加议定书的第 2017-75 号总统令》，参见日内瓦安全部门治理中心涉突尼斯安全部门法律数据库。

⑤ 参见欧华律师事务所全球数据保护法律数据库。

⑥ 《突尼斯：在线内容监管》。

于互联网公共政策领域基本目标和优先事项的通用规范[①]，针对在线内容的监管职能仍由突尼斯互联网管理局行使。鉴于近年来突尼斯国内偶现公民个人数据滥用情况[②]，尽快对较为陈旧的数据保护法律法规进行修订，填补数字媒体内容监管立法空白，关注记者信息来源保护，保障公共机构对新闻界和公众信息公开，根据宪法明确言论与信息自由的具体界限，有助于改善个人数据与公民隐私权保护状况，为面临自身职业与道德标准同新闻机构编辑路径冲突的新闻从业者提供法律保护[③]，为突传媒业良性发展提供更多框架空间。

三、突尼斯主要传媒机构

本·阿里政权结束后，突尼斯传媒业伴随其国内政治进程发生深刻变化，并持续在突民主转型过程中发挥重要作用。随着媒体格局日益多样，以及立法和监管机制出现的重大变化，突传媒业一改此前本·阿里执政时期视听媒体选择极为有限的机构布局，印刷业发展繁荣，广播电台和电视台数量显著增加，在线媒体日益活跃。随着互联网服务不断发展，许多传统媒体和私人广播电台也通过开办在线新闻网站进军数字媒体行业，进一步丰富了突传媒业格局。

（一）报刊与杂志

印刷媒体曾经是突尼斯受众最广的传播媒介，后逐渐为电视、广播和在线媒体所取代。目前突尼斯国内有约 50 份报刊与杂志发行，日发行量约 100 000 份。76% 的读者阅读阿拉伯语纸媒。突尼斯大多数印刷与出版机构均为家族企业[④]，相较于视听媒体，印刷媒体允许党派纸媒存在，且不再需要获得官方许可，只需向地方法院声明即可开办。目前突尼斯国内尚无广告分发领域的监管机构。[⑤]近年来，

① 参见 2007 年 2 月 19 日颁布的《关于建立数字经济的第 2007-13 号定向法》。
② 玛尔瓦·法特夫塔、迪玛·萨马罗：《突尼斯抗议活动与滑向审查和镇压的斜坡》。
③ 琼·巴拉塔·米尔：《突尼斯政治与媒体转型：媒体政策和监管环境简介》。
④ 《媒体所有权和集中度》。
⑤ 《印刷媒体》。

突尼斯重视本国报纸的新闻宣传效果，增加外文版发行量，创办电子报纸，在海外突尼斯侨民中扩大影响。随着社会进步和对外开放，新闻自由度扩大，新闻时效性和客观性提高，各种新闻出版物增多。国内记者培训和国家新闻交流制度不断健全。[①]

目前突国内主要印刷出版公司如下：

印刷、新闻和发行新公司（الشركة الجديدة للطباعة والصحافة والنشر，Société Nouvelle d'Impression de Presse et d'Edition，缩写为 SNIPE）[②]：成立于 1973 年。该公司虽为股份有限公司，但同突尼斯广播公司、突尼斯电视公司和突尼斯非洲通讯社一样受到总统府监督，其负责人由总统府直接任命，且大部分股份归贸易办事处、突通社、国家保险公司、石油公司等国有企业掌控，属国有公司。旗下拥有两份国家官方报纸：

（1）《突尼斯新闻报》（*La Presse de tunisie*）：1936 年 3 月 12 日由信仰犹太教的法裔突尼斯商人亨利·斯马贾（Henri Smadja）创办，为全国性的法语综合新闻日报，也是突尼斯国内历史最为悠久、规模最大的法语新闻报纸。1956 年 11 月 7 日遭时任突尼斯内政部长塔伊布·马西里（الطيب المهيري）命令停刊，1957 年 2 月 4 日恢复发行；原为私人发行，突尼斯独立后因创始人走私外汇被捕并离开突尼斯，其财产于 1968 年 10 月 18 日被公开拍卖，由突尼斯非洲通讯社、突尼斯贸易局等国家机构和一些私人股东购买并组建印刷、新闻和发行新公司，此后该独立商业性私人报纸实现国有化[③]，转为国家所有的半官方法语报纸[④]，1973 年正式收归印刷、新闻和发行新公司所有，作为《今日新闻报》（الصحافة اليوم）的姊妹报面向全国发行。2002 年 1 月推出在线网站，2011 年革命爆发后从本·阿里政府的宣传工具转变为独立刊物。[⑤]该报主要面向商人、职员和知识分子，周

① 杨鲁萍、林庆春：《列国志：突尼斯》，346 页，北京，社会科学文献出版社，2010。

② 《印刷、新闻和发行新公司》。

③ 《新闻报》。

④ 杨鲁萍、林庆春：《列国志：突尼斯》，349 页，北京，社会科学文献出版社，2010。

⑤ 爱德华·韦伯：《埃及和突尼斯媒体：从控制到转型》，53 页，帕尔格雷夫·麦克米伦出版社，2014。

一至周日不间断出版，主要报道政治、社会、体育、文化和经济消息，国际消息以中东和欧洲新闻为主，重视对突尼斯同法国和其他欧洲国家的双边关系往来以及在突尼斯举行的国际会议、马格里布同欧洲会议、阿拉伯和非洲会议的报道；是突尼斯刊登广告最全、最多的法文报纸，发行量约 4 万份，在法国、意大利、比利时等国也有发行。[①] 另设有商业专刊《商业新闻报》(*La Presse Business*)，同《金融时报》(*Financial Times*) 合作开办[②]。

（2）《今日新闻报》(الصحافة اليوم)：其前身为 1989 年 1 月 10 日创刊的《晚间新闻报》(الصحافة المسائية)，同年 3 月 14 日更名为《今日新闻报》，改为综合性阿拉伯语新闻日报。

安瓦尔新闻出版发行公司 (دار الأنوار للنشر والتوزيع والصحافة)：成立于 1981 年，有约 240 名雇员。旗下拥有《光明报》《曙光报》和《每日报》(*Le Quotidien*) 3 份报纸。2011 年，周报《每周图片报》(المصور) 开始脱离安瓦尔新闻出版发行公司独立运营。该报在突尼斯地区采取合作发行模式，在其他地区拥有独立发行网络。[③]

（1）《光明报》(الأنوار)：1981 年创刊，为私营阿拉伯语周报。[④]（2）《曙光报》(الشروق)：1984 年 11 月创刊，起初为周报，1988 年 11 月 7 日改为日报，每周二至周日出版，为独立的私营商业性阿拉伯语综合报纸[⑤]，呼号为“可信、独立、自由”(المصداقية والاستقلالية والحرية)，广泛接纳不同观点，版面生动活泼，醒目大方，每版均配有照片、漫画或插图，报道政治、经济、文化、体育新闻较多，对突尼斯体育报道翔实，对马格里布、阿拉伯国家和非洲国家体育报道充分，经常刊登本报记者对突经济、文化、影视方面的专访，特别重视中东问题，经常刊登对巴勒斯坦解放组织领导人的专访。在巴黎、贝鲁特、开罗、莫斯科派有常驻记者；日发行量为 7 万份，读者约 40

① 杨鲁萍、林庆春：《列国志：突尼斯》，350 页，北京，社会科学文献出版社，2010。
② 《新印刷、新闻与出版公司》。
③ 《安瓦尔新闻出版发行公司》。
④ 《光明报》。
⑤ 《曙光报》。

万人，是突尼斯最畅销的报纸，同时面向利比亚、法国、德国等地发行，主要对象是突尼斯侨民[①]；2012 年推出在线新闻网站，月访问量约 180 万。[②]（3）《每日报》：2001 年 4 月创刊，为私营法语日报，每周二至周日发行[③]，发行量约 15 000 份。

晨报新闻、印刷、出版、发行和广告集团（دار الصباح）：成立于 1969 年 10 月 1 日，亦称突尼斯新闻出版发行广告公司，为私人商业性报业公司，2009 年向马提里公主控股公司出售其 70% 的股份[④]，2011 年革命后其大部分股份收归突尼斯国有。旗下拥有《晨报》《时报》两大知名报纸和《周刊》（الأسبوعي）、《早安》（صباح الخير）、《表达》（*L'Expression*）三份杂志。

（1）《晨报》（الصباح）：1951 年 2 月 1 日创刊，为私营阿拉伯语政治类综合日报，也是突最大的阿文报纸，曾先后因政党冲突、财务困难于 1956 年、2000 年两度停刊，2011 年革命后收归国有；每周二至周日出版，主要报道政治、经济、文化、体育消息，国际新闻以中东地区和非洲地区消息为主，对突尼斯举行的国际性会议、马格里布地区会议、欧共体与马格里布会议报道充分，对巴勒斯坦问题特别重视，经常刊登对巴勒斯坦组织领导人的专访，对国际问题、中东问题和突尼斯国内问题报道的深度和广度居突尼斯各报首位。该报还下设有文学、经济、青年、政治、家庭等特刊，主要面向大、中城市读者，也在法国、意大利、德国和比利时以及一些海湾国家面向突尼斯侨民发行[⑤]，日发行量 70 000 ~ 78 000 份。（2）《时报》（لوطون，*Le Temps*）：1975 年 6 月 1 日创刊，为突国内第二家法文日报、全国性综合法文日报，每日出版，报道内容以政治、体育、经济、文化消息为主，对突尼斯体育报道翔实，对阿拉伯国家和非洲、欧洲体育报道充分，特别关注对世界各国重要体育赛事的

① 杨鲁萍、林庆春：《列国志：突尼斯》，348—349 页，北京，社会科学文献出版社，2010。

② 《〈曙光报〉在线》。

③ 《每日报》。

④ 《〈晨报〉出版社》。

⑤ 杨鲁萍、林庆春：《列国志：突尼斯》，351—352 页，北京，社会科学文献出版社，2010。

报道[①]，此外还设有周末、汽车、经济特刊，发行量约2万份。(3)《周刊》(الأسبوعي)：其前身为《晨报周刊》(الصباح الأسبوعي)，逢周一出版。(4)《早安》(صباح الخير)：1987年4月30日创刊，为阿拉伯语周刊，逢周四出版。(5)《表达》(*L'Expression*)：2007年10月创刊，2009年2月停刊。

意志出版社（دار الإرادة）：成立于1996年。旗下拥有日报《坦言报》和周刊《今日》(اليوم)，后者已遭当局取缔。《坦言报》(الصريح)创刊于1995年1月3日，起初为私营新闻周刊，以讽刺批评与诙谐漫画著称，口号为“所有人的报纸”(جريدة كل الناس)，行文风格具有鲜明的突尼斯方言口语特征，因其贴合民众的语言风格而广受欢迎。2002年10月2日成为阿拉伯语日报，讽刺风格逐渐淡化，口号变更为“大胆与坦率”(جرأة وصراحة)，报道内容涵盖体育、艺术、社会、科技、观点、娱乐、综艺等多元领域；2018年4月2日停止发行纸质版[②]，保留其在线新闻服务。

其他印刷出版公司有：

消息传媒(Akhbar Médias)：成立于1990年，拥有20名雇员。[③]旗下拥有《共和国新闻报》(أخبار الجمهورية)。该报创刊于1990年10月，由“媒体+”(ميديا بلوس)公司出版发行，为私营阿拉伯语周报，逢周四出版发行，2006年因发表涉腐败案件的文章遭突当局扣押，近期多次宣布停刊，但仍保持运营。[④]

突尼斯周报出版社（دار تونس هبدو）：成立于1984年，有46名雇员。旗下发行有《突尼斯周报》(*Tunis-Hebdo*)、《消息报》(الأخبار)两份周报，拥有独立印刷厂与发行网络。布尔吉巴在任期间，曾三度暂停《突尼斯周报》出版，本·阿里执政期间曾要求该社缴纳高额罚款。该社还负责为教育部下属国家教育中心（National Center for Education）印制书籍。[⑤]《突尼斯周报》(*Tunis-Hebdo*)：1973年

① 杨鲁萍、林庆春：《列国志：突尼斯》，348页，北京，社会科学文献出版社，2010。
② 《〈坦言报〉将不再出版》。
③ 《消息传媒》。
④ 《共和国新闻报》。
⑤ 《〈突尼斯周报〉出版社》。

9月24日创刊，为私营法语周报，逢周一出版，以关于突尼斯社会的幽默专栏与漫画闻名。《消息报》（الأخبار）：1984年创刊，为私营阿拉伯语周报。两份报纸均因全面封锁自2020年3月22日起暂停出版。①

突尼斯工商业和手工业联盟（الاتحاد التونسي للصناعة والتجارة والصناعات التقليدية, Union Tunisienne de l'Industrie, du Commerce et de l'Artisanat，缩写为UTICA）：成立于1947年。旗下发行有联盟机关报《宣言报》（البيان）。该报创刊于1977年11月14日，为阿拉伯语周报②，逢周一出版发行，反映该联盟的政治观点。

每周图片出版社（دار المصور，Dar Al Moussawar）：成立于2011年，旗下拥有周报《每周图片报》（المصور），于1985年创刊，以阿拉伯语发行，逢周一出版③，2011年脱离安瓦尔新闻出版发行公司独立运营。④

另有全国性综合日报《舆论报》（الرأي العام），为独立私人商业性报纸，创刊于1993年2月16日，每周二至周日出版，以报道政治、体育、经济、文化消息居多，对突国内召开的国际性会议、地区性会议以及各种专题讨论会报道充分，常对巴勒斯坦解放组织领导人进行专访，国际新闻以世界热点地区、中东地区消息为主，抄收突尼斯非洲通讯社和法新社的新闻稿。该报聘有记者编辑25人、通讯员20名，在埃及开罗、约旦安曼派有常驻记者，下设国内新闻部、国际新闻部、体育新闻部、文化新闻部、社会新闻部、司法新闻部以及广告部和技术部等业务部门；发行量约3万份，主要面向突尼斯国内大中城市读者。⑤

（二）通讯社

突尼斯非洲通讯社是突国家通讯社，简称"突通社"，成立于

① 《〈突尼斯周报〉和〈消息报〉出版工作暂时中断》。
② 《宣言报》。
③ 杨鲁萍、林庆春：《列国志：突尼斯》，349页，北京，社会科学文献出版社，2010。
④ 《每周图片报》。
⑤ 杨鲁萍、林庆春：《列国志：突尼斯》，347—348页，北京，社会科学文献出版社，2010。

1961 年 1 月 1 日，是突尼斯首个官方新闻来源。该社采用股份公司形式，社长由政府任命，旨在以客观、公正和可信的方式报道政治、经济、社会、文化和体育赛事等方面的新闻。现有记者、编辑 550 余人[①]，抄收 40 多家通讯社新闻电讯，在国内拥有 130 多家新闻订户，在国内各省市设有分社，“十五”计划期间，地方分社数量达到 15 家，并在巴黎、波恩、纽约、布鲁塞尔、阿尔及尔、拉巴特、开罗、科威特、达喀尔等地和西方一些大城市派有常驻记者。[②]

突通社凭借其记者、摄影师和纪录片制作人，以及遍布全国各地的通讯员网络，每周 7 天、每天 24 小时不间断传播信息，每天编发新闻约 10 万字，其中国际消息占 1/2，国内消息 3 万字，经济新闻 1 万字；每年以阿拉伯语、法语和英语三种语言播送超过 100 000 条文本、图片和视频形式的国内和国际新闻。突尼斯国内各报主要依赖该社作为消息来源。另外，该社还发行新闻周刊、综合国内外大事记和新闻述评及专稿。[③]

突通社拥有自建专门照片库，囊括超过 150 万张档案照片，其中部分可追溯至 20 世纪 50 年代的独立前时期。该社还建有纸质文档和数字文档库，收集有 12 000 余份新闻文件供目标客户和研究人员使用。除向订阅者发布时事通讯外，该社还通过互联网信息公告“突通社咨询”（TAP Info）和短信服务向国民提供海内外新闻材料。此外，该社还通过与各方签署多项合作协议，同阿拉伯国家和国际通讯社保持合作交流。1975 年 7 月 22 日，突通社与新华社签订合作协定，双方“同意相互抄收和利用对方所播发的新闻。利用对方新闻时，都保证不改变原意”，“同意相互通过定期航寄交换新闻图片”。[④] 1983 年 11 月 12 日，突通社与新华社正式建立合作关系，现新华社在突尼斯设有分社。[⑤]

---

① “突尼斯国家概况”，见中华人民共和国外交部网站。

② 杨鲁萍、林庆春：《列国志：突尼斯》，346 页，北京，社会科学文献出版社，2010。

③ 《突尼斯非洲通讯社》，见甘惜分主编：《新闻学大辞典》，475 页，郑州，河南人民出版社，1993。

④ 《突尼斯非洲通讯社》，见童兵、陈绚主编：《新闻传播学大辞典》，737 页，北京，中国大百科全书出版社，2014。

⑤ 杨鲁萍、林庆春：《列国志：突尼斯》，346 页，北京，社会科学文献出版社，2010。

（三）广播电视机构

突尼斯广播电视行业在2011年革命爆发后得到繁荣发展，呈现公私营视听媒体机构并行，私营媒体机构为主，机构组织开办为辅的分布局面。电视频道多由私人持有的媒体公司运营，广播电台呈现社区电台数量较多的发展特点，且多由非营利组织负责管理。国有视听媒体则由成立于1990年的突尼斯广播与电视的主管机构——突尼斯广播电视集团负责运营。2007年，该公司拆分成突尼斯广播公司和突尼斯电视公司，分管突尼斯公共广播电台和电视频道。

1. 电视频道

电视频道是突尼斯受众最多的首选媒体。据统计，98%的突尼斯家庭拥有电视机，83%的突公民通过电视了解新闻，大部分人选择观看阿拉伯语节目，约34%的突公民观看法语节目。2011年革命后，电视因受众广泛而越发获得政府关注。尽管相关立法要求电视频道同政党利益剥离，但突尼斯各家电视台仍然与政党存在直接或间接联系。目前，突尼斯国内拥有15个电视频道，约占市场份额的81%[①]，其中公共电视频道3个，私营电视频道12个（包含4个无许可频道）[②]，各频道落地覆盖率均达98%（2020年），日均收看高峰出现在傍晚19时—22时（2019年），最受欢迎的前5家电视频道依次为新和风电视台、突尼斯对话频道、国家1套、汉尼拔电视台和第九频道。[③]除本国频道外，沙特中东广播公司（Middle East Broadcasting Center，缩写为MBC Group）旗下MBC二套（MBC 2，西方电影）、MBC宝莱坞（MBC Bollywood），卡塔尔半岛电视台（الجزيرة）、贝因体育频道（beIN Sports）等其他阿拉伯国家频道，以及美国国家地理（National Geographic）、法国24电视台（France 24）等外国频道在突也有一定受众。自2011年以来，外国电视频道在突受欢迎程度逐渐下降，其中半岛电视台下降明显，法国24电视台呈平稳

① 《西格玛2020年1月开放日报告》。
② 《电视频道》。
③ 《西格玛2020年1月开放日报告》。

波动。[①]

（1）公共电视

突尼斯国内共开设有 3 家公共电视频道，均归由 2007 年 8 月 31 日从突尼斯广播电视集团拆分成立的突尼斯电视公司运营管理，系国家电视台，完全归突政府所有，其运营口号为“媒体、文化、娱乐”（إعلام، ثقافة، ترفيه）。2011 年 1 月 14 日起，突尼斯国家电视频道从政权服务工具转变为公共服务设施。3 家公共电视频道分别为：

国家 1 套（الوطنية 1，Al-Watania 1）：1965 年 10 月开始间断性试验播出，1966 年 1 月以“突尼斯广播电视台”（RTT）的名称规律播出，1966 年 5 月 31 日正式开播，是突尼斯第一套国家电视频道。1967 年起每晚 7 时—10 时连续播送 3 小时，其中以阿拉伯语、法语播送的节目各占 2 小时、1 小时；1976 年在法国广播电视二局的帮助下，开始播送彩色节目，延长放送时间；1983 年因国家开办公共法语电视频道“突尼斯广播电视台 2 套”（RTT 2）而更名为“突尼斯广播电视台 1 套”（RTT 1），1992 年更名为“第 7 频道”（قناة 7），1997 年更名为“突尼斯 7 台”（تونس 7，Tunis 7），2007 年 5 月 2 日起实现 24 小时不间断播出，2011 年 1 月 15 日更名为“突尼斯国家电视频道”（التلفزة التونسية الوطنية），17 日更名为“国家 1 套”。节目丰富多彩、广泛多元、内容健康，其宗旨为“传播信息，宣传教育，消遣娱乐”，融知识性、娱乐性、宣传性于一体，以本台采写制作为主，涵盖脱口秀、新闻、体育、文化、纪录片、娱乐、电影、戏剧、宗教、卡通片等内容，其中较知名的节目有《晚间 8 点新闻》《周日体育》、情景剧《舒弗里哈利》，收视率较高的节目有新闻、电视连续剧、演唱会、体坛纵横、明星介绍、电影、名人采访、环球旅行、神话与现实等，外国节目主要转播埃及、黎巴嫩、叙利亚、约旦等国电视连续剧、电影等节目，国际新闻则主要转播法国电视台和编发法新社、路透社的消息。[②] 主要以阿拉伯语播送，也有法语节目，

① 《西格玛 2020 年 1 月开放日报告》。

② 杨鲁萍、林庆春：《列国志：突尼斯》，344 页，北京，社会科学文献出版社，2010。

多采用现场直播，提供重播服务，覆盖全国 99.8% 的人口[①]，日均收视率为 13.1%，观众规模达 130 万人，收视份额为 8.2%。[②]

国家 2 套（الوطنية 2，Al-Watania 2）：1994 年 11 月 7 日开播，名为“第 21 频道”（قناة 21），亦称“青年频道”（قناة الشباب），定位“年轻、综艺性、娱乐性”，是继突尼斯广播电视台 2 套（RTT 2）后突尼斯第二套国家电视频道，2007 年 11 月 7 日更名为“突尼斯 21 台”（تونس 21，Tunis 21），2011 年 1 月 20 日更名为“国家 2 套”。2012 年 1 月 2 日起每日播出 17 小时，2013 年 1 月 1 日起实现 24 小时不间断播出；为阿拉伯语频道，侧重政党和青年发展，鼓励公民表达个人意见，重点关注文化、地区与青年议题，作为反映地区发展进程、传递青年声音、展示突尼斯文化成就的传播平台，发挥公共媒体教育、娱乐等功能，同时涵盖体育、调查、对话、综艺、娱乐、儿童等节目，作为对国家 1 套的补充，以期满足更多观众需求。[③]日均收视率为 6.1%，观众规模达 61 万人。

国家教育频道（القناة الوطنية التربوية）：2020 年 4 月 2 日获创建许可[④]，2021 年 4 月 12 日开播，由突尼斯教育部和突尼斯电视公司根据 2020 年 4 月 14 日签署的合作协议共同开办，旨在为不同教育水平的学生制作和播放课程录像，适应疫情背景下远程授课需求。该频道通过广泛普及的电视媒体 24 小时不间断播送教育内容，目前主要针对高等教育本科学生，未来将逐步推广到小学、初中、高中等学段。[⑤]

（2）私营电视

突尼斯电视频道此前以国有为主，2011 年革命爆发后，出于政治利益与文化传播目的，私人开办和运营的电视频道获得生存空间，其规模显著增加，数量不断变化。随着独立视听传播高级管理局成

① 《国家 1 套历史》;《突尼斯电视行业历史》。

② 若无特别说明，广播电视行业日均收视（听）率、日均观（听）众规模、日均收视（听）份额数据均为 2019 年数据，引自《西格玛 2020 年 1 月开放日报告》，后文不再赘述。

③ 《国家 2 套历史》。

④ 《独立视听传播高级管理局批准创建教育电视频道》。

⑤ 《教育频道实际开播：第一阶段面向本科生》;《教育频道开播：提供学士学位课程，不懈努力确保连续运营，囊括所有学段》。

立并不断更新监管规范，突部分私营电视台面临无证播出的局面。为应对国内政治、法律或经济条件限制，部分电视台合并重组或更换股东，或落户国外通过卫星直播运营。[①] 目前突尼斯主要私营电视台（频道）有：

南方电视台（الجنوبية，Al-Janoubia TV）：2012 年 3 月 20 日开播，隶属于 FM3 制作公司（FM3 Production），2013 年 8 月被突尼斯自由与尊严运动党（Mouvement du Tunisien pour la liberté et la dignité）创始人穆罕默德·阿亚希·阿季鲁迪（محمد العياشي العجرودي）收购，2013 年 11 月 6 日因其同该台创办人之间的财务纠纷而关闭，后因未获得经营许可，被迫停止播出。2014 年 10 月 1 日在法国巴黎恢复运营，2015 年 4 月 20 日重新获得在突运营许可。[②] 总部位于突尼斯市，为阿拉伯语频道，其节目内容十分多元，涵盖新闻、娱乐、政治、文化、体育等领域，代表海内外突尼斯公民立场，定期针对突公民关注的重点问题，以及突尼斯面临的社会和经济问题推出专题节目；日均收视率为 1.6%。

第九频道（التاسعة，Attessia TV）：2015 年 5 月 18 日开播，2015 年 7 月 31 日获得许可[③]，隶属于第五制作公司（V Production），为综合性电视频道，总部位于突尼斯市，以阿拉伯语播送新闻、政治、社会、儿童、综艺、谈话、脱口秀、体育和电视剧等节目。[④] 日均收视率为 10.5%，观众规模达 105 万人，收视份额为 8.3%。

迦太基 + 频道（قرطاج +，Carthage+）：2015 年 7 月 31 日获得许可[⑤]，2017 年 8 月 1 日开播，隶属于 2012 年成立的突尼斯世界电视台（Tunisia World Television，缩写为 TWT），该公司于 2014 年被居住在巴黎的突尼斯商人收购，用于开展全球媒体活动，建设超现代演播室、私立视听大学和突尼斯“媒体城”[⑥]；为阿法双语频道，主

① 《电视频道》。
② 《南方电视台》。
③ 《第九频道》。
④ 《第九频道》。
⑤ 《迦太基 +》。
⑥ 《迦太基 +》;《突尼斯：“迦太基 +”，一个新的电视频道，丰富媒体景观》，见 webdo 新闻网。

要播出电视剧集和电影；日均收视率为 2.2%，观众规模达 21 万人。

突尼斯对话频道（الحوار التونسي，El-Hiwar Ettounsi）：2003 年 5 月开播，创始人为布尔吉巴政权的反对者塔希尔·本·侯赛因（طاهر بن حسين）。侯赛因在 20 世纪 60 年代遭监禁后途经利比亚前往法国，创建该台为本·阿里政权的反对者发声，2011 年革命后回到突尼斯继续从事政治和媒体活动，2012 年成立突尼斯对话电视台股份有限公司（El Hiwar Ettounsi TV SA）专门运营该频道，2014 年 9 月 28 日该频道同突尼西亚（التونسية，Attounissia）电视台合并。① 总部位于马努巴省马努巴市，为阿拉伯语频道，口号为“言论自由，国家的支柱”；最初每周播放两小时，2006 年起每天播出 1 小时，节目内容涵盖社会与政治议题，2011 年革命后，播出时长有所增加，后改为 24 小时不间断播出；日均收视率为 23.6%，观众规模达 240 万人，市场份额为 20.9%。

汉尼拔电视台（حنبعل，Hannibal TV）：2005 年 2 月 13 日开播，隶属于突尼斯国际视听制作股份有限公司（Audio Visual International Production，缩写为 AVIP - Tunisie SA），为本·阿里执政期间首个获得突当局授权运营的私人电视频道，2007 年 2 月 23 日同法国电视台（France Télévisions）签署合作协议，开展广告和节目制作领域合作，同年成为突尼斯和苏塞省收视率最高的电视频道，2008 年面向中东市场推出汉尼拔东方频道（Hannibal Orient）和播送宗教节目的汉尼拔天堂频道（Hannibal Elferdaws），后均因财务问题于两年后停播，2013 年 11 月，该台大部分股份出售给沙特和突尼斯商人。② 总部位于阿里亚纳省苏克拉（سكرة）市，为阿拉伯语频道，口号为“来自您，为了您”（منكم وإليكم），旨在标新立异地采用现代基调反映本土社会文化，主要受众为年轻人和家庭观众；日均收视率为 13.1%，观众规模达 130 万人，市场份额为 9.9%。

突尼斯纳频道（تونسنا，Tunisna TV）：2012 年 3 月 20 日开播，

① 《突尼斯对话》。
② 《汉尼拔》。

隶属于 FM3 制作公司旗下的突尼斯纳制作公司（تونسنا برود）[①]；2015 年 3 月 19 日因等待许可证发放而暂停播出，2015 年 9 月 21 日获得播出许可。总部位于突尼斯市，为阿法双语频道，旗下设有新闻与社会、体育运动、杂志与娱乐、表演与文化、信息速览、纪录片、宗教节目《光明与正道》（نور وهدى）等主题与特别栏目。

泰勒弗载频道（تلفزة تي في，Telvza TV）：2013 年 12 月 17 日开播，隶属于马格里布地中海视听制作公司（شركة المغرب المتوسطية للإنتاج السمعي البصري）[②]，2014 年 9 月 2 日获得播出许可，2015 年 7 月 31 日许可生效。[③] 为阿拉伯语频道，设有政治、体育、社会节目，特别关注突尼斯文化相关内容，设有脱口秀、歌唱比赛、电影综艺等主题栏目。

人类频道（الإنسان，Al-Insen）：2012 年 8 月 13 日开播，为独立综合电视频道，侧重伊斯兰宗教内容，以阿拉伯语播出，旨在传播伊斯兰教义，2015 年 8 月 5 日获得播出许可。

另有 3 家未获官方正式播出许可的电视台在突运营：

新和风电视台（نسمة الجديدة，New Nessma TV）：其前身为 2007 年 3 月 23 日开播的商业电视频道和风电视台（نسمة，Nessam TV），为突第二家私营电视台，主要面向突尼斯、阿拉伯世界和欧洲地区播出。最初隶属于突尼斯卡鲁维世界集团（Karoui & Karoui World Group），后转为归属于从事娱乐、广告与广播事业的和风股份有限公司（Nessma SA）。2007 年试播音乐真人秀节目《明星学院（马格里布版）》（Star Academy Maghreb），后因面临财务危机而停播，2008 年获得意大利大众传媒公司 Mediaset 入股投资，占 25% 的股份；2009 年恢复播出，节目内容主要为美国电视剧和电影，2011 年因播出电影《我在伊朗长大》（Persepolis）而遭宗教极端分子攻击。2013 年 4 月 22 日拆分为和风红色（نسمة الحمراء，Nessma Rouge）、和风绿色（نسمة الخضراء，Nessma Verte）、和风蓝色（نسمة الزرقاء，Ness-

① 《突尼斯纳电视台》。
② 《泰勒弗载电视台》。
③ 《突尼斯纳电视台》。

ma Bleue）三大频道，分别面向突尼斯和利比亚、阿尔及利亚和摩洛哥、以法国为代表的欧洲和中东观众[①]。后因财务问题，和风绿色、和风蓝色相继于2013年12月、2016年停播，频道重新统一为“和风频道”。2017年1月，在线点播服务平台“和风Live”（Nessma Live）上线，10月4日，在线流媒体体育频道“和风体育”（Nessma Sport）上线。2019年4月25日，频道因自2014年以来长期未获播出许可而被勒令关闭[②]，后短暂恢复，8月23日被当局禁止报道总统和议会选举活动[③]，2021年10月27日再次被勒令关闭[④]，2022年3月8日获颁临时许可证，3月11日重新开播，频道更名为现名称，除主频道“和风家庭”（نسمة العائلة）与在线流媒体频道“和风体育”外，还设有“和风烹饪”（Nessma Cuisine）在线频道，全台提供在线点播、回看服务。以阿法双语播出，内容涵盖娱乐、体育、新闻、电视剧和访谈，并配有马格里布地区阿拉伯语方言字幕，其主要节目有马格里布地区版的《谁想成为百万富翁？》（من سيربح المليون）、原创情景喜剧《我亲爱的婆婆》（نسيبة العزيزة）等，也会转播德国之声等国外媒体的节目；日均收视率为25.7%，观众规模达260万人，市场份额为23%。

棕榈电视台（الزيتونة，Zitouna TV）：隶属于棕榈信息和通信公司（Zitouna d’information et de communication），由复兴运动党领导人、突尼斯高等教育和科研部前部长蒙塞夫·本·塞利姆（المنصف بن سالم）之子，复兴运动党成员乌萨玛·本·塞利姆（أسامة بن سالم）创办。2012年综合新闻频道棕榈频道开播，与政党关系密切，频道口号为“接受真相的平衡媒体”，旨在迎合突尼斯人民期望与革命目标，以阿拉伯语播送政治、宗教和社会节目，因2014年竞选活动期间曾播放带有明显政党标志的选举宣传短片，未能获得播出许可，目前属非法私人频道，通过尼罗河卫星播出，日均收视率为1.3%。2013年

① 卡米勒·哈姆济：《和风电视台增至3个不同颜色的频道，于今日公布节目单》。

② 法新社：《突尼斯：一家大型私人电视台的设备遭没收》。

③ 法新社：《突尼斯总统选举：和风电视台、棕榈电视台和〈古兰经〉电台被禁止报道竞选活动》。

④《和风电视台和〈古兰经〉电台遭关闭》。

宗教频道“棕榈指引”（الزيتونة هداية，Zitouna Hidaya TV）频道开播，以阿拉伯语播出，因明显的宗教内容导向而未能获得播出许可。

M- 突尼斯（آم تونيزيا，M Tunisia）：2015 年 5 月 8 日开播，其前身是 2012 年 12 月 17 日开播的穆泰沃西特（لمتوسط）频道，主要面向年轻人、女性和儿童，以阿拉伯语播送电视连续剧和娱乐类节目，以及体育、文化、社会、宗教和政治类节目。①

2. 广播电台

广播电台是突尼斯国内仅次于电视的第二大最受欢迎的媒体。据统计，67% 的突尼斯家庭拥有收音机，67% 的突尼斯公民收听广播，另有 27% 的突公民通过互联网收听广播，其中阿拉伯语广播受众达 91%，法语广播受众达 10%，日均收听广播的突尼斯公民占比达 37.3%，收听高峰出现在上午 7 时—10 时（2019 年）。广播电台偏好存在较为显著的地区差异。就全国范围来看，最受欢迎的前 5 家广播电台依次为马赛克调频、棕榈电台、宝石调频、iFM 广播和突尼斯国家广播。②北部地区收听率最高的是马赛克调频，南部地区则倾向于收听塔塔维纳广播、加夫萨广播等公共区域广播电台。此外，网络电台的覆盖面正日益扩大，其网站访问量常年位居前列。

突尼斯国内广播电台分为公共电台、私营电台和社区电台三类，其中公共电台由国家负责运营，私营电台为私人个体或机构在革命前后开办，社区电台由非营利组织主持。大多数广播电台为股权制，突尼斯商人通过大量持有不同电台的股份获得公众舆论影响力。与此同时，公共广播电台仍然拥有广泛受众，面向特定地区广播的小范围社区电台的重要性也在不断提高。③目前，突尼斯国内开设有 53 家广播电台，包括 11 家公共电台、22 家社区电台，以及 20 家私人电台，其中 1 家正在进行国有化。④

（1）公共电台

突尼斯国内共开设有 11 家公共电台，其中国家广播电台 4 家，

① 《突尼斯：穆泰沃西特电视频道更换所有者、名称和概念》；《推出新频道 M- 突尼斯》。
② 《西格玛 2020 年 1 月开放日报告》。
③ 《媒体所有权和集中度》。
④ 《广播电台》。

地方广播电台 7 家，均归突尼斯广播电视集团拆分成立的突尼斯广播公司运营管理，系国家广播电台，100% 归属突尼斯政府所有，属总理府的新闻国务秘书处管辖，台长由政府任命，总部位于突尼斯市。节目内容包括新闻、体育、文化、文学、青年、宗教、农民、教育、文艺等，此外还有儿童、服务、戏剧、经济、科技、社会、娱乐等节目。[①] 突尼斯的国家广播电台有：

突尼斯国家广播（الإذاعة التونسية）：1938 年 10 月 15 日根据同法国签署的协议开播，时称“突尼斯邮政广播”（إذاعة تونس البريدية），由法国殖民当局建立并管理，1939 年 9 月更名为“突尼斯广播”（إذاعة تونس）。是突尼斯国内首家公共广播电台，也是第一家政府性质的官方广播电台，通过短波、中波、调频波、卫星和互联网，以标准阿拉伯语和突尼斯方言播音[②]，其广播信号覆盖欧洲大部分地区、非洲和中东。播出对突尼斯、马格里布地区、中东地区重大事件和国际问题评论，其新闻报道具有全面、迅速简洁的特点；常派记者对政治、外事活动、重要会议、重要体育比赛、总统采访等重大事件开展专门报道并实时直播，其时效胜过其他新闻媒介[③]，全国覆盖率达 100%[④]，日均收听率为 3.9%，听众规模约 38.6 万人，收听市场份额为 7.2%。

突尼斯国际广播（إذاعة تونس الدولية，Radio Tunis chaîne internationale，缩写为 RTCI）：1938 年 10 月 15 日在法国邮政、电报和电话部（Postes，Télégraphes et Téléphones，缩写为 PTT）指导下开播，名为“突尼斯广播 -PTT”（Radio Tunis-PTT），1960 年 2 月收归国有，更名为“突尼斯国际广播频道”（Chaîne internationale de Radio Tunis），1986 年起更名为“突尼斯国际广播”；是隶属于突尼斯广播公司的政府性质的广播，通过中波、调频和卫星，面向突尼斯公民、定居者和游客以法语、意大利语、英语、德语、西班牙语播音，2015 年

① 杨鲁萍、林庆春:《列国志：突尼斯》，341—342 页，北京，社会科学文献出版社，2010。

② 《突尼斯国家广播电台》。

③ 杨鲁萍、林庆春:《列国志：突尼斯》，342 页，北京，社会科学文献出版社，2010。

④ 若无特别说明，覆盖率均为 2019 年数据。

7 月 18 日起改为 24 小时不间断播音，节目内容包括新闻、生活常识、科普知识、广播剧、音乐等。[①] 全国覆盖率达 86.2%，日均听众规模约 3.2 万人。

青年电台（إذاعة الشباب）：1995 年 11 月 7 日开播，面向全国播送青年节目[②]，1996 年 11 月 7 日起，播出时长从 12 小时延长至 18 小时，目前周中每日播送 18 小时，周末播送 20 小时，全国覆盖率达 98.2%。

突尼斯文化广播（إذاعة تونس الثقافية）：2006 年 5 月 29 日开播，2007 年 11 月 30 日覆盖全国，主要播送文化与创意类节目，包含文学、戏剧、电影、视觉艺术、音乐、科技、出版等多个文化领域，旨在展现突尼斯文化发展成就，聘有一批创作者、学者和专业媒体人士[③]，全国覆盖率达 97%，日均听众规模约 3.3 万人。

地方公共广播电台有以下几种。

加夫萨电台（إذاعة قفصة）：1991 年 11 月 7 日开播，总部位于加夫萨省加夫萨市[④]，面向突尼斯西南和中南部加夫萨、托泽尔、吉比利、西迪 · 布济德和卡塞林五省听众播音，2012 年听众数量达 150 万，2015 年 4 月 1 日起改为 24 小时不间断播送；宣传多元化、独立性、准确性等新闻价值，与瑞士喜燕基金会签有伙伴关系与合作协议。[⑤] 全国覆盖率为 18.5%，日均收听率为 0.9%，听众规模约 8.7 万人。

卡夫电台（إذاعة الكاف）：1991 年 11 月 7 日开播，总部位于卡夫省卡夫市，面向突尼斯西北部听众播音[⑥]，2017 年 10 月 15 日起改为 24 小时不间断播送；在坚杜拜、西里亚奈、贝贾三省设有办事处[⑦]；全国覆盖率为 15%，日均收听率为 0.9%，听众规模约 9 万人。

---

① 杨鲁萍、林庆春：《列国志：突尼斯》，342—343 页，北京，社会科学文献出版社，2010。

② 《青年电台》。

③ http://www.radioculturelle.tn/ حول-الإذاعة-الثقافية，访问时间：2022 年 3 月 26 日。

④ 《加夫萨电台》。

⑤ http://www.radiogafsa.tn/ من-نحن，访问时间：2022 年 3 月 26 日。

⑥ 《卡夫电台》。

⑦ http://www.radiokef.tn/ حول-إذاعة-الكاف，访问时间：2022 年 3 月 26 日。

"莫纳斯提尔电台"（إذاعة المنستير）：1977年8月开播，总部位于莫纳斯提尔省莫纳斯提尔市，面向突尼斯中东部和地中海沿岸各省[①]听众播音[②]；起初每天广播5小时，2012年改为24小时不间断播音[③]；全国覆盖率为45%，日均收听率为1.4%，听众规模约14.1万人。

斯法克斯电台（إذاعة صفاقس）：1961年12月8日开播，总部位于斯法克斯省斯法克斯市，面向斯法克斯省及其周边地区，以及突尼斯中部、东南部听众播音，1991年起每日播送20小时，2012年10月1日起改为24小时播音。[④]目前有7个工作室和约150名员工，主要播送新闻和地区热点问题；1990年起设电视制作部门，为突尼斯广播电视台制作视听节目[⑤]；全国覆盖率为26%，日均收听率为1.6%，听众规模约16.3万人。

塔塔维纳电台（إذاعة تطاوين）：1993年11月7日开播，总部位于塔塔维纳省塔塔维纳市，以方言面向突尼斯东南部听众播音，起初每日放送时间仅6小时，但凭借其亲民的内容立场广受欢迎，后改为周中每日播送18小时，周末播送20小时[⑥]，2016年起每天播送21小时。[⑦]全国覆盖率为10%，日均收听率为1%，听众规模约9.9万人。另有面向大突尼斯地区的全景电台（إذاعة بنوراما）和卡塞林省的卡塞林地方电台（الإذاعة المحلية بالقصرين）分别于2016年10月15日、2020年2月13日启动试点播音。

（2）私营电台

突尼斯私营电台拥有较为悠久的发展历史。1935年建立的比塞大电台（Radio Bizerte）是突尼斯最早建立的私人电台。布尔吉巴和本·阿里在任期间，突私营电台遭到官方打压，仅存的少数电台大

① 杨鲁萍、林庆春：《列国志：突尼斯》，343页，北京，社会科学文献出版社，2010。

② 《莫纳斯提尔电台》。

③ http://www.radiomonastir.tn/حول-إذاعة-المنستير，访问时间：2022年3月26日。

④ 《斯法克斯电台》。

⑤ 詹姆斯·菲利普·杰特、库尔迪普·兰帕尔、维伯特·剑桥、科尼利厄斯·普拉特：《国际非裔大众媒体：参考指南》，格林伍德出版集团，1996。

⑥ 《塔塔维纳电台》。

⑦ http://www.radiotataouine.tn/من-نحن，访问时间：2022年3月26日。

多间接受到政府控制。2011 年以来，突尼斯国内公共和地区广播电台数量没有变化，但私营广播电台数量显著增加，且大多数私营电台均开设有在线网站，或通过在线广播形式迅速扩张，推动突广播行业发展壮大。目前突尼斯主要私营广播电台有：

迪旺调频（ديوان أف أم）：2015 年 4 月 20 日获得播出许可，2015 年 10 月 1 日开播，隶属于迪旺视听制作公司（شركة الديوان للإنتاج السمعي البصري），总部位于斯法克斯省斯法克斯市；为该省第一家私人广播电台[①]，也是该省收听人数最多的广播电台，省内覆盖率达 50% 以上，全国覆盖率约 8%，日均听众规模约 6.9 万人，其在线网站为突尼斯第三大新闻网站；日常播送新闻和娱乐节目，坚持学院派媒体工作高标准，致力于结合文化、社会与政治环境，真实反映斯法克斯省地区的生活风貌。[②]

iFM 广播（Radio iFM）：2011 年 11 月 4 日开播，隶属于微笑调频广播（Radio Ibtissama FM）公司，总部位于突尼斯省突尼斯市，为突尼斯第一家以“音乐和欢笑”为主题的广播电台，主要播送幽默短剧和音乐节目，以阿拉伯语、法语 24 小时不间断放送。[③] 全国覆盖率为 97%，日均收听率为 4.0%，听众规模约 40 万人，收听份额为 7.3%。

宝石调频（جوهرة أف أم，Jawhara FM）：2005 年 7 月 25 日开播，隶属于宝石媒体和电信公司（Société Jawhara des Médias et des Telecommunications），为与本·阿里政权关系紧密的商人群体所有，总部位于苏塞省苏塞市；是第一家从萨赫勒（الساحل）地区[④] 播音的广播电台、突尼斯第二家私人广播电台，在蒙特利尔、纽约、巴黎、贝鲁特、开罗、伦敦、悉尼、波士顿等地派有常驻记者。此前为综合性电台，播送娱乐、音乐、文化、体育、新闻等内容，后专门播送

① 《迪旺调频》。

② https://diwanfm.net/apropos.html，访问时间：2022 年 3 月 26 日。

③ 《iFM》，https://tunisia.mom-rsf.org/en/media/detail/outlet/ifm/，访问时间：2022 年 3 月 26 日。

④ 突尼斯中东部地区，北起纳布勒省海滨城市哈马马特（الحمامات），南至马赫迪耶省马赫迪耶市，包括莫纳斯提尔、马赫迪耶和苏塞三省。此处并非指非洲北部撒哈拉沙漠和中部苏丹草原地区之间的地区。

经济内容；开设有在线网站，以阿拉伯语24小时不间断放送，听众总量近800万[①]，全国覆盖率为52.2%，日均收听率为4.3%，听众规模约42.6万人，收听市场份额为8.4%。

马赛克调频（Mosaïque FM）：2003年11月7日开播，隶属于Med电信公司（MED Telecom），总部位于突尼斯省突尼斯市；为突尼斯第一家私人广播电台，覆盖突北部大部分地区，为突尼斯收听率最高的广播；开设有在线网站，以阿拉伯语24小时不间断放送，主要播放音乐和谈话类节目。目前拥有100名员工以及合作者、区域通讯员和独立顾问约45人；本·阿里妻子之弟贝尔哈森·特拉贝尔西曾持有该电台13%的股份，2011年革命爆发后其股份遭突政府没收[②]；全国覆盖率为98.2%，日均收听率为14.7%，听众规模约146.5万人，收听市场份额为28.6%。

塞卜拉调频（صبرة أف أم，Sabra FM）：2012年1月14日开播，隶属于2007年成立的卡尔杜尼制作公司（Société Khaldouni Production），总部位于凯鲁万省凯鲁万市；为该省第二家私人广播电台，开设有在线网站，以标准阿拉伯语和方言24小时不间断播送综合类节目[③]；全国覆盖率为7.5%，日均收听率为1.2%，听众规模约12.5万人。

太阳调频（شمس أف أم，Shems FM）：2010年9月27日开播，由本·阿里之女西琳·本·阿里（سيرين بن علي）创办，总部位于突尼斯省突尼斯市；为突第二家私人广播电台，开设有在线网站，以阿拉伯语24小时不间断面向全国放送，主要播送体育和新闻内容，2011年革命爆发后被突政府没收70%的股份。[④]全国覆盖率为60%，日均收听率为3.8%，听众规模约38.3万人，收听市场份额为6.6%。

---

① 《宝石调频》，https://tunisia.mom-rsf.org/en/media/detail/outlet/jawhara-fm/，访问时间：2022年3月26日。

② 《马赛克调频》，https://tunisia.mom-rsf.org/en/media/detail/outlet/mosaique-fm/，访问时间：2022年3月26日。

③ 《塞卜拉调频》，https://tunisia.mom-rsf.org/en/media/detail/outlet/sabra-fm/，访问时间：2022年3月26日。

④ 《太阳调频》，https://tunisia.mom-rsf.org/en/media/detail/outlet/shems-fm/，访问时间：2022年3月26日。

棕榈电台（إذاعة الزيتونة，Zitouna FM）：2007 年 9 月 13 日开播，由前总统本·阿里的女婿穆罕默德·塞赫尔·马提里开办，总部位于突尼斯省迦太基行政区（معتمدية قرطاج）。以阿拉伯语 24 小时不间断面向全国放送《古兰经》吟诵等伊斯兰宗教节目，也有部分法语节目。2011 年 1 月 14 日被突政府完全没收[①]，目前正在准备并入公共电台。全国覆盖率为 99%，日均收听率为 5.2%，听众规模约 51.8 万人，收听市场份额为 12%。另有如下私营电台[②]。

表 7　私营电台

电　台	总　部	覆盖地区	简　介
绿洲调频	加贝斯市	加贝斯省	由绿洲视听制作公司运营
M调频	马赫迪耶市	马赫迪耶省	由M调频公司运营
纽带电台	莫纳斯提尔市	莫纳斯提尔省	由纽带电视广播传媒公司运营，全国覆盖率为7%，日均听众规模约0.4万人
CAP调频	哈马马特市	纳布勒省	由CAP调频广播公司运营，全国覆盖率为13.4%，日均听众规模约3.6万人
姆萨肯电台	姆萨肯市	苏塞省姆萨肯市	由新月传媒公司运营，全国覆盖率为2%，日均听众规模约1.8万人
麝香调频	突尼斯市	大突尼斯地区	由英诺华传媒运营，全国覆盖率为24%，日均听众规模约1.7万人
氧气调频	布尔吉巴营市	比塞大省	由氧气传媒集团运营，全国覆盖率为 6.3%，日均收听率为 0.8%，听众规模约 8 万人
MED电台	纳布勒市	大突尼斯地区、纳布勒省	由尼亚波利斯广播公司运营，全国覆盖率为34%，日均听众规模约3.2万人

① 《棕榈电台》，https://tunisia.mom-rsf.org/en/media/detail/outlet/zitouna-fm/，访问时间：2022 年 3 月 26 日。

② 《私营电台》，https://haica.tn/ar/الإذاعات/القنوات-الإذاعية-الخاصة，访问时间：2022 年 3 月 26 日。

续表

电　台	总　部	覆盖地区	简　介
卡拉玛调频	西迪·布济德市	西迪·布济德省	由卡拉玛通信广播公司运营，全国覆盖率为4%，日均听众规模约1.3万人
尤利西斯调频	杰尔巴岛	梅德宁省	由尤利西斯开发与音频服务公司运营，全国覆盖率为5.2%，日均听众规模约4万人
库努兹调频	苏塞市	苏塞省、莫纳斯提尔省	由库努兹传媒传播公司运营，全国覆盖率为12%，日均听众规模约7.3万人
奈季玛调频	苏塞市	苏塞省、莫纳斯提尔省、马赫迪耶省	由奈季玛青年调频广播公司运营，全国覆盖率为11%，日均听众规模约2.4万人
快线调频	突尼斯市	全国	由马格里布制作与通信公司运营，全国覆盖率为47%，日均听众规模约4.7万人

（3）社区电台

社区电台是突尼斯国内广播电台行业的新兴力量，大多在 2011 年革命后创办，作为“由非营利组织或协会持有、运营，针对特定群体播放，表达其关注与特殊需求之节目”[①] 的、服务于公众利益的非营利性地方专门电台，得到国际行为体和“独立视听传播高级管理局”的财政与专业能力支持。[②] 目前，突尼斯国内有 22 家社区电台获颁运营许可[③]。

① 参见 2011 年 11 月 2 日颁布的《关于视听传播自由和创建独立视听传播高级管理局（HAICA）的第 2011-116 号政府法令》，第 2 条，见日内瓦安全部门治理中心涉突尼斯安全部门法律数据库。

② 《广播电台》，https://tunisia.mom-rsf.org/en/media/radio/，访问时间：2022 年 3 月 26 日。

③ 参见突尼斯独立视听传播高级管理局网站。

表 8　社区电台

电　台	覆盖地区	简　介
曼代拉调频（المندرة أف أم, mandra FM）	比塞大省杰贝勒角行政区（معتمدية رأس الجبل）	由突尼斯青年媒体协会（جمعية تونس للإعلام الشبابي）运营的综合性地方社区广播，从事媒体教育，以阿拉伯语24小时不间断放送
蕾哈娜（راديو ريحانة, Radio Rayhana）	坚杜拜省坚杜拜市	由坚杜拜蕾哈娜妇女协会（جمعية ريحانة المرأة بجندوبة）运营，关注坚杜拜女性人权事务与时事
铂金（راديو بلاتين, Radio Platine）	突尼斯省西迪·巴希尔行政区（معتمدية سيدي البشير）	由铂金媒体协会（بلاتين للإعلام）运营，从社会心理学视角关注儿童与家庭发展
维塔农民之声（راديو فيتا صوت الفلاح, vitaa FM Radio）	纳布勒省拜尼·海拉德行政区（معتمدية بني خلاد）	由发展与替代媒体协会（جمعية التنمية والإعلام البديل）运营，为突尼斯首个面向农民开设的广播电台
布尔吉巴营8号（راديو 8 منزل بورقيبة）	比塞大省布尔吉巴营（منزل بورقيبة，一译“曼泽勒布尔吉巴”）市	由布尔吉巴营媒体促进协会（جمعية النهوض بالإعلام بمنزل بورقيبة）运营
布盖尔宁之声（صوت بوقرنين）	本·阿鲁斯省哈马姆利夫（حمام الأنف）市	由布盖尔宁之声协会（جمعية صوت بوقرنين）运营，为体育广播
北方调频（شمال أف أم, Chamel FM）	贝贾省贝贾市	由突尼斯全国手工艺创意协会（الجمعية الوطنية للإبداع في الصناعات التقليدية）运营，关注时事新闻与公民权利
我观察（راديو آي）	突尼斯省突尼斯市	由非营利组织“我观察”（أنا يقظ）运营，旨在打击金融与行政腐败，提高国家透明度，维护2011年革命成果，确保后革命时期政治平稳过渡
蒂朵（عليسة）	加贝斯省加贝斯市	由加贝斯“建设与沟通”发展协会（جمعية إعمار وتواصل للتنمية بقابس）运营，关注环境议题，播送青年、文化、教育与创意主题内容

续表

电　台	覆盖地区	简　介
塔莱调频（تالة أف أم）	卡塞林省塔莱行政区（معتمدية تالة）	由塔莱团结协会（جمعية تالة المتضامنة）运营，关注人权与发展议题，旨在支持塔莱地区发展
马赫迪耶1台（راديو مهدية 1）	马赫迪耶省马赫迪耶市	由地中海文化和知识交流协会（الجمعية المتوسطية للتبادل الثقافي والفكري）运营，播送旅游节目
女士调频（السيدة أف أم）	突尼斯省突尼斯市	由阿拉伯人权研究所（المعهد العربي لحقوق الإنسان）运营，为突尼斯首个人权主题广播，关注文化传播与人权议题，聚焦残疾人、非正规移民等边缘群体权益，开展文化与教育传播[①]
凯鲁万调频健康广播（قيروان أف أم الصحة）［亦称“生命”（الحياة）］	凯鲁万省凯鲁万市	由凯鲁万医学协会（الجمعية الطبية بالقيروان）运营，为突尼斯首个专门播送健康与科学新闻的电台，新冠疫情期间开办，关注卫生与健康信息[②]
意志调频（إرادة أف أم）	梅德宁省本加尔丹（بنقردان）市	由“意志”文化与人类发展协会（إرادة للثقافة والتنمية البشرية）运营，关注社会发展议题
安比昂斯调频（أمبيونس أف أم, Ambiance FM）	马赫迪耶省萨夫宫行政区（معتمدية قصور الساف）	2015年1月14日开播，由萨夫宫行政区青年、文化与媒体协会（جمعية قصور الساف للشباب والثقافة والإعلام）运营，关注文化与体育内容

① 穆妮拉 • 希季拉维：《“女士”：突尼斯首个专门关注阿拉伯世界人权的广播电台》，https://www.aljazeera.net/news/humanrights/ 2021/6/4/السيدة-أول-إذاعة-تونسية-مختصة-في-مجال，访问时间：2022 年 3 月 26 日。

② 纳吉赫 • 扎格杜迪：《突尼斯“生命”电台：首个传播希望与知识的健康广播》，https://www.aa.com.tr/ar/التقارير/الحياة-التونسية-أول-اذاعة-صحية-تبث-الأمل-والمعرفة-تقرير/2436359，访问时间：2022 年 3 月 26 日。

续表

电　台	覆盖地区	简　介
梦想调频（دريم أف أم, Dream FM）	凯鲁万省	由凯鲁万省哈吉布·欧尤恩市青年协会（جمعية شباب جاد العوين）运营，倡导群体平等，面向年轻人播送音乐、体育、社会、科学、文化、游戏、娱乐等多元主题节目，呼吁提高环保意识；全国覆盖率为1%
奈夫扎沃调频（نفزاوة أف أم, Nefzawa FM）	吉比利省	由媒体和青年促进协会（جمعية الإعلام والتنشيط الشبابي）运营，为吉比利省收听率最高的电台，关注吉比利省地方新闻与地区发展，播送流行音乐、纪录片和喜剧；全国覆盖率为1%，日均听众规模约1.5万人
纤毛调频（سيليوم أف أم, Cillium FM）	卡塞林省卡塞林市	2016年6月20日开播，由“这里是卡塞林”文化与媒体协会（جمعية هنا القصرين للثقافة والإعلام）运营，24小时不间断播出体育等新闻节目；全国覆盖率为1%
矿山之声（صوت المناجم）	加夫萨省	2012年3月开播，由“他者之声”协会（جمعية صوت الآخرين）运营，每日播送时间约18小时，旨在倡导言论自由和公民媒体，介绍当地文化，促进公民间交流
吉利特调频（الجريد أف أم, Ajerid FM）	托泽尔省	由突尼斯吉利特媒体工作者协会（الجمعية التونسية لإعلاميي الجريد）运营，为综合性在线新闻与广播组织，主张剥离政治与政党意识形态的中立内容，面向精英群体与中产阶级
突尼斯6号广播（راديو 6 تونس, Radio 6）	大突尼斯地区（مناطق ولايات تونس الكبرى）①	2007年12月10日开播，由促进言论自由社区广播协会（جمعية إذاعة مجتمعية للتعريف بالتعبير الحر）运营，旨在捍卫言论自由，播送政治、经济和音乐类节目，日均听众规模约2.4万人

① 指由突尼斯、阿里亚纳、马努巴、本·阿鲁斯四省组成的突尼斯最大都市区。

续表

电　台	覆盖地区	简　介
自由媒体调频（Media Libre FM）［亦称“希望调频”（ةعاذإ لمأ, Radio ML）］	大突尼斯地区（قطانم ىربكلا سنوت تايالو）	2015年年底开播，由“希望协会”（ةيعمج لمألا）运营，特别关注残疾人，面向其播送社会、体育和文化类节目；全国覆盖率为15%

四、突尼斯重大传媒活动

（一）影视和图书活动

突尼斯的主要视听艺术活动有迦太基国际电影节、突尼斯电影节、微电影青年节、马纳吉姆国际电影节等，其中最著名的是迦太基国际电影节。迦太基国际电影节创办于 1966 年，两年一次，10—11 月举行，为期 10 天左右，享誉非洲和阿拉伯世界，是非洲三大电影节之一。20 世纪 70 年代以来，迦太基国际电影节先后放映过《女篮五号》《战上海》《美丽家园》《黑眼睛》《可可西里》等多部优秀中国影片。设立迦太基国际电影节的主要目的是促进阿拉伯国家和非洲国家民族电影事业的发展，扩大非洲国家同亚洲、拉丁美洲国家电影工作者之间的接触与合作，为他们提供交流思想和经验的机会，探讨共同或各自存在的问题，提高突尼斯电影艺术和技术的水平。与此同时吸引更多外国游客，促进突尼斯旅游业的发展。电影节规定，只有非洲和阿拉伯国家才能参加正式评选，其他国家只能参加会外展映。电影节的主要活动项目有：举行影片评奖、举行会外展映和专场展映、召开关于非洲和阿拉伯国家电影的研讨会、设立电影市场。主要奖品有“塔妮特奖”“朱居尔奖”，各分金、银、铜 3 种，分别授予优秀影片和电影艺术家。

突尼斯国际书展是北非地区规模最大、历史最悠久的图书展之一，由突尼斯国家文化部组织，自 1982 年以来，每年在突尼斯首都突尼斯城的克拉姆宫举办，参展机构包括突尼斯国内外的多数出版商、相关组织、机构或者团体。该书展还设立奖项，包含文学、思想创新奖和出版奖。创新奖分为巴希尔文学创新小说奖、阿里短篇故事小说奖、法蒂玛哲学研究奖、萨迪格阿拉伯语翻译奖等；出版奖又分为阿卜杜·盖德尔儿童与青年文学奖、阿卜杜·哈米德艺术图书奖等。

此外，突尼斯还在2019年举办了第20届阿拉伯广播电视节。该电视节由阿拉伯广播联盟和突尼斯电视台、阿拉伯卫星通信公司联合举办，目的在于观察阿拉伯广播和电视制作的创新趋势，并鼓励其在该领域的发展。

（二）国际援助

2011年过渡政府成立以来，以西方国家，特别是法语区欧洲国家为主的外国政府和各类国际组织持续为突尼斯传媒业与传媒政策改革提供人员培训、框架政策、媒体合作等各类援助与支持。[①]

1. 人员培训

法国主要外宣媒体法国国际电视台、法国国际广播电台（Radio France Internationale，缩写为RFI）、法国24电视台在本国公共资源资助下，协同对突尼斯传媒业开展大规模记者培训计划。法国视听监管机构“视听和数字通信监管局”（Autorité de régulation de la communication audiovisuelle et numérique，缩写为ARCOM）[②]负责为突记者树立选举期间信息传播的专业标准。另有比利时、西班牙两国面向突尼斯开展专业人员培训计划。前者设立记者互派项目，邀请突记者赴比媒体机构学习专业化技能，派驻法语区媒体专家常驻突尼斯，协同欧盟委员会筹备在突召开关于道德准则与自我监管体系、媒体与选举的专题会议。后者通过驻突使馆提供面向国家媒体

① 琼·巴拉塔·米尔：《突尼斯政治与媒体转型：媒体政策和监管环境简介》。

② 其前身为法国管理视听传播事业的独立行政权力机构“法国最高视听委员会”（Conseil supérieur de l’audiovisuel，缩写为CSA）。2022年1月1日，法国最高视听委员会与互联网作品传播及权利保护高级公署（Haute Autorité pour la diffusion des œuvres et la protection des droits sur internet，缩写为Hadopi）合并成立视听和数字通信监管局。

机构的小型实习项目。2016 年 11 月，在欧洲委员会和相关法语国家与国际组织的支持下，突独立视听传播高级管理局邀请法语区媒体监管机构网络（Network of French-speaking media regulatory authorities，缩写为 REFRAM）成员就突尼斯公共服务媒体治理、职权范围以及确保监管机构独立性之措施召开专题研讨会。① 同月，欧洲委员会与突尼斯全国新闻工作者协会在莫纳斯提尔（المنستير）联合举办涉恐怖主义媒体报道培训课程，旨在培训新闻工作者在尊重隐私的前提下，就恐怖袭击提供准确、公正的信息。② 2017 年 9 月，双方再次合作举办涉恐怖主义媒体报道培训。③ 同年 11—12 月，双方合作就突尼斯地方选举报道举办专题培训，开展突尼斯记者在遵守相关行业原则和国际标准前提下报道选举过程专业化能力建设。④

2. 框架政策

早在 2011 年革命爆发前，突尼斯媒体部门就已获得少量国际支持。“国际新闻”（Internews）组织、联合国教科文组织、欧盟委员会等国际组织和机构，以及法国和比利时传媒业机构在突设立办公室，革命爆发后通过向突派驻短期特派团满足突传媒业改革需求。国家信息通信改革委员会成立后，亟须针对突尼斯国内传媒行业立法空白与许可发放缺口开展相关框架制定。英国言论与信息自由促进组织“第 19 条”（Article 19）参与制定媒体运营许可发放与审核程序。比利时法语区视听媒体部门独立行政监管机构“比利时最高视听委员会”（Belgian Conséil Supérieur de l’Audiovisuel，缩写为 CSA）向突尼斯国家信息通信改革委员会派驻代表团指导政策制定工作。国际言论自由交流会（International Freedom of Expression Exchange，缩写为 IFEX）突尼斯监测组（Tunisia Monitoring Group，缩写为 TMG）成员、支持社区与参与式广播发展的世界社区广播电台协会（World Association of Community Radio Broadcasters，缩

① 《法语区媒体监管机构网络着眼公共服务媒体的未来》。

② 《在突尼斯为记者举办关于媒体报道恐怖主义的培训课程》。

③ 《2017 年 9 月 19—20 日在突尼斯共和国突尼斯市举办媒体涉恐怖主义报道培训课程和公开会议》。

④ 《关于媒体对选举报道和地方民主挑战的培训课程》。

写为 AMARC）组织召开关于媒体改革的专题研讨会，讨论后革命时期突尼斯传媒行业转型与自由化改革路径。法国“无国界记者”（Reporters sans frontières，缩写为 RSF）组织就总统与议会选举期间媒体监管活动提供建议。联合国教科文组织召开专门会议，讨论推动突尼斯广播公司实现从国家广播向公共服务广播的过渡。2014 年 12 月，欧洲委员会实施“促进突尼斯言论自由、媒体独立和公众信息获取”项目，由挪威提供 23.8 万欧元的资金支持，旨在会同突尼斯议会，独立视听传播高级管理局等传媒、文化领域相关政府主管部门，以及突新闻院校与传媒业协会、非政府人权促进和保护组织，举办圆桌会议、专题研讨会、法律分析和内部培训等活动，共同推动突尼斯言论自由和媒体自由法律体制框架建设，其主要工作目标包括：根据国际和欧盟委员会标准改革突尼斯媒体法律框架；增强主管视听通信监管机构的独立性、有效性，提高其运作效率；推动突尼斯媒体向公共服务媒体过渡。① 2016 年，欧洲委员会进一步开展“促进突尼斯媒体言论自由、独立和多元化”项目，旨在帮助突尼斯应对转型背景下保护言论自由、实现媒体独立与多元化发展的挑战，其主要目标包括：完善保障言论自由和媒体自由，特别是涉及建立公共服务媒体和视听传播监管机构独立性的法律框架；加强记者从业责任意识，强化其新闻工作与权利行使专业化能力。② 此外，欧洲委员会还通过其驻突尼斯办事处，为独立视听传播高级管理局、国家个人数据保护委员会、国家信息获取管理局提供运作指导、信息共享与国际联动支持，协助检测总统和议会选举期间的传媒活动，促进打击虚假信息③；加强个人数据与信息保护④；保障突尼斯公众了解、获取信息之权利，创造基于信息获取权的开放文化。⑤

① 《伴随突尼斯走向民主的过渡进程，促进言论自由、媒体独立和公众信息获取机会》，见欧洲委员会网站。

② 《促进突尼斯言论自由》，见欧洲委员会网站。

③ 《当前项目：独立视听传播高级管理局》，见欧洲委员会驻突尼斯办事处网站。

④ 《当前项目：国家个人数据保护委员会》，见欧洲委员会驻突尼斯办事处网站。

⑤ 《当前项目：国家信息获取管理局》，见欧洲委员会驻突尼斯办事处网站。

（三）社交媒体

为顺应当前互联网发展的趋势，突尼斯国内许多报纸、电视台都不再局限于以往的运营形式，在 Facebook 和 YouTube 等社交媒体上开通主页，例如，突尼斯国家电视一台和二台在 YouTube 上传自己的节日，并已开通 Facebook 账户。《晨报》《东方报》等报除了发行传统的纸质报纸之外，还搭建了自己独立的新闻网站。突尼斯文化广播等广播媒体也采取了移动客户端的运营形式，值得注意的是，在 2011 年的突尼斯革命中，社交媒体发挥了推波助澜的作用。2010 年 12 月，“维基解密”网站公布了一封密码电报，内容是美国驻突尼斯前大使罗伯特·戈德兹披露了本·阿里总统家庭成员贪污腐化的事实，并警告称：“对于遭遇日渐增长的赤字和失业现象的突尼斯人来说，展示总统家庭财富和时常听到总统家人叛国的传闻无异于火上浇油。”该文件在网络上出现后，突尼斯国内爆发了罢工和街头示威活动。在此过程中，所有的反政府宣传和集会号召都是通过 Twitter、Facebook 和 YouTube 进行的。[①] 高网络普及率和网络“社会主要情绪宣泄口”的特殊地位相结合，导致小贩穆罕默德·布阿奇兹事件迅速蔓延，示威活动在全国范围内此起彼伏，最终导致了本·阿里政府的倒台。

突尼斯是一个互联网和社交媒体普及率较高的国家。就互联网普及程度而言，相关数据显示，2021 年 1 月，突尼斯有 792 万互联网用户。2020 年至 2021 年，突尼斯的互联网用户数量增加了 37.4 万，同比增长 5.0%。2021 年 1 月，突尼斯的互联网普及率为 66.7%。就社交媒体而言，2021 年 1 月，突尼斯有 820 万社交媒体用户。2020 年至 2021 年，突尼斯的社交媒体用户数量增加了 90 万，同比增长 12%。2021 年 1 月突尼斯社交媒体用户数量占总人口的 69.0%。[②] 目前来看，Facebook 仍是突尼斯民众主要使用的社交媒体。相关数据显示，截至 2021 年 6 月，Facebook 在突尼斯市场的占有率为 89.97%，Twitter 和 YouTube 均为 4.43%，其后依次为 Instagram、

① 戴旭：《美国是如何在全球策动“颜色革命”的？》，见中国军网。

② https://datareportal.com/reports/digital-2021-tunisia，访问时间：2021 年 7 月 13 日。

Reddit 和“领英”（LinkedIn）等。[①]

五、“一带一路”倡议下中突传媒合作概况

（一）机制建设

自 1964 年 1 月建交以来，中国和突尼斯两国友好关系长期健康稳定发展。1979 年 6 月 22 日，中国与突尼斯两国政府于 1979 年 6 月 22 日在北京签订文化协定，同年 11 月签订了 1980—1981 年第一个文化合作执行计划。截至目前，双方已签署了 9 个年度文化合作执行计划。在此框架下，中国政府多次派遣文化代表团、文化官员代表团、文物代表团、文化界人士代表团等访突，派出艺术团参加突尼斯国际联欢节、迦太基电影节、迦太基戏剧节等，并在突尼斯举办文化周和多种题材的展览。突尼斯政府也多次派政府文化代表团、展团和民间艺术团赴华访问和展演。在“一带一路”框架下，两国之间的人文交流合作持续推进。2014 年 9 月，突文化部长穆拉德·萨克里来华参加第三届阿拉伯艺术节，并与时任文化部部长蔡武签署《中突政府文化合作协定 2014—2016 年执行计划》。值得注意的是，近年来，在两国政府的大力支持下，有越来越多的民间机构参与中突传媒合作，并在图书出版、影视艺术和新闻媒体等领域取得了一定的成绩。

（二）具体合作

1. 图书出版

在图书出版与典籍互译方面，在“中阿典籍互译出版工程”“中国著作翻译出版工程”“丝路书香出版工程”等对外翻译出版工程的框架下，中突双方先后合作出版了《三国演义》《史记》《楚辞》《红高粱家族》《许三观卖血记》等中文经典著作，在推动中国传统文化与现当代文学在阿拉伯世界的传播方面发挥了积极作用。除此之外，近年来有大批介绍中国政策、阐释中国立场、介绍中国发展经

① https://gs.statcounter.com/social-media-stats/all/tunisia，访问时间：2020 年 8 月 14 日。

验的外宣图书被翻译为阿拉伯语，如《习近平谈治国理政》《解读中国经济》等，着重向阿拉伯国家民众介绍中国政策方针与建设成就。2015—2019 年，中国出版机构多次参加突尼斯国际书展，参展图书主要包括介绍中国传统文化与古典文学的图书、展现当代中国发展道路和价值观的主题类图书，反映中国人文社科、金融、科学技术领域最新研究成果的出版物以及针对突尼斯汉语学习者的国际汉语教材等。突尼斯国际书展是北非地区规模最大、历史最悠久的书展之一，中国出版商的参展为突尼斯民众通过书籍了解中国文化与中国政策提供了机会。

此外，自 2015 年至今，双方出版机构已签署多项战略合作协议。2015 年 8 月，中国出版集团同阿拉伯出版商协会签署战略合作协议，该协议旨在于“一带一路”倡议框架下建立中阿出版机构合作机制，建立双方定期互访机制，共同促进中阿出版业发展。[①] 2016 年，五洲出版社在代表中国参加突尼斯国际书展期间，同突尼斯库努兹出版社签订了“中国文化”系列的阿文及法文版权输出协议，同时与当地的其他出版社达成了十余项版权输出意向。[②] 2019 年，中国人民大学出版社代表团访问突尼斯出版与文化机构，其间，该社与突尼斯东方知识出版公司共同磋商中国学术著作翻译出版项目，并同突尼斯迦太基大学高等语言学院和语言文化研究所达成了共同开展科研的行动方案，此次访问扩充了“一带一路”学术出版联盟的成员，进一步加强了中突两国出版机构之间的合作。[③]

2. 影视艺术

在电视电影方面，中国的广播电视机构积极与突尼斯相关机构建立节目互换与合作机制，推动中国电影、电视剧与纪录片在突尼斯电视台的落地，有助于加深突尼斯民众对中国和中华文化的认识与了解。1981 年 1 月初，由中国国际广播电台听众发起组织了一个听众俱乐部“萨法克斯突尼斯 · 中国友谊听众俱乐部”。（萨法克斯

① 《中国出版集团与阿拉伯出版商协会签署战略合作协议》。

② 《五洲传播出版社代表中国参加第 32 届突尼斯国际书展》，见中华人民共和国国务院新闻办公室网站。

③ 《人大社访问突尼斯达成系列合作成果》，见中国新闻出版广电网。

是突尼斯东南部的一座海滨城市）。1985 年，中国国际广播电台曾派出代表团，访问萨法克斯突尼斯·中国友谊听众俱乐部并举行座谈会。1987 年以来，该俱乐部的活动更加丰富，成员自筹资金，在当地政府的帮助下，举办了“中国文化日”“热爱中国突中友谊周”“突中友好文化周”“中国文化研讨会”等活动。

2013 年 10 月 24 日，由中国驻突尼斯大使馆和突尼斯文化部联合举办的中国电影节在突首都的伊比拉希文化之家开幕。本次电影节持续 3 天，为突尼斯民众带来《龙门飞甲》《飞越老人院》《搜索》3 部电影，此外在国内受热捧的系列纪录片《舌尖上的中国》也将在电影节期间进行展播。2014 年 9 月 9 日至 14 日，时值中国和突尼斯建交 50 周年，为进一步推动中突两国之间的文化合作和人文交流，由中国文化部和突尼斯驻华大使馆共同主办的突尼斯文化周《突尼斯文化周·突尼斯综合艺术展》在首都图书馆举行开幕仪式。我国文化部副部长丁伟、突尼斯文化部长穆拉德·萨克里、突尼斯驻华大使馆大使塔雷克·阿姆里等出席了开幕式。

2016 年 6 月 1 日至 7 日，按照中央电视台与突尼斯国家电视台签署的合作协议，央视阿语国际频道播出了 7 期《突尼斯电视节目展播》系列节目，每期 30 分钟，介绍突尼斯音乐会和风土人情。今年下半年，双方还将互派摄制组拍摄《中国人眼中的突尼斯》和《突尼斯人眼中的中国》等电视节目。此前，突尼斯国家电视台举办了“中国电视周”，播出了阿语频道提供的《撒拉族的故事》等纪录片和《清真美食》等特色节目。

同年 9 月，中国国际广播电台台长王庚年率团访问突尼斯国家电视台，双方签署《中华人民共和国国家新闻出版广电总局与突尼斯电视台合作协议》，根据协议，中方授权突尼斯电视台播放《咱们结婚吧》《感动生命》《父母爱情》《小鲤鱼历险记》等一系列由中方译制的电视剧和动画片。同时该协议对于双方在影视剧播出合作基础上增进联合采访、联合制作与人员交流有着非常重要的作用。[①] 2015—2019 年，中国媒体机构多次参加在突尼斯举办的阿拉伯广播电视节，并多次举办中国影视节目推介会，向突尼斯民众介绍一系列的优秀电视剧、纪录片与动画片，为更好传递中国声音，推动中突友好合作关系发展作出了突出贡献。值得关注的是，中国对突尼斯输出的影视作品题材开始兼顾介绍中国传统文化与展现现代中国风采。2018 年，中央广播电视总台中国国际电视台（CGTN）阿拉伯语频道拍摄制作播出的《永远的阿克塞——民族文化传承》在阿拉伯广播电视节展播期间获得了观众的一致好评，获得了第 19 届阿拉伯广播电视节“最佳纪录片”奖[②]，该片充分展示了阿克塞地区多姿多彩的民族风情，让民众对中国哈萨克族居民的游牧生活、传统手工艺等原汁原味的民族文化有了一定的了解。2015 年由中国国际广播电台下属多语种国家影视译制基地推出的连续剧《金太狼的幸福生活》在突尼斯播出后，取得较高的收视率，引起当地受众的热烈反响，并获得第 17 届阿拉伯广播电视节电视连续剧荣誉奖。[③] 该剧为突尼斯民众展示了不同文化背景下的中国人民的生活日常，使民众通过喜闻乐见的方式了解最真实的中国。

2019 年，为庆祝中突建交 55 周年，中国相关单位同突尼斯国家电视台合作，举办了一系列电影电视推介活动。同年 4 月，中国电影频道与突尼斯国家电视台合作，在突尼斯举办了“中国电影展播周”活动，展播周期间在突尼斯国家电视台黄金时段播放了《十二生肖》《滚蛋吧！肿瘤君》《杜拉拉升职记》《那山那人那狗》《走路上学》五部优秀中国电影[④]，使突尼斯民众可以多视角、全方位地感受中国文化。

同年 6 月，中华人民共和国国务院新闻办公室、中国国家广播

---

① 《中国国际广播电台台长王庚年拜会中国驻突尼斯大使》，见环球网。

② 《中国纪录片荣获第十九届阿拉伯广播电视节“最佳纪录片”大奖》，见中华人民共和国驻突尼斯共和国大使馆网站。

③ 《央视阿语频道获得阿拉伯广播电视节荣誉奖》。

④ 《中国电影走进突尼斯》。

电视总局、突尼斯国家电视台在突尼斯共同主办了“中国电视周”活动。[①] 多部中国电视片将作为展映节目于6月29日至7月5日在突尼斯国家电视台播放。此外，由中国国际电视台、中央电视台阿语频道、宁夏广播电视台等单位组成的中国代表团参加了27日至30日在突尼斯举办的第二十届阿拉伯广播电视节。中国广播电影电视节目交易中心负责本届电视节“中国联合展台”及系列推广活动的承办工作。黎巴嫩国家电视台、迪拜中阿卫视、突尼斯国家电视台分别于6月10日、11日、18日开播阿语配音版电视剧《美好生活》，标志着中国优质影视节目在阿拉伯地区的推广更进一步，有力推动了中国与阿拉伯国家的文化交流走向更深层次。中方代表团于6月28日下午在突尼斯文化城举办了主题为“视听中国——走进阿拉伯”的中国影视节目推介会。中方将中国参展机构的节目进行阿语包装，分为电视剧、纪录片和动画片3个板块向观众推介。推介会吸引了100多名业内嘉宾，阿拉伯电视行业从业者及参展商对中国节目表示赞赏。此类展播活动对拉近两国民众间距离、增进突尼斯人民对中国历史文化与风土人情的了解、扩大两国人文交流有深远意义。

3. 新闻媒体

在媒体传播方面，传统新闻机构在中阿媒体传播方面仍发挥着重要作用。目前，中国国际广播电台实现了在阿拉伯国家的全覆盖，央视国际频道已在除索马里以外的21个阿拉伯国家落地。值得一提的是，2015年9月开播的“中阿卫视”是中国民间外交在对外传播领域实现的一项重要成果。该卫星电视台覆盖了整个阿拉伯地区，采用中阿双语播放，节目涉及中国与阿拉伯国家的重要新闻、经贸合作、文化交流等。2018年4月，“中阿卫视战略合作发布会”在北京举行，会上，中阿卫视同中国媒体、知名院校及企业等合作方建立了战略伙伴关系，共建中阿沟通新平台。“中阿卫视”在突尼斯的播出对于促进中突两国人民互相了解，增进突尼斯人民对中国文

① 《“中国电视周”走进突尼斯》，见人民网。

化与“一带一路”倡议的理解有着重要意义。[①] 同时，媒体形态的发展使得中突媒体传播进入了数字时代。中国多家新闻网站都开设了阿拉伯语网站，包括央视阿拉伯语频道与中阿卫视等媒体机构在Facebook、Twitter等平台上均设有官方公众号，这对于更好地向突尼斯民众介绍中国立场与中国文化具有重要意义。

（北京外国语大学阿拉伯学院　崔舒洋、刘欣路）

① 《中阿卫视战略合作发布会在京举行》，见人民网。

约旦传媒业与中约传媒合作

自独立以来，约旦一直充分利用外交、传媒等多种手段，扩大自身在阿拉伯世界的影响。与历史文化底蕴深厚的传统阿拉伯国家相比，约旦传媒业虽起步较晚，但至今日也已历经百年沧桑，并在阿拉伯世界占有重要的一席之地。本文回顾了约旦传媒业的发展历程和传媒政策演变，对约旦主要传媒管理部门和传媒机构进行了梳理、介绍，总结了中约传媒合作的历史以及双方在“一带一路”倡议框架下取得的成果。

一、约旦国情及传媒业主要发展历程

（一）约旦基本国情

约旦哈希姆王国，简称约旦，位于亚洲西部。约旦虽为中东小国，但占据着得天独厚的地理位置：西接巴勒斯坦、以色列，北临叙利亚，南界沙特阿拉伯，东毗伊拉克。建国以来，约旦一直凭借自身地缘优势，在地区和国际热点问题上发挥重要的斡旋作用。

1921 年，约旦哈希姆王国的前身——外约旦酋长国在英国扶持下独立，并于 1928 年同英国签订"英约协定"，使英国对外约旦的统治合法化。后外约旦摆脱英殖民统治，于 1946 年 5 月 25 日正式独立建国，改国名为"外约旦哈希姆王国"。1950 年 4 月，外约旦同约旦河西岸合并，改名为"约旦哈希姆王国"。1955 年 12 月 14 日，正式成为联合国成员国。

在政治方面，约旦是世袭君主立宪制国家。自建国以来，约旦历任四位君主：阿卜杜拉·本·侯赛因（1921—1951 年）、塔拉勒·本·阿卜杜拉（1951—1952 年）、侯赛因·本·塔拉勒（1952—1999 年）、阿卜杜拉·本·侯赛因二世（1999 年 2 月至今）。约旦国王是国家元首、陆海空三军最高统帅，掌握国家最高权力。约旦实行行政、立法和司法三权分立制度。约旦王室是伊斯兰教先知穆罕默德的后裔，因此在阿拉伯世界具有很高的地位。

在经济方面，约旦是中东非产油国，领土面积狭小，资源相对匮乏，经济增长高度依赖投资。因此，约旦积极实行自由市场经济，扩大投资并发展对外贸易，致力于实现贸易自由化。侨汇、旅游和外援是约旦经济发展的三大支柱。受地区动荡和金融危机影响，2010 年约旦经济增速放缓，GDP 为 271.3 亿美元，GDP 增长率由 2007 年 8.2% 降至 2.3%，难民的涌入也加剧了约旦国内的财政压力。2011—2019 年约旦 GDP 逐年缓慢增长，由 295.2 亿美元增长至 445 亿美元，GDP 增长率难以超过 3%。2020 年，在油价下跌和新冠肺炎疫情的双重打击下，约旦经济呈现颓势，GDP 为 437 亿美元，

GDP 增长率跌至负 1.6%。[①]

宗教和民族方面，约旦的国教是伊斯兰教，约 98% 人口是阿拉伯人，还有少量切尔克斯人、土库曼人和亚美尼亚人。在信奉伊斯兰教的居民中，约 92% 的人口为逊尼派，2% 为什叶派和德鲁兹派。信奉基督教的居民约占总人口的 6%，主要属于希腊东正教派。[②]

作为东西方文明的交汇点，约旦自古以来就是阿拉伯世界的文化中心之一。近年来随着国内现代化进程的推进，约旦对教育、文化和传媒领域的支持力度逐渐加大。尽管周边动荡不断，但约旦一直保持着较为稳定的政治局势，这为发展国内传媒业奠定了良好基础。

（二）约旦传媒业发展历程

受历史因素影响，建国前的约旦地区整体发展相对滞后，传媒业出现时间较晚。1921 年外约旦独立后，传媒业才逐渐起步，并缓慢发展。20 世纪 50 年代后，随着约旦民主化改革的推进，传媒业获得了空前的自由发展空间。20 世纪 70 至 80 年代，约旦王室致力于实现国家现代化，采取较为开放、自由的政策支持新闻业发展。进入 21 世纪后，政府进一步放松新闻管制，约旦新媒体事业蓬勃发展。当今约旦的传媒体系门类齐全、层次多样，出版业、报纸杂志、广播电视和网络媒体等各类传媒在当代约旦社会百花齐放。

1. 出版业

与黎巴嫩、叙利亚等周边阿拉伯国家相比，约旦的出版业起步较晚，直至 20 世纪初，约旦境内的书籍、出版物、报纸等都需要从国外进口。1922 年，哈利勒·纳斯尔印刷厂（مطبعة خليل نصر）由巴勒斯坦的海法迁至外约旦酋长国首都安曼，成为外约旦首家印刷出版机构。为改变国内出版业发展落后的状况，利用出版业进行政治宣传，外约旦政府于 1925 年开设了第一家政府印刷厂，此后，其他印刷厂相继出现，较为重要的是 1932 年创办的阿拉伯独立印刷厂

① 参见世界银行公开数据。

② 参见中华人民共和国外交部网站。

（مطبعة الاستقلال العربي），该印刷厂为商业印刷文化的传播作出了重要贡献。[1] 此阶段的约旦出版业虽然有了初步发展，但受英国殖民、动乱、民众文化程度不高等多重因素影响，约旦哈希姆王国建立前，约旦国内的出版业发展水平总体较低，且没有自主权。

建国后，约旦开始在国家层面上对出版业给予重视。1952 年颁布的《约旦宪法》（دستور الأردن）、1953 年出台的《约旦记者工会法》（قانون نقابة الصحفيين الأردنيين）和《新闻出版法》（قانون المطبوعات والنشر）保证了国内媒体的言论与新闻自由。1964 年，约旦设立新闻部（وزارة الإعلام），对新闻出版业进行统一整合和管控。受地缘政治和国内政治局势动荡的影响，约旦新闻出版业在 20 世纪 60 年代发展较慢。进入 70 年代，约旦国内外局势趋稳，经济快速发展，到 80 年代中后期，出版业实现了迅猛发展，包括日出出版社（دار الشروق للنشر والتوزيع）、阿赫利亚出版社（الدار الأهلية للنشر والتوزيع）在内的一大批出版机构在该时期相继成立。1989 年，约旦出版商协会（اتحاد الناشرين الأردنيين）在首府安曼成立，旨在维护出版商权益、提高约旦出版业和发行业的行业水平。从此，约旦的图书出版和发行有了专业、统一的平台。

进入 21 世纪后，由约旦出版商协会、大安曼市市政府（عمّان الكبرى）、约旦文化部联合主办的安曼国际书展（معرض عمان الدولي）开始为约旦出版业发展注入动力。该书展每年举办一届，旨在促进同阿拉伯世界其他国家的图书销售以及版权贸易，为国内外参展者提供了专业的交流合作平台。经过近 20 年的发展进步，安曼国际书展已和埃及的开罗国际书展、黎巴嫩的贝鲁特国际书展一起声名远播，成为国内外出版商交流的一大盛会。

2. 报纸杂志

约旦的第一份报纸是《权力至上报》（الحق يعلو），于 1920 年 12 月在阿卜杜拉・本・侯赛因国王的官邸发行，是第一份记载约旦国家政治舆论的媒体文献，仅限于发布法律、通知和官方公告。1921

① 马吉迪・泰勒:《约旦通讯社对阿拉伯通讯社联合会媒体服务的贡献》，见毛里塔尼亚通讯社网站。

年外约旦独立时，国内没有一台可以使用的现代印刷设备，政府出资从耶路撒冷购置了印刷机，并以此打开了约旦报业发展的新天地。[①]1923 年，《阿拉伯东方报》（الشرق العربي）开始发行，每周或每半月出版一次，是外约旦独立后发行的第一份报纸，1926 年成为外约旦官方报纸，约旦哈希姆王国独立后依旧保持官方报纸的属性，至今仍在发行。

20 世纪 20 年代末，随着约旦逐渐摆脱英国殖民统治走向独立，国内私人办报蔚然成风，一些民资报业家纷纷建报。1927 年，私营部门发行报纸取得了切实发展，《阿拉伯人半岛报》（جزيرة العرب）、《阿拉伯人的回声》（صدى العرب）、《约旦报》（الأردن）、《法律报》（الشريعة）、《新闻报》（الأنباء）分别发行，报纸内容以外约旦和阿拉伯国家的新闻及宣传外约旦国家意识的文章为主，旨在提高独立初期民众的国家认同。20 世纪 30 至 50 年代，私人报纸规模有所扩大，具有代表性的《忠义报》（الوفاء）、《雄鹰报》（جريدة النسر）和《时代报》（جريدة العهد）分别于 1938 年、1946 年和 1947 年发行。民办报纸的出现为约旦报业发展注入了新鲜的活力，然而，为应对动荡政局，维护王权统治，约旦政府持续加强对新闻业和报业的审查与管控，影响了民办报纸的商业运作，导致这一阶段报纸市场化程度不高，发展能力有限。此外，大部分私人报纸由于党派色彩严重、政治立场鲜明而被政府强行关停，如创办于 1933 年的《公约报》（الميثاق），作为约旦国民议会执行委员会的喉舌，只发行了几期，便因政治原因停办。

20 世纪 60 年代，《宪章报》（الدستور）的出现成为约旦报业发展史上的重要事件。《宪章报》的前身是 1911 年巴勒斯坦报业之父尔萨·达吾德·尔萨（عيسى دواد العيسى）在雅法创办的《巴勒斯坦报》（فلسطين），1948 年，受第一次中东战争影响，该报迁至约旦安曼继续发行。1967 年，第三次中东战争爆发后，《巴勒斯坦报》因以色列占领了约旦控制的西岸地区而变得生存艰难。为寻求出路，该报与约旦《灯塔报》（المنار）合并，合并后的新报纸命名为《宪章报》，由约旦新闻出版公司（الشركة الأردنية للصحافة والنشر）负责发

① 马晓霖、高杰：《与国家共同成长的约旦新闻传播业》，载《新闻界》，2018（4）。

行。1986 年，约旦政府开始控股。《宪章报》发展至今已成为约旦新闻界的重要支柱和政府的主要喉舌，是联合国媒体核证和联络股（وحدة اعتماد وسائط الإعلام والاتصال）认证的联合国总部官方媒体机构。[①]

20 世纪 70 年代，约旦报业进一步发展，在内容、形式、发行数量等方面都有了较大进步。1971 年 5 月，约旦政府颁布法令，成立具有出版职能的约旦新闻基金会（المؤسسة الصحفية الأردنية），并负责发行官方报纸《言论报》（الرأي）。次月，该报问世，成为继《阿拉伯东方报》之后约旦的第二份官方报纸，也是当时发行量最大、普及率最广的日报。1975 年，约旦新闻基金会发行官方英文日报《约旦时报》（*The Jordan Times*），成为约旦国内首份英文日报。[②] 此外，1972 年由约旦研究与信息中心（المركز الأردني للدراسات والمعلومات）发行的综合性独立周报《旗帜报》（اللواء）也是约旦出现较早的周报之一。随着约旦国民教育水平不断提高，购买和阅读报纸的需求也日益增加，日报的发行得到巩固，周报下降到第二位，约旦媒体由此取得了进一步发展。同时，阿拉伯和国际新闻机构开始进入约旦，分析性、评论性文章也开始在该时期的报纸上占据一席之地。此外，广告版面逐渐增多也是该阶段报纸发展的重要体现。

20 世纪 80 年代后，随着约旦民主化进程的逐步推进，不同政治团体表达立场的意愿日益增强，需要新的媒体渠道传播政治观点，这就促使私人报业规模及影响力有所扩大。20 世纪 90 年代末至 21 世纪初，《今日阿拉伯人报》（العرب اليوم）和《明天报》（الغد）的问世为约旦报业注入了新的活力。同为独立的政治日报，前者成立于 1997 年，持泛阿拉伯主义立场；后者发行于 2004 年，具有鲜明的自由主义立场。此外，这一阶段出现的重要报纸还包括 1991 年创办的约旦穆斯林兄弟会周报《希汉山》（شيحان）、1993 年发行的伊斯兰保守派日报《道路报》（السبيل）和半独立英文周报《星报》（*The Star*）、2003 年创立的《家园报》（الديار）、2005 年发行的具有民主

① 《里亚赖特宣布〈宪章报〉在联合国完成认证》。

② [约]贾马勒·希勒比:《全球化背景下的约旦媒体和教育研究》, 59 页，法里斯出版社，2009。

主义色彩的日报《奈伯特人报》（الأنباط）、2006 年由约旦民主人民党（حزب الشعب الديمقراطي الأردني）创办的政党周报《党员报》（الأهالي）。由此可以看出，这一阶段的报纸主要服务于宗教和政治团体的思想输出及社会活动。

约旦国内杂志市场相对狭小，与报纸相比，杂志发行量小，辐射范围窄。约旦早期发行的杂志大多以文学、文化事务为主题，较为重要的有 1924 年约旦文学家穆罕默德·艾布·加尼玛（محمد أبو غنيمة）在德国创办的杂志《鸽子》（الحمامة）、1932 开始发行的杂志《智慧》（الحكمة）、1949 年伊尔比德男子中学创办的杂志《世代声音》（صوت الجيل）。1950 年约旦河两岸统一后，约旦哈希姆王国在政治上彻底独立，国内的文学家、思想家在国家意识和民族主义的鼓舞下，积极创办杂志刊物，内容涉及文学、思想、科学、伊斯兰文化，发行周期多为月刊，试图通过约旦本国的文学复兴带动阿拉伯世界的文学复兴。有代表性的杂志如：1950 年于安曼创刊的《新意识》（الوعي الجديد）、1952 年成立的《新笔》（القلم الجديد）和《思想协会》（الرابطة الفكرية）、1961 年创办的《新视野》（الأفق الجديد）、1963 年创刊的《观察者》（الرقيب）及 1966 年文化艺术局（دائرة الثقافة والفنون）推出的《思想》（الأفكار）。其中《新笔》杂志是第一本在约旦国内和阿拉伯国家广泛传播的约旦专业文学杂志。[①] 在科学研究领域，约旦有众多学术期刊，多为高校创办，经约旦高教与科研部认定的专业学术期刊共 23 种[②]，如:《约旦教育科学杂志》(المجلة الأردنية في العلوم التربوية)、《约旦医学杂志》（المجلة الطبية الأردنية）、《约旦工商管理杂志》（المجلة الأردنية في غدارة الأعمال）、《约旦艺术杂志》（المجلة الأردنية في الفنون）、《约旦农业科学杂志》（المجلة الأردنية في العلوم الزراعية）、《约旦物理学杂志》（المجلة الأردنية في الفيزياء）等。此外，由约旦国际研究中心（المركز الأردني للبحوث والدراسات）发行的《约旦国际人文与社会科学杂志》（IJJA المجلة الأردنية الدولية أريام للعلوم الإنسانية والاجتماعية）也是约旦最重要的

① 拉娜·艾勒赫玛什,《约旦的文化新闻业》。

② 数据来源：根据约旦哈希姆王国高教与科研部科研创新基金网站“经认证的专业学术期刊”统计得出。

学术期刊之一。

3. 电视和电台

电视方面，1968 年 4 月侯赛因·本·塔拉勒国王（الملك حسين بن طلال）为乌姆希兰区（منطقة أم الحيران）电视台揭幕，标志着约旦成为电视直播领域的探索者。起初，约旦电视台制作并播出黑白电视节目，电视信号覆盖约旦全境、约旦河西岸及加沙地带。1970—1971 年，约旦电视台开始转播以英语为主的外语节目，同时，与约旦教育部合作进行教育节目直播。1973 年，电视台在播放阿拉伯语公共节目的基础上，增设国外节目频道，并于 1974 年引进彩色技术，将电视台所有节目升级为彩色电视节目。1989 年，约旦广播电视台公司（مؤسسة الإذاعة والتلفزيون الأردنية）在园区内建成卫星地面站阿姆拉（عمرة），用于接收阿拉伯地区、欧洲和亚洲的卫星信号，进行节目直播和转播。1993 年，约旦开辟阿拉伯约旦卫星频道（القناة الفضائية العربية الأردنية），向约旦外的阿拉伯地区和欧洲播放节目。2001 年，约旦政府与沙特投资公司合作，在首都安曼兴建了约旦媒体城（المدينة الإعلامية الأردنية）。该媒体城不但为新闻机构提供电视节目制作、融资、电视频道转播、节目翻译等服务，还常年向约旦全境转播数百个外国电视频道，极大地丰富了约旦人民的娱乐生活。进入 21 世纪，随着约旦政府对私人电视台的管控有所宽松，约旦的私人电视台和卫星频道也逐渐增多。2004 年努尔米娜频道（قناة نورمينا）开播，专注于娱乐、旅游、文化和艺术领域，不包含任何政治节目。2011 年罗亚卫星频道（قناة رؤيا الفضائية）成立，隶属于约旦萨伊赫集团（مجموعة الصايغ），是一个综合性频道，聚焦国内新闻、政治事件、经济分析、体育赛事和社区发展等内容。2012 年雅尔穆克卫星频道（قناة اليرموك الفضائية）推出，定位于多元化的私人本地卫星频道。2017 年安曼电视台（عمان تي في）启用，播放内容包括精选阿拉伯连续剧、社会、宗教和娱乐节目。此外，一些专门的儿童频道也相继出现，如 2009 年开播的卡拉米什卫星频道（كراميش）、2013 年成立的努恩卫星频道（قناة نون الفضائية）和 2014 年运行的廷顿电视（TinTon TV/ تينتون تي في），它们致力于制作圣歌和动画、专注于提供寓教于乐的儿童电视节目，在推广伊斯兰教价值观和宗教礼仪、促进基础阶段教育发展等方面发挥了积极作用。

电台方面，1948 年 5 月 15 日，约旦在拉马拉市建立了第一个广播电台——耶路撒冷电台（إذاعة القدس），9 月 1 日，更名为约旦哈希姆电台（الإذاعة الأردنية الهاشمية），1950 年 4 月 24 日约旦河两岸统一后，电台名称确定为约旦哈希姆王国电台（إذاعة المملكة الأردنية الهاشمية），简称约旦电台（الإذاعة الأردنية）。该电台每天在中波频段播放 13 小时，1956 年之前仅在拉马拉市运行。1956 年 1 月 10 日，侯赛因·本·塔拉勒国王在安曼市贾巴勒·侯赛因地区建立了约旦第二个电台——安曼电台（إذاعة عمان），使用中波和短波分别在上午播出 1 小时、下午播出 2 小时。1959 年 3 月 1 日，约旦哈希姆广播大厦（مبنى إذاعة المملكة الأردنية الهاشمية）在乌姆希兰区落成，并成立了新的广播电台——乌姆希兰电台（إذاعة أم الحيران），新电台在中短波频段从早晨五点半播出至次日凌晨一点半。[①] 此后，更多新电台于耶路撒冷开通。约旦广播电台最初由内阁下属的国家指导委员会（رئاسة التوجيه الوطني）管理。1964 年，约旦新闻部成立，约旦广播电台成为该部的一个独立部门。1985 年，约旦颁布了《广播电视公司法》（قانون مؤسسة الإذاعة والتلفزيون），将广播和电视合并为一个机构，称为约旦广播电视公司（مؤسسة الإذاعة والتلفزيون الأردنية）。2003 年，约旦政府放开广播电台设立的准入条件，一些 24 小时不间断运营的私立电台纷纷成立：同年开播的以娱乐节目为主的艺术 FM（FM فن），成为约旦第一家提供广告服务的私营电台。此外，随着约旦高等教育的发展，部分约旦高校也开通了广播电台：约旦大学创建了约旦大学广播（إذاعة الجامعة الأردنية）、艾勒·贝塔大学开通了艾勒·贝塔大学广播（إذاعة جامعة آل البيت）、侯赛因·本·塔拉勒大学推出了南方之声（صوت الجنوب）、穆塔大学建立了卡拉克之声（صوت الكرك）、雅尔穆克大学创办了雅尔穆克 FM（FM يرموك）。约旦广播电台经历了 70 多年的发展，辐射范围更广泛，节目制作更多元，涵盖了阿拉伯语、英语和法语等不同

① https://www.jrtv.gov.jo/about-jordan-radio，访问时间：2022 年 2 月 18 日。

语种，是传播交流信息、实现国家愿景的重要途径。目前，约旦共建立 23 个卫星站，开设 38 家广播电台[①]，其中有影响力的广播电台有：传播国家政治话语和公共信息的约旦电台；承载国家宗教话语、阐明伊斯兰教教义的《古兰经》电台（إذاعة القرآن الكريم）；关注地方大事、贴合年轻人需求的安曼电台；用英语和法语传播约旦时事的外语电台（الإذاعة الأجنبية）；传达本地公民与官员声音、参与当地发展进程的大伊尔比德电台（إذاعة ابرد الكبرى）；为纪念阿卜杜拉二世国王生日而建立的、旨在宣传体育运动和青年事务的目标电台（FM إذاعة هدف）。[②] 值得一提的是，约旦广播电视公司是阿拉伯国家广播联盟创始成员、欧洲广播联盟活跃成员、伊斯兰广播组织、亚洲广播联盟和不结盟国家广播组织的准成员。[③]

4. 网络媒体

20 世纪 90 年代，约旦开始出现网络媒体。1998 年，约旦《宪章报》开始在网上同步发行电子报，建立综合性新闻网站，开启约旦主流媒体网络化的先河。此后，约旦的主流媒体如《言论报》《约旦时报》、约旦电视台和约旦广播电台也都设立了综合性新闻网站。

约旦的数字化设备普及与媒体数字化进程相辅相成，互相促进。与其他阿拉伯国家相比，约旦的数字化设备普及度非常高。据《约旦时报》报道，2017 年约旦统计局发布数据显示，约 99% 的家庭拥有一部手机，33% 的家庭拥有一台个人电脑或笔记本电脑，69% 的家庭已经订阅了互联网服务。[④] 截至 2021 年第四季度末，约旦手机用户总数为 727.5 万。[⑤] 私营新媒体在约旦媒体数字化转型过程中扮演了重要的角色。约旦出现的新媒体大多为独立的新闻机构，持鲜明的自由主义立场，往往与政府意见相左，因此偶尔会被政府强制关闭或暂停整顿。

在媒体国际交流合作方面，约旦以媒体学院（معهد الإعلام الأردني）

---

① 数据来源：根据约旦新闻署网站“广播电台”内容统计得出。

② 《目标调频电台启动》。

③ 《约旦哈希姆王国电台庆祝建台 61 周年》。

④ 《约旦家庭平均每年花费 10250 约第》。

⑤ 《2021 年约旦手机用户总数超 727 万》。

和媒体城为载体，促进媒体全球交流，落实媒体国际合作。2006 年 8 月 14 日，约旦媒体学院在里姆·阿里公主（الأميرة ريم علي）主持下建立，并于 2010 年 2 月落成。约旦媒体学院是一个非营利性教育机构，旨在通过先进的服务为约旦和阿拉伯地区新闻、媒体领域工作者提供教育和培训机会，提高该领域从业者的专业技能，从而提高阿拉伯世界的媒体水平。除了开设硕士课程外，同相关国际机构开展媒体合作也是约旦媒体学院的重要职责。在 2012—2021 年，约旦媒体学院与其合作伙伴共开展了 40 项合作项目，其中国际合作项目 34 项[①]，其国际合作伙伴为意大利、英国、法国、瑞典、挪威、德国等欧洲国家和加拿大、美国等北美国家的媒体相关机构，以及联合国教科文组织、联合国儿童基金会、欧盟、阿拉伯国家广播联盟等国际组织，合作项目涉及国际媒体培训、区域媒体改革、本国媒体建设以及媒体在性别、人口、人权、儿童、安全、选举等问题中的作用。

约旦媒体学院开展的众多国际合作项目中，有短期阶段性项目，如 2012 年年初，与荷兰驻约旦大使馆合作，启动“监测约旦媒体中的性别问题”项目，历时两年，通过监测和分析当地媒体中与性别问题相关的媒体内容，巩固记者在有关此方面的专业报道时对性别问题的认识。2014 年，在欧盟的资助下，与英国广播电台媒体行动（BBC Media Action）领导的媒体联盟组织共同开展了“地中海地区的媒体改革（2014—2018）”，以促进中东和北非地区媒体改革的进展，使决策者、媒体监管机构、视听广播组织和记者工会领导人能够获得相关专业知识并交流地中海两岸的媒体信息；在美国中东伙伴关系倡议（MEPI）的资助下，与加拿大人权记者组织合作，开展“通过媒体扩大关于人权问题的对话（2014—2015）”项目，以促进建立更全面的人权公共对话，促进尊重人权的公共文化，为社会各界和支持人权问题的各方开展建设性对话。2015 年，与美国国际开发署（USAID）合作，同其资助的“约旦家庭幸福交流计划（JCAP）”项目合作，旨在开展媒体和人口传播领域的研究。同年，与联合国

① 数据来源：根据约旦媒体学院“项目”内容统计得出。

儿童基金会共同策划"'全民学习计划'2015年儿童权利媒体奖"，双方于2017年开展了"提高对约旦儿童权利及其保护问题的新闻报道质量"项目，旨在培养记者引领儿童权利报道的变革能力。2018年，与瑞典广播媒体发展办公室、突尼斯非洲记者和通讯员培训中心、巴勒斯坦可持续发展合作伙伴基金合作，共同开展"中东和北非儿童及青少年的媒体信息培训（2018—2019）"项目，旨在加强约旦、巴勒斯坦、突尼斯12~16岁的儿童和青少年对媒体和信息素养的了解及传播意识。2019—2020年，在欧盟的资助下，与国际反暴力极端主义专项指导中心合作，约旦媒体学院开展"加强约旦媒体打击极端主义和恐怖主义的能力"项目，旨在从媒体教育、内容质量和媒体表现的角度提升约旦媒体打击极端主义和恐怖组织的能力，等等。该类项目为约旦及其国际合作伙伴解决特定问题、促进各方媒体阶段性提高有着重要作用。

同时，约旦媒体学院开展的国际合作项目中，也有长期合作型项目，如2012年，与挪威新闻学院签署了一项合作协议，旨在通过实施一系列学术活动和文化交流，促进双方媒体部门能力提升。2019年，在纽约卡内基基金会的资助下，与美国网络电视台（PBS）合作，开展"讲故事：媒体中青年男女的声音"项目，通过为青年提供必要的消费技能和媒体生产方式提高他们对媒体和信息素养的认知；在国际记者中心（IFCJ）的资助下，与社交网站Facebook合作，开展"中东和北非记者的社交媒体解决方案"项目；与谷歌新闻倡议合作，开设"数字时代的媒体"项目，以解决当今新闻业面临的主要挑战，提高报道质量和解决错误信息。2020年，在挪威外交部的资助下，约旦媒体学院同挪威驻安曼大使馆合作，开展"赋予约旦新一代记者支持新闻自由和言论自由的技能"和"通过媒体和信息教育打击约旦虚假信息、促进权利和自由"项目；与德国之声德意志学院合作，开展"媒体和信息素养培训"项目，等等。此类国际合作项目从开始执行后一直持续至今。

在开展媒体国际交流合作过程中，约旦政府于2011年出台了《媒体战略2011—2015》，重点关注约旦媒体部门，将其作为民主对话的平台和实现透明度及问责制的重要工具。2014 年，联合国教科文组织在欧盟的支持下同约旦政府合作，以约旦媒体战略及其实施计划为基础，开展了“支持约旦媒体”项目，通过联合国教科文组织安曼办事处和联合国反恐办公室的实践，该项目成果得到了加拿大政府的资助。在此框架下，约旦开展的项目包括“约旦地方和社区电台的能力建设（2016—2018）”“媒体信息素养（第一阶段）”“媒体信息素养（第二阶段）”“培养女性与媒体打交道的能力”等。2018 年，为期四年的“支持约旦媒体”项目在侯赛因国王俱乐部庆祝结束，项目的合作者和参与者表示在媒体信息素养、新闻传播能力、广播电视技术等方面均有所收益。此后，在欧盟的资助下，约旦继续同联合国教科文组织保持媒体领域的合作，并于 2018 年开展“支持约旦公立学校的媒体信息素养俱乐部”项目，2019 年开展“赋权青年—无线广播和媒体与信息教育”项目，不断提升约旦媒体发展质量。

此外，约旦政府通过“欧洲—约旦结对计划”与一些欧洲国家的相关机构展开了媒体交流合作，2013 年，与意大利共同编纂了《媒体与传播一体化绿皮书》（الورقة الخضراء حول اندماج وسائل الإعلام والاتصالات）。2018 年，与德国国际合作基金会（GIZ）合作，对伊斯兰教法总局（IFTAA）工作人员进行媒体技能培训，并开展“建设青年在传播和媒体领域的能力”的项目。通过该模式，约旦媒体的国际交流合作广度有所提高。

在融媒体发展方面，约旦政府和媒体积极通过 Twitter、Facebook 等平台进行信息发布，打造“新闻 + 政务 + 服务”模式。大多数政府媒体相关部门和新闻媒体机构在这些平台上开通了官方账户，发布信息的同时也能了解社会舆情反馈。以 Twitter 平台为例，截至 2022 年 2 月 26 日，在政府部门中，约旦首相府的被关注程度和活跃程度较高，关注者人数为 54.8 万人，发送推文 2.2 万条。值得注意的是，媒体管理委员会官网提供的推特显示账户主体为阿卜杜拉二世·本·侯赛因国王，拥有 212.6 万关注者。在媒体机构中，《言论报》和《明天报》的关注群体数量最大，分别为 140.3 万人和 101.7 万人，发送推文最多的是佩特拉通讯社，发送推文 30.1 万条。[①]

表 9　约旦政府媒体相关机构和主要新闻媒体机构在 Twitter 上的关注者人数及发送推文统计表[②]

机构名称	关注者人数（人）	发送推文（条）
约旦首相府	54.8 万	2.2 万
约旦文化部	1.1 万	4 108
媒体管理委员会	212.6 万（*）	203
约旦媒体学院	2 560	4 736
国家图书馆	119	468
约旦电视台	24.2 万	16.8 万
佩特拉通讯社	17.8 万	30.1 万
宪章报	3.8 万	15.3 万
言论报	140.3 万	18.8 万
明天报	101.7 万	26.4 万

二、约旦传媒政策变迁与传媒管理部门

（一）约旦传媒政策变迁

约旦的新闻监管制度相对保守，政府注重防范打击一切危害政权和社会稳定的报道或言论。约旦的传媒政策随着周边地区的政治局势变化而不断调整，政府会根据局势立法或颁布规章制度。在历史发展过程中，约旦的传媒业经历了四个阶段：第一阶段，1921 年外约旦酋长国成立至 1946 年，约旦河两岸传媒同策时期；第二阶段，1946 年外约旦哈希姆王国独立至 1970 年，外约旦传媒立法体系逐渐完善时期；第三阶段，1970 年约旦内战结束至 1989 年，约

① 数据来源：根据上述机构在 Twitter 上的认证账户统计得出，截止时间为 2022 年 2 月 26 日。

② 数据来源：同上。其中 * 表示该数据的账户主体为阿卜杜拉二世・本・侯赛因国王。

旦传媒业政策摇摆不定时期；第四阶段，1989 年约旦民主过渡初期至今，约旦传媒的现代化时期。

第一阶段：1921 年外约旦酋长国成立至 1946 年，约旦河两岸传媒同策时期。1921 年，在英国的支持下，外约旦酋长国成立。阿卜杜拉担任埃米尔，并于同年 4 月组建了外约旦历史上首届中央政府。此后，外约旦在传媒政策方面一直沿用 1909 年的《奥斯曼出版法》（قانون المطبوعات العثماني）和 1933 年的《巴勒斯坦出版法》（قانون المطبوعات الفلسطيني رقم ٣ لسنة ٣٩٩١），并未另行制定其他法律。其中，《巴勒斯坦出版法》规定：政府有权在任何情况下吊销出版许可证、暂停或关闭报纸，拘禁记者。此后该法律虽经多次修订，但仍在整体上倾向于对舆论进行严格管控。

第二阶段：1946 年外约旦哈希姆王国独立至 1970 年，外约旦传媒立法体系逐渐完善时期。1946 年，外约旦脱离了英国的委任统治，宣布完全独立，并将国名更改为外约旦酋长国。5 月 25 日，阿卜杜拉国王正式登基。1947 年 10 月 20 日，国家颁布了 1947 年第（3）号法令——《约旦宪法》（الدستور الأردني），其中第十七条规定："每个人都有权利在法律允许的范围内以口头和书面形式表达自己的想法，言论自由得到保障。"第二十条规定："除法律规定的情况外，所有邮政、电报和电话通信均被视为机密，不受监视或中断。"[①]1952 年，约旦颁布《约旦宪法》（الدستور الأردني），在 1946 年宪法的基础上，对新闻、出版、广播等媒体管理做出了规定，明确公民言论自由的同时，加强对新闻与出版权利的保护，并强调了对出版物的依法监管。[②]1953 年，侯赛因加冕国王初期，约旦的政治环境有所开放，呈现出多党制的政治生态。同年，约旦颁布《新闻出版法》，保障新闻出版业享有法律范围内的自由，允许发行具有各种倾向和意识形

---

① 约旦哈希姆王国立法和意见委员会，"1947 年第（3）号法令—约旦宪法"。

② 《约旦哈希姆王国宪法》第十五条：（一）国家尊重保障保证言论自由，任何约旦公民在不触犯法律的前提下都可通过言论、书面或其他方式发表意见。（二）宪法保护新闻、出版自由。（三）除依照相关法律章程，任何机构不得暂停报纸出版或吊销其许可证。（四）在宣布戒严或紧急状态之后，政府有权对影响公共安全或国防的报纸、出版物、书籍和广播进行有限的新闻审查。（五）对报业的管制应依法进行。

态的报纸。此后，约旦政府分别于 1955 年、1967 年和 1973 年对该法律进行补充修订。这一阶段，约旦的传媒政策相对宽松，法律保障制度逐渐完善，新闻报业发展活跃。

第三阶段：1970 年约旦内战结束至 1989 年，约旦传媒业政策摇摆不定时期。第三次中东战争后，约旦与其境内的巴勒斯坦解放组织矛盾不断激化，最终导致 1970 年的约旦内战爆发。内战的爆发对约旦的报业发展产生了巨大的影响，几乎导致约旦和巴勒斯坦双方报业的决裂，《宪章报》成为当时约旦境内唯一的日报，这推动了约旦政府发行本国报纸的想法。1971 年 5 月 13 日，约旦政府出台第（26）号决议，决定建立一个官方的新闻基金会，即约旦新闻基金会。根据约旦内阁的决定，约旦新闻基金会于 1971 年 5 月 18 日成立了《言论报》，并于 6 月 2 日发行了第一期报纸。1973—1989 年，约旦政府实施的传媒政策摇摆不定，其中既有经济原因，也包含政治因素。《言论报》的政治属性明显、专业性较强使其并不畅销。为了扭转这一局面，1973—1975 年，约旦政府在不偏离国家路线的情况下把新闻业务交给私人部门，将约旦新闻基金会从“公共股份制基金会”转变为“私人股份制基金会”。[①] 在此期间，宰德·里法伊（زيد الرفاعي）于 1974 年连任政府总理后放松对新闻出版业的管控，取消了政府舆论控制，奉行相对自由开放的管理政策，并于 1975 年废除了对报纸的审查制度。这样的变革增加了报纸的销量，使报纸在运营方面取得了成功。见此状况，约旦政府决定收回约旦新闻基金会的所有权。为了扩大约旦日报基础、持续维护官报良好运营，约旦政府于 1977 年将《言论报》发行方约旦新闻基金会转回为“公共股份制基金会”，1986 年参与《宪章报》发行方约旦新闻出版公司的控股。尽管这两家报纸在运作方式上经历了所有制的起伏变化，但这并未对其产出内容和受众规模带来消极影响，它们自创刊以来的发展历程代表了约旦报业前进的成功经验，其达到的专业水平在某种程度上成为约旦新闻媒体领域的公认标准。虽然《言论报》和《宪章报》都是亲政府报纸，但在政府放松舆论管控的情况下，二者

① 马吉德勒·哈德里：《第一个千年中的约旦媒体》。

的报道内容有倾向地迎合大众，并在社会层面产生了深刻的影响和难以撼动的抵抗力，使约旦政府失去了对它们的掌控力。1977 年，穆德尔・巴德兰（مضر بدارن）出任政府总理后开始实施限制新闻出版业的政策，加强了相关审查与管控。在威权主义的压制下，依据 1973 年修订的《新闻出版法》，政府甚至计划关停日报，并威胁要取消办报执照，迫使日报听令于政府。除此之外，1985 年宰德・里法伊在担任总理期间曾发布行政命令，限制在日报上刊登讣告和贺词，禁止在日报首页以任何形式发布对主管当局和负责人的贺词，这使得报纸失去了重要的广告收入来源。[①]1988 年，约旦国民议会通过了对《新闻出版法》第 16 条的修订，修订后的条款规定解除内阁对取消或撤销新闻出版决定的豁免权，如政府违反该条款，则可以对政府提出起诉，这成为该时期传媒政策上的积极因素。这一阶段约旦传媒业的发展，除了政府传媒政策干预外，新闻机构的专业运作力、财务独立性和社会影响力构成了约旦传媒发展的重要因素。

第四阶段：1989 年约旦民主过渡初期至今，约旦传媒的现代化时期。20 世纪 90 年代后，受国际金融危机和国内经济问题影响，约旦社会动荡加剧。为平复民众不满情绪，约旦政府开始从政治改革、新闻自由和人权三方面着手推动民主化进程。1993 年，约旦议会修订《新闻出版法》，一方面规定禁止发布任何影响安全机构或武装部队的新闻报道；另一方面放宽了新闻出版机构许可条件，国内私人报纸数量不断增加。传媒业开始在信息传播、公众舆论、揭露腐败现象等方面发挥更大作用。随着国内媒体对政府批评指责之声越来越大，约旦议会于 1998 年再次修订《新闻出版法》，重新对新闻媒体进行限制，不仅规定了出版物所需的法定最低资本，还扩大了对内容的审查范围：禁止发布任何不实报道或谣言；禁止散播破坏民族团结、民族尊严和个人声誉的新闻报道；禁止发布任何煽动罢工或公开集会的信息报道。这种做法的直接结果是导致 13 家周报

① 马吉德勒・哈德里:《第一个千年中的约旦媒体》。

关停。[①]1999 年，约旦内阁通过了《新闻出版法》修正案，降低了周报法定最低资本的限制，取消了允许政府在案件待审期间中止出版物发行的条款。

受地区政局动荡影响，约旦在进入 21 世纪后对传媒业管控政策的调整频率大幅增加，管控程度也时紧时松。2001 年，约旦撤销新闻部，成立咨询性质的最高新闻委员会（المجلس الأعلى للإعلام）。2002 年，约旦通过《临时视听媒体法》（قانون الإعلام المرئي والمسموع المؤقت），对“视听媒体”进行定义，明确了对地面广播、卫星广播与电视频道的监管条例。为加强对广播和电视节目管理，约旦分别于 2003 年和 2004 年颁布《广播电视播出和转播许可证制度》（نظام رخص البث وإعادة البث الإذاعي والتلفزيوني）和《音像制品许可监督制度》（نظام إجازة المصنفات المرئية والمسموعة ومراقبتها）。2006 年 7 月，约旦内阁通过《新闻出版法》修正案，明确规定不允许逮捕或监禁犯有与其职业相关罪行的记者。2007 年，通过《新闻出版法》修正案，减轻了自 1953 年起一直存在的针对记者的相关刑事处罚条例。但该修正案仍保留了拘留记者的条例：若记者涉嫌散播、编造与种族主义、恐怖主义、极端主义有关的新闻，执法机构可依法逮捕和拘留涉案记者。2010 年，约旦颁布法令，要求厘清政府与媒体之间的关系，推动约旦新闻机构全面独立，并将涉及新闻和出版物案件的审理权由国家安全法院转移至地方法院和中央法院。

“阿拉伯之春”爆发后，约旦加紧了对传媒业的管控。为规范网络环境，约旦议会于 2012 年通过法令，规定约旦境内的网站注册须获得政府颁发的营业执照或许可证。2014 年，约旦议会通过《反恐法》（قانون منع الإرهاب）修正案，赋予安全机构限制新闻活动的更多权力，并再度将对记者的刑罚添加在《新闻出版法》中，规定涉嫌煽动恐怖主义活动的个人可处最高 10 年以上监禁。2015 年，约旦通

① 《法律与现实之间的媒体自由 1》。

过《视听媒体法》(قانون الإعلام المرئي والمسموع),[①] 并于2016—2017年细化了播出许可证的相关制度条例。约旦的传媒政策法律在历经多次完善调整后更为健全，更加细化，新闻媒体虽受政府限制，但其独立性较约旦独立初期相比已得到很大提升。

（二）约旦传媒业管理部门

负责约旦传媒业监管的政府机构主要包括：约旦文化部(وزارة الثقافة الأردنية)、国家新闻和通讯事务部(وزارة الدولة لشؤون الإعلام والاتصال)及媒体管理委员会(هيئة الإعلام)。

约旦文化部前身为1966年成立的文化和艺术局(دائرة الثقافة والفنون)，后于1977年成为约旦文化部。约旦文化部致力于传播文化，加深民众对阿拉伯伊斯兰民族文化的自豪和忠诚，提高对阿拉伯标准语的重视，并致力于实现表达和舆论自由的民主原则。文化部鼓励文学作品的翻译、出版、发行，鼓励开展戏剧、艺术、民间文化节日，积极筹备国内、国际的会议和展览。约旦文化部下设部门包括文化推广和营销局(مديرية الترويج والتسويق الثقافي)、信息科技和数字化转型局(مديرية تكنولوجيا المعلومات والتحول الرقمي)、国际联络与合作局(مديرية الاتصال والتعاون الدولي)、戏剧和视觉艺术局(مديرية المسرح والفنون البصري)、音乐和表演艺术局(مديرية الموسيقى والفنون الأدائية)、研究和出版局(مديرية الدراسات والنشر)、遗产局(مديرية التراث)、国王文化中心(المركز الثقافي الملكي)等14个单位。[②] 为适应信息技术的发展，约旦文化部官网推出了电子服务系统，访问者能够在官方网站中订购书籍、阅览电子图书馆等。

国家新闻和通讯事务部成立于2005年，最初隶属文化部。2001年，约旦撤销新闻部后设立了该部。此后，新闻和通讯事务部一直作为文化部的附属机构开展工作，直到2007年成为独立的国家部

---

① 《传媒视听法》第十八条规定：（一）内阁有权依据相关规定，批准授予、更新、修改或吊销传播许可证。（二）内阁有权拒发传播许可证，证件申请方可对此提起上诉。（三）传播许可证为私人所有，除经内阁批准外，持有者不得以任何形式转让他人。（四）若持证者违反相关持证条件，内阁有权根据相关条例对持证者予以处罚。（五）在约旦经营且面向约旦公众的所有电台均须获得广播许可证。

② 约旦哈希姆王国文化部，“组织架构”。

门。该部主要负责监管约旦新闻媒体（尤其是广播电视公司和通讯社）工作中的行政和组织事务。约旦新闻与通讯事务部下设媒体办公室（المكتب الصحافي），负责监管约旦国内运营的阿拉伯和外国媒体，并为阿拉伯和外国媒体机构颁发工作许可证。①

媒体管理委员会是约旦政府为规范管理媒体事务于 2014 年成立的部门，其前身为新闻出版局（دائرة المطبوعات والنشر）和视听媒体管理委员会（هيئة الإعلام المرئي والمسموع）。在约旦印刷出版和视听媒体的发展过程中，这两个部门在制定法律制度、推进现代管理、发展媒体部门、建立许可标准等方面起到了先行探索和实践完善的作用。新闻出版局是约旦成立时间最早的媒体机构之一，始建于 1927 年，在媒体和出版领域占有突出地位，2014 年约旦政府重组后将其并入约旦媒体管理委员会。其目标是积极同政治领导人、各类政党、新闻界和各类媒体密切沟通，发布相关新闻报道和专题研究，从而为广大受众提供信息服务。除了在报纸、出版社、发行等领域发挥作用外，它还能够向学者、研究人员和媒体提供各种信息。② 视听媒体管理委员会设立于 2002 年，既具有法人资格，又具有财务和行政独立性，由约旦政府根据 2002 年《临时视听媒体法》设立，于 2003 年年中开展工作，2014 年并入约旦媒体管理委员会。其主要职责有：发展和组织约旦的视听媒体部门，营造投资环境；研究、发放广播电台和电视台的许可申请等。③

2014 年，约旦部长理事会出台第（2784）号决议，成立媒体管理委员会，由约旦内阁直接领导，委员会主席对约旦总理和新闻事务大臣负责。媒体管理委员会肩负制定和实施国家媒体战略、发展媒体产业、营造投资环境、发展媒体绩效、致力于提供高质高效的媒体服务的国家使命，将新闻出版局和视听媒体管理委员会原有的职能与部门进行整合，主要负责执行与印刷出版和视听媒体相关的

① https://mail.jmm.jo/هيئات-و-مؤسسات-اعلامية/هيئات-اعلامية/رسمية/وزارة-الدولة-لشؤون-الاعلام-و-الاتصال，访问时间：2020年4月25日。

② https://mail.jmm.jo/هيئات-و-مؤسسات-اعلامية/هيئات-اعلامية/رسمية/دائرة-المطبوعات-والنشر，访问时间：2020年4月25日。

③ https://mail.jmm.jo/هيئات-و-مؤسسات-اعلامية/هيئات-اعلامية/رسمية/هيئة-الاعلام-المرئي-والمسموع，访问时间：2020年4月25日。

法律制度、战略计划，并开展媒体相关工作。媒体管理委员会在行政和财务方面享有独立的法人资格，下设行政和财政事务局、许可证局、监督局、公共关系和记者资格认证局、工程局、法律事务所六个职能部门，承担的主要行政工作包括：发展并规范国内的印刷出版部门和视听媒体部门，积极创造投资环境；受理媒体许可申请；制定颁发媒体许可证的标准；监督被授权实体遵守法律的情况；对广播电台和电视台记者办事处进行认证；同电信监管局协调，为用于广播电视直播工作的技术设备颁发许可证；执行政府批准的公共媒体政策；制定国家指导计划并在获得许可的单位中推广；组织媒体活动，提高媒体专业水平，培养专业媒体人才；组建审议公众投诉的专家委员会。为实现国家对于约旦媒体的愿景，媒体管理委员会制定了一系列战略规划，如：《媒体管理委员会战略计划 2017—2020》《媒体管理委员会战略计划 2021—2024》《知识管理战略 2021—2024》《风险管理计划 2021—2024》，对约旦媒体管理与发展作出了全局性、前瞻性规划。同时，为保障战略规划的顺利实施，媒体管理委员会制定、修订了若干法律法规和制度条例，如 2015 年第（26）号法令《视听媒体法》、2016 年第（1）号法令《广播电视播出和转播许可及变更须知》（تعليمات رخص البث وإعادة البث الإذاعي والتلفزيوني）、2017 年第（58）号条例《延迟支付播出许可证年费的处罚制度》（نظام غرامات التأخير عن دفع الرسوم السنوية لرخص البث）、2017 年第（62）号条例《广播电视台办事处及其记者的认定制度》（نظام اعتماد مكاتب محطات الإذاعة والتلفزيون ومراسليها）、2017 年第（63）号条例《期刊记者和外国媒体规定》（نظام مراسلي المطبوعات الدورية ووسائل الإعلام الخارجية）、2017 年第（65）号条例《出版和广告机构许可制度》（نظام ترخيص مؤسسات النشر والإعلان）等，为约旦媒体管理提供了制度依据。

除官方组织外，包括约旦作家协会（رابطة الكتاب الأردنيين）、约旦记者工会（نقابة الصحفيين الأردنيين）、捍卫记者自由中心（مركز حكاية وحرية الصحفيين）在内的一些半官方或民间性质的社会组织也在一定程度上推动了约旦传媒业的发展。

约旦作家协会成立于 1974 年，创始成员包括约旦大部分的知识分子和作家，是约旦最重要的民间文化组织之一，在约旦国内设有六个分支机构，其宗旨在于丰富思想文学活动、扩大文学读者圈子，深化思想文化层次；维护自由的创作环境，在自由的氛围中为约旦作家的成长和发展提供条件；从约旦国家遗产和民间文学中的人道主义和爱国精神中汲取灵感，并将其推向世界文学的潮流中；关注约旦作家的创作环境和阿拉伯世界的现实，创造出表达约旦人民愿望的作品；出版文学作品和知识产品；与其他国家和地区的传媒组织、作家协会等机构进行联系，开拓文学合作平台。1987 年 6 月 17 日，约旦作家协会因当时的军事统治者发布的戒严令而关闭，在约旦政治局势缓和后，于 1989 年 12 月 15 日重新开放。在此期间，约旦出现了第二个作家组织——约旦作家联合会（اتحاد الكتاب والأدباء الأردنيين），以与约旦作家协会类似的建构目标吸引了众多作家和知识分子加入，在当时弥补了约旦作家协会无法开展活动的空白。这两个组织目前均活跃于约旦国内，阿拉伯作家总会则更认可约旦作家协会，将其视为“能够代表约旦作家的工会”。①

约旦记者工会成立于 1953 年，由 1 名主席和 10 名委员组成。除联系、监督约旦国内所有新闻、传媒、广播电视机构的工作者外，还负责同其他阿拉伯和外国新闻机构、工会建立联系，在新闻事务相关的国际会议中发挥突出作用。②

捍卫记者自由中心成立于 1998 年，是一个民间社会组织。该中心支持言论自由和媒体自由，呼吁遵守新闻自由的国际准则，捍卫媒体从业者的安全自由，解决他们面临的侵权行为，并拓展他们的专业技能，使他们能够捍卫民主和人权，在推动国家民主化、促进改革进程方面作出贡献。此外，中心在促进、变革、更新支持媒体自由的立法方面发挥着积极作用，并致力于加强阿拉伯国家和全球媒体从业者之间的交流。③

① 《〈宪章报〉同作家与知识分子就双重代表的可行性进行对话：“协会”和“联盟”代表了约旦文学家和两个机构的 800 多名会员》。

② https://mail.jmm.jo/هيئات-و-مؤسسات-اعلامية/هيئات-اعلامية/أهلية/نقابة-الصحفيين-الاردنيين，访问时间：2020年4月26日。

③ http://www.civilsociety-jo.net/ar/organization/467，访问时间：2022 年 5 月 18 日。

三、约旦主要媒体机构

根据约旦媒体管理委员会的数据，目前约旦有超过240家传媒企业、30家纸媒企业、41家专业性出版社和107家新媒体网站。[①] 约旦建国以来的近一个世纪中，传统媒体持续发展，不断革新，新兴媒体蓬勃发展，与传统媒体相互补充融合。

（一）通讯社

约旦新闻通讯社（وكالة الأنباء الأردنية）是约旦官方通讯社，1969年7月16日，约旦颁布皇家法令，建立独立的新闻部门，即约旦新闻通讯社，隶属于新闻部。1981年，约旦新闻通讯社更名为佩特拉通讯社（بترا）。2001年约旦取消新闻部后，通讯社开始独立运作，吸收社会投资，自由出售新闻产品。佩特拉通讯社是约旦使用现代传媒技术的领导者，于1998年开设官方网站。该通讯社向约旦境内各家新闻媒体免费供稿，2016年数据显示，佩特拉通讯社每天阿文消息发稿量约1300条，英文消息发稿量约300条，其中国内新闻占比约40%，国际新闻占比约60%。[②] 佩特拉通讯社在大马士革、开罗、贝鲁特、巴格达、多哈、萨那、突尼斯、北京、东京、伦敦、莫斯科、华盛顿和纽约等世界各大城市设有常驻记者站。[③]

除了官方通讯社佩特拉通讯社外，约旦国内还有一些私立通讯社，如：阿蒙通讯社（وكالة عمون الإخبارية）、萨拉亚通讯社（وكالة أنباء سرايا الإخبارية）、祖国通讯社（وكالة وطن للأنباء）、阿拉贝拉通讯社（وكالة أرابيلا الإخبارية）等。

阿蒙通讯社成立于2006年，它不仅是网站、报纸、博客，也是一家当地的、阿拉伯的、全球的电子通讯社，更是新型媒体的一种雄心壮志的构想。“阿蒙”是约旦首都安曼的历史名称，选择该名字是经过深思熟虑的，表示这里的内容能够证明这片土地及其人民

---

① 数据来源：根据约旦媒体管理委员会网站“许可媒体”页面统计得出。

② 《海外传媒观察——带你走进约旦新闻界》。

③ https://petra.gov.jo/Include/Menu.jsp?ID=3&lang=ar&name=menu_pages，访问时间：2020年4月26日。

是可信的。由于早期阿拉伯世界缺少严肃的、独立的网络新闻内容，因此成立“阿蒙新闻”的想法应运而生。它致力于放开互联网技术，让更多的机构、公司、个人和政党加入媒体，成为所有追求言论自由之人的聚集地，其读者在这里也可以不受限制地自由地表达观点、发表评论。

萨拉亚通讯社成立于 2007 年，其名字来源于军事名称“السرية”[①]，寓意为“相信祖国有士兵保卫，媒体由我们捍卫”，其口号是“我们的自由是天空”。萨拉亚通讯社是一个专业的新闻网站，致力于对地方和全球新闻事件及其发展的报道实现质的飞跃。自成立以来，该通讯社便提倡正确的价值观，努力揭露不公，积极打击腐败并处理公民问题，旨在做一个自由公正的平台，成为社会各界尤其是国家公民和政府官员之间交流方式的转折点。萨拉亚通讯社的政治立场和报道内容相对激进，2013 年，该机构因发布不当言论被约旦政府关停；2015 年，因报道内容违背《新闻出版法》，其经营者和主编被捕。

祖国通讯社于 2008 年 4 月 1 日推出的电子报纸，基于约旦国家和社会的价值观，优先报道当地事务，关注各种事件的透明度，遵守神圣的职业守则，不接受任何阶级和团体的监护指导。同时，今日国家新闻也是一个自由的交流平台，所有人都可以发表负责任的言论和建设性的意见。

阿拉贝拉通讯社成立于 2008 年 12 月 16 日，该名字源自约旦北部城市伊尔比德市的古称，这个城市也被称作“北部新娘”，是一座历史文化名城，在约旦古代史中占有重要地位。该社采用该名称是为了向该城的新闻工作者致敬。阿拉贝拉通讯社以客观中立的报道为己任，口号为“我们绝不粉饰太平，祖国值得我们为之奋斗”。它是一个综合性报社，刊文体裁多样，有专栏文章、意见反馈、批判评论等，主题涵盖社会生活的方方面面，如人文、政治、经济、文化、体育，尤其对足球事业发展予以高度关注。

① 该阿拉伯语单词发音为“Seraya”，与新闻社名字发音相近，意为“秘密”。

（二）出版社

目前，约旦共有480家广告和出版机构[①]，其中有代表性的出版社有以下几家：

日出出版社成立于1979年5月，是约旦乃至阿拉伯世界最负盛名的出版社之一，现任社长是法特希·哈利勒·穆罕默德·阿尔卑斯（فتحي خليل محمد البس）。该社致力于出版各个领域中具有较高水平的阿拉伯图书，囊括历史、政治、法律、文学等数百个领域，自1985年以来，发行的出版物超过1 000种。出版社在约旦安曼市和巴勒斯坦拉马拉市设立分社，拥有最先进的生产部门，在维护知识产权和打击盗版方面发挥着积极作用。[②]

阿赫利亚出版社成立于1985年，其前身是1970年成立的阿拉伯出版发行公司（دار العربية للنشر والتوزيع），在安曼设有三个分支机构。该出版社成立初期主要发行政治和知识书籍，并出版了许多优秀年轻作者的作品。目前在小说、媒体、传播和信息、历史、教育、技术、文学批评和文学选集等多个领域都有业务。[③]

玛吉达拉维出版社（دار العربية للنشر والتوزيع）是一家由翻译家弗洛拉·玛吉达拉维（فلورا مجدلاوي）1992年创立的、专注于阿英双语儿童和青少年书籍的出版发行商，该出版社旨在通过开发教育资源传播阿拉伯世界的儿童和青少年文学。其出版的《绿色食物乐趣》（*Green Food Fun*）于2010年获得“世界最佳翻译奖”。玛吉达拉维出版社还是“阅读空间”（Room to Read）难民帮扶项目在约旦的出版合作伙伴之一，定期在安曼附近难民营分发书籍。[④]

萨尔瓦出版社（دار السلوى）是一家成立于1996年的独立出版社，致力于出版阿拉伯文儿童和青少年图书。主要目标读者是13岁以下儿童，主要目标是通过不同媒介为孩子创造愉快的阅读体验，鼓励

---

① 数据来源：约旦媒体管理委员会，“广告和出版”。

② “关于我们”，https://shorok.com/ar_jo/about-us/，访问时间：2020年4月26日。

③ “阿赫利亚出版社”，http://www.ektab.com/publishing-houses/دار-الأهلية-للنشر-والتوزيع/，访问时间：2020年4月26日。

④ “玛吉达拉维出版社”，http://majdalawi.jo/contacts/，访问时间：2020年4月27日。

他们养成终身阅读的习惯。随着不断发展，该出版社的业务逐渐从图书出版扩展到制作线上应用程序、电子书、DVD、有声读物和电子媒体。[①]

阿克拉姆出版社（دار الكرمل للنشر والتوزيع）是约旦一家人文社科类出版社，出版领域主要涉及历史、文化、文学、宗教等社会科学，拥有丰富、多元的销售渠道。近年来，阿克拉姆出版社同北京师范大学出版社签署合作协议，联合出版《文明的追随：中国的崛起与阿拉伯人的未来》《东方的复兴——阿拉伯之春的失败与中国崛起的前景》等一系列反映中阿关系的优秀图书，在中国的学术界和出版界产生较大影响。[②]

（三）报刊

约旦目前共有各类报刊200余种，其中专业纸质出版物60种，纸质报刊32种，电子出版物130种。[③]在众多报刊中，具有官方和半官方性质的《宪章报》《言论报》有着较大的社会影响力。此外，《明天报》《约旦时报》《星报》等也深受约旦人民欢迎。

《宪章报》是阿拉伯语日报，创刊于1967年，是约旦历史最悠久的报纸。总部位于首都安曼。约旦政府是该报业机构最大股东，因此该报也被视为约旦政府喉舌。该报从内容而言可以分为五大部分：头条新闻和国内新闻；国际新闻、商业和经济新闻；国际、国内体育新闻；有关健康和生活方式的新闻；国内、地区和国际文化活动。

《言论报》是阿拉伯语日报，所有权属于约旦新闻基金会，总部位于安曼。1971年5月18日，约旦创建约旦新闻基金会，并于1971年6月2日首次发行《言论报》。2016年，《言论报》日发行量约10万份，报纸共有56个版面。[④]约旦政府是《言论报》所属报业

① 萨尔瓦出版社网，“关于我们”，http://alsalwabooks.com/en/catalog/，访问时间：2020年4月27日。

② “阿克拉姆出版社”，http://www.cctss.org/task/mechanism/11216，访问时间：2020年4月27日。

③ 数据来源：约旦媒体管理委员会，“印刷品”。

④《海外传媒观察——带你走进约旦新闻界》，见新华网。

机构的最大股东，报纸主编由政府任命，帮助约旦政府就各种议题发表观点。《言论报》主要由以下五个板块构成：国内新闻，阿拉伯人和世界，国际新闻，体育、经济，文学与艺术。

《明天报》是阿拉伯语日报，由约旦企业家穆罕默德·哈立德·阿勒延（محمد خالد عليان）于2004年创办，属于独立的民间报纸。该报日发行量约为6万份，[①] 其宗旨是实现新闻报道的多样性、中立性和客观性。

《约旦时报》是约旦仅有的英文日报。日发行量7000份左右。[②]《约旦时报》和《言论报》同属于约旦新闻基金会，政治倾向与《言论报》一致，但读者群体主要为在约旦的外籍人士。该报主要报道约旦国内、地区和国际新闻以及商业和体育讯息。

《星报》是一份独立的政治、经济和文化周报，于每周周四发行，主要报道约旦政治、经济、社会和文化问题。该报原名为《耶路撒冷星报》，于1993年更名为《星报》。

（四）电视与电台

约旦电视业开始于20世纪60年代，1968年4月，约旦电视台开播并创办第一频道，于1970年加入欧洲广播联盟。1972年，开设第二频道，主要播出英语和法语新闻栏目。[③]1985年同约旦广播电台合并为约旦广播电视公司。目前约旦电视台每天提供24小时阿语节目、21小时英语节目以及13小时法语节目。[④] 约旦电视台是约旦官方媒体，受政府直接管理；同时，约旦还有一些私人电视运营机构，二者播出信号覆盖约旦全境和部分中东国家。约旦国内收视率较高的电视台和卫星频道包括约旦电视台、安曼电视台、努尔米娜频道和罗亚卫星频道等。除上述综合性电视台和卫星频道外，还

① 马晓霖、高杰:《与国家共同成长的约旦新闻传播业》，载《新闻界》，2018（4）。

② “约旦国家概况”，见中华人民共和国驻约旦哈希姆王国大使馆网站。

③ “关于约旦电视台”，https://www.jrtv.gov.jo/about-jordan-tv，访问时间：2022年2月20日。

④ 李宇:《西亚四国电视业发展研究：阿曼、巴林、叙利亚和约旦》，载《现代视听》，2019（2）。

有一些专门的儿童频道，如卡拉米什卫星频道、努恩卫星频道、廷顿电视，播出儿童圣歌、动画片、教育节目等内容。整体而言，约旦本国电视机构在民众中的收视份额和影响力不及区域性电视播出机构。

约旦第一个广播电台是1948年5月15日在拉马拉市建立的耶路撒冷电台，1950年4月24日更名为约旦哈希姆王国电台，即约旦电台。目前约旦电台覆盖海湾地区、伊朗、伊拉克、北非、巴基斯坦、印度、澳大利亚、美国、欧洲、俄罗斯、巴西、阿根廷和中美洲。此外，约旦国内的电台还包括《古兰经》电台、外语电台、大伊尔比德电台、目标电台等官方电台和艺术FM、旋律调频（Melody FM）、生活调频（FM حياة）等私人运营电台以及约旦大学广播、南方之声、艾勒·贝塔大学广播等高校电台。

（五）网络媒体

约旦目前的网络媒体数量已经过百，其中最著名的是阿蒙网（Ammon Net）和萨拉亚网（سرايا）。

阿蒙网创办于2000年，是约旦第一家私营网络媒体。此后，阿蒙网凭借先进的经营理念和新媒体思维，于2006年分别成立了阿蒙电子日报和阿蒙通讯社，是目前约旦规模最大的综合性新媒体。萨拉亚网是萨拉亚通讯社的网络载体，因报道政治立场激进、报道内容大胆而吸引了众多读者。尽管该网站在2013年因组织管理不当、发布违法内容而被政府关停，但在运营期间，其访问量在国内仍位于前列，是国内访问量最大的新闻网站之一。① 同时，约旦发展较好的网络媒体还有杰拉什新闻网（جرش نيوز）、艾因新闻网（عين نيوز）、哈巴拉尼网（خبرني）等。

随着全球科技的进步，使用互联网了解资讯、进行社交已成为约旦民众生活的一部分。约旦的互联网技术先进，网络条件便利，网络用户活跃，在社交媒体的使用方面位居世界前列。2016年

① 拉娜·F.斯威斯、迪娜·巴斯兰:《映射数字媒体：约旦》。

皮尤研究中心的一项全球研究表明，约旦使用社交平台和社交媒体的人数与互联网用户的比率达到90%，居世界第一。根据约旦官方数据显示，约旦的网民数量约为800万人，按照该比例计算，使用各种社交媒体和网络的人数约为720万人，占当时约旦人口总数的75%。[①] 社交媒体的多样性及其提供的新增功能和服务吸引了众多约旦网民，其中Facebook、Twitter、Instagram、Snapchat和LinkedIn等社交媒体成为约旦用户群体最多的平台。HootSuite公司发布的全球互联网报告显示，2020年约旦各种社交平台的注册账户达到了1090万，其中最受欢迎的社交媒体是Facebook，开通了约500万个账户，占约旦社交媒体账户总数的46%；Twitter的注册账户数量约74.35万；照片视频共享软件Instagram和Snapchat的用户数量约210万和215万，网民渗透率均接近20%；应用于企业员工交流和求职就业需求的社交媒体LinkedIn上，约旦的用户数量约91万。[②] 在这些社交媒体的活跃用户逐年增多、短视频流行趋势上升以及网络用户群体年轻化的趋势下，约旦网民在照片共享软件Instagram、视频网站YouTube、短视频平台TikTok和即时通信程序WhatsApp等软件的渗透率呈较快增长。

四、中约传媒业的交流与合作

中约关系源远流长，作为丝绸之路的沿线国家，我国自汉朝起便与约旦相互往来。1977年4月7日中约两国正式建交，此后不断巩固夯实友好关系，加强在政治、经济、文化、社会等各领域的务实合作和友好往来。在此背景下，中约两国在传媒业的务实合作与积极互动也不断稳步深入发展。

从两国签署的文化协定和文化协定执行计划中可以直观地看出这一特点。1979年，中国与约旦签订了建交之后的第一个文化

① 易卜拉欣·穆拜丁:《约旦在社交媒体使用上位居世界第一》。
② 易卜拉欣·穆拜丁:《5个社交媒体平台上的1090个约旦账户》。

合作协定，于1981年生效执行。此后又陆续签订了一系列文化合作执行计划，如1986年签署的《中华人民共和国政府和约旦哈希姆王国政府文化协定一九八六、一九八七、一九八八年执行计划》、1989年签署的《中华人民共和国政府和约旦哈希姆王国政府文化协定一九八九、一九九〇、一九九一年执行计划》、1992年签署的《中华人民共和国政府和约旦哈希姆王国政府文化合作一九九三至一九九五年执行计划》、1996年签署的《中华人民共和国政府和约旦哈希姆王国政府一九九六至一九九八年文化科学合作执行计划》、1999年签署的《中华人民共和国政府和约旦哈希姆王国政府二〇〇〇至二〇〇二年文化合作执行计划》、2003年签署的《中华人民共和国政府和约旦哈希姆王国政府二〇〇三、二〇〇四、二〇〇五、二〇〇六年文化合作执行计划》、2007年签署的《中华人民共和国政府和约旦哈希姆王国政府2007年至2010年文化合作执行计划》、2011年签署的《中华人民共和国政府和约旦哈希姆王国政府2011年至2014年文化合作计划》、2014年签署的《中华人民共和国政府和约旦哈希姆王国政府文化合作协定2015年至2018年执行计划》、2020年签署的《中华人民共和国政府和约旦哈希姆王国政府文化协定2019年至2022年执行计划》。通过上述签署的文化协定和文化协定执行计划中逐渐充实、逐步完善的内容可以反映出两国在传媒领域的交流与合作不断拓宽深化。从20世纪80年代到21世纪初，两国在新闻领域合作以媒体代表团互访、新闻文献互换为主；在图书出版领域呈现出合作目标更加清晰、合作方式逐渐丰富，合作主体显著增多的特点；在电视广播领域的合作以鼓励代表团互访为基础，向节目互购、国庆互播的方向发展。下文分别将20世纪80年代、21世纪初和2010—2020年作为时间节点，展示中约双方签署的文化协定执行计划中与传媒合作有关的条款，从较大的时间跨度分析中约双方在该领域合作的显著变化。[①]

① 文化协定执行计划来源：中华人民共和国外交部，“条约数据库”。

《中华人民共和国政府和约旦哈希姆王国政府文化协定一九八六、一九八七、一九八八年执行计划》（部分）

一、文化和艺术

第一条

双方交换文化艺术方面的书籍和印刷品，互办文化书籍展览。

第二条

双方鼓励档案工作者互访，考察档案工作，交换档案出版物和具有历史价值文献的副本，具体事宜通过外交途径商定。

第三条

双方通过互派讲学者和专家，互换资料，互派文化机构工作人员访问，加强文化领域的合作。

第四条

双方鼓励互办造型艺术展览并互派艺术家访问。中方于一九八七年或一九八八年派三至五人艺术家考察团访问约旦。

第五条

双方鼓励互派剧团、乐团、演奏家和民间艺术团访问。其人数和访问细节，则通过外交途径商定。

三、新闻

第十条

双方鼓励广播、电视方面的合作，交换广播、电视节目和新闻素材。两国广播、电视机构互派代表团访问。中方于一九八六年接待约旦三至五人的新闻代表团访问两周。

第十一条

双方鼓励两国官方通讯社交换消息和新闻报道，为通讯社和报社记者提供必要的方便。双方促进佩特拉通讯社和新华通讯社之间签订一项双边合作协定。

《中华人民共和国政府和约旦哈希姆王国政府二〇〇三、二〇〇四、二〇〇五、二〇〇六年文化合作执行计划》（部分）

三、文化

第十一条

缔约双方在各自国家法律范围内为出版和交换图书、文化艺术期刊和出版物提供便利。

第十二条

双方鼓励举办造型艺术、民间艺术和美术展，鼓励艺术家互访，以便了解对方国家艺术成就。

第十三条

双方鼓励两国文化机构和文化事业单位间通过官方途径就文化领域合作签署合作协议。

第十四条

双方鼓励在儿童文学、儿童戏剧、儿童图书和木偶剧等儿童文学领域进行合作。

第十五条

双方鼓励参加在对方国家举办的图书馆、档案和文献管理领域的会议、培训班及研讨会。

第十六条

双方派图书馆及文献管理领域的工作人员互访，了解彼此的工作情况。

第十七条

双方互办图书、档案展，参加在对方国家举办的书展。

第十八条

双方鼓励各自国家图书馆间交换图书、印刷品、书目，以及手稿、科研论文及历史文献影印件。

第十九条

双方派从事文化活动的组织和文化领域干部培训的专家互访，以了解对方国家文化生活现状。

第二十条

双方在将约旦阿文图书翻译成中文和中国图书译成阿拉伯语方面进行合作。

第二十一条

双方鼓励互办文化周，具体细节通过外交途径另行商定。

第二十二条

双方鼓励在约旦国家图书馆建立文献修复中心，接待中方有关专家，具体细节通过外交途径另行商定。

第二十三条

双方在资料及其保管和永久保存方面交流经验。

七、新闻

第三十六条

双方鼓励通过互换广播、电视节目进行广播、电视领域的合作，鼓励两国广播、电视机构和通讯社代表团进行互访，鼓励在新闻培训方面交流经验，具体细节由双方有关机构另行商定。

第三十七条

双方努力为对方新闻采访代表团的访问提供必要的方便。

第三十八条

双方根据可能，互换反映两国文明与历史的民俗和文献性广播电视节目，以优惠价格购买双方感兴趣的节目。

第三十九条

双方互换国庆广播电视专题节目，在对方国庆期间有选择地播放。

《中华人民共和国政府和约旦哈希姆王国政府文化合作协定2015年至2018年执行计划》（部分）

三、文化

第十七条

双方鼓励联合举办以“丝绸之路”为主题的文化交流活动，具体细节将通过外交途径商定。

第十八条

双方鼓励每年定期在约举办“欢乐春节”友好交流活动，具体细节将通过外交途径商定。

第十九条

双方鼓励通过互换学生艺术作品的方式参加学生艺术展。

第二十条

双方鼓励邀请对方参加各文化领域的会议及研讨会。

第二十一条

双方在各自国家法律范围内为国家图书馆之间交换文化艺术方面的图书、期刊、出版物以及年鉴和资料提供方便。

第二十二条

双方鼓励举办造型艺术展，民间艺术品展和美术展，互派艺术家访问，以便了解对方国家所取得的艺术成就。

第二十三条

双方以鼓励文化合作为起点，鼓励两国文化机构和文化事业单位之间签署合作协定，具体事宜通过外交途径商定。

第二十四条

双方鼓励在儿童文化领域进行合作，如儿童文学、木偶剧和儿童戏剧。

第二十五条

双方鼓励两国有关机构参加各文化领域的会议、培训班及研讨会。

第二十六条

双方互派图书馆、文献和档案领域的工作人员访问，以了解两国图书馆工作和档案工作的情况。

第二十七条

双方互办图书、文化艺术出版物、文献和档案展览，以便了解图书馆和档案方面的工作，并根据有关协定和安排，通过外交途径参加在对方国家举办的图书展览。

第二十八条

双方互派文化传播及文化活动领域的专家访问，为文化领域人员举办培训班，以了解对方国家文化生活及其他各领域的现状，具体细节通过外交途径商定。

第二十九条

双方鼓励在维护和修复约旦国家图书馆馆藏的文献方面进行合作，约方接待该领域中方培训老师，具体细节通过外交途径另行商定。

第三十条

中方致力于派遣中国艺术专家在约建立艺术工作室，对约旦艺术家进行培训，以便提高在歌剧、戏剧、儿童戏剧等各类艺术领域的现代艺术技能。并在中国举办上述领域内的培训班，具体细节通过外交途径另行商定。

第三十一条

双方每年各派 25 人以内的艺术互访团，具体细节通过外交途径商定。

第三十二条

双方在对方国家互办文化周，具体细节通过外交途径商定。

第三十三条

双方鼓励参加对方举办的国际艺术节和比赛，并至少于活动举办前两个月发出邀请。

第三十四条

双方鼓励在电影领域的合作，具体包括：

1、参加在对方举办的电影周、电影节；

2、中方欢迎约方来华参观访问，了解中国电影产业的最新动向和先进技术。

第三十五条

双方继续加强两国作家组织的友好合作，增进两国作家之间的互相理解和友谊。在中国作家协会与约旦作家协会、约旦作家联合会签署的合作协议框架内，双方互派代表团访问对方国家。

五、新闻出版与广播电视

第四十三条

双方鼓励通过代表团互访、交换新闻文献资料开展各个新闻领域的合作，并就新闻领域人力资源培训交流经验。

第四十四条

双方致力于通过对方国官方新闻机构的网站交换信息和新闻。约旦的主要官方新闻机构是“约旦新闻通信局”。

第四十五条

双方致力于就两国新闻出版工作领域进行协调。

1、双方鼓励两国相关新闻出版机构互访；

2、双方鼓励两国出版社和出版机构翻译、出版文学经典和文化书籍。

第四十六条

双方互换国庆专题节目，在国庆期间通过对方国的广播和电视有选择地播放。

第四十七条

双方致力于为对方国新闻采访团的访问提供必要的方便。

第四十八条

双方尽其所能，互换反映两国文明与历史的民间艺术节目、纪录片和电视节目，并以优惠价格购买双方感兴趣的节目。

第四十九条

双方鼓励通过互换广播、电视节目进行广播电视领域的合作，同时鼓励两国广播、电视机构和通讯社代表团进行互访，在新闻培训方面交流经验，具体细节由双方有关机构另行商定。

（一）新闻领域

中国和约旦建交后，双方在新闻领域的合作一直稳固在鼓励新闻代表团互访和鼓励官方通讯社新闻交换的层次。从双方签署的文化协定和文化协定执行计划可看出，代表团互访的规模在人数和范围上呈开放趋势，由中方限定约方新闻代表团人数（3~5 人）和访问期限（2 周）发展至不做约束限制，由鼓励双方新闻代表团互访扩大至鼓励双方相关新闻出版机构互访，并增加了鼓励在新闻培训方面进行交流的内容。新闻文献互换的渠道有所延伸，从鼓励两国官方通讯社交换消息和新闻报道延伸至鼓励双方官方新闻机构的网站交换信息和新闻。

1978 年，穆斯塔法·贾比尔率约旦新闻代表团访华，为中约在传媒领域的合作开创了良好开端。21 世纪以来，中约两国继续加强传媒业中官方层面的交流互动：2009 年 2 月，时任驻约旦大使郁红阳会见约旦最大报社《言论报》主编扎赫拉特，就进一步加强两国媒体间的合作交流交换了意见。2012 年 7 月 22 日，时任驻约旦大使岳晓勇会见约旦通讯社社长费萨尔，强调了媒体在增信释疑、加强交流方面发挥的重要作用。2012 年 9 月 3 日，中华全国新闻工作者协会书记处书记王冬梅率领中国新闻代表团一行应邀访问约旦。代表团访问期间不仅同约记协主席穆曼尼进行会谈，还拜会了约旦新闻与联络事务国务大臣、广电总局局长等官员，同时还参观考察了佩特拉通讯社、《言论报》《宪章报》《今日阿拉伯人报》《明天报》等主流媒体。[①] 同年 12 月 12 日，中国作协代表团访问约旦，与约旦作协共同举办了“中约文学交流研讨会”。约旦文化大臣代表、文化部秘书长马蒙，约旦首都安曼文化局局长赛米尔，约旦作协成员等文化界人士出席。2017 年 4 月 9 日至 16 日，约旦新闻代表团应中华全国新闻工作者协会邀请，开展了主题为“新疆‘一带一路’建设新进展”的访问交流。代表团先后访问了国家民委、中国记协、北京日报社、乌鲁木齐市政府、伊犁州电视台、中哈霍尔果斯国际边境合作中心等单位。中国记协书记处书记王冬梅、国家民委政策法规司副司长金春子、新疆维吾尔自治区党委宣传部副部长王武龙、乌鲁木齐市副市长张雪峰和伊犁州党委宣传部副部长孙艳等分别会见代表团。[②]2018 年 10 月，中国记协书记处书记潘岗等一行六人组成

---

① 《约旦参众两院议长会见中国新闻代表团》。

② 《约旦新闻代表团结束访华回国》。

的中国新闻代表团对约旦进行访问。访约期间，代表团先后走访了约旦记者工会、明天报社、言论报社、约旦通讯社、宪章报社等新闻媒体机构，同约旦媒体界人士座谈交流，共商合作。[①] 中国和约旦将在“一带一路”框架下建立更加深入、有效的机制化交流合作关系，促进民心相通，为其他领域的合作奠定民意基础。

（二）图书出版领域

与新闻领域的稳固合作相比，中约双方在图书出版领域的合作交流突破更大，呈现出合作目标更加清晰、合作方式逐渐丰富，合作主体显著增多。从双方签署的文化协定和文化协定执行计划可看出，在 20 世纪 80 年代，中约双方在图书出版方面的合作仅仅提到了交换文化艺术方面的书籍和印刷品。21 世纪之初，双方在此基础上将该领域的合作细化到儿童文学、图书馆、档案文献、科研论文等方面，两国的图书互译合作也出现在了协议之中。同时，双方还鼓励在相关领域开展培训班和研讨会、互派技术人员、互办图书艺术展览，以增进彼此了解。2010—2020 年，双方在维持原有合作的基础上，更加注重鼓励两国出版社和出版机构翻译、出版文学经典和文化书籍。

进入 21 世纪，中约双方以文化协定执行计划为指导，在图书出版领域的合作逐渐落地生根，取得了显著成果。约旦一直较为关注国内图书出版业的发展，于 2000 年开始举办安曼国际书展，加强在图书出版领域的对外交流与合作。中国在推进“一带一路”倡议后也更加关注同中东国家和地区在出版领域的合作。

2015 年，北京师范大学出版集团与约旦阿克拉姆出版机构合资成立北师大出版社约旦分社，通过出版发行图书、组织文化交流活动等，引导阿拉伯国家民众客观认知当代中国，搭建中国与阿拉伯国家之间的出版文化交流平台。[②]2021 年，北京师范大学出版集团作为中国出版界代表携带 283 个图书品种、1425 册图书参加 2021 约

① 《中国新闻代表团访问约旦，推动两国媒体交流与合作》。

② 《北师大出版社约旦分社成立》。

旦安曼国际书展，重点展销英文、阿文版《习近平谈治国理政》(第一卷、第二卷、第三卷)《在庆祝中国共产党成立100周年大会上的讲话》和《平易近人：习近平的语言力量》等习近平总书记重要著作及相关图书，介绍中国近当代发展经验和模式的主题类图书，以及中国传统文化、少儿、对外汉语学习等类别图书。北京师范大学出版集团已连续6次代表中国出版界参加约旦安曼国际书展。① 在全球新冠疫情的背景下，北京师范大学出版集团采取人员线上、图书线下相结合的形式参展，以此为契机进一步探索国际合作出版的新模式，进一步拓展出版合作领域，在实施文化走出去号召、助力"一带一路"建设、加强中约图书出版交流方面发挥了重要作用。

2017年，五洲传播出版社出版了由中国前驻约旦大使刘宝莱编写的著作《我们和你们：中国和约旦的故事》及其阿文译本，成为庆祝中约建交四十周年的作品。2018年，中国五洲传播出版社和约旦空间出版社联合举办 that's books 阿拉伯网络小说创作与翻译大赛。创作大赛是面向35岁以下的阿拉伯文学创作爱好者的年度性国际比赛，也是阿拉伯地区唯一一个通过网络征稿、网友参与评选与专家评选相结合的文学创作比赛。翻译大赛将以创作大赛短名单作品为翻译对象，面向中国的阿拉伯语学习者。此外，入围短名单的作品将在约旦空间出版社出版纸质图书，获奖选手还将亲自录制获奖作品的音频书并在 that's 阿语数字阅读平台出版。② 截至2021年10月，该比赛已连续举办四届，受到众多阿拉伯主流媒体关注，成为"阿拉伯地区覆盖最广、参赛人数最多、影响最大的文学赛事和中国国内阿拉伯语领域最受瞩目的翻译赛事"。③ 同时，由五洲传播出版社主持、阿拉伯本地公司希克迈特共同运营的 that's 阿语数字阅读平台整合了国内20余家出版机构的阿语内容资源，是国内最大的阿语数字内容运营平台，向全球阿语用户提供数字内容服务。目前，该平台与约旦出版商协会、约旦 ikitab 多媒体平台等8家阿拉伯地

① 《2021约旦安曼国际书展圆满落幕》。

② 《300多家海外媒体报道第三届 that's books 阿拉伯网络小说创作大赛》。

③ 《五洲举办2021年"that's 阿拉伯网络小说创作与翻译大赛"颁奖仪式》。

区机构成为固定战略合作伙伴。[①]

人民文学出版社在2010年启动的“中外出版深度合作”项目框架下，与海外合作方共同组织中外作家“同题互译”项目。该项目由人文社发起，每个版本与一家海外出版社合作，双方共同拟定主题，分别遴选多位本国优秀作家的主题相关作品形成选目，双方互相从选目中确定具体篇目后，以合集的形式在两国以各自母语同步翻译并出版。约旦 Fadaat 出版社作为合作国家的优秀出版方，将出版阿拉伯语版互译图书《房屋与鸟》。[②]这种出版模式成为实现两国作家的相互推介、相互带动，促进文化交流，民心相通的新桥梁，也是中约双方在出版合作上的新尝试。

除图书出版外，中约两国图书译介方面的合作也方兴未艾。2014年，北京外国语大学阿拉伯学院、北京师范大学出版集团、约旦安曼市文化局三方建立了战略合作关系，发挥各自优势，着力以各类文化产品、学术交流活动等为媒介，以约旦作为突破口，加强中国与阿拉伯世界的思想和文化交流。三方合作策划翻译出版了近20部反映中阿优秀传统文化、现当代文化的图书，[③]如《诗经》《文明的追随：中国的崛起和阿拉伯人的未来》等。至2021年，通过该合作出版的译著连续6年在安曼国际书展上展出。

（三）电视广播领域

电视广播作为信息传播的传统渠道和重要媒介，在中约两国的媒体发展历程中起到了不可替代的作用。自中约建交以来，双方在电视广播领域的合作以鼓励代表团互访为基础，向节目互购、国庆互播的方向发展。从中约文化协定执行计划可以看出，20世纪80年代，双方在该领域的合作仅限于鼓励交换广播、电视节目和新闻素材，以及鼓励两国广播、电视机构互派代表团访问。进入21世纪后，双方在此基础上逐渐明确了交换反映两国文明与历史的民间艺

① 《五洲传播社打造“中国的阿文亚马逊”》，见中国新闻出版广电网。

② 《人民文学出版社中外作家同题互译项目成果发布仪式》，见中国图书对外推广网。

③ 刘欣路，《中国电影海外传播需精准化与非模式化——纪念中约建交40周年电影展活动分析》，载《国际交流》，2018（3）。

术节目、纪录片和电视节目，并以优惠价格购买双方感兴趣的节目，尤其规定了互换国庆专题节目并在国庆期间有选择地播放。通过这种模式的合作，中约双方在电视广播领域达到了在信息技术上互相学习、播放内容上双向了解、国家庆典上主动宣传的效果。

2012 年 11 月，中国中央电视台向约旦派出考察团，并在当月 28 日在约旦首都安曼同约旦国家电视台签署了两台新闻合作协议，协议内容主要包括：双方通过卫星传输等方式进行新闻节目交换；在突发事件发生时互相授权免费试用对方卫星直播信号；互派记者进行联合采访拍摄以及向对方驻本国记者提供必要支持和帮助等。2013 年 1 月中国驻约旦大使岳晓勇会见约旦广播电视总局局长拉马丹，双方就加强两国新闻媒体界交流与合作交换了意见。约旦电视台已与中国中央电视台签署了新闻节目交换的谅解备忘录。约方表示愿不断加强与中方相关领域的交流与合作，为增进约中人民相互了解与友谊作出努力。①

除此之外，中约双方在影视作品方面的交流也在探索中稳步开展。2013 年 10 月 30 日，首届中国电影周在约旦首都安曼启动，在此期间，约旦皇家文化中心放映了《搜索》《中国合伙人》《一代宗师》《唐山大地震》《第 101 次求婚》《海洋天堂》6 部中国电影，让约旦观众从多方面、多角度体验中国和感受中国。② 当时，由中国国家新闻出版广电总局派出的中国电影代表团赴约旦参加电影活动，成为中约建交 36 年以来中国电影代表团首次访约。2019 年 10 月 27 日，中国电影文化周在安曼开幕，为约旦当地民众欣赏中国高质量影片提供了好机会，《战狼 2》《第 101 次求婚》《功夫瑜伽》等 5 部不同类型的中国电影在约旦播出，③ 受到了约旦人民的广泛好评。

中国和约旦在基于双方签署的文化合作协定和文化合作协定执行计划框架下开展传媒合作的同时，也依托中阿合作论坛这个重要的平台，探索更多传媒合作的可能性。在中阿合作论坛下设的机制

① 《岳晓勇大使会见约旦广播电视总局局长》。
② 《约旦迎来盛大“中国电影周”》，见中华人民共和国国务院新闻办公室网站。
③ 《约旦举办中国电影文化周》，见新华网。

中，中阿新闻合作论坛、中阿广播电视台合作论坛、中阿图书馆与信息领域专家会议的有序运行为中阿传媒合作提供了更加丰富的新思路。

首届中阿新闻合作论坛于2008年4月23日至24日在北京举行，主题为“加强媒体合作，促进中阿友谊”。中阿双方围绕“共迎2008北京奥运，加强中阿媒体合作”“中阿媒体合作现状与未来展望”和“加强务实合作，增进媒体在促进中阿关系中的重要作用”等议题进行探讨，发表了“中阿新闻合作论坛公报”，并签署了《中国与阿盟成员国新闻友好合作交流谅解备忘录》。[①] 中阿新闻合作论坛每两年举办一次，截至2020年已举办四届，来自中国和阿盟各成员国政府部门的新闻官员、主要媒体负责人、新闻与经贸领域的专家、企业代表等会出席论坛。2020年11月24日，第四届中阿新闻合作论坛以线上形式举办，围绕“新冠肺炎疫情下媒体在加强中阿共同发展中的责任”的主题进行了深入交流。论坛期间，中阿双方就加强新闻领域务实合作达成广泛共识，发表了《第四届中阿新闻合作论坛视频会议公报》。[②] 中阿新闻合作论坛成为落实中阿合作论坛有关新闻领域合作的重要步骤，也是中阿合作论坛框架下新闻合作机制不断发展的重要标志。

2011年9月22日，以“交流合作 共同发展”为主题的首届“中国—阿拉伯国家广播电视合作论坛”在中国银川召开，为中阿广播电视交流合作开创了新平台。论坛发表了《中国—阿拉伯国家广播电视合作论坛银川宣言》，与会各方在政策沟通、媒体合作、技术和人员交流等方面达成了共识，并表示将在节目交换、建立联合采访机制等方面积极探索切实可行的合作模式。[③]2013年9月13日，第二届中阿广播电视媒体合作论坛在中国银川举办。论坛以“交流合作、互利共赢”为主题，围绕“中阿广播电视政策”“中阿广播电视交流与合作”“广播电视技术发展与数字化进程”及“广播电视在

① 《首届中阿新闻合作论坛在京举行》，见中阿合作论坛网。

② 《第四届中阿新闻合作论坛线上举行》，见中阿合作论坛网。

③ 《“中阿广播电视合作论坛”聚焦交流合作 共话未来发展》，见中阿合作论坛网。

推动国家经济文化发展、维护社会和谐中所承担的责任”等议题进行了广泛而深入的探讨。论坛期间，中国与包括约旦、突尼斯、也门及阿拉伯国家广播联盟等国家和国际组织签署了多项广播电视领域的综合性合作协议和播放中国影视节目的授权协议，并举办了中阿广播电视节目推介交流活动和中阿广播电视节目技术设备交流展。论坛还通过了《2013 中国—阿拉伯国家广播电视合作论坛纪要》。[①]截至 2021 年 12 月，中阿广播电视台合作论坛已连续召开五届。第五届中阿广播电视合作论坛通过了《第五届中国—阿拉伯国家广播电视合作论坛共同宣言》，提出了“坚持合作互信、坚守媒体责任、坚定创新引领”三点倡议。论坛期间，双方共同启动首届中阿短视频大赛。历经 10 年，中阿广播电视合作论坛已成为推动中阿广电媒体友好交往的倡导者，互利合作的践行者，创新发展的引领者。[②]

中阿图书馆与信息领域专家会议作为中阿软文化合作的新型平台，于 2015 年 4 月 29 日在埃及开罗的阿拉伯国家联盟总部首次召开。会上，阿盟图书馆和约旦、巴林、埃及等国图书馆一同向中国国家图书馆捐赠了总计 5 000 余册介绍阿拉伯国家历史文化的阿语图书，阿盟秘书处还同后者签署了包括双方技术交流、数据库建设等内容的合作备忘录。[③]该会议迈出了中阿合作论坛框架下中阿图书信息领域合作的重要一步。在 2017 年 5 月 24 日召开的第二届中国与阿拉伯国家图书馆及信息领域专家会议上，中阿双方除了围绕会议主题“中阿图书馆资源的共知共建与共享”展开讨论外，还分别介绍了“中阿数字图书馆”合作项目进展，强化了图书馆区域合作的发展理念，为进一步打造中阿图书馆界的交流平台、推进资源共建共享、数字图书馆建设、信息领域务实合作打下了坚实的基础。[④]以此为契机，中阿电子图书馆门户网站于 2018 年 7 月正式上线发

① 《2013 中阿广电合作论坛在银川成功举办》，见中阿合作论坛网。

② 《第五届中阿广播电视合作论坛举行》。

③ 《首届中阿图书馆与信息领域专家会议在埃及举行》，见中阿合作论坛网。

④ 《第二届中国与阿拉伯国家图书馆及信息领域专家会议在京举行》，见中阿合作论坛网。

布，这是中阿在图书馆及信息领域合作史上的里程碑，也是中阿图书馆与信息领域专家会议的重要成果。此后，第三届、第四届中阿图书馆与信息领域专家会议分别于 2019 年和 2021 年召开。受全球新冠疫情影响，第四届中阿图书馆与信息领域专家会议以视频会议形式举办，会议围绕主题“疫情常态化条件下图书馆的区域性交流与合作”展开讨论，并重点研究了如何丰富中阿电子图书馆的资源内容和提升项目的服务影响力，及中阿双方在图书馆及信息领域深化互惠机制的目标愿景与实现路径。[①] 在中阿双方图书资料和信息文献数字化方面的合作过程中，中阿图书馆与信息领域专家会议在鼓励中国和阿拉伯国家的图书馆参与共同建设中阿电子图书馆项目、积极发挥中阿电子图书馆项目联合委员会的长效机制作用等方面做出了建设性贡献。

约旦作为阿拉伯国家联盟成员国是中阿合作论坛的重要参与者，也是中阿合作论坛各项成果的受益者。在中阿合作论坛框架下设立的中阿新闻合作论坛、中阿广播电视台合作论坛、中阿图书馆与信息领域专家会议为中约双方在传媒领域的合作提供了交流的新平台、展示的大舞台、互助的好站台。

五、小结

总体来看，中约两国传媒业未来合作前景广阔。一方面，尽管“阿拉伯之春”以来邻国局势持续动荡，但约旦国内政局保持总体稳定，成为中约传媒合作的“压舱石”；约旦的“向东看”思潮以及“向东看”战略也将使中约两国的合作行稳致远。另一方面，随着中国软实力的持续加强和“一带一路”倡议的深入推进，传媒领域合作的重要性将更加凸显。尽管如此，两国的传媒合作仍面临文化差异等各种因素带来的各种挑战，正如约旦环球电台台长萨瑞 · 塔利赫

① 《第四届中国与阿拉伯国家图书馆及信息领域专家会议在浙江杭州举行》。

在出席博鳌亚洲论坛媒体领袖圆桌会议时所言：“约旦环球电台目前面临的最大挑战就是处理好同别国合作中存的文化差异，如何实现开放包容、交流经验、互学互鉴，最终达成合作共赢是我们需要研讨的课题。”[①]

因此，要想进一步发展两国传媒合作关系，就必须做好以下方面：第一，拓宽合作内容。在确定合作内容时应树立“受众导向”和“价值观导向”，充分考虑文化差异，避免合作内容的范式化、套路化。第二，拓宽合作层次。传媒合作层次应更加多元，鼓励非官方的社会和民间力量参与，淡化传播主体中政府官方的“硬”背景与身份，加强交流内容中文化思想的“软”着陆与推广。第三，建立长效合作机制。通过定期互访，举行座谈会、交流会等方式固定合作机制，评估合作效果。

（北京外国语大学阿拉伯学院　董琦、丁玲）

① 《约旦环球电台台长：“一带一路”将带来媒体合作发展新未来》。

附录：阿拉伯国家重要文化艺术活动

埃　及

书展

1. 开罗国际书展（معرض القاهرة الدولي للكتاب）

开罗国际书展是阿拉伯世界乃至中东地区历史最悠久、规模最大的书展，埃及媒体将其称为仅次于法兰克福书展的第二大国际书展。[①] 开罗国际书展始创于 1969 年，由埃及文化部图书总机构主办。当时，时任埃及文化部部长萨尔瓦特·奥卡沙（ثروت عكاشة）希望从文化角度庆祝开罗建城一千年，委任苏海尔·卡拉马维（سهير القلماوي）举办第一届开罗国际书展。此后，开罗国际书展每年如期举办，且规模逐年扩大：1969 年首届书展参展国只有 5 个，出版商约 100 家[②]，而在 2019 年举办的第五十届开罗国际书展中，参展国达 35 个，出版商达 749 家，其中包括 579 家埃及出版社和 170 家国外出版社。[③]

除了图书展销，开罗国际书展还开展一系列文化活动。以 2019 年开罗国际书展为例，书展期间举行了许多涉及文学、艺术、哲学、翻译等领域的文化交流活动，如“思想的会晤”[④]。这是一场阿拉伯

---

① 《徜徉书海交流文明——第 39 届开罗国际书展巡礼》，见中华人民共和国驻阿拉伯埃及共和国大使馆网站。

② 《展会历史简介》（阿文），http://www.cairobookfair.org.eg/نبذة-عن-تاريخ-المعرض/，访问时间：

③ 《第五十届开罗国际书展开幕》，见新华网。

④ 《开罗国际书展活动详述》，https://akhbarelyom.com/news/newdetails/2786599/1/الخريطة-الكاملة-لفعاليات-وأنشطة-معرض-القاهرة-الدولي-للكتاب，访问时间：2023 年 2 月 13 日。

世界和其他国家的思想家、哲学家、艺术家共同探讨学术思想、分享艺术创作经验的开放性对话，获得世界各国媒体和学术界的广泛关注。

2. 亚历山大国际书展（معرض مكتبة الإسكندرية الدولي للكتاب）

亚历山大国际书展始创于 2002 年，作为世界上最古老的图书馆之一——亚历山大图书馆举办的文化盛事，亚历山大国际书展为全世界的知识分子搭建思想交流的平台。随着参与者人数逐年增多，亚历山大国际书展的影响力也不断扩大，成为促进多元文化融合的重要力量。[①] 书展每年会邀请一个国家作为主宾国，重点展现该国的历史文化，对其著名学者、思想家进行系统性介绍。

亚历山大国际书展的规模逐年扩大，其举办的文化活动数量也逐年攀升。在 2019 年举办的第十五届亚历山大国际书展中，有来自多个阿拉伯国家的 50 家出版社参与；此外，有超过 600 人在 160 余场文化活动中发表演讲[②]；而在 2018 年举办的第十四届亚历山大国际书展中，仅有 540 人在 134 场文化活动中发言。[③] 这些文化活动覆盖领域广泛，包括文学、艺术、科技、社会等，涉及主题新颖，比如女性问题，环境保护等。通常而言，在书展期间举办的活动主要有戏剧表演、研讨会、论坛、文艺表演、工作坊、诗歌之夜等。

电影节

1. 开罗国际电影节（مهرجان القاهرة السينمائي الدولي）

开罗国际电影节，是国际 A 类电影节之一，也是非洲大型电影节之一。电影节由埃及电影作家和评论家协会主办，创建于 1976 年，每年举办一届。该节原为非竞赛电影节，是世界三大非竞赛电影节

---

① 《亚历山大国际书展》（阿文），https://www.bibalex.org/ar/project/details?documentid=222，访问时间：2023 年 2 月 13 日。

② 《亚历山大书展开放首日获得巨大欢迎》，https://www.masrawy.com/news/news_regions/details/2019/3/25/1538571/صور-إقبال-كثيف-على-معرض-الإسكندرية-الدولي-للكتاب-في-أول-أيامه，访问时间：2019 年 5 月 25 日。

③ 《10 日内亚历山大国际书展见证了 134 场活动、540 名发言者和 13000 名参展者》，https://www.almasryalyoum.com/news/details/1282332，访问时间：2018 年 4 月 17 日。

之一，从 1991 年起增加了竞赛内容。它规定参赛片必须避免政治色彩且不得在其他电影节上放映。电影节大奖“娜妃蒂之金像奖”授予最佳故事片、最佳纪录片和最佳短片，“娜妃蒂之银像奖”授予最佳导演、最佳男女演员，“娜纪蒂之铜像奖”授予有特殊价值的影片。该电影节曾于 2011 和 2013 年停办。

第 40 届开罗国际电影节于 2018 年举办[①]，活动持续 9 日，其间播放了来自 59 个国家的 160 多部电影，大部分播放的电影都曾在国际电影节上斩获大奖。[②]在众多活动中，最引人注目的是“开罗电影日”。“开罗电影日”旨在促进阿拉伯电影业发展，为所有电影节参加者提供了加入工作坊、参与培训研讨会的重要机会，同时也为阿拉伯和国际电影业的知名人士搭建了良好的社交平台。[③]

2. 埃及民族电影节（المهرجان القومي للسينما المصرية）

埃及民族电影节由埃及文化部下属的埃及文化发展基金组织开展，为埃及本土电影节之一。电影节主要包含两大竞赛，分别为长篇电影竞赛和短篇电影、纪录片竞赛。该电影节旨在将埃及电影业发展纳入埃及社会和文化全面发展之中，参加竞赛的电影需为埃及制造或埃及参与制造，且电影制片时间应为电影节举办前一年。

埃及民族电影节至今已举办二十余届。第二十二届电影节于 2018 年 11 月 19 日闭幕，电影节标语为“电影：难以忘怀的时刻”。埃及文化部部长伊娜丝·阿卜杜拉·达扬姆（إيناس عبد الدايم）表示，埃及民族电影节是唯一用以评估埃及全年电影成就的国家电影节，意在表彰那些不在聚光灯下却为电影行业奉献一生的人。[④]

---

① 《开罗国际电影节：以尤瑟夫·谢里夫·拉齐格拉之名举办，且保留其职位》，https://www.masrawy.com/arts/cinema/details/2019/8/2/1611755/-القاهرة-السينمائي-الدورة-41-باسم-يوسف-شريف-رزق-الله-ويحتفظ-بمنصبه-，访问时间：2019 年 8 月 2 日。

② 《开罗国际电影节直播》，https://www.almasryalyoum.com/news/details/1344649，访问时间：2019 年 11 月 20 日。

③ 《开罗国际电影节开启开罗电影论坛电影递交通道》，http://alwasat.ly/news/art-culture/245798，访问时间：2019 年 5 月 22 日。

④ 《埃及民族电影节闭幕》，https://www.alaraby.co.uk//entertainment/2018/11/19/المهرجان-القومي-للسينما-المصرية-يختتم-فعالياته，访问时间：2018 年 11 月 19 日。

3. 亚历山大环地中海国家国际电影节（مهرجان الإسكندرية لأفلام دول البحر المتوسط）

亚历山大环地中海国家国际电影节（以下简称亚历山大国际电影节）每年在亚历山大举行。首届电影节由埃及作家和影评人协会于1979年举办。目前，该电影节由埃及文化部与亚历山大省共同负责。亚历山大国际电影节包括三个主要竞赛：地中海大赛、努尔·谢里夫大赛、短片电影大赛[①]，这些比赛仅限于环地中海国家的长篇叙事电影参加，其他国家则可参与竞赛以外的活动，如“世界电影全景”等。

2018年10月3日至8日举办的第三十四届亚历山大环地中海国家国际电影节，以艺术家纳迪娅·鲁特菲（نادية لطفي）的名字命名，标语为“耶路撒冷属于阿拉伯”。除三个主要竞赛外，电影节期间还展出了多部重要电影，如《另一边的阴影》（ظلال على الجانب الاخر）、《走廊上的歌声》（أغنية على الممر）等，并表彰众多杰出的艺术家。

4. 伊斯梅利亚国际短片和纪录片电影节（مهرجان الإسماعيلية للأفلام التسجيلية والقصيرة）

伊斯梅利亚国际短片和纪录片电影节始于1991年。电影节自举办之初就一直坚持发挥短片和纪录片促进文化对话的作用，认为这种形式的艺术能够加深观众对不同社会观、价值观的理解。伊斯梅利亚国际短片和纪录片电影节受到埃及乃至世界各地电影制片人的高度认可，认为它为艺术创作者们搭建了展示作品的绝佳平台。[②]埃及文化部部长在第二十届电影节开幕仪式上表示，电影节自诞生之日起便一直支持促进各民族之间的对话与谅解，向世界展现着埃及的软实力及核心价值观。

2019年4月10日至16日，第二十一届伊斯梅利亚国际短片和纪录片电影节在伊斯梅利亚举办，超过100部国际影片参与其中，最后共有79部电影参与了“长纪录片”“短纪录片”“短片电影”“动

① 《亚历山大国际电影节负责人公布第34届电影节细节》，https://www.elwatannews.com/news/details/3697897，访问时间：2018年10月1日。

② 《伊斯梅里亚电影节》，http://ismailiafilmfest.com/ismailia2019/IsmailiaFestival_Ar.aspx。

画电影”四个主题的竞赛。由于参赛作品众多、质量上乘，该电影节被誉为纪录片领域最杰出的电影节①，这也标志着伊斯梅利亚国际短片和纪录片电影节进入“鲁希德阶段”②（阿拉伯语“鲁希德”意为“理智、理性”，在这里意为“成熟”）。

除了竞赛，该电影节还举办多场文化艺术活动。比如，在第二十届电影节期间，主办方向参与者开放了多场电影工作坊和论坛，还放映了来自 48 个国家的 62 部电影。③

5. 卢克索非洲电影节（مهرجان الأقصر للسينما الأفريقية）

卢克索非洲电影节是独立青年艺术家基金会（مؤسسة شباب الفنانين المستقلين）最重要的项目之一，由著名作家、编剧福阿德（فؤاد）和导演厄姿·侯塞妮（عزة الحسيني）共同创办。双方认为非洲电影在埃及影坛中历来处于缺席状态，且卢克索缺乏大型本土文化艺术活动，因此，有必要改变国内文化集中化的状况，将文化重心从埃及的亚历山大迁移至卢克索。

卢克索电影节由独立青年艺术家基金会组织举办，是埃及境内第一个由非政府机构组织的、规模庞大的文化活动，这都要归功于独立青年艺术家基金会优秀的工作人员。他们怀揣“非洲共同体”的信仰，为促进非洲各国以电影为载体的文化交流而不懈努力，使得第一届和第二届卢克索非洲电影节大获成功。

第一届卢克索非洲电影节举办于 2010 年，埃及文化部和许多国际机构都参与其中。第九届卢克索非洲电影节于 2020 年 5 月 13 日至 5 月 19 日举办。2020 年为已故埃及艺术家法利德·邵基诞辰一百周年，该届电影节以他的名字命名，以纪念邵基作为一位杰出的演员、制片人和编剧所做出的贡献。

---

① 《79 部电影角逐伊斯梅利亚短片和纪录片电影节》，https://al-ain.com/article/ismailia-festival-documentary-short-films，访问日期：2019 年 4 月 8 日。

② 《伊斯梅利亚短片和纪录片电影节负责人扎克里耶：电影节已到“成熟的年纪”》，https://www.almasryalyoum.com/news/details/1385455，访问日期：2019 年 4 月 6 日。

③ 《伊斯梅利亚短片和纪录片电影节》，https://www.shomosnews.com/ مهرجان-الاسماعيلية-الدولى-للافلام-ال-/，访问日期：2019 年 4 月 6 日。

6. 阿斯旺国际女性电影节（مهرجان أسوان الدولي لسينما المرأة）

阿斯旺国际女性电影节是阿拉伯世界最重要的女性电影节之一[①]，该电影节于每年 11 月末在阿斯旺城举办，旨在通过电影等艺术形式，呼吁人们关注埃及乃至整个阿拉伯世界中与女性相关的议题。许多闻名中东乃至世界的导演、演员均携带作品出席电影节，演艺人士也对该节兴致盎然，这既是对文化艺术活动的支持，也增强了埃及和其他民族之间的交流。电影节也吸引着世界各地的游客，既宣传了阿斯旺著名的古老遗迹，也促进了埃及的旅游业发展。TEN 频道总监欧麦尔・阿卜杜拉・哈米德表示，在阿斯旺国际女性电影节中总会看到最优质的女性电影，它们体现了女性的力量和坚韧。[②]

2019 年 2 月 20 日至 26 日，第三届阿斯旺国际女性电影节举办，共有 32 部电影参与长电影、短电影两大主题比赛。此外，电影节期间还举办多场研讨班，其中比较出名的有纪录片制作研讨班、成人动画研讨班。[③]

7. 古纳电影节（مهرجان الجونة السينمائي）

古纳电影节相较于埃及其他同类活动，历史较为短暂。第三届古纳电影节于 2019 年 9 月 19 至 27 日在红海海滨城市胡尔加达举办。该电影节旨在为电影爱好者展示种类丰富的电影，希望通过电影来搭建不同文化之间沟通的桥梁，致力于促进埃及电影制作者与国际接轨，加强文化交流与合作精神。此外，该电影节还坚持挖掘影视界的“新声音”，在埃及电影行业掀起创新之潮。

古纳电影节凭借超高的人气，有望成为阿拉伯地区乃至世界范围内影视爱好者的盛会，它包括三个主题竞赛：长故事电影、长纪录片、短电影竞赛；除却竞赛，主办方也向观众提供多种活动，其中，以人道主义为导向的电影展映受到广泛关注。

---

① 《阿斯旺国际女性电影节》，http://www.aswansun.gov.eg/posts/988778，访问日期：2018 年 9 月 25 日。

② 《阿斯旺国际女性电影节将于下周三拉开帷幕》，https://www.cairo24.com/2019/02/18/إنطلاق-مهرجان-أسوان-الدولي-لسينما-الم/，访问日期：2019 年 2 月 18 日。

③ 《阿斯旺女性电影节和女性气质的胜利：阿斯旺国际女性电影节拉开帷幕》，https://www.marocplus.info/أسوان-لسينما-المرأة-و-الإنتصار-لتاء-ال/，访问日期：2019 年 2 月 21 日。

在展映电影的同时，主办方还组织了“古纳电影平台”，这是一个集创造性、专业性为一体的平台，旨在培养阿拉伯世界的专业影视人才，也为阿拉伯国家与国际导演、制片人、电影经销商提供交流机会。①

8. 沙姆沙伊赫亚洲国际电影节（مهرجان شرم الشيخ للسينما الآسيوية）

沙姆沙伊赫亚洲国际电影节是由埃及努恩文化和艺术基金会举办的非营利性文化活动②，旨在借助埃及横跨亚非两洲的地缘优势，为亚洲电影在非洲地区的展映、推广提供平台。③首届电影节于2019年3月2日在埃及沙姆沙伊赫举办，主宾国为中国，中国导演谢飞担任评委会主席。该届电影节吸引了来自26个国家和地区的58部影片参与，中国纪录片《大三儿》、动画片《江海渔童之巨龟奇缘》分别参与了纪录片、动画片等单元奖项的角逐。④

此外，电影节期间还举办了多种活动：谢飞导演担任题为“大师课程——半个世纪的电影教师生涯”专题讲座的主讲；电影节亦设立了“注目中国电影”展区，展映谢飞作品《本命年》《香魂女》等；除此之外，主办方还举办了“中国之夜”系列活动。

艺术节

1. 开罗国际当代实验戏剧节（مهرجان القاهرة الدولي للمسرح التجريبي）

开罗国际当代实验戏剧节是埃及文化部每年举办的非竞赛性艺术节，也是一个通过不同形式的戏剧和表演艺术促进不同文化和社会交流对话的论坛，其宗旨是给埃及和其他阿拉伯国家呈现戏剧艺术领域的最新成果。开罗国际当代实验戏剧节的举办最早可追溯到20世纪后半叶，当时埃及经济萧条，向外派遣留学生受到限制，民

---

① 《关于艾勒朱奈电影节》，http://elgounafilmfestival.com/ar/about-el-gouna，访问时间：2019年3月15日。

② 《关于沙姆沙伊赫亚洲国际电影节》，http://sharmfilmfestival.org/ar/عن-المهرجان/，访问时间：2019年3月15日。

③ 《沙姆沙伊赫亚洲国际电影节“中国主宾国”展风采》，http://epaper.ccdy.cn/html/2019-03/15/content_255559.htm，访问日期：2019年3月15日。

④ 《首届沙姆沙伊赫亚洲国际电影节开幕》，http://www.xinhuanet.com/world/2019-03/03/c_1124186016.htm，访问日期：2019年3月3日。

众缺乏了解外界的途径，而戏剧受到社会大众的追捧，因此展示不同文化、不同国家的戏剧便成为埃及民众了解外界的方式。第一届开罗国际当代实验戏剧节于 1988 年举办，旨在呼吁社会各界加强对话、接受他者，搭建一个实现自由交流的平台。

开罗国际当代实验戏剧节不仅进行戏剧展演，还鼓励翻译国外的戏剧学著作。戏剧节的活动包括图书出版、举办研讨会供艺术家与教授们讨论戏剧问题等。值得肯定的是，开罗国际当代实验戏剧节是许多青年导演、编剧的灯塔，他们点亮了埃及的舞台，并且在各种各样的国际场合代表着埃及的形象。该节也为埃及的兄弟国家带来一定启发。

2. 萨拉丁城堡国际音乐和歌唱节（مهرجان القلعة الدولي للموسيقى والغناء）

萨拉丁城堡国际音乐和歌唱节是由埃及文化部协同埃及文物部举办的艺术节，地点在埃及萨拉丁城堡。该艺术节发起于 1990 年，是文化部最为重视、希望以最好的形式呈现的音乐节。[①] 埃及文化部部长在第二十八届艺术节上表示："萨拉丁城堡国际音乐和歌唱节是埃及夏季最为盛大的活动之一，它致力于吸引更多的观众，旨在实现文化公平。"[②] 第二十八届萨拉丁城堡国际音乐和歌唱节于 2019 年 8 月 18 日举行，在为期十五天的活动期间，举行了 42 场音乐会，乐队和艺术家来自埃及、突尼斯、阿尔及利亚、叙利亚、中国、印度、纳米比亚、几内亚和委内瑞拉。[③]

3. 阿斯旺国际文化艺术节（مهرجان أسوان الدولي للفنون والثقافة）

阿斯旺国际文化艺术节是由埃及文化宫总机构组织举办的艺术节。在第七届阿斯旺国际文化艺术节上最为出名的景象即是太阳直射位于阿布·辛拜勒神庙中的拉美西斯二世雕像，以此宣告阿斯旺国际文化艺术节圆满结束。埃及作为非盟领袖，在文化节上举办了

---

① 《八月十八：萨拉丁城堡音乐和歌唱节开幕》，https://albawabhnews.com/3691184，访问日期：2019 年 8 月 9 日。

② 《第二十八届萨拉丁城堡音乐和歌唱节开幕》，https://www.almasryalyoum.com/news/details/1420788，访问日期：2019 年 8 月 19 日。

③ 《中西结合的氛围下，萨拉丁城堡艺术节开幕》，https://elaph.com/Web/Entertainment/2019/08/1261691.html，访问日期：2019 年 8 月 19 日。

一系列庆祝活动，因此，阿斯旺国际文化艺术节也是埃及展现其国际领导力的重要平台。该届文化节吸引了 19 个国家的 26 个艺术团参与，其中有 11 个非洲国家（埃及、突尼斯、阿尔及利亚、摩洛哥、毛里求斯、加纳、多哥、肯尼亚、尼日利亚、苏丹和刚果民主共和国），8 个非非洲国家（中国、印度尼西亚、约旦、巴勒斯坦、波兰、希腊等）。[①] 艺术节的活动包括为新阿斯旺文化宫揭幕、举办书展、举行女性论坛等。

4. 达曼霍尔国际民俗节（مهرجان دمنهور الدولي للفلكلور）

达曼霍尔国际民俗节是一个每年在埃及达曼霍尔城举办的国际性文化艺术节，始于 2013 年。达曼霍尔国际民俗节举办民俗舞蹈展，此外还举办音乐之夜和艺术展演等活动。

达曼霍尔国际民俗节通常邀请埃及本土及世界各地的艺术团体参加，这些艺术团体能够展现世界各民族民俗和文化遗产，加强民众对民俗文化重要性的认知，尤其是这些文化遗产在研究不同社会特征、探索影响不同民族发展的因素方面发挥着非常重要的作用。该艺术节使人们从民俗文化中获得指引，让文化遗产在全世界人民之间发挥其积极作用，促进绵延不断的文化交流。

第七届达曼霍尔国际民俗节于 2019 年 4 月 1 日在达曼霍尔歌剧院开幕，来自埃及、泰国、黎巴嫩、阿尔及利亚、巴勒斯坦、苏丹、斯里兰卡、印度、中国、希腊、印度尼西亚、土库曼斯坦等 13 个国家的 20 支艺术团参加了该艺术节。其间，许多参与国还为当地青年、儿童及关注文化遗产的民众举办了艺术工作坊进行民族舞蹈培训，如土库曼斯坦舞蹈工作坊、亚美尼亚工作坊等。[②]

5. 阿斯旺国际美术节（مهرجان أسوان الدولي للفنون التشكيلي）

阿斯旺国际美术节于 2018 年 3 月 22 至 29 日在阿斯旺城举办。

---

① 《文化部长：阿斯旺国际文化艺术节掀开埃及领导力崭新的一页》，https://www.youm7.com/story/2019/2/22/4149591/وزيرة-الثقافة-مهرجان-أسوان-الدولى-للفنون-صفحة-مشرقة-فى-قصة/，访问日期：2019年2月22日。

② 《达曼霍尔国际民俗节：埃及凭借其文化和软实力在12个国家中熠熠生辉》，https://www.alsharqtimes.com/Arab/4565278/مهرجان-دمنهور-السابع-للفلكلور-مصر-تتلألأ-بقوتها-الناعمة-بين-12-دولة，访问日期：2019年4月6日。

该艺术节是一场非同寻常的艺术之旅，包括尼罗河之旅、工作坊、冒险活动、休闲娱乐、艺术文化论坛、艺术展和表彰颁奖典礼。

苏 丹

书展

喀土穆国际书展（معرض الخرطوم الدولي للكتاب）

喀土穆国际书展是由苏丹文化部举办的书展。首届喀土穆国际书展举办于2005年，第十四届喀土穆国际书展于2018年举行，吸引了来自20个国家的250家出版商参加，参展图书涉及文学、科学、政治、经济、历史等多个大类，数量多达24 000册。[①] 书展期间还举行了多种多样的文化艺术活动，如文化咖啡馆、诗歌之夜、研讨会、新书推介、杰出作家表彰等，吸引了众多作家、诗人和学者的参与。

电影节

1. 苏丹独立电影节（مهرجان السودان للسينما المستقلة）

苏丹独立电影节是每年在喀土穆举办的艺术文化活动，由苏丹电影梦工厂负责组织。该电影节为苏丹乃至非洲的电影人，与其他来自世界各地、独立创作电影的导演和制作人提供了一个会面场所，同时也为电影展播搭建平台。该电影节持续一周，包括电影展演、研讨会、讲座、多元化会议等活动。该电影节致力于将独立电影打造成为一种创造性表达形式，以丰富社会性的对话、促进变革。该电影节始于2014年，也是苏丹第一个电影节，受到来自不同国家的评论家、导演和制片人的关注。电影节为期一周的活动吸引了7 000多名观众，受到国内外媒体的广泛报道。电影节于2015年成功举办第二届，在出席嘉宾、新闻报道、展演电影质量以及群众互动等方

---

① 《喀土穆国际书展第一天接待游客》，https://www.youm7.com/story/2018/10/18/شاهد-معرض-الخرطوم-الدولى-للكتاب-فى-أول-يوم-لاستقبال-زواره/3995078，访问日期：2018年10月18日。

面取得明显的进步。

该电影节在将苏丹电影推介给评论家、评审委员会和艺术界方面发挥了巨大作用。许多优秀的苏丹影片也因此受到该地区人民的热烈欢迎，并且受邀参加著名的国际电影节，如荷兰鹿特丹电影节、亚历山大国际电影节、埃及卢克索电影节以及伊拉克、德国、韩国和阿根廷等地的电影节。

苏丹独立电影节已成为区域和国际文化界的一个独特标志，这主要归功于该电影节管理层在推动电影文化发展、严格选拔评审委员方面做出的巨大努力。[①]

2. 喀土穆阿拉伯电影节（مهرجان الخرطوم للفيلم العربي）

喀土穆阿拉伯电影节是苏丹举办的第一个阿拉伯电影节，电影节组委会力求将其打造成国际性平台，使其成为阿拉伯世界最重要的电影节之一。该电影节致力于展现阿拉伯世界最优秀的作品，探索阿拉伯世界的美好、复杂与多样，表达对人类、文化、艺术和历史的多重观点。

电影节活动分为两部分，分别为电影展演与培训研讨会。电影展演部分按照电影种类展映长片、短片、纪录片和儿童电影；培训研讨会主要包括电影导演培训研讨会、编剧培训研讨会、摄影培训研讨会。

艺术节

1. 卡尔马科尔国际艺术节（مهرجان كرمكول الدولي）

卡尔马科尔国际艺术节是苏丹文化与国际交往的平台，内容涉及音乐、视觉艺术和文学，由联合国教科文组织苏丹办公室负责举办。卡尔马科尔国际艺术节是苏丹首个此类艺术节，旨在展示苏丹丰富的文化。该艺术节在著名苏丹作家塔耶卜·萨利赫的故乡卡尔马科尔举办。由于洪水，该村于几十年前从尼罗河河畔迁移，而该艺术节将旧村庄的闲置房屋作为举办地点，将音乐家、诗人、艺术

① 《关于苏丹独立电影节》，https://www.siff-sd.com/ar/about-us.php，访问日期：2018 年 10 月 18 日。

家、设计师和电影制作人汇聚在此共度三周。

该艺术节受到联合国教科文组织文化促进基金会的支持，基金会在节日期间举办各种形式的苏丹艺术表演，包括戏剧、音乐、电影，此外还举办工坊活动。①

2. 苏丹国家文化节（مهرجان الثقافة القومي）

苏丹国家文化节始创于 21 世纪。第七届国家文化节于 2018 年开幕，受到苏丹共和国总理兼第一副总统巴克里·哈桑·萨利赫中将的鼎力支持，节日持续时间长达两年。艺术节能够折射出人们的行为和灵魂，展示其创造力，旨在将当代人继承的文化精髓传递给下一代。它并不仅是纯粹的庆祝活动，而是为艺术家们提供了一个展示的机会。该艺术节致力于将影响力覆盖苏丹全境，以实现文化和创意的良性竞争，弘扬优秀文化价值观、构建文化在社会领域的领导力，同时发展文化产业，营造利于艺术家创作的氛围。②

该艺术节的比赛有 14 种形式，奖项均以知名艺术家的名字命名，以表达对艺术家的尊敬和赞美。例如，戏剧艺术奖项以已故艺术家法迪尔·赛义德的名字命名。③

3. 萨玛世界音乐节（مهرجان ساما الموسيقي العالمي）

萨玛音乐节是苏丹歌泰学院（معهد جوته بالسودان）的项目之一，旨在通过苏丹与世界的音乐交流传播苏丹音乐。该音乐节始于 2015 年，第一届萨玛世界音乐节的主题是“苏菲音乐”，第二届则聚焦于中东和北非音乐，其间诞生了苏丹第一部歌唱戏剧。④ 第三届音乐节主题为“鼓”。第四届萨玛世界音乐节于 2018 年 10 月 14 至 19 日举行，主题为“传统与现代的弦乐器”。音乐节活动多样，包括主题丰富的工作坊、音乐之夜等。

---

① 《卡尔马科尔国际艺术节开幕，吸引世界级杰出艺术家参加》，https://www.alnilin.com/12907499.htm，访问日期：2017 年 12 月 16 日。

② 《第七届全国文化节竞赛拉开帷幕》，https://khartoumcenter.com/new/s/73098/انطلاق-التنافس-في-مهرجان-الثقافة-القومي-السابع，访问日期：2019 年 7 月 31 日。

③ 《第七届全国文化节：创意比赛》，https://alintibaha.net/الثقافة-والفنون/مهرجان-الثقافة-السابع-حراك-التنافس-الإبداعي-，访问日期：2019 年 7 月 31 日。

④ 《2017 年萨玛世界音乐节》（阿文），《歌泰学院》，https://www.goethe.de/ins/su/ar/kul/sup/sam.html，访问日期：2019 年 7 月 31 日。

阿尔及利亚

书展

阿尔及尔国际书展（معرض الجزائر الدولي للكتاب）

阿尔及利亚国际图书展是阿尔及利亚每年都会举行的一次文化盛会，是阿尔及利亚国内最为盛大、参加人数最多的文化盛事，也是社会公共展览的领头羊。[①]该书展自1996年起，在阿尔及利亚文化部的指导下开始举办，地点位于阿尔及利亚首都阿尔及尔城桑布巴哈里宫。第二十四届阿尔及利亚国际书展于2019年10月31日在阿尔及利亚首都阿尔及尔举办。2018年的第二十三届展会吸引了来自47个国家的出版机构和厂商参展，参展人数约为一百五十万。[②]在书展上，来自非洲的小说家、学者和出版商组织了关于非洲出版业的圆桌研讨会，此外，阿尔及利亚本土和外国文学、政治、媒体界人士也举办了讲座和讨论会。

电影节

1. 奥兰国际阿拉伯电影节（مهرجان وهران الدولي للفيلم العربي）

奥兰国际阿拉伯电影节是在阿尔及利亚奥兰城举办的电影艺术节，最早开始于1976年。至今已举办了十余届，第十一届电影艺术节以“让我们和平共处”为主题，有突尼斯、摩洛哥、埃及、叙利亚、黎巴嫩、伊拉克、约旦、阿联酋、沙特、巴林、巴勒斯坦和利比亚12个国家参与。共有38部参赛影片在长片、短片及纪录片3个竞赛单元中进行角逐。除竞赛环节外，艺术节还包括电影制作、剧本创作、视觉效果设计等内容。[③]

2. 撒哈拉国际电影节（مهرجان صحارى السينمائي الدولي）

撒哈拉国际电影节，通常被简称为“FiSahara（阿拉伯语，意为

---

① 《书展信息》，https://sila.dz/ar/?page_id=179，访问时间：2020年10月15日。

② 《2018年阿尔及尔国际书展SILA今天在阿尔及尔开幕》，https://www.ennaharonline.com/إفتتاح-الصالون-الدولي-للكتاب-سيلا-2018!/，访问时间：2018年10月29日。

③ 《阿尔及利亚奥兰举办阿拉伯电影艺术节》，https://chinese.aljazeera.net/sport-culture/2018/7/26/oran-hosts-the-arab-film-festival，访问时间：2018年7月26日。

‘在撒哈拉’)”，每年在阿尔及利亚西南部沙漠中的撒哈拉难民营举办，这是世界唯一在难民营举办的电影节，每年都会吸引许多来自阿尔及利亚、西班牙、墨西哥、哥伦比亚、巴西等国家的艺术家参与。电影节的最高奖项为“白骆驼奖”，此外还设有“白母骆驼奖”，颁给在电影节期间款待演员和导演的难民家庭。首届撒哈拉国际电影节于2003年由导演 Javier Corcuera 组织举办。第十四届电影节于2018年4月举行。电影节除了颁奖活动以外，还放映阿拉伯国家及其他国家电影，同时举行许多与电影相关的职业研讨培训会。

撒哈拉国际电影节是了解撒哈拉沙漠文化的重要窗口，撒哈拉沙漠文化早已成为解放和建设阿拉伯国家的重要武器。此外，在撒哈拉难民营举办该电影节，也是捍卫人权、伸张撒哈拉人民合法权益的一大途径，是撒哈拉人民争取自由独立的强有力的武器。[①]

3. 安纳巴地中海国际电影节（مهرجان عنابة للفيلم المتوسطي）

安纳巴地中海国际电影节是在阿尔及利亚东部城市安纳巴举办的电影艺术节，每年举办一次，吸引了大部分地中海沿岸国家参加。安纳巴地中海国际电影节是安纳巴在艺术创作方面举行的盛大节日。第一届电影节于2016年举办。第四届电影节于2019年10月举办。除电影展映外，安纳巴电影节还与其他阿拉伯国家电影节达成协议，开展主题培训研讨班，重点为青年电影制作人提供培训机会。[②]

艺术节

1. 提姆加德国际文化艺术节（مهرجان تيمقاد الدولي）

提姆加德国际文化艺术节是每年在阿尔及利亚城市巴特纳举办的文化艺术节。提姆加德是阿尔及利亚最负盛名的罗马遗迹，该艺术节是阿尔及利亚文化领域最重要的盛会之一。[③] 迄今为止，该文化节已举办四十余届，第四十一届在2019年7月27日开幕，吸引了

---

① 《第十四届撒哈拉国际电影节 FiSahara 在西撒哈拉沙漠》，https://www.spsrasd.info/news/ar/articles/2018/12/02/18645.html，访问时间：2018年2月12日。

② 《安纳巴电影节：第四届电影节推迟至十月》，https://elmaouid.net/مهرجان-عنابة-للفيلم-المتوسطي-تأجيل-ال/，访问时间：2019年4月23日。

③ 《提姆加德国际文化节开幕式中的艺术和历史》，http://www.sawtalahrar.net/الثقافي/التاريخ-والفن-في-السهرة-الافتتاحية-لمهرجان-تيمقاد-الدولي.html，访问时间：2018年7月29日。

来自各个阿拉伯国家的艺术家。该艺术节的活动包括但不限于表彰杰出艺术家、进行歌唱表演、戏剧演出等。

2. 阿马齐格戏剧文化艺术节（المهرجان الثقافي الوطني للمسرح الأمازيغي）

阿马齐格戏剧文化艺术节是在阿尔及利亚东部巴特纳省举办的戏剧艺术节，至今已有十余年历史。该戏剧艺术节是阿尔及利亚首个阿马齐格语戏剧艺术节[①]，旨在促进阿尔及利亚地区的阿马齐格文艺发展。

第十届阿马齐格戏剧文化艺术节于2018年12月举办，为期7天。参加该艺术节的戏剧将共同竞争最佳戏剧奖、最佳导演奖、最佳原创奖、最佳场景设计奖等七大奖项。除竞赛外，戏剧节还展演来自提兹佐乌（تيزي وزو）、瓦儿格莱（ورقلة）、格尔达亚（غرداية）等城市的十部戏剧作品，举办题为“阿马齐格语戏剧写作”学习日、阿马齐格语书展活动，吸引了众多戏剧家和学者。但因为预算有限，第十届艺术节取消了研讨会活动。

3. 阿尔及利亚国际交响音乐节（المهرجان الدولي للموسيقى السيمفونية بالجزائر）

阿尔及利亚国际交响音乐节是一场囊括多场交响音乐会的国际化音乐节。该音乐节汇集了世界最著名的交响乐音乐家，展示世界顶级作曲家的作品，是一年一度交响乐界的盛会。

阿尔及利亚国际交响音乐节至今已举办了十余届。第十届阿尔及利亚国际交响音乐节于2018年10月13日至19日在阿尔及利亚开幕，吸引叙利亚、俄罗斯、西班牙、韩国、乌克兰、奥地利、意大利、突尼斯、日本、捷克、南非、法国、德国、中国14个国家参加，俄罗斯为该届音乐节的主宾国。

4. 阿拉伯古典诗歌国际文化艺术节（المهرجان الثقافي الدولي للشعر العربي الكلاسيكي）

阿拉伯古典诗歌国际文化艺术节于2015年在阿尔及利亚比斯

① 《阿尔及利亚第一个阿马齐格语戏剧艺术节开幕》，https://www.aljazeera.net/news/cultureandart/2014/12/11/ أول-مهرجان-مسرحي-باللغة-الأمازيغية-في-الجزائر，访问时间：2014年12月11日。

克拉省拉开帷幕，吸引来自突尼斯、叙利亚、约旦、伊拉克、埃及、黎巴嫩、阿尔及利亚的85名诗人参加。① 该艺术节旨在加强阿尔及利亚作为阿拉伯学者、诗人会聚地的重要地位，促进人文交流，复兴阿拉伯诗歌。② 艺术节期间举办多场讲座与讨论活动，主题涉及“诗歌与现代”“阿拉伯现代诗歌”。除却这些文化活动，该艺术节还举办了画展、旅游空间展、传统工艺品展等丰富的旅游、艺术活动。

摩洛哥

书展

1. 卡萨布兰卡国际书展（معرض الدار البيضاء الدولي للنشر والكتاب）

卡萨布兰卡国际书展是摩洛哥国内也是国际上最大的图书博览会之一，始于1994年，每年2月在摩洛哥卡萨布兰卡举行，为期10天。书展由摩洛哥国王穆罕默德六世主持，在文化新闻部的监督组织下，由摩洛哥投资发展出口局合作举办。展览面积超过20 000平方米，是摩洛哥最重要的文化聚会之一，汇集不同研究方向的艺术家、作家、出版人等，此外还有不同年龄段的游客。卡萨布兰卡国际书展是摩洛哥及北非地区的年度文化盛事，也是阿拉伯语和法语图书的重量级展会，每年都吸引数十万人参展③。在2019年举办的第二十五届卡萨布兰卡国际书展上，共有来自42个国家的720家出版商参与，吸引约56万游客参观。④

---

① 《85名诗人将参加在阿尔及利亚举行的文化艺术节》，https://www.arabstoday.net/75/85-شاعرًا-عربيًا-في-المهرجان-الثقافي-الدولي-في-الجزائر，访问时间：2015年2月11日。

② 《阿拉伯古典诗歌国际文化艺术节在比斯克拉省开幕》，http://kalimates.com/1187-لمهرجان-الثقافي-الدولي-للشعر-العربي/，访问时间：2015年2月11日。

③ 《卡萨布兰卡国际书展闭幕》，http://www.xinhuanet.com/2019-02/17/c_1124126513.htm，访问时间：2019年2月17日。

④ 《关于第25届国际图书出版博览会成果的公报》，http://www.minculture.gov.ma/?p=19267#.XXK-Wi2uNQI，访问时间：2018年10月29日。

2. 丹吉尔 – 得土安 – 侯赛玛区域书展（المعرض الجهوي للكتاب لجهة طنجة – تطوان – الحسيمة）

丹吉尔 - 得土安 - 侯赛玛区域书展是由摩洛哥文化新闻部举办的书展，活动为期七天，至今已举办了九届。第九届书展于 2019 年 6 月 28 日至 7 月 4 日在侯赛玛举行，标语为“阅读是发展的灯塔”，吸引了 36 名参展者，包括作家、出版商、专注图书行业的公共组织，以及近三万不同年龄层的观众。

除图书展销外，展览还包含 84 个文化项目。文化项目包括 5 场研讨会、2 场诗歌之夜、34 场书籍阅读签名活动、9 场儿童工作坊、15 场故事和戏剧写作工作坊等，这些活动的直接受益人数超过 3 000 名。①

电影节

1. 得土安地中海国际电影节（مهرجان تطوان الدولي لسينما بلدان البحر الأبيض المتوسط）

得土安地中海国际电影节是地中海地区规模最大、最负盛名的电影活动之一。电影节致力于在地中海国家引进现代电影作品，鼓励在博爱、交流、分享的氛围中传播和营销电影。得土安地中海国际电影节始于 1985 年，在得土安电影之友协会的倡议下，电影节多年来一直以“论坛”形式举办，直到 2006 年，得土安地中海电影节基金会接管其组织工作。第 25 届（银禧）电影节于 2019 年 3 月 23 日至 3 月 30 日在得土安举行，除电影展映外，还举行了多种主题的研讨会、圆桌会，以及一系列培训工坊活动，鼓励年轻人用更加包容开放的心态看待电影知识和技术。②

2. 马拉喀什国际电影节（المهرجان الدولي للفيلم بمراكش）

马拉喀什国际电影节是环地中海地区乃至世界范围内最重要的

① 《在丹吉尔 - 得土安 - 侯赛玛区域书展期间有三万人参观》，http://www.minculture.gov.ma/?p=20987#.XXLGEi2uNQI，访问时间：2018 年 10 月 29 日。

② 纳吉布・穆巴拉克：《得土安地中海电影节：庆祝巴勒斯坦》，https://www.alaraby.co.uk/diffah/arts/2019/3/20/ مهرجان-تطوان-للسينما-المتوسطية-احتفاء-بفلسطين，访问时间：2019 年 3 月。

电影节之一，自 2001 年举办以来，电影节每年都会与大众见面。该电影节设立四大奖项：金星奖、评审团奖、最佳男演员奖和女演员奖。2006 年，马拉喀什国际电影节获得了马约里电影节颁发的罗伯托罗斯里尼奖，该奖项主要授予地中海最重要的电影活动。[①]

3. 丹吉尔地中海短片电影节（مهرجان الفيلم القصير المتوسطي بطنجة）

丹吉尔地中海短片电影节在摩洛哥丹吉尔举办，专注于短片电影，从 2001 年开始举办以来，除两年因故停办外，每年举办一次。丹吉尔地中海短片电影节是一场兼具艺术文化与传播属性的活动，旨在创建一个电影交流的框架，为新地中海短片的展演搭建平台，提升其知名度。电影节设六大奖项，分别为杰出奖、特别评审团奖、最佳导演、最佳编剧、最佳男演员、最佳女演员。[②] 角逐各奖项的影片来自不同国家，这些影片体现了世界文化的多样性，展现了欧洲、中东、非洲地区丰富多彩的艺术风格和独特的文化魅力。每届电影节期间还举办短片拍摄制作专题学术研讨会、导演及演职人员与观众见面对话等活动。丹吉尔各大影院争相展播参展、参赛影片。由于短片摄制成本低，且涉及题材广泛，视角灵活多样，受到许多电影工作者的青睐。[③]

4. 阿马齐格电影节（المهرجان الوطني للفيلم الأمازيغي）

阿马齐格电影节每年在摩洛哥举办一次，吸引了来自摩洛哥、阿尔及利亚和利比亚的电影人参加。电影节设立长电影、短电影和纪录片三大竞赛，此外，还包括电影展映、创作工坊、研讨会等活动。该电影节旨在促进阿马齐格语电影的发展，提升阿马齐格电影的知名度，增进创作家、评论家和大众之间的沟通，凸显阿马齐格电影在塑造民族身份认同方面所起到的作用。电影节为影视艺术家的创

---

① 《马拉喀什国际电影节》，https://www.aljazeera.net/encyclopedia/events/2016/11/10/المهرجان-الدولي-للفيلم-بمراكش-المغربية，访问时间：2016 年 10 月 11 日。

② 《18 个国家参加丹吉尔地中海短片电影节》，https://www.albayan.ae/five-senses/east-and-west/2018-09-26-1.3367170，访问时间：2018 年 9 月 6 日。

③ 《第八届丹吉尔地中海短片电影节在摩洛哥落幕》，http://news.dwnews.com/global/news/2010-10-11/56535737.html，访问时间：2010 年 10 月 11 日。

作提供培训，以此激发本土电影创作的潜能。[①]

5. 梅克内斯国际青年电影节（مهرجان مكناس الدولى لسينما الشباب）

梅克内斯国际青年电影节聚焦阿拉伯国家电影，是首个希望从文化和创作角度解决阿拉伯国家问题的艺术节。该电影节旨在发展梅克内斯地区乃至整个国家的电影文化，致力于提高本国文化创造力和电影制作水平。同时，电影节也给大众和电影爱好者们提供平台，使观众能够通过电影讨论与阿拉伯国家相关的各种议题。此外，电影艺术享有广泛的人民群众基础，是加强本地区艺术家、文学家、导演、知识分子间文化交流的理想方式，该电影节也为人们庆祝电影艺术的发展提供了狂欢的契机。梅克内斯国际青年电影节作为一年一度的大型文化、旅游和艺术盛会，在推介地方、国家和国际电影制作方面扮演重要角色，是发展该地区文化经济的杠杆。[②]

艺术节

1. 瓦卢比利斯国际艺术节（مهرجان وليلي الدولي）

瓦卢比利斯国际艺术节是在摩洛哥国王穆罕默德六世的支持下，由文化与新闻部协同非斯－梅克内斯地区委员会，在瓦卢比利斯城举办的国际性艺术节。瓦卢比利斯艺术节是摩洛哥国内唯一的遗产艺术节，它与历史文化紧密相连。该艺术节至今已举办二十余届，每年夏天都会在古城瓦卢比利斯与大众见面，以“瓦卢比利斯国际艺术节：跨文化对话和跨文化艺术论坛”为标语。该文化节是摩洛哥文化部门的发展战略之一，旨在保护文化艺术遗产，保护各种非物质文化遗产的创造和表现形式，以支持艺术创作，通过文明和艺术的对话使民众对世界文化采取更加包容的态度，创造联通过去、现在和未来的桥梁[③]。该艺术节的活动包括多国乐队表演，许多摩洛哥当代歌星也会在艺术节中献唱。

① 《瓦尔扎扎特迎来第六届全国阿马齐格电影节》，https://www.almaghribtoday.net/101/مهرجان-الوطني-للفيلم-الأمازيغي，访问时间：2014 年 8 月 27 日。

② 《2019 年 7 月首届梅克内斯国际电影节》，https://www.elaiounsidimellouk.com/المهرجان-الدولي-للفيلم-العربي-بمكناس/#respond，访问时间：2019 年 2 月 7 日。

③ 《瓦卢比利斯国际艺术节：文化的交流、艺术碰撞的平台》，http://www.minculture.gov.ma/?p=21225#.XXsHRC2uNQJ，访问时间：2019 年 2 月 7 日。

2. 哈萨尼亚全国歌曲艺术节（المهرجان الوطني للأغنية الحسانية）

哈萨尼亚全国歌曲艺术节是由摩洛哥文化与新闻部联合达赫拉地区委员会，每年在达赫拉哈桑二世广场举办的歌曲艺术节。节日为期三天。哈萨尼亚全国歌曲艺术节旨在将哈萨尼亚文化（亦被称为“摩尔文化”）作为保存摩洛哥身份属性、坚持摩洛哥传统的文化遗产之一。此外，该文化艺术节还致力于传播哈萨尼亚的文化。目前该艺术节已经举办了十余届。第十四届艺术节邀请来自摩洛哥南部的 20 支乐队参加，通过展现哈萨尼亚歌曲来体现其宗旨。①

3. 布尔坎东方民间艺术节（مهرجان الفنون الشعبية الشرقية بمدينة بركان）

布尔坎东方民间艺术节是布尔坎城市一年一度重要的文化艺术活动，由摩洛哥文化与新闻部和布尔坎城市协会举办。该文化节旨在充分发挥布尔坎以及东部地区的文化辐射作用，保护文化遗产并将其传承给下一代，以保持摩洛哥文化身份认同，保存民俗记忆和口头文化遗产。

布尔坎东方民间艺术节包括多种多样的文化艺术活动，例如，民俗文化之文化遗产音乐之夜，吸引本地区的乐队参与演出。除了与传统东方民间艺术相关的服装、乐器展览之外，艺术节还有以“东方民间舞蹈”为主题的研讨会。值得一提的是，每届布尔坎东方民间艺术节都会对艺术和文化领域的杰出人才进行表彰。②

4. 欧黛雅之夏国际文化艺术节（المهرجان الدولي للفنون والثقافة صيف الأودية）

欧黛雅之夏国际文化艺术节是由摩洛哥文化与新闻部下属的文化部门与国家音乐理事会合作举办的国际艺术节，每年夏季在摩洛哥首都拉巴特举办。欧黛雅之夏国际文化艺术节吸引来自各地的艺术家参加，除了传统的歌唱、舞蹈演出外，艺术节还包括颁奖表彰活动。欧黛雅之夏艺术节的传统活动是为对摩洛哥艺术和文化领域

① 《第十四届哈萨尼亚全国歌曲艺术节》，http://www.minculture.gov.ma/?p=21075#.XXsHRi2uNQJ，访问时间：2019 年 2 月 7 日。

② 《第七届布尔坎东方民间艺术节：2019 年 8 月 30 日至 9 月 1 日》，http://www.minculture.gov.ma/?p=21242#.XXsHQy2uPOR，访问时间：2019 年 2 月 7 日。

发展作出贡献的公民颁发金牌。[①]

突尼斯

书展

1. 突尼斯国际书展（معرض تونس الدولي للكتاب）

突尼斯国际书展是一场兼具商业、文化和学术属性的展会，自1982年举办以来，该展每年都在突尼斯首都举办，吸引突尼斯和世界范围内的出版社参加。除此之外，许多突尼斯本地和世界性的组织机构也会参与其中。书展包括三个部分：第一，打造展销众多新书的图书市场；第二，举办文化活动，这些活动与图书界许多亟待解决的议题息息相关；第三，表演多种多样的儿童节目。[②] 突尼斯国际书展追求启蒙与智慧。自2011年后，许多宣扬恐怖主义和极端思想的书籍涌入突尼斯图书市场，但这些糟粕均被书展拒之门外，读者们可以从书展获得有益的精神给养。

2. 突尼斯国家书展（المعرض الوطني للكتاب التونسي）

突尼斯国家书展始于2018年10月，它为突尼斯作家、出版商和读者提供了解突尼斯文化运动的绝佳机会。[③] 突尼斯出版商协会会长兼书展执行主任穆罕默德·萨利赫·穆阿利吉表示，书展对于突尼斯作家和读者来说，是一个了解突尼斯出版商以及图书的窗口。该书展主要为突尼斯出版商举办，在第一届突尼斯国家书展上，共有76家出版社携45 000本图书参与展出。[④] 此外，书展期间还有种类繁多的文化活动，这使得突尼斯国家书展的内容更加丰富，这些活动包括：表彰杰出作家，举办作家论坛、文学座谈会。此外该书

① 《欧黛雅之夏国际文化艺术节》，https://ahdath.info/406954，访问时间：2018年7月20日。

② 《2019突尼斯国际书展》，https://www.qposts.com/2019-معرض-تونس-الدولي-للكتاب/，访问时间：2019年4月15日。

③ 《突尼斯国家书展》，http://www.citedelaculture.gov.tn/2018/10/16/4-المعرض-الوطني-للكتاب-التونسي/，访问时间：2018年10月16日。

④ 《突尼斯国家书展》，http://www.citedelaculture.gov.tn/2018/10/16/4-المعرض-الوطني-للكتاب-التونسي/，访问时间：2018年10月16日。

展还设立四个奖项，分别颁给杰出的儿童作家、文学创新作家、思想创新作家、翻译作家。[①]

电影节

1. 格利比亚业余电影爱好者国际电影艺术节（المهرجان الدولي لفيلم الهواة بقليبية）

格利比亚业余电影爱好者国际电影艺术节因其选择将电影业爱好者而不是专业电影人士作为主体，在阿拉伯国家电影艺术节中独树一帜。该电影艺术节始于 1962 年，至今已有六十多年的历史，由突尼斯业余电影制作大学负责举办。该电影节主要包括两大赛事：全国竞赛和国际竞赛。全国竞赛只能由突尼斯电影参加，而国际竞赛则允许参加电影节的国家的电影参赛。此外，艺术节还包括研讨会、工作坊等活动，这些活动会在艺术节持续举行，其成果会在闭幕之夜上展出。[②]

2. 迦太基国际电影节（أيام قرطاج السينمائية）

迦太基国际电影节于 1968 年由塔希尔·沙利亚创立，是非洲南部国家最为古老的电影艺术节之一，原为每两年的 10 月举办一次，自 2014 年后变更为一年一度在 10 月至 11 月间举办。迦太基电影艺术节同迦太基戏剧艺术节、迦太基音乐艺术节共同构成突尼斯三大艺术节。电影节的主要目的是促进阿拉伯国家和非洲国家民族电影事业的发展，加强非洲国家同亚洲、拉丁美洲国家电影工作者之间的沟通与合作，为他们提供交流思想和经验的机会，以探讨现实问题，提高突尼斯电影的艺术和制作水平。与此同时，电影节也吸引了众多海外游客的目光，由此推动突尼斯旅游业的发展。

迦太基国际电影节的活动主要包括官方电影竞赛，其中以迦太基古老月神名字命名的奖项——塔尼特金奖为电影赛事的最高奖项，电影竞赛包括以阿拉伯和非洲电影为主的“电影大观”环节、以最

---

① 《突尼斯国家书展》，http://www.citedelaculture.gov.tn/2018/10/16/4 -المعرض-الوطني-للكتاب-التونسي /，访问时间：2018 年 10 月 16 日。

② 《格利比亚业余电影爱好者国际电影艺术节：半个世纪后》，https://ultratunisia.ultrasawt.com/，访问时间：2019 年 8 月 8 日。

新电影为主的“国际”环节以及为参与国电影和著名电影人物设立的“荣誉”环节。此外，电影节还有“项目研讨会”和长短录像比赛，旨在促进非洲和阿拉伯国家电影业的发展。

3. 突尼斯电影节（مهرجان السينما التونسية）

突尼斯电影节创立于2018年，每年举办一届。第二届突尼斯电影节上共有35部电影共同角逐20个奖项，突尼斯电影节主要负责人、导演穆赫塔尔·艾勒阿吉米（مختار العجيمي）表示，该电影节通过致敬著名电影人士来反映突尼斯电影业取得的发展。突尼斯电影节设“金麻雀奖”，该奖项是为了致敬已故突尼斯艺术家艾勒·哈迪·萨利米的作品《麻雀》，以及之后借鉴《麻雀》之中元素的电影。①

艺术节

1. 迦太基国际艺术节（مهرجان قرطاج الدولي）

迦太基国际艺术节是由突尼斯文化遗产保护部每年在突尼斯的迦太基古城举办的音乐艺术节，从6月持续到8月中旬，是突尼斯一年一度最为重大的文化活动。② 迦太基国际艺术节创立于1964年。艺术节主席莫赫塔尔·拉萨表示，历史悠久的迦太基国际艺术节为各种艺术提供了展示的机会。③

迦太基国际艺术节包括多种形式的艺术演出，其中大多数为音乐演出，也包括舞蹈演出、戏剧演出以及专为儿童演出的节目。这些参演节目不仅限于突尼斯或者阿拉伯国家，还包括世界其他的国家。④

---

① 《35部电影共同角逐突尼斯电影节》，https://aawsat.com/home/article/1761246/مهرجان-السينما-التونسية-ينطلق-بمنافسة-٥٣-فيلما，访问时间：2019年6月11日。

② 《第51届迦太基国际艺术节开幕》，http://www.xinhuanet.com/world/2015-07/14/c_128019625.htm，访问时间：2015年7月14日。

③ 《迦太基艺术节主席：该艺术盛会适合所有人》，https://www.aa.com.tr/ar/1524323/الثقافة-والفن/مدير-مهرجان-قرطاج-التظاهرة-فرصة-لجميع-الأذواق，访问时间：2019年5月7日。

④ 《迦太基艺术节主席：该艺术盛会适合所有人》，https://www.aa.com.tr/ar/1524323/الثقافة-والفن/مدير-مهرجان-قرطاج-التظاهرة-فرصة-لجميع-الأذواق，访问时间：2019年5月7日。

2. 迦太基国际戏剧节（أيام قرطاج المسرحية）

迦太基国际戏剧节是由突尼斯文化遗产保护部门负责举办的国际戏剧艺术节，创立于 1983 年，每两年举办一次。戏剧艺术节的创立并不容易，当时突尼斯正处在严重的政治社会动乱当中，因此迦太基国际戏剧节的诞生在当时为突尼斯戏剧发展提供了保护，突尼斯文化精英们认为，戏剧像插入荒原大地的镐一样，改变着社会这片土地的颜色、形状、气味，戏剧是一种哲学性的、思想性的、具有美学属性的行为，它对话存在，让我们理解生命的意义，因此迦太基戏剧艺术节从创立之时就与其他阿拉伯、非洲国家的戏剧艺术节不同，它成了一个具有突尼斯属性的独一无二的艺术节。①

3. 斯贝特拉之春国际艺术节（مهرجان ربيع سبيطلة الدولي）

斯贝特拉之春国际艺术节创立于 2000 年，每年 4 月 30 日至 5 月 3 日在突尼斯斯贝特拉城举办。该艺术节由斯贝特拉城的年轻人们创立，本意是向斯贝特拉这座在突尼斯有着重要历史地位而如今却几乎被人遗忘的城市致敬，后来逐渐演变成具有自身独特气质和印记的艺术节。② 该艺术节并不是诸如音乐节、戏剧节、电影节等专注于某一门类的节日，而是每届设立不同的主题，例如 2010 年第十届艺术节的主题即为阿拉伯电影，因为这一年是突尼斯的“第七艺术”（电影）之年。

4. 迦太基音乐节（أيام قرطاج الموسيقية）

迦太基音乐节是由突尼斯文化遗产保护部主持举办的两年一度的音乐节，第一届于 2010 年 12 月 18 日至 25 日举办，取代了 1986 年创立的突尼斯歌曲节（于 2005 年更名为突尼斯音乐节），同迦太基电影节、迦太基戏剧节一起被纳入同一系列的艺术节中。

音乐节包括三场主要比赛：歌唱比赛、器乐比赛、乌德琴独奏比赛。这些比赛对所有马格里布地区国家的艺术家开放，包括诗人、

---

① 拉姆齐 · 阿亚里：《迦太基戏剧艺术节开幕：从未被舞台灯光聚焦的未解之问》（阿文），https://ultratunisia.ultrasawt.com/ افتتاح-أيام-قرطاج-المسرحية-أسئلة-عالقة-لم-تطلها-أضواء-الخشبة/ رمزي-العياري/ثقافة-وفنون/تقارير，访问时间：2018 年 12 月 10 日。

② 拉伊得 · 杰尔吉斯：《对话斯贝特拉艺术节主席诗人阿德南 · 哈来里》，https://web.archive.org/web/20100922031841/http://adabfan.com/，访问时间：2018 年 12 月 10 日。

作家、作曲家、歌手和发行人。此外，该艺术节还会在比赛之余组织艺术之夜活动，比如研讨会、露营、音乐工作坊等，与竞赛不同的是，来自其他阿拉伯国家的艺术家均可参加这些活动。

5. 沙纳比当代戏剧节（مهرجان الشعانبي للمسرح المعاصر）

沙纳比当代戏剧节是突尼斯一年一度的艺术节，创立于 2014 年，由突尼斯卡塞林当代国际艺术中心在卡塞林城举办。该艺术节举办时间为每年 3 月 20 日至 27 日，在此期间会举行多种多样的活动，其中包括演出、戏剧展演、培训工作坊等。

该戏剧艺术节是在突尼斯安全形势不断恶化的大背景下创立的，其宗旨和目标是在思想方面支持国家安全建设，与安全部队、军队等并肩作战抵御恐怖主义文化；在文化艺术方面，该节日凸显出卡塞林地区文化遗产的创新作用；在阿拉伯国家乃至全世界艺术家的帮助下，举办各类当代艺术节，表演不同国家的戏剧；在社会方面，促进社会领域不同文化间的沟通，推动当地文化发展，鼓励社会性活动。①

黎巴嫩

书展

1. 贝鲁特阿拉伯国际书展（معرض بيروت العربي الدولي للكتاب）

贝鲁特国际书展于每年 12 月在黎巴嫩首都贝鲁特举行，为期 15 天。该书展创办于 1965 年，是阿拉伯世界的第一个书展，也是中东地区最大的书展之一，由阿拉伯文化俱乐部和黎巴嫩出版商协会负责举办。尽管黎巴嫩战火不断，政局动荡，但是书展自诞生以来，从未间断。书展展出的图书来自整个阿拉伯地区，范围广泛，而且黎巴嫩的环境相对开放宽容。②

---

① 《第二届卡塞林沙纳比当代戏剧节日程安排》，http://www.jomhouria.com/art26799_برنامج%20مهرجان%20الشعانبي%20للمسرح%20المعاصر%20بالقصرين%20فى%20دورته%20الثانية，访问时间：2015 年 3 月 7 日。

② 《黎巴嫩出版业与传媒业》，http://www.chinabookinternational.org/2016/0428/119077.shtml，访问时间：2016 年 4 月 28 日。

2. 黎巴嫩图书节（المهرجان اللبناني للكتاب）

黎巴嫩图书节是由安特里亚斯文化运动举办的一年一度的图书展览，至今已有四十余年历史。书展设立的初衷是为在黎巴嫩内战中颠沛流离的居民提供阅读书籍，满足他们的文化知识需求。[①] 黎巴嫩图书节也包括思想和文学研讨会、关于新出版图书的讨论会议、纪念黎巴嫩和阿拉伯文化人物的晚会活动。

电影节

1. 黎巴嫩电影节（The Lebanese Film Festival）

黎巴嫩电影节是由皮埃尔・塞拉夫（Pierre Sarraf）和纳丁・塔贝（Nadim Tabet）于 2001 年举办的电影艺术节，旨在给电影制作人提供展示自己作品、与观众见面的舞台，为导演、制片人、行业专家、媒体和大众提供交流机会。在电影节期间，电影制片人、行业专业人士和电影爱好者将汇聚于此，共同促进黎巴嫩电影艺术的发展和国际交流，鼓励黎巴嫩原创作品。

2. 贝鲁特国际女性电影节（مهرجان بيروت الدولي لسينما المرأة）

贝鲁特国际女性电影节是由非政府组织北流特电影协会举办的电影艺术节，创立于 2018 年。电影节齐聚全世界电影制作人和电影爱好者，展示来自各个阿拉伯国家乃至全世界女性导演的作品或涉及女性问题的电影。此外，电影节还有许多研讨会和工坊活动[②]，是一个展示不同女性问题的窗口，这些问题涉及性别歧视、性别身份认同、家庭暴力等。

3. 黎巴嫩独立电影节（المهرجان اللبناني للأفلام المستقلة）

黎巴嫩独立电影节（LIFF）是一个诞生于黎巴嫩地中海沿岸的独立电影艺术节，它虽然诞生于地中海，却立足于世界，旨在吸引全世界的观众。黎巴嫩独立电影节的愿景是将黎巴嫩打造成为该地

---

① 《第37届安特里亚斯黎巴嫩图书节召开》，https://aawsat.com/home/article/1192951/ «37مهرجان-الكتاب-اللبناني»-في-أنطلياس-بلغ-سنته-الـ，访问时间：2018 年 3 月 4 日。

② 《贝鲁特国际女性电影节致敬黎巴嫩演员瓦法・塔尔比娅》，https://www.independentarabia.com/node/11756/ فنون-وأضواء/سينما/انطلاق-مهرجان-بيروت-الدولي-لسينما-المرأة-بتكريم-الممثلة-اللبنانية-وفاء，访问时间：2019 年 3 月 10 日。

区乃至全世界的电影制作中心，向广大观众分享国际视野和独立思想。该电影节的使命是促进独立电影文化的发展，是一个展示来自世界各地艺术家、电影制作人作品的平台，也是一场汇聚全世界专业电影人士的盛会。该电影节的目标为促进文化发展，通过不同主题的独立电影和专题讨论会来促进文化多样化，并为黎巴嫩社会问题的解决提供新思路。此外，电影节还致力于向边远地区的民众推广电影。该电影节与独立电影节（The Independent Film Festival）、美国亚利桑那州不适电影之夜进行合作（A Night of Misfit Films Film Festival Arizona，USA）。①

黎巴嫩独立电影节设有最佳故事片、最佳中长片、最佳短片、最佳阿拉伯语片四个主题共 14 个奖项，此外还有地中海特别奖、多样性特别奖、最佳网络文档、最佳网络小说、观众奖、摄影大赛等奖项。②

2019 年黎巴嫩独立电影节在贝鲁特举行，有来自世界各地超过 180 部电影参与展映，这些电影关注政治、社会领域不同的议题，在题材方面也各具特色，已故美国女演员玛丽莲·梦露被选为 2019 年电影节的象征。电影节评审团由黎巴嫩和外国专家组成，共九人。黎巴嫩的审查制度并不禁止电影节上放映电影的种类。叙利亚导演奥萨马·达乌德（Osama Dawoud）认为黎巴嫩独立电影节是一个良好的展示电影的平台，可以不受限制地展示电影人的思想。③

艺术节

1. 巴勒贝克国际艺术节（مهرجانات بعلبك الدولية）

巴勒贝克国际艺术节是中东地区最古老、最负盛名的文化活动，其历史超过 60 年。④ 1956 年艺术节在黎巴嫩共和国总统卡密拉·查

① 《黎巴嫩独立电影节》，https://filmfreeway.com/LIFFofficial，访问时间：2023 年 2 月 13 日。

② 《黎巴嫩独立电影节》，https://filmfreeway.com/LIFFofficial，访问时间：2023 年 2 月 13 日。

③ 《最重要的活动之一：黎巴嫩独立电影节》，https://www.alghad.tv/شاهد-أهم-فعاليات-المهرجان-اللبناني-لل/，访问时间：2023 年 2 月 13 日。

④ 《历史》，http://www.baalbeck.org.lb/history/，访问时间：2023 年 2 月 13 日。

蒙（كميل شمعون）的支持下，由来自不同文化背景的 12 名志愿者组成委员会牵头启动，是促进黎巴嫩文化和旅游业的灯塔。艺术节成功地营造了独特的艺术环境，并以此吸引本地、阿拉伯地区乃至国际知名人士的创新性表演，为孕育充满生机的艺术环境打下基础。艺术节现已成为该地区最负盛名的年度活动，在国际上颇有声誉，接待过许多国际知名艺术家，也成为中东其他艺术节的灵感来源。如今该艺术节已成为黎巴嫩持续向全世界展示其积极形象的窗口，通过促进文化、旅游发展来实现和平，建立一个更美好的社会。

2. 贝特丁国际艺术节（مهرجانات بيت الدين الدولية）

贝特丁国际艺术节是中东地区重要的节日之一，于每年 7 月和 8 月在黎巴嫩舒夫山（جبل الشوف）的一座古老的宫殿中举行，该宫殿至今已有 200 多年的历史。音乐节上有世界著名明星和黎巴嫩艺术家的出色表演。除此之外，该艺术节还提供多场国际艺术品展览。

第一届贝特丁国际艺术节在 1985 年举行，当时的黎巴嫩处于内战的混乱中，但该艺术节仍能够顺利举办，体现出黎巴嫩人民对秩序的呼唤、对和平的期盼。1987 年，诺拉 · 琼布拉（Nora Joumblat）和执行委员会接管了艺术节的组织工作，该艺术节开始走出国门，名声大噪。在艺术节众多主题活动中，音乐节活动开始自行创作作品，尤其是黎巴嫩戏剧；而电影节活动以其多样性和高质量的节目吸引了越来越多的观众（2003 年达到 51 000 人），尤其是年轻一代。贝特丁国际艺术节属于非营利性质，它之所以能从一个本土组织发展成为国际盛会，最主要的原因是忠实观众的追捧，也离不开赞助商及合作伙伴的支持。电影节预算的 65% 来自门票销售，20% 来自赞助商，15% 来自政府象征性的援助。每年夏天，约有 50 000 名观众聚集在宫殿的庭院中观看各种演出，越来越多的知名艺术家也参与演出。①

3. 艾勒布斯坦艺术节（مهرجان البستان الدولي）

艾勒布斯坦艺术节是国际音乐和表演艺术节，在每年 2 月和 3

① 《关于贝特丁艺术节》，http://www.beiteddine.org/about-us/，访问时间：2023 年 2 月 13 日。

月举行，为期 5 周。该音乐节是黎巴嫩第一个也是唯一一个规模盛大的古典音乐节。其主要目标是振兴黎巴嫩内战后国内的文化生活。多年来，音乐节成功地在黎巴嫩促成古典音乐季。同时，教育也是该音乐节的主要目标，是其不可或缺的一部分。除了舞台表演外，该音乐节还包括其他活动，比如访客与艺术家会议、戏剧工作室、舞蹈大师班、讲座等[①]，这为艺术的多元交流提供契机。

约　旦

书展

安曼国际书展（معرض عمّان الدولي للكتاب）

安曼国际书展是约旦最盛大的文化活动之一。第十九届书展于 2019 年 9 月在约旦首都安曼举办，同时庆祝约旦作家阿姆贾德·纳赛尔在该年获得文学领域的殊荣。组委会认为安曼国际书展不仅是一个地区性书展，更是具有约旦特色的国际性书展。以第十九届书展为例，共有 350 家来自 22 个国家的出版社参展，参展国覆盖世界大部分地区。[②]

文化和青年部部长穆罕默德·阿布·鲁曼在第十九届开幕式致辞中表示，安曼国际书展是阿拉伯人保护其形象的关键一环，它将文化置于直面区域政治环境的最前沿。[③]安曼国际书展不仅给游客提供了解文化发展最新动态的机会，也给出版商提供难得的交流平台，以便于其寻找合作伙伴。

---

① 《第十九届安曼国际书展开幕》，http://alrai.com/article/10503325/ثقافة-وفنون/انطلاق-معرض-عمان-الدولي-للكتاب-٩١-اليوم，访问时间：2023 年 2 月 13 日。

② 《第十九届安曼国际书展开幕》，http://alrai.com/article/10503325/ثقافة-وفنون/انطلاق-معرض-عمان-الدولي-للكتاب-٩١-اليوم，访问时间：2023 年 2 月 13 日。

③ 《第十九届安曼国际书展开幕》，https://www.jordantimes.com/news/local/19th-amman-international-book-fair-begins，访问时间：2023 年 2 月 13 日。

电影节

1. 约旦人权电影节（مهرجان كرامة لأفلام）

约旦人权电影节是在约旦首都安曼举办的为期六天的电影艺术节，该电影节始于 2010 年，展映多部聚焦该地区人权议题的电影。电影节由“612 思想工厂”（معمل 612 للأفكار）组织举办，每年约有 8 000 名观众参加。

电影节包括许多活动，例如由电影摄制人员参与的讨论会、研讨会和讲座，音乐会，以及其他艺术展演。电影节通常在开幕前举办为期八周、以“卡尔梅专家”为名的研讨会，在研讨会期间拍摄人权主题的电影，并将其在艺术节期间展映。①

2. 约旦国际电影节（مهرجان الأردن الدولي للأفلام）

约旦国际电影节旨在促进约旦电影电视剧行业的发展，通过提供专业的导演指导，为电影制作作贡献，以创作出具有影响力的约旦电影。此外，电影节还旨在提升当地影视制作人的专业技能，向公众传播电影意识。电影节设置的奖项包括：最佳电影金奖、最佳导演、最佳剧本、最佳男主角、最佳男配角、最佳女主角、最佳女配角、最佳摄影师、最佳音乐、最佳妆容、最佳时尚和配饰、最佳制作和最佳蒙太奇。②

3. 安曼国际电影节（مهرجان عمان السينمائي الدولي）

基于充满活力的约旦电影行业及约旦在国际电影行业图谱上拥有的突出地位，约旦皇家电影委员会于 2020 年 4 月 13 至 18 日举办安曼国际电影节，这是解决约旦杰出电影制作人匮乏问题的关键一步。③ 该电影节的目标是推广反映该地区创造力、帮助解决当前热点问题的阿拉伯电影。

安曼国际电影节最引人注目的是对各种电影制作人才的嘉奖。

---

① 《约旦电影节》，https://meshkatcommunity.org/blog/ مهرجانات-الأفلام-في-الأردن %C2%A0，访问时间：2023 年 2 月 13 日。

② 《约旦电影节》，https://meshkatcommunity.org/blog/ مهرجانات-الأفلام-في-الأردن %C2%A0，访问时间：2023 年 2 月 13 日。

③ 《关于安曼国际电影节》，https://aiff.jo/the-festival-2/?lang=ar，访问时间：2023 年 2 月 13 日。

电影人将在导演、编剧、剪辑、摄影和表演五大领域竞相角逐。其竞赛单元专为阿拉伯电影人设立，包括故事片、纪录片和短片。非竞赛单元则允许来自世界各地的电影人参加。

除电影放映外，电影节还会举办与电影制作相关的活动，例如研讨会、导演演员交流会等。

艺术节

杰拉什文化艺术节（مهرجان جرش للثقافة والفنون）

杰拉什文化艺术节创立于 1983 年，最早由约旦耶鲁穆克大学负责举办，随后逐渐成为由文化部主管的官方文化活动。艺术节每年 6 月在约旦文化古城杰拉什举办，在文化节举办期间，会有来自阿拉伯国家乃至世界各地的艺术表演人员为观众献上精彩演出。杰拉什文化艺术节以约旦传统民俗舞蹈闻名，此外还包括芭蕾舞、音乐会、戏剧、歌剧、音乐之夜等活动。

杰拉什文化艺术节是该地区最为古老、最为重要的艺术节之一，它在展示、介绍各个国家和地区的文化创作上发挥重要作用，推动不同国家和民族之间的文化交流。与此同时，该艺术节也重点强调约旦文化特色，具有“表达约旦社会文化多元化”的特点。①

科威特

书展

科威特国际书展（معرض الكويت الدولي للكتاب）

科威特国际书展是由科威特书展管理局（إدارة معارض الكتاب）举办的国际性图书展览，第一届书展举办于 1975 年，是国民议会举行的最重要的文化活动之一，同时也是继开罗国际书展之后的阿拉伯国家第二大书展。② 第四十四届科威特国际书展于 2019 年 11 月举行，

① 《杰拉什文化艺术节：人类创造与新视野》，http://alrai.com/article/ 10483523/ ثقافة-وفنون/مهرجان-جرش-للثقافة-والفنون-ابداعات-انسانية-ورؤى-جديدة，访问时间：2023 年 2 月 13 日。

② 《科威特国际书展》https://www.nccal.gov.kw/pages/festivals/ معرض-الكويت-الدولي，访问时间：2019 年 11 月 9 日。

约有来自 30 个国家的 488 家出版社参与，展览出版物超过 50 万种，其中包括 2019 年发行的约 1.8 万种新出版物。有 33 家阿拉伯和外国出版社首次参与书展。① 书展为出版商和作者提供了交流的空间，也让读者获取具有创造性的知识。每年书展期间都举行多样的文化活动，例如美术展、文物展览等。书展还包括专为儿童设置的区域，儿童读物出版商可在此集中参展。此外，书展也提供实践性工坊、俱乐部等，供儿童写作和阅读。②

电影节

1. 科威特电影节（مهرجان الكويت السينمائي）

科威特电影节设立于 2017 年，电影节设有短纪录片大赛、长纪录片大赛、短叙事片大赛、长叙事片大赛。电影节致力于促进科威特电影行业的发展、激发科威特电影创作的活力、鼓励科威特年轻人制作更加精良的电影。③

2. BEYOND 国际短片电影节（مهرجان بي يوند الدولي للأفلام القصيرة）

BEYOND 国际短片电影节设立于 2019 年，第一届电影节于 2019 年 11 月 2 日在科威特城举办，历时 7 天。该电影节致力于发现高质量的新电影，并将其展现给电影爱好者。电影节包括许多竞赛项目，放映超过 170 部电影。④ 该电影节旨在促进科威特文化和电影行业的发展，支持具有创意的视听表达形式，电影节尤其重视青年的作用。该电影节是科威特加强电影行业基础设施建设的重要一步，同时也是对科威特年轻人的鼓励，激励他们投身电影事业，通过电

① 《科威特书展：成千上万的新书吸引了各个年龄段的读者》，https://www.aljazeera.net/news/cultureandart/2019/11/22/ آلاف-العناوين-الجديدة-تجذب-رواد-القراءة-بمختلف-فئاتهم-العمرية，访问时间：2019 年 11 月 9 日。

② 《科威特国际书展》，http://bookfair.nccal.gov.kw/en/Home/Page/AboutUs，访问时间：2019 年 11 月 9 日。

③ 《第三届科威特电影节闭幕》，https://www.alaraby.co.uk/entertainment/2019/11/1/ مهرجان-الكويت-السينمائي-يختتم-دورته-الثالثة，访问时间：2019 年 11 月 1 日。

④ 《BEYOND 国际短片电影节开幕，众星云集》，https://akhbarelyom.com/news/newdetails/2938529/1/ انطلاق-مهرجان--بي-يوند--بحضور-نجوم-الفن，访问时间：2019 年 11 月 2 日。

影生产活动实现国家文化的繁荣。[①]

BEYOND 国际短片电影节欢迎来自世界各国的作品参赛，比赛主要集中在叙事短片、记录短片、动画短片三大领域。[②]

艺术节

1. 科威特戏剧艺术节（مهرجان الكويت المسرحي）

科威特戏剧艺术节始于 1989 年，至今已有 30 余年的历史，与每年 3 月的世界戏剧日同期举办。该艺术节的创办掀起了科威特本土戏剧创作的热潮，为满足民众不同的文化需求提供多种类型的戏剧表演。戏剧节也提供了难得的交流机会，通过激发参与团队的竞争精神来激励队员创作更好的作品，从而推动戏剧发展。[③]

艺术节期间举行戏剧表演比赛，演员、剧作家、导演等共同角逐最佳戏剧奖、最佳导演奖、最佳演员奖、最佳编剧奖、最佳戏剧服装奖等十余个戏剧大奖。

除竞赛外，科威特戏剧艺术节还有丰富多彩的文化活动，例如，戏剧演出、知识研讨会、茶话讨论会、技术证书认证、美术展览等。

2. 科威特文化节（مهرجان القرين الثقافي）

科威特文化节创立于 1994 年，由科威特文化、艺术与文学委员会主办，是科威特最为盛大的文化艺术节，该艺术节旨在丰富科威特艺术和文化活动。科威特文化艺术节的成立是科威特鼓励、完善和推动文化艺术工作的开创性一步，其强调科威特的阿拉伯属性，坚持不懈地捍卫表达自由的权利，同时也反映出科威特的文明面貌，以及其丰富国民精神和文化生活的决心。

艺术节每年举办一次，活动持续三周，包括思想、文化、音乐、戏剧、诗歌等活动。2019 年举办的第二十六届艺术节包括 64 种不

---

① 《BEYOND 国际短片电影节开幕，众星云集》，https://akhbarelyom.com/news/newdetails/2938529/1/ انطلاق-مهرجان--بي-يوند--بحضور-نجوم-الفن，访问时间：2019 年 11 月 2 日。

② 《BEYOND 国际短片电影节，科威特》，https://filmfreeway.com/bisffkw，访问时间：2019 年 11 月 2 日。

③ 《科威特戏剧节》，https://www.nccal.gov.kw/pages/festivals/ مهرجان-الكويت-المسرحي -2，访问时间：2019 年 11 月 2 日。

同的文化艺术活动。① 在艺术节期间，还会举行颁奖，奖项包括文学类奖项、教育类奖项。②

3. 夏季文化艺术节（مهرجان صيفي ثقافي）

科威特夏季文化艺术节是由科威特文化、艺术与文学委员会每年在夏季举办的文化艺术节。委员会希望通过举办该艺术节来吸引年轻人，让年轻人的暑假变得更为充实。这些活动旨在巩固年轻人对国家的认同感和归属感，增强其对国家的正面印象，提升他们在艺术、文学领域的技能。夏季文化艺术节的活动包括音乐、戏剧、美术、诗歌、传统文化、书展和文化研讨会等。③ 第十四届夏季文化艺术节因其多达 46 场的文化艺术活动，一跃成为科威特最盛大的文化活动之一。④

沙　特

书展

1. 利雅得国际书展（معرض الرياض الدولي للكتاب）

利雅得国际书展每年在沙特首都利雅得举办，为图书和出版行业的公司、组织、个人提供了展示他们作品的机会。利雅得国际书展鼓励大众参与，参加书展举办的会议、讲习班、研讨会、艺术文学讲座等，以在社会形成全民阅读的良好氛围，提升公民阅读技能，加深其对文化、文学和艺术知识的掌握。

自创立以来，利雅得国际书展便树立起独特的形象。利雅得书展是阿拉伯国家文化领域一项重要的文化活动，不论是参展人数、销售量还是文化活动多样性，书展在同类活动中均能遥遥领先。每

① 《第 26 届科威特古莱尼文化艺术节开幕》，http://arabic.people.com.cn/n3/2020/0109/c31657-9647231.html，访问时间：2020 年 1 月 9 日。

② 《信息部揭幕第十三届科威特古莱尼文化艺术节》，https://www.kuna.net.kw/ArticleDetails.aspx?id=1692970&language=en#，访问时间：2006 年 2 月 12 日。

③ 《夏季文化艺术节》，https://www.nccal.gov.kw/pages/festivals/ مهرجان-صيف-ثقافي，访问时间：2020 年 1 月 9 日。

④ 《第十四届科威特夏季文化艺术节开幕》，https://www.kuna.net.kw/ArticleDetails.aspx?id=2814228，访问时间：2019 年 8 月 21 日。

年都有世界著名的出版社参展。2019 年，利雅得国际书展宣布将其组织和监督权移交文化部。文化部目前正在积极提高利雅得国际书展在全球图书展中的知名度和影响力，并对该书展进行必要的改进，使其与沙特 2030 愿景保持同步。主办方认为书展是提升生活质量的一部分，也能够发挥文化活动对经济增长的促进作用。①

2. 吉达国际书展（معرض جدة الدولي للكتاب）

吉达国际书展是沙特阿拉伯王国境内仅次于利雅得国际书展的第二大书展，由沙特文化新闻部主办。第一届书展于 2015 年举行，此后，书展通常于每年 12 月在吉达南埃伯哈尔举行。书展的目的之一是支持沙特阿拉伯王国的出版活动。在书展期间，主办方还会举行种类丰富的活动，例如展览、由居住在沙特的外籍人士举办的民俗表演等。

在过去的五年中，吉达国际书展吸引了超过 270 万游客，为来自全球 50 个国家和地区的共 1 820 家出版社提供机会。此外，书展一直致力提供根植于沙特传统文化的精神产品。自成立伊始，该书展就是文化、思想和创造力的灯塔。②

电影节

1. 沙特电影节（مهرجان أفلام السعودية）

沙特电影节由沙特阿拉伯文化艺术协会在达曼发起，旨在成为沙特电影制作和文化交流的引擎，为沙特有志于电影制作的青年人提供机会，并对优秀影片予以嘉奖。沙特电影节从 2008 年创立到 2019 年共举办了五届，为沙特电影创作者之间的思想交流打造了良好平台。举办该电影节是发展沙特电影业的国家倡议计划之一，这为电影制作人才提供向该领域优秀前辈学习的机会，还为他们提供展示作品、与公众交流的契机。沙特电影节是非营利性文化活动，每年都会选出最新的创意电影。除电影展映外，电影节期间还进行

① 《关于 2020 利雅得国际书展》，https://engage.moc.gov.sa/book-fair#section-about，访问时间：2019 年 12 月 23 日。

② 《吉达国际书展闭幕》，见《阿拉伯新闻》，https://www.arabnews.com/node/1602791/saudi-arabia，访问时间：2019 年 12 月 23 日。

培训和竞赛。电影节委员会对参展作品进行分类，确定比赛作品和同步放映的作品。电影节共有五个竞赛项目，包括长片、短片、纪录片、学生电影、非表演剧本，每个竞赛项目下设若干奖项。①

2. 红海国际电影节（مهرجان البحر الأحمر السينمائي）

红海国际电影节创立于 2018 年，由首任沙特文化大臣巴德尔亲王（سمو الأمير بدر بن عبدالله بن فرحان آل سعود）领导的董事会负责举办，红海电影节委员会总部位于吉达，电影节每年举办的时间与红海日历中的春分时间一致。该电影节是一个国际性的文化活动，致力于培养新兴人才、推进作品创新、革新影视作品形式。电影节包括主要电影竞赛、新沙特电影、商业大片、红海短片竞赛、交互式电影、经典电影回顾、最佳电影、特别放映等部分。电影节重视成熟大胆的原创作品，而且非常欢迎来自非洲、亚洲、拉丁美洲、加勒比海地区等“南半球”国家的影片。

电影节颁发的奖项为尤瑟尔奖，旨在支持和表彰对电影的大胆创新。尤瑟尔奖以红海的珊瑚命名，是该地区重磅级奖项。② 电影节负责人每年会选出国际评审团，为参赛影片颁发尤瑟尔最佳长片金奖、尤瑟尔最佳女导演银奖、尤瑟尔最佳编剧银奖等 9 项大奖。

艺术节

1. 贾纳德里亚全国传统文化遗产艺术节（المهرجان الوطني للتراث والثقافة）

贾纳德里亚全国传统文化遗产艺术节（以下简称贾纳德里亚艺术节）是该地区最为盛大的节日，创立于 1985 年，至今已有三十余年的历史，由沙特国民警卫队负责举办。贾纳德里亚艺术节致力于提升人们对沙特传统文化遗产的兴趣，提高传统文化遗产在区域乃至全球范围内的影响力，促进不同民族、文化间的对话，文化节已发起多项有益的文化倡议。贾纳德里亚艺术节是最能体现沙特阿拉伯王国过去、现在与未来相融合的艺术节，也是该地区同类活动中

---

① 《关于沙特电影节》，https://www.saudifilmfestival.org，访问时间：2020 年 10 月 15 日。

② 《奖项》，https://www.redseafilmfest.com/ar/awards_juries，访问时间：2020 年 10 月 15 日。

规模最大的艺术节。[①] 自 1985 年举办以来，海湾国家的参与度逐年提高，群众的热情更是连年高涨，每年都有数百万文化遗产爱好者前往参加。

艺术节以传统的赛驼开幕，该比赛是贾纳德里亚艺术节的一大亮点，已有四十几年的历史。赛驼曾为独立的比赛，后来逐渐成为一年一度的文化和传统节日。该比赛旨在加强阿拉伯传统在海湾国家人民心中的地位，提升人民对古老文化遗产的归属感。沙特艺术展也是该艺术节不可或缺的一部分，艺术展对外展现了沙特国家统一、民族自强的形象，是其国家实力和凝聚力的集中体现。2015 年联合国教科文组织将这一展览列入非物质文化遗产，这再一次彰显出沙特的文化底蕴。

2018 年的艺术节是其历史上规模最大的一届，吸引 150 个沙特政府机构和部门参加。艺术节展现了沙特各个地区的民间传统，通过民俗表演、手工艺品、古董藏品、民间美食、研讨会等各种文化节目和活动，向人们展现沙特历史文化的魅力。

通过丰富的文化思想活动，贾纳德里亚艺术节紧跟时事，因其坚持客观、平等、人文的核心价值，从而能够摆脱意识形态的纷争，在国际上广受赞誉。[②]

2. 吉达古迹艺术节（مهرجان جدة التاريخية）

吉达古迹艺术节是吉达地区首个此类别的艺术节，它从人文和空间角度重现历史，将游客置于半个多世纪以前“红海的新娘”（吉达）所经历的时代。该艺术节的目标是提高沙特作为阿拉伯伊斯兰文化、文学和历史发源地的地位，保护文化遗产，连接过去与现在，为吉达的群众以及参加艺术节的游客提供了解 20 世纪历史的机会，向新一代青年普及历史文化遗产。

第一届吉达古迹艺术节于 2014 年举办，此后，艺术节在每年春季的第一个月举行，与沙特年中假期同步，持续十天。节日中举办

① 《沙特揭幕全世界最大文化遗产艺术节》，https://meo.news/ السعودية-تطلق-أكبر- مهرجان-للتراث-والثقافة-في-العالم %C2%A0，访问时间：2018 年 12 月 13 日。

② 《沙特揭幕全世界最大文化遗产艺术节》，https://meo.news/ السعودية-تطلق-أكبر- مهرجان-للتراث-والثقافة-في-العالم %C2%A0，访问时间：2018 年 12 月 13 日。

的活动每年有所不同，包括旨在体现该地区历史文化和社会形象的节目、论坛、表演等。①

阿联酋

书展

1. 阿布扎比国际书展（معرض أبوظبي الدولي للكتاب）

举办阿布扎比国际书展是阿布扎比出版业全球战略的一部分。书展的历史最早可追溯至1981年，由阿联酋国父谢赫·扎耶德·本·苏丹·阿勒纳哈扬发起，随后于1993年正式成为一项年度文化活动，由阿布扎比旅游文化局负责举办，是西亚北非地区规模最大、影响力最广、最具多样性的书展之一。②

由于在出版业领域具有领先地位，阿布扎比长期致力于促进图书行业及相关事业的发展。阿布扎比书展不仅为出版商提供了交流和销售的平台，在促进世界各国文化交流中也发挥着巨大作用。书展期间会举办各类文学研讨会、文学评论和翻译工作者交流会、戏剧和舞蹈演出以及儿童读书交流会等活动。书展希望通过丰富多彩的文化艺术活动，充实展览内涵，吸引更多观众，为展览增添欢快氛围。

2. 沙迦国际书展（معرض الشارقة الدولي للكتاب）

沙迦国际书展是一年一度的国际性图书博览会，由沙迦图书委员会负责举办，自1982年开始，迄今已成功举办四十余届，是世界第三大图书博览会，也是阿拉伯世界最具影响力的图书展览。③第三十八届图书博览会吸引全球77个国家的1 420多家出版社，共展出逾160万册图书，超过200万观众前来参观。值得一提的是，许

① 《吉达古迹艺术节》，https://mt.gov.sa/Programs-Activities/Pages/HitoricalJeddahFestival.aspx，访问时间：2018年9月16日。

② 《阿布扎比国际书展开幕 中阿加强图书版权贸易合作》，http://www.xinhuanet.com/culture/2018-04/27/c_1122749568.htm，访问时间：2018年4月27日。

③ 《第37届国际书展在“阿拉伯世界文化之都”沙迦开幕》，http://world.people.com.cn/n1/2018/1101/c1002-30376675.html，访问时间：2018年11月1日。

多来自世界各地的文学家、作家、艺术家也纷至沓来。在书展期间，还举办了 400 余种、逾 1 800 场文学、文化和艺术活动，包括诗歌之夜、培训工坊、签名角、烹饪角以及儿童活动等，使游客能够欣赏故事，获取知识。①

3. 艾勒因书展（معرض العين للكتاب）

艾勒因书展由阿布扎比文化和旅游部负责举办，因其对阿联酋作家的重视而闻名。书展格外重视杰出的阿联酋作家，设立专门项目支持阿联酋年轻人投身创作事业。这一文化活动也给公众提供与阿联酋知名作家交流的机会。除了年轻人外，书展也照顾到儿童的阅读和创作需求。在书展期间，主办方为儿童设立专区，提供一系列儿童感兴趣的体验工坊，鼓励儿童在艺术、科学和语言方面进行学习、创作和创新。②

4. 扎弗拉书展（معرض الظفرة للكتاب）

扎弗拉书展创立于 2018 年，吸引了本地最著名的出版商和出版行业组织参加，展览了读者感兴趣的最新出版物，还举办一系列旨在传播阅读文化、增长知识的活动和交互式工作坊。

除展览外，书展还包括一项倡议性文化活动。该活动召集来自各个领域的专家和知识分子，讨论不同主题的社会议题，诸如迫在眉睫的环境问题。扎弗拉书展是扎弗拉地区的出版商、作家、读者以及求知者交流的重要平台。③

电影节

1. 迪拜国际电影节（مهرجان دبي السينمائي الدولي）

迪拜国际电影节创立于 2004 年，是由迪拜科技与媒体自由区管理局（سلطة المنطقة الحرة للتكنلوجيا والإعلام في دبي）组织的非营利性文化活动。迪拜国际电影节展映来自世界各地的电影，为当地电影人才提

① 《2019 年沙迦国际书展》，https://www.bayut.com/mybayut/ar/ معرض-الشارقة-للكتاب °/，访问时间：2019 年 11 月 1 日。

② 《重视阿联酋作家》，https://abudhabiculture.ae/ar/learn/national-library-programmes/al-ain-book-fair，访问时间：2019 年 11 月 1 日。

③ 《本月 25 日扎弗拉书展开幕》，https://www.alroeya.com/130-42/2098091-انطلاق-معرض-الظفرة-للكتاب-٥٢-الجاري，访问时间：2019 年 11 月 16 日。

供支持与鼓励。2006 年，电影节设立了穆赫尔阿拉伯电影创意奖，旨在对本地电影人进行鼓励。2007 年电影节启动了“迪拜电影论坛”，该论坛实际上是一个电影市场，旨在促进阿拉伯国家电影行业的发展和繁荣。2008 年的电影节上，迪拜电影市场成立，通过数字化门户为影视行业提供新的发展机遇。

自举办以来，迪拜国际电影节的活动以及参观人数都在逐年攀升。2017 年，第十四届电影节吸引了来自 51 个国家的 140 多部电影参展。

2. 阿布扎比电影节（مهرجان أبوظبي السينمائي）

阿布扎比电影节设立于 2007 年，旨在帮助该地区创造充满活力的电影文化。该电影节每年 10 月在阿拉伯联合酋长国首都阿布扎比举行，通过举办丰富的活动，吸引当地社区参与，为该地区文化普及作出贡献。同时，电影节也激励着电影制作人，促进电影行业的发展。电影节致力于给阿拉伯电影制作人提供机会，让他们能够在比赛中充分就作品进行交流，或与享誉世界的导演进行切磋。电影节同时也为阿布扎比需求多元且充满热情的电影爱好者提供一种全新的文化交流方式。此外，阿布扎比在该地区享有新兴文化中心的地位，这使其对阿拉伯电影中新颖、大胆的声音格外关注。电影节凭借其创新性而独树一帜。①

电影节与许多国际电影组织合作，例如亚洲电影推广网和国际影评人联合会，为各个领域的电影人设立多个竞赛和奖项。阿布扎比电影节还在 2001 年组织了一年一度的阿联酋电影比赛。电影节曾宣布设立“塞纳德”电影基金会，为阿拉伯世界的电影制片人提供内部支持，以帮助他们进行创作。

3. 阿布扎比国际环境电影节（مهرجان أبوظبي الدولي لأفلام البيئة）

阿布扎比国际环境电影节是中东地区第一个针对环境电影的电影节，旨在通过电影的力量来增强公众对环境的关注。该电影节展映来自全球各地各种类型的环境电影，例如纪录片、叙事片、动画

① 《阿布扎比电影节》，https://visitabudhabi.ae/ar/see.and.do/leisure/events/abu-dhabi-film-festival.aspx，访问时间：2023 年 2 月 13 日。

片等。电影节为期 6 天，在特殊展映期间，会举办超过 12 场的重大活动，比如艺术展览、工作坊、官方竞赛和颁奖典礼等。电影节的宗旨为“希望地球生活更美好”。电影节负责人穆罕默德·穆尼尔认为，电影节能够激励电影人制作与环境相关的电影，尤其是制作与纪录片不同的叙事电影，因为它能够更深刻地启发人，与人们产生互动，这正是以教育为目的的纪录片所不具备的特点。①

4. 沙迦国际少年儿童电影节（مهرجان الشارقة السينمائي الدولي للأطفال و الشباب）

沙迦国际少年儿童电影节创立于 2013 年，是阿联酋乃至该地区首个面向青年和儿童的国际电影艺术节。电影节为期 6 天，旨在减少青少年儿童的文盲人数，增强其才智和创造力，展示其电影作品，以确保青少年儿童的权益。该电影节作为国际电影展播的重要平台，携手青少年儿童共同发掘更多大众文化，传递维护世界和平的信念，让不同阶级、宗教、文化背景的人在一个世界中和平共处。②

该电影节通常包括以下三个部分：第一部分，电影放映结束后的提问与讨论环节；第二部分，形式多样的工作坊，为阿联酋青年儿童普及电影知识；第三部分，特别展映：放映由青年儿童拍摄的电影作品，同时组织讨论与提问环节。

艺术节

1. 伊斯兰艺术节（مهرجان الفنون الاسلامية）

伊斯兰艺术节是由沙迦文化部组织的专门针对伊斯兰艺术的国际艺术节，创立于 1998 年，已成功举办二十余届，每年 12 月中旬定期举办。艺术节每年都展出丰富多样的伊斯兰艺术，关注伊斯兰艺术自古至今的成就，向公众展示伊斯兰艺术的生命力和表达深度。③ 第二十二届伊斯兰艺术节于 2019 年 12 月 11 日在沙迦博物馆

---

① 《阿布扎比国际环境电影节重视地球与生活》，https://www.albayan.ae/five-senses/mirrors/2013-01-20-1.1806904，访问时间：2013 年 1 月 20 日。

② 《关于沙迦青年儿童国际电影节》，https://siff.ae عن-المهرجان/?lang=ar，访问时间：2023 年 2 月 13 日。

③ 《伊斯兰艺术节》，https://www.sharjahartmuseum.ae/Events/ISLAMIC-ARTS-FESTIVAL-（8）.aspx?lang=ar-AE，访问时间：2019 年 12 月 12 日。

举行，共吸引来自31个国家的108位艺术家参加，展出241件艺术品，其中包括精美绝伦的雕塑和反映伊斯兰辉煌艺术的阿拉伯书法。该届艺术节以“展望”为主题，涉及历史、美学和人类学等各类议题。①

伊斯兰艺术节在沙迦酋长国举办精彩纷呈的活动，例如，艺术研讨会、电影放映、开展实践工坊等。通过艺术展览和各种活动，艺术节展现出其对各种艺术创作形式的包容，反映多元的艺术创意。

2. 阿布扎比艺术节（مهرجان أبو ظبي）

阿布扎比艺术节是由阿布扎比音乐与艺术基金会组织的、一年一度的、覆盖多领域文化的艺术节，设立于2004年，是该地区最大的文化庆典。艺术节期间，除教育性活动、社区活动外，还会穿插举办100多种文化活动，包括阿联酋乃至阿拉伯国家优秀作品的首秀和独家委托作品演出。②

该艺术节是阿联酋最为杰出的国际艺术文化活动之一，聚焦艺术的卓越性和创造力，致力于增强艺术在加强不同文明和文化对话中的作用，以此丰富阿布扎比的文化内涵。对于阿联酋和阿拉伯国家人民而言，该艺术节是一个秉承并宣扬“尊重”“宽容”价值观的平台。

3. “迪拜：我们的遗产”艺术节（مهرجان دبي وتراثنا الحي）

“迪拜：我们的遗产”艺术节创立于2009年，至今已成功举办十余届。第十届艺术节于2019年10月开幕，一直持续至2020年4月。该艺术节旨在保护阿联酋不同民族的文化遗产，改善迪拜文化面貌，引起人们对迪拜丰富文化遗产的关注。该艺术节是阿联酋传统节日，向公众展示六种主要的阿联酋传统手工艺活动，这些手工艺活动代代相传至今，是阿联酋重要的文化遗产。六种手工艺分别为：Saf Alkhos（棕榈叶编织），这一手工艺广泛用于各种各样的家居用品、家具制作以及椰枣的存储和运输；面纱制作，用一种名为

① 《伊斯兰文化在沙迦文化艺术节上重新复活》，https://www.khaleejtimes.com/uae/sharjah/islamic-art-comes-alive-at-sharjah-festival-，访问时间：2019年12月12日。

② 《阿布扎比艺术节简介》，http://www.abudhabifestival.ae/about/?lang=ar，访问时间：2019年12月12日。

"Shil"的特殊布料制成面纱，面纱呈深蓝色；Al-Talli，通常由女性进行的纺织和编织工艺；Dhukhoon，香水制作和混香工艺；珠宝手工工艺；咖啡冲泡工艺。①

此外艺术节还会举办一系列有关阿联酋历史和传统的文物展览：每个周末，以"Al Mothea Al Motujawil"为主题的传统比赛将会向公众开放，使民众能最大限度地参与文化节。每天下午 5 点至 10 点，艺术节开展丰富多彩的互动式讲习班、民间艺术表演、遗产比赛和传统手工艺培训工坊。

4. 中东电影和漫画展（معرض الشرق الأوسط للأفلام والقصص المصورة）

中东电影和漫画展每年 7 月在迪拜举行，是该地区最著名的文化活动之一。展览涉及许多备受大众欢迎的文化娱乐主题，展出众多电影、科幻小说、动画、漫画、电子游戏等。与此同时，它也非常重视本土优秀作品的展示，例如，《Freej》《金手链》《太阳之子》等。此外，该展览还包括其他活动，如与漫画专业人士进行讨论的研讨会和工作坊，即将上映电影的预告片展映和 cosplay 大赛的座谈会。

卡塔尔

书展

多哈国际书展（معرض الدوحة الدولي للكتاب）

多哈国际书展是中东地区历史最悠久，规模最大的国际书展之一。1972 年，第一届多哈国际书展由卡塔尔书局（دار الكتب القطرية）主办。1972 年至今，书展每两年举办一次。

多哈国际书展举世瞩目，吸引众多国际知名出版社参展。1972 年，仅 20 余家出版社参加了第一届国际书展。现如今已有来自 31

① https://dubaiculture.gov.ae/en/Media/Press-Releases/Pages/The-10th-anniversary-edition-of-Live-Our-Heritage-Festival-to-commence-at-Global-Village.aspx，访问时间：2019 年 10 月 23 日。

个国家和地区的 335 家出版社参加第三十届书展。[①] 自 2010 年以来，每届多哈国际书展都会挑选一个国家作为书展的“荣誉嘉宾”。迄今为止，美国、俄罗斯、土耳其、伊朗、日本、巴西、法国等国家均曾作为荣誉嘉宾参展。多哈国际书展内容丰富，形式多样。除图书展览外，还包含研讨会、讲座等文化活动。

电影节

1. 阿吉亚尔电影节（مهرجان أجيال السينمائي）

阿吉亚尔电影节带领多哈观众领略世界文化，为各个年龄段的观众带来视听盛宴。电影节旨在发展与地区电影相关的教育计划，通过个人、家庭和电影之间的互动，为电影教育工作者提供启示。同时，电影节为观众提供一个开放的论坛，便于其沟通交流。在这里，观众可以探讨当代青年面临的挑战。这不仅能够增强青年的演讲能力，还为他们提供可靠的发声平台。[②]

电影节包括卡塔尔特别板块，适合四岁以下儿童观看的电影板块，动画、戏剧和喜剧板块以及纪录片板块。除官方电影放映外，电影节还组织特别放映、主题电影、星空电影院和创意中心等活动。阿吉亚尔比赛是电影节的核心活动，数百名来自世界各地的年轻人将有机会成为评委，裁定阿吉亚尔比赛的结果。

2. 半岛电视台国际纪录片电影节（مهرجان الجزيرة الدولي للأفلام التسجيلية）

半岛电视台国际纪录片电影节创立于 2005 年，是一场国际性的盛事。自开办以来，该电影节就一直是世界各地电影制片人和创作者的汇聚场所，向大众展示有关人道主义、社会、政治和经济问题的纪录片，为所有试图寻求表达空间的年轻人提供鼓励和支持。

半岛电视台国际纪录片电影节包括三项大赛，其中一项大赛面向电视频道，制片公司，文化、社会和传媒组织以及独立电影导演。

① 《关于展览》，https://30.dohabookfair.qa/en/exhibition/who-are-we/about-the-exhibition/，访问时间：2023 年 2 月 13 日。

② 《阿吉亚尔电影节》，《多哈电影协会》，https://www.dohafilminstitute.com/ar/filmfestival/films，访问时间：2023 年 2 月 13 日。

这一赛事包括短片、中片和长片三大竞赛单元。此外还有面向初级导演和在校学生的“新视野”竞赛。每一竞赛单元都下设不同的奖项，以表彰获奖者。

半岛电视台国际纪录片电影节是对话和经验交流的窗口，可以增进人们对电影的了解，促进多元文化的和谐共生。①

3. 多哈翠贝卡国际电影节（مهرجان الدوحة ترايبيكا السينمائي）

多哈翠贝卡国际电影节由多哈电影机构主办，翠贝卡当地企业协办，是卡塔尔最大的娱乐活动之一，旨在促进卡塔尔、阿拉伯以及全世界电影业的可持续发展。电影节创立于 2009 年，每年举办一届，为期五天。

艺术节

1. 多哈文化节（مهرجان الدوحة الثقافي）

多哈文化节自 2002 年创立，至 2010 年被暂停，一直是同类活动中规模最大的节日。初期的文化节通过为期十天的文化活动，对外展示该地区文化特色，这些活动包括戏剧表演、民俗表演、古迹村落展览、赛马、儿童电影、诗歌和音乐之夜以及伊斯兰书法展览等。此外，文化节还包括庆祝活动，表彰文化生产领域的先驱，以此弘扬卡塔尔传统文化及价值观。时任卡塔尔文化与体育大臣哈迈德·本·阿卜杜勒·阿齐兹·艾勒科瓦里认为多哈文化节是一项非常重要的文化活动，为促进和振兴多哈的文化艺术运动作出了贡献。2014 年，卡塔尔正式宣布重启多哈文化艺术节。②

目前，多哈文化节活动形式多样，主要包括音乐、诗歌、戏剧和舞蹈等，旨在促进卡塔尔地方特色文化发展。在文化节，观众可以欣赏摄影作品，参观美术馆和时装展。文化节中的歌唱和诗歌活动受到当地居民及外来游客的一致好评。通过特别的编排方式，文化节主办方帮助观众和歌唱者、诗歌朗诵者进行深入互动，提升双

① 《关于电影节》，https://www.aljazeera.net/festival/2013/12/10/عن-المهرجان，访问时间：2023 年 2 月 13 日。

② 《多哈文化节于明年1月正式回归》，https://al-sharq.com/article/10/09/2014/رسمياً-عودة-مهرجان-الدوحة-الثقافي-في-يناير-المقبل，访问时间：2014 年 9 月 10 日。

方的参与感。①

2. 卡塔尔国际艺术节（مهرجان قطر الدولي للفنون）

卡塔尔国际艺术节设立于2018年，是卡塔尔最大的艺术节之一，也是该地区极具特色的艺术盛会，它汇集了来自世界各地的艺术家，为其提供开放的交流平台。通过交流将全世界的艺术紧密相连，具有非常重要的意义。②第二届卡塔尔国际艺术节于2019年11月举行，共吸引了来自70个国家的逾300位艺术家参加。

卡塔尔国际艺术节内容多样，包括艺术展览、绘画研讨会、艺术时装秀、高级讲习班、文化之旅等深受观众喜爱的活动。

阿　曼

书展

马斯喀特国际书展（معرض مسقط الدولي للكتاب）

马斯喀特国际书展始于1992年，至今已成功举办二十余届。自成立至今，该书展极大地促进了阿曼文化运动的发展，已成为世界重要的文化展览之一，也是世界最重要的文化、知识和文学论坛之一。③阿曼将该书展视为文化、知识和意识的载体，以满足阿曼人民在文化知识领域的需求。

马斯喀特国际书展在参与国数量、参与出版社数量、会场空间、公众出席量等多个方面都有着巨大的发展潜力。第二十五届马斯喀特国际书展是阿曼该年度最盛大的文化活动④，吸引了来自32个国家的946家出版社直接或间接参与书展。⑤其间还举办86场文化活动，

① 《年度多哈文化节》，https://www.onlineqatar.com/visiting/festivals-and-major-events/annual-doha-cultural-festival-qatar，访问时间：2019年3月18日。

② 《关于卡塔尔国际艺术节》，https://qiaf.net/about-us/，访问时间：2023年2月13日。

③ 《关于马斯喀特国际书展》，https://www.mctbookfair.gov.om/en/about-us-2/，访问时间：2023年2月13日。

④ 《马斯喀特国际书展开幕》，https://omannews.gov.om/Arabic_NewsDescription/ArtMID/437/ArticleID/8798/افتتاح-معرض-مسقط-الدولي-للكتاب，访问时间：2020年2月22日。

⑤ 《马斯喀特国际书展闭幕》，http://www.al-watan.com/Latest-News/ArtMID/424/ArticleID/57345/اختتام-معرض-مسقط-الدولي-للكتاب，访问时间：2020年3月3日。

包括 15 场研讨会、11 场讲座、7 场诗歌之夜、10 场座谈会、31 场工作坊、10 场文化和文学展览，书展还见证了《阿曼历史百科全书》（موسوعة تاريخ عمان عبر الزمان）的发布。[①]

电影节

马斯喀特国际电影节（مهرجان مسقط السينمائي الدولي）

马斯喀特国际电影节是由阿曼电影和戏剧协会举办的国际电影艺术节，每两年举办一届，至今已成功举办十余届。第十一届马斯喀特国际电影节原定于 2020 年 3 月 23 日至 28 日举行，因故延迟。每一届电影节都会吸引来自阿拉伯国家和全世界电影从业人员的积极参与，该电影节也是一场国际盛事，是传播电影文化的重要机会。电影节的活动日程丰富多样，除开幕式和闭幕式外，电影节还举行电影展映、电影培训班、阿曼摄影展，还组织国际电影公司参观阿曼摄影城。[②]

该电影节共包含四个竞赛单元，分别为外语长纪录片和长片电影、阿拉伯语短片电影、学生电影、外语儿童电影和动画片[③]，每个竞赛单元下设金、银、铜奖。此外，电影节还设立了最佳纪录片、最佳导演、最佳男演员、最佳女演员等奖项[④]，吸引具有世界水准的纪录片和叙事电影的积极参与。

艺术节

1. 马斯喀特艺术节（مهرجان مسقط）

马斯喀特艺术节创立于 1998 年，至今已有二十余年的历史。它不仅是一场庆典和文化艺术活动，更是一场汇集多元文化，融汇古今艺术，贯穿传统现代的娱乐盛会。马斯喀特艺术节是阿曼最重要

---

① 《马斯喀特国际书展开幕》，https://omannews.gov.om/Arabic_NewsDescription/ArtMID/437/ArticleID/8798/افتتاح-معرض-مسقط-الدولي-للكتاب，访问时间：2020 年 2 月 22 日。

② 《关于马斯喀特国际电影节》，https://www.miff-festival.com/an-almhrjan，访问时间：2023 年 2 月 13 日。

③ 《阿曼苏丹国电影历史》，http://alrai.com/article/581095.html，访问时间：2013 年 4 月 23 日。

④ 《马斯喀特国际电影节奖项》，https://www.miff-festival.com/jwaez-almhrjan，访问时间：2023 年 2 月 13 日。

的节日之一，它凝结了阿曼政府、社会及公民的共同努力，全方位展现了阿曼的历史遗产、城市发展、文化特色以及阿曼人民的传统生活。艺术节旨在促进阿曼旅游业的发展。

马斯喀特艺术节通常在每年 1 月和 2 月举行，表演丰富，活动多样，包含了多种传统文化、艺术活动，是购物和观光的绝佳机会，吸引来自世界各地的游客参加。马斯喀特艺术节一般在艾勒古尔姆自然公园内最大的遗址村庄举行，使参观者可以充分领略阿曼人民传统且具艺术性的生活。同时，马斯喀特节也展示来自世界各地的传统文化产业。①

2019 年举办第十九届马斯喀特艺术节。该届艺术节包括儿童艺术活动和儿童戏剧、体育表演、民俗表演、杂技表演、舞蹈歌唱演出、家庭餐馆、车展等形式的娱乐休闲活动。此外，还有来自印度、伊朗、中国、俄罗斯和一些拉丁美洲国家的艺术团、体育团队参加了此次活动。与其说马斯喀特艺术节是一个节日，倒不如说它更像一个展览，它不局限于某一种艺术或是休闲娱乐形式，而是汇聚各种文化活动，给阿曼人民展示多种多样的文化，提供丰富多样的娱乐项目。②

2. 阿曼文化节（مهرجان الثقافة العمانية）

阿曼文化节是由阿曼文化与遗产部于 2019 年举办的全新文化节。文化节举办形式多样的竞赛活动，如戏剧展、诗歌之夜、歌唱与朗诵之夜、美术展、非物质文化遗产展、摄影展等。文化节面向不同背景、才华横溢的艺术家和文学家，体现出文化与遗产部对各种形式的文化表达及文化多样性的重视，以此推动遗产保护和文化创新。③

文化节主要分为文化艺术展和三场竞赛两个部分。三场竞赛分别是以非物质文化遗产为核心的摄影大赛、涵盖众多领域的小型艺术品大赛、文化宣传大赛。文化节独具特色却也面面俱到，涵盖了

① 《马斯喀特艺术节》，https://omantourism.gov.om，访问时间：2023 年 2 月 13 日。

② 《2019 年马斯喀特艺术节：纽带与欢乐》，https://www.france24.com/ar/20190128-مهرجان-مسقط-سلطنة-عمان-تواصل-فرح，访问时间：2019 年 1 月 28 日。

③ 《第一届文化节汇集文学和艺术》，https://www.omandaily.om/?p=734229，访问时间：2019 年 10 月 6 日。

绝大多数艺术领域，比如戏剧、诗歌、电影制作、摄影、民俗文化、音乐、唱歌和诵经、绘画、雕塑、装饰、图形设计、手工艺品和美术等。

（北京外国语大学阿拉伯学院　方一丹、吴若仪）

图书在版编目（CIP）数据

阿拉伯传媒业与中阿传媒合作 / 刘欣路等著 . -- 北京：北京师范大学出版社，2025. 3

ISBN 978-7-303-28930-1

Ⅰ . ①阿…　Ⅱ . ①刘…　Ⅲ . ①传播媒介—国际合作—研究—中国、阿拉伯国家　Ⅳ . ① G219.2 ② G219.371

中国国家版本馆 CIP 数据核字（2023）第 032062 号

ALABO CHUANMEIYE YU ZHONGA CHUANMEI HEZUO

出版发行：北京师范大学出版社 https://www.bnupg.com

北京市西城区新街口外大街 12-3 号

邮政编码：100088

印　　刷：北京盛通印刷股份有限公司

经　　销：全国新华书店

开　　本：710 mm × 1000 mm　1/16

印　　张：31.75

字　　数：471 千字

版　　次：2025 年 3 月第 1 版

印　　次：2025 年 3 月第 1 次印刷

定　　价：118.00 元

策划编辑：李路洋　　责任编辑：赵雯婧

美术编辑：李向昕　　装帧设计：李向昕

责任校对：梁　爽　　责任印制：李汝星